통신사외교와 조일 양국의 동상이몽

통신사외교와 조일 양국의 동상이몽

이 훈

경인문화사

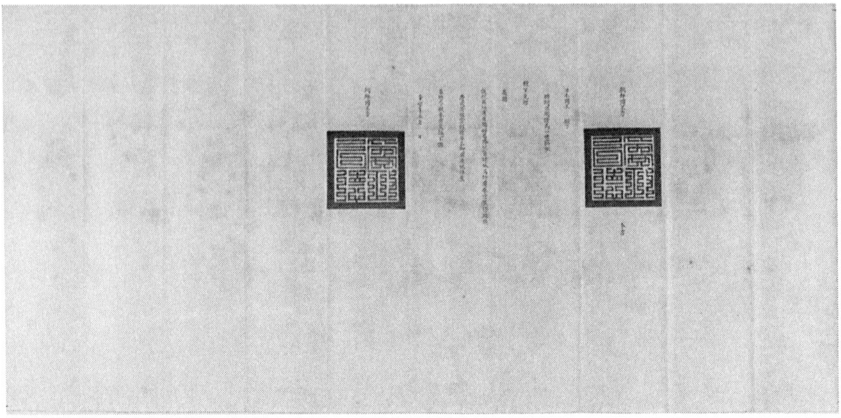

숙종(李焞) 국서(1711년, 일본 도쿄국립박물관)

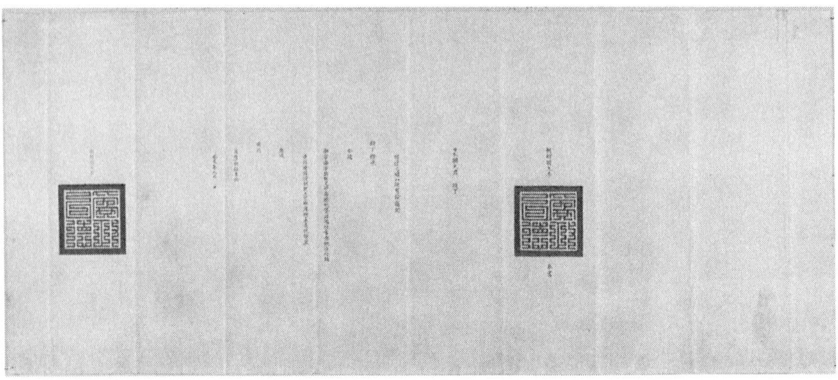

영조(李昑) 국서(1763년, 일본 도쿄국립빅물관)

책머리에

자국의 안보를 위해 '和好·修好'를 외교적 명분으로 삼아 군사적 충돌이나 전쟁 없이 200년 이상 평화를 유지해온 조선과 일본 양국간의 '통신사외교'는 세계사적으로 보기 드문 국제관계라고 한다. 그런 만큼 2017년에는 통신사와 관련된 한일 양국의 기록물이 「유네스코 세계기록 문화유산」으로 등재되었다.

그렇지만 이러한 세계적인 평가에도 불구하고, 무슨 특별한 비책, 또는 무슨 사정이 있었기에 그렇게 오랜 시간 동안 평화로운 양국관계가 유지될 수 있었는지 구체적인 실상이 충분히 밝혀졌다고는 할 수 없다. 특히 조선측의 이유가 충분히 밝혀졌다고는 할 수 없다. 지금까지는 어쩌다 30년 만에 한 번씩 파견되어 치르는 문화외교 이벤트가 우호 유지에 기여한 것으로 크게 부각되어 있을 뿐이다. 그러나 외교란 자국의 이해를 위해 국익을 다투는 '외교전쟁'에 가까운 것이라 할 수 있다. 이러한 점을 감안한다면, 200년 가까이 지속된 조일 양국간의 통신사외교도 서로간의 필요라는 관점에서 살펴볼 필요가 있다고 생각된다.

몇 년 전 필자는 임란 직후부터 17세기 중반까지 반세기 동안의 '통신사외교'에 대해 발표했던 글들을 모아서 책으로 간행한 바 있다.[1] 그때의 관심은 다음과 같은 궁금증을 밝히려는 것이었다. 17세기 중반이라면 전쟁(임진·정유재란)이 끝난 지 얼마 되지 않아 일본에 대한 재침 공포나 적대감이 컸을텐데, 뜻밖에도 조선이 침략 당사자인 일본과 외교를 단절하지 않았다는 것이다. 임란 직후부터 반세기가 지나지 않은 짧은 기간 동안, 조

1) 이 훈, 『조선의 통신사외교와 동아시아』, 경인문화사, 2019.

선은 일본에 거의 10년에 1번꼴로 통신사를 무려 6차례나 파견하였다. 물론 일본의 요청이 먼저 있었기에 성사된 것이었지만, 요청하는 일본이나 떠날 준비를 해야 하는 조선 모두 엄청난 비용이 들어가는 일이었다. 도대체 무엇 때문에 이러한 외교적 대사를 빈번하게 치를 수 밖에 없었을까를 고민한 결과, 나름대로 답을 찾을 수 있었다. 당시 동아시아에 불어닥친 명·청 교체라는 국제관계의 변동이 조선과 일본 모두에게 군사·안보적 위협으로 다가왔기 때문에, 자국의 존립을 위해 전쟁 위기 속에서도 통신사 외교를 유지할 수 밖에 없었다는 것이었다.[2] 그리하여 17세기 중반까지는 겉으로는 통신사를 파견하여 우호로 포장했지만 내부적으로는 자국의 존립을 위해 상대의 약점을 살펴가며 치열하게 이해득실을 따지는 전쟁과도

2) 조선의 경우, 임란 이후 전반적인 국력의 열세 속에서, 17세기 중반 또 다시 정묘·병자호란이라는 전쟁을 치렀다. 그리고 '설마'했던 청이 명을 꺾고 중원을 차지하자, 내부적으로는 '북벌'(北伐)이 국정 지표가 되었다. 그런 만큼 이를 실현하기 위해서는 무엇보다 남쪽에서 또 하나의 무력충돌이 일어나는 것만큼은 막을 필요가 있었다. 이에 청·일간의 연대를 막는 한편, 남쪽에서 일본과의 무력충돌을 피하기 위해서는 무엇보다 통신사외교를 통해 남쪽의 안전을 도모할 필요가 있었다. 일본과의 우호 유지란 남변의 군사방어 비용을 절감할 수 있는 가장 재정 낭비가 적은, 요즘 말로 가성비가 높은 방법이었기 때문에 '일본을 달랜다'(撫倭)라는 명분 하에 통신사외교를 이어 나갔던 것이다.

일본 역시 그럴만한 사정이 있었다. 명·청 교체라는 동아시아 국제관계의 변동은 일본에게도 군사·안보적 위협이었다. 뿐만아니라 도쿠가와 이에야스(德川家康)에 의해 이제 막 수립된 막부 정권의 동요를 가져올 수도 있었다. 이에 내부적으로는 히데요시(豊臣秀吉)를 추종하는 무장 세력(武家大名)의 반발을 막아 신속하게 쇼군(將軍) 권력을 안정시키는 것이 무엇보다도 긴급한 과제였다. 그러기 위해서는 반(反) 이에야스 계통의 다이묘와 무력충돌을 일으키는 것보다는 조선의 통신사를 일본으로 불러들여 외교적으로 쇼군의 권위를 인정받는 것이 국내 혼란과 군사적인 손실을 막을 수 있는 효과적인 전략이었다. 일본의 도쿠가와 막부는 명·청 교체에 대한 정확한 정보의 확보, 조·청관계의 변화에 따른 조선의 군사·안보 동향, 조선의 외교적 입지를 살피기 위해 끊임없이 새로운 명분을 만들어 조선에 통신사를 요청해왔던 것이다.

같은 외교를 했다고 보았다.

그러나 임란 이후 100년 가까이 지난 17세기 말이 되면 조선을 둘러싼 이웃나라와의 국제관계가 안정됨에 따라 조일 양국관계에 있어서도 긴박함은 사라지게 된다. 우선 조·청관계를 보면 17세기 후반 청이 '오삼계의 난'을 진압한 것을 계기로 중원 지배가 확실해지자 양국관계도 안정되게 된다. 이에 조선도 17세기 중반처럼 더 이상 '북벌'(北伐)을 국정 지표로 삼을 필요가 없었다. 일본 역시 청이 '오삼계의 난'을 진압하는 과정에서 조선의 군사력 이동이 없었을 뿐만 아니라 외교적 입지에도 변화가 없음을 확인하게 되자, 굳이 새로운 명분을 내세워가며 통신사를 초빙할 필요를 느끼지 않게 되었다. 말하자면 조·청관계의 안정으로 조·일 양국관계에서도 군사·안보 문제가 더이상 우선순위를 차지하지 않게 됨에 따라, 조선에서도 18세기 중반 이후에는 통신사 파견에 대한 회의론이 대두되게 되며, 양국간에 17세기 중반과 같은 긴박함은 사라지게 되었다고 할 수 있다.

이에 17세기 후반 이후에는 굳이 많은 비용을 들여가며 통신사외교를 지속할 필요가 없었을 터임에도 불구하고 조일간의 통신사외교는 어쨌든 19세기까지 지속되었다. 임술통신사(1682년)부터 치더라도, 신묘통신사(1711년), 기해통신사(1719년), 무진통신사(1748년), 계미통신사(1763년), 신미통신사(1811년)까지 6차례나 파견되었다. 파견 간격이 평균 30~40년 만으로 잊어버릴만 하면 1번씩 파견하는 셈이었다. 따라서 특별히 군사·안보적 필요가 아니라면, 17세기 말부터 19세기 초반까지 조선은 과연 무엇 때문에 일본의 도쿠가와 막부(德川幕府)와 '통신사외교'를 계속해서 유지하려 했는지 의문이 들지 않을 수 없었다.

지금까지 조선의 통신사 파견에 대해서는, 일본의 요청이 먼저 선행되어야만 실현되었기 때문에, 조선의 대응은 수동적 또는 단편적, 소극적이라는 평가가 대세였다. 뿐만아니라 통신사외교에서 문화이벤트적인 성격을 부각시킴으로써, 조선에 과연 일본을 대하는 외교정책이나 전략이라는 것이 존재했을까?라는 의문이 들 정도로 선입견이 많았던 것도 사실이다.

이 책은 임란 이래 100년 만에 찾아온 대내외적 안정을 조선의 조야가 모두 자각하고 있는 가운데 일본의 무력 재침 위기가 사라졌음에도 불구하고, 조선이 왜 굳이 일본의 도쿠가와 막부(德川幕府)와 '통신사외교'를 유지하려 했는지, 그 이유를 찾아본 것이다. 특히 조선의 대일본 외교에 변화가 오는 시기를 17세기 말 임술통신사 때부터로 파악하여 19세기 초 통신사외교가 단절될 때까지 총 6차례의 통신사행과 마지막 신미통신사행 이후 불발로 끝난 '역지통신' 교섭 까지를 대상으로, 조선을 둘러싼 국제관계 및 국정 운영이라는 관점에서 통신사외교의 추이 및 성과를 살펴본 것이다.

그 결과 18세기 이후에는 '북벌'이 아니라 '북방'과 '남방'이라는 관방(關防) 차원에서 일본과의 외교 충돌을 피하고자 소위 '조용한 외교'를 지향하는 가운데, 적례(敵禮) 외교를 유지하기 위한 조선의 메시지 전달 및 교섭 주도권을 유지하기 위해 기울였던 노력을 엿볼 수 있었다. 여기에 외교 현장에서는 통신사 일행이 교섭력을 발휘하여 막부와의 직접 통교를 지렛대로 삼아 쓰시마 번(對馬藩)과의 통교 적폐 개선을 밀어부치는 등, 실리 전략도 함께 구사했던 것을 살펴볼 수 있었다. 이 책을 통해 통신사외교가 결코 그때그때 치르는 일회성 문화이벤트가 아니라, 200년에 걸친 일관적인 지속성과 전략적 측면을 갖춘 조선의 대일본 통교였다는 것을 조금이라도 인식하는 계기가 될 수 있었으면 한다.

이 책은 사실 내용상 앞서 말한 졸저의 후속편이라 할 수 있다. 이런 저런 핑계로 몇 년 동안 게으름을 피우고 있었다. 후속편을 낼 수 있도록 또 다시 격려해 주신 손승철 교수님께 감사드리며, 출판 기회를 주신 경인문화사 한정희 사장님께도 감사드린다.

2025년 9월
이 훈

목차

第3장 1719년 기해통신사행과 '구호'(舊好)의 실태

- 연이은 의례 변경과 대일본 안보의 재확인 -

제1장

1682년 임술통신사 파견과 적례외교의 정착

머리말

17세기말 조일 양국 정부간에 있었던 가장 큰 외교적 대사(大事)라면 누구라도 1682(숙종 8)년 도쿠가와(德川) 막부에 파견된 임술통신사행(일본에서는 天和信使)을 꼽을 것이다. 통신사란 조선 국왕이 일본 국왕에 해당하는 도쿠가와 막부의 '쇼군'(將軍)에게 직접 파견하는 외교사절단으로, 임술통신사 역시 일본측의 요청에 따라 도쿠가와 막부의 제 5대 쇼군 츠나요시(綱吉)의 습직을 축하하기 위해 일본에 파견되었다. 통신사 파견을 통해서 이루어지던 조일 양국의 외교란, 임란 이후 이른바 일상적인 통교가 쓰시마 번(對馬藩)[1]을 통해 이루어지던 가운데서도 외교만큼은 중앙정부가 직접 관할하고 있었음을 보여주는 '직통외교' 루트였다고 할 수 있다.[2]

그런데 임술통신사행의 경우, 제1차 '회답겸쇄환사'(1607년) 이래 일곱 번째의 사행이지만, 그 이전 사행들과 비교할 경우 여러 가지로 특이한 점이 있었다고 생각된다.

하나는 조일 양국간 통신사외교의 시간적인 간격이다. 임술통신사의 경우 바로 직전에 이루어졌던 을미통신사행(1655년)으로부터 무려 30년이라는 외교 공백 끝에 재개된 사행이었다. 앞서 언급했듯이 임란 이후 일본과의 일상적인 통교·무역은 쓰시마 번(對馬藩)을 통해 처리되었다고는 하지만, 중앙정권인 도쿠가와 막부에 30년 만에 통신사를 파견했다고 하는 것은, 과연 통신사외교를 교린 우호의 상징이라고 말할 수 있을까라고 할 수 있을 정도의 긴 공백이다. 장기간에 걸친 외교공백에 대해서는 도쿠가와

1) '쓰시마'에 대해, 도쿠가와 막번제(幕藩制) 하에서 다이묘(大名) 소(宗)씨가 다스리는 쓰시마 번의 번정(藩政)기구를 의미할 때는 '쓰시마 번'(對馬藩), 지역적인 공간을 의미할 때는 '쓰시마'(對馬)로 표기한다.

2) 이 훈, 『조선의 통신사외교와 동아시아』 경인문화사, 2019

막부로부터 통신사 요청을 지시받은 쓰시마 번 조차 을미통신사 때의 전례(前例)를 기억하고 있는 사람들이 거의 사망해버리고 없다는 것을 걱정할 정도였다.[3)]

그리고 또 하나 외교 교섭(절목강정) 상의 특징으로는 이전과 달리 조선이 일본측(쓰시마 번)의 요구를 외교적 도발이라 인식할 만큼의 무리한 요구도 없었음을 지적할 수 있다. 교섭과정에서는 오히려 조선측의 교섭 태도에 변화가 있었다. 예를 들면 임술통신사행은 을미통신사행(1655년)에 비해 문제가 될 만한 강정 항목 등이 줄어들었음에도 불구하고, 조선은 준비 부족이라는 이유로 사행의 파견 연기 및 연례송사 파견 중지를 쓰시마 번에 일방적으로 요구하였다.

그러나 무엇보다도 주목해야 할 대목이라면 통신사의 역할 확대를 들 수 있다. 숙종은 정사(윤지완) 일행에게 일본 체류 중 쓰시마 번과의 적폐 개선을 '약조' 체결로 매듭지어 오도록 특별 임무를 부여하였다. 물론 과거 사행에서 을미통신사 때처럼 일본 무기를 구매하기 위해 통신사가 막부를 상대로 교섭했던 사례가 아주 없지는 않았지만 어디까지나 임기응변적인 것이었다. 뿐만아니라 국교 재개 이후 6번에 걸친 통신사행의 임무를 보더라도 본질적인 임무는 현지 외교교섭이 아니었다. 통신사의 가장 중요한 사명은 그들이 파견되기 이전 조일 양국 정부의 외교교섭 결과가 담긴 조선 국왕의 국서를 쇼군을 대면한 자리에서 '직접 전달'하는 한편 쇼군의 답서를 받아오는 것이었다. 즉 통신사 임무의 비중은 어디까지나 국서의 '전달'에 무게가 있었다고 할 수 있다. 임술통신사행과 같이 항구적인 '약조' 체결을 지시할 정도로 통신사 일행에게 현지에서의 외교교섭 권한이 전적

---

3) 막부의 통신사 요청 지시를 '격세지감'으로 인식한 것은 쓰시마 번도 마찬가지로, 문위역관에 대한 연회 자리에서 쓰시마 번주 소 요시자네(宗義眞) 조차도 1655년 을미통신사 때의 前例(前史)를 기억하고 있는 사람들이 거의 사망해버리고 없을 것을 걱정할 정도였다(『통신사등록』 3책, 신유(1681년) 12월 21일).

으로 주어졌던 적은 국교 재개(1607) 이래 처음이라 할 수 있다.

따라서 1682년의 임술통신사행이란, 일본측의 30년만의 통신사 요청과 '쇼군 습직 축하'라는 명분의 정착, 조선의 대일본 교섭 태도 변화 및 통신사의 외교교섭 임무 등으로 볼 때 그 이전과는 분명히 다른 차이가 있음을 지적하지 않을 수 없다.

사실 이러한 변화의 요인을 어느 한 가지로 단정하기는 어렵다. 우선 임술통신사 때 파견 간격이 이와 같이 크게 벌어지게 된 이유로는 17세기 후반들어 청(淸)을 중심으로 동아시아 국제관계가 안정되어 갔던 것과 관련지어 볼 수 있다. 이를테면 17세기 중반까지는 명·청 교체라는 국제관계의 급변 속에서 청과 조선, 일본 등, 동아시아 각국이 자국의 안보와 이익을 최대한 확보하기 위해 상대국에 대한 정보 딤색은 물론 새로운 통교관계 모색을 위해, 여러 가지로 명분을 만들어가며 상대국과의 외교를 빈번하게 시도한 측면이 있었다.[4] 이에 비해 17세기 후반에 접어들면, '오삼계의 난'에 대한 청의 평정을 계기로 명(明)의 잔존 세력도 완전히 소멸되었다. 이에 조선과 일본 모두 더 이상 국제정세에 대한 불안으로 정보를 탐색할 필요가 없어졌으며, 조일 간의 급박한 외교현안도 자연히 소멸되었다고 할 수 있다. 그 결과 일본측의 통신사 요청에 있어서도 과거 병자통신사(1636년)나 계미통신사(1643년) 때처럼 조선이 외교적 도발이라 여길 정도로 새로운 요구나 명분찾기는 보이지 않는다. 이에 일본측의 통신사 요청 명분도 '전례'에 따라 도쿠가와 막부의 '쇼군 습직 축하' 1건으로 정착되면서 사절 파견 간격도 자연스레 장기화된 측면이 있었다고 할 수 있다.

여기에 임술통신사 파견 당시, 조선의 교섭 태도 변화나 통신사에게 외교교섭이라는 특별한 권한이 주어졌던 것 역시 국교 재개 이후의 대일본 통교방침(기유약조)을 관철시키려는 조선정부의 의지가 반영된 것으로도

4) 이 훈, 앞의 책.

볼 수 있다. 따라서 1682년 임술통신사행의 경우, 일본의 통신사 요청과 조선의 수용이라는 외교절차 또는 하나의 외교사례라는 틀로만 볼 문제는 아니다. 동아시아 국제관계의 안정을 바탕으로 조일 양국이 통신사외교를 통해 무엇을 추구하려 했는지, 통교정책의 변화에 주목해볼 필요가 있다. 그런 의미에서 본다면 임술통신사 일행의 역할로서 국서 전달이라는 본연의 임무 이외에 숙종이 새로 부여한 약조 체결 임무를 17세기 중반 이후 추진해온 대일본 통교정책 속에서 특별히 더 주목해 볼 필요가 있다고 생각된다.

지금까지 임술통신사(1682년)에 대한 연구를 보면, 조일관계의 안정을 바탕으로 문화교류적 측면이 다양화되고 강화된 것을 특징으로 지적한 연구가 대세를 이루었다. 또 문화교류적 성격이 부각됨에 따라 제술관(製述官)의 역할이 중요해지는 등, 사행원 구성과 역할에도 변화가 있었음이 밝혀지기도 하였다.[5] 그러나 임술통신사행을 당시의 국제관계를 배경으로 한 조선의 대일본 통교정책이라는 관점에서 검토한 연구는 많지 않다. 쓰시마 번과 체결한 약조에 대해 검토한 것이라 하더라도 부분적인 지적에 그치고 있을 뿐이다.[6]

---

5) 장순순, 「조선후기 통신사행의 製述官에 대한 일고찰」 『전북대 석사학위논문』, 1989

6) 1682년의 임술통신사행에 대해서는 다음과 같은 연구가 있다.

장순순, 「조선후기 대일교섭에 있어서 尹趾完의 경험과 영향」 『한일관계사연구』 31, 2008

허은주, 「근세 조일외교의 동상이몽 -1636~1682년 통신사 사행시 일본측의 의복 예단과 그 의미」 『인문과학연구논총』 39(35-3), 명지대 인문과학연구소, 2014

三宅英利, 『近世日朝關係史の硏究』 文獻出版, 1986

仲尾宏, 『朝鮮通信使と德川幕府』 明石書店, 1997

李薰, 「漂流兼帯制に対する一考察-1682年の漂民順付(壬戌約条)交渉および運用を中心に-」 『年報朝鮮学』 5, 1995

箕輪吉次, 「天和二年(1682)의 朝鮮通信使」 『亞細亞文化硏究』 6(경원대), 2002

箕輪吉次, 「壬戌 1682년 使行과 후지산시(富士山詩)-소신(祖辰)을 중심으로-」 『동방학지』 153 (연세대), 2011

箕輪吉次, 「壬戌年(1682년) 信使記錄의 集書」 『韓日關係史硏究』 50, 2015

따라서 이 장에서는 1682년의 임술통신사행을 조선의 통신사외교 내지는 대일본 통교정책상 하나의 전환점이었다는 관점에서 검토하고자 한다. 이를 위해 먼저 '오삼계의 난' 평정 이후 동아시아 국제관계의 안정을 배경으로 30년 만에 재개된 '쇼군 습직 축하'를 위한 통신사 파견이 '舊例·舊好'를 명분삼아 적례(敵禮)외교로 정착되어 과정을 살피고자 한다. 또한 통신사의 새로운 임무로 주어진 '약조' 체결에 대해서도 대일본 통교정책의 추이 속에서 검토하고자 한다.

1. 17세기 후반 '오삼계의 난' 평정과 조일간 외교현안 감소

17세기 중반 동아시아에서는 後金(淸)의 대두로 명·청의 정치·외교적 위상이 뒤바뀌게 되는 국제관계의 커다란 변동이 있었다. 중국 정세의 유동성은 주변국에도 영향을 미쳤다. 조선의 경우 정묘호란(1627년) 이후 후금과 맺은 교린관계가 병자호란(1636년) 이후에는 사대관계로 변경되어 조·청관계가 결국은 신속(臣屬)으로 귀결되었다. 그러나 1644년 청이 북경(北京)을 점령한 이후에도 청의 패권이 완전히 확립되지는 않은 상태였다. 중국의 남서부에는 명(明)의 후계를 자처하는 세력들이 여전히 잔존하고 있었다. 1662년 남명(南明) 정권의 붕괴 이후에는 1673년 운남(雲南)의 오삼계(吳三桂)가 광동(廣東)의 경정충(耿精忠), 복건(福建)의 상지신(尙之信)과 함께

箕輪吉次, 「壬戌通信使講定交渉節次と追加的内容－草梁と対馬において－」 『일본학연구』 37(단국대), 2012

高正晴子, 「天和二年の朝鮮通信使の室津における饗応をめぐって」 『梅花短期大学研究紀要』 37, 1989

高正晴子·山下光雄, 「天和二年の朝鮮通信使の江戸より風本にいたる下向の饗応記録 -主として食糧の調達について-」 『梅花短期大学研究紀要』 38, 1990

반란을 일으켰다.7) '오삼계의 난' 또는 '삼번(三藩)의 난'으로 불리우는 대규모 반란에는 대만(臺灣) 정씨 등, 각 지역의 반청(反淸) 세력과 이미 청에 귀순했던 한인(漢人) 지배층도 가담했다.8)

17세기 후반 '오삼계의 난'에 대한 청의 진압 상황은 조·청관계는 물론 조선의 국정 운영에도 영향을 미칠 수 있는 중대한 사건이었다. 조정 내에는 병자호란 이후 대명의리(對明義理)가 정국의 한 축을 이루고 있었던 만큼, 조선으로서는 '오삼계의 난'의 귀추에 관심을 기울이지 않을 수 없었다. 이에 1674(현종 15)년 이후 청에 파견되는 사자의 귀국 보고에서는 '오삼계의 난'의 추이가 중요한 비중을 차지하게 되었다. 반란 직후 1674년 3월 사은사로 청에 갔던 김수항(金壽恒)은 현지에서 입수한 '오삼계의 난'에 대한 소식을 귀국도 하기 전에 보고해 왔다.9) 이때 사은사의 서장관으로 갔던 이우정(李宇鼎)은 대만(臺灣)의 정성공(鄭成功)과 오삼계가 연합해서 청을 공격할 것이라는 보고를 해왔다.10) 1674년 11월에는 진위겸진향사로 청에 파견된 영신군(靈愼君) 이형(李瀅)이 오삼계가 경정충·정금(鄭錦)과 함께

---

7) 오삼계(吳三桂, 1612~1678)는 명나라의 장군으로 북동부 국경지역에서 여진의 침입을 막는 책임을 맡고 있었다. 명말 이자성(李自成)의 난으로 북경(北京)이 위태롭게 되자 명의 숭정제(崇禎帝)가 이를 격퇴하기 위해 오삼계의 부대를 불러들였지만 1644년 4월 구원군이 도착하기 이전에 북경이 함락되었다. 이자성이 오삼계의 군대를 공격하자 오삼계는 청에 구원을 요청하였으며, 이후 청과 오삼계가 연합하여 이자성을 북경에서 몰아낸 후 북경을 수도로 정하고 중국의 지배를 선언하였다. 이후 청은 1659년 중국 남서부 지역에 있던 명의 잔존세력을 소탕하기 위해 오삼계를 파견하였으나, 오삼계는 오히려 이를 계기로 운남(雲南)의 행정·군사권을 장악하여 번국(藩國)을 수립한 후 칭제하였다. 비슷한 시기 광동(廣東)·복건(福建)에서도 경정충(耿精忠)과 상지신(尙之信)이 번국을 세웠다. 이에 청이 남부의 번국을 없애려고 하자 1673년 3월 오삼계가 경정충(耿精忠)·상지신(尙之信)과 함께 반란을 일으켰다. 이른바 이를 '오삼계의 난', 또는 '삼번의 난'이라 칭한다. 이 글에서는 '오삼계의 난'으로 통일한다.

8) 임계순, 『淸史』 신서원, 2000, 79쪽.

9) 『현종개수실록』 15년(1674) 3월 2일 병인.

10) 『同文彙考』 補編, 「使臣別單」 권1, 謝恩兼冬至行書狀官李宇鼎聞見事件.

군세를 확장하고 있으나 청의 군사가 적절히 대응하지 못하고 있다는 것과 함께, 조선에 조총(鳥銃)을 요구해올 가능성이 있음을 보고하였다.[11] 계속해서 1675년에는 청의 반란 진압 상황에 대해 심익현이 징병으로 인한 민심의 불만을 보고해 왔으며,[12] 청이 곤경에 처한 틈을 이용하여 윤휴(尹鑴)는 효종의 죽음으로 중단된 북벌(北伐)을 일본을 통해 정금 등과 손을 잡고 다시 재개할 것을 숙종에게 건의하기도 하였다.[13] 그러나 같은 해 동지겸사은사로 갔던 복창군(福昌君) 이정(李楨)은 청이 만인(滿人) 중심으로 병사를 뽑기 때문에 한인(漢人)의 민심 동요가 없다는, 상반된 보고를 해왔다.[14] 그리고 1677년을 전후하여 '오삼계의 난'이 평정되고 있다는 보고가 이어지는 가운데, 1681년 11월에는 평안감사(柳尙運)가 청에서 돌아온 역관의 정보를 바탕으로 청이 경정충 및 오삼계가 일으킨 반란을 완전히 진압했음을 보고함으로써,[15] 북벌론은 완전히 힘을 잃고 말았다.

한편 조선은 동래부사가 전하는 중국 정보를 통해서도 반란의 추이를 파악할 수 있었다.[16] 1680년 동래부사 조세환(趙世煥)은, 왜관을 통해 대만 정금(鄭錦)의 패배 소식과 함께 청이 천주(泉州)와 장주(漳州)를 차지한 이후 강남의 무역선을 일본의 나가사키(長崎)에 왕래하지 못하게 함으로써 청의 지배력이 남쪽에까지 미치게 된 상황을 보고하였다.[17] 따라서 조선은 대청

---

11) 『숙종실록』 즉위년(1674) 11월 7일 병인.

12) 『승정원일기』 숙종 1년(1675) 1월 26일 을유.

13) 『숙종실록』 1년(1675) 4월 2일 경인, 6월 3일 경자.
그러나 현종 연간 별다른 준비를 할 수 없었던 조정이 북벌을 다시 추진할 기력은 없었으며, 조정 일각에서는 청의 현실적 지배를 인정하는 차원을 넘어 그들의 정통성까지 인정하려는 분위기가 대두되기 시작하였다(우경섭, 「병자호란 이후 조선의 대청외교, 1637~1700」 『한국의 대외관계와 외교사-조선편』 동북아역사재단, 2018, 442쪽).

14) 『숙종실록』 1년(1675) 3월 5일 계해.

15) 『숙종실록』 7년(1681) 11월 18일 정묘.

16) 동래부는 왜관을 출입하는 조선측 역관(譯官)을 통해 일본 나가사키(長崎)의 당통사(唐通事)가 도쿠가와 막부에 보고한 중국 정보를 입수할 수 있었다.

사자나 동래부의 보고를 통해 청이 '오삼계의 난'을 평정해가고 있는 것에 대해 전체적인 대세는 파악하고 있었다고 볼 수 있다.

그런데 청에 파견된 사자들이 전하는 정국 동향 가운데에는, '오삼계의 난'에 대해 청의 국지적인 대치 및 패배를 부각시키거나 사실과는 다른 정보가 들어 있는 경우도 있었다.[18] 청의 진압 능력에 대한 불안감이 존재하는 가운데, 한편에서는 청의 조선에 대한 의혹도 보고되었다. 청의 의혹이란 조선이 '오삼계의 난' 직후(1674년) 대만 정금과 결탁하여 청을 공격해올지도 모른다는 것이었다.[19] 1675년에도 1월과 3월 청에 파견되었던 심익현(沈益顯)·이정(李楨)이 청이 요하 이동, 산해관 밖에 진보(鎭堡) 등의 방어시설을 마련하고 있다는 내용을 보고해 왔는데, 조선이 대만 정금을 인도하여 함께 청을 공격해올지 모른다는 청의 우려 때문이라는 것이었다.[20] 병자호란 이후 조선 조정 내의 반청 정서를 인지하고 있는 청의 이러한 의혹은 조선을 한층 긴장시키게 하였다.[21]

한편 청의 의혹과는 대조적으로, 조선 내부에서는 1676년 문위역관 한시열(韓時說)의 보고 이래 대만(臺灣) 정금(鄭錦)이 1675년 초 일본에 군사 원조를 요청했다는 소식을 비롯하여, 일본이 대만 정씨와 결탁하여 조선을 공격해올지도 모른다는 소식이 전해졌다.[22] 조선에 있어서 대만은 지금까

---

17) 『숙종실록』 6년(1680) 7월 10일 정유.

18) 김창수, 「17세기 후반 朝鮮使臣의 공식보고와 정치적 파장」 『사학연구』 106, 2012, 150~152쪽.

19) 『숙종실록』 즉위년(1674) 11월 7일 병인.

20) 『숙종실록』 1년(1675) 1월 26일 을유 및 3월 5일 계해.

21) 1677년을 전후하여 청이 '오삼계의 난'을 평정해가고 있음에도 불구하고, 1681년 정월에는 숙종이 대신과 비변사 당상을 인견한 자리에서 송시열이 명나라에 대한 의리를 개진하였다(『숙종실록』 7년 1월 3일 정사). 병자호란 당시 척화를 주장했던 3학사(오달제·윤집·홍익한)의 후손에 대한 양육 등이 논의 논의되었다(『숙종실록』 7년 1월 30일 갑신).

22) 『숙종실록』 2년(1676) 1월 13일 병신(동래부 보고).

지 잘 알려지지 않은 세력이었다. 임진왜란 때 조선을 침략했던 일본과 손을 잡을 수 있다는 대만 침공 관련 정보는 조선을 더욱 불안하게 만들었던 것 같다. 이에 외적의 변란을 준비해야 한다는 조정의 건의에 따라, 1678년 숙종이 강화도의 축성을 지시한 바 있다.23)

이러한 경위로 볼 때, 조선은 17세기 후반 '오삼계의 난' 직후 반란에 대한 청의 평정 과정을 대체적으로는 알고 있었음에도 불구하고, 일부 부정확한 정보, 그리고 대만 정금과 조선의 결탁에 대한 청의 의혹으로 인해 조·청 양국간에 불안과 긴장의 수위가 한층 높아진 상태였다고 할 수 있다. 그리고 조선 내부적으로도 일본과 대만 정씨의 결탁에 대한 불안으로 대외위기감이 강하게 자리잡고 있는 상태였다고 볼 수 있다.

그러나 여기에서 주목해 보아야 할 부분은 다음의 두 가지이다. 하나는 '오삼계의 난'으로 인한 청 정국의 유동성 및 조·청관계의 긴장이 양국의 외교관계에서는 어떠한 조치로 구체화되었는가라는 문제이다. 둘째는 그 결과 청의 혼란이 조·일관계에는 어떠한 영향을 미쳤는가라는 것이다.

우선 첫째, '오삼계의 난' 이후 대두된 조선의 고민은 뭐라 해도 청의 '청병'(請兵) 또는 '원병'(援兵) 요구에 대한 불안이었다. 1674년 6월 현종과 영의정(金壽興) 및 비변사 당상 등은 '오삼계의 난' 직후 갑작스런 칙사의 파견 목적에 대해 혹시라도 청이 남방의 반란 진압을 위해 조선에 병력이나 군량을 요청하려는 것이 아닐까라는 우려에서 대책 등을 논의하였다.24) 그러나 청 사자가 황후(강희제의 부인)의 사망을 조선에 통보하기 위한 告訃使(兪瑒)라는 것이 밝혀지면서 병력 지원 요청 건은 기우로 끝났다.25) 그렇지만 1674(숙종 즉위)년 11월에도 진위겸진향사(영신군 李瀅)가 청의 병부(兵部)에서 조선에 조총(鳥銃) 요청 건을 황제에게 건의했다는 소식을 전

23) 『숙종실록』 4년(1678) 9월 10일 무신.
24) 『승정원일기』 현종 15년(1674) 6월 11일 갑진.
25) 『현종개수실록』 15년(1674) 6월 13일 병오.

해왔다.[26] 이에 영의정(許積)을 비롯한 대신·비변사 당상들간에 논의가 있었지만, 대명의리와 청의 '원병'을 거절하기 어렵다는 현실론으로 나뉘어 결론이 나지 않았다.[27] 그러나 1674년 진하겸동지사행의 서장관으로 수행했던 홍만종(洪萬宗)의 보고에 따르면, 청의 병부가 조총 요구를 취소함으로써 결국 '오삼계의 난'으로 인한 청의 조선에 대한 군사적인 요구는 없었다.[28]

한편 청은 1681년 3월에는 숙종의 왕비 조제(弔祭)차 칙사를 파견하면서 '가도'(椵島)의 관측을 요구해 왔다. '가도'는 명의 모문룡(毛文龍)이 유둔하여 청과의 금주(錦州) 전투시 군사적 거점으로 활용했던 곳이었다. 이에 조선은 청이 가도의 군사시설(鎭)에 대한 힐문 및 재가동 여부 등을 확인하려는 것이 아닐까라고 우려했던 것 같다.[29] 병자호란 이후의 조·청 관계란, 정축화약(1637년)에 따라 청이 명을 징벌하기 위해 조선에 원병(援兵)을 요청할 수 있었다. 이는 조·명 접촉을 견제하기 위한 것으로 조선이 혹시라도 서쪽 변방의 군사 방어시설을 수축할 경우에도 청의 허락이 필요했음을 의미한다. '오삼계의 난' 이후 청의 조선에 대한 '청병' 논란이나 '가도' 관측은 이에 따른 것으로 보인다. 대만 정금과의 결탁 여부에 대한 의혹이 있던 청으로서는 조선의 군비에 대한 사찰이 필요했던 것 같다. 그러나 청 사자는 화가(畫家)를 대동하여 가도를 관측만 해갔을 뿐 추후의 구체적인 요구는 없었다.

결과적으로 청은 '오삼계의 난'과 관련하여 일본이 통신사를 요청해온 1680년 시점까지 조선에 징병 등, 어떠한 군사적인 요구도 해오지 않았다. 조선 역시 대만과 일본의 결탁설 등에 대한 불안으로 지방군을 총괄하는

26) 『숙종실록』 즉위년(1674) 11월 7일 병인.

27) 『숙종실록』 즉위년(1674) 11월 13일 임신.

28) 『同文彙考』 補編, 「使臣別單」 권1, 갑인(1674) 陳賀兼冬至行書狀官洪萬宗聞見事件(康熙13년월일).

29) 『숙종실록』 7년(1681) 3월 20일 계유·4월 1일 갑신·4월 19일 임인·4월 21일 갑진.

임시기구로서 도체찰사부(都體察使府)의 복설과 같은 군비강화책을 모색하기도 했지만, 결국은 조정 내의 권력투쟁으로 인해 무산되었다.[30] 그 결과 숙종 초기에는 국정을 효종 대와 같이 '원명항청' 내지는 '북벌'을 목표로 군사·안보 중심으로 운영하지 않았기 때문에 '오삼계의 난'이 조선의 재정 등, 국정 운영에 직접적인 영향을 미쳤다고는 볼 수 없다. 따라서 17세기 후반의 조·청관계란, '오삼계의 난'으로 인한 불안과 대외위기감이 계속되는 가운데 양국간에 긴장의 수위가 한층 높아진 것은 사실이다. 그러나 그럼에도 불구하고 청이 '오삼계의 난'을 진압하기 위해 조선에 어떠한 병력이나 군량·무기·군사시설의 이용을 요청하지는 않았으므로, 조·청 간에 특단의 결정을 요하는 긴급한 외교 현안이나 마찰은 발생하지 않았다고 할 수 있다. 그 결과 조·청관계는 기본적으로는 1643년 이후의 외교관계가 그대로 유지되었다. 병자호란(1636년) 이후 정비된 외교전범(정축화약)에 따라 조선은 1673년 '오삼계의 난' 이후에도 매년 청에 사자를 파견하였으며, 이러한 사실은 왜관 및 쓰시마(對馬)를 방문하는 문위역관을 통해 일본의 도쿠가와(德川) 막부에도 전해졌다. 통신사 파견 교섭이 진행되던 숙종 연간(1680~1682년)에도 조선은 1년에 몇 번씩 사자를 파견하여 청의 정국을 탐색하였다. 청 역시 매해 조선보다도 더 빈번한 횟수로 칙사를 파견해 왔다. 혹시라도 조선과 명의 잔존세력 및 대만(臺灣)과의 결탁 가능성 내지는 조선의 군비 증강 상황을 정탐할 필요가 있었을 것으로 보인다. 한마디로 17세기 후반 '오삼계의 난' 이후의 조·청관계란, 긴장의 수위는 높아졌지만, 외교관계는 안정적으로 유지하는 가운데 상호간에 정보를 탐색하는 수준이었다고 할 수 있다.

둘째는 '오삼계의 난'에도 불구하고 조·청 외교관계가 비교적 안정적으로 유지된 결과, 조·일 양국관계에서도 특별한 외교현안은 발생하지 않았

30) 김창수, 「17세기 후반 朝鮮使臣의 공식보고와 정치적 파장」『사학연구』106, 2012

다는 것이다. 1654(효종 5)년 청은 러시아 정벌 당시 조선에 사자를 파견하여 병력 지원을 요청해 왔다.[31] 이에 조선은 1655년의 을미통신사 파견 때 일본 막부의 금수 물품인 병기(鳥銃) 구입을 위한 특단의 교섭에 대비하여 뛰어난 교섭력을 갖춘 역관(洪喜男)을 파견한 적이 있었다.[32] '오삼계의 난'과 관련하여 청이 조선에 긴급한 병력이나 무기 지원 요청을 하지 않았다는 것은, 조선의 입장에서 보았을 때 1655년 을미통신사 때처럼 일본의 무기 수입과 같은 긴급한 외교현안은 발생하지 않았음을 의미한다. 또 일시적으로 대만 정금이 일본과 협력하여 조선을 공략할 수도 있다는 정보로 인해 대외위기감이 높아지기는 했지만, 1680년 대만 정금이 청에 패배함으로써 일본에 대해서도 특별한 위기감은 없어졌다고 할 수 있다. 그 결과 일본이 1680년 막부 쇼군(綱吉)의 습직 축하를 위해 통신사를 요청해올 때까지 조선으로서도 군사·안보 차원에서 대일본 외교현안은 발생하지 않았다고 할 수 있다.

그렇다면 이 시기 일본은 어떠했을까?

도쿠가와 막부 역시 '오삼계의 난'에 대한 추이와 청의 진압 상황, 그에 따른 조·청관계의 변화, 조선의 정국 동향에 촉각을 곤두세우고 있었다. 그러나 그럼에도 불구하고 병자호란을 전후한 급격한 명·청 교체 때와는 달리, 1655년 을미통신사 파견 이후 실제로 조선에 중국 정세나 조선 정국을 정탐하기 위해 쓰시마 번(對馬藩)이 사자를 파견해 오거나 상경(上京)을 요청한 사실은 없었다. 그 이유로는 17세기 중반 막부의 쇄국(鎖國) 조치 이후 나가사키(長崎)를 통해 중국 관련 정보를 확보할 수 있었기 때문이다.[33]

---

31) 『효종실록』 5년(1654) 2월 2일 계해.

32) 『비변사등록』 효종 7년(1656) 3월 26일.

33) 17세기 중반 후금의 대두로 명·청의 정치적 위상이 뒤바뀌게 되는, 소위 명·청 교체는 일본에게도 충격이었다. 이에 후금의 대두에 대한 불안이 가시지 않았던 시기, 일본은 어떠한 명분을 내세워라도 조선에 사자를 파견하되 상경(上京)을 요구하면서까지 정세 탐색을 시도하였다. 1627년 정묘호란이 발생했을 당시, 조선의 통

명의 멸망(1644년) 이후 나가사키(長崎)에는 청(淸) 뿐만 아니라 반청세력인 西平王(吳三桂), 平南王(尙可喜), 靖南王(耿繼茂)의 무역선도 함께 도항하고 있었기 때문에, 명·청 교체 이후의 중국 동향을 전체적으로 파악할 수 있었다.[34] 그러나 1661년 청의 '천계령'(遷界令, 1661~1684년) 이후 청 선적(船籍)의 무역선이 나가사키로 출항하지 못하게 되면서부터는 주로 중국 남방에서 출항하는 무역선을 통해 오삼계, 정금(福建, 臺灣) 관련 정보만이 수집되고 있었다. 그 결과 1673년 '오삼계의 난' 이후에는 정작 이들 반란을 진압하는 청 정부의 대응력이나 북경(北京)쪽 정보가 부족하게 되었다고 할

보로 후금의 존재를 인식하게 된 일본은 1629년 조선에 대한 군사 원조를 명분으로 내세워 정세 파악을 위해 일본 사자(국왕사)의 상경을 요청했다가 조선에 거부당한 적이 있다(정성일, 「정묘호란과 조선의 무역정책 -1629년 일본 '국왕사'의 상경과 관련하여-」『사학연구』 49, 1995). 동아시아 국제정세의 변화는 일본에도 영향을 미칠 수 있었기에, 1643년 계미통신사 파견시에도 일본은 조선에 도발적인 요구를 해왔다. 즉 조선국왕이 도쿠가와 쇼군에게 보내는 국서의 인문(印文)을 이전과 마찬가지로 '爲政以德'으로 해야 한다고 새삼스러운 요청을 해왔다. 이것 역시 후금·조선의 교린관계가 1636년의 병자호란 이후 조·청 사대관계로 변함에 따라 조일관계에 미칠 영향을 확인해 보기 위해서였다고 할 수 있다(『통신사등록』 계미(1643년) 2월 26일 동래부사(鄭維城) 장계). 또 이자성의 난으로 1644년 명이 멸망한 이후인 1649년에도 일본은 인조 사망에 대한 진향을 명분삼아 사자의 상경을 요청해 왔다. 이 역시 기유약조 이후 상경(上京) 불허 방침에 따라 성사되지는 못했다(『비변사등록』 효종 즉위년(1649) 10월 26일). 일본은 1645~1646년에 걸쳐 명의 遺王·遺臣으로부터 군사적인 지원 요청을 받고 있었다. 병자호란 이후 조선 집권층의 '항청원명' 방침을 잘 알고 있는 일본으로서는 명의 멸망 이후 조·명 접촉 등에 대한 정국 탐색 차원에서 사자 파견을 시도해본 것이라 할 수 있다.

34) 『華夷變態』는 일본 에도시대 유학자인 林春勝(林鵝峰)과 林信篤(林鳳岡) 부자가 1732년에 편찬한 책으로, 일본과 중국 사이에 이루어진 무역 관련 구술 자료이다. 일본의 쇄국 후 나가사키(長崎)에서는 중국 무역선이 들어오면 당통사(唐通事)가 선박으로부터 聞見한 자료를 정리한 후 나가사키 부교(奉行)의 검토 및 선별을 거쳐 「唐船風說書」라는 문서로서 중국 동향을 도쿠가와 막부에 보고하였다. 『華夷變態』에는 이러한 중국 정보가 연대순으로 수록되어 있으며, 내용상으로는 1644년 이자성의 난(명의 멸망)을 기점으로 1717년까지의 상황이 수록되어 있다. 명 멸망 이후의 南明정권, '오삼계의 난'에 대한 정보가 상세하다.

수 있다. 1681년 청이 '오삼계의 난'을 완전히 진압하여 남쪽의 번국을 통일하기 이전까지는 청의 영향력이 결정적이지 못했기 때문에, 청 정부의 동향을 알 수 있는 북경쪽 정보는 쓰시마 번을 통해 조선으로부터 수집되었다.[35)]

『華吏變態』에 수록된 쓰시마 번주(對馬守)의 보고를 보면 정보의 출처는 조선이었다. "北京筋目之儀者朝鮮續之義に候故、相知れ申候。"라고 언급했듯이, 북경쪽(北京筋), 즉 청 정부 관련 동향 파악을 조선 정보의 특징으로 지적하고 있다.[36)] 쓰시마 번은 '오삼계의 난'(1673년) 직후인 1674년부터 1679년 까지 거의 매해 관련 정보를 '소 쓰시마노카미'(宗對馬守) 명의로 막부에 보고하였다. 1674년 '쓰시마노카미' 명의의 문서(覺)에서는 오삼계의 반란 경위와 청의 진압 상황을,[37)] 1675년에는 오삼계가 임진왜란 당시 명(明)의 군사 원조에 대한 '보은' 차원에서 조선에 군사지원을 요청했지만, 조선이 청과의 관계를 고려해서 응하지 않았다는 내용 등이 보고되었다.[38)] 같은 해 '쓰시마노카미'의 또 다른 문서를 보면 가장 첫 번째 항목에서 조선 정국의 안정 및 조·청관계도 변함없이 사절이 왕래하고 있음을 보고하고 있다. 도쿠가와 막부의 관심이 '오삼계의 난' 이후 조·청관계의 추이 및 조선의 정국 동향 파악이었음을 짐작할 수 있는 대목이라 할 수 있다. 이어지는 내용에서는 오삼계가 정금사(鄭錦舍)와 함께 북경(北京)을 공격한다 하더라도 800만에 달하는 청의 팔기군(八旗軍)이 북경을 방어하고 있기 때문에 역부족일 것이라는 등, 청의 평정 능력이 상세하게 수록되어 있다. 이 보고는 쓰시마 번주가 에도산킨(江戶參勤)을 마치고 쓰시마 후츄(府中)로 돌

35) 『華夷變態』에 수록된 쓰시마 번 정보의 성격에 대해서는 松尾晋一의 논문(「『華夷變態』と対馬宗家からの'唐兵乱'情報」『研究紀要』 1, 日本長崎縣立大學, 2016) 참조.
36) 『華夷變態』 권2, 對馬風聞 「唐韃戰之事」(1674.6.30), 「覺」(9.11).
37) 『華夷變態』 권2, 對馬風聞 「唐韃戰之事」(1674.6.30), 「覺」(9.11).
38) 『華夷變態』 권3, 「朝鮮國ニ而風說之覺書」(1675.11.8).

아왔을 때 그의 환도(還島) 위로차 쓰시마에 파견된 조선의 문위역관(金判事)으로부터 얻어낸 정보에 근거하여 작성한 것으로, 막부 로쥬(老中 美濃守)의 문의에 대한 쓰시마 번주의 답변이었다.[39] 1675년 문위역관으로 파견된 역관은 한시열(韓時說)과 김진하(金振夏)였다.[40] 위의 쓰시마 번 보고에서 정보의 출처로 지목된 김판사는 바로 전해에 대청 외교사행을 수행하여 청(淸)에 다녀온 역관 김진하(淸學, 만주어)로, 왜관이 동래부측 역관을 통해 수집한 풍문을 정리한 수준이 아니라 청에서 직접 탐문해 온 정보였다.[41] 앞에서도 언급했듯이 1674년 청에 파견되었던 사은사와 진위겸진향사 일행은 '오삼계의 난'에 대한 추이와 청의 대응을 보고하는 것이 주요 임무였다. 그렇다고 한다면 쓰시마 번주의 보고란, 문위역관으로 쓰시마를 방문한 조선의 대청 외교 실무자가 직접 문견(聞見)해온 청 정부의 고급 정보를 그가 쓰시마에 체류하는 동안 번주 및 가로(家老)와의 문답을 통해 다시 확인한 것으로 볼 수 있다. 쓰시마 번은 1676년 이후에도 계속해서 번주 명의로 막부 문의에 대해 왜관을 출입하는 동래부 역관이나 문위역관으로부터 얻은 정보를 로쥬(老中)에게 보고했다. 1676년 4월과 6월에는 왜관을 통해 동래부측 역관으로부터 오삼계의 북경 공격과 청의 열세 및 조선의 군사적 방어 상황, 그리고 청의 조선에 대한 군사적 요구 등을 염려했지만 실제로 청의 군사적 요청은 없었다는 것까지도 막부에 보고하였다.[42] 그리고 8월에는 쓰시마 번 가로가 문위역관(韓첨지·金판사)과의 문답을 통해 확인했지만 오삼계의 군과 청군의 승패를 가늠하기 어렵다는 상반되는 보고도 있었다.[43] 그러나 1679년에는 왜관을 통해 조선측 역관과의 문답을

---

39) 『華夷變態』 권3, 「譯官兩使申聞候覺書」 1675.11.8.

40) 『변례집요』 권18, 信使 附 渡海, 을묘(1675) 7월.

41) 1674년(현종 15)에는 3월에 사은사(金壽恒), 11월에 진위겸진향사(靈愼君 李瀅)가 청에 파견되었다.

42) 『華夷變態』 권4, 「唐亂ニ付朝鮮國ニ而風說之覺書」 1676.4월 朔日 및 6월 朔日.

43) 『華夷變態』 권4, 「唐亂ニ付朝鮮國ニ而風說之覺書」 1676.8월 쓰시마 번 가로와 문위

근거로 오삼계가 북경을 공격했으나 청의 남경까지의 운항이 순조로운 것으로 보아 오삼계의 북경 공격이 가짜 정보일지 모른다는 풍문을,[44] 1679년에는 오삼계의 사망 등에 관한 정보를 막부 로쥬에게 제출하였다.[45]

이와 같은 경위로 볼 때, 도쿠가와 막부는 쓰시마 번주의 보고를 통해, 17세기 후반 '오삼계의 난'에 대한 청 정부의 진압 능력, 조·청 외교관계의 안정적 유지, 그에 따른 조선 정국의 안정을 충분히 파악할 수 있었다. 따라서 도쿠가와 막부로서는 청의 지배력 강화로 '오삼계의 난'이 평정되어 가는 단계에서 굳이 일본의 안보를 불안해할 필요도 없었으며, 조선의 정국 탐색을 조일 간의 외교현안 내지는 명분으로 삼을 필요도 없어졌다고 할 수 있다. 말하자면 조·청관계의 안정에 따른 조선 정국의 안정으로 인해 조일 양국관계에서도 긴박한 상황이 발생하지 않음에 따라, 막부가 조선에 사자 파견을 요청할 정도로 긴급한 외교현안은 없었다고 할 수 있다. 즉 명·청 교체기 때처럼 굳이 새로운 명분을 만들어가며 조선에 통신사를 요청할 이유는 없게 된 셈이다.

일본 내부적으로도 17세기 중후반에 걸쳐 도쿠가와 막부의 제4대 쇼군 이에츠나(家綱)가 비록 어린 나이로 쇼군이 되었지만, 숙부인 호시나 다다유키(保科正之)를 비롯하여 로쥬(酒井忠勝·松平信綱·阿部忠秋·酒井忠淸) 등, 3대 쇼군 이에미츠(家光) 때부터의 막부 신료들의 보좌를 받으며 세습정권으로서 권위를 확립할 수 있었다. 이를 바탕으로 이에츠나(家綱) 정권에서는 3대 쇼군(家光) 때까지 무력에 의존하던 무단통치 및 다이묘 통제에서 벗어나 합의나 법을 중시하는 문치로 정책을 전환하는 한편, 농정에 주력함으

역관과의 문답.
여기에서 '韓僉知·金判事'란 1675년 파견된 문위역관 한시열(韓時說)과 김진하(金振夏)를 말한다.

44) 『華夷變態』 권7, 「今度譯官江相尋候唐兵亂之風說」 1678.12.25, 조선역관이 쓰시마번에 준 정보

45) 『華夷變態』 권7, 「唐兵亂之風說」 1679.正.25, 오삼계 사망.

로써 거의 30년간에 가까운 정권의 안정을 이룰 수 있었다. 이러한 도쿠가와 막부 안팎의 사정으로 볼 때, 제5대 쇼군 츠나요시(綱吉)가 쇼군직을 습직(1680년)했을 당시도 조선에 대해 새삼스럽게 어떤 외교적 명분이 필요한 시기는 아니었다고 할 수 있다. 말하자면 17세기 후반 '오삼계의 난'에 대한 청의 평정과 그에 따른 조·청관계의 안정, 즉 동아시아 국제관계의 안정으로 도쿠가와 막부에 있어서도 조선의 정국 탐색이 필요할 정도로 긴급한 현안은 발생하지 않았다고 할 수 있다.

여기에 일본의 통신사 접대에 대해서는 제번(諸藩)의 다이묘들도 부담으로 여기는 측면이 있었다. 통신사 접대에 들어가는 비용 분담은 물론 및 원만하게 수행하지 못했을 경우 막부의 위광(威光)을 훼손했다는 이유로 문책을 당할 수도 있었다. 일본의 일반 백성들 역시 생업을 제치고 동원되어야 했기 때문에 부담스러워 하였다. 단, '쇼군 습직 축하'를 위한 조선의 통신사행은 여전히 쇼군 권력을 과시하고 다이묘 통제에도 유리했기 때문에 유일한 외교 명분으로 남게 되었다고 할 수 있다.

통신사행은 1607년 국교 재개 이후 성립된 조일간의 외교절차상 일본이 먼저 요청해오면 조선이 이를 수용하여 파견하는 구조였기 때문에 조선의 필요보다는 일본측의 필요가 더 결정적인 조건이었다. 이에 도쿠가와 막부로서는 1680년 제5대 쇼군 츠나요시(綱吉)의 습직 때에 이르러서야 비로소 조선에 통신사를 요청할 수 있게 된 셈인데, 1655년 제4대 쇼군 이에츠나(家綱) 습직 축하를 위한 을미통신사행으로부터 거의 30년 만의 외교 재개였다.

2. 30년 만의 통신사외교 재개와 전례(前例)의 부각

1) 쇼군 츠나요시(德川綱吉)의 습직(1680) 축하 요청과 '구례'(舊例)

도쿠가와(德川) 막부의 새로운 쇼군 츠나요시(綱吉)는 전 쇼군 이에츠나(家綱)가 1680년 5월에 사망하자 3달 후인 1680년 8월에 쇼군으로 습직하였음을 선포하였다. 그리고 습직 후 호시나 다다유키(保科正之) 등 막신(幕臣)들의 보좌를 통해 쇼군 권력이 빠르게 안정되자 1년도 되지 않은 1681년 5월 23일, 새로운 쇼군 츠나요시는 산킨고타이(參勤交代)로 에도(江戶)에 체류중이던 쓰시마 번주 소 요시자네(宗義眞)를 에도성(江戶城)에서 면대한 자리에서 조선에 통신사 요청 건을 지시하였으며, 로쥬(老中)의 봉서로 전달되었다.[46] 이에 쓰시마 번주는 통신사 요청을 준비하기 위해 바로 다음 달인 6월에 귀향 허가를 받아 에도(江戶)를 출발하였다. 쓰시마 번주가 후츄(府中)에 도착한 것은 6월말(6.28)로, 쓰시마 번의 에도번저(江戶藩邸)에서는 번주의 환도보다 조금 앞선 시점에 왜관 관수(館守) 앞으로 통신사를 요청하는 번주의 서계를 보내 동래부에 알리도록 하였다.[47]

거의 30년 만에 재개된 일본측의 통신사 요청 건을 조선은 어떻게 받아들였을까? 조선이 동래부사의 보고로 일본측의 통신사 요청 의사를 처음

46) 『天和信使記錄』 信使來聘ニ付從公儀被仰出候義幷相伺候始終覺書(대마도종가문서 기록류 No.157, 국사편찬위원회).
『天和二壬戌年朝鮮信使來聘付老中より來, 御奉書之寫　全』(대마도종가문서 기록류 No.191, 국사편찬위원회).

47) 三宅英利, 『近世日朝關係史の硏究』 文獻出版, 1986, 353~354쪽.
仲尾宏, 『朝鮮通信使と德川幕府』 明石書店, 1997, 168~170쪽.
箕輪吉次, 「天和二年(1682)의 朝鮮通信使」 『아세아문화연구』 6, 2002, 113~114쪽.
『通信使謄錄』 3책, 신유(1681년) 6월 26일 동래부사 남익훈(南益薰) 장계.

인지하게 된 시점은 1681년 6월이다. 동래부사 남익훈(南益薰)의 보고에 따르면, 쓰시마 번은 1681년 6월 먼저 왜관 관수에게 일본이 장차 관백(쇼군)의 신립(新立) 건으로 통신사를 요청하는 사자를 파견할 예정이라는 것을 알려 왔다. 이때 왜관측이 동래부사에 전달한 내용으로는, 우선 통신사 요청이 막부의 지시라는 것이며, 1682년 6~7월 중에 통신사가 에도(江戶)에 도착할 수 있게 해달라는 파견 일정에 관한 것이었다. 쓰시마 번은 이때 왜관 관수에게 통신사를 요청하는 쓰시마 번주(宗義眞)의 서계(寫本)도 미리 보내 왔다. 그러면서 번주가 에도참근(江戶參勤) 당시 막부로부터 통신사 요청을 지시받자 바로 에도번저(江戶藩邸)에서 예조참판 앞으로 서계를 작성한 것이라는 점을 강조하였다.[48] 막부의 지시와 관련이 있다는 정보를 동래부측에 일찌감치 알림으로써 교섭력을 높이려 했던 것 같다.

이에 대한 조선의 반응을 보면, 일본측의 통신사 요청 자체를 둘러싸고 조정에서 어떠한 이견이나 논의를 한 흔적을 찾아볼 수가 없다. 『숙종실록』에는, "병신년 이후 다시 청하지 않다가 새 관백(源綱吉)이 신립하자 통신사를 요청해온 것"이라는 1~2행 정도의 아주 간단한 기록만 남아 있을 뿐이다.[49] 이 짧은 언급으로 짐작할 수 있는 것은, 을미통신사(1655년)의 다음 해인 병신(1656)년부터 거의 30년간이라는 긴 외교공백 끝에 '쇼군 습직 축하'라는 명분으로 통신사외교가 다시 재개되는 것에 대해 일종의 놀라움과 함께, 이를 과거 효종대에 쇼군 이에츠나(家綱)의 습직 축하차 파견된 을미통신사(일본에서는 明曆信使)의 전례(前例)에 따른 것으로 받아들이고 있다는 것이다.

그런데 위 동래부사의 보고(6월 장계)를 조일 양국의 교섭절차로 보자면, 쓰시마 번이 '통신사청래차왜' 편에 쓰시마 번주 명의의 서계(原本)를 예조 앞으로 보내 통신사 파견을 정식으로 요청하기도 이전 단계였다. 말하자면

48) 『통신사등록』 3책, 신유(1681년) 6월 26일 동래부사 남익훈(南益薰) 장계.
49) 『숙종실록』 7년(1681) 6월 24일 을사.

아직 구두(口頭) 교섭 단계에 불과하다고 할 수 있는데, 조선은 일본측의 통신사 요청을 이미 전례에 따른 기정사실로 받아들이고 있음을 알 수 있다. 그 결과 장기간에 걸친 외교공백에도 불구하고 조정의 파견 결정은 비교적 신속하고도 순조롭게 추진되었다고 할 수 있다.

그러한 징표로는 앞서 동래부사의 보고 때와 마찬가지로 『숙종실록』 등에 통신사 파견을 둘러싼 조정의 논의나 경위에 관한 기록이 소략하기 짝이 없다는 것을 들 수 있다. 을미통신사(1655년)의 경우에도 그 이전의 계미통신사행(1643년)과 비교하면 기록이 소략한 편이었다. 그렇지만 절목강정이라는 교섭과정에서는 예조판서가 외교 경륜이 풍부한 역관(洪喜男)과 함께 항목 하나하나를 면밀히 검토하였다. 예를 들면 일본측이 '다이유인 묘당'(大猷院廟, 제3대 쇼군 家光의 묘당) 치제와 같은 신례를 비롯하여, 통신사외교 교섭에 편승하여 쓰시마 번이 자신들의 이익 확대와 관련되는 항목들을 강정절목(講定節目)에 끼워넣기식으로 포함시켜 왔기 때문에, 이를 둘러싼 조정의 논의 및 결정과정에서 판단에 신중을 기했던 흔적들이 당시의 기록에 남아 있다.[50] 이에 비하면 임술통신사(일본에서는 天和信使)의 경우 을미통신사 때보다도 기록이 훨씬 더 소략하다.[51] 물론 『통신사등록』이나 『接待事目錄抄』와 같이 별도의 기록이 존재하여 파견을 전후한 교섭 경위를 자세히 알 수는 있다. 그러나 중앙정부 차원에서 기록이 소략하다

50) 『통신사등록』 2책, 을미(1655년) 4월 8일 禮曹啓下.

51) 일본의 경우 「天和信使」(임술통신사) 관련 기록이 전국적으로 방대하게 남아 있다. 특히 쓰시마 번의 경우 통신사와 관련해서는 「天和信使」 때부터 기록이 본격적으로 작성되기 시작했으며, 현재 국사편찬위원회가 소장하고 있는 「天和信使記錄」(대마도종가문서)만 해도 대략 160여책에 달한다. 내용상으로는 통신사의 에도성(江戸城) 登城, 에도 체류, 귀로시 쓰시마 번의 호행과 관련된 내용과 예물 등, 여정과 접대의례와 관련된 기록이 주를 이룬다. 한편 통신사 초빙과 관련된 막부측의 문서도 유독 임술통신사(天和信使) 때의 원본이 그대로 남아있는데, 쇼군의 뜻을 담아 쓰시마 번주 앞으로 발급된 막부 로쥬(老中)의 奉書는 쓰시마 번주 宗家의 가업을 보장해주는 것이나 마찬가지였으므로 특별히 귀중하게 관리했던 것 같다.

는 것은, 숙종대 통신사 파견을 결정하는 조정의 논의에서 일본측의 요구 가운데 문제를 삼을 만큼 새롭고 도발적인 의제(안건) 제시가 없었거나, 또는 통신사 파견에 있어서 선대로부터 유지되어 온 외교명분이나 방침을 굳이 변경할 필요가 없었기 때문이라 할 수 있다.

그리고 또 하나 과거 전례에 비추어 숙종대에 통신사 파견을 기정사실로 받아들였다는 징표로서는, 아직 구두 교섭 단계임에도 불구하고 통신사 파견 자체가 신속하게 결정되었다는 것이다. 동래부사가 6월 장계를 올려 처음으로 쓰시마 번의 통신사 파견 요청을 보고했을 때, 비변사에서는 이미 을미통신사행(1655년)의 새 관백 세습 전례에 따라 접위관 문제를 논의하였다.[52] 그리고 10일도 채 안되는 7월 3일에는 조정에 통신사 파견 차출의 필요를 건의하였다.[53] 말하자면 조선은 동래부사의 보고 및 비변사의 의견에 따라 아직 구두 교섭 단계임에도 불구하고 10일도 안되는 짧은 기간에 사실상 통신사 파견을 '내정'한 셈이라고 할 수 있다.

물론 조선은 이미 1680년부터 쓰시마 번을 통해 도쿠가와 막부의 동향을 파악하고 있었다. 1680년 윤8월과 9월에는 쓰시마 번이 '告訃·告慶差倭'(平常重·平眞賢)를 파견하여 제4대 쇼군 이에츠나(家綱)의 사망 및 제5대 쇼군 츠나요시(綱吉)의 신립 사실을 알려 왔다.[54] 이에 장차 일본측의 통신사 파견 요청을 어느 정도 예측하고 있었을 것으로 보인다. 그러나 파견 자체에 대해 중앙에서 아무런 논의가 없었을 뿐만 아니라 신속한 결정으로 대응했다는 것은, 무엇보다도 일본측의 통신사 요청을 선왕대에 제4대 쇼군 이에츠나(家綱)의 습직을 축하하기 위한 을미통신사행과 마찬가지로 새로운 '쇼군 습직 축하' 요청으로 받아들이고 있었기 때문이라 할 수 있다.

그러면 실제로 쓰시마 번의 '통신사청래차왜'가 지참해온 번주의 서계에

---

52) 『통신사등록』 3책, 신유(1681년) 6월 26일 동래부사 남익훈(南益薰) 장계.

53) 『숙종실록』 7년(1681) 7월 3일 갑인.

54) 『변례집요』 권1, 별차왜, 경신년.

는 어떤 내용이 담겨 있었을까? 동래부사의 장계(7.25)에 따르면, 쓰시마 번이 사자(藤一政)를 부산에 파견하여 번주의 서계를 조선에 정식으로 보내온 것은 7월 말경으로, 조정에서 그 내용을 접하게 된 것은 1681년 8월 초였다.[55)]

> 日本國對馬州太守拾遺宗義眞 奉書
> 朝鮮國禮曹參判 大人 閤下
> 節屆道流金遙, 惟貴國康寧傾慰亮多, 本邦淸治莫涉遐想, 吾貴大君統承國家輝騰先烈, 須遵舊例遠勞盛使致幣禮賀, 修繼好誼也, 然則來歲七八月之交到着于東武, 梯航計日要勿違時矣, 今之大君旣有儲君, 在共加慶禮可也, 仍差遣正官藤一政·都船主藤盛次報知焉, 土品別錢庸媿薇薄, 莞留幸甚, 更惟若序目玉, 統希盛亮, 不宣.
> 延宝九年辛酉六月十九日[56)]

1681(延宝 9)년 6월자로 발급된 쓰시마 번주 소 요시자네(宗義眞)의 서계는, 동래부사의 보고대로 수신인이 예조참판으로 되어 있었으며, 통신사 요청 명분 및 일정이 구체적으로 제시되어 있다.[57)] 통신사의 요청 사유로는, "대군(쇼군)의 세습에 대해 '구례'(舊例)에 따라 사자를 파견해 달라는 것을 비롯하여 '儲君'에 대한 경하의 예 요청, 그리고 통신사 파견 일정으로는 1682(임술)년 7~8월 정도에 에도(江戶)에 도착할 수 있도록 해달라는 내용이 제시되어 있어서, 취지 자체는 동래부사의 6월 장계와 크게 다르지 않다고 할 수 있다. '통신사청래차왜'가 가져온 쓰시마 번주(宗義眞)의 위 서

55) 『통신사등록』 3책, 신유(1681년) 8월 5일 동래부사 남익훈(南益薰) 장계(7월 25일).
56) 『同文彙考』 附編 권8 通信, 島主請信使書.
57) 소 요시자네(宗義眞, 1639~1702)는 쓰시마 번의 제3대 번주(1657~1692)이다. 아버지인 제2대 번주 소 요시나리(宗義成)의 사망으로 1657년 가독을 상속하면서 '侍從·對馬守'에 서임되었다. 위 인용 서계의 발신자(宗義眞) 명의에 보이는 '拾遺'란 서임 당시의 관위인 '侍從'(從4位下)의 중국식 표현이다.

계에 대해, 조선은 동래부사의 보고 이후 구두 교섭 단계에서 이미 왜관측으로부터 충분한 사전 정보가 있었기에 특별히 이견을 제시하지는 않았으며, 다례(茶禮, 8.29) 시에 경접위관 병조정랑(尹德駿)이 서계를 접수하였다.[58)]

그러나 쓰시마 번의 '통신사청래차왜'가 정식으로 가져온 위 서계에서 주목해야 할 부분은 쇼군 습직에 대한 축하 사절 요청 명분을 어떻게 기재해왔는가라고 할 수 있다. 쓰시마 번은 이때 처음으로 '구례'(舊例)에 따른 것으로 기재해 왔다. 물론 이는 바로 직전 을미통신사(1655년) 때의 쓰시마 번측 서계에 "신대군(家綱)의 습직으로 전국에 정령(政令)이 바로선 것을 축하하기 위해 사절을 요청한다"는 것을 명분으로 내세웠던 사례를 근거로 했던 것이라 볼 수 있다.[59)] 그러나 을미통신사 요청시, 쇼군 권력의 정치적 안정에 대한 축하라는 부분이 부각되어 있었던 것에 비한다면, 1681년 통신사 요청 시에는 특별한 요청 명분을 내세우지 않고 단지 '구례'라는 관행을 부각시켜 왔다고 할 수 있다. 예조참의 앞으로 보내온 쓰시마 번주의 서계에도 통신사 파견 요청의 명분으로 '전규'(前規)가 제시된 것은 마찬가지였다.[60)]

일본측의 통신사 요청 서계에 '쇼군 습직 축하'를 처음으로 '구례' 내지는 '전규'로 부각시켜 왔다는 것은, 앞서 보았듯이 17세기 후반 '오삼계의 난'에 대한 청의 평정으로 조·청 간에 사절이 정상적으로 왕래하면서 양국 관계가 안정적으로 유지됨에 따라 조선의 정국도 안정된 상태였기 때문에, 조일 간에도 상호간에 정보탐색 등 외교현안이 발생하지 않았기 때문이며,

58) 『통신사등록』 3책, 신유(1681년) 9월 6일의 동래부사 및 접위관 장계.

59) 1653년 쓰시마 번의 통신사청래차왜가 가져온 서계는 『同文彙考』(권8, 通信, 「島主報來歲當送信使書」 禮曹叅判前(承應2(1653)年 癸巳 9월 18일)에 수록되어 있으며, "且中爲伸我貴大君纘紹前代之通勳, <u>而政令徧行于闔國,</u> <u>賀顓使浮槎之事,</u> 至于來來乙未年, 必希顏於超海者也"임이 강조되어 있다.

60) 『동문휘고』 권8, 통신, '島主請信使書'(禮曹參議前).
"懷吾貴大君纘承鴻統, 徧布政令不爽, 前規信使來聘, 修隣睦誼益篤誠信之至"

소위 '전례(前例)에 따른 쇼군 습직 축하'가 유일한 외교명분으로 남게 되었음을 의미한다고 할 수 있다.

2) 조선의 통신사 파견 결정과 '구신'(舊信)

이에 대한 조선측의 답서는 어떻게 작성되었을까? 그간의 사정을 보면, 동래부사의 6월 장계에 이어 1681년 7월에는 경상감사(李翊)로부터 일본의 새로운 관백 습직에 관해, "형이 죽어 동생이 그 위(位)를 이었다고는 하지만 찬탈(簒奪)의 혐의가 있다"라는 보고가 있었다.[61] 그런데 경상감사의 보고에도 불구하고 이를 둘러싼 조정의 논의는 보이지 않는다. 쇼군직 찬탈에 대한 진위 여부는 통신사를 일본에 파견하면 얼마든지 직접 확인할 수 있었기 때문에 굳이 이를 문제삼지는 않았던 것 같다. 조선 정부로서는 쇼군 습직 경위에 대한 의혹은 남아 있지만 그보다는 일단 쓰시마 번을 통한 막부의 통신사 요청에 응답하는 것이 외교적으로는 우선 과제였다고 보아야 할 것이다. 그리하여 서계 접수(8.29)로부터 1달도 안되는 사이에 곧바로 답서가 작성되었다.

1681년 9월자로 작성된 예조참판(安縝) 명의의 답서는 다음과 같은 내용으로 작성되었다.

> 朝鮮國禮曹參判安縝 奉復
> 日本國對馬州太守平公 閤下
> 耑价遠訊就審啓居平廸, 仍聞貴大君繼序增光, 儲嗣有慶, 隣好之誼, 忻慰實切, 送使之請循故事, 而致新款, 尤荷鄭重, 當如期差遣, 以修舊信也, 餉儀謹領薄切回敬, 統希崇諒, 不宣.
> 辛酉年九月 日[62]

61) 『숙종실록』 7년(1681) 7월 13일 갑자.

즉 "대군의 습직에 대해 교린의 도리에 따라 사자 파견 요청을 수용함으로써 '구신'(舊信)을 지키겠다"는 내용이었다. 조선측 역시 별다른 명분 제시 없이 역시 전례를 중시하겠다는 취지였다. 예조참의(尹搢)의 답서 역시 '交好'에 따라 통신사를 파견하겠다는 간략한 내용이었다.[63)]

이렇게 볼 때, 숙종대의 통신사 파견 요청이란 조일 양국 모두 '쇼군 습직 축하'를 유일한 외교적 명분으로 받아들이되 그것이 「舊例·前規/舊信·交好」라 하여 이른바 '전례'(前例)에 따른 것으로 인식했었음을 확인할 수 있다.

그 결과 숙종 대에는 효종 대의 을미통신사(1655년) 때와 비교할 경우 쓰시마 번의 요구에 대해 사소한 이견 조율은 있었지만, 동래부사의 보고에 대한 예조 및 비변사의 대응과 국왕 숙종의 윤허라는 통상적인 절차에 따라 전례를 바탕으로 별 무리없이 파견 준비가 이루어졌다. 조선측에서는 쓰시마 번 차왜가 가져온 서계를 접수하자마자 곧바로 1681년 9월부터 계미통신사행(1643년)과 을미통신사행(1655년) 때의 전례를 참고하면서 통신사행의 파견 준비에 들어갔다. 예조에서는 22개조에 달하는 '응행절목'(應行節目)을 마련하여 통신사가 막부 쇼군에게 지참해가는 조선국왕의 국서와 예단의 준비, 이를 각 도(道)에 분정하는 문제 등을 논의하는 한편, 최종적으로 선정되지는 않았지만 강정 의제로서 '피로인 쇄환' 포함 여부도 검토되었다.[64)] 그리고 통신사청래차왜가 서계와는 별도로 구두로 요청했던 사항, 즉 통신사의 '닛코산'(日光山) 분향 및 치제와 관련된 요구를 비롯하여, 글씨와 문장에 능하고 활과 말을 잘 다루는 사람과 마상재(馬上才) 파견 문제 등에 대해서도 문위역관이 쓰시마로 떠나기 직전까지 논의하였다.[65)]

---

62) 예조참판(安縝) 회답서계(국사편찬위원회 소장 서계, No. 1744).
63) 예조참의(尹搢) 회답서계(국사편찬위원회 소장 서계, No. 1746).
64) 『통신사등록』 3책, 신유(1681년) 9월 15일, 예조 입계.
65) 『통신사등록』 3책, 신유(1681년) 10월 27일 예조 계달 및 11월 15일, 12월 21일.

그러나 조선이 쓰시마 번의 모든 요구를 액면 그대로 수용했던 것은 아니다. 예를 들면 쓰시마 번 차왜가 예조참판 앞으로 서계를 가져오면서 경접위관의 접대를 요구한 것에 대해서는 전례를 참고로 적절히 조정해 나갔다. 쓰시마 번이 통신사 요청 서계를 예조 앞으로 보내오기 시작한 것은 병자통신사(1636년) 때부터였다. 조선이 임란 직후 일본에 통신사 파견의 선행조건으로 제시했던 (쇼군의) '선위치서'는 1635년 쓰시마 번의 '국서개작사건'(柳川一件)으로 의미가 없게 되었다. 이후 조선이 쓰시마 번주의 서계를 통해 막부의 의사를 확인하는 것으로 절차를 변경하게 되자, 쓰시마 번은 예조 앞으로 보내는 번주의 서계를 '통신사청래차왜' 편에 지참해 왔다.[66] 병자통신사(1636년)와 계미통신사(1643년)의 경우를 보면, 2차례 모두 쓰시마 번주가 '예조참의' 앞으로 서계를 보내왔다.[67] 1681년 쓰시마 번 차왜가 '예조참판' 앞으로 가져온 서계는 을미통신사(1655년) 때의 전례를 따른 것이라고 하지만, 이때 조선은 예조참판 앞 서계를 전례에 어긋난 위식(違式)으로 간주했었다.[68] 그러나 효종 대에는 북벌을 위한 군비 증강이 급선무인 상황에서 경접위관이 아닌 향접위관의 접대를 조건으로 예조참판 앞 서계를 접수한 바 있다.[69] 1681년의 경우에도 동래부사가 예조참

---

66) 『증정교린지』 권2, 통신사청래차왜.

67) 1636년 통신사청래차왜(橘成供)가 예조참의 앞으로 가져온 서계는 『동문휘고』(권8 通信, 丙子島主請信使書, 예조참의 답서) 참조.
1642년 통신사청래차왜(平成幸, 平田將監)가 예조참의 앞으로 가져온 서계는 『동문휘고』(권8 통신, 辛巳島主請信使書, 예조참의 답서) 참조.

68) 1653년 통신사청래차왜(藤成方, 小嶋式兵衞)가 예조참판 앞으로 가져온 서계는 『同文彙考』(권8, 通信, 「島主報來歲當送信使書」 禮曹叅判前(承應2(1653)年 癸巳 9월 18일) 참조.
위식으로 간주했음을 짐작할 수 있는 자료로는 『通信使謄錄』 제2책, 계사(1653년) 11월 17일 경상도사 장계 및 제2책 을미(1655년) 3월 2일 문위역관(李亨男) 手本을 참조.

69) 『효종실록』 4년(1653) 11월 29일 신유.

관 앞 서계를 위식으로 간주했기 때문에 이를 특별히 보고는 했지만 조정에서 크게 문제삼지는 않았던 것 같다. 이에 경접위관을 파견하되 조선측의 차왜 일행에 대한 접대 인원수를 축소하는 것으로 일단락지었다.[70] 뿐만 아니라 쓰시마 번은 조선이 통신사를 요청하는 쓰시마 번주(宗義眞)의 서계를 접수(8.29)한 지 얼마 지나지 않은 10월 초에 쓰시마 번 봉행(家老, 平眞幸·平成勝·平成昌) 명의로 된 서계를 조선에 또다시 가져왔다. 수신인이 동래부사 및 부산첨사로 된 봉행 서계는, 통신사 파견을 비롯하여 '善寫·善射·善騎' 및 문장에 능한 사람을 파견해 달라는 내용으로, 통신사청래차왜가 구두로 요청한 내용과 별로 다르지 않은 것이었다. 쓰시마 번측은 봉행 서계가 번주의 쓰시마 환도 이전에 왜관에 보내진 것이기 때문에, 일의 순서상 번주 서계가 접수되기를 기다렸다가 내놓은 것이라 해명하였다. 동래부사는 이 역시 위식으로 간주하여 보고하였지만, 의도적인 것은 아니라 여겨 접수된 사례가 있다.[71]

이것으로 볼 때 1682년 임술통신사의 경우, 통신사 요청 초기 교섭단계에서 조선과 쓰시마 번 사이에 절차상 몇 가지 전례와 다른 부분으로 인식차가 있기는 했던 것 같다. 그러나 조선이 융통성을 발휘하여 수습했기 때문에 큰 문제가 되지는 않았다. 따라서 그 이전의 통신사행과 비교할 경우 사소한 마찰에 불과했다고 할 수 있으며 전반적으로는 전례를 바탕으로 순탄하게 교섭이 추진되었다.

70) 『통신사등록』 3책, 신유(1681년) 8월 28일, 동래부사 장계.
71) 『통신사등록』 3책, 신유(1681년) 10월 2일, 동래부사(남익훈) 장계.

3. 절목강정 교섭과 의제의 감소

1) 문위역관의 쓰시마 파견과 절목강정

실제로 통신사의 일본 파견을 위한 구체적인 교섭은 어떻게 진행되었을까? 조선은 예조참판 명의(1681년 9월) 답서로 일본측의 통신사 요청 수용 의사를 밝힌 이후 문위역관을 쓰시마(對馬)로 파견하여 구체적인 통신사 절목을 강정(講定)해 오도록 하였다. 이에 문위역관 변이표(卞爾標)·한후원(韓後瑗)은 통신사 요청 준비차 쓰시마로 돌아온 번주(宗義眞)의 환도(1681년 6월) 위로차 쓰시마에 파견되었다가 1681년 10월부터 11월까지 후츄(府中)에 머물면서 교섭에 임하였다. 문위역관 변이표(卞爾標) 등은 쓰시마 번측의 의례(차례 및 상선연) 이후 쓰시마 번주와 家老(奉行)를 직접 면대한 자리에서 항목 하나하나에 대해 구두로 교섭 내지는 조정을 하였으며, 1681년 12월 귀국 후 교섭 결과를 조정에 보고하였다. 문위역관은 이때 쓰시마 번주 및 봉행의 별단도 첨부문서로 함께 제출하였다.72)

다음의 〈표 1〉은 문위역관이 조정에 보고한 절목과 그에 대한 조선의 조치를 정리한 것이다.

〈표 1〉 통신사 강정절목

	강정절목(쓰시마 번주의 별단)	조선의 조치	최종
1	- 선대군(家綱) 능묘(嚴有院, 에도 근처, 東叡山)에 '親筆扁額'과 '祭文'(치제) 증정 요구 - 銅檠(구리 등잔걸이, 燈檠)에 명문 요청 - 악기 요청	- 嚴有院에 대한 '親筆扁額'은 전례에 따라 수용 - 嚴有院 치제만 허용 * (문위역관의 조정)	- 막부 지시로 嚴有院 치제 중지

72) 『통신사등록』 3책, 신유(1681년) 12월 21일, 문위역관 변이표 手本.
『변례집요』 권18, 信使, 1681년 12월.
『증정교린지』 권5, 신행각년례, 숙종 8 임술(1682).

	강정절목(쓰시마 번주의 별단)	조선의 조치	최종
		- 등롱 및 악기 명문도 전례 수용	
2	- 3사(官使)의 日光山(東照宮, 大猷院廟) 분향 요청 * 문위역관과의 구두논쟁 결과 반영	- 문위역관 조정대로 日光山(東照宮, 大猷院廟) 치제를 거절(防塞)	- 막부 지시로 日光山(東照宮, 大猷院廟) 분향 중지
3	3사의 관직과 직위를 높여주도록 요구		
4	집정 및 봉행이 추가로 임명될 경우를 상정하여, 예조 도장 찍은 空帳(빈 종이) 몇 장 요구(전례를 핑계 삼았으나, 조선은 이미 1643년 空帳書契는 거절한 사례 있음)	- 문위역관 조정대로 거절(防塞)	
5	오사카(大坂) 및 兩都(江戶·京都) 접위관에 정중하게 致謝해 주기 바람	수용	
6	일본 해로 경유시 조선 선박에 일본의 뱃사공을 태울 것임(바람 조수 판단)	수용	
7	오사카(大坂) 以東에서 관원이 타는 말은 일본 侯伯(大名)이 바치는 것이니 말을 함부로 다루지 말 것		
8	- 통신사행원의 행동 및 규율 단속 - 특히 밀무역 금지	수용	
9	- 통신사 도해 일정 제시 쓰시마(對馬) 도착-5월 6월- 大坂, 7월말-東都, 8월-에도(江戶) 출발, 9월- 귀국 10월 이후가 되면 西風이 강해짐	- 통신사 발선 시기 (5월) 수용	
10	글, 글씨, 활 잘쏘는 사람, 馬上才 요청	수용	제술관 파견
11	상상관, 醫員, 유능한 역관은 더 데려와도 됨	수용	
12	3사의 객관에 종복들이 방문에 침 뱉거나, 기둥에 글 새기지 않도록 할 것		
13	- 御3家 (3종실)및 집정 등에게 주는 3사의 사예단(私禮單)으로,무명베·호두열매·잣·花席·油紙·雪綿·佩香·淸心元은 기호품이 아니므로 중단 - 매·인삼·호피·표피·羊皮·담비 가죽·청서피·白苧布·筆墨·緞綾·彩牋·魚皮·녹두·白蜜·小刀子로 대체 요구	수용	
14	3사의 선박은 견고하게, 밧줄 및 쇠닻은 쓰시마번에서 실어보내겠음	수용	

	강정절목(쓰시마 번주의 별단)	조선의 조치	최종
15	쇼군(大君) 앞으로 보내는 書契를 넣은 궤짝을 화려하게 부탁	수용	
16	3사의 행차시 집물을 넣는 농짝이 초라함 (일본에서 제공하려 함)	수용	
17	말을 치는 아랫것이라도 의상을 새것으로 초라하지 않게 부탁	수용	
18	- 폐백 등으로 필요한 말 5필 이외에 더 보내올 것 - 단, 털색으로는 워라말(얼룩말)·가라말(검정색)·절따말·황모가 좋으며, 백색은 기피		
19	매는 30連, 3사의 私禮單까지 합하면 50連 (餘分으로 10연을 더 요구)		
20	1643 및 1655년 해륙 각 역참에서 3사가 도착하면 음식 잔치 대접 입에 안맞아 버리거나 여행길에 지체 요인. 1655년 귀로시 부터는 음식 진설하는 대신, 5일분 물자 공급으로 대치. 이번 1682에는 왕복 모두 음식 대신 5일분 물자로 대체. 단, 大坂, 江戶, 京都에서는 음식 접대.		

(『통신사등록』·『변례집요』·『증정교린지』·『숙종실록』·『비변사등록』)

〈표 1〉의 강정절목은 무려 20개 항목에 달하고 있다. 통신사가 지참해가는 문서와 예물, 그리고 이를 담아가는 국서함, 통신사의 승선에 이르기까지 외교의례와 관련된 것을 비롯하여, 닛코산(日光山) 분향 등과 같이 에도(江戶) 체류 중의 특별한 임무, 사행원의 구성, 사행원의 에도 왕복 및 체류 중의 행동 지침, 일본측의 접대 지침까지 모든 것이 망라되어 있다.

위의 항목 가운데, 통신사 의례와 관련된 요구를 보면, 조선 국왕의 서계가 실린 국서함의 화려한 외양을 비롯하여, 통신사가 탑승한 선박의 견고한 외양, 집물 궤짝의 외양, 통신사 수행원의 의상을 초라하지 않게 해달라고 하는 등, 요구가 구체적이었다. 이러한 요구들은 일본 국내에서 통신사의 여정이나 행렬을 관찰하는 일본인들의 눈에 행렬이 어떻게 비칠지를 의식한 것에서 비롯된 것들로, 통신사의 화려한 외양이나 행렬을 통해 막부 쇼군의 위엄을 극대화하려 했던 것이라 할 수 있다. 이와 똑같은 요구는 이전 을미통신사(1655년) 때에도 있었던 때문인지, 조선이 특별히 거부의사를 보인 흔적은 없다.[73)]

외교의례와 관련하여 쓰시마 번이 새롭게 제시한 요구를 둘러싸고는 문위역관과의 교섭 당시부터 의견 충돌이 있기는 했다. 그렇지만 조정의 논의를 필요로 할 정도로 도발적인 성격의 것은 아니었다고 할 수 있다. 쓰시마 번측의 새로운 요구란, 바로 직전의 을미통신사(1655년)와 비교할 경우 '先大君' 묘당 2곳의 치제(致祭)를 비롯하여, 막부 집정과 봉행의 추가 임명 또는 인사 교체에 대비한 예조의 공장(空帳) 서계 마련, 쇼군 아들(儲君)에 대한 서계와 별폭 예단의 요구 등, 3가지였다.[74)]

먼저 선대군(先大君) 치제 대상으로 쓰시마 번이 제시한 2곳이란, 겐유인(嚴有院, 제4대 쇼군 家綱의 묘당, 에도 근처 東叡山)과, 을미통신사(1655년)의 전례를 근거로 한 닛코산(日光山)의 곤겐도(權現堂, 제1대 쇼군 家康) 및 다이유인(大猷院, 제3대 쇼군 家光) 묘당으로, 실제로는 선대군 3대에 대한 치제를 요구한 것이었다. 이에 문위역관은 1655년 당시도 다이유인에 대해서는 치제, 곤겐도는 분향으로 그쳤기 때문에, 이번에도 전례에 따라 겐유인에 대해서는 치제하겠지만, 다이유인에 대해서는 분향이 마땅하다며 '닛코산 치제'에 대해서는 처음부터 거절(防塞)하였다. 이에 대해 쓰시마 번은 역관이란 전달하는 것이 제 역할이므로 처음부터 거절하지 말고 쓰시마 번의 뜻을 조정에 전달해달라고 부탁할 정도였다. 또 예조의 인장만 날인된

---

73) 1655년 을미통신사 강정교섭을 위해 쓰시마에 갔던 문위역관(李亨男·朴元郎)이 강정해 온 20개 절목의 제5항에, "大君앞 書契를 담아가는 櫃子를 이번 신사 각별하므로 초라하지 않게 새로 제작해달라는 등"의 요구가 있었으며, 조선에서도 이를 이해하였다(『通信使謄錄』 제2책, 을미(1655년) 3월 2일, 문위역관(李亨男·朴元郎)의 手本).

74) 『통신사등록』 3책, 신유(1681년) 12월 21일, 문위역관 변이표 手本.

공장(空帳) 서계의 경우, 쓰시마 번은 막부의 執政(로쥬) 뿐 아니라 저군(儲君)의 사부까지도 포함하여 14인분에 대한 서계를 요구하였다. 그러나 문위역관은 전례가 10인(執政 4인, 奉行 6인)이었다는 것을 근거로 내세워 거절하였다. 쇼군 아들(儲君)에 대한 서계와 별폭의 요구에 대해서는 문위역관 측이 계미통신사(1643년) 당시 공장 서계는 거절하되 별폭만 있었음을 제시하자, 이에 대해서는 쓰시마 번에서도 수용하였다.[75)]

문위역관과의 교섭이 마무리되자, 쓰시마 번주는 일본측의 요구를 별단(別單)으로 정리하여 문위역관에게 전달하였다. 내용은 문위역관 변이표의 의견대로 닛코산 묘당(東照宮 權現堂 및 大猷院)에는 분향만 하는 것으로 조정되었으며, 저군에게 보내는 서계도 생략되어 있었다.[76)]

즉 문위역관이 강정해온 절목과 첨부문서로 제출된 쓰시마 번주의 별단이란 이미 쓰시마에서의 구두 교섭을 통해 조정된 결과를 반영한 것이었다. 이에 문위역관의 귀국보고 후 조정의 논의에서도 몇 가지 조정은 있었지만 새로운 논의는 없었다. 예조의 경우, 선대군 치제와 공장(空帳) 서계 건에 대해서는 문위역관이 조정해온 대로 방색·시행할 것을 건의하였다. 그리고 막부측의 집정 등 10인 이외에도 4인(大執政, 西京尹, 봉행 2)을 추가하여 예조 서계를 보내는 것에 대해서는, 전례에는 어긋나지만 혹시라도 통신사가 일본 현지에서 당할 수도 있는 곤란함 내지는 마찰을 방지한다는 차원에서 수용할 것을 건의하였다. 이에 대해서는 비변사도 마찬가지였다. 이밖에 나머지 항목에 대해서도 문위역관이 강정해온 바를 거의 그대로 수용하였으며, 비변사 역시 집정에 대한 추가 서계 건 이외에는 별 이의 제기가 없었다.[77)] 이를 과거 을미통신사(1655년) 때와 비교한다면, 문위역관(李亨男)이 쓰시마에 가서 20개 항목에 대해 강정해온 절목을 놓고, 예조판서

75) 『통신사등록』 제3책, 신유(1681년) 12월 21일, 문위역관 변이표 手本.
76) 『통신사등록』 제3책, 신유(1681년) 12월 21일, 문위역관 변이표 手本.
77) 『통신사등록』 제3책, 신유(1681년) 12월 21일, 문위역관 변이표 手本.

등이 계미통신사(1643년)를 수행했던 홍희남(洪喜男)을 불러 강정 항목 하나하나에 대한 검토를 한 후에야 결정했던 것과는 사뭇 다른 절차라 할 수 있다.[78]

2) 막부의 닛코산(日光山) 치제 중지와 의제의 감소

그런데 강정교섭이 끝난 지 얼마되지 않은 1682년 1월, 돌연 쓰시마 번주가 동래부사 앞으로 별단을 보내 '선대군 치제'와 관련된 막부측(執政)의 의사를 전해왔다. 즉 관백(쇼군)이 아직 닛코산(日光山)에 참예하기 이전이므로 "통신사의 닛코산 분향(權現堂 및 大猷院) 및 겐유인(嚴有院, 에도) 치제를 중단"해 주도록 요청한 것이었다. 난 폐백으로 보내는 토산물이나 향촉은 전례대로 준비해달라는 것이었으나, 기본적으로 선대군 묘당에 대한 분향과 치제가 중단됨에 따라 강정 범위가 이때서야 비로소 확정되게 되었다.[79]

그 결과 1682년 임술통신사 파견을 둘러싼 절목강정 교섭상의 가장 큰 특징이라면 막부의 요청으로 선대군(日光山의 權現堂·大猷院 및 嚴有院)에 대한 치제가 중단됨에 따라 조일간에 '新例'라고 할만한 외교현안 내지는 의제가 없어지게 되었다는 것이다. 통신사의 닛코산(權現堂, 家康 묘당) 참예는 병자통신사(1636년) 일행이 에도에 체류하고 있을 당시 쇼군(家光)이 돌연 제안한 것으로, 야나가와(柳川)씨의 몰락 이후 쓰시마 번주(宗義成)의 조선에 대한 교섭력을 확인해 보기 위해 제안한 것이었다. 통신사 일행도 국서개작사건 이후 조일관계의 안정 차원에서 이를 받아들임으로써 닛코산 참예가 처음으로 실현되게 되었다. 이후 계미통신사(1643년) 및 을미통

78) 『통신사등록』 제2책, 을미(1655년) 4월 8일 예조 계하.
79) 『숙종실록』 8년(1682) 1월 15일 계해.
『통신사등록』 3책, 임술(1682년) 1월 15일, 동래부사(남익훈) 장계(1월 7일자).

신사(1655년) 때에는 일본측이 닛코산 치제를 정식으로 강정 항목에 포함시켜 옴으로써 통신사 교섭에서 주요한 의제가 되었다. 조선은 이를 도발적인 요구로 인식했지만, 도쿠가와 막부로서는 어쨌든 조선 국왕의 외교사절인 통신사가 닛코산까지 가서 선대군 묘당에 분향 또는 치제를 한다는 것은, 이에야스(家康) 이래 세습정권으로서 도쿠가와 쇼군의 정치적 권위를 강화할 수 있는 좋은 기회였으므로 이를 국내정치에 적극적으로 활용한 측면이 있었다.

이에 비해 조선은 닛코산 치제와 관련하여, 폐백 예물이나 제문, 주물(鑄物)의 제작 등이 만만치 않은 부담이었음에도 불구하고, 조선 국왕의 국서에는 이에 관해 한 글자도 언급하지 않았다.[80] 즉 국서에 기재함으로써 조일간에 전례가 되는 오류는 범하지 않겠지만, 일본측의 닛코산 치제 관련 요구를 그때그때 받아들여 '무왜'(撫倭)로 대응한다면 도쿠가와 막부와도 원만한 관계가 유지되어 남변의 안정을 도모할 수 있었다. 이에 임술통신사의 경우에도 1681년 쓰시마 번이 통신사 파견을 요청할 당시부터 '선대군 치제' 관련 요구를 해왔지만 거부하지는 않았다. 문위역관(변이표)의 쓰시마 교섭 당시에도 쓰시마 번측과 의견 충돌은 있었지만 결과적으로는 조정이 되었던 사안이다. 그런데 이러한 '선대군 치제'가 1682년 막부측의 요구로 중단됨에 따라, 조일간에는 의견 조정이나 논의가 필요한 정치적인 의제가 사라지게 된 셈이다.

도쿠가와 막부는 선대 쇼군들이 그렇게도 집착해왔던 닛코산 치제를 왜 갑자기 중지했던 것일까? 이에 대해서는 1682년 통신사의 에도(江戸) 체류

80) 계미통신사(1643년)가 지참한 조선국왕 인조(李倧)의 국서는 원본은 일본(東京國立博物館)에, 사본은 『通航一覽』·『朝鮮通交大紀』에, 초안은 『동문휘고』(附編 권8 통신)에 있다.
을미통신사(1655년)가 지참한 조선국왕 효종(李淏)의 국서 역시 원본은 일본(東京國立博物館)에, 사본은 『通航一覽』·『朝鮮通交大紀』에서, 초안은 『동문휘고』(附編 권8 통신)에서 확인할 수 있다.

중 막부의 로쥬(大老, 堀田正俊)가 통신사 접대의 실무를 맡아보았던 쓰시마 번주 소 요시자네(宗義眞)에게 전달한 막부의 방침에 변화가 있었기 때문이다.

> 일본과 조선의 통교에 관한 마음가짐에 있어서 선대 쇼군과 당대 쇼군의 생각에는 차이가 있습니다. 이점을 모르신다면 봉공(奉公)이라 여겨 행하신 일도 도리어 쇼군의 마음에 차지 않게 되어 바람직하지 못할 것입니다. 다이토쿠인(臺德院, 제2대 쇼군 德川秀忠) 대의 일은 모르겠습니다. 다이유인(大猷院, 제3대 쇼군 德川家光) 대의 행적은 들은 바도 있고, 또한 기록을 통해 보더라도 대체로 매사를 조선에 밀어부쳐 강요하는 방식으로 일본에 위광(威光)을 세우고자 하는 모양새였습니다. 이에 따라 예전에는 닛코(日光) 참배 등을 둘러싸고 마찰이 있었을 때 선대 쓰시마 번주(제2대 번주 宗義成)가 봉공이라 여기며 고생해서 일을 미무리지었다고 들었습니다. 이번 쇼군(제5대 쇼군 德川綱吉)께서는 애초에 그런 생각이 없으십니다. 이유를 자세히 말씀드리자면 이국인이 (쇼군가) 선조의 사당에 가고 싶어할 리가 없기 때문에, 억지로 참배를 지시할 필요도 없을 것이라는 생각에서 중지하게 되었습니다.[81]

위 기록을 보면, 이국인(조선인)의 형식적인 참배에 회의적이었던 쇼군 츠나요시(綱吉)의 의향이 닛코산 치제 폐지에 크게 작용했음을 알 수 있는데, 그 이유는 과거 쇼군 이에미츠(제3대 德川家光) 때처럼 조선에 막부의 위광(威光, 武威)을 내세워 참배를 강요함으로써 양국 사이에 마찰이나 지장을 가져와 막부의 권위가 떨어질 것을 우려한 때문이라는 것을 알 수 있다. 말하자면 쇼군 츠나요시(제5대 쇼군 德川綱吉) 대에 이르러 막부의 대조선 외교 방침에 큰 전환이 있었다고 할 수 있다.[82]

---

81) 『自延寶九年至天和二年 信使來聘集書』「信使來聘ニ付御內所集書」天和 2년 9월 4일(東京國立博物館).

82) 山口華代, 「近世日本の外交儀礼と東照宮信仰 ―対馬藩の東照宮勧請を中心に―」『グローバル時代の朝鮮通信使研究 ―海峡あれど国境なし―』花書院, 2010, 138~139쪽.

쇼군 츠나요시의 결정으로 선대군 묘당에 대한 분향과 치제가 중단되자, 통신사의 인원 구성에도 변화가 생겼다. 제문(祭文)을 읽는 독축관(讀祝官)이 필요없어짐에 따라, 그 대신 문장에 능한 제술관(製述官)이 통신사행원에 처음으로 파견되게 됨으로써 일본측의 문화적인 요구에 부응할 수 있게 되었다.[83] 〈표 1〉의 강정절목을 보면, 1655년의 전례에 비해 통신사행의 구성원과 관련된 요구들이 있다. 교섭 초기부터 글(善文)과 글씨(善寫)에 능하고, 활을 잘쏘고(善射) 말을 잘 다루는 사람(善騎)을 요구하는 한편, 상상관과 의원(醫員)을 추가해 주도록 요구하고 있다. 의원(醫員)의 추가는 막부의 의지라고는 하지만, 통신사의 에도(江戶) 왕복 道中 접대 지역에서 조선인과의 접촉 및 교류시 일본측의 요구를 반영한 것이라 할 수 있다.

이러한 경위로 볼 때 임술통신사 파견시 절목강정을 둘러싼 교섭상의 특징이란, 전반적으로 조선이 외교적 도발로 여길만한 일본측의 새로운 요구(新例)도 없었다는 것이다. 무엇보다 막부측의 요구로 닛코산(日光山) 등 선대군(先大君)에 대한 치제와 분향이 취소되어 최종적으로는 강정 항목이 축소 조정됨으로써, 양국이 의견 충돌을 일으킬 만큼 어려운 난제는 없었다고 할 수 있다. 이에 을미통신사(1655년)의 수행역관 홍희남(洪喜男) 처럼 대일본 교섭 경험이 풍부한 전문가의 의견도 필요 없었을 뿐만 아니라, 대부분의 강정 항목에 대해서는 축적된 전례를 바탕으로 조정해 나갔다고 할 수 있다.

강정 내용이 1682년 1월 시점에 확정되자, 조선은 통신사의 일본 파견 건을 비로소 청(淸)에 자문(咨文)으로 알렸다.[84] 그리고 1월 이후로는 통신

---

83) 『통신사등록』 제3책, 임술(1682년) 1월 23일.
조선후기 통신사행에서 제술관의 역할과 성격에 대해서는 주)5의 장순순 논문 참조.

84) 『숙종실록』 8년(1682) 1월 22일 경오.
『통신사등록』 제3책, 임술(1682년) 1월 23일.
『비변사등록』 숙종 8년(1682) 1월 22일 및 1월 23일.

사 선박의 제작을 비롯하여 공·사 예단의 준비, 각 도에 대한 분정 등, 통신사 파견을 위한 본격적인 준비에 들어갔다.

4. 1682년 임술통신사의 파견과 왕복 국서로 본 적례(敵禮)외교

1) 숙종 국서의 '구호'(舊好)

1682년의 임술통신사행은 임란 이후 첫 번째 사행인 1607년의 '회답겸쇄환사'부터 치자면 일곱 번째의 대일본 국왕사절단으로, 일행은 모두 473명으로 구성되었다. 정사에 윤지완(尹趾完), 부사에 이언강(李彦綱), 종사관에는 박경후(朴慶後)가 임명되었다. 이들의 여정을 보면, 1682년 5월 3일 숙종을 인견한 후 5월 8일에 한양 도성을 출발하여 6월에는 부산을 떠나(6.18) 쓰시마 후츄(府中)에 도착하였다. 7월(4일) 쓰시마를 떠나 에도(江戶)에 도착한 것은 8월(21일)이었다.[85]

사실 임술통신사의 이 여정은 교섭 초기 쓰시마 번이 요청해왔던 일정(7~8월 사이 江戶 도착)에 따라 조선이 예조참판의 답서로 회답했던 일정보다는 1달 정도 늦어진 것이었다. 일본측이 요구하는 예물로서 말(馬)이나 매(鷹)의 경우, 살아있는 생물인 만큼 각 도(道)에 분정했다고는 하지만 조달과 운반이 여의치 않았으며, 통신사 승선의 제작 등, 제반 준비에 시간이 걸렸기 때문이다. 이에 조선이 통신사 출발 시기를 5월에서 7월로 연기 의사를 밝히자, 쓰시마 번은 통신사호행차왜(平眞幸) 및 비선 편에 쓰시마 번

---

85) 『통신사등록』 제4책, 임술(1682년) 7월 11일 및 11월 2일(통신사의 정사 및 부사의 연명 장계).
홍우재, 『東槎錄』.

주의 문서를 보내 이미 일본측의 접대 준비가 시작된 데다 막부의 준엄한 지시를 이유로 통신사 파견 시기를 처음 답변(5월 도해)대로 지켜줄 것을 거듭 재촉해왔다.[86] 조선이 연기를 철회할 의사가 없다는 것을 관철시키려 하자, 쓰시마 번은 마침내 왜관 난출(집단 시위)을 시도하여 동래부사와의 직대 면담을 성사시켜 파견 시기를 앞당길 것을 지시해 왔다.[87] 왜관 난출을 우려한 동래부사가 파견 시기를 조금 앞당겨 주도록 건의함에 따라 결국은 도해 시기가 조금 앞당겨진 6월로 최종 결정되었다.[88]

임술통신사의 파견 시기가 이렇게 늦추어진 것은, 물론 통신사 행차에 소요되는 제반 준비와 물자의 조달이 각 부처 및 전국의 각 도에 분정되어 현물로 추진되는 만큼, 그 품질이나 일정을 예정대로 맞추기 어려웠기 때문인 것은 분명하다고 할 수 있다. 그러나 한편으로는 막부의 요청으로 강정 항목(의제) 가운데 정치적 성격이 짙은 '닛코산 치제' 등이 삭제됨으로 말미암아 강정을 둘러싼 조일간의 긴장 요인이 없어짐에 따라 대일본 교섭에 있어서 여유가 생긴 측면도 작용했던 것이 아닐까라고 추측된다.

어쨌든 일본측의 요청보다 1달 정도 늦게 에도에 도착한 임술통신사의 가장 본질적인 임무는 뭐라해도 숙종의 국서를 '전명의'(傳命儀)라는 외교의례를 통해 쇼군(綱吉)에게 직접 전달하는 것이었다. 에도성(江戶城)에서의 전명의는 8월 27일에 이루어졌다.

그렇다면 앞서 보았듯이, 닛코산 등 '선대군(先大君) 치제' 등이 중단된 강정 결과를 반영한 조일 양국의 국서(國書)는 어떤 내용으로 작성되었을까? 다음은 쇼군에게 전달된 조선국왕 숙종의 국서이다.

86) 『통신사등록』 3책, 임술(1682년) 4월 1일 및 4월 2일의 동래부사 남익훈 장계. 『통신사등록』 4책, 임술(1682년) 4월 17일, 동래부사 남익훈 장계(4.13일자).
87) 『통신사등록』 4책, 임술(1682년) 4월 17일, 동래부사 남익훈 장계(4.12일자).
88) 『통신사등록』 4책, 임술(1682년) 4월 17일, 동래부사 남익훈 장계(4.12일자). 『통신사등록』 4책, 임술(1682년) 4월 24일, 비변사 회계.

朝鮮國王李焞 奉書
日本國大君 殿下
修聘之禮間者濶焉, 竊承殿下克纘洪緒撫寧邦域, 休聞遠及忭喜良深,
玆遣使臣往伸賀儀, 盖爲敦結舊好與同新慶也, 土宜不腆, 庸效區區, 惟冀勉恢令圖, 益膺祥祉, 不宣
壬戌年五月 日
朝鮮國王李焞(印文; 爲政以德)[89)]

숙종의 국서는 서두에 상대방에 대해 안부를 언급하기는 했지만 지극히 간략한 내용으로, 신대군(新大君) 습직에 대해 사자를 보내 축하함으로써 '구호'(舊好)를 돈독히 하자는 것이 주요 취지였다. 앞서 보았듯이 통신사 파견을 둘러싼 절목강정 교섭에서는 막부의 요청으로 갑자기 선대군에 대한 '致祭'(弔祭)가 정지되는 돌발 상황이 있었다. 쇼군이 치제하기도 전에 외국사절이 먼저 치제한다는 것이 도리에 맞지 않는다는 일본측의 설명이 있었지만, 조선에서는 혹시라도 막부 내부에 환난이 있지 않을까라는 의혹이 있었다. 이에 통신사가 한양을 출발하기 이전 숙종이 대신들과 함께 통신사 일행을 인견하는 자리에서는, 좌의정(閔鼎重)의 건의에 따라 '치제'의 중지 배경과 관백의 습직 경위에 대한 파악 등을 통신사에 대한 특별임무로 지시할 정도였다.[90)] 즉 조정에서는 통신사의 출발 직전까지 일본의 내부사정에 대한 의혹을 가지고 있었음을 알 수 있는데, 그럼에도 불구하고 숙종의 국서 자체는 "修聘의 예에 따라 舊好를 돈독히 한다"라는 조심스러우면서도 원만한 내용으로 마무리되었다고 할 수 있다. 명·청 교체라는 국제관계의 변동 속에서도 일본과 통신사외교를 지속했던 계미통신사(1643

89) 1682년 임술통신사가 지참한 조선국왕 숙종(李焞)의 국서 역시 원본은 일본(藤井齊成會有隣館)에, 사본은 『朝鮮通交大紀』(권7 天龍院公, 天和2年壬戌)에서, 초안은 『동문휘고』(附編 권8 통신)에서 확인할 수 있다.

90) 『숙종실록』 8년(1682) 5월 6일 계축.

년) 때의 인조 국서나 을미통신사(1655년) 때의 효종 국서가 일본측의 통신사 요청 명분에 한정하여 간략하고 조심스럽게 작성된 것과 비슷한 맥락이라 할 수 있겠다.

2) 쇼군 츠나요시 답서의 '사의'

쇼군 답서는 1682년 9월 전명의 이후 막부 로쥬(堀田正俊)가 쓰시마 번주(宗義眞)를 자택으로 불러 이번 통신사 의례에 대한 쇼군의 생각을 전달하는 과정에서 작성 취지를 엿볼 수 있다.

> 이번에 조선에 보낼 답서 속에 '我'라는 글자가 있습니다. 이전부터 이와 같은 글자는 한자씩 올려서 기재해 왔지만, 이번에는 내려서 쓰도록 (쇼군이) 지시하셨습니다. 이에 書衆들이 "그렇게 하시면 조선을 높이는 꼴이 될 것입니다"라고 말했지만, 쇼군께서는 "우리가 예(禮)를 다하기만 하면 저쪽에서 어떻게 생각하던 상관없으므로 꼭 내려서 기재하도록 하라"고 지시하셔서 그대로 작성했습니다.[91)]

쇼군 츠나요시(綱吉)의 이 발언은 외교의례상 겸양을 통해 상대국에 대한 '예'(禮)의 실천을 고민한 결과라 할 수 있으며, "예의 질서를 통해 국내 지배를 도모하는" 막부의 방침[92)]이 대외관계에도 그대로 적용된 것이라 할 수 있다.[93)]

그렇다면 과연 숙종의 국서에 대한 막부 쇼군(綱吉)의 답서는 어떠했을까?

---

91) 『自延寶九年至天和二年 信使來聘集書』「信使來聘ニ付御内所集書」 天和 2년 9월 4일(東京國立博物館).

92) 山本博文, 「武威の構造」『鎖国と海禁の時代』 校倉書房, 1995, 201쪽.

93) 이해진, 「17세기말 朝日關係의 변화와 對馬藩」『일본역사연구』 49, 2019, 12쪽.

日本國源綱吉 奉復
朝鮮國王李焞 殿下
聘使遠至禮意鄭重, 披書具審慶我繼前業, 所贈物産如別幅領納, 懇款竭誠感謝無已, 心交久敬隣德不孤, 彌修世睦茂迓天休, 秋涼氣爽, 爲國自愛, 玆寄土品用效遠忱, 使還書不盡言, 不宣.
天和二年壬戌九月 日
日本國源綱吉(印文; 源忠敬)[94]

통신사 일행이 받아온 막부 쇼군 답서의 경우, 원본은 국내에 전하지 않으며,『동문휘고』등에 사본의 형태로 남아 있다. 이에 '我'자에 대해 일본에 대한 자존(自尊)의 의미로 한글자 올려 기재하는 대두(擡頭)가 적용되었는지는 확인하기 어렵다. 그러나 내용상으로는 조신 국왕의 국서와 균형이 잘 맞게 작성되었다고 할 수 있다.

쇼군 츠나요시(綱吉)의 답서 역시 숙종 국서와 마찬가지로 아주 간략하게 작성되었는데, 조선이 쇼군 습직 축하를 위해 사자를 파견해 온 것에 대한 감사의 뜻과 함께 '隣好'에 대한 감회 1건 만이 기재되어 있다. 일본측의 이러한 쇼군 답서는 그 이전 역대 쇼군의 답서와 비교할 경우 굉장히 이례적인 것이라 할 수 있다.

과거 병자통신사(1636년)의 경우, 인조가 국서에 '일본의 태평 축하' 1건만을 언급했음에도 불구하고, 쇼군(家光)의 답서에는 대조선 통교라인의 정비에 따라 '국서개작사건'에 대한 막부의 조치사항을 확인하는 내용이 더 추가되어 있었다.[95] 그리고 계미통신사(1643년)와 을미통신사(1655년)의 경우, 닛코산(日光山) 치제 관련 내용이 주요 강정항목이었음에도 불구하고, 인조와 효종은 국서에 각각 '若君 탄생 축하', '쇼군(家綱) 습직 축하'의 1건

94)『通航一覽』권95, 朝鮮國部 71, 兩國書儀幷信使御暇等 天和度(1682).
『동문휘고』附編 권8 通信.
95)『通航一覽』권94, 朝鮮國部 70, 兩國書儀幷信使御暇等 寬永度(1636).

만을 간략하게 기재했을 뿐이다. 이에 비해 쇼군의 답서에는 조선이 닛코산 관련을 전혀 언급하지 않았음에도 불구하고, 계미통신사(1643년) 때에는 오히려 조선이 '자발적으로 닛코산(東照大權現)에 치제하는 한편, 제문도 스스로 작성(自撰)해온 것처럼 기재해 왔다. 그리고 을미통신사(1655년) 때의 쇼군 답서에는 치제의 대상을 이에야스(家康, 曾祖)와 이에미츠(家光, 皇考)로 세분함으로써 세습 쇼군의 권위를 부각시키는 쪽으로 작성해 왔다.[96] 즉 이전의 쇼군 답서란 쓰시마 번의 교섭 전략 내지는 공작 결과, 기재된 내용도 통신사가 마치 조선의 자발적인 파견인 것처럼 작성됨으로써 도쿠가와 막부 쇼군의 정치적 위상 내지는 위광(威光)을 부각시키려는 일본의 정치적 의도가 다분히 반영된 것이었다. 이러한 선대 쇼군의 답서에 비한다면, 쇼군 츠나요시(綱吉)의 답서란 위와 같은 정치적 의도가 아예 사라진 아주 무미건조한 내용으로, 오로지 교린을 돈독히 하자라는 내용만이 기재되어 있다.

조선 국왕 숙종과 막부 쇼군 츠나요시(綱吉)가 주고받은 국서를 기재된 내용으로만 본다면, 조일 양국 모두 '쇼군 습직 축하' 1건 만을 통신사 파견의 명분으로 한 점, 그리고 이를 '구호'(舊好)에 대한 감사의 뜻으로 표현한 것으로 볼 때, 조일 양국의 외교문서 기재가 1682년의 임술통신사 단계에 이르러서야 비로소 교린문서로서 균형을 이루었다고 할 수 있다. 임술통신사 때의 양국 국서에 기재된 통신사 요청·파견 명분 및 양국이 지향하는 외교 이념은 통신사외교가 유지되었던 19세기 중엽까지 '전례'가 되었다고 할 수 있다. 말하자면 1682년의 임술통신사에 이르러서야 비로소 교린국간의 적례(敵禮) 외교가 정착되었다고 할 수 있는데, 이는 쇼군 츠나요시의 '예'에 바탕을 둔 문치주의 내지는 국내정치를 반영하는 것이기도 했

96) 『通航一覽』 권94, 朝鮮國部 70, 兩國書儀幷信使御暇等 寬永度(1643).
『通航一覽』 권95, 朝鮮國部 71, 兩國書儀幷信使御暇等 明曆度(1655).

지만, 17세기 후반 이후 동아시아 국제관계가 안정되어 갔기 때문에 가능한 일이기도 하였다.

5. 임술통신사(윤지완)의 외교력 발휘와 '약조' 체결, 그리고 실리

앞서 보았듯이, 1682년 임술통신사 파견을 둘러싼 조일간 교섭에서 두드러진 특징이라면 '닛코산 등 선대군 치제'와 같은 일본의 국내정치와 관련된 외교현안(의제)이 없었다는 것이었다. 뿐만 아니라 과거 을미통신사(1655년) 때처럼 강정 항목 안에 쓰시마 번의 이해를 확대하기 위해 '끼워넣기식'으로 추가해온 요구도 전혀 없었다는 것을 지적할 수 있다. 을미통신사의 경우, 결국 성사되지는 못했지만, 쓰시마 번은 쓰시마 안에 있는 곤겐도(權現堂, 家康) 묘당의 향전 비용을 마련하기 위해 조선에 송사 파견을 끈질기게 요구한 바 있다.[97] 이 문제는 현종대(1667년)와 숙종대(1679년)에 이르러서도 끈질기게 요구했지만 해결이 나지 않았다.

이에 비한다면 임술통신사행 때에는 오히려 조선이 쓰시마 번에 일방적으로 요구한 것들이 있다. 통신사 파견 이전인 1682년 3월에는 1677년 초량 왜관 조성 당시의 전례를 내세워 쓰시마 번에 연례송사 파견 정지를 요청하였으며 쓰시마 번도 이를 수용하였다.[98] 또 통신사의 도해 시기에 대해서도 준비가 여의치 않음을 들어 교섭 초기의 약속과 달리 일방적으로 연기를 통보하였다. 이에 대해 쓰시마 번은 통신사 일행의 여정이 이미 에도의 막부에 보고된 상태이며, 새로운 관백(쇼군 綱吉)의 성격이 엄격할 뿐

97) 쓰시마 내 權現堂 향전 비용 요구는 1667년까지도 해결되지 않았다(『현종개수실록』 7년(1666) 5월 18일 무술 및 『현종개수실록』 8년(1667) 2월 26일 신미).
98) 『통신사등록』 3책, 임술(1682년) 3월 2일(동래부사 남익훈 장계 2월 19일자).

만 아니라 접대를 맡은 다이묘(大名)들의 준비 차질 우려 등을 내세워 난색을 표하는 한편, 왜관 '난출'을 감행해서라도 도해 연기를 막아보려 하였다. 도해 시기가 연기될 경우 쓰시마 번주가 막부로부터 문책을 받을 수 있다는 쓰시마 번의 완강한 의지 표명으로 결국 비변사에서 파견 시기를 조금 앞당기는 쪽으로 조정을 건의함에 따라 난출은 좌절되었다.[99)]

그러나 임술통신사 파견시 조선의 교섭태도에서 무엇보다 주목해야 할 부분은 통신사 파견을 기회로 기유약조(1609년) 이래 쓰시마 번과의 통교에서 누적되어온 적폐 및 부담을 줄이기 위한 교섭에 적극적이었다는 것이다. 그것도 통신사로 하여금 일본 체류 중에 교섭을 타결해 오도록 국왕이 특단의 결정을 했다는 것이다. 숙종은 1682년 5월 통신사의 출발에 앞서 정사 윤지완 등을 인견하는 자리에서 2건을 지시하였다. 쓰시마 번에 세견선 이외의 별차왜 파견 금지 건과 1678년 초량 왜관 신축 시 난출 등을 금지한 왜관 禁令(무오절목 7조)을 쓰시마 번에 재확인시킨 후 이것을 '약조'로서 확실하게 매듭지어 오라는 것이었다.[100)] 이 2건은 이전부터 동래부의 접대 부담과 왜관 관리에 대한 어려움을 호소해온 동래부사(남익훈)의 청원을 비변사가 받아들임에 따라 이미 3월부터 조선의 통교방침으로 내정되어 있었던 사항이었다.[101)] 따라서 처음에는 윤지완의 주저가 있었지만, 숙종은 영의정(김수항)과 좌의정(민정중)의 건의에 따라 임술통신사가 주체가 되어 일본 체류중에 쓰시마 번과 직접 교섭을 해오도록 하는 한편, 도쿠가와 막부가 닛코산(日光山)의 조제(弔祭)를 중지하게 된 내부사정도 파악해 올 것을 임무로 부여하였다.[102)]

99) 『통신사등록』 4책, 임술(1682년) 4월 17일 동래부사 남익훈 장계 (4월 12일자) 및 4월 24일 비변사 회계(동래부사 남익훈 장계 2월 19일자).
100) 『숙종실록』 8년(1682) 5월 6일 계축.
101) 『숙종실록』 8년(1682) 3월 5일 계축.
102) 『숙종실록』 8년(1682) 5월 6일 계축.

1682년 11월 윤지완의 귀국보고를 보면, 통신사에게 주어진 특별 임무는 통신사가 에도에서 국서 전달을 마치고 귀국차 쓰시마에 체류하는 동안 쓰시마 번주 및 봉행(가로)들을 직접 면대하여 교섭이 이루어졌다. 구체적인 협의 과정은 윤지완 등이 협의 안건에 대해 조선이 원하는 내용을 먼저 쓰시마 번주(宗義眞)와 봉행에게 구두로 설명한 후 그 내용을 역관 명의의 문건으로 작성하여 제시하면, 쓰시마 번의 봉행들이 이를 확인·조정한 후 최종적으로 조선측에 제출하는 식으로 이루어졌다.[103] 쓰시마 번의 기록을 보아도 대동했던 역관(상상관 박동지·변첨지·홍첨지)들이 문서 작성 등의 실무를 담당하고는 있지만 교섭의 주체는 어디까지나 '信使'로 인식하고 있었으며, 윤지완 일행이 제시한 문건에 대해서는 번의 가로(奉行 平眞幸·平成昌·橘眞重·平眞賢)들이 2번이나 검토 수정을 거쳤다. 그 결과 쓰시마 번의 봉행 명의로 통신사 윤지완 일행에게 최종 제출된 '약조' 내용은 다음과 같다.

示諭弊州別送使者事, 向者出於事勢不得已, 初非有違越約條之意, 自今以後一依約條年例送使之外不用別送, 而漂人護送一款不得無輕重之別, 若其或流入他郡縣者, 或破船殞命之勢有不得不具告者, 我國有制, 不敢不護送, 其餘漂人, 則須一依示順付.

一. 嚴立制札申明約條事, 係是兩國應行之事, 弊州初非不嚴飭而館中之人不能人人皆善, 是以不得無侵禁令, 自今而後當一依示, 然則貴國亦要須嚴飭.

壬戌孟冬下澣[104]

---

103) 『숙종실록』 8년(1682) 11월 7일 경술.
『변례집요』 권5, 약조, 임술(1682) 10월.
홍우재, 『東槎錄』 임술년 10월 23일.
『朝鮮通交大紀』 권7, 天龍院公.

104) 『朝鮮通交大紀』 권7, 天龍院公, 天和2年壬戌.
『통신사등록』 4책, 계해(1683년) 3월 4일조에도 쓰시마 번 봉행 4인 명의의 문서가 수록되어 있기는 하지만, 약조에 대한 내용은 생략되어 있으며, 교섭 경위도 불분명하다.

통신사 윤지완 일행이 타결해 온 위 내용 가운데 '세견선 건'이란, 1635년 홍희남(洪喜男)이 교섭해온 '겸대'(兼帶)의 준수를 의미하는 것이었다. 1635년의 '겸대'란 쓰시마 번의 제1특송선사가 조선에 올 때 제2·제3 특송선의 서계 만을 겸사해서 지참해 오도록 하고, 제4선 송사가 제5선~제17선의 서계를 한꺼번에 겸대하도록 함으로써, 각 사자의 도해에 따른 조선측의 접대와 연향 비용을 절감하기 위한 조치였다[105] 그러나 쓰시마 번은 겸대제 시행 이후 세견선 파견이 연례 8송사로 축소됨에 따라 여러 가지 이유를 내세워 별도로 사자(별차왜)를 파견해 왔기 때문에 동래부나 경상도의 재정적 부담은 여전하였다. 이에 윤지완 일행은 겸대제 시행 이후의 적폐 개선을 시도하기 위해 연례 8송사 이외에 모든 별차왜 파견 중지를 요구한 바, 쓰시마 번은 이를 수용하겠다고 하면서도 조건을 제시하였다. 별차왜 가운데는 일본 각지에 표착한 조선인을 사자의 호송 하에 송환해오는 '표차왜'의 비중이 컸다. 쓰시마 번은 조선인이 쓰시마가 아닌 다른 군현에 표착한 경우는 막부에 보고사항이므로 부득이 사자 편에 호송을 하되, 그 나머지 쓰시마에 표착한 경우에 한해서만 조선에 도해하는 사자 편에 서계를 지참케 하여 '順付'(兼帶) 송환'하겠다는 의사를 표명하였다. 결국 통신사 일행이 제시한 모든 별차왜 파견 중지에 대해, 쓰시마 번은 '漂民順付'(표류겸대)라는 조건을 내세워 부분적으로 수용한 것이다. 별차왜 중에서는 조선의 표류민을 송환해오는 '표차왜'의 횟수가 가장 많아서 1년 평균 3~4회였던 것을 감안한다면, 조선으로서는 윤지완 일행의 교섭으로 1635년 겸대제 이후의 적폐 개선에 큰 성과를 거두었다고 할 수 있다.[106]

그리고 쓰시마 번에 대한 금령(禁令)의 재확인 건 역시 내용은 간단하지

105) 『증정교린지』 권1, 兼帶.
106) 임술통신사의 '표민순부'(표류겸대) 약조 건에 대해서는 李薰의 논문(「漂流兼帯制に対する一考察 — 1682年 漂民順付(壬戌約条) 交渉および運用を中心に—」『年報朝鮮学』 5, 1995) 참고.

만 쓰시마 번이 수용을 약조한 것으로 되어 있다. 금령의 구체적인 내용은 조선이 초량 왜관의 신축(1678년)을 계기로 당시 동래부사(李馥)가 왜관에 제시한 금지사항(禁制), 즉 '무오절목'(7조)을 의미하는 것으로, 왜관 내 쓰시마 사람들이 정해진 조선과의 경계(禁標)를 넘어오지 않도록 할 것, 즉 난출을 금지해 줄 것을 비롯하여, 밀무역(路浮稅) 발각시 상호간에 동일한 형벌로 다스릴 것, 개시(開市) 때 상인들의 각방 산입 금지, 잡물(五日次) 지급에 대한 지침 등이었다. '무오절목'은 그 당시 동래부와 왜관 사이에 약속했던 것이지만 실제로는 잘 지켜지지 않았기 때문에 윤지완 일행이 쓰시마 번과의 직접 교섭을 통해 재확인해 온 것으로, 금제 내용은 1683년 계해약조로 체결되었다.[107] 즉 윤지완의 교섭 결과 숙종 대에 이르러 비로소 왜관 통제를 강화할 수 있게 되었다고 할 수 있으며, 동래부사(남이훈)와 좌의정(閔鼎重), 비변사의 건의에 따라 계해약조의 내용을 새긴 제찰비(制札碑)가 왜관 안에 세워지게 되었다.[108]

숙종이 1682년 임술통신사행에게 일본에 체류하는 동안 현안 교섭을 매듭지어 오도록 특단의 임무를 부여했다는 것은 과거 통신사행에서는 보지 못했던 유례가 없는 일이었다. 통신사행의 임무라면 조선 국왕의 국서를 에도성의 '전명의'(傳命儀)에서 막부 쇼군에게 직접 전달하는 것이 가장 중요한 일이었다. 그런데 정작 국서 전달이라는 외교의례와 관련된 사안들은 통신사가 파견되기 이전 양국 정부 차원의 실무 교섭단계에서 이미 완료된

107) 통신사 윤지완의 역할을 조선의 대일본 통교정책이라는 관점에서 검토한 연구로는 장순순의 논문(「조선후기 대일교섭에 있어서 尹趾完의 경험과 영향」『한일관계사연구』 31, 2008) 참조.

108) 『통신사등록』 4책, 임술(1682년) 11월 7일 동래부사 남익훈 장계(11월 1일).
『통신사등록』 4책, 임술(1682년) 11월 30일 동래부사 남익훈 장계(11월 24일).
『통신사등록』 4책, 임술(1682년) 11월 21일 좌의정(閔鼎重) 건의.
『변례집요』 권5, 약조 附禁條.
『朝鮮通交大紀』 권7 天龍院公, 天和2年壬戌.

상태였기 때문에, 통신사는 일본 체류 중 국서 전달이라는 의례와 관련된 임무를 차질없이 수행해오는 것이 중요한 일이었다. 물론 과거 사례를 보면 을미통신사(1655년)의 경우 막부로부터 무기 구입 등이 특별 임무로 주어진 적은 있지만, 1회성의 단발적 조치였다고 할 수 있다. 이에 비하면 임술통신사행의 경우, 윤지완 일행이 일본에 체류하는 동안 쓰시마 번의 봉행들과 직접 면대하여 교섭한 결과, 겸대제 시행 및 왜관 신축 이후 통교·무역상의 적폐를 '표민순부'(임술약조) 및 왜관통제(계해약조), 즉 '약조' 체결이라는 형태로 성과를 끌어낸 셈이다. 이는 통신사행이 일본에 체류하는 동안 국왕으로부터 외교 교섭 권한을 부여받았기 때문에 현안을 매듭지을 수 있었던 것으로, 임란 이후 대일본 통교 추이로 봤을 때 하나의 쾌거라 하지 않을 수 없다.

윤지완의 현지 교섭이 성공적으로도 끝날 수 있었던 데에는 우선 윤지완의 경력을 들 수 있다. 윤지완이 통신사의 정사로 차정될 당시의 직책은 호조참의(정3품)였다. 그러나 차정 직전까지 경상감사(1680.8.24~1681.7.4)로 재직하면서 동래부사의 보고를 통해 통신사의 파견 요청 건을 비롯하여, 왜관과의 통교상황 전반은 물론 이와 관련된 경상도의 부담을 누구보다도 잘 알고 있는 인물이었다. 윤지완은 쓰시마 교섭 당시 수행 역관 박재흥(朴再興)으로 하여금 그간 왜관에서 이루어지는 통교에서 쓰시마 번이 일으켰던 마찰사례를 도쿠가와 막부에 보고하여 쓰시마 번의 대조선통교라는 가역(家役)에 손상을 가할 수도 있다고 으름장을 놓았는데, 이것이 주효했던 것으로 보인다.[109] 쓰시마 번과의 교섭에서 막부를 위협요인으로 구사했던 것은 일종의 전략으로 이는 대일본 통교에 대한 통찰이 없이는 결코 나올 수 없는 것이었다.

109) 『숙종실록』 8년(1682) 11월 7일.
　　홍우재, 『東槎錄』 임술년 10월 19일.

한편 이를 조선의 대일본 통교정책이라는 점에서 본다면 대일본 통교에 대한 조선의 교섭태도 내지는 인식 변화가 반영된 것으로도 볼 수 있다. 국교 재개 이후 조일간의 교섭에서 막부를 위협요인으로 구사해온 것은 줄곧 쓰시마 번이었다. 쓰시마 번은 대조선 교섭에서 자신들의 이익을 확대하기 위한 전략으로, 막부가 '무력'(武力)에 바탕을 둔 정권이라는 점, 내지는 '무위'(武威)를 내세워 협박해왔다. 그런데 통신사 윤지완은 거꾸로 쓰시마 번에 대해 조선과 막부의 직접 소통을 위협요인으로 제시한 것이다. 18세기 초 쓰시마 번 기록 가운데에는, 조선도 쓰시마 번의 전략을 이미 간파하여 조정은 물론 동래부사 까지도 쓰시마 번을 다루는 '달인'이 되어 있는데, 쓰시마 번의 전략이란 다름 아닌 막부의 권위를 명분으로 내세우는 것이란 언급이 있다.[110] 이것을 보면 통신사 윤지완의 '막부 언급' 위협은 개인적인 지혜라기보다는 어쩌면 쓰시마 번에 대해 17세기 말까지 누적되어온 조선측의 인식을 바탕으로 조선의 교섭 태도 및 전략에도 변화가 있었음을 말해주는 대목으로 보이기도 한다.

이상을 정리하자면, 17세기 후반 '오삼계의 난'에 대한 청의 평정을 계기로 조·청관계가 안정되자, 조선과 도쿠가와 막부와의 관계에 있어서도 긴급한 외교현안은 소멸되게 되었다고 할 수 있다. 따라서 조선도 17세기 말쯤이 되면 대일본 인식 변화를 바탕으로 통신사행을 쓰시마 번과의 통교현안을 해결하여 실리를 추구하는 기회로 활용할 수 있게 되었음을 의미한다

110) 실제로 18세기 초까지만 해도 쓰시마 번사들 가운데는 조선과의 교섭시 '막부의 위세'(武威)를 내세우는 것을 가장 좋은 전략으로 여기고 있었다.
一. 朝鮮人儀、朝廷諸役を始東萊ニ至迄、只今ニハ日本向キ様子功者ニ罷成候ニ付、何事も彼方ニ「權威」を取朝廷と東萊との間を以相隔、理不盡ニ推付候様ニいたし、又者其時其事ニより成候ハバ従イ、或ハ不從様ニ仕り、操縱之手段を以取扱イ、畢竟御國より御手を出シ不被得候様ニ致成申計策ニ御座候へハ、御國ニも其所を御存被成、(후략)(『平田幸右衛門來狀之寫·松浦儀右衛門差出候存分之覺書』(대마도종가문서 기록류 No.3716, 국사편찬위원회).

고 할 수 있다.

맺음말

지금까지 1682년 임술통신사행의 일본 파견을 당시 동아시아 국제관계 속에서 검토한 결과 다음과 같은 결론을 얻을 수 있었다.

첫째, 임술통신사행의 파견이 을미통신사행(1655년)이래 무려 30년의 외교 공백 끝에 재개된 배경으로는, 17세기 후반 '오삼계의 난'으로 인한 청의 혼란에도 불구하고 조·청관계의 안정에 따른 조선 정국의 안정이 결국은 일본에게 있어서 통신사파견을 요청할 수 있는 외교적 계기가 되지 못했음을 밝혔다. 즉 '오삼계의 난' 이후 조선에 대한 청의 징병 요구 논란, 대만(臺灣) 정씨 세력과 조선의 결탁에 대한 청의 의혹으로 조·청관계에 있어서 긴장의 수위는 높아졌다. 그렇지만 실제로는 청이 조선에 대해 '오삼계의 난'과 관련된 병력 지원 등 어떠한 요구도 하지 않은데다 상호간에 사절도 정상적으로 왕래하였다. 이에 17세기 후반의 조·청관계란 기본적으로는 외교관계가 안정적으로 유지되는 가운데 상호간에 정보탐색을 하는 수준이었다고 할 수 있다. 조선 내부적으로도 일본이 대만과 결탁하여 조선을 또다시 침공해올지 모른다는 위기감으로 인해 '도체찰사부'의 복설 등이 논의되었지만 결국은 무산됨에 따라 정국을 군사·안보 중심으로 운영하지는 않았다.

한편 도쿠가와 막부에서는 '오삼계의 난'의 경위와 관련된 대륙 정세에 대해 17세기 중반 이후 나가사키(長崎)에 도항하는 중국 선박을 통해 그 추이를 파악할 수 있었다. 그러나 정작 '오삼계의 난'에 대한 청의 평정 능력을 비롯한 북경(北京) 쪽의 정부 동향 파악에는 한계가 있었다. 청의 정국 동향에 대해서는 쓰시마 번(對馬藩)이 왜관 및 문위역관을 통해 수집한 정보를 통해 조·청관계의 안정 및 조선 정국의 안정을 확인할 수 있었기 때문에, 도쿠가와 막부로서도 정보 탐색을 위한 조일 외교가 긴급한 상태는 아니었다.

요컨대 도쿠가와 막부는 17세기 후반 '오삼계의 난' 이후 나가사키 및 쓰시마 번을 통해 조·청관계의 안정 및 조선 정국의 안정을 파악할 수 있었기에, 통신사 요청에 있어서도 1655년 제4대 쇼군 이에츠나(家綱)의 습직 축하를 위한 을미통사행의 전례(前例)에 따라 1681년 도쿠가와 막부의 제5대 쇼군 츠나요시(綱吉)의 습직 때 까지 거의 30년을 기다릴 수밖에 없었다는 것이다.

둘째는, 그 결과 쓰시마 번이 30년 만에 예조참판 앞으로 서계를 보내 통신사 요청을 해왔을 때 조선은 이를 놀랍게 받아들이면서도 신속하게 파견 의사를 밝혔는데, 조일 양국의 통신사 요청과 파견 명분은 모두 '구례'(舊例) 와 '구신'(舊信)를 준수한다는 것이었다.

셋째는, 통신사 요청과 파견 명분이 소위 '구례'(舊例) 내지는 '전례'였던 만큼, 구제적인 교섭(절목강정)에서도 도쿠가와 막부나 쓰시마 번측의 도발적인 신례(新例) 요구는 없었다는 것이다. 특히 과거의 계미통신사(1643년) 및 을미통신사(1655년) 당시 중요 강정 의제 가운데 하나였던 선대군(先大君)에 대한 '닛코산'(日光山) 치제 관련 요구도 도쿠가와 막부의 요청으로 취소됨에 따라, 1682년 임술통신사 때에는 조선이 도발로 여길만한 의제도 없었다고 할 수 있다.

넷째는, 1682년 임술통신사행 당시의 이러한 조일 관계는 조선국왕(숙종)과 도쿠가와 쇼군(綱吉)이 주고받는 국서(國書)에 고스란히 반영되었는데, 조일 양국의 국서 모두 '쇼군 습직 축하' 1건 만을 통신사 파견의 명분으로 제시하면서 이를 '구호'(舊好) 유지 내지는 교린의 강화로 표현하였다는 것이다. 조선의 경우 통신사가 선대군 분향 내지 치제로 닛코산에 간 것은 3차례(1636년, 1643년, 1655년)나 되었지만 조선 국왕의 국서에는 이와 관련된 언급이 전혀 없었다. 이에 비해 과거 도쿠가와 막부 쇼군의 답서에는 통신사의 닛코산 참예나 조선 국왕의 어필(御筆)을 자발적인 것으로 기재하였을 뿐만 아니라, 치제의 대상을 '증조'(家康), '고조'(家光)으로 세분해서 기재함으로써 쇼군가의 세습 정권을 부각시키려 했었다. 그런데 1682년 임술통신사행시 왕복 국서의 기재내용으로 볼 경우, 도쿠가와 쇼군의 답서에서는 세습쇼군의 권위 부각을 유도하기 위한 정치적인 의도가 사라짐에 따라, 이때에 이르러서야 비로소 명실공히 '조선국왕'과 '막부 쇼군'의 1인만이 서로의 외교상대가 되는 적례(敵禮)외교가 실현되었다고 할 수 있다. 1682년의 임술통신사행시 파견 명분으로서 '쇼군 습직 축하'는 이후 1811(순조 11)년 마지막 신미통신사행 때까지 전례로 정착되었으며 6차례의 파견간격 역시 평균 30~40년 만에 1번꼴로 통신사가 파견되게 되었다.

다섯째는, 과거의 통신사행과 달리 임술통신사행 때에는 숙종이 통신사로 하여금 일본 체류 중 쓰시마 번과의 적폐 개선을 위한 '약조' 체결을 매듭지어 오도록 특별 사명을 부여했다는 것이다. 정사 윤지완 일행은 국서의 '전달'이라는 본연의 임무 이외에도 일본에 체류하는 동안 외교교섭 권한을 부여받음으로써, 쓰시마 번주 및 가로(家老)들과 직접 교섭한 결과 '표민 순부'라는 표류민 송환 절차 변경을 끌어냄으로써 조선측의 접대 부담을 절감할 수 있었다(임술약조). 그리고 윤지완이 재확인해온 무오절목(1678년)은 계해약조(1683)로 체결됨으로써 초량 왜관 신축 이후의 왜관 통제를 실현할 수 있었다. 즉 1682년 임술통신사행의 경우, 통신사 본연의 '전달' 임무 이외에도 외교교섭력을 발휘한 결과 기유약조 이래 쓰시마 번과의 통교에서 발생한 적폐를 개선하여 실리를 얻어낼 수 있었다는 것이다.

마지막으로 1682년의 임술사행에서 주목할만한 대목으로는 외교교섭 전략이다. 즉 윤지완 일행이 막부와의 직접 소통을 지렛대로 삼아 쓰시마 번과의 현안을 해결하려 했던 교섭태도 역시 그 이전에 볼 수 없었던 중요한 변화라 할 수 있다. 이것이 전례가 되어 1711년과 1719년, 1811년에도 통신사 일행에게 쓰시마 번과의 통교 적폐 개선이라는 과제가 주어졌다.

이렇게 볼 때 1682년의 임술통신사행이란, 막부와의 중앙외교는 물론 쓰시마 번과의 통교에 있어서도 하나의 전환점이었다고 할 수 있다. 즉 조일 양국 외교에 있어서는 조·청관계의 안정에 따른 조·일관계의 안정을 배경으로 '쇼군 습직 축하' 요청 사유가 조일 양국의 국서(國書)에 '舊好'로 기재됨에 따라 통신사 파견 명분이 비로소 '1대1'로 균형을 이루게 되었는데, 이는 마지막 통신사인 신미통신사(1811년)때 까지의 전례가 되었다는 점이다. 그리고 쓰시마 번에 대해서는 통신사 일행에게 특별히 외교교섭 권한을 부여하여 기유약조(1609년) 이후 적폐 개선을 임술약조(1682년 표민순부) 및 계해약조(1683년)로 구체화시킴으로써 향후 대일본통교에 있어서도 실리(實利) 추구의 전례가 되었다는 것이다.

제2장

1711년 신묘통신사행의 의례 변경과 대일본 안보·실리(實利)

머리말

1711년에는 '신묘통신사'(일본에서는 正德信使)라 불리우는 조선의 국왕 사절이 일본에 파견되었다. 국교 재개 이후 8번째 사행으로 바로 직전의 임술통신사행(1682, 天和信使)으로부터 30년 만이다.

그런데 이 신묘통신사행의 경우, 이전의 사행들과는 눈에 띄게 다른 몇 가지 특징이 있다. 우선 첫째는 일본측의 일방적이고도 도발적인 외교의례 변경 요구로 말미암아 임란 이후 12번의 사행 가운데 외교적 마찰이 가장 심했던 사행으로 꼽히고 있다. 예를 들면 신묘통신사는 17세기 중반 도쿠가와 막부(德川幕府)의 '쇼군(將軍) 습직 축하'가 전례(前例)로 정착되어 가는 과정에서 파견되었다. 그러나 그럼에도 불구하고 쇼군의 외교칭호 문제 등, 일본측의 일방적인 의례 변경 요구로 인해 조선 조정에서의 논의가 그 어느 사행 때보다도 치열했다. 바로 직전 임술통신사행(1682)의 경우, 파견 명분이나 의례문제를 놓고 중앙정부 차원의 논의를 찾아볼 수 없음은 물론, 별 이견 제시 없이 을미통신사행(1655, 明曆信使)의 전례에 따라 원만하게 결정되어갔던 것과는 너무나도 대조적이라 할 수 있다.

둘째는, 일본측의 의례 변경 요구 시점의 문제로, 중요한 의례변경 요구들이 거의 절목 강정 이후에 제기되었다. 과거 계미통신사행(1643, 寬永信使) 때나 을미통신사행(1655, 明曆信使) 때에도 일본측(對馬藩)이 예기치 못한 신례(新例)를 요구해 오기도 하였다. 그렇지만 대부분의 요구는 통신사가 한양 도성을 떠나기 이전 조일 양측의 사전 강정 교섭과정에서 조율되었다. 이에 통신사 일행이 일본에 체류하는 동안 예기치 못한 문제가 생겼다 하더라도 별 마찰 없이 임무를 수행할 수 있었다.

이에 비해 신묘통신사행(1711)의 경우, 사전 강정 교섭 단계부터 통신사 일행이 귀국할 때까지 일본측의 일방적인 신례(新例) 제기로 인해 마찰이 끊이지 않았다. 우선 절목강정 단계에서는 막부측 인사에 대한 조선측의 예물 중지를 요구해 왔으며, 통신사 일행이 부산을 출발하려는 찰나에는, 일본측으로부터 숙종 국서에 기재된 쇼군의 호칭을 기왕의 '日本國大君'에서 '日本國王'으로 회복시켜달라는 갑작스런 요구가 있었다. 그리고 통신사의 일본 여정 중에도 여러 가지 신례를 제기하였다. 통신사의 에도(江戶) 왕복시 각 기착지에서의 접대의례 변경 및 '전명의'(傳命儀) 등 에도성에서의 의례절차에도 변경이 있었다. 그리고 통신사의 귀국 직전에는, 에도성(江戶城)에서 전명의를 마친 후 조일 양국의 국서를 둘러싼 '국휘'(國諱) 논쟁이 발생함으로 인해, 양국의 개찬 국서를 쓰시마(對馬)에서 가까스로 맞교환한 불상사가 발생하였다. 이 때문에 숙종의 국서는 무려 2번이나 수정(개찬)되었다.

국교 재개(1609) 이래 유례가 없는 불상사 때문에 신묘통신사 파견 당시 조정의 대응 역시 어느 때보다도 고민이 많았다고 할 수 있다. 통신사 일행이 국서를 지참하고 조선을 떠나기 직전까지 동래부사와 예조참의가 쓰시마 번주(對馬藩主) 앞으로 서계를 보내 의례 변경의 주체와 의도를 확인하도록 한 바, 실제로는 막부의 최종열람을 염두에 둔 항의성 문서였다. 국서 작성 이전의 항의성 서계란 과거 다른 사행에서는 보기드문 일이었다.

뿐만아니라, 조태억 등 통신3사는 조일 양국의 개찬 국서를 쓰시마에서 맞교환하는 사명을 마치고 귀국하자마자 처벌을 받았다. 비록 통신사 일행이 일본 체류중 조일 양국 국서의 '범휘'(犯諱) 문제가 외교적 갈등으로 확대되지 않도록 의례개혁을 주도했던 아라이 하쿠세키(新井白石)와 막부 로쥬(老中 土屋相模守)를 직접 상대하며 목숨을 건 교섭을 했다 하더라도, 조선으로서는 에도성에서 일단 주고받은 양국의 국서를 '범휘'(犯諱) 문제 때문에 반려한 후 다시 개찬 국서를 쓰시마에서 맞교환하는 것에 대한 우려가 가장 컸다고 할 수 있다.

임란 이후 12번의 통신사행 가운데 귀국 후 처벌받은 사례가 없지는 않았지만, 외교 성사에 대한 보상으로 포상이나 승진한 사례가 더 많았다. 여기에 조태억(趙泰億) 일행은 국왕 숙종으로부터 국서 전달 이외에 별도의 과제까지 부여받았는데, 일본 체류 중 쓰시마 번[1]과의 사이에서 발생한 교간(交奸) 사건을 약조로 타결해 오라는 것이었다. 그 어느 사행 때보다도 불안과 부담이 컸을 것으로 보이지만, 개찬 국서의 쓰시마 맞교환을 국체를 손상시킨 불상사로 받아들여, 보상은 커녕 처벌을 받은 것이다.

국교 재개 이래 조일 양국관계를 보면, 통교 초기 쓰시마 번(對馬藩)의 국서 개작사건(1635년, 柳川一件)을 계기로 통교체제가 재정비된 이후에는 명·청 교체로 동아시아 국제관계가 요동치는 가운데서도 비교적 안정을 유지해왔다. 18세기 초 신묘통신사가 파견되던 시기는 조·청 및 조·일관계가 그 어느 때보다 안정되어 있넌 시기였다. 이런 가운데 일본측의 일방적인 외교의례 변경이란 조선으로서는 예상치 못한 외교참사였다. 그럼에도 조선 정부의 대응을 보면, 내부적으로는 외교참사를 막지 못한 통신사 일행을 처벌하기는 했다. 그렇지만 대외적으로는 도쿠가와 막부에 과민하게 반응하는 대신 일본측의 요구를 수용하여 원만하게 매듭지음으로써 양국관계가 더이상 외교마찰로 확대되는 것은 피하는 쪽으로 대응하였다.

지금까지 신묘통신사행(1711년)에 대한 선행연구를 보면, 일본측의 외교의례 변경 문제에 주목하되, 주로 일본 내부의 정치사상사적 관점에서 검토해온 경향이 있었다. 일찍이 나카무라 히데타카(中村榮孝)는, 일본측(新井白石)이 막부 쇼군의 외교칭호로 '다이쿤'(大君) 대신에 '日本國王'호를 조선에 요청했던 것은, 화이(華夷)질서 속에서 '일본국왕'이라는 지위를 회복할 수 없었던 도쿠가와 정권이 독자로 설정한 대등·적례의 나라 조선으로부터 외교문서에 사용할 수 있도록 승인을 얻었기 때문에 획기적인 의례개혁

1) '쓰시마'에 대해, 도쿠가와 막번제(幕藩制) 하에서 다이묘(大名) 소(宗)씨가 다스리는 쓰시마 번의 번정(藩政)기구를 의미할 때는 '쓰시마 번'(對馬藩), 지역적인 공간을 의미할 때는 '쓰시마'(對馬)로 표기한다.

이었다고 평가한 바 있다.[2] 미야케 히데토시(三宅英利)는 일본측(新井白石)의 의례 변경에 대해, 조일 통교관계의 전반적인 흐름을 배경으로 주자학에 바탕을 둔 도쿠가와 막부의 통치 사상을 외교에도 관철시키려 했던 것이지만, 화평·간소·대등이라는 교린외교의 합리성에도 불구하고 조일외교에 대한 현실감각이 결여된 개혁으로 평가하였다.[3] 그리고 민덕기는 아라이 하쿠세키의 빙례 개혁을 정치사상적 관점에서 치밀하게 분석한 한편, 외교절차 상 무례함을 지적함으로써 쇼군의 '일본국왕'화 또는 '제왕'화 작업 의도가 있었다고 평가하였다.[4]

또한 최근 한국측 연구를 보면, 외교 칭호 개정 및 국서의 피휘(避諱) 문제를 중심으로 일본의 도발적인 의례개혁과 조선의 소극적인 대응이라는 틀 안에서 검토하고 있는데, 일본의 의례개혁에 대한 조선의 대응을 '현실적 힘의 차이', 또는 '일회성 즉흥적 분노'로 평가하고 있다.[5] 또한 일본측 기록을 바탕으로 신묘통신사 당시 에도성(江戶城) 안에서의 외교의례를 중점적으로 검토한 연구도 있다.[6] 이러한 연구에서는 국교 재개(1607, 회답겸쇄환사) 이래 신묘통신사 파견 때까지 100년 가까이 지속되어 왔던 통신사외교의 역사적 경위와 대일본 통교 방침, 당시 동아시아의 국제관계가

---

2) 中村榮孝, 『日鮮關係史の硏究』 下, 吉川弘文館, 1969

3) 三宅英利, 『近世日朝關係史の硏究』 文獻出版, 1986

4) 민덕기, 「新井白石·雨森芳洲의 대조선외교와 관련한 天皇觀」 『사학연구』 48, 1994
민덕기, 「아라이 하쿠세키(新井白石)의 '일본국왕' 復號論의 의도」 『전근대 동아시아 세계의 韓·日관계』 경인문화사, 2007
민덕기, 「아라이 하쿠세키(新井白石)의 조선과의 빙례 개혁 의도」 『전근대 동아시아 세계의 韓·日관계』 경인문화사, 2007

5) 정응수, 「아라이 하쿠세키(新井白石)의 조선통신사 의례개정에 관하여」 『일본문화학보』 24, 2005
정장식, 「1711년, 밀고 당기는 치열한 외교전」 『통신사를 따라 일본 에도시대를 가다』 고즈윈, 2005
김상조, 「新井白石의 의례개정과 조선정부의 대응」 『영주어문』 27, 2014

6) 박화진·김병두, 『에도 공간 속의 통신사』 한울 아카데미, 2010

조일 양국 외교에 미치는 현실은 배제한 채, 주로 외교절차를 둘러싼 현상 설명에만 집중하고 있음을 지적할 수 있겠다.

신묘통신사가 파견되었던 18세기 초란, 청이 '오삼계의 난'을 평정(1682)한 것을 계기로 조·청관계가 그 어느 때보다도 안정된 시기였다. 일본의 도쿠가와 막부도 나가사키(長崎)와 왜관(부산) 및 문위역관이 전해주는 정보를 통해 조·청관계 및 조선 정국의 안정을 숙지하고 있었다. 이에 쇼군 습직이라는 큰일이 없는 한, 17세기 중후반에 무슨 이유를 대서라도 새로운 명분을 찾아 통신사를 초빙하려 했던 것과는 달리, 군사·안보적 차원에서의 통신사 초빙을 특별히 필요로 하지는 않았다.[7] 조선 역시 외교상대로서 도쿠가와 막부의 무력에 더이상 위협을 느끼던 시기도 아니었으며, 쓰시마 번을 통제하지 못할 정도도 아니었다. 따라서 신묘통신사행(1711년) 때 비록 조일간에 외교적인 마찰은 있었지만, 조선이 도쿠가와 막부의 요구를 수용함으로써 양국 간의 긴장을 피하려 했던 것에 대해서는, '힘의 차이'나 '즉흥적 분노' 표출만으로 설명하기는 어렵다.

17세기 말 이후 조선의 국정을 보면, 조·청관계의 안정으로 '북벌론'은 사라지게 되었다. 아직 청에 대한 적대감이 완전히 사라지지는 않았지만, 선왕 대에 비해 전반적으로 대청(對淸)관계 유지에 대한 부담이 줄어든 결과, 안으로는 청의 위협에 대비하는 북방책이 강구되었다. 도성 수축공사

7) 국교 재개 이후부터 17세기 중반까지 조일 양국관계를 보면, 정묘·병자호란과 같은 조·청 전쟁 및 명·청 교체라는 국제관계의 급변 속에서도 통신사외교가 지속되었다. 그럴 수 밖에 없었던 가장 큰 이유라면, '설마'했던 청이 명을 꺾고 중원을 차지하는 과정에서 조선과 일본 모두 자국의 안보를 지키는 한편 군사적 불안을 떨쳐버리기 위해서는 국제정세에 대한 정보 및 상대국의 동향 파악이 무엇보다 중요했다. 이에 조일 양국은 제1차 회답겸쇄환사(1607)부터 제6차 을미통신사행(1655)까지는 그때그때 새로운 명분을 찾아 통신사외교를 이어나간 측면이 있었다. 즉 청의 중원 지배가 확실해지는 17세기 중반까지는 조일 양국 모두 통신사 파견이라는 외교적 결정과정에서 군사·안보적 관점이 무엇보다도 우선시되었다고 할 수 있다(이훈, 『조선의 통신사외교와 동아시아』 경인문화사, 2019).

(1704)를 시작으로, 1709년에는 강화도 축성, 신묘통신사가 파견되던 1711년에는 북한산성 축조가 가장 큰 국정 과제로, 전반적으로 '무비'(武備) 내지는 관방(關防)에 내실을 기하던 시기였다.

한편 이 시기 조일관계에서도 비슷한 양상이 보인다고 할 수 있다. 기유약조(1609) 이래 100년 가까이 방치되어 왔던 남쪽의 관방을 위해 부산에 금정산성을 축조(1702)한 한편, 초량 왜관 이전을 계기로 조선이 주도적으로 왜관 통제를 강화해 가던 시기였다. 이에 숙종은 임술통신사행(1682년)에 이어 신묘통신사(1711년) 일행에게도 국서 전달이라는 본연의 임무 이외에 쓰시마 번과의 교간(交奸) 약조 체결이라는 과제를 추가로 지시하였다.

요컨대 17세기 말~18세기 초, 숙종 중·후반기에 해당하는 이 시기의 대외관계에서 눈에 띄는 점이라면, 조·청, 조·일관계 모두 충돌을 피하는 소위 '조용한 외교'를 지향하는 한편, 남북으로 방치되어 왔던 관방에 내실을 기하려 했음을 특징으로 지적할 수 있다. 17세기 중반의 효종 대와 확연히 달라진 이러한 국정 운영 방침은 병자호란 이래 70년 만에 도래한 대내외적인 안정을 그대로 유지하는 것이야말로 가장 실리(實利)적이라는 조선 정부의 자각에서 비롯되었다고 생각된다.

따라서 이 장에서는 다음의 2가지에 주목해보고자 한다.

우선 첫째는 사전 강정 교섭 단계부터 통신사 일행이 귀국할 때까지 일본측의 일방적인 의례변경, 즉 신례(新例) 제기로 인한 마찰(갈등)이 끊이지 않았던 이유를, '힘의 논리' 보다는 막부측의 의사결정이라는 관점에서 파악해보고자 한다. 즉 일본측의 신례 제기가 과거 전례와 달리 절목강정 단계에서 일괄적으로 조정되지 않고, 절목강정 이후 하나하나씩 파편적으로 제기된 데에는, 쇼군(德川家宣)의 측근인 아라이 하쿠세키(新井白石)가 주도하는 의례변경이 로쥬(老中)에 의해 막부의 공식적인 방침으로 결정될 때까지 의사결정이 2중적으로 이루어지는 우여곡절이 있었기 때문이다.

둘째는, 신묘통신사(1711) 파견 시 일본측의 일방적인 외교의례 변경 및 개찬 국서의 맞교환이라는 외교참사에 대해 조선이 결국은 원만한 외교로 수습한 것을, 17세기 말 이후 안보 중심의 대외정책과 실리(實利) 추구라는 관점에서 검토해 보고자 한다. 따라서 지금까지는 별로 주목하지 않았지만, 수습과정에서 보여준 조선 정부의 항의 방식이나 통신사 일행이 일본 현지에서 발휘한 외교교섭력에 대해서도 조선의 외교적 대응이라는 관점에서 다시 한번 살펴볼 필요가 있다고 생각된다.

1. 18세기 초 조청·조일관계의 안정과 관방(關防)

1) '오삼계의 난' 이후 조·청관계의 안정과 북한산성 축조

17세기 말~18세기 초 '오삼계의 난'[8] 이후의 조·청관계에 대해서는, 일반적으로 정묘(1627)·병자호란(1636) 이래 모처럼 도래한 안정된 관계로 평가되고 있다.

숙종 중·후반기에 도래한 조·청관계 '안정'의 실태란 과연 어떤 것이며,

8) 오삼계(吳三桂, 1612~1678)는 명나라의 장군으로 북동부 국경 지역에서 여진의 침입을 막는 책임을 맡고 있었다. 명말 이자성(李自成)의 난으로 북경(北京)이 위태롭게 되자 명의 숭정제(崇禎帝)가 이를 격퇴하기 위해 오삼계의 부대를 불러들였지만 1644년 4월 구원군이 도착하기 이전에 북경이 함락되었다. 이자성이 오삼계의 군대를 공격하자 오삼계는 청에 구원을 요청하였으며, 이후 청과 오삼계가 연합하여 이자성을 북경에서 몰아낸 후 북경을 수도로 정하고 중국의 지배를 선언하였다. 이후 청은 1659년 중국 남서부 지역에 있던 명의 잔존세력을 소탕하기 위해 오삼계를 파견하였으나, 오삼계는 오히려 이를 계기로 운남(雲南)의 행정·군사권을 장악하여 번국(藩國)을 수립한 후 칭제하였다. 비슷한 시기 광동(廣東)·복건(福建)에서도 경정충(耿精忠)과 상지신(尙之信)이 번국을 세웠다. 이에 청이 남부의 번국을 없애려고 하자 1673년 3월 오삼계가 경정충(耿精忠)·상지신(尙之信)과 함께 반란을 일으켰다. 이른바 이를 '오삼계의 난', 또는 '삼번의 난'이라 칭한다. 이 글에서는 '오삼계의 난'으로 통일한다.

국정 운영 내지 대일본 관계에는 어떤 영향을 미쳤을까?

첫째, '안정'의 실태부터 따져보기로 한다.

우선 『숙종실록』·『비변사등록』에서 17세기 말~18세기 초의 대청 관계를 살펴보면, 임술통신사(1682년) 파견 직전까지는 '오삼계의 난'에 대한 청 정부의 대응 능력이 조선의 군사·안보에 큰 영향을 미칠 수도 있었다. 이에 혹시라도 청이 조선에 병력을 요청해 올 수도 있다는 우려 속에서, 청에 파견된 사자들을 통해 관련 정보를 수집하기에 바빴다.[9)]

이에 비해 1682년 3월 청이 '오삼계의 난' 평정 사실을 조선에 황제(강희제)의 칙서로서 정식으로 통보해온 이후로는 군사·안보와 관련된 대청 기사는 현저하게 줄어들었다.[10)] 하지만 그럼에도 불구하고 조선은 조선 나름대로 평정 사실 여부를 확인할 필요가 있었기에, 칙서 수령 이후에도 1683년부터 동지사·사은사 등 대청 사자의 귀국 보고 및 별도의 현지 인맥을 통해 평정 이후 청의 동향과 관련된 정보를 계속해서 수집하였다.[11)] 1684년 및 1686년에는 청에 파견되었던 조선의 사자들이 오삼계와 더불어 반청(反淸) 세력 근거지 중의 하나였던 대만(臺灣)에 청이 부현(府縣)을 설치하고 군대까지 주둔시킨 사실을 알려왔다.[12)] 이에 조선은 청이 남방의 반

9) 임술통신사 파견 직전에는 청의 남쪽에서 오삼계가 난을 일으킴에 따라 청에 파견된 사자들의 주요 임무는 '오삼계의 난'의 추이와 이에 대한 청의 진압능력 등에 대한 동향 파악이 주를 이루었다. 국왕 숙종은 이러한 대청 정보를 바탕으로 대신들과 조선의 대응을 놓고 긴박한 논의를 하였으며, 윤휘 등은 반청세력의 대두를 기회로 효종 이후 잠잠했던 북벌을 다시 숙종에게 건의하기도 하였다(이훈, 「숙종대 임술통신사(1682년) 파견과 적례외교의 정착」『공존의 인간학』 4, 전주대, 2020).

10) 『숙종실록』 8년(1682) 2월 21일 기해 및 3월 7일 을묘.

11) 『숙종실록』 9년(1683) 3월 7일 기유 및 4월 29일 신축.

12) 『숙종실록』 10년(1684) 3월 14일 경진, 하지정사 조사석(趙師錫)의 귀국 보고.
『숙종실록』 10년(1684) 6월 18일 임자, 고부사 이유(李濡)의 귀국 보고(臺灣에 1부3현 설치).
『숙종실록』 10년(1684) 12월 3일 갑오. 조사석의 인맥.
『숙종실록』 12년(1686) 10월 13일 갑자, 남구만의 귀국 보고(대만에 청의 군대 주둔).

청 세력을 완전히 제압한 사실을 인정하지 않을 수 없었으며, 청의 중원 지배 역시 돌이킬 수 없는 현실로서 비로소 받아들이게 되었던 것 같다. 그 결과 청을 더 이상 '북벌'(北伐)의 대상으로 여기지도 않게 되었다.[13] 이후 『실록』에서도 조선의 군사·안보 등 국정 운영에 직접 영향을 미칠 수 있는 북벌론은 사라지게 되었다. 1690년대 이후로는 대청(對淸) 사자의 귀국 보고 내용에도 특기할만한 내용은 그다지 보이지 않는다. 간혹 반청 세력의 동향에 관한 정보가 있다 할지라도 과거와 달리 혹시라도 청의 병력 요청이 있을지 모른다는 염려만 할 뿐, 대응책을 강구한 흔적은 보이지 않는다.[14] 숙종과 대신 및 비변사 당상들의 중앙 논의를 보더라도, 혹시라도 청의 의심을 살만한 가시적인 무비(武備)책은 강구하지 않는 쪽으로 결정되었다.

청 역시 '오삼계의 난'(또는 삼번의 난)으로 대표되는 반청 세력을 완전히 제압한 이후로도 조선에 끊임없이 사자를 파견하여 조선의 움직임을 탐색해 갔다. 그러나 이전과 같이 조선이 반청 세력과 합세하여 청을 공격할지도 모른다는 의심이나 정치적인 간섭·압박은 사라졌다고 할 수 있다. 1684년에는 오히려 청의 강희제가 대명(對明) 의리를 중시하는 조선에 대해 앞으로는 청에게도 그러할 것이라며 신뢰를 보이기까지 하였다.[15] 1693년에는 병자호란 이후부터 조선이 매해 청에 부담해오던 세폐(歲幣)의 일부

---

13) 조선은 임란 종식 후 일본과 국교회복(1607)을 했다고는 하지만 전후복구도 제대로 이루어지지 않은 시점에 또다시 후금(청)과 정묘(1627)·병자호란(1636)이라는 두 차례의 전쟁을 치렀다. 전쟁에서 패한 이후에는 또다시 명·청교체(1644)라는 예기치 못한 국제관계의 변동을 겪었다. 그 결과 청과는 대외적으로는 패전국으로서 명실공히 사대외교의 틀 안에서 통교하였지만, 내부적으로는 17세기 말까지 거의 반세기 동안 '북벌'이 대청관계의 한 축을 차지하고 있었다. 이에 역대 국왕(인조·효종)과 신료들의 논의에서는 군사·안보 비용 조달과 병력이동 문제가 우선순위를 차지하였으며, 숙종 대에도 '오삼계의 난'이 평정되기 직전까지는 북벌론이 잠시 다시 고개를 들기도 하였다.

14) 『숙종실록』 16년(1690) 7월 13일 임인.

15) 『숙종실록』 10년(1684) 6월 18일 임자.

를 감면해주기도 하였다.[16)]

따라서 숙종 중·후반대 조선이 취할 수 있는 입장이란, 일단 청의 압도적인 군사력과 중원 통치를 인정한 가운데 청의 의심을 살만한 노골적인 무비책은 강구하지 않으면서 사대외교를 통해 양국관계를 큰 충돌없이 유지하는 것이었다. 이에 『실록』 등에서도 병자호란 이후 정례화된 외교전범에 따라 책봉국인 청에 주문사(奏聞使), 동지사, 사은사 등, 해마다 몇 차례에 걸친 사자 파견과 관련된 인선, 예물 준비 등, 그리고 청의 칙사에 대한 접대 등, 양국 사자의 왕래와 관련된 사대외교의 의례문제가 우선순위를 차지하게 되었다고 할 수 있다. 또한 이러한 사대외교를 통해 왕권도 안정시킬 수 있었다.

그 결과 병자호란 이후 반세기 만에 도래한 조·청관계의 '안정'이란, 양국의 국경 지역에서 채삼(採蔘)을 위한 범월(犯越) 사건이 발생했을 때, 비록 수습과정에서는 청의 요구가 국체의 손상에 해당한다는 신료들의 반발이 있었지만, 그럼에도 불구하고 의외로 조용히 처리되었다고 할 수 있다. 예를 들면, 1644년 청의 입관 이후로는 압록강·두만강 이북이 무인지대가 되면서 국경을 넘기가 수월해졌기에 채삼과 수렵을 위해 월경하는 조선의 변민들이 많이 생겨났던 것 같다. 특히 압록강 너머에서는 단지 채삼에 그치지 않고 청나라 사람을 살해하는 사건이 잇따르면서 17세기 중·후반에는 월경문제(犯越)가 조·청간 현안으로 대두되게 되었다. 그리고 이러한 월경 사건들의 경우, 대부분은 청의 항의와 재발 방지 요구, 그리고 이에 대한 조선의 관련자 색출 및 처벌의 형식으로 처리되었다. 즉 조선 조정이 해당 지방관을 문책하고 주모자를 국경에 효시하는 등의 조치를 취하는 선에

16) 『숙종실록』 19년(1693) 3월 6일 경술, 청이 칙령으로 세폐 중에서 金1百兩, 면포 600필을 감면.
참고로 병자호란 이후 청에 대한 세폐(총액)은 동전 12만냥, 그중 목면은 잡포가 2천필, 정포가 5천필이었다.

서 사건이 마무리되었다고 할 수 있다.[17]

그런데 1685년(숙종 11)에는 압록강 상류의 삼도구(三道溝)에서 발생한 월경 사건에 대해 청이 직접 조선에 칙사(查使差官)를 파견하여 조사한 후 조정의 책임을 추궁하는 한편 국왕 숙종에게까지 책임을 묻는 사태가 벌어졌다.[18] 소위 '삼도구 사건'이라 불리우는 이 사건은, 압록강 건너 삼도구에서 인삼 채취에 나선 조선인들이 청 강희제의 명을 받아 지도를 제작하기 위해 백두산 답사에 나섰던 청의 관리들과 충돌하여 조총을 쏘아 부상을 입힌 사건을 말한다.[19] 이 사건의 경우 실제로 11월에 청의 칙사가 파견되어 조선측 관리의 입회 하에 범월 조선인 25명에 대한 조사를 실시하였다.[20] 그리고 이듬해인 1686년 3월에는 조선인의 월경 채삼 방지를 요청하는 청의 자문(咨文)이 도착했는데, 여기에는 국경 관리를 소홀히 한 조선 국왕 숙종에 대한 문책 내용까지 들어있었다. 게다가 이때 청은 월경 채삼 건을 빌미로 '오삼계의 난' 당시 조선이 청의 사정을 염탐하고 북벌을 시도하려 했던 정황을 비롯하여, 청의 사자에 대한 소홀한 접대 등, 그간 양국 사이에서 논란이 되었던 사안들까지 추궁해 왔다. 게다가 조선이 번국(藩國)으로서의 본분을 망각했다고 비난하며, 이러한 사태의 원인이 "임금이 못나고 나약하며 신하들은 제멋대로 방자하기 때문이라는 책망과 더불어 국경 단속을 소홀히 했다"는 이유로 숙종에게 직접 죄를 물어 벌은(罰銀) 2만냥을 부과하기에 이르렀다.[21]

말하자면 '삼도구 사건'에 대해서는 청이 월경 사건에 대한 기왕의 사례를 따르지 않고, 청나라 황제(강희제)가 조선의 국왕 숙종을 겨냥하여 직접

17) 노대환, 「18~19세기 조선의 대청외교」『한국의 대외관계와 외교사』 조선 편, 동북아역사재단, 2020, 495~501쪽.
18) 『숙종실록』 11년(1685) 10월 9일 병신.
19) 『숙종실록』 11년(1685) 10월 10일 정유.
20) 『숙종실록』 11년(1685) 11월 23일 기묘 및 11월 25일 신사.
21) 『숙종실록』 12년(1686) 3월 7일 신유.

문책한 것이라 할 수 있는데, 이와 같은 이례적인 조치는 조선 조정에 큰 수치와 모욕으로 받아들여졌다. 이때 조선의 대응을 보면, 영의정(김수항)·좌의정(남구만) 등이 청에 소장(訴狀)을 보내 항의할 것을 건의했지만 숙종이 불허하였다.[22] 또한 이징명 등은 청의 질책에 분노하여 북로(北路)의 군비 증강 및 군병 보충을 건의했지만 이것 역시 불허하였다.[23] 그리하여 결국 진주사(陳奏使)가 청에 지참해 간 문서는 항의는 커녕 숙종이 사죄하는 내용으로 작성되었다.[24] 벌은 2만냥도 사은사 편에 납부하는 것으로 매듭지어졌다.[25] 여기에 월경의 근원인 채삼을 근절하기 위해 「남북삼상연변범월금단사목」까지 제정했다.[26] 요컨대 '삼도구 사건'에 대한 조선의 위와 같은 대응이란, 명실공히 사대외교의 틀 안에서 외교 교섭을 통해 무난히 해결책을 강구한 것으로, 수습 이후에도 채삼을 위한 월경 사건은 끊이지 않았으나, 조·청간에 외교적 갈등이나 마찰로 비화하지는 않았다.

한편, 이 당시 조·청간 또 하나의 현안이라면 백두산 정계 문제를 들 수 있는데, 양국의 국경(경계)을 정하는 중대 사안임에도 불구하고 숙종의 우려와 달리 순조롭게 마무리되었다. 청 강희제는 입관(1644년) 이후부터 백두산(장백산) 탐사에 대한 강한 의지를 가지고 있었다. 이에 1691년 이를 위한 사자 파견을 시도했지만 무산되자,[27] 1712년에는 마침내 차사 목극등

22) 『숙종실록』 12년(1686) 3월 8일 임술.

23) 『숙종실록』 12년(1686) 윤4월 30일 계미 및 5월 3일 병술.

24) 『숙종실록』 12년(1686) 6월 6일 무오.

25) 『숙종실록』 12년(1686) 3월 13일 정묘.

26) 『숙종실록』 12년(1686) 1월 8일 계해.
『비변사등록』 숙종 12년(1686) 1월 6일(南北蔘商沿邊犯越禁斷事目).
'南北蔘商沿邊犯越禁斷事目'은 북변의 채삼 자체를 불허하고 남북 삼상의 왕래를 막아 인삼의 유통로를 차단함으로써 교역 자체를 금지하려는 의도였다. 이 禁蔘정책은 이후 20년간이나 지속되었는데, 청과의 충돌을 피하기 위해 인삼으로 얻을 수 있는 이익을 포기하며 강구한 월경방지책이었다.

27) 『숙종실록』 17년(1691) 11월 16일 병인 및 18년(1692) 2월 25일 을사.

(穆克登)을 의주(義州)에 파견하여 조사에 임하게 하였다.[28] 조선에서는 과연 어느 곳을 청과의 경계(국경)로 설정할 것인지를 놓고 숙종과 신료들이 긴장한 가운데 사전 조사 및 논의가 있었지만,[29] 청 사자와 조선측이 함께 조사에 임한 결과 심각한 갈등은 없었다. 오히려 조선의 의도대로 백두산 이남, 즉 두만강과 압록강 이남을 조선의 강역으로 인정하여 정계비(定界碑)를 세우는 것으로 국경 문제가 무난히 매듭지어졌다.[30] 우려와 달리 조·청간의 경계 문제가 순조롭게 해결된 것에 대해서는 실록을 편찬하는 사관 조차도 평가할 정도였다.[31]

따라서 18세기 초, 조·청관계의 '안정'을 조선의 입장에서 한마디로 정리한다면, '오삼계의 난'에 대한 청의 평정 이후 압도적인 군사력과 중원 지배를 현실로 인정한 가운데 정축화약(1637년)에서 정한 외교전범을 바탕으로 사대외교에 전념하되, 되도록 갈등을 일으키지 않고 조용한 외교를 지향하는 것이 조·청 외교관계의 실태였다고 할 수 있다.

둘째로, 그렇다면 숙종대에 이처럼 안정된 조·청관계란 국정운영(군사·안보)에는 어떠한 영향을 미쳤을까?

우선은 조·청 양국간에 군사·안보상 문제가 될만한 큰 갈등은 발생하지 않았기 때문에 축성(築城) 등, 군사시설을 새로 구축하거나 군대를 증설할 만한 명분을 찾기가 쉽지는 않았던 것 같다. 예를 들면 1682년에는 '오삼계의 난' 평정을 알리는 청 칙서의 수령 직후 동지겸사은사(李濮)의 귀국보고가 있었는데, 청의 압도적인 군비 상황과 정금(鄭錦) 등 대만에 잔존해 있던 반청(反淸) 세력의 무력함을 확인하자마자 곧바로 군대 증설은 하지 않

28) 『숙종실록』 38년(1712) 2월 26일 기묘.
29) 『숙종실록』 38년(1712) 2월 27일 경진, 3월 6일 기축, 3월 8일 신묘.
『숙종실록』 38년(1712) 3월 23일 병오.
30) 『숙종실록』 38년(1712) 5월 15일 정유.
『숙종실록』 38년(1712) 5월 23일 을사, 6월 3일 을묘, 6월 10일 임술.
31) 『숙종실록』 38년(1712) 3월 24일 정미.

는 것으로 결정하였다.[32] 1686년에는 북쪽 국경 지역에서 월경 채삼 건으로 청과 마찰이 생겨 외방의 군병을 보충하자는 논의도 있었지만, 이 역시 숙종이 허락하지 않았다.[33]

그렇지만 앞서 보았듯이 조선은 청에 대해 노골적인 '북벌'을 내세울 수는 없었지만 내부적으로는 반청(反淸) 기류가 여전히 존재하였다. 이러한 반감은 『실록』에서 청국 또는 청의 황제, 청의 사자를 지칭할 경우, '청'이나 '황제'라는 문언 대신에 주로 '胡·虜中·彼中(저들)', '淸主', '虜使·胡勅'으로 표현되었다. 그리고 청의 칙사가 조선에 올 때마다 숙종이 모화관(慕華館)까지 직접 나아가 맞아들이는 것(親迎)에 대해서도 굴욕으로 인식하여 폐단에 대한 상소가 올라올 정도였다.[34] 또 숙종 및 신하들 사이에서는 아직도 임진왜란 때 원군을 파견해 준 명(신종)에 대해 '再造之恩'이 회자되고 있었다.[35] 1704년 창덕궁 안에 대보단(大報壇)을 마련한 이후에는 1705년과 1706년에 명의 신종을 황제(大明神宗皇帝)라 칭하며 제문을 올렸다.[36] 이러한 '崇明·反淸' 기류는 월경 채삼을 금지하는 절목(1686)이 제정된 이후에도 1690·1691·1692·1693·1694·1701년에 함경도 등 국경 지역 주민이 청으로 넘어가 채삼 및 청인을 살해하는 사건이 계속해서 발생하자,[37] 마

---

32) 『숙종실록』 8년(1682) 3월 20일 무진 및 4월 27일 갑진.
33) 『숙종실록』 12년(1686) 5월 3일 병술.
34) 『숙종실록』 8년(1682) 7월 17일 임술.
35) 『숙종실록』 13년(1687) 2월 3일 신해.
36) 『숙종실록』 30년(1704) 12월 21일 정해.
『숙종실록』 31년(1705) 3월 9일 계묘.
『숙종실록』 32년(1706) 2월 19일 무신 및 2월 26일 을묘.
37) 『숙종실록』 16년(1690) 9월 11일 무술, 함경도 주민 10여명 월경 채삼 및 청인 살해.
『숙종실록』 17년(1691) 4월 4일 기미, 조선인(임인) 월경 채삼.
『숙종실록』 18년(1692) 3월 14일 계해, 북관의 범월 죄인 유철석 등 4인 사형.
『숙종실록』 19년(1693) 12월 26일 을미, 서북 변민(三水)의 월경 채삼.
『숙종실록』 20년(1694) 12월 1일 갑오, 함경도 백성의 청 월경 채삼.
『숙종실록』 27년(1701) 1월 2일 경자, 함경도 삼수현 주민의 월경 채삼 및 청인 살해.

침내 청과의 군사적 충돌을 우려한 가운데 몇 년에 걸친 '무비'(武備) 논의로 이어졌다고 할 수 있다.

그리하여 1690년부터는 유사시에 대비하여 결국 강도(江都)의 축성 논의가 시작되었다.[38] 1692년에는 숙종과 비국 당상 등이 병자년(1636) 이후 60년 가까이 무비를 소홀히 해온 것에 대한 점검 차원에서 관서 지방의 무비책으로 평양부에 축성하자는 논의가 있었지만, 청을 의식하여 논의에 그치고 말았다.[39] 1693년에도 압록강변(의주 북쪽)에 진보(鎭堡)를 증설 내지 신설하자는 비변사의 건의가 있었으나, 같은 이유로 무산되었다.[40] 그럼에도 청과 국경을 접한 북변 지방에서는 두 차례의 호란을 경험한 결과 청의 기병(騎兵)에 대한 공포가 여전히 존재했던 것 같으며, 1702년에는 길주의 성진(城鎭) 등에 진보(鎭堡) 등 군사시설 설치문제가 제기되었다.[41] 그러나 병자호란 이후 패전국이 된 조선은 청에 대해 군사시설은 구축하지 않는 것으로 약조(정축화약, 1637)했기 때문에 관서나 북변 등 변경지역에 축성이나 진보(鎭堡)를 신설할 경우 우선 청의 의심을 살 수 있었다. 병자호란 직후 청의 빈번한 칙사 파견은 인조·효종대의 반청 기류를 알고 있었기에 조선의 동향 및 군사시설의 구축 여부를 감시하기 위한 것이었다. 숙종 대에 이르러 조·청 양국관계가 안정되었다고는 해도 조선은 청의 칙사 파견 자체를 여전히 압박 내지는 협박으로 인식하고 있었다.[42] 이러한 조·청관계로 볼 때 조선이 축성 등 군사시설을 수축할 경우 청의 허락을 받아내기 위해서는 어떤 명분을 내세워 청을 설득할 것인지가 가장 큰 난제였다고 할 수 있다. 이에 북변에서 관서지방에 이르는 구간에 있어서는 청의 사행이 한눈에 군사시설이라는 것을 알아볼 수 있는 축성 구축은 평안도의 구

38) 『숙종실록』 16년(1690) 10월 27일 갑인.
39) 『숙종실록』 18년(1692) 7월 13일 경신 및 7월 23일 경오.
40) 『숙종실록』 19년(1693) 7월 17일 기미.
41) 『숙종실록』 28년(1702) 윤6월 24일 갑진 및 8월 5일 갑신.
42) 『숙종실록』 17년(1691) 4월 11일 병인.

성(龜城) 이외에는 실현되지 않았던 것 같으며,[43] 그 대신 북변의 위협에 대해 도성(都城) 수비책을 강구하는 쪽으로 결정되었다.

그러나 한양 도성을 축성 내지 보강할 경우, 이 역시 청 칙사의 왕래시 눈에 뜨일 염려가 있었다. 이에 1703년부터 1711년까지 거의 10년 동안은 국왕 숙종을 비롯하여 대신과 비국 당상들간에 도성을 방어할 수 있는 배후산성으로 '북한산성 축조'를 둘러싼 치열한 찬반 논쟁만이 계속되었다. 효종 이래의 숙원사업을 내세운 숙종의 강한 의지에 따라,[44] 축성 자체는 1703년에 내정되었음에도 불구하고 청과의 정축화약 위반을 염려한 신료들의 반대 여론 때문에 곧바로 공사에 착수하지는 못했다.[45] 그러나 1710년 9월 청 강희제가 자문(咨文)을 보내 청에서 발생한 해적의 잔병이 조선을 약탈할 수 있으니 연해지방의 방어에 힘쓰도록 하라고 알려오자마자,[46] 이를 계기로 북한산성 축성에 대한 조정 내의 여론이 찬성 쪽으로 급반전되었다. 축성을 요구하는 상소 또한 속출하였다.[47] 이에 1711년 5월 축성 공사에 착수하여 6개월만인 10월에 북한산성이 완공되었다.[48] 그러나 청에 보내는 감사의 자문에는 병자호란 이후 정축화약의 금제 조항(城池 등, 군사시설 구축)을 의식한 결과, 구체적인 축성 사실을 기재하기 보다는 "황제의 뜻을 받들어 關防의 수비를 특별히 修繕하겠다"는 애매모호한 함축적인 문언으로 처리하였다.[49]

---

43) 『숙종실록』 29년(1703) 11월 5일 병오.

44) 『숙종실록』 36년(1710) 10월 26일 정해.

45) 『숙종실록』 29년(1703) 4월 3일 무인 및 4월 4일 기묘.

46) 『숙종실록』 36년(1710) 9월 28일 기미.
『同文彙考』 原編, 권76 軍務, 庚寅, 謝海防上諭咨(康熙 49.9, 국사편찬위원회 2책, 1445~1446쪽).

47) 『숙종실록』 36년(1710) 10월 3일 갑자.

48) 『숙종실록』 37년(1711) 5월 3일 을유 및 10월 19일 갑술.

49) 『숙종실록』 36년(1710) 11월 3일 계사.
청에 보내는 감사의 자문에는, 「'邊備'에 대해(중략), 皇旨를 받들어 沿海防守에 힘

이때의 논의과정을 보면, 청 사자가 자문을 가져온 것을 계기로 민간에서는 곧 사변이 일어날 것이라는 소문(소위 '찌라시')이 1달 만에 순식간에 한양 도성에 퍼져 민심이 동요되었다.[50] 여론을 안정시키는 가운데 민력도 동원해야 하는 만큼, 숙종은 북한산성을 축성하여 도성 백성의 안전을 보전하겠다는 효유문을 내렸다.[51] 축성 명분으로는 도성의 배후산성이라는 북한산성의 입지를 내세웠다. 숙종 자신은 임란 때의 군주(선조)가 그랬던 것처럼 명(明)나라 만을 믿은 채 백성을 버리고 의주로 피난했던 것과 같은 과오를 저지르지 않고 도성의 배후에서 백성을 지키겠다는 것이었다.[52]

이와 같이 숙종대에는 대외적으로는 청과의 국경 지역에서의 군사적 충돌 및 청 해적 잔낭의 조선 약탈 위기를 명분으로 내세운 한편, 국내적으로는 도성 백성의 안전이라는 명분을 확보함으로써, 거의 10년 동안 논의만 해왔던 도성 방어용 북한산성 축조를 순식간에 달성했다고 할 수 있다. 말하자면 조선에 있어서 청(淸)이란 현실적으로는 사대외교의 중요한 상대였음에도 불구하고, 청을 가상의 적으로 설정한 북로(北虜) 대비책, 즉 관방(關防)을 강화한 것이라 할 수 있다.

숙종대의 관방과 도성(都城) 수비에 대한 관심은 자연스레 전국으로 확대되어, 서쪽으로는 강화도의 토성 보수,[53] 남쪽으로는 1702년 동래의 방비를 위해 부산에 금정산성 수축이 결정되었다.[54] 그리고 동쪽으로는 실현되지는 못했지만, 해방(海防) 차원에서 울릉도에 진(鎭)을 설치하자는 건의

쓰겠다」라는 식으로 작성되었다(『同文彙考』 原編, 권76 軍務, 庚寅, 謝海防上諭咨 康熙 49.10.5, 국사편찬위원회 2책, 1446쪽). 조선 국왕의 표문·전문 등에도 '關防' 또는 '海防' 만이 언급되어 있었다(같은 책, 謝防守海賊上諭箋, 강희 49.10.29, 1446~1447쪽).

50) 『숙종실록』 36년(1710) 10월 19일 경진.

51) 『숙종실록』 36년(1710) 10월 19일 경진 및 37년(1711) 4월 5일 계해.

52) 『숙종실록』 36년(1710) 12월 1일 신유.

53) 『숙종실록』 28년(1702) 8월 10일 기축.

54) 『숙종실록』 28년(1702) 11월 13일 경신.

도 1694년에 이어 1708년에도 제기되었다.[55)]

이렇게 볼 때 17세기 말~18세기 초, 소위 조·청관계의 '안정' 속에서 숙종의 강한 의지 하에 추진되어온 '관방'이란 다음과 같이 정리할 수 있을 것 같다. 즉 '오삼계의 난' 이후 조선이 청의 압도적 군사력과 중원 지배를 현실로 수긍함에 따라, 조·청관계란 '삼도구 사건'과 같이 양국 간에 긴장 요인이 발생했다 하더라도, 명실공히 사대외교의 틀 안에서 외교적으로 수습하는 쪽을 선택할 수 밖에 없었다. 이에 대청관계 유지에 있어서는 기본적으로 병자호란 이후 사대외교에 들어가는 비용과 세폐 부담은 여전하였지만, 벌금 2만냥 이외에 조·청 갈등에 따르는 군사·안보 비용은 발생하지 않았다고 할 수 있다. 『실록』이나 『비변사등록』에서 임술통신사 파견 이후 30년(1681~1710)간 조선의 대청외교 부담을 추려보아도 숙종의 벌은(罰銀) 2만냥 및 해마다 조청 간의 사행외교에 소요되는 외교의례 비용이 주를 이룬다고 할 수 있다. 오삼계의 난 이후에는 '북벌'론도 관념상으로 존재할 뿐, 실제 군사·안보 측면에서는 의미가 없어졌기 때문에 외교의례 비용부담을 제외하고는 대청 관련 군비 동향이나, 남변 방어 등에 대한 논의도 찾아볼 수 없다.

그 결과 숙종 중·후반대란, 임진왜란으로부터 거의 100년, 병자호란으로부터는 거의 70년 만에 비로소 이웃나라와의 군사적 긴장이나 압박에서 벗어났음을 스스로 '자각'했던 시기라고 할 수 있다. 숙종은 병자호란 이래 효종대까지 조선이 자의 반 타의 반 짊어지고 있던 군사·안보적 부담에서 70년 만에 벗어나 처음으로 안정을 맞이하게 된 것에 대해 조야가 매몰되

55) 『숙종실록』 20년(1694) 1월 2월 23일 신묘 및 34년(1708) 2월 27일 갑진.
이 시기 울릉도쟁계가 발생했을 때에도 조선측의 대응 논리는 일찍이 1614년 동래부사의 서계를 바탕으로 일본에 제시한 바 있는 기유약조 이래의 관방 원칙이었다. 왜관의 경계 및 출입통제와 관련된 숙종 대의 대책 강구 역시 궁극적으로는 기유약조(1609)에 제시된 관방 지침의 준수 내지는 회복을 의미한다고 할 수 있다.

는 것을 극히 우려했던 것 같다.[56] 이에 월경 채삼 건을 둘러싼 청과의 갈등, 해적 출몰 위기가 발생했을 때에도 오히려 '北虜' 대처를 명분으로 내세워 북한산성을 축조하는 등, 관방 강화의 계기로 삼았다고 할 수 있다.

한마디로, 숙종대에는 청과는 사대외교를 통해 되도록 안정된 관계를 유지하면서도, 안으로는 '강한 나라'를 지향하여 그동안 두 차례의 호란으로 방치되어 왔던 동·서·남·북의 관방에도 주의를 환기시킴으로써 잃어버린 왕권의 권위 회복에 힘쓰던 시기였다고 할 수 있다.[57] 이러한 국정 운영 방침은 같은 시기 대일본 통교에서도 발휘된 측면이 있다.

2) 남변의 관방과 왜관 통제

조·청 관계의 안정은 일본과의 관계에도 영향을 미쳤다.

우선 외교상대로서의 일본 인식에 변화를 가져왔다. 17세기 중반까지는 명·청 교체라는 동아시아 국제관계의 급변 속에서 조선도 언제 전쟁에 휘말릴지 모르는 불안한 상태였다. 이에 일본과의 관계에서는 되도록 군사·안보적 위기를 발생시키지 않기 위해 '우호'(和好)를 명분으로 내세워 통신

56) 18세기 초 국제관계의 안정에 대한 자각은 북한산성 축조를 둘러싼 숙종과 대신들의 논의에 잘 드러나 있다. 참고로 제시하면 다음과 같다.
"말이 아직 끝나지 않았는데 임금이 진노(震怒)하여 말하기를,
"국가가 조금 편안한 지 70년이 되어 인정이 안일(安逸)에 익숙해졌는데, 부제학(副提學)이 이른바, '아직 목전의 근심은 없다.'는 것은 진실로 웃을 만하다. 예로부터 전쟁의 경고는 풍년·흉년을 구분하지 않고 있는 것이니, 반드시 굶주린 백성이 없는 뒤에 바야흐로 수비할 계책을 하려고 한다면 이것이 말이 되는가? (중략) 이러한 때를 당하여 장차 어찌하겠는가? 큰 계책을 이미 정하였으니, 천만 사람이 다투더라도 결단코 움직이기 어렵다. 저 사람들이 만일 물어온다면 내가 스스로 떠맡겠다."(『숙종실록』 29년(1703) 4월 3일 무인).

57) 북한산성 축조에 대해서는 신료들이 청과의 약조(1636)를 들어 우려의 뜻을 나타냈지만, 숙종은 옛 약조를 기억하는 사람도 없어졌으니 축성 명분은 나중에 만들면 된다며, 축성에 적극적이었다(『숙종실록』 29년(1703) 4월 3일 무인 및 4월 4일 기묘).

사외교를 유지하면서 일본 동향을 정탐해왔다. 이에 비해 17세기 말 청이 '오삼계의 난'을 평정한 이후로는 일본에 통신사를 파견한다 하더라도 특별히 군사·안보적 측면에서 일본 탐색이 필요하지는 않게 되었다. 그 결과 일본과 교린외교를 유지함에 있어서도 임술통신사행(1682) 사례에서 보았듯이, 자연스레 '전례'(前例) 내지는 관행이 결정적 요인이 되었다고 할 수 있다.[58] 이는 일본도 마찬가지였다.

먼저 조선의 경우, 청으로부터 '오삼계의 난' 평정 소식을 들은 이후인 1683년에도 쓰시마 번(對馬藩)을 통해 청의 동향에 관한 정보를 수집했었다. 그러나 쓰시마 번 사자가 전하는 '대만 정금사(鄭錦舍)의 조선 침략설' 등과 같은 정보가 나가사키(長崎)의 중국 상인이 전한 오보로 밝혀지면서 1684년 이후 일본을 통한 대청 정보 수집은 더이상 보이지 않는다.

일본으로서도 '오삼계의 난' 이후 조·청관계가 안정됨에 따라, 임술통신사(1682) 파견 때처럼 왜관이나 문위역관을 통해 조선에 청의 동향 내지는 관련 정보를 탐색하고자 애썼던 흔적은 보이지 않는다. 『실록』 등을 보더라도 임술통신사 이래 1710년 일본이 통신사를 다시 요청해 올 때까지 조선을 통한 대청 정보활동과 관련된 기사는 30년 동안 단 1건도 보이지 않는다.

조일 양국 역시 임란 이래 거의 1세기 만에 상대국에 대한 긴장에서 벗어남으로써 국정운영에 있어서도 비로소 여력이 생기게 되었다고 할 수 있는데, 이는 상대방에 대한 통교 행태에도 변화를 가져왔다고 할 수 있다. 조선의 경우 이 시기 일본을 통한 청의 동향 탐색 수요는 사라졌다 할지라도, 왜관이라는 최일선의 일상적인 통교 현장에서는 쓰시마 번의 무리한 요구나 조일 양국인이 접촉하는 과정에서 사건·사고가 끊이지 않았다. 왜관을 둘러싼 마찰은 변경 관리와 관련된 긴급 사안인 만큼, 동래부사가 경

58) 이훈, 「숙종대 임술통신사(1682년) 파견과 적례외교의 정착」 『공존의 인간학』 4, 2020.

상감사를 거치지 않고 바로 중앙에 直報(장계)하는 경우가 많았다. 국왕 숙종을 비롯하여 비변사, 대신 등의 논의를 보더라도 이전과는 사뭇 다른 모습이었다.

17세기 중반까지는 일본측(쓰시마 번)의 요구에 그때그때 임기응변책으로 적당히 달래서 수습하려 했다고 한다면, 17세기 말에는 왜관 마찰의 재발 방지를 쓰시마 번과의 '약조' 체결로 밀어부쳤다. 관방(關防)에 관심이 컸던 숙종 대의 국정운영 방침과도 일맥상통하는 바가 있었다고 할 수 있다.

그렇다면 임술통신사(1682) 이후 신묘통신사(1711)가 파견될 때까지의 30년 동안 남쪽의 경계에서 발생한 통교 마찰이란 어떤 것이며 조선은 어떻게 대응했을까?

다음의 〈표 1〉을 보면, 부산 왜관을 중심으로 이루어지는 조일 양국인의 접촉시 발생한 마찰은 30년 동안 약 10여 건 정도로 보인다. 이 숫자는 동지사·사은사·주문사 등, 해마다 파견되는 대청 사자를 비롯하여, 청 칙사에 대한 접대, 국경 지역에서의 월경 채삼 건으로 인한 조·청 갈등, 청의 백두산 탐사, 북로(北虜)에 대비한 관방(關防) 건 등, 대청 현안과 관련된 중앙 조정의 논의가 1년 내내 쉴 틈이 없었던 것에 비한다면, 상대가 되지 않을 정도로 적은 숫자라 할 수 있다.

〈표 1〉 왜관 관련 현안

서력	현안	비고
1683	- 왜관 약조제찰비	숙종 지시에 따른 임술통신사(1682)의 쓰시마 교섭 성과물
1687.8.28	- 왜관의 왜인 접대, 약조 이외	경상도 관찰사 이세화 건의
1688.11.1	- 동래부 주민의 인삼 등, 밀매자 효시	동래부사 이덕성 건의
1690.7.15	- 동래 館倭, 조선 여인 2명 은닉, 交奸(紛伊, 愛今 등)	비변사의 동률 처벌 건의
1696.6.7	- 동래부 주민이 왜관에 들어가 쌀 훔침	

서력	현안	비고
1697.7	- 관왜의 난출(闌出), - 교간(玉郞, 善貞 등)	울릉도쟁계 건
1698.2.5	- 왜관 체류 왜인 증가(500~800명)	왜인을 돌려보내도록 조치
1700.8.6	- 동래 상인이 관왜와 인삼 밀매	효시
1707.12	- 교간(甘玉 등)	甘玉 등 효시
1709.4.13	- 교간 관련 서계를 쓰시마 번에 전달하지 못한 역관 최상집 처벌	동래부사 권이진 건의
1710.3.29	- 역관의 왜관 출입 등 왜관 통제책 건의(6개 항목)	동래부사 권이진 장계
1710.4.12	- 朝市의 조선 여성과 왜인의 교간	공작미 철공으로 대응
1711.5.15	- 신묘통신사에게 朝市, 犯奸(交奸) 약조 타결 지시	숙종 지시

(『숙종실록』·『변례집요』·『증정교린지』)

구체적인 마찰 내용으로는, 왜관의 쓰시마 인과 동래부 주민이 결탁하여 인삼을 밀무역한 것을 비롯하여(1688·1700), 조선 역관과 왜관 내 쓰시마 인과의 무절제한 접촉, 왜관 주변 조선인이 왜관에 난입하여 쌀 등을 훔친 절도 사건(1696), 쓰시마인의 왜관 난출 문제(1697), 왜관 주변의 조선 여성과 왜관 내 쓰시마 남성과의 교간(交奸, 또는 犯奸) 문제(1690·1697·1707·1710) 등, 왜관의 경계를 넘어 조일 양국인이 접촉하는 가운데 발생하는 사건이 끊이지 않았음을 알 수 있다.

그런데 위의 〈표 1〉을 보면, 이렇게 왜관 출입 시 조일 양국인의 접촉과정에서 일어난 사건·사고들이란 일찍이 임술통신사(1682)가 일본에 파견되었을 때 쓰시마 번과 교섭해온 결과를 왜관 내에 '약조제찰비'(1683, 계해약조)로 새겨 숙지하게 했음에도 불구하고 잘 지켜지지 않았기 때문에 발생한 문제들이었다.[59]

59) 1683년 계해약조의 내용은 다음과 같다.

임술통신사(윤지완) 일행이 숙종의 명에 따라 쓰시마 번과 타결해온 과제 가운데 하나는 바로 쓰시마 번에 대한 금령(禁令)을 재확인해 오는 것이었다. 금령의 구체적인 내용은 조선이 초량 왜관의 신축(1678년)을 계기로 당시 동래부사(李馥)가 왜관에 제시한 금제(禁制), 즉 '무오절목'(7조)을 의미하는 것으로, 왜관 내 쓰시마인들이 정해진 조선과의 경계(금표)를 넘어오지 않도록 할 것, 즉 난출을 금지해 줄 것을 비롯하여, 밀무역(路浮稅) 발각 시 상호간에 동일한 형벌로 다스릴 것, 개시(開市) 때 상인들의 각방 산입 금지, 잡물(五日次) 지급에 대한 지침 등이었다. '무오절목'은 그 당시 동래부와 왜관 사이에 약속했던 것이지만, 실제로는 잘 지켜지지 않았기 때문에 임술통신사 일행이 귀로에 쓰시마 번과 직접 교섭을 통해 재확인해 온 것으로, 금제 내용은 계해약조(1683년)로 체결되었다.[60] 즉 임술통신사(윤지완)의 교섭 결과 숙종대에 이르러 비로소 왜관 통제를 강화할 수 있는 항구적인 근거를 마련하게 되었다고 할 수 있는데, 동래부사(남익훈)와 좌의정(閔鼎重), 비변사의 건의에 따라 계해약조의 내용을 새긴 제찰비(制札碑)가 왜관 안에 세워지게 되었던 것이다.[61)]

一. 금표(禁標)로 정한 경계 밖에서는 크고 작은 일을 막론하고 함부로 나가 경계를 범한 자는 一罪(사형)에 처한다.

一. 노부세(路浮稅, 倭債)를 현장에서 잡았을 때는 준 자나 받은 자 모두 一罪로 다스린다.

一. 개시(開市) 때 몰래 각 방에 들어가 남모르게 서로 매매한 자는 피차 각각 一罪로 다스린다.

一. 오일잡물(五日雜物)을 들여보내 줄 때 色吏·庫子·小通事 등을 왜인이 절대로 끌어내어 때리지 않도록 한다.

一. 피차간에 죄를 범한 사람은 모두 館門 밖에서 형을 행한다.

(『변례집요』 권5, 約條附禁條·『증정교린지』 권4, 약조)

60) 통신사 윤지완의 역할을 조선의 대일본 통교정책이라는 관점에서 검토한 연구로는 장순순의 논문(「조선후기 대일교섭에 있어서 尹趾完의 경험과 영향」 『한일관계사연구』 31, 2008.12) 참조.

61) 『통신사등록』 4책, 임술(1682년) 11월 7일, 동래부사 남익훈 장계(11.1).

왜관 마찰 가운데 교간 건은 위의 제찰비(1683, 계해약조) 건립 단계 시에는 아직 노골화되지 않았던 문제로, 교간 문제는 1711년 신묘통신사의 에도(江戶) 체류 중 쓰시마 번과의 교섭을 통해 마침내 '약조'로서 타결되었다. 이에 대해서는 뒤에서 다시 설명하기로 한다.

사실 왜관을 둘러싼 조일 양국인의 접촉과정에서 발생한 마찰들은 이미 국교 재개 이래 누적되어왔던 적폐라 할 수 있다. 임술통신사(1682) 및 신묘통신사(1711)의 출발에 앞서 국왕이 새삼 그들의 고유 임무라 할 수 있는 국서(國書) 전달 이외에도 쓰시마 번(對馬藩)과의 '약조' 체결을 별도의 과제로 지시했다는 것은, 왜관을 둘러싼 조일 양국인의 무절제한 접촉을 항구적으로 통제하겠다는 강력한 의지의 표현이었다. 신묘통신사의 귀국 후, 1712년에는 마침내 왜관이 위치한 초량 촌에 훈도·별차 및 통사 이외에는 일반 백성이 들어가 섞여 살지 못하도록 금단 조치를 취하게 되었다.[62] 왜관과 조선의 공간적 '경계'를 분명히 하여 왜관 출입을 항구적으로 통제하겠다는 이러한 방침은, 기유약조(1609) 이래 100년 가까이 방치되어 왔던 남변(南邊)의 '관방'에 대한 숙종의 관심을 반영하는 것이기도 하였다.[63]

『통신사등록』 4책, 임술(1682년) 11월 30일, 동래부사 남익훈 장계(11.24).
『통신사등록』 4책, 임술(1682년) 11월 21일, 좌의정(閔鼎重) 건의.
『변례집요』 권5, 약조, 信使到馬島定約條(1682), 『증정교린지』 권4, 약조.
『朝鮮通交大紀』 권7 天龍院公, 天和2年壬戌.

62) 『숙종실록』 38년(1712) 4월 22일 갑술.

63) 1609년에는 조선과 쓰시마 번 사이에 임란 이후 새로운 통교의 기본 틀(일본측 통교자, 접대, 입항지 등)을 정한 '기유약조'가 체결되었다. 12개의 항목 가운데, "쓰시마 도주의 문인이 없는 자 및 부산을 거치지 않는 자는 적(賊)으로 논단한다"라는 항목은, 남쪽 경계의 출입 관리를 '부산 1곳'으로 규정한 것으로, 쓰시마 번의 선박이 부산으로 오는 직항로 이외에 남해나 동해로 무단 항해하는 것을 금지한, 임란 이후 새로운 관방 지침을 제시한 것이었다.

2. 쇼군 이에노부(德川家宣)의 습직(1709)과 쓰시마 번의 '조위역관'(弔慰譯官) 활용 및 '來朝'

조·청관계의 안정을 바탕으로 남북의 관방(關防)을 강화하여 안으로는 '강한 나라'를 지향하던 시기, 조일 양국 간에 이루어진 통신사외교는 어떠했을까?

1711년에는 임술통신사(1682) 이후 거의 30년의 외교 공백 끝에 신묘통신사 일행(정사 조태억)이 일본에 파견되었다. 일본의 요청에 따라 도쿠가와(德川) 막부의 제6대 쇼군 이에노부(德川家宣)의 습직을 축하하기 위해서였다. 그런데 이 신묘통신사의 경우, 쇼군의 외교칭호 문제(復號) 등, 일본측(쓰시마 번)이 통신사 파견을 요청해온 시점부터 통신사 일행이 귀국할 때까지 조선이 도발이라 여길 정도의 일방적인 의례 변경 요구가 끊이지 않았다.

국교 재개 이래 양국의 통교 절차로 볼 때, 조선이 도쿠가와 막부의 통신사 요청을 일단 받아들이게 되면, 곧바로 일본측(쓰시마 번)과 접대 의례와 관련된 항목(節目) 하나하나에 대한 교섭에 들어갔다. 교섭과정에서 일본측이 새로운 요구를 제기해 올 경우, 조선은 과거 전례(前例·先例·舊例)를 기준삼아 조율을 해나갔다. 의례를 둘러싼 조일 양국의 이러한 합의 절차를 소위 '절목강정'(節目講定)이라고 하는데, 이러한 교섭 절차는 대개 통신사 일행이 일본을 향한 여정에 오르기 이전에 끝내는 것이 과거의 사례였다. 왜냐하면 통신사가 조선 땅을 떠나기 이전에 절목강정이 끝나야만, 통신사 일행도 일본에 체류하는 동안 안심하고 임무를 수행할 수 있었기 때문이다.

그런데 신묘통신사행 당시 일본측 사정을 보면, 통신사 일행이 조선을 떠나기 직전은 물론, 심지어 일본에 체류하는 동안에도 막부 쇼군의 최측근인 아라이 하쿠세키(新井白石)가 주도하는 통신사 빙례를 둘러싼 의례개혁이 마무리되지 않았다.[64] 이러한 의례개혁은 통신사 초빙 업무를 총괄하는 막부의 로쥬(朝鮮御用老中, 土屋相模守)와는 별개로 추진되고 있었기 때문에, 쇼군이 개혁 내용을 최종 승인하여 막부의 공식 지침으로 일원화되기까지 우여곡절이 많았다. 조선에는 막부의 빙례개혁 내용이 쇼군의 승인이 있을 때마다 하나하나씩 전달되는 식이었다.

조선으로서는 일본측이 통신사를 요청해오자마자 곧바로 수락은 했지만, 의례변경을 둘러싼 막부 안의 의사결정 문제와도 맞물려, 과거의 통신사 때처럼 조선을 떠나기 이전에 '사전 절목강정'이라는 원만한 교섭 절차를 기대할 수는 없었다. 그 결과 조일 양국간의 외교적 갈등까지는 아니라 하더라도, 통신사가 출선하기 이전 막부를 상대로 의례개혁에 대한 진의 파악 내지는 유감 의사를 표시하는 이례적인 상황이 발생하였다. 그 예로, 절목강정 단계에서는 쓰시마 번으로부터 쇼군의 아들(若君) 및 막부의 집정(老中)에게 '조선측의 예물을 중지해달라'는, 구례(舊禮, 先例, 前例)를 뒤집는 갑작스런 의례 변경 통보(구두)가 있었다. 이에 동래부사 명의이기는 하지만 쓰시마 번을 통해 의례 변경에 대한 막부의 의사를 타진한 바, 실제로는 일본의 일방적인 의례개혁 통보에 대한 항의의 표시였다. 또 통신사가 조선 국왕의 국서를 지참해서 부산을 떠나려는 찰나에, 쓰시마 번으로부터

64) 통신사 의례 개혁을 주도했던 아라이 하쿠세키(新井白石)는 이에노부(家宣)가 쇼군이 되기 이전부터 시강(侍講)으로 보좌했으며, 이에노부가 막부의 제6대 쇼군으로 습직한 이후에는 소바요닌(側用人)의 한 사람으로 정치·경제·외교에 걸쳐 여러 가지 정책 제안 및 실행을 통해 막부정치를 주도했던 인물이다. 통신사 초빙에 있어서도 해박한 유학 지식과 예악(禮樂)을 바탕으로 과감한 의례 개혁을 추진했는데, 그 내용은 관백(쇼군)의 외교칭호를 '大君'에서 '日本國王'으로 변경하는 것을 비롯하여, 쇼군 아들에 대한 배례·예물 중지 및 막부측 인사에 대한 서계·예물 중지, 통신사의 에도(江戶) 왕환시 기착지(5곳) 및 객관에서의 접대, 에도성의 전명의(傳命儀) 의례 등에 걸친 광범위한 것이었다. 의례 개혁이 지향하던 바는 '대등, 간소'로 평가되고 있다(三宅英利, 『近世日朝關係史の硏究』 文獻出版, 1986, 817~818쪽/仲尾宏, 『朝鮮通信使と德川幕府』 明石書店, 1997, 189~190쪽).

막부 쇼군의 회답서에 기재할 쇼군의 호칭이 변경(復號, '일본국왕')되었으니 이를 반영하여 이미 작성해 둔 국서를 새로 작성해달라는 요청을 해왔다. 통신사가 국왕에게 하직 인사를 한 후 부산까지 지참해간 국서를 다시 고쳐서 개찬(改撰) 국서를 작성해 달라는 것은, 임란 이후 7번이나 통신사를 파견하면서 조일 간에 국서를 주고받았지만, 일찍이 보지 못했던 초유의 사태였다. 조정의 논의 끝에 결국 수용은 했지만, 조선은 예조로 하여금 쓰시마 번을 통해 막부에 유감의 뜻이 전달되도록 하였다.

이와 같이 통신사가 일본 땅을 밟기도 전부터, 의례개혁이라는 중대현안을, 그것도 통신사의 도일(渡日)을 앞둔 시점에 '구두'로 알려오는 일본측의 무례에 대한 '불신'이 노출됨에 따라, 신묘통신사 파견 때에는 국왕을 비롯한 조정대신, 비변사 관리, 심지어 은퇴한 원임대신까지 참여하는 중앙의 논의가 4차례나 있었다. 이 역시 유례없는 일이었다. 또한 조일 양국 사이에서 통신사 초빙 교섭을 실무적으로 담당했던 쓰시마 번 역시 그 어느 때보다도 곤란한 처지에 있었다고 할 수 있다. 국교 재개 이래 대조선 및 대막부 교섭을 위한 노하우를 100년 이상 축적해온 쓰시마 번이라 하더라도, 막부의 로쥬(老中)가 주도하는 공식 의사결정과는 별개로 쇼군의 측근에 의해 추진되는 의례 개혁의 내용과 의도에 대한 탐색은 물론, 이의 조선 전달에 많은 기술이 필요하였다. 의례개혁을 둘러싼 이러한 일본측의 내부 사정과도 맞물려 통신사 일행은 그들이 귀국할 때까지 그 어느 때보다도 예측하기 힘든 일을 겪어야만 했다.

먼저 조선의 경우, 이 시기 막부 동향을 어떻게 인지하고 있었을까?

조선은 일본측으로부터 통신사 요청이 있기 이전부터 도쿠가와 막부의 동향을 파악하고는 있었다. 일찍이 1709년 2월부터 동래부사(權以鎭)가 장계로 關白(제5대 쇼군 츠나요시, 德川綱吉)의 사망 소식을 보고했으며,[65] 6

65) 『통신사등록』 5책, 기축(1709년) 2월 18일.

월에는 쓰시마 번이 쇼군의 사망 소식을 알리는 사자를 파견해오자, 머지않아 일본으로부터 통신사 요청이 있을 것임을 중앙에 보고하였다.[66] 실제로 7월에는 쓰시마 번이 막부의 허락을 내세워 關白告訃差倭(告訃參判使 平眞致, 樋口內記)를,[67] 9월에는 關白承襲告慶差倭(平倫久, 杉村三郞左衛門)를 부산으로 보내 쇼군(綱吉)의 사망 소식과 함께 새로운 쇼군(제6대 쇼군 이에노부, 德川家宣)의 습직 사실을 알려왔다. 이에 조선에서도 그해 11월 조위역관(弔慰譯官 卞廷郁·鄭萬益)을 쓰시마에 파견하여 예조참의(趙泰老) 명의의 서계를 보내 조의를 표하였다.[68] 그리고 새로운 관백의 습직에 대해서는 예조참판(韓聖佑) 명의의 서계로 축하의 뜻을 전하였다.[69] 즉 임술통신사(1682) 이후 조일 양국 외교의 공백기에도 동래부사의 보고 및 쓰시마 번의 사자 파견을 통해 쇼군가의 조경사 파악 및 그에 걸맞는 외교적 절차들은 치러지고 있었기 때문에, 조선도 머지않은 시기에 도쿠가와 막부로부터 정식으로 통신사 파견 요청이 있으리라는 것은 충분히 예측할 수 있었다.

그렇다면 실제로 막부 쇼군의 사망과 습직의 조선 통보 및 통신사 초빙을 둘러싼 일본측 동향은 어떠했을까? 1709년 1월 제5대 쇼군 츠나요시(德川綱吉)가 사망하자, 5월에는 곧이어 제6대 쇼군 이에노부의 습직(德川家宣, 1709.5)이 있었다. 일본측 기록을 보면, 막부에서는 새로운 쇼군이 습직하기도 이전부터 통신사 초빙을 염두에 둔 준비에 들어갔다. 쇼군 츠나요시

66) 『통신사등록』 5책, 기축(1709년) 6월 30일.
67) 『통신사등록』 5책, 기축(1709년) 7월 27일(관백고부차왜).
68) 도해역관이 지참한 예조참의(趙泰老)의 弔慰 서계(국사편찬위원회 소장 서계, No. 2821).
『통신사등록』 5책, 기축(1709년) 9월 1일, 9월 21일(관백승습고경차왜).
『통신사등록』 5책, 기축(1709년) 9월 13일, 10월 27일, 10월 29일 및 11월 1일(문위역관겸조위).
69) 예조참판(韓聖佑)의 '大君'(德川家宣) 습직 축하 서계(국사편찬위원회 소장 서계, No. 2825).
『통신사등록』 5책, 기축(1709년) 9월 21일 (관백승습고경차왜).

(綱吉)의 사망 직후부터 통신사 초빙과 관련하여 향후 전개될 복잡한 대조선 업무를 처리하기 위한 총괄책임자로 1709년 4월 23일 로쥬(老中) 츠치야 사가미노카미(土屋相模守)가 '朝鮮人御用'에 임명되었다.[70] 이에 로쥬 츠치야 사가미노카미는 쇼군의 사망 소식을 접하고 에도(江戶)로 올라간 쓰시마 번주(宗義方)를 대면(1709.4.21)한 자리에서 통신사 초빙(信使來聘) 건을 언급하였다.[71] 쓰시마 번주는 곧바로 가로(家老)들에게 통신사 초빙에 관한 구례, 즉 제4대 쇼군(家綱) 습직 당시의 을미통신사(1655) 및 제5대 쇼군(綱吉) 습직 당시의 임술통신사(1682)에 대한 전례를 조사하도록 지시한 후, 5월에는 가로들(平田直右衛門, 留守居 山川作左衛門)로 하여금 전례 조사와 관련된 서책을 로쥬에게 제출토록 하였다.[72] 이때 쓰시마 번 가로들은 그 자리에서 통신사 초빙과 관련된 몇 가지 절차를 막부에 건의하는 한편 확인을 구했는데, 바로 통신사 초빙 이전에 먼저 전 쇼군(제5대 綱吉)의 부고를 조선에 알릴 필요가 있으므로, 이에 대한 조선측의 조위역관에 대한 응대를 위해 쓰시마 번주가 휴가를 받아 쓰시마로 돌아가야 한다는 것이었다.[73] 막부가 쓰시마 번주의 귀국을 허락함에 따라, 1709년 6월에는 에도

70) 츠치야 사가미노카미 마사나오(土屋相模守政直)는 1687~1718년까지 약 30년 동안 막부의 로쥬직에 있었다. 1709년 4월부터 1718년까지 13년 동안 '朝鮮御用' 로쥬를 겸했는데, 1711년(신묘) 및 1719년(기해)의 통신사 초빙을 총괄하였다. 또한 1711년 신묘통신사 초빙시 '朝鮮御用'의 실무 업무를 담당할 막부의 중역으로는, 의례 총괄에 지샤부교(寺社奉行) 혼다 단죠 쇼히츠(本多彈正少弼), 재정 총괄에 간죠부교(勘定奉行) 하기와라 오미노카미(萩原近江守, 萩原源左衛門), 감찰·연락 총괄에 오메츠케(大目付) 센고쿠 단바노카미(仙石丹波守)가 임명되었다(『通航一覽』 권36 朝鮮國部 12, 「來聘御用掛 附御書付類 御褒美等, 正德度」).

71) 『正德信使記錄』 朱6, 「綱吉公薨御弔禮譯官渡海御代替ニ付如先例信使ヲ以御祝詞加申上由申來候ニ付來聘時節御伺之御使者杉村采女江戶表へ被差越候覺書」 寶永 6(1709) 기축년 4월 21일(대마도종가문서 기록류, No.218, MF.029, 국사편찬위원회).

72) 박화진·김병두, 『에도공간 속의 통신사-1711년 신묘통신사행을 중심으로-』 도서출판 한울, 2010, 22~23쪽.

73) 앞의 주 71)과 같음.

성(江戶城)에서 로쥬들이 전원 참석한 가운데 일찌감치 통신사 초빙을 서두르라는 지시가 있었다.[74] 그 결과 당시 에도 체류 중이던 쓰시마 번주(宗義方)는 통신사 초빙과 관련된 차왜(관백고부차왜, 관백승습고경차왜)의 조선 파견 및 조선의 조위역관(弔慰譯官) 응대와 같은 여러 가지 외교절차를 수행하기 위해 막부로부터 귀국 허가를 받아 쓰시마로 내려갔다.

그리하여 앞에서 보았듯이 실제로 1709년 7월에는 막부의 허락 하에 '고부참판사'(관백고부차왜 平眞致, 樋口內記)가 조선에 파견되었으며, 그 답례로 1709년 11월에는 조위역관(卞廷郁·鄭萬益)이 쓰시마에 파견되었다. 그리고 통신사의 초빙 시기에 대해서는 조위역관의 쓰시마 체류 중 쓰시마 번주가 주최하는 다례(1710.1) 때 번주를 대면한 자리에서 역관의 구두 언급을 계기로 막부와의 조율에 들어갔다. 초빙 시기를 둘러싼 막부와의 업무 조율은 쓰시마 번주가 쓰시마 체류 중이었으므로 별도의 사자 스기무라 우네메(杉村采女)를 에도(江戶)로 올려보내 로쥬(土屋相模守)와의 교섭에 임하게 하였다.[75]

사자 스기무라 우네메가 에도에 도착한 것은 1710년 3월이었으나, 실제로는 이미 그 이전부터 에도 가로(鈴木左次右衛門, 平田直右衛門)들이 막부 로쥬에게 문건(口上覺)을 올려 조위역관이 지참해온 예조참의(趙泰老)의 서계 제출 및 통신사 파견 시기에 대한 의견 조율이 이루어지고 있었다. '朝鮮人御用老中'(土屋相模守)를 비롯한 여러 로쥬들과의 사전 조율 결과, 1710년 3월 에도성에 들어간 쓰시마 번 사자(杉村采女)는 마침내 통신사 초빙에

---

74) 『正德信使記錄』 朱6, 「綱吉公薨御弔禮譯官渡海御代替ニ付如先例信使ヲ以御祝詞加申上由申來候ニ付來聘時節御伺之御使者杉村采女江戶表へ被差越候覺書」 寶永 6(1709) 기축년 정월 10일(대마도종가문서 기록류, No.218, MF.029, 국사편찬위원회).

75) 『正德信使記錄』朱6, 「綱吉公薨御弔禮譯官渡海御代替ニ付如先例信使ヲ以御祝詞加申上由申來候ニ付來聘時節御伺之御使者杉村采女江戶表へ被差越候覺書」 杉村采女가 막부 로쥬(本多伯耆守·土屋相模守)에게 보낸 口上書(1710.3.6) (대마도종가문서 기록류, No.218, MF.029, 국사편찬위원회).

관한 로쥬 연명의 봉서(老中 連名의 奉書, 1710.3.25)를 수령할 수 있었다. 로쥬 봉서란, 수신인은 쓰시마 번주(宗對馬守)로 되어 있지만, 통신사 초빙이 쇼군의 뜻(高聞)이며, 통신사의 쇼군 배알을 위한 일본 도해, 즉 '來朝 시기를 내년(1711) 가을' 쯤으로 조선에 전달하라는 지시였다.[76]

그런데 여기에서 한가지 주목하고 싶은 대목이 있다. 새로운 쇼군 습직 축하를 위한 통신사 파견을 조선에 요청하는 것이라면, 쇼군의 습직을 알리는 '관백승습고경차왜'만을 파견해서 요청해도 충분할텐데, 쓰시마 번은

76)『正德信使記錄』朱6,「綱吉公薨御弔禮譯官渡海御代替ニ付如先例信使ヲ以御祝詞加申上由申來候ニ付來聘時節御伺之御使者杉村采女江戸表へ被差越候覺書」1710.3.25. 老中 連名의 奉書(대마도종가문서 기록류, No.218, MF.029, 국사편찬위원회).
참고로 로쥬 봉서의 내용은 다음과 같다.

(奉書)

御狀令披見候。公方様倍御機嫌能被成御座恐悦旨尤候。将又就御代替、従朝鮮国先例之通、以信使御祝詞可申上候條、時節之儀可有差圖由、譯官對話之刻申聞候。依之、右之趣以使者被相伺之候。紙面之通及高聞候處、彼使者御前江被召出一段之御仕合候。然者信使來年秋中來朝候様被仰出候。被存其旨可被達之候。恐恐謹言

三月二十五日　井上河內守　正岑　在判
大久保加賀守　忠增　在判
本多伯耆守　正永　在判
秋元但馬守　喬智　在判
小笠原佐渡守　長重　在判
土屋相模守　政直　在判

宗對馬守様

번역문은 다음과 같다.

(쓰시마 번 사자의) 서장은 잘 읽었다. 쇼군이 편안한 것은 참 다행이다. 쇼군 습직에 있어서 조선국이 전례에 따라 信使를 보내 축하를 하고 싶은데 파견 시기를 알려 달라고 역관이 구두로 요청한 건에 대해 (쓰시마 번이) 사자를 보내 문의를 해왔다. 지면대로 이를 쇼군에게 보고(高聞)한 바, 조선의 사자(彼使者)가 막부 쇼군(御前)을 알현한다는 것은 무엇보다 기쁜 일이다. 그러니 **信使가 내년 가을중(來年秋中)에 래조(來朝)**하도록 지시하니 그리 알고 전달하도록 해야 할 것임. 恐恐謹言.

왜 군이 그보다도 앞선 절차인 전 쇼군의 사망 소식 통보(관백고부차왜)와 '조위역관'의 쓰시마 파견 요청이라는 번거로운 절차에 대한 막부의 허락을 필요로 했을까?라는 것이다. 쓰시마 번이 조선의 조위역관을 쓰시마로 불러들인 후 막부에 통신사 초빙 시기를 문의하는 방식에 주목해볼 필요가 있다. 쓰시마 번의 가로들(鈴木左次右衛門, 平田直右衛門) 및 사자(杉村采女)가 막부 로쥬(老中)에게 문의한 문건(口上覺)을 보면, "쇼군의 사망을 조위하기 위해 쓰시마에 체류중인 조선의 역관이 '구두 요청'이기는 하지만 쇼군 습직에 대해 조선국이 전례(先規)에 따라 통신사를 보내 축하하고 싶으니 그 시기를 알려달라고 요청해 왔다"라고 되어 있다.77) 절차상으로 볼 때 조선이 '먼저' 통신사 파견 의사 표명 및 파견 시기를 문의해 왔다는 것으로, 통신사 파견이 조선의 자발적 의지에서 비롯된 것이라는 맥락으로 구사되어 있다. 조선의 '자발성'을 어필한 쓰시마 번의 논리 구사 결과, 막부 로쥬 연명의 봉서에는 조선의 통신사 파견 요청이 교린국 간에 사용해야 할 '來聘'이 아니라, 마치 상국에 문안차 가는 것 같의 뉘앙스의 '來朝' 또는 '朝鮮人來朝'로 기재되었던 것이라 할 수 있다.

그런데 통신사 초빙에 관한 봉서(1710.3.25)가 발급된 지 3개월이 지난 1710년 6월, 막부 로쥬(土屋相模守)가 새삼 '來朝'라는 용어가 과연 조선에 대해 사용할 수 있는 문언인지를 쓰시마 번에 문의해 왔다. 이에 쓰시마 번에서는 '래조'란 제후국이 종주국의 임금에게 문안한다는 의미가 있기에 '對禮'(敵禮)가 기본인 교린국의 조선 사자에 대해 사용할 수 있는 문언은 아니며, 특히나 이 문언에 대해서는 조선국이 민감해하므로, 쓰시마 번에서는 예로부터 '來聘'이라 칭해왔다는 취지로 답변을 하였다.78) 통신사 초빙

---

77) 앞의 주)76의 로쥬 연명 봉서(奉書) 참조.

78) 『正德信使記錄』 朱86, 「信使ニ付土屋相模守より御尋答之覺書」(1710) 9월 10일, 쓰시마 번의 가로(國元)가 막부(土屋相模守)에게 제출한 답변서(覺)(대마도종가문서 기록류, No.227, MF.031, 국사편찬위원회).

을 지시한 로쥬 봉서를 보면, 임술통신사(1682) 때까지 '朝鮮人來朝'로 기재되어 있었다.[79] 로쥬 봉서의 '래조' 기재에 대해 쓰시마 번이 한번도 이의 제기를 한 적이 없었다는 것을 감안한다면, '래조'란 어찌보면 쓰시마 번이 막부로부터 통신사 초빙 허락을 신속하게 받아내기 위해 방치한 국내용 논리라 할 수 있다.

막부 로쥬가 '래빙·래조'의 의미를 새삼 쓰시마 번(平田直右衛門)에 문의해 온 것은, 쇼군의 측근인 아라이 하쿠세키가 빙례개혁을 주도하면서 '래빙·래조'의 차이를 바로잡고자 했던 것과도 관련이 있다고 할 수 있다. 쇼군 이에노부(家宣)가 습직하자마자 시작된 아라이 하쿠세키의 의례개혁은 쇼군의 최종 결정이 있을 때까지 거의 1년이 걸렸다. 1709년 6월 첫 번째 건의인 「儀仗の事」를 시작으로, 1709년 10월에는 '의식' 관련 책자의 봉헌, 1710년 1월에는 「朝鮮聘禮事議續」, 2월에는 「朝鮮應接事議」를, 그리고 로쥬의 봉서 발급 직후인 1710년 4월에는 「國書王號件」을 건의하였다. 「朝鮮聘禮事議續」을 비롯하여 아라이 하쿠세키가 건의한 일련의 빙례 개혁이란 명분상으로는 조일간의 '대등' 및 의례의 간소화를 지향하고 있었다. 이에 통신사 초빙을 총괄하는 막부 로쥬로서는 가장 첫 단계라 할 수 있는 '래조·래빙'에 대한 의미 점검이 필요하지 않았을까라고 생각된다.[80]

79) 「天和二壬戌年 朝鮮信使來聘 御老中 大久保加賀守殿·阿部豊後守殿·戸田山城守前 御奉書」(1681) 7.25일 奉書(국사편찬위원회 귀중본(일본본) 귀중본 96, RB 96).
80) 아라이 하쿠세키(新井白石)에 대해서는 앞의 주)64 참조.

3. 일본의 통신사 요청과 일방적 의례변경의 조선 통보

1) 통신사청래차왜의 '래빙'(來聘) 요청과 진청조목(陳請條目)

어쨌든 이러한 경위를 거쳐 마침내 1710년 6월에는 쓰시마 번이 막부의 지시(로쥬 봉서, 1710.3)에 따라 조선에 정식으로 통신사를 요청해 왔다. 쓰시마 번의 통신사청래차왜(修聘使 平眞連, 樋口佐左衛門)가 예조참판 앞으로 가져온 쓰시마 번주의 서계에는, 「쇼군의 습직 사실과 통신사의 막부(東武) 도착 희망 시기(1711.7~8월 사이)」의 2가지만 제시되어 있었을 뿐, 의례 변경에 관한 언급은 없었다. 쇼군의 호칭도 아직은 '국왕'이 아닌 '大君'으로 기재되어 있었으며, 통신사의 초빙 요청 시기도 '來聘之期'로 기재되어 있었다.[81] 그리고 이때 쓰시마 번은 차왜(樋口佐左衛門) 편에 통신사 접대에 필요한 절목, 즉 진청조목(陳請條目)들을 제시해 왔다.

〈표 2〉 쓰시마 번의 陳請條目(강정 절목)

	조 목	비 고
1	닛코산(日光山) 알묘(謁廟)와 관백 세자(儲君)에 대한 배례(拜禮)를 중지(단 제사 물품과 예단은 준비)	나중에 관백 세자에 대한 예물도 중지
2	통신사를 호행하는 쓰시마 번 사자는 내년(1711) 정월 파견 예정 (통신사의 부산 출선도 5월 중순으로 해줄 것)	
3	역관으로 귀족 자제는 피해줄 것 (귀족 자제가 일본 구경차 역관으로 온 자들의 무례함 지적)	
4	일본어와 상황 파악에 밝은 역관을 파견 요청	
5	임술년에 비해 역관의 인원수 증가 요청	
6	통신사 일행의 인원수 규정을 지켜줄 것	

81) 『동문휘고』 권8, 通信2, 島主請信使書(국사편찬위원회 2책, 1925쪽). 『통신사등록』 5책, 경인(1710년) 6월 13일.

	조 목	비 고
7	3사의 관함(官銜)과 성명을 관수에게 통보해줄 것	
8	국서의 별폭, 3사의 예단 등은 전례의 규정대로 해 줄 것	
9	글,글씨,활쏘기에 재능있는 자 파견 요청	
10	마상재(馬上才)와 조련한 말 3필을 데려올 것	
11	별폭(別幅)의 예물로 보내는 매(鷹)와 말(馬)은 미리 보내주되, 병들어 죽는 경우를 생각하여 정수 이외에 더 보내 줄 것(단, 말은 검은색 또는 얼룩말을 선호함)	

(『통신사등록』 5책, 경인(1710) 7월 21일)

위의 〈표 2〉를 보면, 쓰시마 번의 통신사청래차왜(樋口佐左衞門)가 요구한 '진청조목'이란, 매(鷹)·말(馬)과 같이 소선이 일본측에 보내는 예단 문제를 비롯하여, 통신사의 부산 출발 일정, 일본어에 능통한 역관의 추가, 문장·글씨·활을 잘 쏘는 사람, 마상재(馬上才) 요구 등을 포함한 11가지였다.

이 중에는 차왜가 특별히 강조한 '신례'(新例)가 있었다. 바로 통신사 초빙 총괄 로쥬인 츠치야 사가미노카미(土屋相模守)가 쓰시마 번주에게 로쥬 연명의 봉서(1710.3.25)로 통신사 초빙에 관한 지시를 하던 날, 쓰시마 번주에게 별도로 당부한 내용으로, 「통신 3사의 儲君(쇼군의 아들)에 대한 배례·헌상물 정지 및 닛코산(日光山)의 다이유인(大猷院, 제3대 쇼군 德川家光) 묘당 및 우에노(上野)의 죠조지(增上寺) 분향 및 참예 중지」의 2건이었다.[82)]

이때 쓰시마 번의 통신사청래차왜는 위와 같은 신례가 이미 임술통신사

82) 『正德信使記錄』 朱6, 「綱吉公薨御弔禮譯官渡海御代替ニ付如先例信使ヲ以御祝詞加申上由申來候ニ付來聘時節御伺之御使者杉村采女江戶表へ被差越候覺書」 1710.3.25, 土屋相模守의 返書(대마도종가문서 기록류, No.218, MF.029, 국사편찬위원회).
『正德信使記錄』 朱16, 「信使ニ付若君樣へ従朝鮮國禮物ニ不及候並信使日光上野增上寺江不及參詣附御執政方江禮曹より書翰音物ニ不及旨被仰出候一件」 土屋相模守가 宗對馬守 앞으로 발급한 별도의 서장(奉書, 1710.3.25) (대마도종가문서 기록류, No.232, MF.032, 국사편찬위원회).

행(1682년) 때에도 중지했던 적이 있으므로 이를 전례(前例)로 삼아 관백(쇼군)이 결정했다고 하면서도, 문건이 아닌 구두(口頭)로 요청해 왔다. 그 이유란, 지금까지 쇼군의 아들(若君)이 아직 관위(定封)가 없기에 통신 3사의 배례가 필요치 않다는 것으로, 이런 이유라면 조선도 납득할 것으로 여겨 신속하게 알려 왔다는 것이었다. 통신사청래차왜(樋口佐左衛門)가 제시해온 위의 진청조목이란, 이 '2건('若君 및 日光山' 건)을 제외하고는' 임술 통신사행(1682) 때의 전례와 크게 다르지 않았기에, 조선에서도 일본의 '의례변경 이유 및 구두 전달' 방식에 의문을 가졌지만 즉각적인 거부반응을 보이지는 않았다.

통신사청래차왜에 대한 경접위관(정도복)의 보고도 "이번 절목의 경우에는 규정에 어긋나는 일이 별로 없다"는 판단이었다.[83] 이에 조정에서도 1달 후인 7월(1710)에 곧바로 예조참판(洪萬朝) 명의로 회답서를 보내, '구호(舊好) 및 선린'에 따라 통신사 파견 의사를 밝혔으며,[84] 막부측의 요구 조건(진청조목)도 일단은 수용하기로 결정하였다.[85] 조선측의 통신사 파견 의사는 통신사청래차왜 편에 바로 쓰시마 번에 전달되었다.[86]

조선은 이렇게 통신사 요청이 막부의 지시라는 것을 확인하자(1710.6),

83) 『통신사등록』 5책, 경인(1710년) 7월 21일, 일본측의 요구조목(신사행차절목).

84) 예조참판(洪萬朝)의 쇼군(德川家宣) 습직에 대한 信使 파견 서계(국사편찬위원회 소장 서계, No.2857).
『동문휘고』 권8, 通信2, 예조참판 답서(국사편찬위원회 2책, 1925쪽).

85) 『통신사등록』 5책, 경인(1710년) 윤7월 1일, 조선의 진청조목(신사행차절목) 수용.
『통신사등록』 5책, 경인(1710년) 7월 21일. 7월 22일, 7월 25일,

86) 예조참판(홍만조) 회답서의 경우, 연구자에 따라서는 곧바로 老中에게 보고되었다고 보는 견해가 있다(박화진·김병두, 『에도 공간 속의 통신사』 한울 아카데미, 2010, 35쪽). 그러나 新井白石가 예조참판이 아니라 老中와 동격인 예조판서 수준의 회답서라야 老中에게 보여줄 수 있다는 이유를 내세움에 따라, 예조참판 회답서의 로쥬(老中) 열람은 처음부터 원천봉쇄되었다고 보는 견해도 있다(古川裕貴, 「正德信使費用拝借の舞台裏」 『對馬歷史研究センター所報』 2, 2022, 50쪽).

바로 통신사의 인선을 비롯하여 전반적인 준비에 들어갔다. 3사에는 정사 조태억(趙泰億)을 비롯하여 부사에 임수간(任守幹), 종사관에 이방언(李邦彦), 당상역관으로는 이석린(李碩麟) 등이 선발되었다.[87] 그리고 통신사 행차를 위한 지침이라 할 수 있는 '應行廳事節目'을 바탕으로, 인삼·매(鷹子) 등과 같은 예물은 물론, 통신사의 일본 행차에 소요되는 제반 잡물을 각 도(道)에 분정하는 등, 파견 준비가 통신사의 출발 직전인 1711년 5월까지 임술 통신사행의 전례를 바탕으로 1년 가까이 계속되었다.

2) 통신사호행차왜(1711.1)의 막부측 인사에 대한 조선측 예물 중지 요청과 동래부사 서계

통신사청래차왜(修聘使 平眞連, 樋口佐左衛門)를 통해 통신사 파견을 요청해온 지 1달(1710.6~1710.7) 만에 조선과의 합의가 이루어지자, 쓰시마 번은 통신사의 일본 왕복을 호행하기 위한 통신사호행차왜(영접참판사 平方直, 平田隼人)와 구체적 교섭을 위한 재판차왜(平方正, 嶋雄八左衛門)를 선발하였다. 그리하여 1710년 12월에는 재판차왜가, 이듬해인 1711년 1월에는 통신사호행차왜가 부산에 파견되어 왔다.[88] 이번 사자가 통신사 일행의 에도(江戶) 왕복을 호행하는 만큼 그에 따르는 구체적인 절목강정(節目講定)을 위해 전례(1682년 임술사행)에 따라 역관을 쓰시마에 파견해 주도록 요청하기 위해서였다. 그러나 조선이 거절함에 따라, 수역(李碩麟)을 부산으로 내려보내 강정 교섭에 임하도록 하였다.[89]

---

87) 신묘통신사의 총인원수에 대해서는 조일 양국의 문헌에 따라 각각 다르다. 『東槎日記』(임수간)에는 481명으로 되어 있지만, 『東槎錄』(金顯門)에는 497명으로 되어 있다. 『正德信使記錄』(對馬藩 宗家文書 500명)이나 『朝鮮人來聘記』(福岡藩 黑田家문서) 등 일본측 기록에는 497명이 많다.

88) 『통신사등록』 5책, 신묘(1711년) 1월 9일.

89) 『통신사등록』 5책, 신묘(1711년) 1월 8일.

쓰시마 번 차왜의 부산 왜관 체류 중 조선측과의 절목강정 교섭은 통신사호행차왜(平田隼人)와 의논하되 재판(嶋雄八左衛門)이 조선의 역관을 직접 상대하는 식으로 이루어졌다. 그런데 1711년 정월 돌연 '막부(江戶)의 지시'라면서 조선측 예물과 관련하여, 앞서 통신사청래차왜(樋口佐左衛門)가 제시했던 '진청조목'에서는 보이지 않았던 새로운 신례를 조선에 제기하였다. 즉 '막부의 집정(老中)을 비롯하여, 근시(近侍), 경윤(京尹) 등, 막부측 인사들에 대한 조선측의 서한과 예단을 중지'해 달라는 것이었다. 막부측 인사란 조선으로 치면 모두 '大臣'급으로 이제까지 '예조참판'이 서계와 예물을 보낸 것은 대등한 항례(抗禮)가 아니라는 것이 이유였다.[90] 쓰시마 번은 이번에도 신례를 요구하면서 정식 문건이 아니라 재판차왜가 구두(口頭)로 요청해 온 바, 일단은 최일선의 동래부사를 상대로 한 것이었다.[91]

쓰시마 번 기록을 보면, 「예조참판이 老中(執政)에게 주는 서한·음물의 중지」는 막부가 조선에 통신사 요청을 결정(1710.3)한 직후인 1710년 4월, 막부 로쥬(土屋相模守)가 일찌감치 쓰시마 번(宗對馬守)에 奉書로 지시한 사안이었다.[92] 그러나 쓰시마 번이 막부의 지시에도 불구하고 해를 넘겨 조선에 전달하면서 구두로 요청(1711.1)해온 것은, 통교 재개(1607) 이래 '구례'를 중시하는 조선의 태도로 볼 때, '신례'를 정식 문건으로 제기했다가 교섭이 더 교착상태에 빠질 수도 있다는 우려 때문이었다. 앞서 통신사청래차왜(樋口佐左衛門)가 요구했던 신례, 즉 「통신 3사의 儲君(쇼군의 아들)에 대한 배례 정지 및 닛코산(日光山) 참배(謁廟) 중지 건」이란, 임술통신사(1682) 때에도 일본측의 요청에 따라 중지한 전례가 있었다.[93] 이에 조선

90) 『숙종실록』 37년(1711) 2월 20일 기묘.

91) 『통신사등록』 5책, 신묘(1711년) 1월 27일.

92) 『正德信使記錄』 朱16, 「信使ニ付若君様へ從朝鮮國禮物ニ不及候並信使日光上野增上寺江不及參詣附御執政方江禮曹より書翰音物ニ不及旨被仰出候一件」 土屋相模守가 宗對馬守 앞으로 발급한 별도의 서장(奉書, 1710.4.9) (대마도종가문서 기록류, No.232, MF.032, 국사편찬위원회).

을 설득할 수 있다고 생각하여 구두로 알려 온 것이라 할 수 있다.

그렇지만 「예조참판이 막부 老中(執政)에게 주는 서한·음물의 중지 건」이란 그야말로 국교재개(1607) 이래 제1차 회답겸쇄환사 때부터 바로 직전의 임술통신사(1682)까지, 조일 간에 7번이나 통신사외교가 있었지만 처음으로 제기된 '신례'(新例)였다. 아라이 하쿠세키(新井白石)의 건의에 따라 조선인의 막부측 인사에 대한 예조의 서한·음물 중지를 요구해 왔다고는 하지만,[94] 거의 100년 가까이 유지되어온 통신사외교의 지침에서는 벗어난 신례(新例)였기 때문에, 쓰시마 번으로서는 이를 조선에 어떤 식으로 전달하고 대응해야 할지를 고민한 흔적들이 있다.

쓰시마 번의 구니모토 가로(國元家老)가 에도 가로(江戶家老)에게 상담 내지 문의한 내용을 보면, 조선측이 예조참판의 예물 중지 이유를 물어올 경우, 조선이 납득할 수 있는 답변을 하지 않으면 곤란하기에 아직 조선에 전달을 보류하고 있으니 막부측(土屋相模守)의 입장을 빨리 알아봐 달라는 고뇌를 전하고 있다. 쓰시마 번은 새로운 의례개혁이 실질적으로는 쇼군의 측근인 아라이 하쿠세키(新井白石, 新井勘解由[95])가 주도하는 것으로 알고 있었다. 하쿠세키가 구상하는 의례개혁이란, '日本大君'과 '朝鮮國王'이 대등한 상대라면 일본의 '執政'(老中)은 조선의 議政府에 해당하기 때문에, 만약 조선이 막부측 인사에게 서간을 보낸다면 예조가 아닌 의정부(영의정 등)에서 보내는 것이 합당하다는 논리였다.[96] 쓰시마 번의 에도번저에서는

---

93) 『통신사등록』 3책, 1681년 12월 21일, 문위역관(변이표)의 手本.

94) 三宅英利, 『近世日朝關係史の硏究』 文獻出版, 1986.

95) 쓰시마 번의 기록(대마도종가문서 기록류)에 따라 아라이 하쿠세키(新井白石, 號)가 '新井勘解由'(通稱), 또는 '新井筑後守'(官位)로 기재되어 있으나, 본고에서는 편의상 아라이 하쿠세키(新井白石)로 통일한다.

96) 『正德信使記錄』 朱16, 「信使ニ付若君樣へ從朝鮮國禮物ニ不及候並信使日光上野增上寺江不及參詣附御執政方江禮曹より書翰音物ニ不及旨被仰出候一件」 쓰시마 번 가로(年寄中)가 嶋雄八左衛門에게 보낸 서장(1711.정.8) (대마도종가문서 기록류, No.232, MF.032, 국사편찬위원회).

아라이 하쿠세키(新井白石)와의 내밀한 문답을 통해 이러한 신례(의례 변경) 내용을 이미 확인은 했지만, 아직 막부 로쥬(土屋相模守)가 공식적으로 인정한 것은 아니었다. 이에 통신사의 출발 시기가 점점 다가와 더이상 늦출 수가 없게 되자, 쓰시마 번은 조선측의 즉각적인 반발을 의식하여 재판차왜(嶋雄八左衛門)에게 다음과 같은 지침을 전해왔다. 즉, 동래부사에게 '구두'로 전달은 하되 조선에서 의문을 제기할 경우, 막부에서 정한 일이라 쓰시마 번은 무슨 사정인지 모른다. 쓰시마 번의 역할이란 어디까지나 막부의 지시를 전달할 뿐이므로, '막부측 인사에 대한 예조의 서간·음물 중지'와 같은 하쿠세키(新井白石)의 의례개혁에 대해서는 에도(江戶)에서 들려온 '추측성 풍문'으로 처리하라는 것이었다.[97]

이에 대한 조선의 대응은 어떠했을까?

일본측의 갑작스런 요구에 대해 일단은 동래부사(權以鎭)가 수역(李碩麟)을 통해 재판차왜(平方正, 嶋雄八左衛門)에게 그 배경을 탐문한 바, 쓰시마 번이 지시해온 대응지침 그대로 막부의 일방적인 변경 통보 때문에 쓰시마 번도 부질없이 우려만 하고 있을 뿐이라는 대답이었다.[98] 그러나 일본측의 새로운 요구가 명분상으로는 '항례'(抗禮; 대등한 禮)를 내세운 것들이었기에 조정에서도 국왕 숙종과 대신, 비변사의 당상들이 참여하는 논의가 통신사의 출발 직전(1711.5)까지 여러 차례에 걸쳐 이루어졌다.

조일 양국 교섭에서는 전례(前例)가 중요한 근거가 되었던 만큼, 조정의 첫 번째(1711.2) 논의에서는 예조참판의 예물 정지 등과 같은 갑작스런 변경 요청을 조선에 대한 모멸로 받아들였다.[99] 3월에는 부승지(尹行敎)가 상

97) 앞의 주 96)과 같음.

98) 『통신사등록』 5책, 신묘(1711년) 2월 20일(동래부사가 수역 李碩麟을 통해 탐문한 내용).

99) 『숙종실록』 37년(1711) 2월 30일 기축. 『통신사등록』 6책, 신묘(1711) 3월 4일(2.30 내용).

소를 올려 전례에 따라 막부측 인사에 대한 서계와 예물을 일단 가지고 가되 현지에서 거절할 경우 건네지 않으면 하면 그만이라는 의견이 제시되었다.[100)]

두 번째(1711.4) 논의는 쓰시마 번이 3월(일본력 2월) 통신사호행대차왜(平方直, 平田隼人)를 부산에 파견한 것을 계기로 이루어졌는데, '막부의 집정 이하 예물 정지 건'에 대해서는 그가 지참한 서계에도 언급이 없었으며 역시 구두 요청이었다.[101)] 이에 대해, 예조참판(金鎭圭)은 과거 계미통신사행(1643)의 전례를 들어 예물을 보내도 무방하지 않을까라는 의견을 제시하였다. 그러나 쓰시마 번이 정식 외교문서(서계)도 아닌 구두로 요청해 온 것은 무례할 뿐 아니라, 이를 그대로 수용하여 전례를 변경할 경우 조선이 교섭주도권을 상실할 수 있다는 우려가 대세였다.[102)] 이에 연로하여 이미 현직에서는 물러나 있던 임술통신사(1682)의 정사 윤지완(원임대신)에게 자문을 구한 바, 예물 정지가 일본의 요청이라면 정지하는 것이 무난하다는 의견을 내놓았다. 상반되는 견해로 의견 수렴이 어려워지자, 1711년 4월 국왕 숙종이 좌의정(서종태)의 의견을 받아들여, 「관백 세자(儲君, 若君) 및 집정 등 막부측 인사에 대한 예조의 예물 중지 건」에 대해 일단 동래부사 선에서 쓰시마 번주에게 서계를 보내 막부의 의사 여부를 확인한 후 대응하라는 지시가 있었다.[103)]

그 결과 동래부사(李正臣) 명의로 쓰시마 번주(宗義方)에게 발급된 서계(1711.4)란 조정의 이러한 논의를 그대로 반영한 것으로, 막부의 의례변경 의도를 문의하는 식으로 작성되었다. 즉 "大君(쇼군)의 세자(胤子, 儲君, 若

100) 『숙종실록』 37년(1711) 3월 3일 임진.
101) 『통신사등록』 6책, 신묘(1711) 3월 8일(에도 집정 이하 저군 예물 생략 건에 대한 비변사 別關).
102) 『숙종실록』 37년(1711) 4월 12일 경오.
『비변사등록』 신묘(숙종 37, 1711) 3월 8일 및 4월 12일, 4월 14일.
103) 『비변사등록』 신묘(숙종 37, 1711) 4월 14일, 4월 15일, 4월 16일, 4월 17일.

君)에 대한 예물은 이미 계미통신사(1643) 때에도 있었으며, 탄생 축하를 위한 것이었다. 이에 새삼 예물을 중지하려 한다면, 구두로 요청할 사안은 아니다. 또한 조선의 예관(禮官, 예조)이 막부의 執政(老中)과 書通하는 것은 조일간 국교 재개(1607) 당시, 일본이 잔류 피로인을 쇄환해 올 당시부터 시작된 것으로 예조참판과 막부 집정 간의 書通은 '예'(禮)의 표시이다. 이에 별 현안이 없어도 예조에서 집정에게 서간·음물을 보냈던 것인데, 일본(貴邦)이 갑자기 '예'를 폐지하는 것은 무슨 이유인가? 대개 양국 교제 시 현안이 있으면 반드시 임금의 말이나 명령(辭命)에 따른 서통(書通)이 있었다. 의례를 변경하려는 2건[大君(쇼군)의 세자(胤子)에 대한 배례·예물 중지 및 執政(老中)에 대한 예조의 서한·음물 중지]이 막부(江戶)의 지시라면 이것이 명시된 '문서'로서 통보해 달라는 것이 (조선)조정의 뜻이며, 쓰시마번의 정식 회답이 있을 때까지 통신사의 출선을 늦추겠다"는 내용이었다.[104] 한마디로 동래부사(李正臣) 서계란 문의 형식을 취하긴 했지만, 전례

---

104) 동래부사(李正臣, 1711.4)의 일본측 의례개혁에 대한 문의 서계(No.2872, MF.1052, 국사편찬위원회).
『동문휘고』 권9, 通信, 東萊府使以若君執政書禮事問島主書(국사편찬위원회 2책, 1927쪽).
『朝鮮通交大紀』 권8, 大衍院公(宗義方), 正德元年辛卯, 동래부사 서계(李正臣, 1711. 4).
원문은 다음과 같다.
朝鮮國東萊府使 李正臣 奉書
日本國對馬州太守拾遺 平公 閤下
緬惟淸和, 興居珍廸, 近因使事濱接音, 秏良用慰, 沃第於貴差所言, 書禮請除事, 竊以爲不然, 盖本朝於信使行贈遺禮物, 於貴大君之胤子者, 肇自壬午年, 伊時以新生爲賀, 而亦有禮物, 則今何獨以有在襁褓, 時未定封爲辭耶, 禮官之通書貴邦執政者其來盖久, 有非今日所可遽廢也, 通書始自丁未, 則己酉約條之載, 非所可論也, 且當兩國之重尋和好, 貴國先還浮口逮我遣答使, 禮官之有書者禮也, 刷還事則特其附及而已, 厥後雖無別事所附, 每使輒有書禮, 則其可謂我有求而爲之耶, 夫交隣禮際幣物將意古道然也, 今所停除, 雖無損於我, 我所重者在禮, 而貴邦之遽欲竝廢其禮者, 抑何意歟, 大抵兩國之間, 有事則必有辭命, **玆事果是貴州受江戶指意者**, 則宜以文字通報, 今欲變改古常, 而曾無片牘之見, 及惟來差口舌, 是憑不用, 壬戌嚴有院停奠之前事, 此在貴邦旣有缺於審愼, 在我國亦無可以徵信, **玆用馳書奉問**, 望須明示江戶之指意, **使兩國交際之禮靡有闕缺**,

(前例, 舊禮)의 변경이 막부의 지시라면 그것이 기재된 정식 문서(서계)로서 명백히 요구해줄 것을 엄중하게 항의한 것이었다.

위 동래부사 서계는 수신자는 쓰시마 번주이지만, 내용상으로는 '조선 조정이 일본측의 의례변경에 관한 막부(江戶)의 의견(입장)을 확인하고자' 하는 것이었다. 원래 동래부사의 서계란 막부의 열람을 필요로 하지는 않았다. 그러나 동래부사 서계에 「조정의 지시 및 에도막부의 의도(我朝庭亦無可以徵信, 玆用致書奉問, 望須明示江戶之指意, 使兩國交際之禮)」라는 문언이 기재되었기 때문에 쓰시마 번은 막부 보고를 하지 않을 수 없었다. 동래부사 서계의 '江戶之指意' 기재는 민감한 현안의 막부 보고를 염두에 둔 쓰시마 번의 조언을 조선이 빈영한 것이었다.[105] 이에 쓰시마 번은 동래부사의 서계를 받자마자 곧바로 막부 로쥬(老中 土屋相模守)에게 제출·보고하여 나른 로쥬들도 열람할 수 있도록 하였다.[106] 이때 쓰시마 번은 미리 작성해 둔 번주의 회답서도 함께 제출하여 막부가 열람할 수 있도록 하였다.

한편 쓰시마 번으로서는 새로운 의례 개혁을 실질적으로 주도하면서 막부 쇼군에게는 로쥬(老中)보다도 더 큰 영향력을 미치고 있는 아라이 하쿠세키(新井勘解由, 新井白石)도 의식하지 않을 수 없었다. 이에 에도 루스이(留守居, 瀧六郎右衛門)로 하여금 하쿠세키에게도 동래부사의 서계 건을 구두로 전달하여 숙지하도록 하였다. 이때 쓰시마 번은 조선에 대해 古例(전

幸甚, 使船當待回復以發, 並宜諒之, 通希崇亮, 不備.
辛卯年四月日

105) 『正德信使記錄』 朱16, 「信使ニ付若君樣へ從朝鮮國禮物ニ不及候並信使日光上野增上寺江不及參詣附御執政方江禮曹より書翰音物ニ不及旨被仰出候一件」 쓰시마 번 가로(杉村采女·大浦忠右衛門)가 통신사호행차왜(平田隼人)에게 보내온 회답서(1711.4.3) (대마도종가문서 기록류, No.232, MF.032, 국사편찬위원회).

106) 『正德信使記錄』 朱16, 「信使ニ付若君樣へ從朝鮮國禮物ニ不及候並信使日光上野增上寺江不及參詣附御執政方江禮曹より書翰音物ニ不及旨被仰出候一件」 宗對馬守가 秋元但馬守·大久保加賀守·井上河內守에게 보낸 서장(1711.5.4) (대마도종가문서 기록류, No.232, MF.032, 국사편찬위원회).

례)가 아닌 신례(新規) 제기가 얼마나 어려운 것인가를 호소하는 한편, 의례개혁에 대한 입장도 탐색하였다. 이에 대한 아라이 하쿠세키(新井白石)의 회답이란, 「執政(老中)에 대한 예조의 서한·음물 중지 건」에 대해서는 "조선과는 동직·동격(同職同格)이 아니면 결코 서한·음물을 주고받을 수 없으며, 예조가 반드시 보내고 싶다면 막부측에서는 '奏者番' 정도를 그 상대로 검토해 볼 수 있다"는 답변이었다. 의례개혁에 대한 하쿠세키(新井白石)의 의지는 통신사의 도해 시기가 해를 넘겨 늦어진다 하더라도 관철시키겠다는 정도로 확고한 것이었다.[107)]

그런데 이때 막부 로쥬(土屋相模守)가 동래부사의 서계를 열람한 직후 쓰시마 번주에게 회답한 문건(奉書, 1711.5.28)을 보면, 조선이 동래부사를 내세워 막부에 문제를 제기했음에도 '쇼군(上)의 지시(指意)가 없기 때문에 쓰시마 번주에게 확답을 하기 어렵다는 입장이었다.[108)] 이는 이때까지만 해도 하쿠세키(新井白石)가 주도하는 '2건'의 의례개혁에 대해 막부 쇼군의 확실한 재가(裁可)가 없었음을 의미한다. 뿐만아니라 막부 로쥬가 오히려 쓰시마 번 사자의 구두 전달에 대한 조선측의 불신 표시에 동의하는 한편, 일찍이 일본측이 제시했던 의례 개혁 '2건'(약군 예물 중지 및 예조가 집정에게 주는 서한·음물 중지)에 대해서도 과거의 전례를 탐문해 왔다.[109)]

107) 『正德信使記錄』 朱16, 「信使ニ付若君樣へ從朝鮮國禮物ニ不及候並信使日光上野增上寺江不及參詣附御執政方江禮曹より書翰音物ニ不及旨被仰出候一件」 에도 루스이(瀧六郎右衛門)와 新井勘解由(新井白石)과의 문답(1711.5.24) (대마도종가문서 기록류, No.232, MF.032, 국사편찬위원회).

108) 『正德信使記錄』 朱16, 「信使ニ付若君樣へ從朝鮮國禮物ニ不及候並信使日光上野增上寺江不及參詣附御執政方江禮曹より書翰音物ニ不及旨被仰出候一件」 土屋相模守가 宗對馬守에게 보낸 奉書(1711.5.28) (대마도종가문서 기록류, No.232, MF.032, 국사편찬위원회).

109) 『正德信使記錄』 朱16, 「信使ニ付若君樣へ從朝鮮國禮物ニ不及候並信使日光上野增上寺江不及參詣附御執政方江禮曹より書翰音物ニ不及旨被仰出候一件」 土屋相模守가 宗對馬守에게 보낸 別紙(1711.5.28) (대마도종가문서 기록류, No.232, MF.032, 국

요컨대 통신사의 출선 바로 직전인 1711년 5월까지도 막부 로쥬(老中 土屋相模守)와 쇼군의 측근인 하쿠세키(新井白石)의 '두 갈래'(2道)로 진행되는 의사결정 구조 속에서 공식적으로는 의례개혁에 대한 쇼군의 최종결정이 아직 내려지지 않은 상태였으므로, 쓰시마 번으로서는 동래부사의 문의에 어떻게 답변해야 할지를 고민했던 것 같다. 이에 통신사 래빙 시기가 지체되지 않도록 하라는 막부 로쥬의 지시가 떨어지자,[110] 쓰시마 번은 곧바로 1711년 5월 동래부사 앞으로 번주의 서계를 보내왔다. 쓰시마 번주의 서계(1711.5 平義方)에는, 2건[大君(쇼군)의 세자(胤子)에 대한 배례·예물 중지 및 執政(老中)에 대한 예조의 서한·음물 중지]이 모두 막부(東武)의 지시라는 것은 확인해 주었으나, 쓰시마 번의 역할이란 막부의 지시를 전달할 뿐이므로 막부가 무슨 의도로 의례개혁을 하는지는 잘 모른다는 모호한 입장을 취하였다.[111]

쓰시마 번주의 이러한 회답서는, '2건'의 의례개혁에 대한 막부 쇼군의 최종 결정이 아직 내려지지 않은 점을 고려할 때, 매우 조심스러운 내용으로 작성되었다고 할 수 있다. 조일 간 교섭 시 쓰시마 번의 역할에 대해서는 '전달자'를, '쇼군의 세자(若君)'에 대한 의례 중지 건에 대해서는 '立儲'에 대한 의식이 아직 치러지지 않았기 때문일 것이라면서 차왜의 개인적인 생각임을 부각시켰다. 그러나 정작 조선이 궁금해하던 「막부 집정에게 보내는 예조의 서한·음물 중지 건」에 대해서는 일절 언급이 없었다. 한마디로 쓰시마 번의 책임은 피하는 한편 조선측과의 마찰을 최소화하기 위해

사편찬위원회).

110) 『正德信使記錄』 朱16, 「信使ニ付若君様へ從朝鮮國禮物ニ不及候並信使日光上野增上寺江不及參詣附御執政方江禮曹より書翰音物ニ不及旨被仰出候一件」 土屋相模守의 御用人이 에도 가로(杉村三郎左衛門)에게 전달한 로쥬(土屋相模守)의 지시 내용(1711.5.28) (대마도종가문서 기록류, No.232, MF.032, 국사편찬위원회).

111) 쓰시마 번주(宗義方)의 회답서계(寶永 8년 신묘(1711) 5월일(『동문휘고』 부편 권9 통신 '島主答書', 국사편찬위원회 제2책, 1927쪽).

도출해낸 고육지책이라 할 수 있는데, 하쿠세키(新井白石)의 의례개혁에 부정적이던 번의 유학자 아메노모리 호슈(雨森芳洲)가 작성한 회답서계의 초안을 쓰시마 번의 가로와 이테이안(以酊庵)이 검토했지만 1글자도 고치지 않고 그대로 보낸 것이었다.[112)]

막부의 동향을 보면, 동래부사의 문의에 대한 막부 로쥬(老中)의 공식 입장은 쓰시마 번주가 동래부사 앞으로 회답서(1711.5)를 발급한 이후에서야 최종 결정되었다. 1711년 6월 통신사 의례 문제를 총괄하는 지샤부교(寺社奉行, 本多彈正少弼忠晴)가 쓰시마 번주에게 보낸 문건에는, 예조와 막부 집정 간의 書通(서간 증답) 문제에 대한 막부의 입장 내지는 의견이 구체적으로 기재되어 있었다. 즉, "조선의 통신사 파견 시 일본과의 서통 사례를 살펴보건대, 과거 무로마치(室町) 시대에는 의정부(영의정)가 유일하게 막부의 '管領'직과 서통하였으며, 규슈탄다이(九州探題)와는 좌·우의정이 서통한 사례가 있다. 예조와 집정 간의 서통은 정미년(1607, 회답겸쇄환사)의 통교 초기부터 시작되었다. 그러나 최근의 근례를 개혁하여 이전으로 돌아가는 것은 조선이 꺼리고, 고례가 있는데도 근례를 따른다는 것은 일본이 꺼리는 일이다. 이 문제는 논쟁을 하더라도 양국의 우의만 상실될 뿐이므로, 통신사 초빙 시의 서통(書通, 문서왕복)은 (조선)'국왕'의 서간으로 한정하되 예조와 집정(老中) 간의 서통은 중지하기로 결정(議定)했으니, 막부의 의견(公儀思召)을 조선에 자세히 전달하라"는 내용이었다.[113)] 이러한 막부의 결

112) 『正德信使記錄』 朱16, 「信使ニ付若君樣へ從朝鮮國禮物ニ不及候並信使日光上野增上寺江不及參詣附御執政方江禮曹より書翰音物ニ不及旨被仰出候一件」 雨森東五郎이 쓰시마 번주의 회답서 초안 작성(1711.5.朔日 및 2일) (대마도종가문서 기록류, No.232, MF.032, 국사편찬위원회).

113) 『正德信使記錄』 朱16, 「信使ニ付若君樣へ從朝鮮國禮物ニ不及候並信使日光上野增上寺江不及參詣附御執政方江禮曹より書翰音物ニ不及旨被仰出候一件」 本多彈正少弼忠晴가 쓰시마 번주(對馬州牧拾遺)에 보낸 서장(正德元年(1711) 6월일, 한문으로 작성) (대마도종가문서 기록류, No.232, MF.032, 국사편찬위원회).

정(1711.6)은 쇼군 습직 직후(1709.6)부터 측근인 아라이 하쿠세키(新井白石)가 제기한 의례개혁의 일부를 이제야 비로소 쇼군이 최종적으로 수용함으로써 막부의 공식 지침이 된 것이라 할 수 있다. 그렇지만 이미 쓰시마 번이 막부 로쥬의 지시에 따라 동래부사의 문의에 대한 회답서(1711.5)를 보낸 이후의 일이었다. 그 결과 쓰시마 번은 막부에 대해, 조선이 일전에 보낸 쓰시마 번주의 '추측성' 회답서의 내용을 더이상 문제삼지는 않았기 때문에, 막부의 공식적인 의견(本多彈正少弼忠晴)을 조선에 전달하지는 않겠다고 회답하였다.[114] 동래부사의 문의에 대해 막부가 쓰시마 번주 앞으로 보내온 공식 답변은 조선 전달을 의식하여 한문(眞文)으로 작성되어 있었다. 그러나 의례개혁에 대한 막부의 입장(의견)을 공식 문건으로 전달했다가는 조선의 대응에 따라 통신사가 파견되기도 전에 외교마찰로 커질 수도 있었다. 이를 우려한 쓰시마 번이 조선에는 막부의 공식 입장(1711.6)을 전달하지 않는 것으로 봉합한 것이라 할 수 있다.

쓰시마 번주의 답서를 받아본 조선에서는 숙종과 대신 및 비변사 당상이 참여한 세번째 논의(1711년 5월)가 있었다. 우선 예조참판(김진규)·병조판서(崔錫恒)등이 전례 준수를 내세워 교섭주도권을 유지하는 한편 국체를 지키자는 논리를 내세웠다.[115] 그러나 임술통신사행(1682) 때 부사였던 좌찬성 이언강(李彦綱)이 집정에 대한 예단 정지가 막부의 지시라고 한다면 전례에 따라 서계를 가지고 갔다 하더라도 일본측에서 받지 않을 수도 있으며, 그럴 경우 국체를 더 손상시킬 수 있다는 의견을 제시하였다. 영의정(徐宗泰)·좌의정(金昌集)·공조판서(金錫衍)·형조판서(尹德駿)·병조참판(尹趾

114) 『正德信使記錄』 朱16, 「信使ニ付若君樣へ從朝鮮國禮物ニ不及候並信使日光上野增上寺江不及參詣附御執政方江禮曹より書翰音物ニ不及旨被仰出候一件」 宗對馬守가 土屋相模守에게 보낸 회답(1711.6.19, 漢文으로 작성) (대마도종가문서 기록류, No.232, MF.032, 국사편찬위원회).

115) 『숙종실록』 37년(1711) 5월 15일 계묘.

仁) 등의 다수도 이에 동의하였다. 이에 국왕 숙종도 사자의 일본 체류중 오히려 더 곤란한 일을 당하지 않을까를 염려하여 2건, 즉「관백 세자(儲君, 若君, 胤子)에 대한 예물 정지 및 예조의 집정(老中) 등에 대한 서계·예물의 중지」를 최종 결정하였다.116)

소위 '절목강정' 단계에서 일본측이 제기해왔던 신례 2건「若君(胤子) 및 執政(老中)에의 예물 정지」이 통신사의 출발 직전에서야 겨우 봉합되자, 이번에는 조선측 국서에 기재될 문언으로 기피해야 할 글자, 즉 '피휘'가 문제가 되었다. 조선과 쓰시마 번이 주고받는 왕복서계의 말단 結句는 원래 양측 모두 '不宣'(할말은 많으나 다 쓰지 못한다는 뜻)이었으나, 쓰시마 번이 1709년 10월부터 쇼군 이름(家宣)의 '宣'자를 피하여 '不備'로 변경해 왔다117). 이에 조선에서도 이를 존중하여 1709년부터 조선측 서계에 '不備'를 사용하기 시작하였으며, 쓰시마 번의 요청에 따라 '쇼군' 이름(家宣)의 '피휘'(避諱)를 반영한 숙종 국서를 작성할 수 있었다.118) 원래 일본에는 '피휘'하는 습관이 없었지만, 문서의 결구에 '宣'자를 피휘해 달라는 요구 역시 아라이 하쿠세키의 요청에 따른 것이었다119).

---

116)『숙종실록』 37년(1711) 5월 15일 계묘.
『비변사등록』 숙종 37년(1711) 5월 20일.
『통신사등록』 6책, 신묘(1711) 5월 18일.

117)『통신사등록』 5책, 기축(1709) 10월 23일.

118) 이에 조선에서도 이를 존중하여 1709년부터 조선측 서계에 '不備'를 사용하기 시작하였다. 이를 바탕으로 1711년 막부측에 보내는 서계에도 '불비'를 사용하게 되었다(『통신사등록』 6책, 신묘(1711) 5월 10일).

119) 민덕기,『전근대 동아시아 세계의 韓·日관계』 경인문화사, 414쪽.

4. 신묘통신사 출선 직전(1711.5) '復號'(日本國王 호) 요청과 예조참의 서계

신묘통신사행의 경우, 조선국왕 숙종의 국서도 작성되어 통신사 일행이 일본으로 출발하려는 찰나에 또다시 예기치 못한 사태가 발생하였다. 1711년 5월 통신사(조태억) 일행이 숙종을 인견한 후,[120] 국서를 지참하여 부산에 내려와 출선을 기다리고 있던 중, 쓰시마 번주(宗義方)가 돌연 사자(寺田一郎兵衛·雨森東五郎) 편에 예조참의 앞으로 서계를 보내와 國書式의 변경을 요구해 왔다. 막부(東武)의 의례개혁에 따라 쇼군의 칭호를 '天啓 4년'(1624) 이전의 舊例로 복구해 달라는 것이었다. 즉 숙종 국서에 기재된 쇼군의 외교칭호를 '大君' 대신 임란 직후 사용했던 '日本國王'으로 복구해 달라는 것으로, 소위 '복호'(復號) 요청이었다. 이때 쓰시마 번주의 서계는 조선의 반감을 우려하여 신중한 결정을 유도한 한편, 자신들은 모름지기 조일 양국 사이에서 화목과 선린을 위해 힘쓸 뿐이라는 조심스런 입장이었다.[121]

그런데 이 '복호' 요청이란 쓰시마 번이 처음으로 통신사를 요청해 왔던 시점(1710.6)이나 통신사호행차왜 및 재판차왜가 부산에 체류하면서 '조선측의 예물 중지'와 관련된 절목강정을 하던 시점(1711.1~4)에서는 언급조차 없었던 사안이다. 조선으로서는 일본측의 갑작스런 의례변경 통보로 인해 이미 작성해 두었던 숙종의 국서를 통신사의 출선을 앞두고 새로 고쳐 써야(改書) 하는 초유의 사태가 발생한 것이다.

사실 쇼군의 측근인 아라이 하쿠세키(新井白石, 新井勘解由)가 주도하는 의례개혁 중에서 하쿠세키 자신이 가장 중요하게 여긴 것은 쇼군 호칭의 '복호'(日本國王) 건이었다. 『예학』 등을 근거로 쇼군이 조선 국왕과 '대등'

120) 『숙종실록』 37년(1711) 5월 15일 계묘.
121) 『숙종실록』 37년(1711) 5월 25일 계축.
『동문휘고』 권8, 통신 2, 島主報關白復號書(국사편찬위원회 제2책, 1926쪽).

해지기 위해서는 「일본국왕」호를 사용해야 한다는 주장으로,[122] 쓰시마 번을 설득하기 위한 것이기는 하지만 70년 전 국서개작사건(柳川一件) 당시 야나가와(柳川)씨의 국서 개작에 대해서도 일정 부분 평가를 하고 있다. 국교 재개 초기 쇼군의 회답국서가 가신 야나가와씨(柳川氏)의 위서(僞書)로 판명되어 막부로부터 처벌은 받았지만, 극형인 사죄가 아니라 유배형(流罪)를 받았던 것은 비록 위서이기는 했지만 쇼군의 칭호를 '일본국왕'으로 기재함으로써 조선국왕과 대등한 상대로 和交를 맺을 수 있게 되었다는 것에 한하여 막부도 어느 정도는 인정하고 있다는 논리를 전개한 바 있다.[123] 이에 '복호' 건의 조선 통보를 성사시키기 위해 막부 로쥬보다도 더 적극적으로 쓰시마 번을 압박하는 한편, 에도번저의 가로들과도 긴밀하게 접촉했던 상황들을 엿볼 수 있다.

'복호' 건을 통보하기까지 일본 내의 경위를 보면, 하쿠세키가 '복호' 건을 쇼군에게 건의한 것은 1710년 4월로, 이에 대한 쇼군의 승인이 내부적으로(内々に) 떨어진 것은 다음 해인 1711년 2월이었다. 그리고 막부 쇼군 칭호를 '일본국왕'으로 기재하도록 하라는 등, 의례개혁에 대한 막부 로쥬(土屋相模守 등)의 연명 봉서(奉書)가 쓰시마 번주에게 공식적으로 발급된 것은 1711년 3월이었다. 로쥬의 봉서에는, '복호' 건을 비롯한 막부의 의례가 일본·중국·조선의 고례를 참작하여 빙례를 변경한 것이라는 막부의 입장이 반영되어 있었는데, 이는 바로 1달 전 아라이 하쿠세키가 쓰시마 번 가로에게 전한 내용이 그대로 담긴 것이었다.[124]

122) 하쿠세키는 「'大君'이란 조선에서는 臣子에게 쓰는 호칭이지만 일본에서 大君은 天皇의 異稱이기도 하다. (중략) 무릇 公家는 天을 다스리니까 '日本天皇'이지만, 武家는 '國'을 바탕으로 하기에 '日本國王'이라 하는 것으로, 天과 地의 지위를 함부로 바꿀 수는 없다」는 논리였다(新井白石, 『折たく柴の記』).

123) 『正德信使記錄』 朱14, 「御復號之一件」 杉村三郎左衛門이 年寄中에게 보낸 서장(1711. 4.29) (대마도종가문서 기록류, No.245, MF.035, 국사편찬위원회).

124) 『正德信使記錄』 朱14, 「御復號之一件」 老中 봉서(1711.3.19) (대마도종가문서 기록

그런데 이 '복호' 건의 쓰시마 번 전달 경위를 보면, 쇼군의 승인이 떨어지자마자 막부 로쥬보다도 한발 앞서 쇼군의 측근인 아라이 하쿠세키(新井白石, 新井勘解由)가 '복호' 건의 조선 전달을 쓰시마 번에 직접 지시한 한편, 적극적인 설득에 나섰다.

먼저 1711년 2월 하쿠세키(新井白石)가 쓰시마 번의 에도 가로(杉村三郞左衛門)를 면대하여 '복호'건의 조선 전달을 직접 지시한 자리에서는, '복호'를 해야 하는 이유와 더불어 조선에 통보하는 방법도 함께 지시하였다. '복호'의 근거로는 『경국대전』(吏典, 宗親府)에서 말하는 '大君'이 조선에서는 '국왕의 적자'이기 때문에 쇼군에게 적합지 않다는 것으로, 조선 통보 시에는 막부의 지시(公命)를 내세우지 말고 쓰시마 번주가 자신의 의견을 제시하는 식(身命)으로 알아서 은밀히(內證, 内々に) 전달하라는 것이었다. 그 이유란 다음과 같은 것이었다. 국교 재개 당시 '회답겸쇄환사'(1607) 때부터 쇼군의 칭호를 '일본국왕'으로 기재해오던 것을 병자통신사(1636) 때 막부의 요청에 따라 '일본대군'(日本大君)으로 변경했다. 그런데 이제 와서 막부가 다시 정식으로 '일본국왕'으로 변경을 요청할 경우, 선조(제3대 쇼군 德川家光)의 잘못을 들춰내는 것이 된다. 전례를 중시하는 조선의 교섭 태도로 볼 때, 막부의 지시를 공식적인 문건으로 통보했다가 이의를 제기해 올 경우 복호 요청이 성사되기 힘들 수도 있기 때문이라는 것이었다.[125)]

하쿠세키는 또 통신사 접대 비용 마련을 위한 '배차금'(拜借金) 교섭차 에도에 올라간 쓰시마 번 가로(平田直右衛門)와도 서장의 왕복·면담을 통해 의례개혁을 해야 하는 이유 및 향후 조일 교린관계에 대한 향방 등을 언급

류, No.245, MF.035, 국사편찬위원회).

125) 『正德信使記錄』 朱14, 「御復號之一件」 新井勘解由가 쓰시마 번의 에도 가로 杉村三郞左衛門에게 보낸 서장(1711.2.9) (대마도종가문서 기록류, No.245, MF.035, 국사편찬위원회).
민덕기, 『전근대 동아시아 세계의 韓·日관계』 경인문화사, 396쪽.

하면서 의례개혁 전반에 대해 협조하도록 압박하였다. 즉 당시의 현실로 볼 때 통신사의 에도(江戶) 왕복시 '로연(路宴)' 등 의례 문제로 전국의 다이묘(大名)·무사·백성들까지 재정 낭비와 접대의 피로에 지쳐있기 때문에 구례에 따라 초빙은 하지만, 일본의 입장에서 통신사 초빙으로 얻을 것이 없다는 의견을 피력하였다. 나아가 향후 조일 간에 통신사가 중지될 수도 있다는 가능성도 내비쳤다. 예를 들면 조일 간에 무역이 단절된 지 이미 오래이며, 인삼 무역이 좀 아쉽지만 다른 곳에서 수입하여 대체하고 있다. 류큐(琉球)와 비교하더라도 류큐는 사츠마 번(薩摩藩)에 복속하여 '일본 속국'이 되었기 때문에 (일본) 國威의 강약을 보여줄 수 있지만, 조선의 경우 통신사가 일본에 오든 오지 않든 상관이 없다. 말하자면 막부로서는 통신사 초빙이 이번으로 끝나도 상관이 없지만, 구례에 따라 통신사를 초빙하는 것이니, 조일 양국 사이에서 대조선 업무를 맡아온 쓰시마 번도 막부의 의례개혁에 협조하라는 압박으로 의례개혁에 대한 강력한 의지를 표명한 것이었다.[126] 그러면서 한편으로는 '복호'건 등의 의례개혁을 쓰시마 번주가 조선에 성공적으로 전달할 경우 쇼군에 대한 충공(忠功)을 보여주는 것이 되므로 포상을 약속하는 한편, 통신사 초빙을 위한 쓰시마 번의 배차금(拜借金) 요청 건도 쇼군에게 전달하여 힘을 써주겠다는 강온 전략을 구사하였다.[127] 쓰시마 번의 배차금 요청은 18세기에 들어 조일간 무역이 쇠퇴해가면서 실시된 것으로 신묘통신사 때 막부로부터 金5萬兩을 지급받게 된 것이 그 시작이었다.[128]

---

126) 『正德信使記錄』朱14, 「御復號之一件」新井勘解由가 쓰시마 번 가로 平田直右衛門에게 보낸 서장(1711.2.11) (대마도종가문서 기록류, No.245, MF.035, 국사편찬위원회).

127) 『正德信使記錄』朱14, 「御復號之一件」新井勘解由가 쓰시마 번 가로 平田直右衛門에게 보낸 封狀(1711.2.11) (대마도종가문서 기록류, 국사편찬위원회, No.245, MF.035, 국사편찬위원회).

128) 한승희, 「己亥通信使의 儀式改定에 대한 새로운 검토」『조선통신사 - 사행록 연구

『사행록』을 보면, 아라이 하쿠세키가 밀어부치는 '일본국왕'의 복호 문제에 대해서는 일본 내부에서도 반발이 심했던 것 같다. 국교 재개 이래 조선과의 외교업무를 담당했던 하야시 가문(林家)은 물론, 통신사 초빙의 총괄책임자인 로쥬(土屋相模守) 등, 막부측 인사들도 '복호' 문제에 대해 불만이 컸다. 실제로 막부가 통신사 초빙을 처음으로 지시할 당시의 총괄 책임자인 로쥬(朝鮮御用老中, 土屋相模守)의 봉서를 보더라도 막부의 초기 방침은 전례를 준수하는 것이었다.

뿐만 아니라 이 '복호' 건에 대해서는 쓰시마 번 내부에서도 부정적인 의견이 많았다. 우선 쓰시마 번주는 막부 봉서로 '복호' 건을 통보받았을 당시, 로쥬가 특별히 번주의 의견을 요청하지 않았음에도, 로쥬(土屋相模守)에게 "지금까지 해 오던대로('大君'호 기재) 하는 것이 嘉例이지 않을까라고 생각되며, 조선국과 관련된 일은 쓰시마 번에 주어진 當職이기 때문에 기탄없이 아뢴다"는 의견서 제출을 염두에 두고 있었다.[129] 또한 쓰시마 번의 구니모토(國元) 가로들도 에도(江戶) 가로들과는 달리 '복호' 건에 부정적이었다. 에도 가로에게 보낸 서장을 보면, 전례를 무시하고 갑작스레 '신례'를 제기할 경우 조선과의 사이에 무슨 일이 발생할지 모른다는 이견을 피력함으로써, 의례개혁에 부정적인 번론이 형성되어 있었다.[130] 배차금 교섭차 에도로 올라간 히라타 나오에몬(平田直右衛門) 역시 '복호' 건에 대해서는, 일본에서 먼저 '大君'이라 기재했기 때문에 조선도 그것을 그대로 받아 일본에서는 국왕을 '대군'이라 칭하는 것으로 생각하여 기재해 온 것이므로, 문언·서식으로 볼 때 총체적으로는 대등한 '對禮'였음을 들어, '복호'

총서 6(외교)』 學古房, 2008, 320쪽.

129) 『正德信使記錄』 朱14, 「御復號之一件」 宗對馬守가 老中(土屋相模守) 앞으로 작성한 覺(1711.4.1) (대마도종가문서 기록류, No.245, MF.035, 국사편찬위원회).

130) 『正德信使記錄』 朱14, 「御復號之一件」 大浦忠左衛門·杉村采女가 杉村三郎左衛門에게 보낸 서장(1711.4.5) (대마도종가문서 기록류, No.245, MF.035, 국사편찬위원회).

건에 부정적이었다.[131] 쓰시마 번내의 이러한 반론은 번의 유학자인 아메노모리 호슈가 아라이 하쿠세키(新井勘解由)에게 제출할 목적으로 작성한 의견서로 집약되었다고 할 수 있다. 藩儒 아메노모리 호슈(雨森東, 雨森芳洲)는, 「쇼군을 '日本國武藏王' 또는 '日本國關東王'으로 칭한다면 모를까, '日本國王'으로 칭하는 것은 '텐노'(天皇)에 대한 불경」이라며, '복호' 건에 반대한다는 것이었다. 그리고 번유 마쓰우라 가쇼(松浦霞沼)도 '복호' 건에 부정적이었다. 가쇼는 쇼군 이에미츠(家光, 大猷君) 당시(1636년) 국서개작사건(柳川一件)을 계기로 막부의 老中(土淨大炊頭 利勝, 酒井讃岐守 忠勝)과 林道春 등이 쇼군 호칭에 대해 논의할 당시, 쇼군을 '王'이나 '東都'라 하지 않았던 것은 '텐노'(天皇)에 대한 배려로서, 대조선 외교문서(書翰)에는 쇼군을 '大君'으로, 막부는 '東武'로 칭하며, 年紀는 일본 연호를 사용하기로 정했는데, 이제 와서 '복호' 건을 제기한다는 것에 회의적이었다.[132]

쓰시마 번의 에도 번저(江戶藩邸)에서는 막부 로쥬의 봉서 발급 이후에도 아라이 하쿠세키(新井勘解由, 新井白石)와의 긴밀한 접촉을 통해 '복호' 건 등, 쇼군의 의례개혁 의지 등을 거듭 확인하는 한편, 대응방법을 모색하기에 나섰다. 그 결과 쓰시마 번이 '신례'와 관련된 조선과의 교섭에서 조선 측의 전례(前例) 중시 태도 등을 들어 이견을 제시한다 하더라도, 막부(老中 土屋相模守)가 봉서(奉書)로 공식 지시한 이상 결국은 교섭의 장기화를 초래할 뿐이며, 설사 통신사 초빙이 완료된다 하더라도 막부 쇼군에 대한 '불충'으로 인식될 수 있다는 결론에 이르렀다. 이에 에도 번저에서는 '복호' 건에 대해 쓰시마 번주가 로쥬(土屋相模守)에게 제출하려 했던 의견서(覺)

131) 『正德信使記錄』 朱14, 「御復號之一件」 平田直右衛門이 杉村三郎左衛門에게 보낸 회답서(1711.卯月(4월).24) (대마도종가문서 기록류, No.245, MF.035, 국사편찬위원회).

132) 『朝鮮通交大紀』 卷8, 大衍院公(宗義方), 正德元年辛卯(1711).
『朝鮮通交大紀』는 쓰시마 번의 유학자 松浦霞沼(1676~1728)의 撰으로, 16~18세기 중엽의 조일관계에 대한 역사적 경위를 양국이 주고받은 왕복문서(서계)를 중심으로 엮으면서, 중요 사안에 대해서는 본인의 해설과 고증을 덧붙였다.

및 구니모토 가로들이 제기한 이견을 놓고 구니모토의 가로들과 수차례 서장을 주고받으며 의견교환을 했음에도 불구하고 결국은 막부에 더 이상 문제 제기를 하지 않기로 결정하였다.133) 배차금 논의차 에도로 올라갔던 가로 히라타 나오에몬(平眞賢, 平田直右衛門, 朝鮮御用支配役, 통신사 업무를 총괄)은 에도번저의 이러한 대응방침에 충격을 받았으나, 일개 지방 다이묘(大名)의 가로가 막부의 로쥬(老中)보다도 더 가까이서 쇼군의 개혁 의도를 파악하고 있으며, 경전과 예법에 밝다는 하쿠세키를 설득하기에는 역부족이었다.134) 번유 雨森東五郎(雨森芳洲)이 작성한 반대의견서 역시 결국은 아라이 하쿠세키(新井勘解由)에게 제출하지 않는 쪽으로 결정한 것은 말할 나위도 없는 일이었다.135)

이것으로 볼 때 쓰시마 번이 '복호' 건에 대해 막부에 더 이상 문제 제기를 하지 못했던 것은, 명분상으로는 전례를 중시하는 조선과의 교섭 마찰도 큰 이유였지만, 다른 한편으로는 쇼군의 최측근인 아라이 하쿠세키가 제기한 '통신사 중지론'과 같은 압박 카드가 바로 조일 양국 외교에 있어서 쓰시마 번의 역할 축소 내지는 '위기'로 작용할 수 있다는 인식이 있었기 때문이라 할 수 있다. 한마디로 번의 안위(安危)를 고려하여 '복호'에 대한 대막부 문의를 하지 않기로 결정한 것이라 볼 수 있다. 이러한 위기의식 속에서 쓰시만 번 내부적으로는 로쥬(老中)를 비롯한 막부측 인사의 설득을 위한 '무비'(武備)의 필요성이 처음으로 제기되었다. 통신사 초빙을 통한 조일 간의 隣交야말로 '外國防禦를 위한 武備'에 해당한다는 논리를 강구하기

133) 『正德信使記錄』 朱14, 「御復號之一件」 1711.5. 帳面 내용(대마도종가문서 기록류, No.245, MF.035, 국사편찬위원회).

134) 泉澄一, 『對馬藩 藩儒 雨森芳洲の基礎的研究』 關西大學 東西學術研究所 研究叢刊 10(1997), 257~262쪽(「辛卯正德通信使をめぐって」).

135) 『正德信使記錄』 朱14, 「御復號之一件」 杉村采女·大浦忠左衛門·杉村頼母가 杉村三郎左衛門에게 보낸 切紙(1711.4.26) (대마도종가문서 기록류, No.245, MF.035, 국사편찬위원회).

시작한 것이다.136)

그러면 쓰시마 번은 이 '복호' 건을 조선에는 어떤 식으로 알려왔을까? '복호'에 대한 쇼군의 승인이 막 떨어진 시점(1711.2)에서는 아라이 하쿠세키(新井勘解由)로부터 조일간 마찰을 우려하여 막부의 지시(公命)가 아니라 쓰시마 번이 자체적으로 은밀히(內證, 内々に), 말하자면 구두로 전달(身命)하는 것이 좋겠다는 지시가 있었다. 이에 번내에서는 부정적인 반론이 있었음에도, 일단 왜관의 관수(樋口內記)와 통신사호행차왜의 재판(嶋雄八左衞門)으로 하여금 동래부의 역관(훈도·별차)을 통해, 조선측 국서에 '일본국왕'이라고 기재해줄 것을 일단 구두(번주의 內證)로 전하되, '막부 지시'(公命)라는 것이 명시적이지 않더라도 작성해줄 수 있겠는지를 조선측에 미리 내탐하도록 하였다. 이에 대한 조선측 입장이란, '公命'이라고 기재된 쓰시마 번주의 서계(서한)가 없다면, 국체를 엄중히 여기지 않는 것으로 여겨 국서의 개찬은 물론 동래부사가 조정에 보고(啓聞) 조차도 할 수 없다는 것이었다.137)

그러자 이러한 조선측 입장을 파악하게 된 쓰시마 번의 에도번저에서는 번사(瀧六郎右衞門)를 하쿠세키(新井勘解由)에게 보내, '복호'건을 번주의 구두 전달이 아니라, 서간으로 (조선에) 알리는 건에 대해 문의한 바, 의견조율 끝에 마침내 쓰시마 번주 명의의 서계(書契)를 보내 '복호'건을 요청하

136) 『正德信使記錄』 朱14, 「御復號之一件」 杉村三郎左衞門이 國元家老(杉村采女·平田隼人·平田直右衞門·大浦忠左衞門·杉村賴母 등)에게 보낸 서장(1711.2.13) (대마도종가문서 기록류, No.245, MF.035, 국사편찬위원회).
쓰시마 번의 에도 가로(杉村)가 '무비'(武備)를 뒷받침하는 논리로서 '朝鮮之押'를 부각시킨 것은, 17세기말 조일무역 쇠퇴로 번 재정이 악화되는 가운데 군사적인 언사를 사용하는 것이 막부로부터 경제적 지원을 유도하기 쉬웠을 것이라는 지적이 있다(古川裕貴, 『近世日本對朝鮮外交』 吉川弘文館, 2024, 272~273쪽).

137) 『正德信使記錄』 朱14, 「御復號之一件」 杉村采女·大浦忠左衞門·杉村賴母가 平田直右衞門·杉村三郎左衞門에게 보낸 서장(1711.4.26) (대마도종가문서 기록류, No.245, MF.035, 국사편찬위원회).

기로 결정하였다.[138]

‘복호’ 건이란, 이미 로쥬의 봉서 발급(1711.3)으로 막부의 결정을 공식화한데다, 국체와 관련된 중대사안이었던 만큼, 쓰시마 번주의 서계로 ‘복호’ 건을 알리되, 조선측 수신자는 지난번 ‘예물 정지’(집정에게 주는 예조의 서한·예물 정지) 때처럼 동래부사가 아니라 예조참의였다.[139] 예조참의 앞으로 작성된 번주의 서계에는, “얼마전 막부(東武)에서 ‘복호’에 대한 의례개혁이 있었으므로, 조선의 書式은 1624(天啓 4, 명의 연호)년 이전의 구례를 따라주기 바라며, 이 건은 중대한 사안으로 갑자기 국명(國命)을 전하게 되었다.”라고 기재되어 있었다.[140] 쓰시마 번주의 서계에 ‘막부(東武), 國命’과 같은 문언이 기재되게 된 것은 막부의 명령(公命)으로 전달하지 않으면 조선이 의심할 것이라는 쓰시마 번내의 의견을 반영한 것이었다.[141]

이렇게 ‘복호’건을 둘러싼 쓰시마 번의 대막부 대응이 일단락되자, 쓰시마 번으로서는 이를 조선에 신속하게 전달하지 않을 수 없었다. 전례에 따라 이미 ‘대군(大君)’ 앞으로 작성되었을 조선의 국서를 개찬하기 위해서는 특사 파견이 불가피하였다. 그리하여 1711년 5월 19일 쓰시마 번의 사자(寺田市郎兵衛·雨森東五郎)가 예조참의 앞으로 쓰시마 번주의 ‘복호’ 요청 서계를 가지고 부산에 파견되었다. 이 중 아메노모리 호슈(雨森東五郎, 雨森東, 雨森芳洲)는 ‘복호’ 건을 밀어부치는 아라이 하쿠세키(新井白石)에게 반대의

138) 『正德信使記錄』 朱14, 「御復號之一件」 杉村三郎左衛門이 平田直右衛門에게 보낸 書狀(1711.4.18 및 5월 9일의 帳面) (대마도종가문서 기록류, No.245, MF.035, 국사편찬위원회).

139) 『正德信使記錄』 朱14, 「御復號之一件」 杉村三郎左衛門이 平田直右衛門에게 보낸 서장(1711.4.18) 및 杉村賴母·大浦忠左衛門·杉村采女가 寺田市郎兵衛·雨森東五郎에게 보낸 覺(5.14) (대마도종가문서 기록류, No.245, MF.035, 국사편찬위원회).

140) 『동문휘고』 附編, 권9 통신, 「島主報關白復號書-禮曹參議前」 倭使雨森東來請, 依舊例關白稱王, 朝廷許之(국사편찬위원회 2책, 1926쪽).

141) 『正德信使記錄』 朱14, 「御復號之一件」 杉村賴母·大浦忠左衛門·杉村采女가 平田直右衛門·杉村三郎左衛門에게 보낸 서장(1711.4.26).

견을 가지고 있었지만, '복호' 건의 경위 전말에 대해 누구보다 잘 알고 있었던 만큼 조선의 회답을 받을 때까지 부산에 1달 정도를 체류하며 교섭에 임했다.[142)]

이러한 '복호'건에 대한 조선의 대응은 어떠했을까?

일본측의 이러한 내부 사정을 알 리 없는 조선으로서는, 초유의 사태에 처음 직면한 동래부사(李正臣)가 일단 거부 의사를 표하는 한편, 긴급 사안인 만큼 중앙에 직보하였다.[143)] 국교 재개 이래 제1·2·3차 회답겸쇄환사(1607·1617·1624)가 지참해간 조선측 국서에 쇼군 호칭은 '일본국왕'으로 기재되어 있었다. 쇼군의 회답서도 마찬가지였다. 그러나 양국 국서에 기재된 '일본국왕'호가 쓰시마 번의 위작(僞作)으로 드러나게 됨에 따라, 병자통신사(1636년) 때부터는 막부의 대조선 통교체제 정비를 계기로 쇼군의 호칭이 '大君'으로 변경된 결과, 이후 77년간이나 사용해 온 외교호칭이었다. 쇼군 호칭의 '복호' 문제는 외교의례상 절목강정 단계에서 제시되었던 쇼군의 아들이나 막부측 인사에 대한 예단 문제보다도 훨씬 엄중한 사안이었다. 이에 숙종은 춘추관 실록의 전례 조사와 함께 묘당의 논의를 지시하였으며, 바로 다음날 대신과 비변사 당상들 간에 네 번째(1711.5) 논의가 이루어졌다.[144)]

조정의 논의에서는, 영의정 서종태(徐宗泰)가, '쇼군'이란 일본에서 왕에 해당하므로 과거 조선에서도 국서에 '국왕'이라 기재한 적이 있으며, '대

142) 『正德信使記錄』 朱14, 「御復號之一件」 杉村頼母·大浦忠左衞門·杉村采女가 平田隼人에게 보낸 서장(1711.5.14).
泉澄一, 『對馬藩 藩儒 雨森芳洲の基礎的研究』 關西大學 東西學術研究所 研究叢刊 10, 1997, 257~262쪽(「辛卯正德通信使をめぐって」).

143) 『숙종실록』 37년(1711) 5월 25일 계축.
『통신사등록』 제6책, 1711년 5월 29일.

144) 『숙종실록』 37년(1711) 5월 27일 을묘.
『비변사등록』 숙종 37년(1711) 신묘 5월 26일.

군'이라는 칭호도 일본의 요청에 따라 고친 사례가 있으므로 동래부사가 국서를 회수해온 후 다시 작성해도 무방하다는 의견을 제시하였다. 공조참판 권상유(權尙游) 역시 강경 대응했다가 결국 개서할 경우 조선이 더 불리할 수 있다는 의견을 제시했으며, 국왕 숙종도 공감하였다. 그렇지만 대다수는 절목강정 단계에서 없었던 요구를 설명도 없이 제기하는 것은 부당하며, 70년 동안의 관례를 가볍게 고칠 수 없다는 의견이었다. 좌의정(金昌集)과 우의정(趙相愚)도 역시 절목강정 이후라는 시기를 문제 삼았다. 이에 비해 병조판서 최석항(崔錫恒)은 '국왕'이건 '대군'이건 자칭(自稱)이므로 수용해도 상관없다는 의견이었다. 여기에 임술통신사의 부사로 일본에 파견되었던 우참찬 이언강(李彦綱)도 '국왕'호에서 '대군'호 변경을 요청했을 때 조선이 수용한 전례가 있다는 현실론을 제기하였다. 그리고 예조참판(金鎭圭)의 건의로 과거 전례(1590·1617·1624·1635년) 조사까지 했지만, 역시 절목강정 이후의 요청이라는 이례적인 절차 때문에 쉽게 결론이 나지 않았다.[145)]

중앙의 논의가 각론에 머무름에 따라, 공조참판 권상유(權尙游)가 다음과 같은 의견을 내놓았다. 일본 사정은 잘 모르겠지만, '쇼군'에 대한 '국왕'호 요구란, 일본이 조선을 무시해서가 아니라 국내 제후(大名)에게 쇼군의 권위를 보여주려는 정치적 의도에서 비롯되었다는 것이다. 일본 내부의 정치적인 문제이므로 거절할 경우 일본과의 관계에 틈이 생길 수 있으며, 통신사가 에도성(江戶城)에 들어간 이후 어려움을 겪을 수도 있다. 아직 통신사 선박이 부산에서 대기 중이므로 그동안에 국서를 개서(改書)해야 한다는 의견을 제시하였다. 그러나 영의정 및 좌·우의정의 3정승이 반대했으며, 예조참판은 쓰시마 번을 통해 요구의 배경을 밝히는 것이 먼저라는 의견을 내놓았다.[146)]

이렇게 조정의 논의에서도 결론이 나지 않자, 숙종은 비변사의 건의에

145) 『숙종실록』 37년(1711) 5월 27일 을묘.
146) 『숙종실록』 37년(1711) 5월 27일 을묘.

따라 이번에도 역시 대일본 관계에 대해 식견을 갖추고 있는 원로(원임대신) 윤지완(尹趾完)에게 다시 한번 의견을 구하였다. 윤지완은 처음에 '일본국왕'이라고 했다가 나중에 '대군'으로 고친 것도 일본의 요구에 따른 것으로, 지금 일본이 제기한 '왕호' 문제는 일본의 내부사정에 따른 '自稱'의 문제이기 때문에 조선이 금지할 수 있는 차원의 문제가 아니라는 의견을 제시하였다. 사람에 따라서는 교섭의 '주도권'이 바뀔 것을 염려하지만, 조선은 '복호'의 가부만 결정하면 되는 문제로 승선 때까지는 시간적 여유가 있으므로 국서를 '개서'할 수 있으면 해야 한다는 입장이었다.[147)]

윤지완은 과거 임술통신사행(1682)의 정사로 파견되기 이전 경상감사로 근무하면서 왜관(倭館)에서 행해지던 쓰시마 번의 교섭행태에 대해서도 잘 알고 있었다. 또한 임술통신사행 때는 정사로서 거의 1년을 일본에 체류하면서 각 지역의 다이묘(大名)와 막부와의 관계, 막부측 관리들과의 접촉을 통해 일본의 내부사정을 직접 목격하고 파악할 수 있었다. 귀국길에는 숙종의 특명을 받아 왜관 통교 시의 적폐 개선 문제들을 쓰시마 체류 중 '약조'로 매듭지어 온 전력이 있었다. 조일 양국 정부의 중앙외교에서 통신사의 정사로서 막부를 직접 상대해본 경험이 있는데다 통교 일선의 실무에도 밝았던 만큼, 외교적 위기(현실)에 부딪혔을 때 윤지완은 설득력있는 의견을 제시할 수 있었다고 볼 수 있다.

즉 '복호' 문제가 절목강정이 끝난 이후에 제기되었다는 절차상의 문제는 있었지만, '일본국왕'호가 처음도 아닌데다 쇼군 권위와 관련된 일본의 내부 사정에 따른 '자칭'(自稱)의 문제이기 때문에 조선의 논의 대상이 아니라는 윤지완의 조언에 따라, 숙종은 최종적으로 국서를 개서(改撰)하기로 결정하였다.[148)] '복호' 허용을 알리는 예조참의(吳命峻) 답서는 바로 다음

147) 『숙종실록』 37년(1711) 5월 27일 을묘.
『비변사등록』 숙종 37년(1711) 신묘 5월 26일.

148) 『숙종실록』 37년(1711) 5월 27일 을묘.

달(1711년 6월)에 작성되었으며, 부산에서 대기중이던 호슈 일행이 수령하여 쓰시마로 돌아갔다.

단 이때 예조참의의 답서에는, "쇼군 호칭의 '복호'(舊號, 일본국왕)와 같은 중대한 문제는 쓰시마 번이 절목강정 단계에서 사정을 설명하여 변경해야 함에도, 통신사가 국서를 가지고 이미 출발한 후 돌연 '구두'로 요청한 것에 대한 당황스럽다는 뜻과 함께 쓰시마 번의 신중하지 못함을 꾸짖는 한편, 조선의 '복호' 결정이 막부와 쓰시마 번의 입장을 배려한 것이라는 점이 부각되어 있었다. 조정의 논의를 그대로 반영하기는 했지만, 조일 양국 사이에서 절충 역할이 부족했던 쓰시마 번에 대한 항의의 뜻을 분명히 한 것으로, 예조참의의 회답서 역시 궁극적으로는 막부의 최종 열람을 염두에 둔 항의성 문서였던 것이다.149)

임란 이전 무로마치 바쿠후에 통신사를 파견했을 때 조선국왕의 외교상대인 막부의 쇼군을 '일본 왕'으로 부른 전례가 있었으며, 막부도 쇼군의 자칭으로서 '일본국왕'을 사용한 전례가 있었다. 임란 이후에도 조선은 일본의 군사적 재침을 막기 위해 일본의 국왕적 존재와 통교 재개를 원하고 있었기 때문에, 조선의 의도를 파악한 쓰시마 번이 도쿠가와 막부 쇼군을 '일본국왕'으로 칭해왔던 것이다. 제1차 회답겸쇄환사(1607)가 귀국후 처벌을 받은 것도 그들이 받아온 쇼군 답서의 호칭이 '日本國王源秀忠'이 아니라 '日本國源秀忠'으로 '王'자가 없었기 때문이었다. 국서개작사건 이후 쇼군의 칭호가 '대군'으로 바뀐 것 역시 일본 내부적인 문제에서 기인한 스스로의 '自稱'이었기 때문에 수용한 전례가 있었다.

149) 예조참의(吳命峻)의 '복호' 결정 답서(1711년 6월)(국사편찬위원회 소장 서계, No. 2878, MF.1052).

『동문휘고』 권9, 通信, (복호에 대한) 예조참의 답서(국사편찬위원회 2책, 1926~1927쪽).

『朝鮮通交大紀』 卷8, 大衍院公(宗義方), 正德元年辛卯(1711), 예조참의 답서(1711.6). 원문은 다음과 같다.

朝鮮國禮曹參議 吳命峻 奉復

日本國對馬州太守拾遺 平公 閤下

耑翰忽枉, 承諦蒸炎, 興居珍毖, 良用慰沃, 來示事不無可論者, 盖兩國交聘之際, 名號·儀式所係俱重, 今貴國苟復舊號, 欲改書式, 則宜趁節目講定之前, 詳報事由, 預布情悃, 而不此之圖, 乃於書函已封使車已戒之後, 以片辭遽發此請, 是果誠謹之道否, 夫

이와 같이 조선이 한편으로는 항의성 문서를 발급하면서도 결국은 막부와 정면 충돌로 치닫지 않고 '복호' 요청을 수용함에 따라, 부산에서 대기 중이던 정사 조태억 일행도 1711년 7월 5일 마침내 개찬 국서를 가지고 쓰시마를 향해 출선할 수 있었다.[150] 쓰시마 번 역시 '복호' 교섭이 무사히 끝난 것에 안도하는 한편, 긴급한 상황에서 조일간의 의사소통에 힘쓴 조선측 통사(韓僉知)에 '銀 50매' 지급이라는 포상까지 하였다.[151]

지금까지 보았듯이, 절목강정 과정 및 통신사가 조선국왕의 국서를 가지고 부산을 떠나기에 앞서 일본측이 도발적인 신례를 제기해 온 것에 대해, 조선정부가 동래부사 및 예조참의와 같이 발급자는 달리했지만, 막부(江戶, 東武) 열람을 염두에 둔 항의성 문서를 두 차례나 발급했다는 것은 국교 재개(1607) 이후 통신사 파견 전례상 매우 이례적인 일이었다. 이와 같은 항의성 문서란 일본측의 요구를 수용하되 교섭주도권을 놓지 않으려는 조선의 고육지책이었다고 할 수 있다.

국왕 숙종은 이러한 일본의 도발적인 외교행태로 볼 때 통신사들이 일본에 체류하는 동안 얼마든지 돌발상황이 발생할 수 있음을 우려했던 것 같다. 일본측과의 의사소통이 원활하지 못할 경우 사소한 언쟁이 외교마찰로 번져 국체에 손상을 입힐 수도 있었다. 이러한 걱정은 당시 비변사는 물론 통신사 일행도 마찬가지였다. 이미 선발된 역관(洪舜明, 玄德潤)들이 있었지만, 사실 조태억 일행이 가장 원했던 역관은 당시 일본어에 가장 능통했던

貴州而猶自知其有失慎重, 況我朝廷耶, 是故有司將援例勤之, 我王殿下特推寬大之度, 謂以所言, 旣異新倉, 禮節之失, 不必深咎, 遂命追改國書, 如天啓舊式, 用副勤請, 此不但東武之所宜體悉, 以貴州之居間傳命, 尤當銘感本朝之德意, 惟左右諒此, 益勉恭恪, 以永贊隣好, 不備.

辛卯年六月日

150) 『숙종실록』 37년(1711) 7월 12일 기해.

151) 『御用拔書帳』(1713)10.11, 年寄中이 樋口久米右衛門(裁判)에게 보낸 覺 (대마도종가문서 기록류, No.5311, MF.857, 국사편찬위원회). 한첨지는 신묘통신사행을 수행하지는 않았다.

역관 최상집((崔尙嵲)이었다.[152] 이에 숙종은 통신사 일행이 부산에서 출선을 기다리고 있던 시점에 유배 중이었던 역관 최상집을 면죄하여 상상관(역관)으로 통신사 일행을 수행하게 하였다.[153]

5. 신묘통신사의 일본 체류 중(1711.6~11) 통신사 접대 의례 변경 요청

1) 에도 왕복 시의 '5소 로연'(5所路宴) 및 객관의 '계하영송'(階下迎送) 요구

일본측의 일방적인 의례 변경, 즉 갑작스런 신례(新例) 제기에 따른 조일간의 마찰은 통신사 일행이 이미 조선을 떠나 일본에 체류하는 동안에도 계속되었다. 아라이 하쿠세키(新井白石)의 의례개혁 가운데 통신사가 부산을 떠나기 직전까지 조선과 합의한 것은 앞에서 본 3가지에 불과하였다. 즉 절목강정 단계에서의 「쇼군 아들에 대한 배례·헌상물 정지 및 막부측

152) 『숙종실록』 37년(1711) 5월 29일 정사.
『비변사등록』 숙종 37년(1711) 5월 29일. 『통신사등록』 6책, 신묘(1711) 5월 29일. 이때 이미 선발된 역관은, 당상역관에 「李碩麟, 李松年, 김시남」, 상판사에 「홍순명, 현덕윤, 정창주」, 차상통사에 「김시량, 최한진」, 압물통사에 「김현문, 박태신, 김시업, 조득현」으로 12명이었다(『통신사등록』 6책, 신묘(1711년) 5월 13일).

153) 역관 최상집은 1709년 왜관의 교간(交奸, 犯奸) 문제와 관련하여, 관련자를 상호 동률(同律)로 다스리자는 조선의 입장을 전달하기 위해 쓰시마에 파견되었지만, 쓰시마 번의 거부로 예조 서계는 전달하지도 못한 채 교간 당사자였던 왜관의 쓰시마 번 관련자(白水源七) 신병만을 확보해서 돌아왔다. 이에 교섭 실패로 예조 서계를 도로 가지고 오자, 동래부사 권이진(權以鎭)이 국체를 손상시켰다는 죄목으로 중죄를 청함에 따라, 변방 유배형에 처해졌다(『숙종실록』 35년(1709) 4월 13일 갑인).

(老中 등) 인사에 대한 예물 정지」의 2가지, 그리고 절목강정 이후이기는 하지만 통신사의 부산 출선 직전에서야 합의를 본 「쇼군 호칭의 '복호'(日本國王)」건이 그것이다. 나머지 통신사 일행이 에도(江戶)를 왕복하는 동안 일본 내 각지에서 받는 접대, 그리고 '전명의'(傳命儀) 등 에도성(江戶城)에서의 통신사 의례와 관련된 구체적인 절차에 대해서는, 통신사 일행의 일본 체류 중 쓰시마 번이 막부(東武)의 지시를 내세워 일방적으로 통보해 오는 식이었다. 이 때문에 통신사 일행이 귀국할 때까지 일본측과의 갈등이 끊이지 않았다.

우선 정사 조태억 일행의 일정을 보면, 1711년 7월 5일 부산을 떠나 7월 19일 쓰시마의 후츄우라(府中浦)에 겨우 도착하였다. 그런데 통신사 일행의 일본 내 첫 기착지인 쓰시마에 체류 중일 때 일본측의 일방적인 의례변경 통보가 있었다. 쓰시마(府中浦)에는 바람과 일기불순 때문에 부득이 보름 가까이 머물고 있었는데, 8월 1일 돌연 쓰시마 번주가 막부(東武)의 지시라는 이유로 서한(書翰)을 보내 개정된 의례 내용을 통보해 왔다.

> ① 통신사의 에도 왕복시, 일본 각지에서 제공하는 음식에 대해, 이제까지 아침·저녁상으로 7·5·3, 점심으로 5·5·3 요리를 제공해왔던 전례를, 연회를 베푸는 5개 지역(赤間關/牛窓, 大坂,京都,尾張,駿府)을 제외하고는 식료품(乾物)으로 제공하며, 3개 지역(大坂,京都,駿府=駿河)에는 上使가 내려와 위로한다(5所路宴).
> ② 통신사 일행이 가마를 탄 채 객관에 들어가던 것을 가마에서 내려서 들어가도록 한다.
> ③ 문안사가 객관을 방문하면 통신사가 계단을 내려와 뜰에서 마중한다(階下迎送).[154]

154) 임수간, 『東槎日記』 건, 신묘년(1711) 8월 1일.
『正德信使記錄』朱18, 「五所路宴下行之儀被仰出候御書付之寫」 對馬州太守 (宗)義方가 통신사에게 보낸 서장(한문)(1711.7月日) (대마도종가문서 기록류, No.246, MF.036,

위의 변경 내용은 「통신사의 에도(江戶) 왕복시 일본 내에서의 기착지 접대 및 통신사가 머무는 객관에서의 의례」에 관한 것으로, 당연히 절목강정 단계에서 논의되었어야 할 항목임에도 그때는 언급이 없다가 통신사 일행의 쓰시마 체류 중 번주가 일방적으로 서한(書翰)으로 통보한 것이다. 말하자면 중요한 접대 의례 변경을 조선 정부가 아닌 일본 체류 중인 통신사 일행에게 돌연 구두(口頭)로 요청해온 것이라 할 수 있다.

이렇게 중요한 의례 변경 내용을 통신사가 조선을 떠나기 이전의 강정교섭 단계가 아니라 통신사의 일본 도착 이후에서야 일방적으로 통보한 가장 큰 이유라면, 이 역시 아라이 하쿠세키(新井白石)의 개혁안에 대한 막부 로쥬(老中)의 납득 및 쓰시마 번의 이의 제기 등으로 조정이 늦어짐에 따라 1711년 3월에서야 막부의 공식 지침으로 확정되었기 때문이라 할 수 있다.[155)]

구체적인 경위는 다음과 같다.

먼저 ①의 '5소 로연'(五所路宴)부터 보자면, 과거 통신사의 에도 왕복시 일본 내 각 기착지에서 통신사 일행에게 요리(7·5·3등)로 제공하던 향응 접대를 '5곳'으로 간소화하며, 나머지 지역에서는 요리 음식 대신 식재료로 대체한다는 내용이다.

그런데 이 '5소 로연'이란, 일찍이 하쿠세키가 1710년 4월 '복호' 건을 제안했을 때부터 '에도성에서의 '3도연(三度宴)' 등과 함께 논의되었던 사안이다. 1711년 2월 쇼군이 하쿠세키의 개혁안을 허락하자, 막부 로쥬(老中)는 이 '5소 로연' 건을 곧바로 봉서(1711.2)로서 쓰시마 번주에게 통보해 왔다. '복호' 건의 봉서 발급(1711.3) 보다도 1달이나 빠른 시점이었다. 로쥬의 봉서에는, 1636(寬永 13)년 이래 일본에서 시행해오던 접대 의례를, 과거 조선이 옛 쇼군가(室町막부)의 사자를 응접했던 구례에 따라 변경하고

국사편찬위원회).

155) 三宅英利, 『近世日朝關係史の硏究』 文獻出版, 1986, 817~818쪽.
仲尾宏, 『朝鮮通信使と德川幕府』 明石書店, 1997, 189~190쪽.

자 한다는 것으로, 통신사의 에도(江戶) 왕복시 로연(路宴)은 쇼군의 뜻에 따라 5곳「大坂·京都·駿府(막부 上使의 향응), 中國(來·長門國=赤間關/歸·備前國=牛窓), 尾州(=名古屋)」으로 줄이며, 이 가운데 3곳(大坂·京都·駿府)은 막부 측(쇼군)의 상사가 에도에서 직접 내려와 향응의 예를 베풀되, 나머지 2곳은 그곳의 다이묘가 쇼군의 뜻을 받들어 향응을 베풀며, 그 나머지 기착지에서는 향응 대신, 米穀·魚·鳥 등의 식료품(乾物)으로 지급한다는 것이었다.[156] 로쥬 봉서에는 '5소 로연'이 이미 전례 조사를 마친 결과 막부의 지시라는 점이 제시되어 있어서 하쿠세키의 개혁안에 대한 쇼군이 허락이 있었던 것을 엿볼 수 있다. 단 이때 로쥬의 봉서에서 흥미로운 점이라면, '5소 로연'이 막부 쇼군의 지시라는 것을 분명히 밝히면서도 한편으로는 '5소 로연' 건에 대해 조선에 문의할 사안은 아니지만 쓰시마 번주의 의견을 기탄없이 말해달라는 단서 조항이 있었다.[157] 이는 앞서 '복호'(일본국왕호) 건을 쓰시마 번주에게 지시한 로쥬 봉서에서도 볼 수 없었던 매우 이례적인 문언으로, 쇼군의 허락이 있었기에 '5소 로연' 건을 번주에게 전달하기는 하되 내심으로는 동의하지 않았기 때문이라 할 수 있다. 이에 쓰시마 번의 에도 가로들은 막부 봉서에 대해 번주가 정식으로 회답하기 이전부터 쓰시마 번의 입장을 호소하였다. 즉, 로쥬를 상대로 '5소 로연'의 취지가 통신사 일행이 통과하는 해당 지역 다이묘의 경비 절감 및 피로감 누적과도 관련된 것이라는 것을 잘 이해할 수는 있게 되었지만, 조선은 전례(前例·先規·舊例)를 중시하는 국풍이므로 3사에게 '5소 로연'건을 갑작스레 전달하게 된다면 수치로 받아들일 수 있어 곤란하다는 의견을 로쥬에게 피력하였다.[158]

---

156) 『正德信使記錄』 朱18, 「五所路宴下行之儀被仰出候御書付之寫」 막부 로쥬 봉서(1711.2.7) 및 別紙書付(1711.2) (대마도종가문서 기록류, No.246, MF.036, 국사편찬위원회).

157) 『正德信使記錄』 朱18, 「五所路宴下行之儀被仰出候御書付之寫」 로쥬의 覺(1711.2.7) (대마도종가문서 기록류, No.246, MF.036, 국사편찬위원회).

또한 쓰시마 번은 로쥬 봉서 발급 직후부터 의례변경을 실질적으로 주도해 왔으며, 경전 및 이국(異國) 사정에도 밝다고 인식하고 있던 아라이 하쿠세키(新井白石, 新井勘解由)에게도 조언을 구한 바, 에도 가로(平田直右衛門, 杉村三郎左衛門)를 통해 아라이 하쿠세키(新井白石, 新井勘解由)와 대면 또는 빈번하게 문건을 주고받으며 쓰시마 번의 입장을 부각시켰다. 그 과정에서 하쿠세키의 '5소 로연'이 『해동제국기』의 「일본국왕사 응접지사」를 근거로 대등·간소화를 지향한다는 것 등도 알 수는 있었다.[159] 그러나 쓰시마 번의 실제 의도는, 막부 쇼군의 지시인 만큼 '5소 로연'의 시행을 위해 노력하겠지만, 구례를 중시하는 조선의 분위기를 내세워 '5소 로연'의 갑작스런 통보 시 조선측 대응에 대한 우려를 전달하는 한편, 변경된 의례 내용의 시행 연기를 문의하기 위한 것이었다.[160]

조심스런 문의 형식이기는 했지만 쓰시마 번이 '5소 로연'건에 대해 막부 로쥬(老中)와 아라이 하쿠세키(新井白石)에게 이견을 제기한 것에 대해서는, 마침내 1711년 3월 막부 로쥬가 연명 형식의 봉서로서 회답을 해왔다. 즉 국교 재개 이래 조일 간의 통신사 의례는 1636년(寛永 13) 국서개작사건을 계기로 크게 변경되어 여러 가지 신례(新例)가 생겼지만, 임술통신사(1682) 때에는 신례 가운데 하나인 '日光參詣'가 중지되었음에도 별 문제가 없었다. 이번의 빙례 절차란 일본과 조선의 古例를 조사하여 결정한 것이므로 '복호'(일본국왕 호) 건과 함께 '5소 로연'건도 원만하게 잘 수행하라는

158) 『正德信使記錄』朱18, 「五所路宴下行之儀被仰出候御書付之寫」(에도 가로의) 覺(1711. 2.24) (대마도종가문서 기록류, No.246, MF.036, 국사편찬위원회).

159) 『正德信使記錄』朱18, 「五所路宴下行之儀被仰出候御書付之寫」 新井勘解由가 에도 가로(平田直右衛門)에게 보낸 서장(1711.3.11) (대마도종가문서 기록류, No.246, MF.036, 국사편찬위원회).

160) 『正德信使記錄』朱18, 「五所路宴下行之儀被仰出候御書付之寫」 에도 가로가 新井勘解由에게 보낸 手紙(3.11/3.12) 및 구니모토에서 에도에 보낸 서장(1711.4.5) (대마도종가문서 기록류, No.246, MF.036, 국사편찬위원회).

지시였다.[161] 막부의 공식 결정을 재차 확인한 만큼 쓰시마 번으로서는 신례(新例)를 수용할 수 밖에 없었으며, 4월부터 7월까지 '5소 로연' 시행에 따른 각지에서의 향응과 통신사 일행에 대한 지급물(下行)에 대한 구체적인 지침들이 논의되기에 이르렀다.

다음으로 ②③의 '계하영송' 건을 보자면, 이 역시 1711년 2월 쇼군이 개혁안을 허락하자, 하쿠세키는 이의 시행을 위해 쓰시마 번과 빈번하게 접촉하였다. 1711년 5월에는 쓰시마 번의 에도번저에 통신사 래빙 시 객관에서의 '계하영송' 장소에 대한 점검을 지시하였으며,[162] 6월에는 막부(쇼군)의 상사가 객관 방문 시 통신 3사가 계하영송하는 것은 조선의 『해동제국기』와 중국 서적에 근거한 것으로, 통신사를 위로하기 위해 방문하는 사자를 계하영송하지 않는다면, 비례(非禮)라는 논리로 설득하였다.[163] 그리고 6월 16일에는 '계하영송' 건을 통신사 일행이 쓰시마에 도착한 후에 쓰시마 번 역인이 구두로 전달할 것을 미리 은밀히 알려 왔다.[164]

하쿠세키의 개혁안은 1711년 8월 쇼군 이에노부(家宣)가 하쿠세키를 '朝鮮使節迎接'에 특별 임용한 것을 계기로, 비로소 변경된 의례내용을 실행에 옮길 수 있었는데, 통신사 일행이 쓰시마에 체류 중(1711.8.1)일 때 '5소 로연' 및 '계하영송' 건이 구두로 갑작스레 전달된 것도 이 때문이었다.[165]

---

161) 『正德信使記錄』 朱18, 「五所路宴下行之儀被仰出候御書付之寫」 막부 로쥬 연명 봉서(1711.3.19) (대마도종가문서 기록류, No.246, MF.036, 국사편찬위원회).

162) 『正德信使記錄』 朱17, 「三使客館門外下輿幷上使被成下候節階下迎送之一件」(1711.5.10) (대마도종가문서 기록류, 국사편찬위원회, No.263, MF.038, 국사편찬위원회).

163) 『正德信使記錄』 朱17, 「三使客館門外下輿幷上使被成下候節階下迎送之一件」(1711.6.14) (대마도종가문서 기록류, No.263, MF.038, 국사편찬위원회).

164) 『正德信使記錄』 朱17, 「三使客館門外下輿幷上使被成下候節階下迎送之一件」 新井勘解由의 手紙(1711.6.16) (대마도종가문서 기록류, No.263, MF.038, 국사편찬위원회).

165) 『東槎日記』(任守幹) 乾, 신묘년(1711) 8월 1일.
하쿠세키의 특별 임용은 이미 1709년부터 쇼군의 지시로 통신사 업무를 총괄해 왔던 로쥬(朝鮮御用掛老中) 츠치야 사가미노카미(土屋相模守)가 존재함에도 불구통신사 일행의 반응을 보면, 절목강정 당시에도 없었던 내용을 갑작스레 일방적으로 통보해온 것에 거부감을 표시하기는 했지만, ①의 에도 왕복시 접대 지역 5개소(京都·大坂·駿府, 赤間關(귀·牛窓), 名古屋(尾州)) 이외의 기착지에서 향응 음식(7·5·3등) 대신 식재료를 제공하겠다는 향응 방식의 변경에 대해서는 별로 항의하지 않았다. 이는 하쿠세키의 개혁 가운데 '간소화'를 실천하기 위한 대표적인 의례변경이었지만, 통신사 일행의 입장에서도 접대지역의 다이묘(大名)가 제공하는 생소한 일본 음식보다는 식재료 지급이 그다지 불편하지는 않았기 때문이다. 그리고 막부측 상사(쇼군의 上使)가 직접 내려와 통신사 일행을 위로하는 장소도 과거에는 1곳(1624년 이래 岡崎)이었던 것에 비해 3곳으로 늘어난 것이라 할 수 있는데, 이에 대해서는 쓰시마 번 조차도 지나친 후대라고 여길 정도였기 때문에, 통신사로서도 별 불만은 없었던 것 같다.

그러나 막부측의 객관 접대시 통신사의 격을 막부측의 문안사(上使) 보다도 하위에 두려는 ②·③(階下迎送)에 대해서는 강력하게 항의하였다. 통보받은 당일(8.1) 쓰시마 번주에게 회답서와 함께 병자통신사(1636)부터 임술통신사(1682) 때까지의 전례를 조사한 내용을 첨부문서(別紙)로 보내 항의하였다.166) 통신사 일행은 특히 ③의 '階下迎送'건에 대해 격렬하게 항의하여 쓰시마 번측과 밤새도록 다투었다. 부사 임수간(任守幹)은 만약 이번

하고, 이례적인 등용으로 개혁안에 대한 쇼군의 신뢰가 두터웠다고 할 수 있다(仲尾宏, 『朝鮮通信使と德川幕府』 明石書店, 1997, 193~194, 189~190쪽/三宅英利, 『近世日朝關係史の研究』 文獻出版, 1986, 817~818쪽).

166) 『東槎日記』(임수간) 건, 신묘년(1711) 8월 1일.
『正德信使記錄』 朱18, 「五所路宴下行之儀被仰出候御書付之寫」 통신정사 趙泰億·任守幹·李邦彦이 쓰시마 번주에게 보낸 회답서 및 별지(한문, 1711(신묘).8월일)(대마도종가문서 기록류, No.246, MF.036, 국사편찬위원회).
『正德信使記錄』 朱17, 「三使客館門外下輿幷上使被成下候節階下迎送之一件」(1711.8.8, 계하영송에 대한 통신 3사의 書付) (대마도종가문서 기록류, No.263, MF.038, 국사편찬위원회).

에 과거 통신사가 '階上'에서 맞이하던 것을 '階下'에서 맞이하는 것으로 변경하는 것을 허락할 경우, 앞으로 또 어떤 어려운 요청이 있을지 모르기에 결코 허락하기 어렵다면서 불안해하는 한편, 이 문제를 쓰시마 번이 아닌 막부측 문안사와 직접 논의하겠다고 항의하였다. 이에 쓰시마 번은 전례를 변경하는 건에 대한 조선의 거부감을 막부에 보고했지만 반응이 없었다고 해명하는 한편, 이번 접대가 전보다 우대하는 측면도 있다고 달래는 동시에, 조선이 끝까지 전례를 고집한다면 쓰시마 번이 곤경에 처할 것이며, 조일 양국 간의 화친에도 틈이 생길 것이라며 협박하였다.[167] 통신사 일행도 처음부터 '계하영송' 문제로 마찰을 빚을 경우, 가장 중요한 에도성(江戶城)의 전명의(傳命儀)에서 국서를 전달하지 못할 수도 있었기 때문에, 2달 가까운 쓰시마 번의 회유와 협박에 시달린 끝에 결국 9월 22일 오사카(大坂) 체류시 일본측의 요구(계하영송)를 받아들이게 된다.[168]

쓰시마 번으로서도 통신사 일행이 '막부측(상사, 문안사)과 직접 논의'를 언급하며 '階下迎送' 건을 끝까지 거부할 경우 자신들의 교섭력에도 치명상을 입을 수 있었다. 이에 통신사 일행의 응낙에 사의를 표하는 한편, 혹시라도 앞으로 막부측이 더 이상의 개정 요구를 하게 된다면 쓰시마 번주가 먼저 솔선해서 막겠다는 의지를 표명할 정도였다. 설득에 난항을 겪었던 만큼, 쓰시마 번주는 이때 통신사 일행과 쓰시마 번의 의사소통을 도왔던 역관 최동지(崔尙嶫)에 대해 '외교의 달인'(功者)이라 할 정도로 일본어 능력을 크게 평가하기도 하였다.[169] 당시 신묘통신사행을 수행했던 역관으로는 당상역관(李碩麟)을 비롯하여 12명이나 있었지만, 긴급하게 추가했던 만

---

167) 『東槎日記』(임수간) 건, 신묘년(1711) 9월 21일.
168) 『東槎日記』(임수간) 건, 신묘년(1711) 9월 21일 및 9월 22일.
『正德信使記錄』 朱17, 「三使客館門外下輿幷上使被成下候節階下迎送之一件」(1711.9.23, 大坂) (대마도종가문서 기록류, No.263, MF.038, 국사편찬위원회).
169) 泉澄一, 『對馬藩 藩儒 雨森芳洲の基礎的研究』(關西大學 東西學術研究所 研究叢刊 10, 1997, 274~275쪽(「辛卯正德通信使をめぐって」).

큼 두각을 나타냈던 것 같다.

2) '3度宴' 등, 에도죠(江戶城)에서의 의례 변경

통신사 일행이 목적지인 에도(江戶)에 도착한 것은 1711년 10월 18일이었다. 그런데 객관인 히가시혼간지(東本願寺)에 도착하자, 막부측으로부터 또다시 의례 변경에 대한 통보가 있었다. 객관을 방문한 막부측 문안사는 로쥬(老中)가 아닌 고케(高家) 시나가와 부젠노가미(品川豊前守)로, 전명의(傳命儀)를 비롯한 통신사의 에도성(江戶城)에서의 의례 횟수에 관한 '3도연'(「進見·賜饗·辭見儀」) 및 조선 국서의 전달자 변경(「受書儀」), 그리고 「書幣及使者位」·「賓位」·「獻主」·「內宴服」 등과 관련된 내용을 문서으로 통보해 왔다.[170] 이 역시 『禮記』에 근거한 하쿠세키의 개혁안을 바탕으로 한 것이었다.

이 가운데 '3도연'(「進見·賜饗·辭見儀」)이란, 통신사가 쇼군이 있는 에도성(江戶城)에 등성해야 하는 횟수를 과거 '전명의' 1회였던 것을 3회(3도연)로 변경한 것으로 1711년 6월 23일에서야 하쿠세키가 쇼군에게 헌상하였다.[171] 이에 통신사 일행이 오사카(大坂)에 체류 중(9월 21일)일 때 '5소 로연' 건 등과 함께 막부측(문안사)으로부터 통보된 사안이었다.[172]

우선 '3도연'의 경우, 과거에는 통신사 일행이 에도성에 들어가 막부 쇼군을 직접 만나 조선 국왕의 국서를 전달하는 의례(전명의)를 마치면, 이어

---

170) 『東槎日記』(任守幹) 건, 신묘년(1711) 10월 22일.
三宅英利, 『近世日朝関係史の研究』 文献出版, 1986, 412~413쪽.
위에 따르면, 통신사 일행이 에도에 도착한 날, 막부측으로부터 전달된 의례란, 〈進見, 賜饗, 辭見儀〉〈受書儀〉〈書幣及使者位〉〈賓位〉〈獻王〉〈內宴服〉 등이었다.

171) 仲尾宏, 『朝鮮通信使と徳川幕府』 明石書店, 1997, 194쪽.

172) 『東槎日記』(임수간) 건, 신묘년(1711) 9월 2일 및 9월 22일.

서 곧바로 막부측으로터 향응 접대가 있었다. 전명의와 향응이 같은 날 이루어졌기 때문에 통신사 일행에 대한 막부측의 접대는 1회(1宴)에 그쳤다. 즉 통신사 일행이 에도성에 들어가 쇼군을 직접 인견할 수 있는 횟수는 1번에 불과하였다. 이에 비해 변경된 의례로서의 '3도연'(「進見·賜饗·辭見儀」)이란, 쇼군에게 국서를 전달하는 의례(進見시 傳命儀)와 막부측의 향응(賜饗)을 별도로 다른 날을 정하여 행하며, 귀국에 즈음하여 쇼군의 회답서와 예물을 주는 '辭見儀'도 별도로 날을 잡아 행하겠다는 것으로, 통신사 일행에 대한 쇼군의 인견이 3회로 늘어난 것이라 할 수 있다. 의례상 외국 사자에 대한 정중함이 더해진 것이라 볼 수 있다.

그리고 「受書儀」란, 통신사가 쇼군에게 조선 국왕의 국서를 전달할 때 과거처럼 상상관(上上官, 역관)이 아니라 정사(正使)가 하도록, 국서의 전달자를 변경한 것으로, 이것이야말로 자기나라 임금의 명에 대한 공경을 나타내는 것이라는 명분을 내세웠다.

이밖에도 「書幣及使者位」에서는 국서와 예물 및 사자의 위치를, 「賓位」에서는 향응 시 사자의 위치를 客位인 서쪽으로, 「獻主」란 전명의 이후 연회(賜饗)시에 고산케(御三家)가 동석하던 것을 영객사(領客使)로 변경하며, 「內宴服」이란, 연회 시 사자의 복장을 公服 대신 평상복으로 변경한다는 내용이었다.[173)]

위 막부측의 제안에 대해 통신사 일행은 전례도 없을 뿐 아니라 절목강정에서 정해진 사안도 아니라서 조정에 보고하지 못했기 때문에 수용할 수 없다고 했지만, 쓰시마 번이 막부로부터의 책임 추궁을 내세움에 따라 부득이 허락할 수 밖에 없었다.[174)]

사실 통신사 일행이 에도에 체류하는 동안 막부측이 요구해온 이러한 의

---

173) 아라이 하쿠세키의 빙례 개혁에 대해서는 민덕기의 자세한 연구가 있다(『전근대 동아시아 세계의 韓·日관계』 경인문화사, 2007, 384~389쪽 참조).

174) 『東槎日記』(任守幹) 건, 신묘년(1711) 9월 21일 및 9월 22일.

례 변경 건에 대해서는 『숙종실록』 등에서 논의의 흔적을 찾아 볼 수가 없다. '階下迎送' 건을 제외하고는 통신사 일행의 강력한 항의도 없었던 것 같다. 그 이유로는 아마도 이미 절목 강정이 끝난 이후의 일로서, 일본에 체류중인 통신사 일행이 일일이 조선정부에 보고하여 결정을 기다릴 여유가 없었을 수도 있다. 그러나 한편으로는 국체의 손상과 관련된 사안을 제외하고 하나하나의 항목에 대해 일일이 조선 정부에 보고한 후 결정을 받아내어 공식적으로 대응할 경우, 의례 변경을 둘러싼 현지에서의 갈등이 더욱 심해질 수도 있었기 때문에 통신사 일행이 현지에서 자체판단을 하여 허용될 수 있는 범위 내에서는 융통성을 발휘하면서 대응했기 때문이라 할 수 있다.

한편 또 하나 생각해 볼 수 있는 요인으로는 통신사 일행의 인식을 들 수 있다. 통신부사(임수간)는, "이번 (일본측의) 영접하는 예절에 바뀐 것이 많았으나 '대등항례'를 바탕으로 하는 예법에 어긋나지는 않으므로 힘써 따르지 않을 수 없었다"라고 총평한 바 있다.[175] 예를 들면 통신사 초빙을 지시한 로쥬 봉서를 보면, 임술통신사(1682) 때까지 '조선인래조'로 기재되어 있었다.[176] 신묘통신사행(1711)에 이르러 비로소 '來朝'에서 '來聘'으로 변경되었는데, 상국에의 알현이라는 의미가 포함된 '래조'에서 초빙의 의미가 들어있는 '래빙'으로 바뀐 것이다. 그리고 통신 3사가 국왕에게 올린 장계에는, 에도성에서의 쇼군 대면 횟수가 전명의 1회에서 3회(3도연)로 늘어난 것을 비롯하여, 국서를 상상관이 아닌 정사가 전달한 것(親傳國書), 사연(賜宴) 후에는 과거와 달리 能樂이 아니라, 雅樂이 연주된 것에 대해, 막부

175) 『東槎日記』(임수간) 곤, 江關筆談.
해당 대목은 다음과 같다.
青坪(임수간) 曰, (중략) 今番迎接例節,多所變改, 而不悖於禮, 武不勉從.

176) 「天和二壬戌年 朝鮮信使來聘 御老中 大久保加賀守殿·阿部豊後守殿·戶田山城守前御奉書」(1681) 7.25일 奉書(국사편찬위원회 귀중본(일본본) 귀중본 96, RB 96).

쇼군(國王)의 새로운 의례 변경(新定儀節)이 통신사를 우대하기 위한 것이었다고 평가하고 있다.[177] 아악 가운데는 조선에서도 들을 수 없게 된 高麗樂이 연주되어 통신사 일행의 반응도 좋았다.[178] 통신사 일행은 하쿠세키가 의례개혁에서 이루고자 했던 '대등항례·간소화' 자체보다는, 사전 교섭이 빠져버린 일방적인 교섭 절차에 대한 거부감이 더 컸다고 할 수 있다.

요컨대 절차상으로 보자면, 결과적으로 신묘통신사행에 대한 일본측의 의례 변경이란 사전 강정교섭이 아니라, 부득이 통신사 일행의 일본 체류 중 막부측과 그때그때 직접 협의를 통해 구체적인 의례 항목 하나하나가 결정되었다고 할 수 있는데, 통신사의 에도 체류중 현지에서 비로소 절목 강정이 완료된 초유의 사태인 셈이다.

참고로 험난했던 의례 변경 경위를 정리하면 다음과 같다.

〈표 3〉 신묘통신사행의 의례 변경 경위

일정	사자	강정 내용	막부 결정	조선에 통보	조선의 대응
1710.6 초빙요청	통신사청래차왜 平眞連 (樋口佐左衛門)	-파견시기(1711.가을) -강정 항목(진청조목) 儲君 배례·닛코산 참예 정지	老中奉書 (土屋相模守, 1710.3) → 전례 중시	예조참판 앞 쓰시마 번주서계(1710.6)	
1711.1~3 절목강정	-통신사호행대차왜 平方直 (平田隼人) -재판차왜 平方正 (嶋雄八左衛門)	막부측(老中 등) 인사에 대한 書·예물 정지	* 新井白石의 개혁안 * 로중 봉서(1710.4)	* 동래에 구두 통보 (1711.1) * 동래부사 앞 쓰시마 번주 서계(1711.5)	**동래부사(李正臣) 서계로 막부 의사 확인(1711.4) → 막부 열람 전제(조선의 항의성 문서)**
1711.5 통신사 부산 대기	雨森芳洲 寺田市郎兵衛	쇼군의 호칭을 '日本國王'으로 復號	* 복호에 대한 쇼군 허락 (1711.2)	예조참의 앞 쓰시마 번주서계	* 개찬 국서 작성 (1711.5, 제1차)

177) 『숙종실록』 37년(1711) 12월 갑신.

178) 仲尾宏, 『朝鮮通信使』 岩波新書, 2007, 104쪽.

일정	사자	강정 내용	막부 결정	조선에 통보	조선의 대응
			◉'복호'에 대한 老中奉書 (1711.3)	(1711.5)	◉ 예조참의(吳命峻) 서계로 항의 **(1711.6)** → 막부 열람 전제 (조선의 항의성 문서)
1711.8 일본 여정	쓰시마 번주	5소 로연 및 大坂 객관에서의 의례변경 (乾物 제공, 階下迎送 등)	◉5소 로연에 대한 老中봉서 (1711.2) ◉하쿠세키(白石)가 전명의 및 통신사 영접 의례 개혁안을 쇼군에게 제출 (1711.6)	쓰시마 번주가 구두로 통신사 일행에게 통보 (1711.8)	**통신3사가 쓰시마 번주에게 '계하영송'에 대해 別紙로 항의** (1711.8)
1711.10 에도(江戶)	막부측 인사 (高家 品川豊前守)	-3도연 (進見·賜宴·辭見儀) -전명의(국서 낭독)	- 통신사의 현지 대응 -절목강정 완료	쓰시마 번주 구두로 통신사 일행에게 통보(1711.8)	
1711.11.1 전명의		江戶城 전명의(進見儀)에서 국서 전달		쓰시마 번주 구두(1711.8)	
1711.11.10. 辭見儀		- 江戶城 辭見儀 때 쇼군 회답서의 범휘(犯諱, 중종의 휘(懌) 발견. - 국휘(國諱) 논쟁	'국휘' 논쟁		**통신3사가 막부 로쥬(老中)에게 서한(3회)을 보내 항의 → 통신3사가 개찬 글자의 범위(1글자) 및 수정 대상 글자(戢)를 주도적으로 제안**
1712.2 귀로		양국의 개찬 국서를 쓰시마(對馬)에서 맞교환			● 국서의 개찬 (제2차) **● 예조참의(宋徵殷) 서계로 항의 (1712.1) → 막부 열람 전제**

6. 신묘통신사 조태억 일행의 '국휘'(國諱) 논쟁 수습과 국서 개찬(改撰)

일본측의 도발적인 의례변경은 이것으로 끝나지 않았다. 에도죠(江戶城)의 '전명의'(傳命儀, 11.1)에서 조선국왕의 국서를 쇼군에게 전달한 이후 예기치 못한 사태가 또다시 발생하였다. 조태억 일행이 '전명의'에서 '일본국왕' 앞으로 작성된 숙종의 첫 번째 개찬 국서를 전달한 이후 막부측으로부터 받아온 쇼군 회답서에 조선 국왕의 이름(諱)이 기재된 '범휘'(犯諱) 문제가 발생한 것이다. 소위 '국휘'(國諱) 논쟁으로 통신사의 일본 체류중 일본의 의례 변경 요구가 끊이지 않았으나, '국휘' 문제란 敵禮(對禮)를 바탕으로 하는 교린 외교의례의 근간이자 국체의 손상으로 인식되기도 했으므로, 통신부사(任守幹)도 그의 『東槎日記』에서 「國書請改始末」이라는 항목을 별도로 만들 정도였다. 이하 구체적 경위를 보기로 한다.

1) 에도죠(江戶城)의 '전명의'(傳命儀)와 국서(國書) 전달

통신사 일행의 여정을 보면, 부산을 떠나 막부 쇼군이 있는 일본의 에도(江戶)까지 갔다가 조선으로 되돌아올 때까지는 어느 사행이건 거의 1년을 전후한 시간이 걸렸다. 통신 3사(정사·부사·종사관)를 포함하여 몇 백명에 달하는 통신사 일행이 에도까지 가야 했던 가장 중요한 이유라면, 조선 국왕의 외교상대인 막부 쇼군(將軍)에게 국왕의 국서(國書)를 직접 전달하는 것은 물론, 쇼군의 회답서도 통신사가 직접 받아오기 위해서였다. '조선국왕' 명의로 작성된 국서는 수신자가 '막부 쇼군'으로 '대등'한 입장에서 직접 주고받는 '왕복문서'였기 때문에, 조선국왕이 중국(명·청)에 상달(上達)하는 형식의 주문(奏文)과도 그 성격이나 전달 절차가 달랐다. 따라서 쓰시마 번을 통해 간접적으로 전달할 수 있는 문서도 아니었다. 이러한 국서는 쇼군이 있는 에도죠(江戶城)에서 '전명의'(傳命儀)라는 의례를 통해 쇼군을 면대하는 자리에서 통신사 일행이 직접 전달하였다.

신묘통신사행의 정사(조태억) 일행이 에도에 도착한 것은 1711년 10월 18일로 숙소인 아사쿠사(淺草)의 히가시혼간지(東本願寺)에 머물렀다.[179] 에도죠에서의 '전명의'(傳命儀)는 날씨 때문에 11월 1일에서야 치러졌다.[180]

다음은 통신사 조태억 일행이 전명의에서 막부 쇼군에게 전달한 숙종의 국서이다.

> 朝鮮國王李焞 奉書
>
> 日本國王 殿下
>
> 聘問之濶倏焉爲一世, 竊承殿下光紹其圖, 誕敷區域, 其在隣好, 曷勝忻聳, 肆馳耑价, 庸擧信義修睦致慶, 式循故常, 仍將菲品,
>
> 聯寓遠忱, 惟冀益懋令猷, 永固交誼, 不備.
>
> 辛卯年五月 日
>
> 朝鮮國王李焞 (印文; 爲政以德)[181]

수신자가 '日本國王'으로 되어 있는 위 숙종의 국서는, 통신사의 부산 출

179) 신묘통신사 일행의 총인원은 3사(정사 趙泰億, 부사 任守幹, 종사관 李邦彦)를 비롯하여 모두 500명으로, 1711년 7월 5일에 국왕 숙종의 개찬 국서를 지참하고 부산을 떠나 쓰시마(府中)에 도착한 것은 7월 15일이었다. 날씨 때문에 8월 9일에서야 쓰시마를 떠날 수 있었으며, 9월 15일에 오사카(大坂)에 도착하였다. 통신사 일행 가운데 국서 전달을 위해 에도(江戶)까지 간 사람은 3사를 비롯하여 상상관 등의 371명으로, 나머지 129명은 오사카에 잔류하였다.

180) 『東槎日記』(임수간) 乾, 신묘년(1711) 11월 1일(전명의).

181) 숙종의 개찬 국서 원본은 일본의 東京國立博物館에 소장되어 있다. 『通航一覽』(제3, 권98 朝鮮國部 74, 兩國書幷儀物信使御暇等, 正德度) 및 『同文彙考』(권9, 通信, 국사편찬위원회 2책, 1928쪽)에도 개찬 국서가 수록되어 있으나, 『동문휘고』의 경우 발·수신 기재가 생략되어 있다.
개찬 이전의 숙종 국서는 『東槎錄』(金顯門)에서 확인할 수 있다.

발 직전에 막부의 요청이라며 쓰시마 번이 요구해온 '복호' 건을 반영한 것으로, 원래 통신사 일행이 국왕 숙종에게 하직 인사를 하고 한양을 떠날 때 가지고 내려갔던 국서가 아니었다. 부산에서 출선을 대기하던 중 '복호'건을 반영하여 새로 작성해서 내려보낸, 소위 '개찬(改撰) 국서'(제1차)였다.

내용을 보면, "거의 30년(一世) 만의 외교 공백이 있었음에도 쇼군의 습직 및 치세가 전국에 미친 소식을 듣고 隣好의 나라로서 사자를 보내 축하함으로써 신의를 돈독히 하고자 하며 전례(古常)에 따라 예물(菲品)을 보낸다"는 내용으로, 30여년전 임술통신사(1682)가 지참해 갔던 숙종의 국서와 거의 비슷한 내용으로 작성되었다. 쇼군의 칭호를 '大君'에서 '日本國王'으로 변경할 때까지 일본측의 도발에 가까운 우여곡절이 있었음에도 불구하고, 숙종의 개찬국서(1차)에는 조선의 유감 표명 등과 내용은 전혀 기재되지 않았으며, 쓰시마 번의 미흡함에 대한 언급도 없다. 파견 명분으로서는 오로지 「'쇼군 습직'이라는 경사에 대해 교린관계에 있는 조선이 '전례'(故常)에 따라 사자를 파견하여 '신의와 화호'를 표하고자 한다」는 취지만이 아주 간략하면서도 일관된 내용으로 작성되었다고 할 수 있다. 국서의 마지막 결사(結辭)도 일본측의 요구에 따라 종래의 '不宣'에서 쇼군의 이름(家宣)을 피휘하여 '不備'로 변경하였다.

이처럼 국왕 숙종의 국서에서 쇼군의 외교 칭호 만을 변경했던 것은, 앞서 쓰시마 번이 '복호'건을 처음으로 요청해 왔을 당시, 예조참의(吳命峻) 명의의 회답서계(1711.6)로 '복호' 건에 대한 유감의 뜻은 이미 일본측(쓰시마 번)에 전달한 터라,[182] 이와 관련된 새로운 문언을 굳이 국서에 추가하여 막부측에게 마찰의 빌미를 줄 필요는 없었기 때문이라 여겨진다.

182) 주)149의 예조참의(吳命峻)의 회답서(국사편찬위원회 소장 서계, No.2878, MF.1052).

2) 쇼군 회답서의 '범휘'(犯諱)와 조태억 일행의 대막부 교섭

통신사 조태억 일행이 조선국왕 숙종의 국서를 막부 쇼군에게 전달한 이후 예기치 못한 사태가 또 발생하였다. 쇼군의 회답서에 조선 국왕의 이름(諱)에 대한 '범휘'(犯諱) 문제가 발생한 것이다.

에도죠의 '전명의'(11.1)로부터 10일이 지난 11월 11일, 조태억 등 3사 일행이 쇼군에게 작별을 고하는 '사견지의'(11.11)를 치르기 위해 에도죠(江戶城)에 3번째로 들어간 날, 통신3사에게 막부 쇼군의 회답서를 전달하는 의례가 있었다. 오후에 숙소(東本願寺)로 돌아와 쇼군의 회답서를 펼쳐본 바,[183] 다음과 같은 내용으로 작성되어 있었다.

> 日本國王源家宣 奉復
> 朝鮮國王 殿下
> 王燭時和, 應二儀之交泰, 寶隣世睦, 講百年之欣懽, 禮幣旣豊,
> 書辭且縟, 其於感懌罔罄敷陳, 有少謝儀, 附諸歸使願符善禱, 永介純釐, 不備.
> 正德元辛卯年十一月十一日
> 日本國王源家宣[184]

발신자가 '日本國王源家宣'으로 되어 있는 회답서 역시, 「양국의 교린관계가 100년이나 지속된 것에 대한 감회를 시작으로 조선 국왕의 국서와 예

---

183) 『東槎日記』(임수간) 건, 日記補(신묘년(1711) 11월 11일) 및 「國書請改始末」(신묘년(1711) 11월 11일).

184) 개찬 이전의 쇼군 답서는 『通航一覽』(제3, 권98 朝鮮國部 74, 兩國書幷儀物信使御暇等, 正德度)에 수록되어 있다. 『同文彙考』(권9, 통신, 국사편찬위원회 2책, 1931쪽)에도 같은 내용이 수록되어 있으나, 발·수신 기재가 생략되어 있으며, 발급날짜도 '11월 11일'로 되어 있다. 한편, 조선 국서의 외봉식이란, 국서의 외면에 국왕의 '御諱'를 쓰고 '御寶'(爲德以政)를 찍은 다음, '謹封'이라 기재하였다. 쇼군 회답서의 외봉식에도, 〈어명, 어보, 근봉〉을 기재하는 것이 전례였다.

물에 대한 사의를 간략하게 표하는 내용」으로 작성되어 있다. 17세기 중반의 쇼군 회답서처럼 세습 쇼군의 권위를 부각시키려는 일본의 정치적 의도도 보이지 않으며, 외교 명분상으로는 숙종 국서에서 쇼군 습직 축하를 '隣好'로 부각시킨 것과 균형을 이루고 있는 것으로 보인다.

회답서를 받아본 조태억 일행은 전체적인 내용이나 문언(書辭)에는 별로 문제될 것이 없다고 여겼지만, 본문에 중종의 휘인 '懌'자가 기재되어 소위 '범휘'가 발생한 한편, 회답서를 접었을 때의 外封 양식도 전례와 다른 것을 발견하고, 그 자리에서 쓰시마 번주를 통해 막부에 수정해 줄 것을 요구하였다.[185)]

과거 전례를 보면, 쇼군의 회답서는 을미통신사(1655) 때까지도 막부측 사자가 회답서의 초안을 통신사의 숙소로 가져왔다. 초안을 미리 통신사 일행에게 보여주었던 것은 쇼군 회답서에 혹시라도 조선이 불편해할 수 있는 글자나 문언이 있으면 이를 사전에 조율하기 위해서였다. 신묘통신사의 경우에는 이런 사전 조율 절차없이 곧바로 회답서를 받았는데, 사실은 막부측으로부터 초안의 사전 열람을 거절당한 것이나 마찬가지였다.[186)]

일찍이 조태억 일행은 전명의(11.1) 이후 쇼군의 회답서를 기다리는 동안 객관을 방문한 아라이 하쿠세키(新井白石)에게 회답서의 사전 열람(內見)을 타진한 바 있었다. 하쿠세키는 통신사 일행이 에도에 도착하자마자 숙소인 객관(東本願寺)까지 직접 찾아와 인사를 나누었으며, 전명의 이후에도 11월 5일 객관을 찾아와 하루 종일 조태억 일행과 필담창화를 하는 등 교감이 있었다. 이날 양국의 '피휘'(避諱)도 화제의 대상이었기에, 정사 조태억은 전례를 들어 쇼군 회답서의 사전 열람을 하쿠세키에게 부탁했지만 자신의 소관이 아니라며 기피하는 기색을 보였다.[187)] 그러자 곧바로 11월 10

185) 『東槎日記』(임수간) 건, 「國書請改始末」 신묘년(1711) 11월 11일.

186) 『숙종실록』 37년(1711) 12월 30일 갑신.

187) 『東槎日記』(임수간) 곤, 江關筆談, 신묘년(1711) 11월 5일.

일 통신 3사가 역관(최상집)으로 하여금 재차 쓰시마 번에 쇼군의 회답서를 사전 열람할 수 없다면, 다음날 있을 예정인 에도성의 '사견지의'에 불참하겠다는 의사를 밝혔다. 이에 쓰시마 번이 藩儒 아메노모리 호슈(雨森東五郎)로 하여금 아라이 하쿠세키(新井白石)를 찾아가 문의하도록 한 바, "사실은 쇼군 회답서에 아직 날인이 안된 상태라서 사전 열람은 불가능하며, '사견지의'에서 회답서를 수령한 이후 통신사측이 문제가 되는 문구의 수정을 요청한다면 그때 가서 고쳐줄 수 있다"는 대답이었다. 이와 같은 아라이 하쿠세키와의 문답 내용을 역관(최상집)에게 전하자, 통신3사는 재차 쇼군 회답서에 '方物' 등과 같은 문언의 기재 여부에 대한 점검이 있었으나, 호슈가 '방물'이라는 문인은 없었으며, 전반적으로 회답서 내용에 별 문제는 없어 보인다고 답하였다.[188] 그 결과 통신사 조태억 일행은 처음부터 쇼군 회답서의 초안을 사전 열람할 기회가 아예 차단된 채, 부득이 에도죠의 '사견지의'(11.11)에 참석한 당일 날에야 비로소 쇼군의 회답서를 받을 수밖에 없었던 것이다.

그런데 '범휘'가 발생한 막부 쇼군의 위식(違式) 회답서를 그대로 수령한다는 것은 바로 국체의 손상을 의미하는 것이었다. 이에 조태억 일행은 '사견지의' 이후 에도(江戶)를 떠날 때 까지 10일도 안되는 짧은 에도 체류 기간 중(11.11~11.18) 귀국을 바로 눈앞에 두고 거의 매일 긴박한 분위기 속

188) 『正德信使記錄』 朱27, 「國書引替之一件」 正德元 신묘년(1711) 11월 10일(대마도종가문서 기록류, No.272, MF.039, 국사편찬위원회).
'방물'(方物)이란, 중국에 사행으로 갈 때 조선 국왕이 중국 황제에게 바치는 '진헌물'이라는 의미가 있다. 조태억 일행이 일본측 회답서에서 '방물'의 기재 여부를 확인하고자 했던 것은, 통신사 일행이 가지고 간 조선국왕의 예물을 일본측이 어떻게 인식했는지를 탐색하고자 한 것으로 보인다. 조선국왕의 국서에는 쇼군 앞으로 보낸 예물이 '菲品'으로 기재되어 있었다. 이에 대한 막부 쇼군의 회답서에는 조선국왕의 예물을 '예폐'(禮幣)로, 쇼군의 답례예물은 '謝意'로 기재되어 있어서, 어느 쪽도 '진헌'의 의미는 들어있지 않은 것으로 보인다.

에서 막부측과 직접 문건을 주고 받으며 생사를 건 외교교섭을 해야만 했다. 그 결과 일단 주고받은 양국의 국서를 각각 다시 되찾아 수정한 개찬 국서를 귀국길에 쓰시마(對馬)에서 맞교환 해야하는 전대미문(前代未聞)의 외교참사가 또다시 발생하게 된 것이다.

조태억 등 통신3사는 쇼군 회답서의 '범휘' 문제를 어떻게 수습했을까?

우선 조태억 일행은 쓰시마 번(번주와 가로 및 雨森芳洲)을 통해 실질적으로 의례개혁을 주도했던 쇼군의 최측근 아라이 하쿠세키(新井白石)와 막부 로쥬(土屋相模守)를 상대로 직접 문건을 주고받으며 전례(舊式)에 따라 회답서를 개찬해 주도록 요구하였다. 수정 요구사항은 '본문의 범휘와 외봉 양식'의 2가지였다.

조태억 등 통신3사는 쓰시마 번을 통해서이기는 하지만, 먼저 쇼군의 최측근인 아라이 하쿠세키(新井白石)에게 '범휘'(犯諱)문제를 제기하였다. 회답서 본문에 기재된 '懌'이라는 글자란 국왕 숙종의 7대조인 중종의 '휘'를 '범휘'한 것이며, 쇼군 회답서의 '外封(上封) 문제도, 과거 쇼군 회답서의 상봉에는「奉復 朝鮮國王 殿下/ 日本國源某(御諱)」라고 기재한 후 '날인'(御寶)을 했는데, 이번에는「奉復 朝鮮國王 殿下」라고만 되어 있으니 이를 수정해달라고 요구한 것이었다. 이에 쓰시마 번에서는 번유(藩儒) 아메노모리 호슈(雨森東五郎)를 아라이 하쿠세키(新井白石)에게 보내 상의했지만, 개서(改書)하기 힘들다는 답이었다.[189] 그러자 3사는 다음날(11.12) 아라이 하쿠세키(新井白石)에게 서한을 보내 직접 만나 개서 요청을 하고자 했으나, 이 역시 성사되지 못했다.[190] 번사 아메노모리 호슈(雨森東五郎)를 통해 전달된 하

189) 『正德信使記錄』 朱27, 「國書引替之一件」 正德 元 신묘년(1711) 11월 11일(대마도종가문서 기록류, No.272, MF.039, 국사편찬위원회).

190) 『正德信使記錄』 朱27, 「國書引替之一件」 正德 元 신묘년(1711) 11월 12일, 통신3사(조태억·임수간·이방언)가 新井白石(白石源公記室)에게 보낸 서한(辛卯南至前一日) (대마도종가문서 기록류, No.272, MF.039, 국사편찬위원회).

쿠세키의 답변(11.12)이란 다음과 같았다. 즉 쇼군 大猷院(제3대 쇼군, 德川家光) 때에는 3번(1624·1636·1643)이나 통신사를 통해 양국이 국서를 주고받았으므로 조선에서 쇼군 이름(家光)을 모를 리가 없는데도, 이번 조선측 국서에 '光'자를 기재해왔다. 조선에서만 쇼군 회답서의 '범휘'(犯諱)를 문제삼는 것은 빙례에 어긋나므로, 일단 조선 국서를 가지고 돌아가서 '범휘' 한 글자(光)를 다른 글자로 고쳐서 개찬 국서를 쓰시마(對州)까지 가지고 오면, 쇼군 회답서의 범휘(懌)도 다른 글자로 개서해서 내려보내되, 빙례는 이미 마쳤으니 에도(江戶)까지 올 필요는 없으며 쓰시마에서 양국의 개찬국서를 교환하자는 것이었다.[191] 말하자면 하쿠세키는 오히려 숙종 국서의 '범휘'를 지적하면서 조선이 먼저 국서를 수정해준다면 그때가서 쇼군 회답서도 개찬할 의향이 있으며, 양국이 동시에 개찬한 국서를 쓰시마에서 맞교환하자는 절충안이었다.

조선 국서의 개찬을 전제조건으로 내세운 하쿠세키의 의견에 대한 3사의 반응은 강경하였다. 바로 다음날(11.13) 쓰시마 번주에게 서한을 보내, 쇼군 회답서의 개찬 없이는 귀국할 수 없으며, 조선은 태조 이래 국왕의 이름에 대해서는 피휘하는 습관으로 漢唐 이래의 법에 따라 조상에 대한 원근없이 피휘하고 있다는 것과 회답서 '외봉식'의 수정도 거듭 피력하였다.[192] 그리고 아메노모리 호슈(雨森東五郞)에게는 일본은 '피휘' 습관이 없기에 '光'이 범휘는 아니라고 설득하였다. 호슈 역시 하쿠세키(新井白石)에게 일본에는 '피휘' 습관이 없는데 혹시 통신3사의 개서 요청 건을 막부에 보고하기 어려워서 개서할 수 없다는 것이 아닌가를 탐문하였다. 그러자

191) 『正德信使記錄』 朱27, 「國書引替之一件」 正德 元 신묘년(1711) 11월 12일, 新井筑後守의 의견서(思召寄) (대마도종가문서 기록류, No.272, MF.039, 국사편찬위원회).
192) 『東槎日記』(任守幹) 乾, 「國書請改始末」 신묘년(1711) 11월 13일.
『正德信使記錄』 朱27, 「國書引替之一件」 正德 元 신묘년(1711) 11월 13일, 3사가 쓰시마 번주(對馬州太守拾遺平公閣下)에 보낸 서한(辛卯至日) (대마도종가문서 기록류, No.272, MF.039, 국사편찬위원회).

하쿠세키는 일본에도 2글자 이름 가운데 1글자 피휘, 즉 '편휘'(偏諱)하는 습관이 있기 때문에 쇼군의 회답서를 개서할 수는 없으며, 외봉식도 이번에 새로 정한 규칙에 따른 것으로 고칠 수 없으니, 이는 쇼군의 지시라는 점을 내세웠다.[193)]

이에 다음날(11.14) 쓰시마 번주 및 이테이안(以酊庵)의 승려(兩長老)가 3사의 객관을 찾아와 하쿠세키(新井白石)의 의견을 전하며 설득했지만, 조태억 등 3사는 일본에서 죽더라도 쇼군 회답서의 개찬이 먼저라는 주장을 굽히지 않았다.

하쿠세키를 통한 회답서의 개서 요청이 좌절되자, 조태억 등 통신3사는 쓰시마 번주에게 서한을 보내 '범휘(懼) 및 외봉식'의 2건을 막부(公儀)에 전달해 줄 것을 거듭 요청하면서, 이 2건을 고쳐야만 '對禮'(敵禮)가 성립될 수 있다는 것을 명분으로 내세웠다.[194)] 이에 쓰시마 번에서는 11월 15일 가로(平田直右衞門, 大浦忠左衞門)를 막부 로쥬(土屋相模守)에게 보내 3사의 서한을 전달하였으며, 바로 다음날(11.16) 막부 로쥬로부터 쓰시마 번으로 하여금 3사에게 전달해 달라는 취지의 문건을 보내왔다. 막부 로쥬 명의(侍從兼相模守源朝臣, 正德元年辛卯十一月日)로 작성된 문건은 3사의 열람을 고려하여 한문(眞文)으로 작성되었다. 첫머리부터 로쥬(執政)가 쇼군의 뜻(上意)을 받들어 3사에게 전한다는 입장이 분명히 제시된 한편, 이어지는 내용

---

193) 『東槎日記』(임수간) 건, 「國書請改始末」 신묘년(1711) 11월 14일.
『正德信使記錄』 朱27, 「國書引替之一件」 正德 元 신묘년(1711) 11월 13일(대마도종가문서 기록류, No.272, MF.039, 국사편찬위원회).
단, 일본에 피휘 습관이 없는데도 하쿠세키(白石)가 '범휘'를 내세워 조선국과의 '피휘' 개찬 서계를 요구한 것에 대해서는, 국내 다이묘에 대한 선전 효과를 노린 하쿠세키가 고의로 개찬을 유도했다고 보는 견해도 있다(민덕기, 『전근대 동아시아 세계의 韓·日관계』 경인문화사, 2007, 408~412쪽).

194) 『正德信使記錄』 朱27, 「國書引替之一件」 正德 元 신묘년(1711) 11월 14일, 3사가 쓰시마 번주(對馬州太守拾遺平公閣下)에 보낸 서한(辛卯11月日) (대마도종가문서 기록류, No.272, MF.039, 국사편찬위원회).

에서는, "조선이 피휘를 요구하려면 일본의 피휘도 알아보고 했어야 할텐데, 그러지도 않으면서 일방적으로 7대조의 피휘(懌)를 요구하고 있다. 조선측 국서에도 막부 쇼군에 대한 범휘(光)가 있는데, 大猷院(제3대 쇼군, 德川家光) 당시에만 통신사가 3번이나 왕복했기 때문에 조선이 쇼군의 휘(光)를 모를 리가 없다. 그럼에도 이번에 막부 쇼군이 범휘가 있는 조선 국서를 그대로 수령한 것은 忠恕의 마음에서 비롯된 것이다"라는 입장을 제시하였다. 이어서 3사가 요구한 회답서의 개찬 건에 대해서도 절충방안을 제시한 바, "일단 쇼군 회답서를 가지고 귀국하되, 조선국왕이 개찬을 요구한다면, 먼저 조선의 국서를 개서(改書)해서 쇼군의 회답서와 함께 가지고 오면 그때 가서 쇼군 회답서도 개찬하겠다는 것이었다. 동시에 또 다른 방안도 제안했는데, 쇼군의 회답서를 미리 반납하는 한편, 이미 막부측에 전달했던 조선 국왕의 국서도 되찾아가서 개찬 국서를 가져오도록 하되, 통신사 의례는 이미 끝났으니 에도(江戶)까지는 다시 올 필요가 없으며, 개찬 국서를 쓰시마까지 가지고 와서 별문제가 없다면 쇼군의 회답서를 개서해 주겠다" 라는 내용이었다.[195)]

막부 로쥬는 위 문건을 쓰시마 번에 건네면서 가로들에게 말하기를, 3사의 청원만으로 개서하기는 어려우며, 조선 국서에 大猷院(德川家光)의 휘(光)만 기재되지 않았다면 쉽게 개서할 수 있었으나 조선 국서에 범휘가 있었으므로 쇼군 회답서를 개서하기는 어렵다는 것과 함께, 일본에서는 2글자로 된 휘 가운데서도 특히 '下之字'를 중요하게 여기니 반드시 '光'자를 피휘해야 한다는 의견을 덧붙였다.[196)]

---

195) 『東槎日記』(任守幹) 乾, 「國書請改始末」 신묘년(1711) 11월 16일.
『正德信使記錄』 朱27, 「國書引替之一件」 正德 元 신묘년(1711) 11월 16일, 막부 로쥬(侍從兼(土屋)相模守源朝臣, 正德元年辛卯11月日)의 眞文(대마도종가문서 기록류, No.272, MF.039, 국사편찬위원회).

196) 『正德信使記錄』 朱27, 「國書引替之一件」 正德 元 신묘년(1711) 11월 16일, 土屋相模守의 書付(대마도종가문서 기록류, No.272, MF.039, 국사편찬위원회).

조태억 일행의 기대와 달리 막부 로쥬가 통신3사에게 제시한 입장이란, 결국은 수정이 여의치 않다는 것으로, 앞에서 언급한 아라이 하쿠세키(新井白石)가 쓰시마 번유(雨森東五郎)를 통해 처음 전달해온 절충안과 똑같은 내용이었다. 막부의 최고관리인 로쥬(土屋相模守)의 절충안에서는 오히려 쇼군 회답서만 일방적으로 수정하기는 어렵다는 것이 '막부 쇼군의 뜻'이라는 것은 공식적으로 표명한 것이었다.

쓰시마 번측에 따르면, 막부의 집정(老中 土屋相模守 源朝臣)은 조태억 일행의 수정 이유를 납득했지만, 쇼군의 최측근인 아라이 하쿠세키(新井白石, 源璵)가 숙종의 국서에도 제3대 쇼군 이에미츠(家光)의 '光'자에 대한 '범휘'가 있었다는 것을 내세워 개찬에 부정적이라는 것이다. 특히 하쿠세키가 고전과 예법에 밝았기 때문에, 회답서의 '피휘' 건에 대해서도 쇼군이 처음에는 로쥬(執政)의 요청을 허락했다가 결국은 아라이 하쿠세키에게 설득을 당하여 갑자기 변경했다는 것이다.[197]

로쥬의 답변으로 막부의 공식 입장을 알게 된 조태억 일행은 막부측의 절충안을 받아들일 수밖에 없었다. 그러나 그 대신 개찬과 관련된 통신3사의 요구 조건을 막부에 문건으로 제시하였다. 11월 17일 막부측에 제시한 조건은 다음과 같았다. 즉,「① 조선국왕의 국서를 다시 가지고 돌아가되 개찬 국서가 도착하면 쓰시마 번주에게 전달하여 쇼군의 개찬 회답서와 맞교환하겠다는 의사를 비롯하여, ② 개찬 대상은 양국 국서에서 범휘(犯諱)가 발생한 '1글자'에 한하며, 나머지는 고쳐서는 안된다는 것을 단서로 내세웠다. 그리고 ③국서의 외봉 서식에 대해서도 일본이 서식을 변경하지 않는다면, 조선 국서의 외면 서식에도 조선국왕의 '御諱'와 '御寶'를 찍지 않겠으며, '謹封'도 기재하지 않겠으므로, 막부가 이를 약속해 준다면 11월 19일 귀국하겠다」라는 의사를 밝혔다.[198]

---

197) 『東槎日記』(임수간) 건,「國書請改始末」 신묘년(1711) 11월 17일.
198) 『東槎日記』(임수간) 건,「國書請改始末」 신묘년(1711) 11월 17일 및 11월 18일.

위와 같은 경위로 볼 때, 조태억 일행은 타국에서 예기치 못한 뜻밖의 외교참사를 당하여 귀국을 바로 눈앞에 두고 일본 현지에서, 막부의 의례 개혁을 주도했던 쇼군의 최측근 아라이 하쿠세키(新井白石), 그리고 막부의 통신사 총괄 책임자인 로쥬(土屋相模守)와 직접 구두와 문건을 주고받으며 죽음을 각오한 교섭을 했다고 할 수 있다. 귀국을 위해 에도를 떠나기 직전 10일도 안되는 짧은 기간에 통신3사가 자신의 명의로 막부측에 발급한 문건만 하쿠세키(新井白石)에게는 1통, 막부 로쥬(土屋相模守)에게는 2~3통이나 되었다. 통신사 일행이 일본 현지에서 직접 막부 관리를 상대로 항의성 문건을 작성했던 것은 과거 통신사행에서는 볼 수가 없었던 긴박한 상황을 보여주는 흔적으로, 막부측의 절충안을 끝까지 거부할 경우 조일관계의 악화는 물론, 쓰시마 번의 입지 등도 고려하여 최종적으로 선택할 수 밖에 없었던 고육지책이었다고 생각된다.

한편, 일본측이 쓰시마(對馬)에서 양국 국서의 맞교환이라는 절충안을 제안한 데에는 재정적인 이유도 있었다. 통신 3사와의 논쟁이 길어져 통신사 일행이 예정대로 귀국하지 못해 에도(江戶) 체류가 길어질 경우, 우선 막부로서는 재정 부담 증가가 우려의 요인이기도 하였다. 이러한 우려는 쓰시마 번도 예외가 아니었다. 쓰시마 번으로서도 쓰시마가 양국 국서의 맞교환 장소가 됨에 따라, 통신사 일행뿐만 아니라 회답서를 가지고 내려오는

『正德信使記錄』朱27, 「國書引替之一件」 正德 元 신묘년(1711) 11월 17일, 3사가 쓰시마 번주(對馬州太守拾遺平公 閤下, 辛卯11月日)에게 보낸 眞文(書付) (대마도 종가문서 기록류, No.272, MF.039, 국사편찬위원회).

해당 眞文은 다음과 같다.

一. 依執政府奉旨, 文書所受貴國復書還爲奉呈, 弊國國書仍爲賚去, 一邊馳啟弊邦, 稟請改送, 所到處交付, 于馬州太守, 貴國所改復書即爲受去事.

一. 彼此國書中犯諱一字改下外, 其餘勿爲變改事.

一. 外面封式, 貴國既不變改, 弊邦外面書式, 亦當不書御諱, 不着御寶, 不書謹封事,

一. 依此施行, 則今十九日發程事.

막부측 사자(上使)에 대한 부담도 있었다. 혹시라도 조선의 개찬 국서에 또 다시 문제가 발생할 경우, 막부에 보고하여 답변이 내려올 때까지 통신사 및 막부측 상사의 쓰시마 체류가 장기화될 수도 있었다. 이에 체류기간 동안의 접대에 소요되는 시간과 수고 및 비용 절감을 위해 조선의 개찬 국서가 도착할 경우 쓰시마 번주의 사전 열람을 막부에 제안한 한편, 쇼군의 개찬 회답서도 막부측 상사가 오사카(大坂) 까지만 가지고 내려오도록 요청한 것도 그 때문이었다.[199]

막부에서도 통신3사가 제시한 조건을 받아들인 결과, 에도를 떠나기 전날(11월 18일) 막부측 사자(織田能登守)가 전명의에서 일단 전달된 숙종의 국서를 조태억 일행에게 다시 반환해 왔다.[200]

쇼군 이름의 '피휘'(避諱)에 대해서는 조태억 일행과 막부측의 교섭을 도왔던 쓰시마 번 조차도 해괴한 일로 여길 지경이었는데, 에도에서의 대막부 교섭이 마무리되자, 조태억 일행은 11월 18일 비로소 그 전말을 조정에 보고할 수 있었다.[201]

조선 조정은 조태억의 보고를 받아본 이후 연말(12월)부터 바로 대책을 논의하였다. 전명의에서 이미 막부에 전달된 숙종의 국서를 쇼군 이름의 '범휘'(光)를 이유로 개찬해 달라는 일본측의 요구에 대해, 처음에는 전대미문의 사건으로 여겨 강경대응하자는 논의가 있었지만, 숙종은 다음 해인 1712년 1월에 일단 수정해 주기로 결정하였다.[202] 이어지는 비변사의 논의

---

199) 『正德信使記錄』 朱27, 「國書引替之一件」 正德 元 신묘년(1711) 11월 18일, 쓰시마 번의 문의 및 쇼군의 개찬 회답서를 오사카(大坂)까지 내려보낸다는 老中 봉서(1711.12.6) (대마도종가문서 기록류, No.272, MF.039, 국사편찬위원회).

200) 『正德信使記錄』 朱27, 「國書引替之一件」 正德 元 신묘년(1711) 11월 18일(대마도종가문서 기록류, No.272, MF.039, 국사편찬위원회).
『東槎日記』에는 '伊能守長福'로 되어 있다.

201) 『東槎日記』(任守幹) 乾, 國書請改始末. 신묘년(1711) 11월 18일.

202) 『숙종실록』 38년(1712) 1월 1일 을유.

를 보면, 국서를 개찬해 보내되 奉命 사자가 끝까지 쟁집하지 않고 답서도 받지 않은 채 에도(江戶)를 떠난 것에 대해서는 문책해야겠지만, 맹목적으로 전례를 고집하기보다는 조일 양국관계의 '화평'(和平)을 중시하여 개찬한다는 것을 명분으로 내세웠다.[203] 조선의 국서 개찬 의사는 예조참의(宋徵殷) 답서로 쓰시마 번에 통보되었다.[204]

국휘 논쟁이 마무리되자 조태억 일행은 마침내 11월 19일 에도를 떠나 귀국길에 올랐다.[205] 12월 21일 오사카(大坂) 체류 시에는 쇼군 회답서의 위식 글자(懌, 중종의 휘)가 '戢'으로 개찬될 것이라는 보고를 하였으며,[206] 이듬해인 1712년 2월 9일에 쓰시마에 도착하였다. 쓰시마 체류 중 쇼군 이름의 피휘를 반영한 숙종의 2번째 개찬 국서가 도착하자, 2월 12일에는 마침내 쓰시마 번주의 성에서 쇼군의 회답서와 맞교환할 수 있게 되었으며,[207] 이를 조정에 보고함으로써 조태억 일행의 임무는 완수되었다.[208]

3) 쓰시마에서 조일 양국의 개찬 국서(改撰 國書) 맞교환(1712.2)과 예조참의 서계

이러한 개찬 경위는 이듬해인 1712년 2월 12일 쓰시마 번주의 성에서 맞교환한 조일 양국의 개찬 국서에 그대로 반영되었다. 우선 숙종의 '개찬 국서'(제2차)는 다음과 같다.

---

203) 『숙종실록』 38년(1712) 1월 3일 정해.

204) 예조참의(宋徵殷) 답서(1712.1)(『朝鮮通交大紀』 卷8, 大衍院公(宗義方), 正德元年辛卯(1711).

205) 『東槎日記』(임수간) 건, 國書請改始末. 신묘년(1711) 11월 16일(쓰시마 맞교환) 및 11월 18일(장계).

206) 『숙종실록』 38년(1712) 2월 9일 임술.

207) 『東槎日記』(임수간) 건, 國書請改始末. 임진년(1712) 2월 12일.

208) 『숙종실록』 38년(1712) 2월 24일 정축.

朝鮮國王李焞 奉書
日本國王 殿下
聘問之濶倏焉爲一世, 竊承殿下克紹其圖, 誕敷區域, 其在隣好,
曷勝忻聳, 肆馳耑价, 庸擧信義修睦致慶, 式循故常, 仍將菲品,
聊寓遠忱, 惟冀益懋令猷, 永固交誼, 不備.
辛卯年五月 日
朝鮮國王李焞(印文; 爲政以德)[209)]

숙종의 개찬 국서(제2차)를 앞서 전명의에서 전달되었던 국서(제1차)와 비교해 보면, 쇼군 이름의 범휘 글자인 '光'이 '克'으로 '단 1글자'만 수정되었다. 조정의 논의에서 숙종이 가장 유감스럽게 여겼던 것은 조태억 일행이 에도성에서 쇼군의 회답서를 수령한 직후 그 자리에서 막부측에 항의하여 개찬된 답서를 받아오지 못한 것이었다.[210)] 그러나 그럼에도 불구하고 개찬 국서 자체에는 '국휘' 논쟁에 대한 조선의 유감이나 개찬 배경을 새로 추가하지는 않았다.

그 대신 전례(舊式)를 무시한 채 일방적으로 국서 개찬을 요구해온 일본측의 무례함에 대한 유감이나 개서에 대한 조선의 입장은 예조참의의 서계를 별도로 작성하여 일본측에 전달되도록 하였다.

朝鮮國禮曹參議宋徵殷 奉復
日本國對馬州太守拾遺平公 閤下
槎便忽届, 華札隨至,憑諦寒節, 行李安穩, 慰沃倍品, 信使之行, 水陸萬里,

---

209) 숙종의 개찬 국서 원본은 일본의 東京國立博物館에 소장되어 있다.
『通航一覽』(제3, 권98 朝鮮國部 74, 兩國書幷儀物信使御暇等, 正德度) 및 『同文彙考』(권9, 通信, 국사편찬위원회 2책, 1928쪽)에도 개찬 국서가 수록되어 있으나, 『동문휘고』의 경우 발·수신 기재가 생략되어 있다.
개찬 이전의 숙종 국서는 『東槎錄』(金顯門)에서 확인할 수 있다.

210) 『숙종실록』 38년(1712) 1월 3일 정해.

無事得達, 此莫非貴州辛勤衛護之致, 尤以爲荷, 第國書中, 既曰犯諱, 玆以改送, 而至於兩國書式, 自古以來, 有一定之規, 而今忽變其舊式, 實非意慮所及, 所當據例爭執, 而儀式間事, 有不必一一爭較者, 改書以送, 幸望貴州即須傳給於信使, 俾無中路留滯之弊, 幸甚, 不備,
壬辰年正月日(1712.1)[211]

위 예조참의(宋徵殷)의 답서(1712.1)에서는, 일본측의 갑작스런 '피휘' 요구로 개찬해야 하는 것에 대해, "국서 작성에는 예부터 일정한 규식이 있다"는 것으로 일단 유감을 표한 후, 그럼에도 하나하나 따지지 않고 개서해 주겠다는 입장을 밝히고 있다. 그런데 위 예조참의의 서계란 수신자는 쓰시마 번주로 되어 있지만, 국서 개찬과 같은 중대사안의 보고 및 최종 열람자는 막부였기 때문에, 사실은 조선정부의 취지를 최종 열람자인 막부측에 전달하기 위한 항의 조치였던 것이다.

그 결과, 다음은 '일본국왕' 명의로 작성된 쇼군의 개찬 회답서이다.

日本國王源家宣 奉復
朝鮮國王 殿下
王燭時和, 應二儀之交泰, 寶隣世睦, 講百年之欣懽, 禮幣既豊,
書辭且縟, 其於感戢罔罄敷陳, 有少謝儀, 附諸歸使願符善禱, 永介純釐, 不備.
正德元辛卯年十一月 日
日本國王源家宣(印文; 文命之寶)[212]

211) 예조참의(宋徵殷) 답서(1712.1)(국사편찬위원회 소장 서계, No.2919, MF.1052). 이밖에도 『동문휘고』(부편, 권9, 통신 예조참의 답서, 국사편찬위원회 2책, 1929쪽)에는 본문만 수록되어 있으며, 『통신사등록』에는 논의만 있고 서계 자체는 없다. 일본측 기록에는 『朝鮮通交大紀』(卷8, 大衍院公(宗義方), 正德元年辛卯(1711))에 수록되어 있다.

212) 이에노부(家宣)의 개찬 답서(필사본)는 일본의 九州國立博物館 및 東京國立博物館에 소장되어 있으며, 印文은 '文命之寶'로 보인다. 단 『同文彙考』에는 개찬 답서가 수록되어 있지 않다.

쇼군의 개찬 회답서 역시, 조태억 일행의 보고대로 중종의 어휘 '懌'자가 '戢'자로 단 1글자만 개찬되었을 뿐, 국휘 논쟁을 짐작할 수 있는 새로운 문언의 추가 언급은 전혀 없다. 문면 자체만으로는 외교적 갈등이 있었던 것을 전혀 짐작할 수 조차 없다.

이렇게 조일 양국 국서의 개찬과정에서 각각 '범휘'의 대상이 되었던 1글자를 제외하고는 나머지 문장에 전혀 새로운 문언 추가가 없었던 것은, 앞서 언급했듯이 통신3사가 에도를 떠나기 직전 막부 로쥬에게 문건으로 제안한 수정 조건을 막부측이 수용했기 때문이다. 11월 17일 조태억 일행이 막부 로쥬(土屋相模守)에게 문건으로 제시한 조건이란, 「조일 양국의 국서를 개찬하는 과정에서 '범휘' 1글자 만을 수정하되, 나머지 글자는 조금도 건드리지 않도록 하자」는 것이었다.[213] 막부 로쥬가 쓰시마 번으로 하여금 통신3사가 제시한 개서 조건을 하쿠세키(新井白石)와 상의하도록 지시함에 따라, 3사는 아메노모리 호슈(雨森東五郞)를 통해 중종의 휘(懌)를 대체할 글자로 「戢·悅·喜」의 3글자 중의 하나를 선택해 주도록 추천하였다.[214] 그 결과 통신사 일행이 2월 9일 오사카(大坂)에 이르렀을 때 쇼군 회답서의 위식 글자(懌, 중종의 휘)가 '戢'으로 개찬될 것이라는 소식을 미리 들을 수 있었다.[215]

이렇게 통신3사가 귀국하기 직전 막부 로쥬(老中)를 상대로 수정 요구

213) 앞의 주)198, 3사의 眞文書付 참조.

214) 『正德信使記錄』 朱27, 「國書引替之一件」 통신3사가 雨森東五郞과 상의하여 작성한 眞文(正德元 신묘년(1711) 11월(至月) 18일) (대마도종가문서 기록류, No.272, MF.039, 국사편찬위원회).

해당 진문은 玄判事(道以, 玄德潤)가 작성하였다.

一. 復書中感字下, 戢·悅·喜三字並無碍, 其中擇善者書塡, 幸甚.

一. 國書紹字上可改處, 則貴國慶長以後, 御諱中倂除從千從里字外, 不論其字, 從便書塡事.

辛卯至月十八日

215) 『숙종실록』 38년(1712) 2월 9일 임술.

조건을 문건으로 제시하여 막부측의 합의를 얻어낸 결과, 조일 양국의 국서에서는 각각 '범휘'의 대상이 되었던 1글자를 제외하고는 나머지 문장에 전혀 손을 대지 않음에 따라, 명분상 조일 양국이 추구하던 '隣好'에는 훼손이 없었다고 할 수 있다. 이는 비록 마찰이 있기는 했지만, 양국 모두 국교 재개 이래 '화호'를 외교 명분으로 100년 가까이 유지해왔던 조일 양국 관계가 국서의 개찬을 불씨로 어떠한 변화가 새롭게 발생하는 것을 원하지 않았기 때문이라 할 수 있다.

조태억 일행은 일본 체류중 가장 중요한 임무인 전명의에서 국서를 전달하지 못했기 때문에, 추후 개찬이라는 절차를 통해서라도 귀국 전에 국서를 쇼군에게 전달하기 위해 막부를 상대로 목숨을 건 교섭을 했다. 그러나 쓰시마 체류 중에는 귀국 후 처벌받을 것이라는 소식을 들었다. 억울한 마음에 조정에 항의 치계도 올렸지만, 조정에서는 한번 쇼군에게 전달했던 문서를 다시 가져온다는 것을 외교 관례상 가장 치욕적인 일로 여기고 있었다. 이에 국체를 손상시켰다는 이유로 1712년 3월 귀국하자마자 구금 및 관직을 삭탈한 한편, 성문 밖 축출이라는 중벌에 처해졌다.[216]

7. 신묘통신사행의 외교적 성과

1) 대일본 안보외교의 관철

조선이 일본측의 국서 개찬 요구에 응한 이유에 대해서는 선행연구에서 이미 여러 가지로 평가된 바 있다. 먼저 일본의 현실적인 힘의 우위 속에서 조선이 허둥지둥 대응한 결과로 본 평가가 있는가 하면,[217] 일본의 무례에

216) 『숙종실록』 38년(1712) 3월 9일 임진 및 3월 27일 경술.
217) 정응수, 「아라이 하쿠세키(新井白石)의 조선통신사 의례개정에 관하여」 『일본문화

대한 즉흥적인 분노에 불과했다고 과소평가한 경우도 있다.[218] 그러나 어느 것도 조선에는 대일본 외교정책이라는 것이 아예 부재하였으며, 굴욕스럽지만 그때그때 임기응변적으로 대응한 결과라는 관점이 반영된 평가라 할 수 있다. 이러한 평가는 1711년 신묘통신사행의 한 사례만을 들어 일본측의 의례개정 요구와 조선의 대응이라는 절차에 주목하여 그때그때 조일 양국의 보여지는 현상만을 묘사한 경우 나올 수 있는 결론이라 할 수 있다. 왜냐하면 통신사외교의 경우, 절차상으로 볼 때 일본측이 먼저 요구하면 조선이 대응하는 식이었기 때문에 12회에 걸친 어느 사행을 보더라도 조선의 대응이 수동적이거나 소극적으로 보이기 쉬운 측면이 있다. 통신사외교를 형식적인 절차에만 주목할 경우 국교 재개(1607) 이래 1세기 동안 관철되어온 조선의 대일본외교 방침 내지 정책은 실종될 수 밖에 없다.

따라서 신묘통신사행에서 정작 주목해야 할 것은, 조일 양국의 통교 재개(1607) 이래 100년 만에 처음보는 초유의 교섭행태가 아니다. 그보다는 양국 국서의 '범휘' 문제로 인한 개찬 국서의 쓰시마(對馬) 맞교환을 초유의 외교참사로 인식하여 조태억 일행을 엄벌에 처했음에도 불구하고, 조선이 이를 핑계삼아 일본과의 통신사외교를 단절하지는 않았는데, 그 이유를 조선의 대일본 외교정책이라는 관점에서 다시 한 번 살펴볼 필요가 있다고 생각된다.

앞서 보았듯이, 조선에 있어서 신묘통신사가 파견되었던 18세기 초란, 임란 이래 100년, 병자호란으로부터는 70년 만에 도래한 국제관계의 안정을 자각한 가운데 남북의 관방(關防)을 강화하여 '강한 나라'를 지향하던 시기였다고 볼 수 있다.[219] 청이 '오삼계의 난'을 진압한 이후로는 조·청

학보』 24, 2005, 309~310쪽.

218) 김상조, 「新井白石의 의례개정과 조선 정부의 대응」 『영주어문』 27, 2014, 34쪽 및 44쪽.

219) 그러나 내부적으로는 부정적인 시각도 있었다. 당시 청과 일본에 사자로 파견되어

양국관계도 안정되어 청(淸) 강희제의 조선에 대한 신뢰도 이때가 가장 높았다. 그렇지만 반청의식은 여전히 존재하였으므로 내부적으로는 국정 운영의 여력을 바탕으로 청을 '가상의 적'으로 설정하여 북쪽 변경의 방어 및 관리(關防)에 힘쓰던 시기이기도 하였다. 그 상징적인 결과물이 바로 1711년 한양 도성을 방어하기 위한 북한산성의 축조였다.

이러한 방침은 일본에 대해서도 마찬가지였다고 할 수 있다. 17세기 말 청이 '오삼계의 난'을 진압한 것을 계기로 조·청관계가 안정되자, 조일 양국은 비로소 상대국에 대한 군사·안보적 불안에서 벗어날 수 있었다. 이에 숙종 대에는 일본의 요청에 따라 임술통신사행(1682)을 파견하여 일본과 '화호'를 유지했다. 그러면서도 동래(東萊)에는 금정산성을 구축하여 남쪽의 관방에 신경을 쓰는 한편(1702), 임란 이래 남쪽의 유일한 출입구가 된 부산에 대해서는 왜관 통제책을 쓰시마 번과의 약조(1682년의 임술약조 및 1683년의 계해약조)로 구체화시켰다. 그리고 신묘통신사행(1711) 때에는 '일본국왕' 복호 문제 등 일본측의 도발적인 의례 변경 요구가 있었지만, 일본측의 요구를 끝까지 거부하지는 않았다. 쇼군 권력의 강화와 관련된 일본의 내부문제로 판단하여 의례 변경을 수용함으로써 원만하게 수습하였다. 이는 기본적으로는 국교 재개 이래 대일본통교 방침인 '무왜'(撫倭)의 연장으로,[220] 일본의 요청이 있으면 그때그때 명분을 찾아 대응함으로써

실무적인 외교 경험과 전문적인 식견을 가지고 있었던 원로들(남구만, 윤지완)은, 북한산성 축조에 대해 민력 동원과 국력 소모가 많은 관방의 추진이 당장 국정의 우선순위는 아니며 시기상조라는 의견이었다. 숙종이 밀어붙이던 관방의 강화에 관념적인 색채가 있었음을 아주 부정하기는 어려운 대목이라 할 수 있다. 그러나 전반적으로 18세기 초 조선의 국정 운영이란 밖으로는 안정된 외교를 구사하면서, 그 여력을 바탕으로 안으로는 관방이라는 실속을 강화하는 것이었다고 할 수 있다.

220) 조선은 일찍이 왜란이 종식되었음에도 불구하고, 17세기 중반 중원에서의 명·청 교체라는 국제관계의 커다란 변동 속에서 또다시 군사·안보적 위기에 직면하게 되었다. 이에 청이 명을 멸하고 중원에서 패권을 완전히 확립하기 이전까지 조선

되도록 일본과의 긴장은 만들지 않으려는 전략이라 할 수 있다. 그러나 17세기 중반 명·청교체기 처럼 북방 대응에 여유가 없는 가운데 취해진 '무왜'와는 달랐다.

물론 1711년 신묘통신사 파견 당시 막부가 왜 일방적으로 의례 변경을 요청해온 것인지, 조정에서 '쇼군 권력과 관련된 내부사정'(自稱)으로 결론을 내렸음에도 불구하고, 통신사 파견 직전까지 일본의 내부사정을 잘 몰랐던 것은 분명하다. 그러나 이 시기는 17세기 중반과 달리 조선이 일본의 무력을 두려워하던 시기가 아니었다. 임란 이후 7번에 걸친 통신사들의 일본 탐색을 통해 막부 초기 쇼군 권력의 불안정한 상태, 즉 일본 국내적으로는 막부의 다이묘 통제가 더 큰 과제임을 알고 있었기 때문에, 막부 정권이 무력에 바탕을 두었다 하더라도 조선에 군사적 도발을 해오지 않으리라는 것은 이미 잘 알고 있었다. 17세기 중반 이후 세습 쇼군의 권위가 확립된 이후에는 막부도 문치(文治)에 주력했기 때문에 조선으로서도 무가(武家) 정권에 대한 두려움은 없었으며, 오히려 그러한 도쿠가와 막부의 장기존속이

은 북로(北虜)에 대한 위협 속에서 거의 반세기 이상 군사적 긴장과 불안에 노출되어 있었다고 할 수 있다. 이에 임란 이후부터 17세기 중반(효종대) 까지는 북로(北虜)에 대한 武備 및 대청외교가 국정에서 우선순위를 차지할 수 밖에 없었다. 그런 만큼 임란 이후에는 남변의 일본에 대해서는 되도록 긴장이나 분쟁을 야기하지 않는 것이 국정을 안정적으로 운영할 수 있었으며, 재정적으로도 낭비가 없는 대책이었다.

명·청 교체로 인한 군사·안보적 불안은 일본도 마찬가지였다. 이에 17세기말 '오삼계의 난'이 평정되기 이전까지는 일본도 청의 내란 진압 상황 및 조·청관계의 영향을 받는 조선의 정국 동향 등을 탐색하기 위해 그때그때 새로운 명분을 내세워 통신사를 요청해 왔다. 조선이 일본의 통신사 파견 요청을 수용했던 것은 바로 북쪽 변경에 대한 대응으로 여력이 없는 가운데 되도록 남쪽에서의 군사·안보적 긴장은 발생시키지 않으려는 대일본 통교정책이 반영된 것이었다. 즉 17세기 중후반(명·청 교체기) 일본에 대한 이러한 긴장 완화책은 '무왜'(撫倭)로 표현되었는데, 이때 통신사외교의 명분으로 내세웠던 것이 바로 '和好'였다(이훈, 『조선의 통신사외교와 동아시아』 경인문화사, 2019).

'북로' 대응에 매진해야 하는 조선에 도움이 된다는 인식까지 생길 정도였다.

이렇게 볼 때 1711년 신묘통신사 때 막부의 일방적인 의례 변경과 조선의 수용을 이 당시 조일관계상 '힘의 논리'로만 설명하는 것은 타당하지 않다고 할 수 있다. 쇼군 권력과 관련된 일본의 내부문제로 판단하여 '강대강' 대응하지 않았던 것에 대해서는, 병자호란 이래 70년 만에 도래한 국정운영의 여력을 유지하면서, 한편으로는 남쪽의 일본에 대해서도 안보 확보라는 통교방침을 관철시킴으로써 국정 안정을 추구하려는 관점에서 볼 필요가 있다.

2) '교간약조' 체결과 조태억 일행의 막부 '직소'(直訴) 전략

1711년의 신묘통신사에게는 국서 전달이라는 사명 이외에도 또 하나의 과제가 있었다. 교간(交奸) 사건 등, 왜관에서의 통교 적폐를 일본에 체류하는 동안 쓰시마 번과 약조로 매듭지어 오도록 하라는 국왕 숙종의 특별 지시가 있었다.221) 통신사의 역할이 실무교섭에까지 확대된 것은 임술통신사행(1682)에 이어 두 번째였다. 조태억 일행은 에도 체류 중 교간 건의 막부 '직소'(直訴)를 내세워 쓰시마 번으로부터 '교간 동률'(同律)의 즉석 타결이라는 쾌거를 끌어낼 수 있었다. 그러나 그 이면에는 이미 신묘통신사의 일본 파견 이전부터 교간 건이 50년 가까이 교착상태에 있었던 만큼, 쓰시마 번이 요구해온 '아명도서' 요청을 교간 건을 해결하기 위한 압박카드로 활용하는 등, 조일 간의 밀고 당기기가 있었다.

구체적인 경위는 다음과 같다.

우선 조태억 일행은 1711년 5월 출발에 앞서 국왕 숙종을 인견한 자리에서 왜관에서의 '범간'(犯奸) 사건을 약조로서 매듭지어 오도록 특별 지시

221) 왜관에서의 '교간사건'에 대한 경위는 손승철의 연구(「『倭人作拏謄錄』을 통해본 왜관」 『조선후기 한일관계, 전쟁과 평화』 경인문화사, 2017)를 참조하였다.

를 받았다.[222] 사실 이 범간(또는 交奸)에 대해서는 교간 자체에 대한 조선과 쓰시마 번의 인식 차이로 인해 17세기 중반(1661년 良女 古公 사건) 이래 해결해야 할 현안으로 인식하고 있었음에도 불구하고, 조선측 당사자만 엄벌(효시)에 처해졌다.[223] 왜관측 당사자는 쓰시마 번으로부터 귀국 조치 이외에는 어떠한 처벌도 받지 않았다. 앞의 〈표 1〉을 보면 통신사 요청이 있기 얼마 전인 1707년 교간 사건이 발생했을 때에도 동래부사가 왜관 관수에게 왜관측 당사자에 대해서도 조선과 동률을 적용시켜 주도록 요구했지만, 통교 실무선에서는 4년이 다 되도록 해결이 나지 않았다.

그 경위를 좀 더 살펴보면 다음과 같다. 1707년 교간사건 발생시, 동래부사(韓配夏)는 당사자인 조선인 여성(甘玉)과 왜관의 쓰시마 남성(白水源七)을 동일한 형률(刑律)로 처리하고자 왜관의 관수를 설득했지만, 성신의 도가 아니라며 차일피일 회답을 미루며 끝내 회답이 없었다.[224] 1708년 2월에도 부산첨사가 관수에게 동률(同律) 적용을 재촉하였지만 쓰시마 번의 회답을 들을 수 없었기에, 아예 약조로 정하여 정식(定式)으로 삼을 것을 조정에 건의하였다.[225] 그러자 그해 9월 왜관 관수가 일본에서는 나가사키(長崎)의 중국인(唐人)과 일본 여성(倭女)과의 교간을 죄로 다스리지 않으며, 오히려 조일간의 약조에도 없는 죄를 어떻게 다스릴 것인가라며 반문하기까지 하였다.[226] 이에 1709년 4월 동래부사(權以鎭)가 도해역관을 쓰시마에 파견할 때 쓰시마 번주 앞으로 보내는 서계에 '동률지죄'를 약조로 정할 것을 건의한 바, 숙종의 허락이 있었다.[227] 이에 도해역관(崔尙嶫)이 조선 여

222) 『숙종실록』 37년(1711) 5월 15일 계묘.

223) 참고로 교간에 대한 조선의 처벌은 조선인 공모자는 왜관 문밖 효시(사형), 당사자인 여성은 '遠地定配'였다.

224) 『변례집요』 권14, 잡범, 정해(1707) 12월.
『分類紀事大綱』 31, 「交奸集書」(日本國會圖書館 デジタルコレックション, WAI-6-30).

225) 『변례집요』 권14, 잡범, 무자(1708) 2월.

226) 『변례집요』 권14, 잡범, 무자(1708) 9월.

성(甘玉)을 교간한 쓰시마 왜인을 동률로 처벌할 것을 촉구하는 예조의 서계를 가지고 쓰시마에 파견되었으나, 쓰시마 번의 거부로 끝내 전달하지 못하고 돌아와 처벌을 받았다.[228] 1710년 4월에도 왜관 밖 조시(朝市)에서 교간사건이 발생하자,[229] 조선은 동래부사(권이진)의 건의에 따라, 1709년 9월 번주(宗義方)의 아들에 대한 아명도서(兒名圖書, 彦千代)를 요청하러 온 쓰시마 번 사자(裁判 龍田權兵衛, 藤則直)에 대한 회답서계에 '교간에 대한 동률 축구'를 병기하여 조선의 의사를 관철시키려 하였다. 조선이 회답 서계에 사자(龍田權兵衛) 본연의 임무도 아닌 '교간'(交奸) 건을 병기했던 것은, 교간 건의 선(先) 해결을 내세워 아명도서 발급을 지연시키기 위한 전략이기도 했지만, 쓰시마 번으로서는 '교간' 건에 대한 조선의 압박 내지는 굳은 의지를 읽을 수 있는 조치였다. 쓰시마 번 사자는 '교간 동률' 건은 본인에게 부여된 사명이 아닌 데다 교간에 대한 인식도 조선과 쓰시마 번이 다르다는 이유로 서계 개찬을 내세워 항의하다가 결국 1710년 4월 귀국해 버렸다.[230] 그 결과 이듬해인 1711년 5월에는 비변사가 동률 적용 건에

---

227) 『변례집요』 권14, 잡범, 기축(1709) 4월.

228) 『숙종실록』 35년(1709), 4월 13일 갑인.
『변례집요』 권14, 잡범, 기축(1709) 4월.

229) 『숙종실록』 36년(1710), 4월 12일 정미.
조시(朝市) 교간 건에 대해 조선은 공작미 철공(5년 이후 지급)으로 대응하였다(7월 25일 무자).

230) 『변례집요』 권2, 圖書·賞職, 기축(1709) 4·5·6·9월, 경인(1710) 5월.
『변례집요』 권14, 잡범, 기축(1709) 10월 및 경인(1710년) 5월.
동래부사 權以鎭 당시, 쓰시마 번의 재판차왜(龍田權兵衛, 藤則直)는 전례「(제1대 번주 宗義智의 아들에게 발급한 彦三圖書(宗義成, 1612) 및 彦滿圖書(宗義眞, 1642)」를 내세워 제5대 쓰시마 번주(平義方)의 아들인 彦千代의 아명도서(兒名圖書)를 조선에 요청하기 위해 1709년 예조 앞으로 발급된 쓰시마 번주의 서계를 가지고 조선에 파견되었다. 그러나 조선은 예조가 아니라 동래부사 명의의 서계로 회답하되, 과거에 아명도서를 약조(前例, 先規)로 정한 바가 없다는 이유로 거절하는 한편, 교간 건에 대해 동률 처벌을 요구하는 내용을 병기하였다. 이에 재판 차왜는 우선 교간 건이 본인의 임무와는 무관하다는 것을 비롯한 9가지 이유를 내세워

대해, 지금까지 쓰시마 번이 약조가 없다는 이유로 거부하고 있으니, 이번 통신사행 때 피차간에 '同律 勘罪'의 뜻을 아예 '약조'로 정해올 것을 건의하게 되었다.[231] 숙종이 이를 허락한 결과 '범간 약조' 체결 문제가 결국 1711년 조태억 등 통신3사의 몫으로 돌아가게 되었던 것이다.

이렇게 '범간 약조' 타결이라는 또 하나의 임무를 위임받게 된 조태억 일행은, 전명의를 치른 후 에도(江戶)를 떠나기에 앞서 쓰시마 번(가로, 봉행) 등과 교섭하여 일거에 매듭을 지었다. 그 결과 조태억 일행이 약조로 정해온 내용은 다음과 같았다.

> 一. 對馬 사람으로서 초량 왜관 밖에 나가 여인을 강간한 자는 律文에 따라 동일한 죄(사형)에 처한다.
> 一. 여인을 유괴하여 和姦한 자, 강간 미수자는 영원히 유배한다.
> 一. 여인이 왜관에 잠입했을 때 잡아 보내지 않고 奸通한 자 또한 그 다음의 율문을 적용한다.
> (辛卯十一月日, 對馬島太守 圖書 날인).[232]

항의하는 한편, 서계 개찬을 요구하며 1년 이상 왜관에 머물렀다. 그러나 통신사 초빙을 앞두고 조선과 갈등이 장기화할 경우, 통신사 초빙교섭에 차질이 있을 것을 우려한 쓰시마 번이 1710년 4월 재판 차왜의 귀국을 지시하였다.

조선이 아명도서의 회답서계에 교간 건을 명기한 것은 아명도서를 발급하지 않으려는 의도적인 지연 전략으로 볼 수 있는데, 1709년 도해역관(최상집)이 교간동률 건을 관철시키기 위해 쓰시마 번주 앞으로 서계를 가지고 도해했음에도 불구하고 쓰시마 번이 이를 퇴각하자, 교간 건이 해결되기 이전에는 아명도서를 발급해 주지 않겠다는 의사표시였다고 할 수 있다. 그 결과 아명도서는 통신사 일행이 교간 건을 해결해온 이후(1713년)에서야 비로소 발급되었다(『館守より東萊江權兵衞歸國之義ニ付眞文三通和文三通-寶永五戊子年若殿樣御嫡子成之節交奸之儀申出候事-』(대마도종가문서 기록류, No.5301, MF.857, 국사편찬위원회).

231) 『비변사등록』 숙종 37년(1711) 5월 20일.
『숙종실록』 37년(1711) 5월 15일 계묘.
『변례집요』 권14, 잡범, 신묘(1711) 5월(비변사 계하, 범간 약조 건).

232) 『변례집요』 권5, 약조, 임신(1712) 2월 新定約條. 『증정교린지』 권4, 약조, 숙종 37

라는 것이었다. 즉 교간의 정도에 따라 차등은 있지만, 위의 범간 약조가 타결됨으로서 마침내 쓰시마의 남성에게도 조선인과 마찬가지로 마침내 동률(同律)을 적용할 수 있게 되었다. 조태억 일행은 쓰시마 번의 가로(奉行)들과 합의한 이 약조 내용을 쓰시마 번주로부터 확인(인장)을 받아오게 하였는데, 4년을 끌어오던 왜관의 교간 문제가 조태억 일행의 에도 체류 중 일거에 해결되었다고 할 수 있다. 이러한 쾌거에 대해 동래부사(李正臣)는 통신사 일행이 귀국하자마자 이 사실을 미리 조정에 보고하였으며, 마침내 금제 사항을 왜관에 제찰비로 세워 숙지하도록 하였다.[233)]

그런데 여기에서 주목해야 할 대목은 4년이나 끌어온 난제를 조태억 일행이 어떻게 에도(江戶)에서 단 한 번의 교섭으로 매듭을 지을 수 있었는가이다. 부사 임수간(任守幹)의 『東槎日記』를 보면 당시 신묘통신사 일행의 교섭 전략이 무엇이었는지를 아주 잘 알 수 있다.

> 몇 해 전에 館倭 源七이 부산 여인을 범간한 일이 있었는데, 대마도에서 끝내 형벌을 쓰지 않으므로 朝家에서 약조를 정해 지금까지 행하고 있다. 이 때문에 사신 일행이 에도(江戶)에 머무를 때 이 문제를 논란하였으나 도주가 자못 어렵게 여기는 뜻이 있었고, 또 도주에게 서계를 보냈으나 역시 듣지 않았다. 세 사신이 상의하여 關白(쇼군)을 하직할 때 글을 올리면 **혹시 변통이 있을까 하여**, 한편으로 書草를 만들고 한편으로는 奉行(쓰시마 번 가로)들에게 이 사실을 말했더니 봉행들이 약간 황겁한 기색이 있었다.
>
> 역관을 도주 집에 보내 이 사실을 알리려 하자, "약조 사항에 强姦·和奸을 묻지 않고 다 같은 죄로 단정한다면 大明律에 위반되는 것이 있으니 차등을 두어 죄를 정하면 사리가 당연할 것입니다. 꼭 도주 집에 보낼 것

년 신묘.
『東槎日記』(임수간) 곤, 신정약조.
『朝鮮通交大紀』 권8, 大衍院公(宗義方), 新定約條.
『分類紀事大綱』 31, 「交奸集書」(日本國會圖書館 デジタルコレックション).
233) 『숙종실록』 38년(1712) 3월 5일 무자.

> 이 아니라 저희들과 결정하는 것이 좋겠습니다"라고 하기에, 드디어 그 말에 따라 약조를 써서 봉행을 도주 집에 보내 도주의 도장을 찍어 오게 하였다.[234)]

위의 교섭 경위를 보면, 조태억 일행과 쓰시마 번의 교섭이 처음부터 원만하게 추진되지는 않았던 것 같다. 이에 조태억 일행이 상의한 끝에 이 교간 문제를 에도(江戶)를 떠나기 직전 막부 쇼군에게 하직인사를 하는 자리(辭見之儀)에서 문건으로 '직접 탄원'(直訴)하겠다는 의사를 쓰시마 번에 내비치자, 당황한 번의 가로(봉행)들이 갑자기 태도를 바꾸어 교간에 관한 새로운 약조를 체결하게 되었다는 것이다.

위 기록을 좀 더 들여다보면, 통신사 일행이 쓰시마 번을 거치지 않고 막부에 직접 교간 건을 제기하겠다는 제안은 반드시 그렇게 하겠다는 것은 아니었다. 쓰시마 번측에 넌지시 흘린 것으로 보아 '변통'을 도출하기 위한 하나의 전략이었음을 알 수 있다. 여차하면 조선이 쓰시마 번을 거치지 않고 '막부와 직접 교섭', 소위 '직소'(直訴)할 수 있다는 위협을 가한 것이다.

사실 교간 건에 대한 '막부 직소' 카드는 일찍이 1709년 9월 새로운 쇼군의 습직을 알리기 위한 관백승습고경차왜가 조선에 파견되어 통신사 파견이 운운되던 시점부터 언급이 있었다. 동래부에서는 왜관에 쓰시마 번주가 막부의 문책을 염려하여 교간왜 처벌 문제를 숨긴다면, 앞으로 있을 통신사가 막부에 직접 전하는 조치가 있을 것이라고 경고한 적이 있다. 이에 신묘통신사의 일본 왕복을 호행했던 쓰시마 번은 아메노모리 호슈(雨森芳洲)로 하여금 통신 3사가 교간왜(交奸倭)에 대한 동률 처벌 문제를 막부에 직접 요구할 것에 대비하여 1707년의 교간사건에 관한 문건을 지참해서 에도(江戶)까지 가지고 가도록 했다. 쓰시마 번의 예상대로 통신 3사가 에도를 떠나기 직전에 교간 직소 문제를 꺼냄으로써 일거에 타결이 된 것이었다.[235)]

234) 『東槎日記』(任守幹) 坤, 新定約條.

쓰시마 번으로서는 왜관에서 일어난 일상적이고도 사소한 조일 통교 상의 마찰 건을 번주 수준에서 해결하지 못한 채, 통신사 일행이 이를 막부에 직접 탄원(직소)할 경우, 막부에 쓰시마 번의 무능함 내지는 약점이 부각되어 그간 대조선 통교를 독점해온 쓰시마 번의 위상에 타격을 입을 수 있었다. 그런 점에서 조선의 '직소' 전략을 사전에 입수하여 적절히 대처한 것이라 할 수 있다.

그러나 통신3사의 이러한 막부 '직소' 전략이 통할 수 있었던 또 다른 배경으로는 신묘통신사 초빙 교섭 당시 막부 내에서 처해 있던 쓰시마 번의 입지도 무시할 수 없는 요인이었다고 생각된다. 신묘통신사행 당시 의례개혁을 실질적으로 주도했던 아라이 하쿠세키(新井白石)는 의례 변경 내용의 조선 통보 과정에서 쓰시마 번이 조선과의 교섭 시 '전례' 중시를 내세워 막부의 의례개혁에 이의를 제기할 경우, 전국 다이묘의 재정 부담과 백성들의 피로감 등을 내세우며 통신사 초빙과 같은 조일간의 외교대사가 단절될 수도 있다고 압박하였다. 쓰시마 번은 하쿠세키가 제기한 '통신사 무용론'(無用論) 내지 '통신사 중지론'과 같은 압박카드가 로쥬(老中) 등 막부 내의 다수 의견, 즉 공론(公論)으로 확산되어 혹시라도 쇼군이 이를 허용할 경우, 쓰시마 번은 국교 재개(1607) 이래 누려온 특권, 막부로부터 대조선통교 독점이라는 특혜(家役)를 순식간에 상실할 수도 있었다.[236] 아직 막부에서 공론화되지는 않았지만 조일 통교 단절 가능성이 제기된 가운데, 통신3사가 꺼내든 '교간 건의 막부 직소'란, 여차하면 조선이 쓰시마 번을

235) 교간 문제가 1711년의 신묘약조로 타결될 때까지의 조일간 교섭 경위 및 '아명도서'(彦千代) 발급을 교간 문제 해결 카드로 활용했던 조선측의 전략에 대해서는 유채연의 논문(「1711년 신묘약조 성립에 대한 고찰」『한일관계사연구』 82, 2023, 117~120쪽) 참조.

236) 『正德信使記錄』朱14, 「御復號之一件」 新井勘解由가 쓰시마 번 가로 平田直右衛門에게 보낸 封狀(1711.2.11) (대마도종가문서 기록류, No.245, MF.035, 국사편찬위원회).

거치지 않고 '막부와 직접 교섭', 소위 막부에 '직소'(直訴)할 수 있다는 위협적 전략이었다. 혹시라도 막부측에서 이를 받아들일 경우 조일 양국의 외교현안으로 확대되는 것은 물론, 쓰시마 번의 무능으로 인식되어 번의 입지가 더욱 곤란해질 수 있었다. 이에 4년간이나 끌어오던 범간(犯간) 문제가 순식간에 매듭지어진 것이라 할 수 있다. 쓰시마 번의 가로(杉村三郎左衞門)가 만약에 대비하여 아라이 하쿠세키(新井白石)에게 교간 사건에 대한 경위와 처리를 미리 알려 예방조치를 취한 것도 그 때문이었다고 할 수 있다.[237]

국교 재개(1607) 이후 17세기 말 까지 조일 간의 교섭경위로 볼 때, 조선이 '막부에 직접 탄원'(직소)을 쓰시마 번에 대한 위협요인으로 구사한 교섭전략은 신묘통신사가 처음은 아니었다. 일찌기 30년 전의 임술통신사행(1682) 때 숙종의 특별 지시를 받은 윤지완 일행이 왜관 통제를 명시한 무오절목과 표류민 송환 선박의 감소를 귀국길에 쓰시마 번과 항구적인 '약조'(임술약조 및 계해약조)로 매듭지을 당시에도 이미 구사된 전례가 있었다.[238] 앞서 1709년 교간에 대한 쓰시마 번의 동률 적용을 촉구하기 위해 쓰시마에 파견되었던 도해역관(崔尙嶫)도 쓰시마 번이 조선측 서계를 거부하자, 장차 에도(江戶)로부터 책임을 면치 못할 것이라고 했는데, 이 역시 조선이 교간 문제를 막부에 직접 탄원할 수도 있음을 암시한 것이었다.[239]

임란 이후 조일간의 교섭에서 막부를 위협요인으로 구사해온 것은 줄곧 쓰시마 번으로만 인식되어 왔다. 즉 쓰시마 번이 대조선 교섭에서 자신들의 이익을 확대하기 위한 전략으로, 막부가 '무력'(武力)에 바탕을 둔 정권으로 군사도발 가능성, 내지는 '무위'(武威)를 내세워 조선을 협박해 왔다는

237) 田代和生, 「『交隣提醒』が語る近世日朝交流の実態」『交隣提醒』, 東洋文庫, 2014, 348쪽.
238) 이훈, 「숙종대 임술통신사(1682년) 파견과 적례외교의 정착」『공존의 인간학』 4, 2020.
239) 『변례집요』 권14, 雜犯, 기축(1709) 4월 및 권18, 信使附渡海 기축(1709) 4월.

것이다. 그러나 위의 경위로 보면, 조선도 쓰시마 번과의 교섭 시 막부와의 '직접 교섭'(직소)을 하나의 지렛대로 이용하고 있음을 알 수 있다. 신묘통신사가 '막부에 직접 탄원' 운운했던 것도 조태억 일행이 갑자기 돌출적으로 제안했다기 보다는, 17세기말 윤지완 등 임술통신사행 이래 구사해왔던 교섭 전략의 연장이라 할 수 있다.

17세기 말~18세기 초에 보이기 시작한 조선의 이러한 '막부 직소' 전략은 쓰시마 번을 긴장시키는 요인이기도 했던 것 같다. 18세기 초 쓰시마 번사의 다음과 같은 언급에 주목해볼 필요가 있다. 즉 「지금에 이르러서는 조선의 조정은 물론 동래부사 까지도 이미 쓰시마 번을 다루는 '달인'(功者)이 되어 있기에, 쓰시마 번으로서도 부득이 '무위' 전략이 필요했다는 것이다. 또한 조선이 사안에 따라 그때그때 강약을 조절하며 임기응변적으로 잘 대응하여 쓰시마 번에 틈을 주지 않기에 이 점을 주의해야 한다」는 언급도 있다.240) 쓰시마 번의 입장에서 조선의 교섭 행태를 지적한 이 내용을 보면, 임란 이후 100년이 지난 시점에서는 조선의 융통성 있는 대응에 쓰시마 번도 일종의 긴장감을 느꼈음을 알 수 있는 대목이다. 신묘통신사의 조태억 일행이 구사했던 막부에의 '직접 탄원'(직소) 전략이란, 그동안 쓰시마 번이 구사해온 떼쓰기식 '무위'(武威) 전략을 간파한 가운데, 조선 역시 쓰시마 번과의 교섭시 긴급을 요하는 현안에 대해서는 '대막부 직교'(직소)를 지렛대로 역이용한 쾌거라 아니할 수 없다.

---

240) 실제로 18세기 초까지만 해도 쓰시마 번사들 가운데는 조선과의 교섭시 '막부의 위세'(武威)를 내세우는 것을 가장 좋은 전략으로 여기고 있었다.

一. 朝鮮人儀, 朝廷諸役を始東萊ニ至迄、今ニハ日本向キ様子功者ニ罷成候ニ付、何事も彼方ニ「權威」を取朝廷と東萊との間を以相隔, 理不盡ニ推付候様ニいたし、又者其時其事ニより成候ハバ從イ、或ハ不從様ニ仕り、操縱之手段を以取扱イ、畢竟御國より御手を出シ不被得候様ニ致成申計策ニ御座候ヘハ、御國ニも其所を御存被成、(후략)(『平田幸右衛門方來狀之寫·松浦儀右衛門差出候存分之覺書』(대마도종가문서 기록류, No.3716, MF.631, 국사편찬위원회).

맺음말

지금까지 1711년 신묘통신사 당시 일본의 일방적인 의례 변경과 이에 대한 조선의 대응을 대일본 통교라는 관점에서 살펴보았다. 그 결과 다음과 같은 결론을 얻을 수 있었다.

우선 교섭 경위 및 절차상의 특징으로는 다음의 몇 가지를 지적할 수 있을 것 같다.

첫째, 1711년의 신묘통신사행은 임란 이래 100년 가까이 지속되어온 조일간의 통신사외교에서 볼 때 '막부 쇼군의 습직 축하'가 전례로서 정착되어 가는 과정에서 파견된 축하사절이었다. 그러나 그럼에도 불구하고 쇼군의 '외교칭호'를 비롯한 일본측의 통신사 접대에 관한 수많은 의례 변경들이 조일 양국간에 충분한 사전 협의없이 일본측의 일방적인 통보로 이루어졌다. 조선 정부로서도 그동안 겪어보지 못했던 일본측의 외교적 도발에 직면함에 따라, 임란 이후 회답겸쇄환사 파견 이래 중앙정부 차원의 논의가 가장 많았던 사행으로, 국왕과 대신들이 참여하는 조정 논의가 무려 4번이나 있었음을 지적할 수 있다.

둘째는, 이례적인 교섭 경위 및 절차로 인해, 통신사 접대에 관한 구체적인 내용들이 조선정부와 일본측(쓰시마 번)의 사전 교섭(절목강정)이 아니라, 통신사의 일본 체류 중 막부측으로부터 구두(口頭)로 요청하는 경우가 많아, 통신사 일행 역시 그때그때 직접 임기응변적으로 대응하면서 절목강정을 사후에 완료하게 되었다는 것이다.

예를 들면, 절목강정 단계에서는 2건, 즉 막부측 인사(若君 및 집정 등)에 대한 예조의 서한 및 예물 정지 만이 합의를 보았을 뿐이다. 절목강정 이후에는 부산 출선 직전에 막부 쇼군의 칭호를 '일본국왕'으로 변경해 달라는 '복호' 요청을 정식 외교문서(쓰시마 번주의 서계)로 요청했을 뿐, 나머지 접대 의례, 즉 통신사의 에도 왕복 시 일본 내 기착지에서의 접대(5所路宴),

통신사 객관에서의 계하영송(階下迎送), 그리고 전명의(傳命儀)를 비롯한 에도성에서의 접대의례(3度宴) 등은 쓰시마 번주 및 막부측 인사가 일본 현지에서 제시한 문건(구두 교섭)을 토대로 일방적으로 그때그때 통보하는 식으로 이루어졌는데, 지금껏 보지 못한 교섭 행태였다.241)

셋째는, 그 결과 조선 정부 및 통신3사가 임기응변적 대응을 하는 과정에서도 일본측의 일방적인 의례 변경을 납득할 때까지 유독 항의성 문건 작성이 많았음을 특징으로 지적할 수 있다. 예를 들면 절목강정 단계에서는 「쇼군 아들에 대한 서한 및 예물 정지/집정(로쥬) 등 막부측 인사에 대한 예물 정지」건에 대해 동래부사(李正臣)가, 그리고 통신사의 출선 직전 '복호'(日本國王) 요청에 대해서는 예조참의(吳命峻)가, '국휘' 논쟁 시에는 예조참의(宋徵殷)가 쓰시마 번주 앞으로 항의성 외교문서(서계)를 발급했는데, 궁극적으로는 일본의 중앙정부인 도쿠가와 막부의 의도 확인 및 외교적 압박을 염두에 둔 것이었다. 그리고 일본 체류 중 의례 변경(5소 로연, 계하영송, 3도연) 내용을 일방적으로 구두로 통보해 온 것에 대해서도, 통신3사가 쓰시마 번주에게 일본 현지에서 항의성 문건을, 전명의 이후 국서의 '범휘'(犯諱) 문제와 같은 외교참사에 대해서는 통신3사가 직접 막부 로쥬(老中)를 상대로 항의성 문건을 3건이나 작성하였다. 외교 마찰의 위기 속에서 교섭 실무자(동래부사·예조참의) 명의로 항의성 외교문서를 3통이나 발급한 한편, 일본 현지에서 통신 3사가 막부 로쥬를 직접 상대하여 항의성 문건을 3통이나 발급한 임기응변적 교섭행태는 국교 재개 이후 통신사외교가 시작된 이래 유례가 없는 일이었다.

241) 이러한 교섭행태에 대해, 선행연구에서는 막부가 제시한 의례 변경을 성사시키기 위해서는 무리를 하더라도 일본 현지에서 조정하려는 쓰시마 번의 전략으로 보기도 하며(정장식, 「1711년, 밀고 당기는 치열한 외교전」(『통신사를 따라 일본 에도시대를 가다』 소수, 고즈윈, 2005, 147~150쪽), 막부의 지시에 조선의 답을 끌어내는 데만 집착했을 뿐, 절충능력이 부족했다는 평가도 있다.

따라서 넷째로 이 장에서는 일본측의 절목강정을 둘러싼 교섭 경위가 왜 일방적이고도 이례적일 수 밖에 없었는지, 또 조선 역시 막부 열람을 염두에 둔 항의성 외교문서(서계)를 왜 몇차례나 발급할 수 밖에 없었는지를, 당시 막부의 2중적인 의사결정 절차라는 관점에서 찾아보았다. 선행연구에서는 과거 통신사행에서는 상상조차도 할 수 없었던 이례적인 교섭 절차의 배경으로, 막부의 로쥬(老中 土屋相模守), 林家 등 막부 내부의 의례개혁 반대를 지적하거나, 또는 조일 양국 간의 '힘의 논리'로 설명하는 경우가 있다. 그러나 본고에서는 쇼군의 측근인 아라이 하쿠세키(新井白石)가 주도하는 통신사 빙례의 변경 내용이 쇼군의 허락을 얻어 막부의 공식적인 입장으로 최종결정될 때까지 막부 로쥬(老中)와 의례 변경 내용 하나하나에 대한 합의를 도출해야 하는 절차에 이유가 있었던 것으로 보았다. 즉 쇼군에 대한 영향력은 로쥬보다도 하쿠세키가 더 강했지만, 막부의 공적인 의사결정 루트라 할 수 있는 로쥬의 합의가 있어야만 쓰시마 번에도 관련 내용을 로쥬가 공문서(奉書)로서 지시할 수 있었기 때문이다. 통신3사도 막부의 이러한 2중적인 의사결정 구조를 충분히 인식하고 있었기 때문에, '국휘' 문제가 발생했을 때 로쥬 보다도 먼저 하쿠세키와의 대면 접촉을 시도한 바 있다.

여기에 의례 변경 내용을 조선과 통신3사에게 전달해야 하는 쓰시마 번측의 저항 내지는 위기의식 속에서, 의례 내용 하나하나에 대한 최종 합의가 이루어질 때마다 많은 시간이 소요된 한편, 일방적으로 통보되는 식이었다고 할 수 있다.

신묘통신사행 당시 의례개혁을 실질적으로 주도했던 아라이 하쿠세키(新井白石)는 의례 변경 내용의 조선 통보 과정에서 쓰시마 번이 조선과의 교섭 시 '전례' 중시를 내세워 막부의 의례개혁에 이의를 제기할 경우, 전국 다이묘의 재정 부담과 백성들의 피로감 등을 내세우며 통신사 초빙과 같은 조일간의 외교대사가 단절될 수도 있다고 압박하였다. 쓰시마 번은 하쿠세키가 제기한 '통신사 무용론'(無用論) 내지 '통신사 중지론'과 같은 압박카드가 로쥬(老中) 등 막부 내의 다수 의견으로 확산되어 혹시라도 쇼군이 이를 허용할 경우, 쓰시마 번은 국교 재개(1607) 이래 누려온 특권, 막부로부터 대조선통교 독점이라는 특혜(家役)를 순식간에 상실할 수도 있었다.[242] 아직 막부에서 공론화되지는 않았지만 조일 통교 단절 가능성이 제기된 위기 속에서 보인 쓰시마 번의 무기력함도 의례 개혁의 일방적 통보에 한몫을 했다고 볼 수 있다.

다섯째는, 의례변경 내용의 사후 통보 및 일본 현지에서의 외교 마찰로 인해, 조태억 등 통신3사는 그 어느 사행 때보다도 일본 현지에서 외교력을 발휘한 결과 주도적으로 마찰을 수습했음을 지적할 수 있다. 신묘통신사행 당시 역대 사행에서 볼 수 없었던 외교 마찰이라면 양국 국서의 '범휘'로 인한 '국휘'(國諱) 논쟁을 들 수 있는데, '개찬된 양국 국서의 쓰시마 맞교환'이라는 초유의 사태가 발생했음에도, 귀국 직전 통신3사의 대막부 교섭 결과 외교 파탄으로까지 이어지지는 않았다는 것이다. 즉 통신사 일행이 에도성의 '사견지의' 이후 수령한 쇼군 회답서에 조선 국왕(중종)의 이름(懌)을 '범휘'한 사고가 있었지만, 귀국 직전에 통신사가 즉각 항의한 한편, 개서할 때 범휘한 1글자 이외에는 양국의 국서의 문언에 더 이상 새로운 문언을 추가하지 않도록 막부 로쥬에게 선제적으로 요구 조건(범휘한 1글자 수정)을 제시한 바, 이에 대한 막부측의 합의를 끌어냄으로써 막부와의 '국휘' 논쟁을 주도할 수 있었다. 그 결과, 숙종과 막부 쇼군의 개찬 국서를 통신사 일행이 귀국하기 직전 쓰시마(對馬)에서 맞교환하는 것으로 수습되었다.

단, 통신사의 가장 중요한 사명이라면 조선 국왕의 국서를 에도성의 '전

242) 『正德信使記錄』 朱14, 「御復號之一件」 新井勘解由가 쓰시마 번 가로 平田直右衛門에게 보낸 封狀(1711.2.11) (대마도종가문서 기록류, No.245, MF.035, 국사편찬위원회).

명의'에서 직접 쇼군에게 전달하는 것으로, 전명의에서 이미 전달된 국서를 다시 되찾아 오는 한편, 개찬된 숙종의 국서를 전명의 이후 쓰시마에서 맞교환했다는 것은 '국서개작사건'(1635) 이래의 외교참사였다. 당시 조선의 외교관계로 볼 때, 일단 타국의 국왕(또는 국왕적 존재)에게 이미 전달되었던 조선 국왕의 국서를 다시 되찾아온다는 것은 가장 국체를 손상시키는 일로 인식되고 있었으므로, 통신사의 고초에도 불구하고 귀국 후 처벌을 받았다.

그러나, 1711년의 신묘통신사행에서 가장 주목해야 할 점이라면, 국교재개(1607) 이래 100년 가까이 지속되어온 조일 교린관계, 또는 대일본 통교라는 관점에서 외교마찰 내지 외교참사를 살펴볼 필요가 있다는 것이다. 말하자면 신묘통신사행에서는 전대미문의 외교참사(「통신사 접대의례의 일방적 변경, 쇼군 호칭의 '일본국왕' 복호, 국휘 논쟁, 2번에 걸친 국서 개찬」)가 발생했음에도 불구하고, 조선이 국체나 명분을 내세워 일본과 '강대강' 충돌하기보다는, 막부 쇼군 권력과 관련된 일본의 내부문제로 판단하여, 결과적으로 의례 변경을 수용함으로써 일본과의 관계 단절이나 극단적인 긴장은 피했다. 그 증좌로 통신사의 귀국 직전 양국의 국서의 개찬과정에서는 조태억 일행이 요구한대로 '범휘'가 발생한 1글자 자체만을 수정했을 뿐, 개찬 경위나 이유, 유감 표명 등과 관련된 문언은 새롭게 추가하지 않았기 때문에 통신사외교의 '구호' 유지라는 외교적 명분에는 손상이 없었다는 것을 지적할 수 있다. 단 조선은 쇼군 회답서의 범휘와 같은 막부의 전례에 어긋난 무례함에 대해 시종 '침묵'으로 일관하지는 않았다. 쇼군 호칭의 복호 및 쇼군 회답서의 피휘(避諱) 요구를 수용한 것에 대해서는 예조참의(복호-吳命峻/범휘-宋徵殷)가 쓰시마 번주에게 별도로 서계를 보내되, 조선정부의 유감 내지는 항의를 표하는 내용으로 작성하여 최종 열람자인 막부측에 전달되도록 함으로써 일본과의 마찰은 피하는 외교술을 발휘하였다.[243] 이와 같은 항의성 문건이란 일본측의 요구가 선행되어야만 추진되는 통신사 파견에서 조선이 교섭 주도권을 유지하기 위한 외교술이었다고 볼 수 있다.

한편, 신묘통신사행 때 조선이 외교마찰을 피했던 이유로는 18세기 초 '오삼계의 난' 이후 조선의 대외정책 변화에서 찾아볼 수 있다. 숙종 중·후반기의 대외관계에서 눈에 띄는 점이라면, 조·청, 조·일관계 모두 충돌을 피하는 소위 '조용한 외교'를 지향하는 한편, 남북으로 방치되어 왔던 관방(關防)에 내실을 기하려 했음을 특징으로 지적할 수 있다. 17세기 중반의 효종 대와 확연히 달라진 이러한 국정 운영 방침은 병자호란 이래 70년 만에 도래한 대내외적인 안정을 그대로 유지하는 것이야말로 가장 실리(實利)적이라는 조선정부의 '자각'에서 비롯되었다고 할 수 있다.

요컨대 1711년 신묘통신사행 당시 유례가 없었던 외교마찰에도 불구하고 '무왜'를 명분삼아 외교적 절충을 선택함으로써 일본과의 화호(和好)를 유지했던 것은 기본적으로는 임란 이래 남쪽에서의 대일본 안보를 견지하기 위한 것이었다고 할 수 있다. 즉 외교마찰로 인한 국력의 소모를 막는 한편, 쓰시마 번에 대해서도 막부에의 '직소' 전략을 지렛대로 삼아 왜관 통제 강화라는 실리(實利)를 챙기는 쪽으로 통교방침이 전환된 것이라 할 수 있다. 그 단적인 예가 조태억 일행이 에도 체류 중 쓰시마 번과 타결해 온 '범간(交奸) 약조'로, 조선 여성과 왜관의 쓰시마인에게 동일 형량(同律)을 규정한 이 약조는, 숙종대에 추진해온 변경 관리(關防)의 연장이라 할 수 있다.

조선정부가 이렇게 일본과 「안보(화호)·실리」추구라는 양면 작전을 구사함에 따라 통신사의 역할에 있어서도 국서 전달 이외에도 교섭능력이 확

243) 한편, 일본측의 도발적인 의례개혁 때문에 조태억 일행이 일본 체류 내내 불안과 위협을 느꼈음에도 불구하고 일본측과 극단적인 마찰 내지는 관계 단절로 확대되지 않았던 또 다른 이유라면, 조선통 하쿠세키와의 필담창화, 詩文 교류에 따른 긴장 완화, 내지는 예악(禮樂) 중심의 의례 개혁에 대한 공감도 작용했던 것 같다.

대되었다고 할 수 있다. 조태억 일행의 입장에서 본다면, 임기응변적이기는 했지만 막부와 쓰시마 번을 직접 상대하면서 교섭을 해야 하는 부담감과 고초, 업무량이 그 어느 때의 사행보다 심한 험난한 사행길이었지만, 이는 이미 임술통신사행(1682) 때부터 통신사에게 주어진 실무교섭 권한을 발휘한 것이었다.

마지막으로, 신묘통신사행 때 『예기』를 바탕으로 간소 대등, 화호를 지향하는 하쿠세키의 개혁안은 내용의 합리성, 국내정치적으로는 막부 쇼군의 왕권화 시도라는 성과가 있었음에도 불구하고, 전례 내지는 통신사외교의 교섭 경위를 무시한 돌출적인 개혁으로 막부 내부는 물론 쓰시마 번에서도 반대가 많았다. 이에 제6대 쇼군 이에노부(家宣)가 죽고 제8대 쇼군 요시무네(德川吉宗)가 습직하자 통신사 의례는 다시 임술통신사(1682년) 때의 구례로 회복되었다. 그 결과 신묘통신사행 때 막부의 의례변경은 결국은 1회성 돌출적인 위기(사고)에 그치고 말았다고 할 수 있다. 이로 인해 비록 국교 재개 이래 100년만에 커다란 굴곡은 있었지만 조일 양국 통신사외교의 기조가 크게 흔들리지는 않은 채 교린외교를 지속할 수 있게 되었다고 할 수 있다.

제3장

1719년 기해통신사행과 '구호'(舊好)의 실태

- 연이은 의례 변경과 대일본 안보의 재확인-

머리말

조선은 1719(숙종 45)년 신묘통신사(1711, 일본에서는 正德信使)를 파견한 지 10년도 안 되어 또다시 일본에 기해통신사(享保信使)를 파견하게 되었다. 도쿠가와 막부(德川幕府)가 제8대 쇼군 요시무네(德川吉宗)의 습직을 축하하기 위한 사절을 요청해 왔기 때문이다. 숙종 재위 기간에만 3번째 파견으로,[1)] 일본의 통신사 요청에 대해 파견 자체를 주저하지는 않았던 것 같다.

그런데 일본은 이때에도 신묘통신사행(1711)에 이어 또다시 통신사 의례의 변경을 시도하였다. 이번에는 신묘통신사행 당시 아라이 하쿠세키(新井白石)가 주도했던 의례개혁에 막부 내의 반발이 심했기 때문에 임술통신사행(1682, 天和信使) 때의 의례로 복구한다는 것이었다. 즉 구례로 복구한다는 취지이기는 하지만, 바로 직전 신묘통신사행 때 일본측이 일방적으로 의례를 변경한 지 10년도 안 된 시점에서 그것도 통신사 파견을 요청할 때마다 일본측이 자의적으로 의례 변경을 요청한다는 것은, 일본의 내부사정 때문이라 할지라도 조선으로서는 당황하지 않을 수 없었을 것이다.

그러나 『숙종실록』을 보면, 1719년 기해통신사행의 경우 바로 직전의 전례를 또다시 뒤집는 의례 변경이 있었음에도 불구하고 중앙정부 차원의 논의는 거의 보이지 않는다. 신묘통신사행(1711) 때 일본측의 의례 변경 요구를 둘러싸고 국왕과 신하들이 참여하는 중앙의 심도있는 논의가 4차례나 기록으로 남아 있는 것과는 대조적이다. 남아 있는 기록으로만 본다면 역대 통신사행을 둘러싼 조정의 논의 가운데서 가장 소략하다고 할 수 있다.

1) 숙종 즉위 직후에는 임술사행(1682년, 天和信使)을, 그리고 재위 37년(1711)에는 바로 직전에 '울릉도쟁계'(1693~1699)와 같이 일본과 큰 외교 마찰이 있었음에도 신묘통신사(正德信使)를 파견하였다.

기해통신사행은 임란 이후 통교 재개의 산물인 회답겸쇄환사(1607)의 일본 파견부터 치자면 9번째의 사행으로, 18세기 초란 효종 대의 을미통신사행(1655, 明曆信使) 이래 쇼군 습직 축하를 위한 통신사 파견이 전례(前例)로서 정착되어 가던 시기라 할 수 있다. 그러나 그렇다 하더라도 일본이 조선 국왕의 외교상대인 쇼군의 외교 칭호를 변경하는 외교의례 문제를 또다시 현안으로 제기해왔던 만큼, 과연 고민을 하기는 했을까라는 의문이 들 정도로 소략한 편이다.

기해통신사 파견을 둘러싼 논의와 결정은 숙종의 말년 국왕의 병환이 깊어져 주로 세자의 대리청정 기간 동안에 진행되었다. 그런데 이 당시 기록에서 눈에 뜨이는 점이라면, 신하들이 국정에 임하는 세자의 소극적인 청정 태도를 비난하는 대목이다. (국정에 대해) "세자 본인의 의견이 거의 없음"을 꾸짖거나 지적하는 상소가 실려있다. 사실 숙종 말년의 기해통신사 파견은 위와 같은 정국 상황에서 추진되었기 때문에 조정의 논의가 소홀했으리라는 것은 어느 정도 짐작할 수는 있다. 그러나 『숙종실록』·『비변사등록』 등의 소략한 기록, 세자의 '침묵'이 상징하는 바란, 본질적으로는 숙종대의 대외정책이나 방침에 큰 변화가 없었기 때문이라고도 할 수 있다.

우선 청과의 관계를 보면, '오삼계의 난' 이후 17세기 말 이래 조·청관계가 비교적 안정적으로 유지되어 사대외교 이외에는 긴급현안도 발생하지 않았다. 이에 조·청관계가 조·일관계에 바로 영향을 미칠 수 있는 긴박한 변수는 아니었다. 여기에 일본과의 관계를 보더라도, 바로 직전 신묘통신사행(1711) 때에는 도발에 가까운 일본측의 통신사 의례개혁과 국서에 기재된 국휘(國諱) 논쟁으로 인해 전명의가 끝난 이후 일단 주고받았던 국서를 양쪽 모두 되돌려받아 다시 개찬해야 하는 외교참사가 있었다. 그러나 그럼에도 불구하고 조일 양국 모두 통신사외교 자체를 단절할 의사는 없었다. 조선으로서는 쇼군 습직 축하를 명분으로 하는 통신사외교로 조일관계의 안정을 유지하는 것이야말로 임란 이래 100년 만에 도래한 민생의 안정과 남쪽의 안보환경을 그대로 유지할 수 있다고 여겼기 때문이다. 설사 일본이 이번 통신사행에서 의례 변경을 요구한다 하더라도, 예측하기 힘든 신례가 아니라, 임술통신사행(1682) 때의 구례로 복구하는 것이라면, 조일관계를 위협할만한 요인으로 인식하지 않았기 때문이 아닐까?

통신사 연구는 일본에서 먼저 시작된 만큼, 기해통신사행이라는 양국 외교에 대해서도 일찍이 일본 내 쇼군 권력의 안정이라는 관점에서 검토된 바 있다.[2] 예를 들면 새로운 쇼군(吉宗)의 습직으로 권력층이 교체됨에 따라 이전 권력층에 대한 비판 조치로서 통신사 의례 개혁이 진행되었음을 지적한 연구도 있다.[3] 그러다 보니 조선의 대일본 외교에 대해서는 마지막 단계의 결과만을 주목했을 뿐, 조선의 의사결정과정은 소홀히 취급되었다고 할 수 있다.

이에 비해 기해통신사행에 대한 한국측의 연구를 보면, 전반적으로 문화교류사적 관점의 연구가 많다.[4] 드러난 현상만 보자면, 그 이전의 신묘통신사행에 비해 의례 복구 이외에 절목강정 과정이나 일본 체류 중 긴장을 요하는 외교적 갈등은 상대적으로 적기 때문에, 자연히 문화교류에 비중을

2) 三宅英利, 「吉宗政權の制度復舊と通信使」『近世日朝關係史研究』 文獻出版, 1986
仲尾宏, 「享保通信使と吉宗政權の'舊格復舊'」『朝鮮通信使と德川幕府』 明石書店, 1997

3) 한승희, 「己亥通信使의 儀式改定에 대한 새로운 검토」『韓日關係史研究』 16, 2002

4) 李慧淳, 「18세기 韓日文士의 교류양상 - 己亥 使行時 韓日文士의 唱酬集을 중심으로-」『대동문화 연구』 26, 성균관대 대동문화연구원, 1991
구지현, 「필담을 통한 한일 문사 교류의 전개 양상 -赤間關을 중심으로-」『東方學志』 138, 延世大學校 國學研究院, 2007
장진엽, 「기해통신사 필담창화집에 나타난 徂徠學派 문인들의 견해 및 그 의의 -『客館璀粲集』과 『信陽山人韓館倡和稿』를 중심으로-」『한국민족문화』 71, 부산대학교 한국민족문화연구소, 2019
張眞熀, 「『扶桑紀行』의 특징과 鄭后僑의 일본 인식」『南冥學研究』 61, 慶尙大學校 慶南文化研究院南冥學研究所, 2019
이효원, 「18세기 徂徠學의 흥기와 通信使 - 辛卯·己亥使行을 중심으로 -」『朝鮮通信使研究』 21, 2016

두게 된 것으로 보인다. 이에 문화교류와 조일 양국관계의 안정이 마치 '인과관계'인 것처럼 서술 내지는 인식되어온 경향이 있었다. 그러나 외교 안보적 관점에서 본 대일본 통교에 대한 고려가 빠져버린 문화교류적 검토만으로는 자국의 이해득실을 따지는 외교전쟁을 설명하기에 부족한 감이 있다.

또한 최근에는 기해통신사행 당시의 의례 및 접대 문제를 검토한 연구들이 발표된 바 있다.[5] 그러나 임란 이후 통신사외교의 경위나 대일본 통교 방침은 배제한 채, 파견과 관련된 제도적 절차 내지는 주고받은 국서의 형식 등, 형태적인 검토에 비중을 두고 있다. 국왕의 국서 자체에 대한 내용 검토가 누락된 것은 물론, 국서를 발급하기까지 조선의 의사결정과정에 대한 검토가 생략되어 있기 때문에, 국교 재개 이래 100년 이상 지속되어 온 조일 양국의 통신사외교에서 기해통신사행(1719)이 무슨 역사적 의미가 있는지 모호한 측면이 있다.

따라서 이 장에서는 임란 이래 100년이 지난 시점, 즉 18세기 초 조선의 대외관계 및 대일본 인식을 바탕으로, 1719년 기해통신사행 때 '구례복구'라는 일본측의 외교적 명분에 대해 조선이 어떻게 대응하고 결정해 나갔는

5) 한승희, 「己亥通信使에 대한 各藩의 御馳走役 - 岡山藩의 接待를 중심으로 - 」『韓日關係史研究』 25, 2006
이재훈, 「기해사행(己亥使行)의 당상역관(堂上譯官) - 대마도 종가문서(宗家文書)에서 등장양상을 중심으로-」『韓日關係史研究』 50, 2017
이재훈, 「기해사행(1719) 속 전례의 활용 - 對馬 宗家文書를 중심으로 -」『일본공간』 25, 국민대학교 일본학연구소, 2019
이재훈, 「己亥使行의 嚴原에서의 예법 논쟁 -『海游錄』과 종가문서를 비교하여 -」『일어일문학연구』 71-2, 2009
임영현, 「1719년 통신사행과 국서」『항도부산』 40, 부산광역시사편찬위원회, 2020
이 밖에도 기해통신사행의 구성원 자체에 대해 다음과 같은 연구가 있다.
임선빈, 「己亥使行 通信副使 黃璿의 관직생활」『민족문화연구』 81, 고려대학교 민족문화연구원, 2018

지, 통신사외교의 실태에 대해서 검토해 보기로 한다.

1. 임란 이래 100년 만의 조일관계 안정에 대한 자각

1719년의 기해통신사행은 바로 직전 신묘통신사행(1711년)으로부터 8년 만의 파견이었다. 10년도 채 안되는 이 짧은 기간 동안 조선의 대외관계를 보면, 청이 '오삼계의 난'을 완전히 평정(1681년)한 이후 유지되어온 조·청 및 조·일관계의 안정이 그대로 유지되었다. 『숙종실록』 등을 보더라도 조·청 및 조·일관계에 커다란 변화나 긴박함을 요하는 현안이 발생하지 않아서인지 특단의 대책을 요하는 조정의 논의는 보이지 않는다. 그 결과 18세기 초에 이르러서는 위정자들 사이에서도 이러한 대외적인 안정에 대해, 청(淸)과 왜(倭)를 여전히 경계의 대상으로 여기면서도, 한편으로는 "남쪽과 화목한지 100년, 북쪽과 화목한지는 80년이나 되었다"는 자각을 하게 되었다.[6]

신묘통신사의 귀국 후부터 기해통신사 파견까지 8년(1712~1719) 동안 조선이 자각하고 있던 대외관계의 안정이란 실제로 어떠한 것이었을까?

먼저, 이 시기 조·청관계에서는 양국간의 국경을 정하는 '정계'(定界) 문제가 가장 큰 현안이었다. 청과의 정계 건은 국왕 숙종도 조선의 '강역'을 결정하는 중대사안으로 인식하고 있었기 때문에, 1712년 청 사자(穆克登)의 북쪽 경계 탐사에 앞서 중국 서적의 백두산 관련 기록 조사 및 사전 탐사, 신속한 현지 보고를 지시하는 등, 사전 준비에 임하였다.[7] 명의 『大明一通志』에는 백두산이 여진 소속으로 되어 있었으며,[8] 청의 『盛京誌』에는 백두

6) 『숙종실록』 39년(1713) 6월 4일 기묘.
7) 『숙종실록』 38년(1712) 3월 23일 병오.
8) 『숙종실록』 38년(1712) 3월 8일 신묘.

산 이남이 조선으로 기록되어 있었다.[9] 여기에 조·청 경계 건에 대해서는 청 황제 강희제의 관심이 컸던 만큼 숙종의 우려도 컸던 것 같다.[10] 실제로 청과 조선의 경계를 정하는 일은, 1712년 2월 청 사자의 의주(義州) 파견을 시작으로 12월 백두산에 정계비가 건립될 때까지 거의 1년이나 걸렸다.[11] 5~6월에는 청 사자(穆克登)의 백두산 탐사가 있었음에도 조선의 우려와 달리 청과는 큰 갈등 없이 조선의 의도대로 백두산 이남의 압록강과 동변의 두만강이 양국간의 경계로 정해지게 되었다.[12] 청 강희제의 배려라는 청 사자의 전언도 있듯이,[13] 정계 건이 원만하게 해결됨에 따라 조선은 1712년 7월 청에 사은사를 파견하였다.[14] 그리고 1713년 윤5월에는 강희제의 회답을 계기로 백두산 정계 건이 일단락되었다.[15]

물론 이후에도 청 강희제의 지시로 1713년 윤5월과 6월에 걸쳐 청 사자가 조선의 '8도지도' 열람을 요구하는 등, 조선의 강역에 관심을 보였다.[16] 그러나 청 강희제는 기본적으로 조선의 내정에 간섭하지 않는다는 방침이었기 때문에,[17] 백두산 정계비 건립 이후 청의 조선 강역에 대한 관심이 조·청간의 강역 내지는 경계에 관한 마찰로 비화되지는 않았다.

이 밖의 대청 현안이라면, 북방 함경도의 국경 지역(경원, 훈융(訓戎), 瑟

9) 『숙종실록』 38년(1712) 3월 24일 정미.
10) 『숙종실록』 17년(1691) 11월 16일 병인.
청 강희제는 입관(1644년) 이후부터 백두산(장백산) 탐사에 강한 의지를 가지고 있었으며, 1691년 이를 위한 사자 파견을 시도했지만 무산되자, 다시 1712년에 사자 목극등(穆克登)을 義州에 파견하여 조사에 임했다.
11) 『숙종실록』 38년(1712) 2월 26일 기묘.
『숙종실록』 38년(1712) 12월 7일 병진.
12) 『숙종실록』 38년(1712) 5월 15일 정유, 5월 23일 을사, 6월 3일 을묘, 6월 10일 임술.
13) 『숙종실록』 38년(1712) 5월 23일 을사.
14) 『숙종실록』 38년(1712) 7월 20일 신축.
15) 『숙종실록』 39년(1713) 윤5월 18일 갑자.
16) 『숙종실록』 39년(1713) 윤5월 27일 계유 및 6월 2일 정축.
17) 『숙종실록』 39년(1713) 윤5월 18일 갑자.

海(경흥부))에 청나라 주민이 무단으로 들어와 농경지(田地)를 개간하는 문제가 몇 차례 발생하여 훗날 조선과 마찰의 소지가 있었지만, 청의 금령 조치로 인해 중대현안으로 확대되지는 않았다.[18] 여기에 북관 개시(北關開市)의 폐단 문제(1713·1716),[19] 황당선(해적)의 서해안 출현(1714·1716·1717)도 번거로운 문제였지만,[20] 황당선의 청 압송시 대청 주문(奏文) 또는 자문(咨文)에 금단에 대한 '신칙'을 요구하는 등,[21] 외교적 절차에 따라 사후처리가 이루어졌기 때문에 긴장이라고 할만한 단계는 아니었다.

따라서 백두산 정계비 건립 이후의 조·청관계란, 사대외교에 따른 양국의 사절 왕래가 비중을 차지하게 되었다고 할 수 있다. 조선으로서는 특별히 진주사(陳奏使)를 파견할만한 외교적 명분도 사라졌기에 점차 사은사가 동지사를 겸하는 '사은사겸동지사' 사례가 생기게 되었으며, 파견 시기도 점차 늦어져 해를 넘기는 경향마저 있었다.[22] 이러한 느슨함은 청 칙사에 대한 인식에서도 엿볼 수 있다. '오삼계의 난' 직후(1681~1682)만 해도 청은 조선의 동향 파악을 위해 조선이 청에 보내는 사자보다도 더 빈번한 횟수로 칙사를 파견해왔다.[23] 이에 숙종 중·후반기에는 조·청관계가 안정되었다고는 하지만 조선은 여전히 청의 칙사 파견 자체를 조선에 대한 압박

18) 『숙종실록』 39년(1713) 8월 8일 갑자(慶源).
『숙종실록』 40년(1714) 9월 16일 갑인(理山) 및 10월 28일 병신(慶源, 訓戎).
『숙종실록』 41년(1715) 7월 1일 갑오(瑟海 및 청의 禁令).

19) 『숙종실록』 39년(1713) 윤5월 10일 병진.
『숙종실록』 42년(1716) 12월 21일 정미(경원부 개시 문제).

20) 『숙종실록』 40년(1714) 7월 16일 을묘.
『숙종실록』 42년(1716) 12월 14일 경자(황해병사(이천근)의 황당선 압송).
『숙종실록』 43년(1717) 2월 3일 무자(옹진현 황당선) 및 5월 10일 계해(황당선 32척).

21) 『숙종실록』 40년(1714) 7월 16일 을묘.
『숙종실록』 43년(1717) 5월 10일 계해.

22) 『숙종실록』 43년(1717) 3월 18일 계유.

23) 이훈, 「숙종대 임술통신사(1682) 파견과 적례외교의 정착」 『공존의 인간학』 4, 2020, 180쪽.

내지는 협박으로 인식하고 있었다.[24] 이러한 청사의 눈을 피해 1711년에는 대청 방어산성으로 북한산성을 축조하기에 이르렀다.[25] 그러나 정계비 건립 이후에는 청 칙사의 파견이 있다 하더라도 1717년과 같이 숙종의 병환이 깊어짐에 따라 청 사자가 숙종의 치료약으로 공청(空靑)을 가져오거나,[26] 1719년처럼 청 황실의 조경사를 알리기 위한 것이었다.[27] 따라서 18세기 초의 조·청관계에서는 병자호란 직후나 '오삼계의 난' 이후와 같은 상호 탐색 내지 현실적인 긴박감은 보이지 않는다.

같은 시기 일본과의 관계는 어떠했을까?

『숙종실록』을 보면, 조·청관계와 달리 조·일 양국 관련 기사가 너무나 소략하다. 도쿠가와 막부(德川幕府)와 관련해서는 제7대 쇼군 이에츠구(家繼)의 습직(1713) 및 제8대 쇼군 요시무네(吉宗)의 습직(1716) 소식 및 통신사 요청에 대한 간략한 보고가 8년(1712~1719) 동안 단 4건 있었을 뿐, 그것도 조정 차원의 논의는 보이지 않는다.[28]

오히려 왜관 관련 보고가 더 많이 눈에 뜨인다. 예를 들면, 1712년 3월에는 동래부사가 바로 직전 신묘통신사행의 일본 현지에서의 외교적 성과라 할 수 있는 '범간약조' 타결을 조정에 보고하였다. 범간(犯奸)이란 왜관 주변의 조선 여성과 왜관 내 쓰시마(對馬) 남성의 자유로운 접촉에서 발생한 교간(交奸) 사건으로, 교간 금지를 약조로 정했다는 것은 당사자를 상호 동률(同律)로 처벌함으로써 왜관과 주변 조선인의 무절제한 접촉을 항구적으

24) 『숙종실록』 17년(1691) 4월 11일 병인.

25) 『숙종실록』 37년(1711) 5월 3일 을유 및 10월 19일 갑술.

26) 『숙종실록』 43년(1717) 10월 13일 계사.

27) 『숙종실록』 45년(1719) 1월 26일 기해(청 사자의 황태후 3년상 통보).

28) 『숙종실록』 39년(1713) 5월 30일 병오(동래부사(이명준)의 新 관백 이에츠구 습직 보고).
『숙종실록』 42년(1716) 6월 9일 정유(신 관백 源吉宗 습직 보고).
『숙종실록』 42년(1716) 12월 27일 계축(신 관백의 매(鷹) 求貿 건).
『숙종실록』 44년(1718) 9월 3일 무진(통신사절목강정 건으로 역관 한후원 처벌).

로 통제하겠다는 것이었다.[29] 1712년 4월에는 교리(오명함)가 초량촌에 역관(훈도·별차) 이외에 일반 백성이 들어가 섞여 살지 못하게 하도록 건의한 결과 곧바로 금단 조치를 취하게 되었다.[30] 왜관과 조선의 공간적 '경계'를 분명히 하여 조선인의 왜관 출입을 항구적으로 통제하겠다는 것이었다.

이와 더불어 남쪽의 관방 및 왜관의 쓰시마 사람에 대한 접대의례 관련 보고도 있었다. 1714년 8월에는 경상도 암행어사(李秉常)가 초량의 서·남쪽에 축성을 건의하는 한편, 왜관에서 쓰시마 번 사자를 접대하는 연향을 베풀 때 여악(女樂) 폐지를 건의한 바 윤허가 있었다.[31] 그리고 1718년에는 동래부사(趙榮福)가 왜인 접대시 접대 의례와 관련하여 진상 숙배식부터 거행할 것을 건의하였다. 왜관 파견 쓰시마 번(對馬藩) 사자에 대한 조선의 접대절차란, 원래 도착하면 바로 조선 국왕의 전패에 대한 숙배식과 방물부터 봉진한 후 나머지 하선연과 상선연을 치러야 했다. 그러나 최근 들어 기강이 해이해진 결과 왜관에서는 먼저 무역행위(興販)부터 한 후 귀국 직전에서야 숙배식을 올린다는 것이었다. 접대의례가 느슨해진 것은 조정을 무시하는 것과 같다는 보고에 따라, 곧바로 시정 조치가 취해졌다.[32]

이와 같이 신묘통신사행(1711) 이후 약 10년간의 조일관계를 보면, 양국 중앙정부간의 외교보다는 왜관에서의 일상적 통교와 관련된 내용이 더 많은 편으로, 내용상으로는 왜관과 조선의 공간적 '경계'를 분명히 함으로써 향후 조일 양국인의 접촉으로 인한 마찰의 소지를 없애는 한편, 왜관에서의 접대의례 간소화 및 재정비에 힘썼다고 할 수 있다. 그러나 주목해야 할 것은 어느 사안에 대해서도 조정의 신속한 결정이 있었다는 것이다. 빠른 조치는 왜관의 초량 이전(1678년) 이후 조선 정부가 추진해온 왜관 통제

29) 『숙종실록』 38년(1712) 3월 5일 무자.
30) 『숙종실록』 38년(1712) 4월 22일 갑술.
31) 『숙종실록』 40년(1714) 8월 3일 임신.
32) 『숙종실록』 44년(1718) 1월 9일 무진.

방침을 관철하기 위한 것으로, 기유약조(1609) 이래 100년 가까이 방치되어 왔던 남변의 관방(關防) 강화에 대한 숙종의 관심을 반영하는 것이기도 하였다.[33] 숙종대의 이러한 왜관 통제방침은 같은 시기 북쪽 국경 지역에 청 주민이 농경지를 개간하여 조선인과 섞여 살게 됨으로써 초래될 수 있는 마찰을 방지하기 위해 청 정부에 외교절차를 통해 항의했던 것과 같은 맥락이라 할 것이다.

그렇다면 『숙종실록』 등 정부측 기록에 왜관 관련 기사보다도 통신사 관련 기록이 소략하다는 것은 무슨 의미일까? 앞서 지적했듯이, 신묘통신사의 귀국 후부터 기해통신사를 파견할 때까지 8년 동안에는, 제7대 쇼군의 사망과 제8대 쇼군의 습직 사실만이 간단히 보고되었을 뿐이다. 그리고 후술하겠지만 기해통신사행 때에는 막부측으로부터 통신사 의례에 대한 개정 요구가 있었음에도, 이 역시 논의의 흔적은 별로 없다.

조정의 논의 기록이 보이지 않는 것은, 우선은 이 시기가 숙종의 재위 말년인 만큼 병환으로 인한 약방 관련 기사가 많은 부분을 차지하기 때문이기도 하다. 그렇지만 한편으로는 1719년 기해통신사 파견을 둘러싼 논의가 주로 숙종의 병환이 깊어진 탓에 세자의 대리청정 기간(1716~1720) 동안에 진행되었는데, 세자가 청정하는 국정운영 방식과도 관련이 있을 것으로 생각된다. 이 시기 『숙종실록』에서 흥미로운 점이라면 신하들이 국정에 임하는 세자의 소극적인 청정 태도를 비난하는 대목이다. (국정에 대해 세자는) "승지 입대시 거의 '達'자만 찍거나,[34] 전례에 따라 '書答'만 할 뿐, 어떤 현안에 대해 세자 본인의 의견 제시가 없이 거의 '침묵'으로 일관"하는 정무 태도를 불신 내지는 지적하는 상소가 실려있다.[35]

---

33) 이 책의 제2장 참고.
34) '達'이란 조선시대 세자가 섭정한 경우, 관원이 세자에게 올린 관문서를 말하며, '장계'(狀啓)와 성격이 같다(『한국민족문화대백과사전』).
35) 『숙종실록』 45년(1719) 10월 7일 병오(宋成明의 상소).

이와 같은 국정 운영 실태로 본다면, 일본으로부터 통신사 요청에 대한 보고가 있었다 하더라도, 쇼군 습직 축하차 통신사를 파견하여 이웃나라로서 축하의 예를 표한다는 통교 방침이 이미 효종 대의 을미통신사행(1655, 明曆信使)에 이어 숙종 대에도 임술통신사행(1682, 天和信使), 신묘통신사행(1711, 正德信使)까지 3차례에 걸쳐 전례로서 정착되어 있었기 때문에 새삼스레 세자를 비롯한 조정 신료간의 논의가 필요하지는 않았을 것으로 보인다. 뿐만 아니라 조·청관계 역시 앞서 보았듯이 조선 스스로 자각할 정도로 그 어느 때보다도 안정되어 있었기 때문에 당시의 조·일관계에 어떤 영향을 미칠만한 변수는 아니었다. 따라서 숙종 말년의 『실록』·『비변사등록』 등의 소략한 기록이란, 실제로 통신사 파견과 관련된 논의 자체가 없었을 수도 있다. 그러나 세자의 '침묵' 내지 기록의 부재란, 기본적으로는 조·청 및 조·일관계의 안정으로 도쿠가와 막부에 대한 숙종대의 통신사외교 방침에 특별히 큰 변화가 없었기 때문이라고 할 수 있다.

바로 직전 신묘통신사행(1711) 당시 조선의 입장이란, 도발에 가까운 일본측의 의례개혁과 양국 국서에 기재된 국휘(國諱) 논쟁으로 인해 전명의 이후 상호간에 국서를 개찬해야 하는 외교참사가 있었다. 그러나 이때 조선의 대응을 보면, 외교참사에 대한 불만은 예조참의가 쓰시마 번주(對馬藩主)에 보내는 서계에 기재함으로써 그 취지가 막부에 전달되도록 하였다. 그렇지만 쇼군 앞으로 보내는 개찬 국서에는 수정하기로 합의된 '1글자'만을 개찬했을 뿐, 양국의 교린외교에 오해를 불러일으킬 수 있는 새로운 문언은 한 글자도 추가하지 않았다.[36] 말하자면 국왕의 국서에는 양국 관계에 직접 영향을 미치거나 변화를 초래할 수 있는 무모함을 절제함으로써 도쿠가와 막부와의 통신사외교, 즉 교린외교는 계속 유지한다는 방침을 취했던 것이다. 조선으로서는 쇼군 습직 축하를 명분으로 하는 통신사외교로

36) 이 책의 제2장 참조.

조일관계의 안정을 유지하는 것이야말로 임란 이래 100년 만에 도래한 민생의 안정을 도모할 수 있을 뿐 아니라 남쪽의 관방(關防)을 관리하기에도 수월하다는 인식이 있었기 때문이다.37) 설사 일본이 1719년 기해통신사행 때 의례변경을 요구했다 하더라도, 1711년의 의례개혁과 또 다른 신례가 아니라, 1682년 임술사행 때의 구례로 복구하는 것이라면, 조일 양국관계를 위협할만한 요인으로 인식하지 않았기 때문인 것으로 생각된다.

이렇게 볼 때, 1719년의 기해통신사행이란, 신묘통신사행(1711)으로부터 10년이라는 외교공백은 있었지만, 숙종대의 대일본 통교방침, 즉 도쿠가와 막부와는 통신사외교를 계속 유지하면서, 쓰시마 번에 대해서는 초량 왜관 이전(1678년) 이후 추진해오던 왜관 통제, 즉 관방(關防)의 강화라는 기본적인 통교 방침을 관철시켜 나가는 가운데 추진되었다고 할 수 있다.

단 그렇다고 해서 일본측과의 교섭이나 통신사의 일본 여정이 처음부터 끝까지 순탄하지는 않았다. 절목강정 단계에서는 쓰시마 번이 '전례에 없는 강정역관의 쓰시마 파견'을 요청해왔다. 그렇지만 조선이 단호하게 대응한 결과 파견 건이 일단락될 때까지 교섭의 교착상태가 1년 반이나 계속되었다. 게다가 통신사 의례 및 접대 전반에 대해 양측이 의견 조율을 하는 절목강정 경위를 보면, 기해통신사행(1719)에서만 볼 수 있는 「조선이 일본에 요구한 절목」(自我書給節目)이 존재한다. 임란 이후 역대 통신사의 절목강정 교섭에서 일본측(對馬藩)이 조선에 제기해온 것과 별도로 조선이 일본측에 요구한 절목이 존재한다는 것은 초유의 일이다. 바로 직전 신묘통신사행(1711) 때 아라이 하쿠세키(新井白石)의 의례 개혁 및 국휘(國諱) 논쟁과 같은 외교적 충격을 생생하게 기억하고 있는 조선으로서는 재차 의례변경에 임해야 하는 만큼, 통신사 교섭에 임하는 조선의 불안과 긴장감을 엿볼 수 있는 대목이다.

---

37) 이 책의 제2장 참조.

2. 1718년 일본의 통신사 요청과 조선의 수용

1719년 기해통신사의 구체적인 파견 경위는 어떠했을까?

우선 신묘통신사행(1711) 이후 8년이라는 외교공백기에도 쓰시마 번(對馬藩)은 도쿠가와 막부 쇼군가의 조경사를 조선에 알려왔다. 그리고 동래부로부터도 막부의 새로운 쇼군 습직 및 출자와 관련된 정보가 보고되었다. 이에 통신사를 파견하기 이전이라 하더라도 머지않아 일본으로부터 통신사 요청이 있으리라는 것을 짐작할 수 있었다.

먼저 신묘통신사행이 일본에서 귀국한 지 1년도 되지 않은 1712년 10월, 막부의 제6대 쇼군 이에노부(德川家宣)가 사망하자, 1713년 2월에는 쓰시마 번이 '관백고부대차왜'(平眞長, 杉村采女) 편에 예조 앞으로 서계를 보내 쇼군 이에노부의 사망 소식을 알려왔다.[38] 이에 조선은 1713년 7월 당상역관(朴再昌)을 쓰시마로 보내 조위의 뜻을 표하였다.[39] 그리고 1713년 4월 이에츠구(德川家繼)가 제7대 쇼군이 되었을 때에도 쓰시마 번은 5월 '신관백고경대차왜'(平倫久, 杉村三郎左衛門) 편에 예조참판 앞으로 서계를 보내 조선에 새로운 쇼군의 습직을 알려왔다.[40] 그러나 새로운 쇼군 습직 축하를 위한 통신사 파견 논의가 시작되기도 전인 1716년 4월(일본력) 습직한 지 3년 만에 이에츠구가 사망함에 따라, 1716년 8월에는 제8대 쇼군 요시무네(德川吉宗, 源吉宗)의 습직 선포가 있었다. 이 때도 쓰시마 번은 1716년 9월 고부대차왜(참판사 平眞連, 樋口佐左衛門)를 조선에 파견하여 이에츠구의 사망 소식을,[41] 11월에는 고경대차왜(참판사 平方直, 平田隼人) 편에 새로운

38) 『통신사등록』 제7책, 계사(1713, 숙종 39) 3월 2일(관백고부대차왜의 도선주로 雨森東이 함께 옴).

39) 『변례집요』 권18, 渡海, 계사(1713) 7월, 관백신사조위 도해역관(朴再昌). 이때 지참해간 예조참의(申鏼) 서계는 국사편찬위원회에 소장되어 있다(서계 No.2971).

40) 『통신사등록』 제7책, 계사(1713, 숙종 39) 윤5월 1일(신 관백 승습 통보).

쇼군(新關白)의 습직을 알려왔다.[42]

신관백의 고경대차왜가 예조참판 앞으로 가져온 서계에는, 이전의 관백(쇼군 家繼)이 후사가 없어 기이(紀伊) 태수가 쇼군직을 계승하였다는 취지만이 간략하게 기재되어 있었다.[43] 고경대차왜는 이때 관수 편에 私書를 보내, 새 관백의 이름은 기이 번(紀伊藩) 태수로 있을 때와 마찬가지로 '源吉宗'이니 향후 조일 양국의 왕복문서에 '吉宗' 두 글자를 피휘(避諱)해 줄 것을 조선에 요청하도록 하였다.[44]

이에 조선에서는 일본측으로부터 머지않아 새로운 쇼군의 습직을 축하하기 위한 통신사 요청이 있을 것으로 예측한 가운데, 1716년 12월 문위겸조위역관(李松年)을 쓰시마로 보내 조위(弔慰)의 뜻을 전하였다.[45] 조위역관이 쓰시마 번주를 면대한 자리에서는 통신사 파견 건이 화제가 되었던 것 같으며, 쓰시마 번 기록을 보면, 역관이 구두(口頭)이기는 하지만 조선 조정이 먼저 새로운 쇼군 습직을 축하하고자 파견 시기를 문의해 온 것으로 되어 있다. 쓰시마 번은 번주(對馬守 宗義方)가 아직 쓰시마 체류 중이므로 에도 참부(江戶參府) 후라야 파견 시기를 알 수 있다는 답변으로 대응한 후,

41) 『변례집요』 권1, 별차왜, 병신(1716.9), 관백신사고부대차왜(平眞連).

42) 『통신사등록』 제7책, 병신(1716, 숙종 42) 11월 27일, 고경대차왜(平方直)의 서계.

43) 막부는 도쿠가와 가문(德川家)의 직계 혈통이 끊기게 되었을 경우에 대비하여, 이에야스(家康)의 방계 혈통인 오와리(尾張)·미토(水戶)·기이(紀伊)家의 '고산케'(御三家)를 두어, 그 안에서 쇼군 직을 잇게 하였다.

44) 『통신사등록』 제7책, 병신(1716, 숙종 42) 11월 27일, 고경대차왜(平方直)의 서계.

45) 『변례집요』 권18, 渡海, 병신(1716) 8월 및 12월, 조위문위역관(李松年).
쓰시마 번 기록에는, 조선이 문위겸조위역관(僉知 李松年) 파견(1716.12) 때부터 쇼군 습직을 위한 통신사 파견을 염두에 두고 일본측에 절목강정의 중요성을 호소한 것으로 기록되어 있다. 예를 들면,
去年春(1717.1, 조선측 기록 1716.12) 譯官罷渡候節、信使を以代替之御祝詞可申上哉と彼方より被相尋(후략) (『分類紀事大綱』 13, 「節目講定之譯官禮曹之書翰不持來候事」 享保3 무술년 정월 23일(대마도종가문서 기록류 No.4518, MF.754, 국사편찬위원회).

우선 1717년 정월 역관의 구두 요청을 근거로 에도 루스이(江戶留守居)로 하여금 막부 로쥬(朝鮮御用掛老中 土屋相模守)에게 파견 시기를 문의하도록 했다.[46]

그러면 쓰시마 번은 언제 통신사를 요청해 왔을까?

막부의 제8대 쇼군 요시무네(吉宗)는 정식으로 쇼군 습직을 선포(1716.8) 하기 이전부터 통신사 요청에 관심을 가지고 있었던 것 같다. 막부의 로쥬(土屋相模守) 및 林大學頭(信篤)와 함께 통신사 접대의례에 대해 논의한 결과, 신묘통신사행(正德信使) 때의 의례를 폐지하고 1682년 임술통신사행(天和信使) 때의 구례를 복구하기로 결정하였다.[47] 이중 막부의 로쥬 츠치야 사가미노카미(土屋相模守)라면 쇼군의 지시에 따라 이미 신묘통신사(1711년) 때 통신사 초빙 업무를 전담한 바 있었다. 뿐만 아니라 여러 명의 로쥬 가운데서도 이미 오랫동안(1705~1718) 조선과 관련된 업무를 전담하던 로쥬(朝鮮御用老中)로서,[48] 대조선 업무에 대해 쓰시마 번과의 교감은 물론,

---

46) 『享保信使記錄』 5, 「信使來聘ニ付修聘使大浦忠右衛門朝鮮江御差渡候覺書」 (1717년) 정월 11일 쓰시마 번주가 土屋相模守(老中)에게 보낸 서장(대마도종가문서 기록류, No.379, MF.54, 국사편찬위원회).

仲尾宏, 「享保通信使と吉宗政權の'舊格復舊'」 『朝鮮通信使と德川幕府』 明石書店, 1997, 207~210쪽.

三宅英利, 「吉宗政權の制度復舊と通信使」 『近世日朝關係史研究』 文獻出版, 1986, 437~442쪽.

47) 통신사 전담 로쥬(井上河內守)가 天和信使의 전례를 따르도록 쓰시마 번주(宗對馬守)에게 지시한 奉書는 다음과 같다.

宗對馬守

'朝鮮人來朝'之儀ニ付而、前前之格を被爲請、就中天和之通可被仰付候、其趣を存、對馬守殿計可申候。

(『享保信使記錄』 5, 「信使來聘ニ付修聘使大浦忠右衛門朝鮮江御差渡候覺書」 (1717년) 7월 16일 (대마도종가문서 기록류, No.379, MF.54, 국사편찬위원회).

48) 古川祐貴, 「朝鮮御用老中考」 『近世日本の対朝鮮外交』의 〈표 1〉朝鮮御用老中一覽, 吉川弘文館, 2024, 95쪽.

통신사 접대를 둘러싼 아라이 하쿠세키(新井白石) 주도의 의례개혁에 대해서도 전례를 고수함으로써 조선과 갈등을 일으키지 않으려는 편이었다.

이와 같이 막부의 통신사 요청 및 의례 복구 방침이 정해지자, 쓰시마 번은 1717년 5월 번주(宗義方)의 에도 체류 중, 쇼군 요시무네의 지시에 따라 에도성(江戶城 白書院)에서 막부 로쥬(老中)가 열좌한 가운데 당번 로쥬(御用番 戶田山城守)로부터 통신사 초빙 시기를 명후년(亥年秋中, 1719년)으로 할 것을 통보받았다.[49] 6월에는 로쥬 井上河內守(信使御用掛)가 통신사 초빙과 관련된 제반사를 담당하게 됨에 따라, 쓰시마 번주에게도 통신사 초빙 업무에 전념하도록 하라는 로쥬(信使御用掛 井上河內守)의 통보가 있었다.[50] 그리고 바로 이어서 1717년 7월에는 통신사 전담 로쥬(信使御用掛 井上河內守)로부터 통신사 초빙(來朝)건에 대해 1682년의 임술통신사(天和信使) 때의 전례를 따르도록 할 것이며, 쇼군의 칭호도 '國王號'를 중지하고 1711년(正德信使) 이전의 '大君號'로 복구하라는 지시가 있었다.[51]

49) 1717년 통신사 초빙에 관해 막부(老中)가 쓰시마 번주에게 보낸 문서(書付)에는 통신사 초빙이 '來聘'이 아닌 '來朝'로 기재되어 있었다. 1711년 신묘통신사 때의 로쥬 奉書에도 '來朝'라 기재되어 있었으나, 新井白石과 쓰시마 번의 질의·응답을 통해 대등한 의미의 '來聘'으로 수정된 바 있다. 다음은 기해통신사 초빙을 지시한 막부 지시이다.

御代替付而'朝鮮人來朝'之儀被伺候、來々亥年秋中可爲來朝旨、可被相達候。以上(『享保信使記錄』 5, 「信使來聘ニ付修聘使大浦忠右衛門朝鮮江御差渡候覺書」(1717년) 5월 12일 쓰시마 번주가 통신사 초빙 시기에 대해 에도성에서 받은 老中의 書付(봉서) (대마도종가문서 기록류, No.379, MF.54, 국사편찬위원회).

50) 『享保信使記錄』 11, 「從公儀仰出附御伺之事」 6월 25일, 宗對馬守의 口上(대마도종가문서 기록류, No.381, MF.54, 국사편찬위원회).

51) 통신사 전담 로쥬(信使御用掛 井上河內守)가 天和信使의 전례를 따르도록 쓰시마 번주에게 지시한 내용은 다음과 같다

殿樣今辰刻御出被成候處、河內守樣御出被成、亥年朝鮮人來朝ニ付御禮式之儀、大形天和年之格ニ被仰出ニ而可有御座候、依之、內存之儀書付候与之御事ニ而御書付御渡被成、王號之儀茂寶永以前之通御止〆可被遊候樣子候由、被仰渡候事。

(『享保信使記錄』 11, 「從公儀仰出附御伺之事」 7월 6일 井上河內守가 쓰시마 번

그리하여 쓰시마 번은 새로운 쇼군 요시무네(德川吉宗)가 습직한 지 거의 1년 반이나 지난 1718년 1월 비로소 통신사청래차왜 오우라 츄자에몬(修聘參判使 平倫之, 大浦忠左衛門)을 조선에 파견하여 통신사 파견을 요청해 왔다.[52] 다음은 통신사청래차왜가 가져온 쓰시마 번주의 서계이다.

> 日本國對馬州太守拾遺平義方 啓書
> 朝鮮國禮曹參判大人 閤下
> 小春漏暖, 竊以貴國淸穆, 本邦隆治, 玆因吾殿下新立, ⓐ遵例信使超海, ⓑ須在己亥勢五月初旬發船貴域, 七八月之交到得東武, 望依所請, 仍此正官平倫之, 都船主平眞英, 專此報知焉, 微薄別楮粗致鄙衷, 照領爲荷摠冀寶嗇, 謹此不備.
> 享保二年丁酉十月十一日[53]

수신자가 예조참판 앞으로 되어있는 쓰시마 번주(平義方=宗義方)의 서계를 보면, 새로운 쇼군(吉宗)의 습직(新立)에 대해 '전례에 따라'(遵例) 통신사 파견을 요청하면서(ⓐ) 파견 시기 만을 간단히 언급해 왔다. 조선 출발을 기해년(1719) 5월 초순, 에도(東武) 도착 시기를 7~8월(가을) 사이로 희망한다는 내용이다(ⓑ).

그런데 서계의 작성날짜를 보면 1717년(享保 2) 10월로 되어 있다. 이 시기라면 쓰시마 번도 이미 임술통신사(1682) 때의 전례로 통신사 의례를 복구한다는 막부의 방침을 전달받은 이후였다. 뿐만아니라, 이미 쇼군의 칭호를 '大君'으로 복구하는 문제를 비롯하여 통신사의 에도성(江戶城)에의 등성

주에게 건넨 書付, 대마도종가문서 기록류, No.381, MF.54, 국사편찬위원회).

52) 『통신사등록』 제7책, 무술(1718, 숙종 44) 2월 6일(동래부사 조영복(趙榮福)의 狀達, 1.25).

53) 『통신사등록』 제7책, 무술(1718, 숙종 44) 2월 6일.
『동문휘고』 附編, 권9, 통신, 병신, 島主請信使書(국사편찬위원회 2책, 1931쪽).

횟수 등 접대 의례 변경에 관해 막부측(통신사 전담 로쥬인 井上河內守)과의 질의·응답 및 전례 보고를 통해 조율이 진행되고 있는 시기였다.[54] 그럼에도 불구하고 4개월이나 지난 시점(1718.1)에 조선에 통신사를 요청하면서 서계에는 파견 시기만을 기재해 온 것이다.

쓰시마 번주의 서계에 파견 시기만을 제시해온 것은 쓰시마 번의 독자적인 발상만은 아니었던 것 같다. 통신사 초빙과 관련된 막부의 지침을 보면, 조선에 아무런 이유없이 의례변경의 골자라 할 수 있는 '구례복구' 내용을 갑자기 전달할 경우 조선이 곤란해할 수도 있으니 쓰시마 번주 자신의 개인 의견인 것처럼 설명할 것이며,[55] 서한(書契) 만으로는 강제적으로 느낄 수 있으므로 '구두' 또는 각서 형식을 취하도록 당부한 바 있다.[56] 이것으로 보면 쓰시마 번주의 서계에 돌연 '구례복구'를 기재했을 경우 조선의 즉각적인 거부반응을 예측한 막부의 지침을 반영한 조치라 볼 수 있다.

단, 통신사청래차왜(修聘參判使 平倫之, 大浦忠左衛門) 파견 당시 쓰시마 번의 지시를 보면, 혹시라도 동래부사나 접위관이 통신사 의례에 대해 문의를 하거든, "임술통신사행(1682, 天和信使) 때의 예식(禮式)을 따르되 자세한 것은 강정역관 도해 때 상의하면 될 것이라는 정도로 언질을 주도록" 하라는 당부가 있었다.[57] 그러나 조선측 기록을 보면, 쓰시마 번 차왜가 조선의 회답을 받기 위해 부산 왜관에 체류하는 동안 조선측으로부터 몇 차

---

54) 『享保信使記錄』 11, 「從公儀仰出附御伺之事」(대마도종가문서 기록류, No.381, MF. 54, 국사편찬위원회).

55) 『享保信使記錄』 11, 「從公儀仰出附御伺之事」 (1719년) 3월 3일 井上河內守 書付(대마도종가문서 기록류, No.381, MF.54, 국사편찬위원회).

三月三日井上河內守江平田直右衛門被召寄、當秋朝鮮人來朝付今度御規式如舊例被相改候間、信使江殿樣御自分之御心得之樣被仰達候樣与之書付幷御奉書河內守直右衛門江御逢被成御直御渡被成候事。

56) 三宅英利, 「吉宗政權の制度復舊と通信使」 『近世日朝關係史研究』 文獻出版, 1986, 448쪽.

57) 『分類紀事大綱』 13, 「節目講定之譯官禮曹之書翰不持來候事」 享保3(1718) 무술년 정월 23일(대마도종가문서 기록류, No.4518, MF.754, 국사편찬위원회).

례 접대(하선연·상선연·별연)를 받으면서 동래부측과 접촉이 있었음에도 의례 문제에 대한 구체적 언급은 보이지 않는다. 일본측 기록을 보면 중앙에서 접위관(홍문관 修撰 李仁復)과 함께 내려온 차비역관을 당하관에서 당상관으로 상향시켜 주도록 동래부를 통해 접대에 대한 불만을 호소했지만, 교섭이 장기화되는 것을 우려하여 접위관이 주도하는 다례(茶禮)를 수용할 수 밖에 없었던 정도의 사소한 마찰은 있었다.[58] 후술하겠지만 통신사 요청에 대한 조선의 수락 이후 쓰시마 번이 달성해야 할 눈앞의 과제라면, 막부의 의례 변경 내용을 조선에 어떻게 알릴 것인가라는 문제였다. 구체적인 절목강정을 위해서는 강정역관을 일단 쓰시마(對馬)로 불러들여 설득할 필요가 있었기에 처음부터 쓰시마 번주의 통신사 요청 서계에 의례 변경문제를 기재하여 갈등을 키울 필요는 없었을 것으로 보인다.

이러한 일본측(쓰시마 번)의 통신사 요청에 대해 조선은 어떻게 대응했을까?

통신사청래차왜 건에 대한 동래부사(趙榮福)의 보고(1718.2.6)가 있었음에도 조정의 논의가 별로 보이지 않는 것으로 보아 파견 자체에는 별 이견이 없었던 것 같다.[59] 그리하여 통신사 요청을 보고한 지 1달만인 1718년 3월 예조참판(金慶興) 명의로 신속하게 회답서가 작성되었다. "쇼군이 새로이 先業을 계승한 것에 대해 信使를 파견하여 舊好를 돈독히 하겠다"는 간략한 내용이었다.[60] 예조참의(李徵龜) 답서(1718.3)를 보더라도 일본측이 희망하는 통신사의 요청 시기(1719.7~8월 사이)를 수용한다는 내용이었다.[61]

58) 『享保信使記錄』 5, 「信使來聘ニ付修聘使大浦忠右衛門朝鮮江御差渡候覺書」 (1718년) 3월 15일 茶禮(대마도종가문서 기록류 No.379, MF.54, 국사편찬위원회).

59) 『통신사등록』 제7책, 무술(1718, 숙종 44) 2월 6일(동래부사 조영복의 장달, 1.25일).

60) 예조참판 김경흥(金慶興)의 무술년(1718) 3월 답서(국사편찬위원회 소장 서계, No.3221, MF.1054).

(전략)星槎帶信憑諦啓居珍毖傾慰亡量, <u>況以貴殿下新承丕基, 要遣信使益修舊好(후략)</u>

61) 예조참의 이징구(李徵龜)의 무술년(1718) 3월 답서(국사편찬위원회 소장 서계,

이와 같은 경위로 볼 때, 조일 양국 모두 통신사를 요청하고 파견하는 유일한 근거란, '쇼군 습직'을 축하하기 위한 통신사행이 그간의 전례(舊好, 舊例)였기 때문으로 파견 시기에 대해서도 별 이견이 없었다고 할 수 있다. 특히 바로 직전 신묘통신사행(1711, 正德信使) 때에는 아라이 하쿠세키(新井白石)의 빙례개혁과 국휘(國諱) 논쟁으로 인해 에도성(江戶城)에서 정식으로 교환했던 양국 국서를 다시 되돌려 받아 개찬을 했던 대참사가 있었다. 기해통신사행은 그로부터 아직 10년도 채 지나지 않은 시점으로 조선은 신묘통신사행 때의 의례 변경을 '이변'(違變), 즉 외교참사로 기억할 정도로 충격이 컸다.[62] 그러나 그럼에도 불구하고 1달 만에 신속하게 회답함으로써 양국 모두 통신사외교 유지에 대한 의지에는 변함이 없었음을 엿볼 수 있다.

3. 전례에 없는 쓰시마 번의 강정역관 구두(口頭) 요청과 교섭의 교착

쓰시마 번은 통신사를 요청(1718.1)함과 거의 동시에 별도의 재판 사자(裁判)를 조선에 파견하여 절목강정 절차에 들어갔다. 쓰시마 번은 이때 첫 번째 절차로 '강정을 위한 역관의 쓰시마 파견'을 요청하면서 '막부의 지시'라는 점을 내세웠다. 조선의 입장에서 볼 때 강정만을 위한 역관의 별도 파견은 전례가 없을 뿐 아니라, 그것도 쓰시마 번주의 정식 외교문서(書契)가 아닌 사자의 '구두' 요청이었다. 임란 이래 100년 넘게 쓰시마 번을 상

No.3222, MF.1054).

62) 殊正德信使之節、御新例有之、信使渡海以後、何角与被仰出、三使ニ茂差當り所置難被致、被及難義候譯茂有之候故、此度者前廣ニ譯官差渡、兼而申談候様ニ致度与被存候段、彼方存寄尤成事ニ候得者、彌李僉知申聞候通、違變有之間敷存候。(후략)(『分類紀事大綱』13,「節目講定之譯官禮曹之書翰不持來候事」享保3 무술, 정월 23일 참판사에 보내온 지시).

대해오면서 쓰시마 번의 교섭전략에 대해 불신감을 안고 있던 조선으로서는 이번의 강정역관 요청 의도가 어디에 있는지 의심하지 않을 수 없었다. 조선이 어떻게 대응하는가에 따라 교섭의 주도권이 바뀔 수도 있는 문제였다. 이에 조선은 일본측의 통신사 요청에 대해서는 1달 만에 신속하게 수용 의사를 밝혔음에도 불구하고, 쓰시마 번의 강정역관 요청 건에 대해서는 전례가 없다는 이유로 단호하게 반대의사를 표함으로써 이 건이 일단락될 때까지 뜻밖에도 거의 1년 반이나 교착상태가 계속되었다. 물론 통신사 파견 자체에 영향을 미칠만한 근본적인 도발은 아니었기 때문에 결과적으로 봉합은 되었지만, 쓰시마 번으로서는 첫 번째 절차부터 자신들의 대조선 교섭력에 타격을 입게 됨에 따라 조선에 대한 불만이 컸다. 구체적인 경위는 다음과 같다.

우선 쓰시마 번은 통신사청래차왜(1718.1 大浦忠左衛門, 平倫之)를 파견하자마자 곧이어 1718년 2월에는 재판 사자 히구치 마고자에몬(裁判 樋口孫左衛門, 平眞致)을 조선에 파견하였다. 에도산킨(江戶參勤)을 마치고 쓰시마에 체류중인 번주(宗義方)의 환도 문위 겸 통신사 절목을 강정해야 한다는 명분으로 당상역관의 쓰시마 파견을 요청해 온 것이다.[63] 재판 사자는 왜관에 체류하는 동안 역관(훈도·별차)을 통해 '강정역관 파견'은 바로 막부의 지시이며, 이를 따르지 못할 경우 쓰시마 번은 물론 번주도 막부로부터 불이익을 당할 수 있다는 점을 동래부사에게 부각시켰다. 그러나 이때 재판 사자가 막부의 지시를 확인할 수 있는 쓰시마 번주의 서계를 가져온 것은 아니었다. 훈도·별차를 통해 동래부사를 설득한 후 조정의 허락을 받아내고자, 교섭 근거가 될 외교문서(예조 앞 서계) 대신 구두(口頭) 요청을 시도하였다.[64]

---

63) 『변례집요』 권4, 裁判 무술년(1718) 2월.

64) "裁判口傳計ニ而無覺束被存候ハ丶、"(후략) (『分類紀事大綱』 13, 「節目講定之譯官禮曹之書翰不持來候事」 享保3(1718) 무술년 5월 9일, 대마도종가문서 기록류 No.

이에 동래부사(趙榮福)는 곧바로 같은 달(1718.2) 동래부의 보관 기록(謄錄)을 바탕으로 을미통신사(1655)·임술통신사(1682)·신묘통신사(1711) 때의 선례를 조사한 후, 강정 만을 위한 역관의 쓰시마 파견이 '전례에 없을 뿐 아니라, 만약 이를 허용하여 '신례'를 만들게 될 경우 향후 이것이 또 하나의 전례가 될 수 있다는 폐단을 들어 조정에 반대의견을 보고하였다.[65)]

과거 전례를 보면, 강정 교섭이 쓰시마에서 이루어진 적은 있지만, 조선이 강정 만을 위한 별도의 사자를 세워 쓰시마에 파견한 사례는 없었다. 을미통신사행(1655) 및 임술통신사행(1682) 때에도 문위역관으로 쓰시마에 갔다가 강정교섭을 겸하는 형태였다.[66)] 바로 직전의 신묘통신사행(1711) 때에는 쓰시마 번이 막부의 지시에 따른 新例(막부측 인사에 대한 예물 정지 등)라면서 강정역관의 쓰시마 파견을 요청했었다. 그러나 강정 만을 위한 역관의 파견이 전례도 없을 뿐 아니라, 쓰시마에서 절목강정이 이루어질 경우 일본측의 일방적인 요구에 휘말릴 수도 있었다. 이에 강정역관 파견을 반대하는 동래부의 의견에 따라 조정에서도 쓰시마 번의 요구를 거절하는 대신 수역(李碩獜)을 동래로 내려보내 절목강정에 임하도록 하였다.[67)]

4518, MF.754, 국사편찬위원회).

65) 『통신사등록』 제7책, 무술(1718, 숙종 44) 2월 27일 동래부사(조영복) 狀達.

66) 을미통신사행(1655) 때 문위역관 이형남(李亨男)이 쓰시마에 가서 통신사절목을 강정했으나, 혹시라도 조선에 불리한 점이 있을 것을 염려하여 강정해 온 20개 항목을 놓고 예조판서 등이 과거 계미통신사(1643)를 수행했던 역관 홍희남(洪喜男)을 불러 강정 항목 하나하나에 대한 검토를 할 정도로 신중을 기했다(『통신사등록』 제2책, 을미(1655) 4월 8일 예조 계하). 임술통신사행(1682) 때에도 문위역관(卞爾標)이 쓰시마 체류중 겸사해서 절목강정을 해왔는데, 실현되지는 않았지만 닛코산(日光山)의 선대군(先大君) 묘당 2곳의 치제와 막부측 인사(집정·봉행 등)에 대한 예조의 空帳(빈종이) 서계 등, 새로운 요구가 있었다. 이에 역관의 귀국 후 예조 등 조정의 검토를 거쳐 거절(방색)하기로 결론을 내렸다 (『통신사등록』 제3책, 신유(1681) 12월 21일 문위역관 변이표 수본. 『변례집요』 권18, 신사, 1681년 12월, 『증정교린지』 권5, 신행각년례, 숙종 8년 임술(1692)).

67) 『통신사등록』 제5책, 신묘(1711) 1월 8일.

게다가 신묘통신사행 때에는 국왕의 국서에 기재할 쇼군 호칭 변경(日本國王)을 비롯하여, '전명의' 등 에도성의 3회 등성, 통신사 왕환 시 다이묘(大名) 접대를 5곳으로 정하는 중요 의례들이, 절목강정이 이미 끝나 통신사가 조선을 떠나기 직전이거나 일본에 체류 중일 때 일본측으로부터 일방적인 통보를 받는 등, 과거에 겪어보지 못했던 황당함을 겪었다.

기해통신사(1719) 파견을 앞둔 조선으로서는 8년 전 신묘통신사행 때의 외교참사에 대한 충격이 아직도 남아 있었던 만큼, 조선 역시 어느 때보다도 역관에 의한 사전 강정의 중요성을 느끼고 있던 터였다.[68] 그러나 절목강정이란, 절차상 일본측(쓰시마 번)이 먼저 통신사 접대와 관련된 항목을 제시하면, 조선 조정의 검토를 거친 후 최종합의(결정)가 이루어지는 만큼, 강정 절차 자체가 일본측에 유리할 수 밖에 없었나. 그런데 여기에 더하여 전례도 없는 강정역관의 쓰시마 파견을 조선정부에 요청하면서 예조 앞으로 보내오는 쓰시마 번주의 서계도 없이 구두(口頭) 요청을 시도하는 등, 쓰시마 번의 무례(無禮)를 그대로 수용할 경우 교섭주도권을 상실할 수도 있었다.

이러한 경위가 있었기에 기해통신사행(1719) 당시 절목강정에 대한 조정의 대응을 보면, 통신사 파견 자체에 대해 별 이견이나 논의가 없었던 것과는 대조적으로, 통신사절목 마련을 위한 강정역관의 쓰시마 파견에 대해서는 전례가 없다는 이유로 단호하게 반대 의사를 표명하였다.

1718년 4월에는 숙종의 병환이 심해져 약방에서 숙종을 입진할 때 조차도 부정적인 의견이 제기되었다. 제조 민진후(閔鎭厚)는, "절목은 도해역관에 붙이거나 왜인이 가져다 바치고, 일찍이 조선에서 역관을 (쓰시마로) 보내 받아오는 일은 없었다. 경인년(1710, 숙종 36)에는 저들이 몹시 간청하

68) 『分類紀事大綱』 13, 「節目講定之譯官禮曹之書翰不持來候事」 享保3(1718) 무술년 2월 9일(대마도종가문서 기록류 No.4518, MF.754, 국사편찬위원회).

므로 다만 역관을 '동래'로 내려보내 직접 논의하고 오게 하였다. 만약 역관을 (쓰시마로) 보내 왕래하게 하면 왜인들에게는 크게 이익이 있어 점점 교만하여 무례한 짓을 우리에게 가할 것이다. 동래부사도 허용하기 어렵다고 장계하였다. 왜인이 역관을 보내주기를 청함은 구전(口傳)으로 나온 것이고 본래 서계(書契)는 없었다"라면서 강력하게 반대하였다.[69]

『비변사등록』을 보더라도, 병중이었던 숙종이 왜 절목강정 역관을 굳이 쓰시마로 청해가려는 것인지를 질문하자, 도제조 이이명(李頤命)은, "(조선이) 일(현안)마다 그들(쓰시마 번)에게 여쭈어 결정하는 것처럼 하여 자랑하고 빛내는 자료로 삼으려는 것이오. 쓰시마에서 그렇게 함으로써 에도(江戶막부)에 공을 바라는 꾀입니다"라고 답하였다.[70] 임란 이후 100년 가까이 지나고 보니 조정의 관리들조차도 쓰시마 번의 전략을 경험적으로 꿰뚫어보고 있었음을 알게 해주는 대목이다.[71]

실제로 쓰시마 번 기록을 보면, 강정역관을 요청하면서 왜 구두 요청을 시도했는지 그 논리가 잘 드러나 있다.

> ⓐ去春李僉知渡海仕候節、朝廷より御口上之由ニ而、信使來聘ニ付諸事之申談間違候而者如何敷候間、信使渡海前、譯官被差渡度与之御事ニ付、對州ニ而茂御尤ニ被思召、其段東武(江戶)江被仰上候處、彌御招キ被成候樣ニ被仰出、拙者義爲迎罷渡候。(후략)

69) 『비변사등록』 숙종 44년(1718) 4월 16일.
70) 『비변사등록』 숙종 44년(1718) 7월 2일.
71) 과거 계미통신사(1643) 사례를 보더라도 쓰시마 번은 쇼군 습직 축하를 위한 조선의 통신사 파견이 '자발적'인 것처럼 보이게 하여 막부의 정치적 의도를 충족시키면서도 자신들의 교섭력을 막부에 부각시키기 위해 문서로 통신사를 요청하기 보다는 '구두'로 요청하는 교섭 전략을 구사한 전례가 있었다. 뿐만아니라 을미통신사(1655) 때에는 역관을 쓰시마로 청하여 절목강정 교섭을 하면서 쓰시마 번의 이해와 관련된 항목(對馬 萬松院 내 權現堂 묘당의 향전 비용 지원을 조선에 요청)을 하나씩 끼워넣기도 하였다(이훈, 『조선의 통신사외교와 동아시아』 경인문화사, 2019).

ⓑ尤去年(1716)李僉知口上ニ、信使渡海有之候ハヽ、節目講定之譯使可被差渡由、禮曹存入之趣ニ申聞、殊正德年意外之出入有之たるニ(후략)

ⓒ殊公儀之思召と有之上ハ、渡海之儀相違有之間敷存候得共、以前より例無之候故、今度講定使御招被成候与之趣、御書翰ニ御書載被遣、若彼方納得不被仕候而者甚差支候故、一通譯使迎ニ裁判被差渡候与計相認、講定使御用之譯ハ貴殿より兩譯を以被申達候様ニいたし、(후략)[72]

우선, ⓐ는 쓰시마 번의 재판 사자(樋口孫左衛門)가 동래부의 양역(훈도·별차)을 설득하기 위해 쓰시마 번이 왜 역관을 요청하는지 그 이유를 설명하는 부분이다. 즉 지난해 봄(1717.1, 조선측 기록 1716.12) '이첨지'(쇼군 이에츠구(家繼)의 문위겸조위역관, 李松年)가 쓰시마에 왔을 때, 조선 조정에서 구두(口頭)이기는 하지만 통신사 파견 시 절목강정에 착오가 있어서는 안되므로 통신사의 출발 이전에 역관을 파견하겠다고 했기에, 이를 에도 막부(東武)에 보고한 바, 역관 파견에 대한 막부의 지시가 있었으므로 강정 역관을 맞이하러 왔다는 것이다. 그러나 강정역관을 호행하기 위한 재판 사자(樋口孫左衛門)를 파견할 당시(1718.2) 쓰시마 번의 속사정이란, 막부의 통신사 의례에 변화가 있음을 이미 통보받은 상태에서 1717년 6월부터는 변경된 의례와 관련하여 막부 로쥬측과의 조율이 이루어지고 있었다. 그럼에도 이를 조선에 공식적으로 알리기보다는 강정역관을 쓰시마로 불러들여 설득하는 편이 마찰의 소지를 줄일 수 있었기에 초청 명분을 찾을 필요가 있었던 것이다.[73] 이에 ⓑ에서는 강정 역관 파견을 먼저 언급한 것은

72) 『分類紀事大綱』 13, 「節目講定之譯官禮曹之書翰不持來候事」 享保3(1718) 무술년 2월 12일(재판의 보고) 및 5월 9일(재판에 대한 쓰시마 번의 지시) (대마도종가문서 기록류 No.4518, MF.754, 국사편찬위원회).

73) 『享保信使記錄』 6, 「信使ニ付講定使渡海覺書」 쓰시마 번이 막부에 문의한 覺(1717년 10월 17일) 및 쓰시마 번 가로가 관수(井田四兵衛)에 보낸 서장(1717.12.5) (대마도종가문서 기록류 No.390, MF.56, 국사편찬위원회).

바로 조선으로, 신묘통신사행(1711) 때 예상치 못한 외교 참사가 있었기 때문에 이를 막기 위한 예조의 제안이라는 점을 강조하였다.[74] 즉 일찌기 쇼군(吉宗) 습직 축하를 위한 통신사 파견을 염두에 두고 있었던「조선이 먼저 일본측에 절목강정의 필요성을 호소했기에 막부의 허락을 받아 조선에 역관을 요청하게 되었다」는 논리로, 조선 조정이 파악하고 있는 그대로였다.

그리고 ⓒ에는 쓰시마 번이 강정 역관의 파견을 요청하는 사자(재판)를 조선에 보내면서「서계 대신 일단 구두(口頭) 요청을 시도」했던 진짜 속내가 드러나 있다. 즉 막부의 지시라고 하면 조선에서도 강정역관을 거의 파견하리라고 생각된다. 하지만, 혹시라도 전례가 없는 사안을 쓰시마 번주의 서계에 일방적으로 기재했다가 조선이 거절할 경우 교섭에 실패할 수 있다. 그러므로 강정역관 파견 건은 재판 사자가 양역을 통해 구두로 (동래부사를) 설득하라는 것이었다. 즉 '구두 교섭 시도'란 교섭 지연 내지는 실패에 대한 위험을 낮추게 하기 위해서였던 것이다.

조일 양국의 교섭시 그 근거가 되는 것은 '전례'였다. 그렇지만 전례란 단순히 과거에 있었던 사례라는 의미는 아니며, 조일 양국이 합의한 결과로서의 전례라는 의미라 할 수 있다. 따라서 강정 만을 위한 역관의 쓰시마 파견에 대해 조일 양국이 합의한 전례가 없음에도 불구하고, 쓰시마 번이 이를 일방적으로 조선 정부(예조) 앞으로 보내는 서계에 기재함으로써 조선의 즉각적인 거절에 부딪힐 경우, 막부의 지시로 통신사 교섭에 임하는 첫 단계부터 난항을 겪을 수 있었다. 이에 쓰시마 번주의 서계 대신 재판 사자가 일단 양역(훈도·별차)을 통해 '구두'로 동래부사를 설득하되, 일찍이 조위겸문위역관 파견(1716.12, 李松年) 때 '예조의 사전 언질' 및 '막부의 지시'를 강조한다면, 설사 강정 만을 위한 별도 역관의 파견 전례가 없다

74)『分類紀事大綱』13,「節目講定之譯官禮曹之書翰不持來候事」享保3(1718) 무술년 3월 19일(대마도종가문서 기록류 No.4518, MF.754, 국사편찬위원회).

하더라도 조선 조정으로부터 역관 파견을 허락한다는 서계(예조)를 무난히 받아낼 수 있을 것으로 기대했던 것 같다.

쓰시마 번으로서는 강정 역관의 파견과 관련하여, 조선에 '구두 요청' 만으로 예조 명의로 된 서계(奉書)를 받아낼 경우, 조선 정부(예조)가 '먼저' 통신사 절목강정을 일본에 품지한 후 막부의 허락을 받아 절목강정을 하는 모양새가 되기 때문에 막부에 쓰시마 번의 대조선외교 교섭능력을 부각시킬 수 있었다.[75] 뿐만 아니라 예조 서계 확보란 향후 절목강정을 위한 역관의 쓰시마 파견을 전례로 삼을 수 있는 근거 확보라는 이점도 챙길 수 있었다.

그러나 조정의 논의 과정을 보면, 강정만을 위한 단독 명분은 아니지만, 조선의 역관이 쓰시마에 가서 절목강정을 해온 전례가 없는 것도 아니었다. 부산에서의 강정교섭도 신묘통신사(1711) 때의 단 1회에 불과했기 때문에 문위역관과는 별도로 절목강정 역관을 세우는 것 자체를 끝까지 거부하지는 않았다.[76] 이미 쓰시마 번 사자(裁判 樋口孫左衞門, 平眞致)가 절목강정을 요청해 왔을 당시인 1718년 2월 예조는 경상감영으로 관문을 보내 대마도주 문위 및 절목강정 역관으로 당상 2인과 당하 1인(도합 3인)을 들여보내도록 조정에서 확정했으므로 이에 대한 절차 및 인원 구성은 계유년(1693) 문위역관의 사례를 따르도록 하였다.[77] 그 결과 1718년 3월에는 일찌감치 쓰시마 번의 요구대로 절목강정을 위한 당상역관에 한후원(韓後瑗)이 선정되었다.[78]

다만 쓰시마 번의 의도를 익히 파악하고 있던 조선으로서는, 쓰시마 번

75) 『숙종실록』 44년(1718) 9월 3일 무인.
76) 『통신사등록』 제7책, 무술(1718, 숙종 44) 2월 27일, 강정 역관 차송 논의.
77) 『통신사등록』 무술(1718) 2월 29일.
78) 『통신사등록』 제7책, 무술(1718, 숙종 44) 3월 1일, 신사강정역관 선정.
『변례집요』 권4, 裁判 무술년(1718) 6월.
『증정교린지』 권5, 신행각년례(信行各年例) 숙종 45 기해년(1719).

의 재판 사자가 전례(前例)도 없는 구두 요청만으로 강정역관을 파견하면서 조선 정부가 먼저 서계(예조)를 지참해가는 신례(新例)를 남긴다면, 그야말로 막부에 쓰시마 번의 공로를 부각시키려는 쓰시마 번의 의도에 끌려 들어간다고 판단했던 것 같다. 이에 1718년 4월에는 구두 요청에 의한 강정역관의 파견을 거절하는 한편, 정식으로 쓰시마 번주의 서계로써 요청해오도록 조처하였다.[79] 이러한 조정의 견해는 곧바로 동래부사의 전령(傳令)으로 왜관측에 통보되었다.[80]

재판 차왜는 조선이 이미 강정역관(한후원)을 선발해 두었음에도 불구하고 역관 파견을 단호하게 거절한 것을 충격으로 받아들였다. 구두 요청 시도만으로 전례에도 없는 강정역관 파견에 대한 예조 서계(奉書)를 받아내려고 했던 쓰시마 번의 시도가 좌절되자,[81] 재판 차왜와 함께 부산에 체류중이던 통신사청래차왜(大浦忠左衛門)는 고심 끝에, 우선 쓰시마 번에 동래부사 앞으로 강정역관 파견을 '재촉'하는 내용의 서계를 보내주도록 요청하였다. 일단은 조선의 즉각적인 거부를 피하는 한편,[82] 막부 보고 때 쓰시마 번이 강정역관 요청을 위해 얼마나 노력했는지 근거로 삼기 위해서였다.[83] 그러자 쓰시마 번은 5월에 번사(河内益右衛門) 편에 우선 동래부사 앞으로 강정역관 파견을 재촉하는 쓰시마 번주의 서계(奉書)를 보내왔다.[84] 서계에

---

79) 『통신사등록』 제7책, 무술(1718, 숙종 44) 4월 18일 및 4월 21일.

80) 『享保信使記錄』 6, 「信使ニ付講定使渡海覺書」 (1718년) 5월 4일(대마도종가문서 기록류 No.390, MF.56, 국사편찬위원회).
『分類紀事大綱』 13, 「節目講定之譯官禮曹之書翰不持來候事」 무술년(1718) 4월 29일, 동래부의 傳令(대마도종가문서 기록류 No.4518, MF.754, 국사편찬위원회).

81) 『통신사등록』 제7책, 무술(1718, 숙종 44) 11월 6일, 동래부사 서명연의 狀達.

82) 『分類紀事大綱』 13, 「節目講定之譯官禮曹之書翰不持來候事」 享保3(1718) 무술년 9월 朔日.

83) 『分類紀事大綱』 13, 「節目講定之譯官禮曹之書翰不持來候事」 享保3(1718) 무술년 5월 朔日 참판사 大浦忠左衛門 보고(대마도종가문서 기록류 No.4518, MF.754, 국사편찬위원회).

84) 『통신사등록』 제7책, 무술(1718) 4월 18일.

는 강정역관의 쓰시마 파견 요청이 '막부의 지시'에 따른 것(爰告有講定使之請, 原出於東武之意)이라는 내용이 기재되어 있었다.[85] 이에 조선에서도 동래부사(趙榮福) 명의로 회답서계(1718년 6월, 奉復)를 작성해 주었다. 단 서계의 첫머리에는, "강정역관의 쓰시마(對馬) 파견이란 전례에 없던 일로 쓰시마 번의 간청에 따라 파견은 허락하되 어디까지나 임기응변적인 대응"(講定譯舌之專差, 旣無前例, 理難改許, 而書意懇懇如此, 其在交好之道不可以終, 孤兹卽品知, 朝廷用副勤請, 行諒此意)이라는 조선의 입장을 분명히 해두었다.[86] 동래부사의 서계임에도 '朝廷'이라는 문언을 기재한 것은 중앙정부의 최종 결정임을 밝힌 다분히 의도적인 것이라 할 수 있다.

그런데 6월 이래 동래부로 내려와 대기 중이던 강정역관 한후원으로부터 동래부사의 회답서(사본)를 미리 받아본 쓰시마 번 사사(재판 樋口孫左衛門, 平眞致)는 번의 지시에 따라 강정역관에게 동래부사로 하여금 예조 명의 서계(奉書)의 발급을 계문해 주도록 요청해 왔다.[87] 왜관 체류 중 재판 사자는 관수(井田四兵衛)와 연명으로 쓰시마 번의 가로(家老)들에게 서장을 보내, 쓰시마 번주가 동래부사 앞으로 강정사의 도해 재촉을 요구하는 서계를 보내온 것에 대한 조선의 불쾌감과, 결코 예조 서계를 발급하지 않

『동문휘고』(부편, 권9 통신, 島主請講定官書, 국사편찬위원회 2책, 1932쪽)에도 동일 내용의 동래부사 앞 서계가 수록되어 있으나, 서계 발급일이 '享保2년 정유 월 일'로 되어 있다. 내용은 다음과 같다.

(전략)爰告有講定使之請, 原出於東武之意, 然使槎之來, 猶未卜超溟之何期, 此是兩間之事如何, 可以恒論哉, 切乞特體事勢, 萬萬周旋, 兩間玉成, 則誠敝州區區之行, 何用加焉(후략)

85) 『통신사등록』 제7책, 무술(1718, 숙종 44) 5월 24일.

86) 동래부사(趙榮福) 회답서계(奉復, 戊戌年六月日)(국사편찬위원회 소장 서계, N0.3250, MF.1054).

87) 『享保信使記錄』 6, 「信使ニ付講定使渡海覺書」 年寄中 諭文(6월) 및 諭文을 지참해온 사자(西山庄右衛門)에게 지시한 覺(6월 23일) (대마도종가문서 기록류 No.390, MF.56, 국사편찬위원회).

겠다는 조정의 분위기를 전달했지만,[88] 몇 번의 문서 왕복 끝에 결국은 번(藩)의 지시를 따르지 않을 수 없었던 것이다.

쓰시마 번의 입장이란, 통신사 접대 예절은 양국 간의 중대사이기 때문에 막부가 절목강정을 지시한 것이므로 그 결과를 막부에 보고할 경우 규례상 전달자(取次役)의 '부서'(副書)에 불과한 동래부사 명의의 회답서계를 막부에 보고할 수는 없다면서 조선정부를 대표하는 예조(禮曹) 명의의 서계를 요청한 것이었다.[89]

조선으로서는 동래부사의 회답서계(奉復)가 아니라 예조 명의로 서계를 다시 발급할 경우(奉書), 절차상 조선이 일본측(對馬藩)에 먼저 절목강정을 요청하는 모양새가 되어 일본측에 통제당하는 듯한 인상을 줄 수 있었다. 뿐만 아니라 쓰시마 번이 동래부사 앞으로 보내온 서계에 대해 예조가 회답서계를 발급한다는 것은, 조일 통교상 서로 대등한 수준의 발·수신자가 직접 주고받는 문서 왕복 절차에도 어긋날 뿐 아니라, 나라의 체면상으로도 맞지 않는 일이었다. 동래부사(趙榮福)는 물론 예조·비변사에서도 쓰시마 번이 막부의 위광을 내세워 자신들의 교섭력을 부각시키려는 의도에서 예조 서계를 받아내려는 의도가 있는 것으로 인식하고 있었다. 이에 7월 예조의 서계 발급을 요청하는 동래부사의 추계(追啓)가 있었음에도 쓰시마 번의 예조 서계 요청을 단호하게 거절하였다.[90] 그러자 쓰시마 번은 일단은 절목강정이 시급하다는 이유로 재판 차왜의 신속한 귀도(歸島)를 지시함에 따라 1718년 7월 강정역관 한후원과 함께 쓰시마로 돌아갔다.[91] 물론

88) 『享保信使記錄』 6, 「信使ニ付講定使渡海覺書」 관수·재판의 서장(6월 23일, 7월 16일, 7월 17일)(대마도종가문서 기록류 No.390, MF.56, 국사편찬위원회).

89) 『分類紀事大綱』 13, 「節目講定之譯官禮曹之書翰不持來候事」 享保3(1718) 무술년 9월 朔日, 11월 5일, '副書'.

90) 『통신사등록』 제7책, 무술(1718) 7월 3일,
『享保信使記錄』 6, 「信使ニ付講定使渡海覺書」 (1718년) 7월 10일(대마도종가문서 기록류 No.390, MF.56, 국사편찬위원회).

이때 강정역관 한후원은 조정의 지시에 따라 동래부사(조영복) 명의의 회답서계를 지참해 갔다.[92]

그러나 쓰시마 번은 조선의 단호한 대응에 압박을 느끼면서도 예조 명의 서계의 요청을 포기하지 않았다. 강정역관의 쓰시마 도착 이후 번주를 면대한 차례(茶禮)에서 동래부사의 회답서계를 수령하기는 했지만, 막부에는 보고·제출하지 않기로 결정하였다.[93] 그 대신 강정역관 한후원이 쓰시마에서의 절목강정을 마치고 귀국하기 이전에 조선으로부터 예조 서계를 받아내기 위해, 1718년 9월 번사(木村森右衛門) 편에 비선(飛船)으로 예조 앞으로 강정역관을 요청한다는 쓰시마 번주의 서계를 조선으로 보내왔다. "예조의 서계 없이는 강정사 파견에 대해 무엇을 근거로 막부에 보고해야 할지 방법이 없으며, 조선이 특별히 강정사를 파견해준 성의도 막부에 전달되기 어려우므로 이를 잘 판단하여 예조 서계를 신속히 작성해 달라"는 내용이었다.[94] 말하자면 동래부사 답서를 예조 답서로 개찬해달라는 것이 아니

91) 『分類紀事大綱』 13, 「節目講定之譯官禮曹之書翰不持來候事」 享保3(1718) 무술년 7월 16일, 역관의 쓰시마 도해 지시 및 동래부사 서계 지참.

92) 『통신사등록』 제7책, 무술(1718) 9월 2일.

93) 『享保信使記錄』 6, 「信使ニ付講定使渡海覺書」 年寄中이 재판을 통해 강정역관에게 전달한 覺(10월 25일) (대마도종가문서 기록류 No.390, MF.56, 국사편찬위원회).

94) 『享保信使記錄』 6, 「信使ニ付講定使渡海覺書」 쓰시마 번주가 번사(木村森右衛門) 편에 보내온 예조 앞 강정 요청 서계(9월 朔日) (대마도종가문서 기록류 No.390, MF.56, 국사편찬위원회).

『分類紀事大綱』 13, 「節目講定之譯官禮曹之書翰不持來候事」 무술년(1718) 9월 21일 관수 보고 서장.

『통신사등록』 제7책, 무술(1718) 9월 2일 및 9월 20일(동래부사 서명연 狀達).

이때 예조 명의 서계를 요청하는 쓰시마 번주의 서계(享保3年戊戌 9月日)는 『동문휘고』(부편, 권9 통신, 島主請講定書契書, 국사편찬위원회 2책, 1932쪽)에 수록되어 있다.

(전략) 信使節目一款寔是兩國大事, 而此般講定之差, 終始莫非左右盛念之所及, 惟貴差之出, 獨不帶貴曹所教, 夫兩間之事一槩書契例憑, 敝州之無以據稟東武, 使貴曹周旋兩間之實, 又不得非達朝聽, 事之惶恐, 抑爲何如, 因乞貴曹特體此意, 曲副所望, 另以付

라, 이제야 정식으로 중앙정부인 예조 앞으로 강정역관 요청 서계를 가져온 것이다.

그렇다면 조선은 쓰시마 번의 예조 서계 요청에 어떻게 대응했을까? 우선 동래부의 반응을 보면, 신임 동래부사(徐命淵)는 1718년 9월 11일자 전령(傳令)으로 예조 서계 수령을 완강하게 거부한다는 뜻을 왜관측에 통보했다. 쓰시마 번 사자(재판)를 통한 정식 외교 요청도 아니며 왜관 관수의 요청인데다, 조정에서 이미 동래부사 답서로 회답을 했으니 새삼스레 예조 서계를 발급할 수 없다는 것이었다. 그리고 예조 서계가 필요했다면, 절차상으로도 강정역관이 쓰시마로 떠나기 이전에 조선에 요청하여 예조 서계를 발급받았어야 했는데, 이미 강정역관이 조정의 명령(朝命)이 담긴 동래부사의 서계를 가지고 쓰시마로 건너간 이후에 부탁한다는 것은 일찍이 없던 사례라며 쓰시마 번주의 (예조 앞) 서계를 퇴각하였다.[95] 뿐만 아니라 쓰시마 번이 강정역관을 쓰시마로 불러들인 이유를 예조 서계 발급이라는 목적이 있기 때문으로 이해하고 있었다.[96] 신임 동래부사를 통해 예조 앞으로 강정역관을 요청하는 서계를 전달하려던 왜관측의 시도가 좌절되자, 쓰시마 번은 다른 방법을 강구하였다.

즉 쓰시마에서 절목강정 중인 역관 한후원으로 하여금 그간의 경위를 수본(手本)으로 작성하여 귀국 후 상경하여 조정을 설득하는 방법이었다. 이는 신임 동래부사가 쓰시마 번의 예조 앞 서계 수령을 거절하자 교착상태에 빠진 교섭을 풀어보고자 왜관을 출입하던 양역의 조언을 수용한 것으로, 한첨지의 설득이 성공한다면 시기상으로 봤을 때 그때쯤에는 동래부사

講差一簡, 趁速賜給以完盛誼乎(후략)

95) 『分類紀事大綱』 13, 「節目講定之譯官禮曹之書翰不持來候事」 무술년(1718) 10월 12 및 14일 관수 보고서장. 동래부사가 양역(훈별)을 통해 서계 수령을 거부하는 전령(傳令)은 10월 14일자 관수 보고서장에 수록되어 있다.

96) 『分類紀事大綱』 13, 「節目講定之譯官禮曹之書翰不持來候事」 무술년(1718) 윤10월 29일, 관수 보고.

도 예조 서계 발급 건을 다시 계문할 수 있을 것이라는 전략이었다.[97] 실제로 강정역관 한후원은 1718년 10월 쓰시마를 떠나 귀국하는 배 안에서 수본을 작성한 후, 11월(윤10월)에는 상경하여 보고를 하였다.[98]

이에 대한 조정의 대응을 보면, 쓰시마 번이 강정역관의 쓰시마 파견 및 예조 서계를 요청하면서 '막부 보고용'을 명분으로 내세웠지만, 내심으로는 다른 의도가 있을 것으로 의심했다. 이는 국왕 숙종도 마찬가지였다. 그러나 쓰시마 번측으로부터 어떠한 구체적 언질은 없었기 때문에, 아직은 일본측의 '진짜 숨은 의도'를 알 수는 없었다고 생각된다. 그렇지만 절목강정 교섭 초기부터 반대함으로써 조일 양국간의 외교적 대사를 그르칠 수는 없다는 판단은 하고 있었다. 때마침 쓰시마 번에서는 강정역관 건을 처음 제기했을 당시의 번주(宗義方, 大衍院)가 사망하고 동생(宗義誠)이 번주직을 계승하게 되었다.[99] 이에 1719년 1월에는 쓰시마 번이 왜관을 통해 이전의 번주가 미처 끝내지 못했던 강정역관 건을 새로운 번주가 매듭지을 수 있게 해달라고 끈질기게 요청해옴에 따라, 동래부사도 마침내 계문을 약속하였다.[100] 그리하여 1719년 1월에는 드디어 조정에서도 예조 앞으로 쓰시마 번주의 서계를 올려보내라는 지시가 있었다.[101] 그리고 예조판서(閔鎭厚)의 건의에 따라, 강정역관이 쓰시마에서 절목강정을 마치고 귀국한 후인 1719

97) 『分類紀事大綱』 13, 「節目講定之譯官禮曹之書翰不持來候事」 무술년(1718) 10월 12일 및 10월 14일 관수 보고 서장.

98) 『分類紀事大綱』 13, 「節目講定之譯官禮曹之書翰不持來候事」 무술년(1718) 윤10월 29일 관수 보고 서장.

99) 宗義誠(소 요시노부, 1692~1730)는 제3대 번주인 宗義真의 7남으로, 1718년 형인 제5대 번주(宗義方)가 사망하자 가독을 이어받아 제6대 번주가 되었으며, '従四位下侍従·対馬守'라는 관위를 받음.

100) 『分類紀事大綱』 13, 「節目講定之譯官禮曹之書翰不持來候事」 기해년(1719) 1월 12일 관수 보고 및 1월 18일 쓰시마 번의 지시.

101) 『分類紀事大綱』 13, 「節目講定之譯官禮曹之書翰不持來候事」 기해년(1719) 2월 朔日, 재판 보고.

년 1월에서야 예조 명의의 서계를 발급해 주기로 결정하였다.[102] 그러나 이에 대해 사간원(臺諫院)이 계속 문제를 제기함에 따라, 숙종을 비롯하여 대신·비변사 당상들의 논의가 더 계속되었으며, 1719년 5월 통신사 일행이 한양 도성을 출발한 이후에서야 예조의 답서 발급에 대한 최종결정이 내려졌다.[103]

단 이때 예조 답서의 문언을 놓고는, 쓰시마 번이 처음부터 예조 앞으로 역관을 요청해 온 것도 아닌데 조선이 먼저 역관을 파견한다는 식의 문언은 부당하다는 것이 중론이었다. 이에 지돈녕부사 민진원(閔鎭遠), 우의정 이건명(李健命) 등의 의견에 따라, 예조 답서에 "발급자의 명의가 동래부에서 예조로 바뀌게 된 경위"를 기입하기로 결론이 났다.[104] 그 결과 강정역관 파견 요청(1718.2)으로부터 무려 1년 반이 지난 1719년 5월에서야 비로소 예조참의(魚有龜) 명의의 답서가 발급되었다. 따라서 쓰시마 번이 예조의 서계(奉復)를 손에 넣을 수 있었던 시점이란 통신사 일행의 출선을 호송하기 위해 조선에 왔던 迎聘使 일행이 부산을 떠나기 직전으로,[105] 그 내용은 조정의 논의를 그대로 반영한 것이었다.

> 朝鮮國禮曹參議 魚有龜 奉復
> 日本國對馬州太守拾遺平公 閤下
> 槎便來備審, 啓居珍勝, 何慰如之, (ⓐ)**講定譯舌之專差, 本無前例, 理難改許, 而向見抵萊府書辭意懇至, 其在隣好之義, 有不可以終孤者, <u>特用寬典曲副勤請</u>, 仍飭萊府回答矣**, (ⓑ)今玆承喩以爲萊府書契, 不足以據稟東武, 必欲得弊曹

102) 『통신사등록』 제8책, 기해(1719) 정월 23일.
103) 『비변사등록』 숙종 45년(1719) 5월 16일.
104) 『통신사등록』 제8책, 기해(1719) 5월 16일, 경상도 도사 이승원(李承源)의 장달. 『비변사등록』 숙종 45년(1719) 5월 16일.
105) 『裁判記錄』 8(樋口孫左衛門), 1719년 6월 4일(대마도종가문서 기록류, No,1809, MF. 389, 국사편찬위원회).

書信云,

故玆具事實仰覆來牋, 以備憑信, 惟左右諒之, 肅此不備.

己亥年(1719)五月 日[106]

위의 예조 답서를 보면, "강정역관의 파견은 전례에 없는 일이지만 조정이 특별히 관용을 베풀어 동래부사의 언사로 린호(隣好)에 답했던 것인데(ⓐ), 동래부사 서계로는 막부(東武)에 보고하는 것이 부족하다는 이유로 다시 예조 서계를 요청왔기에 이에 응한다"(ⓑ)는 내용이었다. 강정역관의 파견이 전례에 없다는 것은 동래부사 답서의 취지와 마찬가지였다. 그리고 예조 답서의 발급 날짜에 대해서도 쓰시마 번은 전 대마번주(宗義方) 때 시작된 일이므로 강정역관이 한양을 떠날 때의 날짜(1718.5)로 소급해 줄 것을 희망했지만,[107] 논의 끝에 조정에서 최종결정이 난 날짜(1719.5)로 못박았다. 즉 조선은 예조 서계가 막부 보고용이라는 것을 알면서도 그동안 쓰시마 번의 강정 요청 절차에 '우여곡절'이 있었음을 구체적으로 기재한 것이다.

통교 재개 이후 조선이 쓰시마 번에 작성해 준 수천 건의 외교문서(서계)를 보면, 쓰시마 번에 대한 경고나 질책이 아닌 경우, 마찰의 소지를 줄이기 위해 되도록 간략하고 애매하게 작성하는 경우가 더 많았다. 복잡한 교섭 경위가 있다 하더라도 합의가 원만하게 이루어진 경우에는 결과만 간략하게 기재하는 것이 일반적이었다.[108] 이에 비하면 위 예조 답서의 경우,

106) 『分類紀事大綱』 13, 「節目講定之譯官禮曹之書翰不持來候事」 기해년 5월조에 예조참의의 답서가 수록되어 있다. 『동문휘고』 부편(권9 통신, 예조참의 답서(기해년 5월일, 국사편찬위원회 2책, 1933쪽)에도 동일 서계가 수록되어 있으나 발·수신인은 생략되어 있다. (단 국사편찬위원회에는 예조참의(魚有龜, 1719.5) 서계는 소장되어 있지 않다).

107) 『分類紀事大綱』 13, 「節目講定之譯官禮曹之書翰不持來候事」 기해년(1719) 1월 18일 쓰시마 번 지시.

108) 『對馬島宗家關聯 書契目錄集』 1~5(국사편찬위원회, 1990~1994).

발급자의 명의가 「동래부사→ 예조참의」로 변경된 경위를 구체적으로 노출시켜 쓰시마 번의 강정역관 요청 절차가 결코 순탄하지 않았음을 알 수 있도록 한 예외적인 경우에 해당한다고 할 수 있다. 결코 호의적이지 않은 예조 답서를 도쿠가와 막부의 최종 열람자인 새로운 쇼군(제8대, 德川吉宗)의 입장에서 볼 경우, 대조선 교섭에 임하는 쓰시마 번의 무능함을 부각시킬 수도 있는 문언이었다. 조선이 쇼군의 최종열람을 염두에 둔 예조 답서에 위와 같은 논리를 구사한 것은 어쩌다 그렇게 작성된 것은 아니며 의도적인 것이었다. 우선은 막부의 위광을 앞세운 쓰시마 번의 상투적인 대조선 교섭전략에 경각심을 가하려는 의도가 있었다고 할 수 있다. 그러나 이보다 더 궁극적인 의도라면, 강정역관의 쓰시마 파견이 어디까지나 예외적인 조치라는 점을 부각시킴으로써 혹시라도 향후 강정역관의 파견이 '전례화'되는 것을 방지하려는데 목적이 있었다고 할 수 있다.

위와 같은 경위로 볼 때, 조선은 쓰시마 번이 강정 역관 파견을 구두로 요청해 온 의도에 대해 불신감을 가진 결과, 예조 서계 발급까지 거의 1년 반이나 교섭이 교착상태에 빠졌지만, 최종적으로는 예조 명의의 답서(奉復)를 발급해 줌으로써 일단 외교절차상 절목강정 교섭의 첫 번째 절차라 할 수 있는 강정역관의 쓰시마 파견 건은 일단락지었다. 그 결과 예조 서계는 해를 넘겨 통신사 출선을 앞둔 1719년 6월에야 동래부로 내려왔다.[109] 쓰시마 번 역시 처음 구두 요청 만으로 예조 서계(奉書)를 받아내려는 시도는 좌절되었지만, 결국은 회답서계(奉復)를 받아냄으로서 예조 명의의 서계를 확보하려는 소기의 목적은 달성한 셈이었다. 그러나 쓰시마 번의 입장에서

국사편찬위원회에는 임란 이후 조선이 쓰시마 번에 발급해 준 조선측 서계(예조, 동래부, 부산첨사)가 9,442점이 전하며, 위의 목록집에 각 서계의 내용이 소개되어 있으므로 참조할 것.

109) 『통신사등록』 제8책, 기해(1719, 숙종 45) 6월 20일 동래부사의 첩정 및 예조 서계 동래부 도착.

봤을 때, "쓰시마 번이 간청하기에 조선이 관용을 베풀어 선례를 어기고 청을 받아들여, 조정의 명으로 동래부사로 하여금 회답서를 보냈었다"(特用寬典曲副勤請, 仍飭萊府回答矣)라는 문언이 기재된 예조 답서를 그대로 막부에 제출하기에는 매우 부적절하다고 판단하였다.[110] 위의 예조 답서를 막부에 보고할 경우, 조선과의 교섭 교착으로 강정역관 요청이라는 막부의 지시(1717.6)로부터 무려 2년이나 늦어진 시점에 조선의 회답을 받아낸 꼴이었다. 뿐만 아니라 처음 의도했던 대로 "조선이 먼저 절목강정의 필요를 요구했던 것이 아니라, 쓰시마 번이 먼저 간청한 모양새"가 되어 막부의 의도에서도 벗어나 버린 꼴이었기 때문에 결과적으로는 쓰시마 번의 외교적 무능함을 부각시킬 뿐이었다. 이에 쓰시마 번에서는 예조 답서가 불온한 내용이라며 조선측에 불만을 토로했지만 개찬도 요구하지 못한 체 결국은 수령하지 않을 수 없었다.[111] 절차상 강정역관의 쓰시마 파견 건을 막부에 보고하지 않을 수 없는 쓰시마 번으로서는 궁여지책을 모색한 끝에 막부에는 불온한 내용의 예조 답서를 제출하지 않는 대신에 구두(口頭)로 취지를 보고하는 방법을 모색하였다.[112]

절목강정이라는 사전 교섭단계에서 '강정 역관의 쓰시마 파견'이라는 전례에도 없는 사안을 취급하면서 외교문서(서계) 발급자를 누구로 할 것인

---

110) 『分類紀事大綱』 13, 「節目講定之譯官禮曹之書翰不持來候事」 기해년(1719) 5월 27일 迎聘使 보고.

111) 『分類紀事大綱』 13, 「節目講定之譯官禮曹之書翰不持來候事」 기해년(1719) 6월 7일 영빙사에게 지시한 서장 및 11일 館守의 書狀.

112) 此度之書契之義、兎角公儀江難差上御書面ニ者候得共、講定之譯ニ付禮曹之書被差越候ニ其紛無之事ニ候故、御書面之趣を受、本書ハ不穩候故、口上を以公儀江御案內申上候。惣而不時之書ハ何時茂公儀江差上申事ニ御座候間、以來ヶ樣之御書面御認不被下候樣ニと、三使江御屆被成、朝廷江御沙汰被下候樣ニと被仰達、書契之義者其儘ニ御留置被成候か、又ハ書契ハ館守江相渡御改撰被下候樣ニ可申進与被仰達候与成とも、如何樣共御處置可有之事ニ候。(후략) (『分類紀事大綱』 13, 「節目講定之譯官禮曹之書翰不持來候事」 기해년 6월 4일 迎聘使 書狀).

가라는 명의 문제는 교섭의 주도권 확보로 연결되는 문제이기도 하였다. 이에 조선의 경우 결과적으로 예조 서계를 발급하기는 했지만, 별도의 강정역관 파견이라는 '신례'를 방지하기 위해 「동래부사 + 朝命」 이라는 논리를 구사한 것이라 할 수 있다. 쓰시마 번 역시 예조 서계가 필요했던 것은 막부 보고용이라는 명분을 내세우기는 했지만, 진짜 속내는 '朝命'이라는 이유로 동래부사 선에서 사안이 종결되어 버리는 신례(新例)가 만들어질 경우, 조선 중앙정부인 예조와의 교섭 통로가 단절되어 버리는 것에 대한 두려움도 있었다.[113)]

4. 절목강정과 연이은 의례 변경

1) 절목강정 장소, '쓰시마'

앞서 보았듯이, 쓰시마 번은 강정역관 건을 성사시키기 위해 '구두 요청 시도 → 동래부사에게 강정역관 재촉 서계 → 예조 서계 요청'이라는 무리수를 구사했다고 할 수 있다. 그런데 이를 교섭장소라는 측면에서 본다면, 궁극적으로는 절목강정 교섭을 '쓰시마(對馬)'에서 하기 위해서라고 할 수 있다. 쓰시마 번은 왜 굳이 '쓰시마'를 고집했던 것일까?

쓰시마 번의 통신사 요청에서 눈여겨 보아야할 대목은, 구두 및 서계를 불문하고 막부측 통신사 접대의 핵심 내용이라 할 수 있는 '의례변경'에 대해서는 언급도 기재도 없었다는 점에 주목해볼 필요가 있다. 특히 쓰시마 번이 접대의례에 관해 구체적인 절목을 강정하기 위해 역관을 요청한다는 명분 하에, 동래부사(1718.4)와 예조(1718.9) 앞으로 보내온 서계 2통에도

113) 『分類紀事大綱』 13, 「節目講定之譯官禮曹之書翰不持來候事」 무술년(1718) 9월 25일 쓰시마 번의 지시.

'구례복구' 건에 대해서는 기재가 없었다. 『통신사등록』 및 쓰시마 번의 기록을 보더라도, 강정역관 교섭차 부산에 온 쓰시마 번 사자(裁判 樋口孫左衛門, 平眞致)가 왜관에 체류하는 몇 달 동안(1718.2~7) 동래부측 역관들과 구두 또는 문서(短簡, 手本)를 주고받으며 수시로 소통한 것까지는 확인되지만 의례 변경 건에 대한 언급은 보이지 않는다.114)

우선은 쓰시마 번 사자(재판)가 요청한 강정역관 서계 건이 예상치 못한 조선의 반대에 부딪혀 교섭이 교착상태에 빠짐에 따라, 돌연 의례 문제를 꺼내기 어려운 부분도 있었을 것으로는 보인다. 하지만 강정역관을 요청하는 쓰시마 번주의 서계에 의례복구에 대한 기재가 없었다는 것은, 절목강정의 주요 내용인 의례변경이 구례복구(1682)라고는 하지만, '쇼군의 칭호' 변경을 비롯하여 '전명의'(傳命儀) 등 에도성에의 등성 횟수, 통신사 왕환 시 각지에서의 연향 횟수 문제에 이르기까지 변경 내용이 워낙 광범위했기 때문에, 이러한 내용을 갑자기 조선측에 들이댔을 때의 교섭 실패에 대한 두려움도 컸을 것으로 생각된다.

제8대 쇼군 요시무네(吉宗)는 바로 직전 신묘통신사행 때 예법(禮法)을 명분으로 내세운 막부의 일방적인 빙례 개혁이 양국 간에 커다란 외교 마찰로 이어진 것을 숙지하고 있었다. 특히 막부 쇼군의 호칭을 '國王'에서 '大君'으로 변경하는 건에 있어서는 조선으로부터 비판과 조소가 있을 것을 우려하여 쓰시마 번으로 하여금 조선을 잘 설득하되 정식 서한(서계)은 강제적으로 받아들일 수 있으니 구두, 또는 쓰시마 번의 각서 형식을 취하도록 하라는 지시가 있었다.115) 그런 만큼 쓰시마 번도 '구례 복구' 문제를

114) 『享保信使記錄』 6, 「信使ニ付講定使渡海覺書」 (대마도종가문서 기록류 No.390, MF. 56, 국사편찬위원회).
『分類紀事大綱』 13, 「節目講定之譯官禮曹之書翰不持來候事」에는, 왜관측(재판·관수)과 동래부 양역, 강정역관이 주고받은 문건(동래부 전령 5건, 강정역관 및 양역의 수본 3건, 한첨지가 재판에게 보낸 문건 1건, 양역이 관수에게 보낸 문건 1건, 관수가 동래부사에게 보낸 문건 1건) 등이 수록되어 있다.

놓고 조선을 어떻게 설득할 것인지를 고민했던 것 같다.

쓰시마 번으로서는 일찍이 신묘통신사행(1711, 正德信使) 때 막부의 지시를 내세워 갑작스런 의례 변경(구례 복구)을 일방적으로 제기했다가 곧바로 조선의 반대에 부딪혀 부산에서 절목강정이 이루어진 과거 사례가 있었다. 기해통신사행(1719, 享保信使)의 경우도 마찬가지로 아무리 막부의 지시라 하더라도 전례에 없는 강정역관의 쓰시마 파견을 조선에 요청하면서, 여기에 더하여 의례 변경 문제까지 쓰시마 번주의 서계에 명기할 경우, 절차상 조정 대신의 검토를 거쳐 곧바로 재판 사자의 부산 체류 중 조선의 최종결정을 맞을 수도 있었다. 만일 조정에서 하나라도 트집잡을 경우 강정역관의 파견은 커녕 절목강정 자체가 첫 단계부터 어려워질 위험이 있다는 것은 불을 보듯 뻔한 일이었다. 이에 막부의 의도대로 의례변경을 성사시키기 위해서는, 서계에는 강정역관 요청 건만 기재하여 일단 역관을 쓰시마로 불러들인 이후, 쓰시마에서 설득하는 것이 조선정부의 즉각적인 반대를 피할 수 있었다. 즉 의례복구를 골자로 하는 구체적인 절목강정은 쓰시마에서 역관을 설득하는 것이 유리하다고 판단했을 수 있다.

특히 쓰시마 번과의 교섭 경력이 있는 데다 쓰시마 번의 입지를 어느 정도 이해하고 있는 조선의 역관이라면 그를 설득하는 편이 막부의 지시를 성사시킬 수 있는 가능성이 훨씬 높을 것으로 판단했을 수 있다. 강정역관이란 어디까지나 쓰시마 번과의 강정 내용을 조선 조정에 전달하는 역할이었기 때문에, 구례 복구 내용에 대해 설사 역관 자신이 부정적 의견을 내세운다 하더라도 그것이 최종결정은 아니었다. 최종결정은 역관의 귀국 후 조선 조정의 검토 후에야 내려졌기 때문에 그때까지 시간을 벌면서 다른 대책을 강구할 수도 있었을 것으로 생각된다. 이렇게 볼 때 쓰시마 번주 서계에 '의례복구' 문제를 기재하지 않은 것은 어찌보면 쓰시마에서의 절목

115) 三宅英利, 『近世日朝關係史の研究』 文獻出版, 1986, 448쪽.

강정 교섭을 위한 쓰시마 번의 고육지책이라 할 수 있다.

실제로 쓰시마 번은 재판 차왜가 부산에 체류하는 동안에 강정역관 파견과 관련된 예조 서계를 받아내지 못하자, 쓰시마에 체류 중인 강정역관을 통해 조선을 설득하려 하였다. 앞서 언급했듯이, 1718년 10월 강정역관 한후원은 귀국 선상에서 동래부에 쓰시마 번의 사정을 문서(手本)로 보고해 왔는데, 대막부 교섭상 쓰시마 번이 예조 서계를 필요로 하는 이유 및 번주가의 조경사에 대한 내부사정 등에 관한 것이었다.[116] 한후원은 임술통신사행(1682) 때에도 문위역관으로 쓰시마에서 절목강정을 해온 전력이 있었다. 게다가 쓰시마 번 기록을 보면, 기해통신사행(1719) 당시 쓰시마 번은 강정역관으로 한후원이 선발된 것에 대해 내심 안도하는 측면도 있었다.

쓰시마 번의 재판 사자가 부산 왜관에 머물면서 번청에 보고한 강정역관 한후원의 인물평을 보면, "평생을 쓰시마 번과의 통교에 종사해온 전문가로서 강정역관의 쓰시마 파견 요청 건이 교착상태에 빠져 쓰시마 번이 난항을 겪는 가운데 한후원을 통해 은밀히 조선측 정보를 입수하고 있으며, 마음을 터놓고 협의할 수 있는 조력자"로 인식하고 있었다.[117] 따라서 한후원의 수본이란 쓰시마 번으로서는 통교 절차에 익숙하고 쓰시마 번의 입장도 잘 이해하고 있는 '역관 인맥'을 통해 조선을 설득하기 위한 방편이었다고 할 수 있다. 실제로 쓰시마 번은 이러한 강정 역관 한후원의 노력에 대해 은밀한 댓가(褒美)를 약속하기도 했는데,[118] 조선은 강정역관 요청에

116) 『分類紀事大綱』 13, 「節目講定之譯官禮曹之書翰不持來候事」 무술년(1718) 10월 12일 및 윤10월 29일 서장.

117) 韓僉知(伯玉 한후원)義御存被遊候通、平生御國(對馬藩)之儀を相肝入、先比も私幷別代官中ニ茂講定使及難澁候次第、密ニ書狀を以申聞候付、啓聞御座候以後、內所相肝煎候手筋ニ茂可罷成哉と存、三譯使方江短簡差越、随分相肝煎候様ニと申遣候旨、裁判より申來(『分類紀事大綱』 13, 「節目講定之譯官禮曹之書翰不持來候事」 기해년(1719) 5월 11일 書狀).

118) 『享保信使記錄』 6, 「信使ニ付講定使渡海覺書」 강정역관(한후원 등) 2명에게 예조 서계 발급 주선에 대한 성공 보수 약속(1718년 10월 25일) (대마도종가문서 기록

대해 쓰시마 번이 역관을 일단 쓰시마로 불러들여 조선을 설득하려는 '공작'(수작)으로 받아들였다.[119] 결과적으로 예조 서계가 발급되기는 했지만, 역관 한후원에 대해서는 쓰시마에서 강정 교섭을 하는 동안 쓰시마 번을 설득(開諭)하지 못해 결국은 「강정역관의 쓰시마 파견에 관한 예조 서계 발급」이라는 불상사를 초래했다는 이유로 귀국(1718.9) 후 처벌을 결정하였다.[120]

앞서 보았듯이, 조선이 강정역관 파견에 관한 예조 서계 발급을 결정한 것은 1719년 1월로, 쓰시마 번에서도 조정의 결정 이후 왜관 측에 강정역관을 요청하는 쓰시마 번주의 예조 앞 서계를 올려보내도록 하라는 지시가 있었다. 그러나 그럼에도 실제로는 4월까지 예조의 회답서계가 발급되지 않자, 왜관에서는 동래부의 양역을 통해 조정의 상황을 은밀하게 파악했던 것 같다. 그리하여 민판서(예조판서 민진후)가 국체를 손상시킨다는 이유로 예조 서계 발급을 반대하던 중, 영의정, 우의정, 통신 3사가 동래부사의 계문을 받아들여 숙종을 설득함으로써 순식간에 예조 답서 발급이 결정된 것으로 파악하고 있었다.[121] 이러한 소식은 한양에 있는 동래부사의 아들이 미리 은밀히 알려왔다.[122]

이렇게 볼 때 조선이 처음으로 예조 서계 발급을 결정한 시점(1719.1)은 강정역관 한후원이 상경(1718년 11~12월)한 직후라 할 수 있다. 강정역관 한후원은 일찍이 재판 사자 및 쓰시마 번측에 자신의 중앙 고관과의 인맥

류 No.390, MF.56, 국사편찬위원회).
『分類紀事大綱』 13, 「節目講定之譯官禮曹之書翰不持來候事」 무술년(1718) 윤10월 17일 재판 보고.

119) 『통신사등록』 무술(1718) 11월 6일(동래부사 서명연의 10.29일자 狀達).

120) 『숙종실록』 44년(1718) 9월 3일 무인.

121) 『分類紀事大綱』 13, 「節目講定之譯官禮曹之書翰不持來候事」 기해(1719)년 4월 22일 재판 보고,

122) 『裁判記錄』 8(樋口孫左衞門), 1719년 4월 21일(대마도종가문서 기록류, No,1809, MF.389, 국사편찬위원회).

을 자랑한 바 있는데, 1년 반이나 교착상태에 빠졌던 예조 서계 발급이 신속하게 해결된 것을 보면, 강정역관의 상경 이후 사적인 루트를 통한 고관 설득이 효과가 있었을 것이라는 점을 아주 배제할 수도 없다.[123)]

요컨대 쓰시마 번이 강정역관의 쓰시마 파견을 요청했던 진짜 이유란, 막부 쇼군의 외교호칭인 '大君'호 부활 등, 막부가 구상하는 구례 복구를 주도적으로 추진하기 위해서는 강정 역관을 쓰시마로 불러들여 설득하는 수 밖에 없었기 때문이라 생각된다. 절목강정이라는 사전 실무교섭 단계에서 '교섭장소' 문제란 시대를 불문하고 교섭의 주도권 확보와 관련된 중요한 문제였음을 엿볼 수 있다.

2) 비종실 '고산케' 쇼군 요시무네(徳川吉宗)와 막부의 의례 변경

제7대 쇼군 이에츠구(家繼)가 어린 나이(8살)로 후사도 없이 사망(1716.4)하자, 1716년 5월, 이에야스의 적통(종실)이 아니라 방계에 해당하는 '고산케'(御三家) 가문의 하나인 기이 번(紀伊藩)의 번주 요시무네(吉宗)가 제8대 쇼군이 되었다.[124)] 제1대 쇼군 도쿠가와 이에야스(徳川家康) 이래, 히데타다(秀忠), 이에미츠(家光), 이에츠나(家綱), 츠나요시(綱吉), 이에노부(家宣)로 이어지던, 소위 세습 쇼군을 배출하던 도쿠가와 종가(직계)가 이에츠구의 사망으로 단절됨에 따라, 도쿠가와 혈통이기는 하지만 막부 개설 이래 처음으로 방계에 해당하는 '고산케'에서 쇼군직을 잇게 된 것이다. 비록 이에야스의 혈통(증손)이라 하더라도 직계의 세습 쇼군과 같은 정치적 권위는 취

123) 『分類紀事大綱』 13, 「節目講定之譯官禮曹之書翰不持來候事」 무술년(1718) 6월 24일 관수 보고.
해당 부분은 다음과 같다.
"渡海譯(중략) 我我方よりも都表歷歷(고관)へ書狀差越候由、申聞候付"(후략)
124) '고산케'(御三家)는 앞의 주)43 참조.

약했을 것으로 생각된다. 이에 요시무네 때에는 오히려 이에야스(家康) 시대로의 회귀를 정치적 이상으로 삼아 쇼군으로서의 정통성을 추구하려는 측면도 있었다.[125)]

직계가 아닌 '고산케' 종실 가문 출신의 쇼군 요시무네(吉宗)에게 있어서 습직하자마자 통신사 초빙과 같은 이웃나라와의 외교대사를 주도한다는 것은, 쇼군 권력의 조기 확립은 물론 전국의 다이묘들에게도 새로운 쇼군의 권위를 보여줄 수 있는 좋은 기회였을 것으로 생각된다.[126)] 이에 요시무네는 쇼군이 되자마자 이에노부(家宣)·이에츠구(家繼) 정권 하에서 정국을 주도했던 쇼군의 측근세력(御用人 間部詮房, 本多忠良, 쇼군의 侍講 新井白石)을 해임하는 한편, 그동안 중요한 직책임에도 정책 결정에서 소외되었던 로쥬(土屋相模守 政直, 井上河內守 正岑)와 하야시 가문(林家)을 중용하여 정국을 주도해 나갔다.[127)] 그리하여 쇼군 습직의 선포(1716.8) 이후 1717년 6월, 과거 신묘통신사행(1711) 당시 아라이 하쿠세키(新井白石)가 독점적으로 추진하던 빙례개혁에서 배제되어 있었던 로쥬(土屋相模守, 井上河內守)를

125) 笠谷和比古, 『德川吉宗』, ちくま新書, 1995, 32쪽.

126) 선대 쇼군 이에미츠(家光), 이에츠나(家綱)의 경우, 이웃나라인 조선의 통신사를 초빙하여 전국의 다이묘들이 보는 가운데 쇼군이 있는 에도성(江戶城) 안에서 외국의 국왕사가 습직을 축하하는 국제적인 외교행사를 벌임으로써 세습 쇼군으로서의 권위를 대내외적으로 보여줄 수 있었다. 계미통신사행(1643) 때 쇼군 이에미츠의 회답서를 보면, 마치 "조선이 먼저 쇼군 습직 축하를 위해 통신사를 자발적으로 파견해준 것에 대한 사의를 표하는" 내용으로 작성되었다. 그리고 을미통신사행(1655) 때 쇼군 이에츠나의 답서에는, 통신사 파견에 대한 사의와 함께 통신 3사가 닛코산(日光山)의 선대 쇼군(이에야스 및 이에미츠)의 묘당에 가서 제사지낸 내용이 더 들어 있었다. 닛코산 선대 쇼군의 제사 건은 조선 국왕의 국서에는 언급도 없는 내용이었다. 이와 같은 내용이 임의적으로 추가되었던 것은, 어느 것도 세습정권으로서의 도쿠가와 쇼군의 권위를 극대화하기 위해서였다(이 훈, 『조선의 통신사외교와 동아시아』(경인문화사, 2019).

127) 仲尾宏, 「享保通信使と吉宗政權の'舊格復舊'」 『朝鮮通信使と德川幕府』 明石書店, 1997, 207~208쪽.

'信使御用掛'에 임명하여, 막부의 유학자인 林大學頭(林信篤)와 함께 통신사 접대의례에 대해 논의한 결과, 신묘통신사행(正德信使) 때의 의례를 폐지하고 1682년 임술통신사행(天和信使) 때의 구례를 복구하기로 결정하였다.[128]

하야시 노부아츠(林信篤)는 초대 쇼군 이에야스(家康) 때 외교의 중역을 맡았던 하야시 라잔(林羅山)의 손자로, 하야시 가문(林家)은 대대로 조선과 이국(異國)에 관한 업무를 담당하였다.[129] 신묘통신사행(1711, 正德信使) 때에는 아라이 하쿠세키(新井白石)가 국서 초안을 마련하는 등 외교를 전담하게 되자, 외교 담당자로서의 지위를 잃게 되었다. 하지만 쇼군 요시무네가 하쿠세키를 해임하자, 조선과의 외교에 적극적으로 임하여, "이웃나라에 대해 사소한 예(禮)를 엄하게 따지고 명분을 가리는 것이 이웃나라와 반드시 좋은 관계를 유지하는 길은 아니라"는 이유를 내세워 쇼군에게 조종(祖宗)의 선례에 따라 임술통신사 때의 구례 복구를 제언하였다.[130]

단, 구례 복구를 내세워 통신사를 초빙한다 하더라도, 선대 쇼군(家宣, 1711) 때의 의례개혁으로부터 8년 밖에 지나지 않은 시점에서 대내외적으로 어떤 명분을 내세워 설득해야 할 것인가는 고민이었던 것 같다.

'구례 복구'와 관련하여 하야시 다이가쿠노가미(林大學頭, 林信篤)가 쇼군에게 제안한 견해를 보면, 조선이 신묘통신사(1711) 때의 빙례 개혁에 대한 혐오가 심하기에 과거 전례(明曆·天和)로 복구하되, 막부 쇼군은 모르는 일로 하여, 쓰시마 번(對馬藩)이 막부 로쥬(信使御用老中 井上河內守)와 은밀하게 상의하여 추진하는 식으로 한다면, 선대(제 6대 쇼군 家宣)의 착오를 부정한다는 비판도 모면할 수 있을 것이라는 것이었다.[131] 즉 '일본국왕'호를

128) 『享保信使記錄』 11, 「從公儀仰出附御伺之事」 7월 6일, 로쥬 井上河內守가 쓰시마 번주에게 건넨 書付(대마도종가문서 기록류 No.381, MF.54, 국사편찬위원회).

129) 하야시 노부아츠(林信篤)는 제5대 쇼군 츠나요시(綱吉) 때 '從5位下 大學頭'라는 관위를 받아 다이묘(大名)에 준하는 위치가 되었으며, 武家 중심사회 속에서도 막부의 교학적인 중심 존재로서 확고한 위치를 차지하고 있었다.

130) 『德川實紀』 제9편, 「有德院殿御實紀附錄」 권3, 吉川弘文館, 1976, 154쪽.

비롯한 신묘통신사 때의 의례개혁에 대해 조선의 거부감이 심하기에 조선이 먼저 구례 복구를 요청한다는 식의 논리로, 외교 명분상으로는 조선의 요구를 앞세우고 있다. 그러나 내부적으로는 요시무네 정권에서 권력을 주도하게 된 로쥬(老中 土屋相模守) 및 하야시 가문이 쇼군 이에노부(家宣) 때 권력을 주도했던 소바요닌(側用人) 등의 측근세력을 비판하기 위한 논리로,[132] 선대 쇼군의 권위에는 손상을 주지 않으면서도 막부 내부의 반감을 최소화하기 위해 만들어낸 명분이자 논리였다고 할 수 있다.

이러한 논리는 1716년 6월 쇼군 요시무네가 쓰시마 번주(宗義方)에게 막부 로쥬(信使御用掛 井上河內守)와 함께 통신사 초빙 건을 의논하도록 지시한 결과,[133] 쓰시마 번도 막부측과의 면밀한 논의 결과 공유하게 되었다. 쓰시마 번은 실제로 절목강정 절차가 시작되자 조선에 강정역관 파견을 요청하면서 이와 똑같은 논리를 구사하였다. 즉 앞서 지적했듯이, 1718년 2월 쓰시마 번이 '막부의 지시'를 내세워 조선에 강정역관을 요청해왔을 때의 명분이 그것으로, 1716년 12월 조선 역관(李松年)이 쇼군 이에노부 사망 조위 차 쓰시마를 방문했을 당시, 신묘통신사 때의 빙례가 잘못되었기에 사전에 절목강정을 철저히 할 필요가 있다고 조선(예조)이 먼저 제안했다는 것을 근거로 제시하였다.[134] 즉 일본측이 요청하기 이전부터 조선이 먼

---

131) 仲尾宏, 「享保通信使と吉宗政權の'舊格復舊'」『朝鮮通信使と德川幕府』, 明石書店, 1997, 209~210쪽.

132) 한승희, 「己亥通信使의 儀式改定에 대한 새로운 검토」『韓日關係史硏究』16, 2002, 103~106쪽.

133) 『享保信使記錄』 11, 「從公儀仰出附御伺之事」 6월 29일(대마도종가문서 기록류 No.381, MF.54, 국사편찬위원회).

134) 殊正德信使之節、御新例有之、信使渡海以後、何角与被仰出、三使ニ茂差當り所置難被致、被及難義候譯茂有之候故、此度者前廣ニ譯官差渡、兼而申談候樣ニ致度与被存候段、彼方存寄尤成事ニ候得者、彌李僉知申聞候通違變有之間敷存候。(후략) (『分類紀事大綱』13, 「節目講定之譯官禮曹之書翰不持來候事」享保3(1718) 무술, 정월 23일 참판사에 보내온 지시).

저 절목강정의 중요성을 제기하였으니, 강정역관을 쓰시마로 파견해 달라는 논리로 포장하였던 것이다. 어쨌든 이렇게 막부의 구례 복구 방침 및 강정역관의 요청 명분이 정해지자, 1717년 7월부터는 쓰시마 번에서도 막부의 통신사 전담 로쥬(信使御用掛 井上河內守)에게 「天和·正德信使禮式相違之覺書」·「事例相違之覺書」·「信使付御伺候覺 14カ條」를 제출하여, '일본국왕호' 문제를 비롯하여, 쇼군의 세자에 대한 예물, 예조가 막부 로쥬에게 보내는 서한과 예물의 정지 문제, 3사의 에도성 등성 횟수, 신묘통신사행 때 신설된 통신사의 에도 왕복시 5곳 다이묘의 연회 문제, 고산케(御三家)의 통신사 위로 문제 등, 현행 의례의 문제점을 보고하였다.[135] 이에 1718년 1월부터는 쓰시마 번의 문의 사항 하나하나에 대해 막부 로쥬(井上河內守)와 林太學頭가 쓰시마 번의 에도 가로(平田直右衛門)를 직접 호출하거나 서면을 통해 상의한 후 결정 사항을 지시하였다. 예를 들면 조선측 국서에서 피휘(避諱)해야 할 글자에 대해 쓰시마 번은 1글자라도 무방하지 않을까라는 의견을 제시했지만, 로쥬로부터 2글자 피휘에 대한 지시가 있었다.[136] 그리고 막부 로쥬(執政)가 조선의 예조참판에게 서한을 보낼 때 발신자와 수신자의 기재 방식에 대해서도, 조선측 서계에 '성휘'(姓諱)만 기재하는 서식에 따라, 로쥬(執政)의 경우에도 位階(從4位 등) 표시 없이 조선과 동등하게 '성휘'만 기재하라는 로쥬의 지시가 있었다. 이에 따라 막부 로쥬가 예조참판에게 보내는 답서의 서식이 「日本國 執政 姓諱 奉復, 朝鮮國 禮曹參判 姓公 閤下」로 정해졌는데, 이는 예조참판이 막부 로쥬에게 보내는 서계가 「朝鮮國 禮曹參判 姓諱 奉書, 日本國 執政 姓公 閤下」로 기재된 것을 기준으로 삼은 것

135) 『享保信使記錄』 11, 「從公儀仰出附御伺之事」(대마도종가문서 기록류 No.381, MF.54, 국사편찬위원회).
仲尾宏, 「享保通信使と吉宗政權の'舊格復舊'」 『朝鮮通信使と德川幕府』, 明石書店, 1997, 209~210쪽.

136) 『信使集書』 (朱)6(1718년) 正月 宗對馬守內 平田直右衛門의 覺과 로쥬(河內守)의 지시(付紙로 답변) (대마도종가문서 기록류 No.413, MF.60, 국사편찬위원회).

이었다.[137] 그리고 1718년 2월에는 막부 내에 橫田備中守 등 1719년 가을 통신사 초빙(사료에 '朝鮮人來朝御用') 및 접대를 전담하는 임시 부서(信使御用懸)가 꾸려지게 되었다.[138] 3월 이후에도 막부측(林太學頭)이 쓰시마 번의 가로를 호출하여 쇼군에게 주는 조선측 예물로 막부에서 필요로 하는 매(鷹)의 숫자(20連)나 마상재(馬上才), 통신사의 에도 객관(本願寺)의 보수 문제 등에 관한 협의가 이어졌다.[139]

이렇게 1717~1718년에 걸쳐 통신사 초빙과 관련된 각 항목을 둘러싸고 막부측(老中 井上河內守, 林太學頭)과 쓰시마 번의 협의와 조율이 계속된 결과, 강정역관이 쓰시마에 파견된 시점(1718. 8)에는 이미 강정 항목 내용이 결정되어 있었다.

3) '大君'호 부활 등, 구례(1682) 복구

'절목강정'이란, 통신사가 에도성에서 국서를 전달하는 외교의례(傳命儀)와 예물 준비를 비롯하여 통신사 일행의 에도 왕복 및 일본 체류 중 일본측의 접대에 이르기까지 통신사 일행의 임무에 차질이 없도록 조일 양국이 지켜야 할 절목(항목) 하나하나에 대해 구체적인 지침을 조정하는 절차였다. 조일 양국 외교 실무자 간의 교섭으로 시작되는, 통신사외교의 성패를 가름할 수 있는 실질적인 교섭과정이라 할 수 있다. 통신사 일행의 일본 왕복을 비롯하여, 1년을 전후한 장기간에 걸친 일본 체류중 혹시라도 발생할

137) 『信使集書』(朱)6(1718년) 正月 宗對馬守內 平田直右衛門의 覺과 로쥬(河內守)의 지시(付紙로 답변) (대마도종가문서 기록류 No.413, MF.60, 국사편찬위원회).

138) '朝鮮人來朝御用'으로는, 松平對馬守(寺社奉行)·橫田備中守(大目付)·大久保下野守(御勘定奉行)이 임명되었다(『信使集書』(朱)6(1718년) 2월 로쥬(井上河內守)가 쓰시마 번에 건넨 書付, 대마도종가문서 기록류 No.413, MF.60, 국사편찬위원회).

139) 『信使集書』(朱)6 (1718년) 3월 10일(대마도종가문서 기록류 No.413, MF.60, 국사편찬위원회).

수 있는 상호마찰을 미연에 방지하기 위해서는 통신사가 조선을 출발하기 이전에 미리미리 세심한 부분에 이르기까지 조일 양국의 조정 내지는 합의가 필요했던 것이다.

그런데 이러한 '절목강정'의 첫 번째 절차라 할 수 있는 강정역관의 쓰시마 파견 건으로 예조 서계가 발급될 때까지 조일간의 교섭이 1년 반이나 교착상태에 있었던 것에 비한다면, 정작 강정역관이 쓰시마에 체류하면서 쓰시마 번측과 강정을 해 온 절목 내용 자체에 있어서는 큰 마찰은 없었다.

당상역관 한후원이 쓰시마에서 강정해온 통신사절목이란 어떤 내용이었을까?

앞서 언급했듯이, 당상역관 한후원은 일찍이 1681년 쓰시마 번주(宗義眞)의 환도 위로차 변이표(卞爾標)와 함께 문위역관으로 쓰시마에 파견되었을 때 조정의 지시에 따라 쓰시마 번의 중신들과 임술통신사행(1682, 天和信使)의 절목을 직접 강정해온 경험이 있었다.[140] 기해통신사행 당시 조선이 한후원을 절목강정 당상역관으로 지정했던 것은 임술통신사행의 구례로 복구하는 만큼, 비록 오래전 일이기는 하지만 쓰시마에서의 교섭 전력이 참작되었을 것으로 생각된다. 한후원 일행은 과거 임술통신사행 때의 조선측 기록(통신사등록, 비변사등록)을 쓰시마로 지참해 가서 현안 하나하나를 대조해가면서 쓰시마 번측과 교섭에 임했다.

140) 『통신사등록』 3책, 신유(1681) 12월 21일.
『변례집요』 권18, 신사. 『증정교린지』 권5, 신행각년례, 숙종 8년 임술(1682).

〈표 1〉 1718년 당상역관이 강정해온 「통신사절목」141)

	통신사절목	비고 (강정역관의 의견)
1	관백의 대호(大號) 및 국서의 내·외면 격식을 임술년(1682)의 전례대로 한다.	
2	대호는 '大君'으로 하며, 국서의 문체 서식 및 어휘(御諱)와 어보(御寶)를 내·외면에 찍는 것은 한결같이 임술년(1682)의 전례대로 한다.	구례 준용으로 쟁집할 필요는 없으나 묘당의 품처 필요
3	일본국의 답서 및 문체 서식과 내·외면에 어휘(御諱)와 어보(御寶)를 찍는 것은 한결같이 임술년(1682)의 전례대로 한다.	
4	예조에서 에도(江戶) 막부의 執政(老中)·경윤(京尹)과 대마도 태수 등에게 보내는 서계 안에는 '貴大君'이라 기재하는데, 역시 임술년(1682)의 등록에 있으니 전례대로 한다.	묘당의 복달을 기다려 거행하겠음.
5	예조에서 에도(江戶) 막부의 執政(老中)·경윤(京尹) 등에게 주는 서계의 서식, '조선국예조참판 성씨 이름 봉서, 일본국집정 성씨 공 합하'[朝鮮國 禮曹參判 姓諱 封書, 日本國 執政 姓諱 公 閤下]	
6	일본국의 답서 서식, '일본국 집정 성씨 이름 봉복, 조선국 예조참판 성씨 공 합하' [日本國 執政 姓諱 封復, 朝鮮國 禮曹參判 姓公 閤下]	
7	경윤(京尹) 등에게 증정하는 절목은 한결같이 전례대로 하고, 또한 근시(近侍)에게 주고 받을지의 여부는 일단 조정하지 말고, 에도막부(東武)의 지시를 기다려 추후 고달(告達)할 예정임.	
8	닛코산(日光山) 분향은 정지하여 없앰.	거론 보류
9	저군(儲君) 앞으로의 예단 및 통신사의 배례는 모두 정지하여 없앰.	거론 보류
10	통신사가 관백에게 진알(進謁)하는 것은 1 차례로 함.	강정역관의 현지 자체 판단.
11	5곳에서의 로연(路宴)은 정지하여 피차의 폐단을 없앰.	강정역관의 현지 자체 판단(임술년 예).
12	통신사 일행은 내년 5월초에 쓰시마로 건너와 7~8월 사이에 에도(江戶) 도착해야함.	이의 없음
13	별폭의 응자(鷹子)는 구례(舊例)대로 요구하니 장차 20連을 골라 보내는데, 날씨가 더워 폐사할 걱정이 있으니 수량을 더하여 가져올 것.	1682년(平眞幸) 및 1711년에는 10連으로 개정, 방색 필요하니 묘당 품처 필요

141) 『통신사등록』 무술(1718) 11월 23일(절목).
『통신사등록』 기해(1719) 2월 6일(미진절목).
『변례집요』 권18, 信使 무술년(1718) 윤8월 조 강정절목.
『증정교린지』 권5, 신행각년례(信行各年例) 숙종 45 기해년(1719)조, 강정절목.

	통신사절목	비고 (강정역관의 의견)
14	준마(駿馬)의 형태와 색깔 그림은 여기에도 있을 뿐 아니라 예부 등록에도 있으니, 전례를 상고하여 잘 골라 안장을 갖추어 말을 보내고, 말 도형을 올려 바친다.	이의 없음
15	통신사행 별폭(別幅)의 준마(駿馬)는 전례대로 이마(理馬)로 하여금 기일보다 먼저 이끌어 가도록 하고, 또한 별폭의 응자(鷹子)는 수량을 더하여 먼저 보내되 역시 잘 기르는 한 두 사람을 일행속에 충원하여 데려오도록 함.	이의 없음
16	양국이 주고받는 별폭·잡물은 성신(誠信)의 제일 중요한 관절(關節)이니 특별하게 골라 보낸다.	이의 없음
17	예조에서 에도(江戶)의 執政(老中)·경윤(京尹) 등에게 보내는 예단에 응자(鷹子) 각 1련을 두는 법식은 원래 구례(舊例)가 있는데, 폐사할 염려가 있으니 수량을 더하여 가져온다.	1682년(平眞幸) 및 1711년에는 응자 예단 없었음. 방색 필요하니 동래부에 분부하여 재판차왜에게 언급 필요.
18	예조에서 이테이안(以酊庵)의 장로 및 접반 장로, 반쇼인(萬松院) 등에게 보내는 서간과 별폭 역시 이전의 규례가 있으니 임술년(1682)의 전례대로 가져오고, 접반 장로의 법명은 아직 상세히 알지 못하니 막부(東武)의 지시를 기다려 추후에 고달할 계획임.	접반 장로 건은 동래부의 치달을 기다려 거행
19	통신사 일행의 인원은 한결같이 임술년(1682)의 전례대로 한다.	이의 없음
20	양의(良醫)와 의원은 극히 잘 골라 나이많고 의술에 정밀한 자를 데려올 것.	이의 없음
21	마상재(馬上才)는 재주가 정예로운 자를 골라 데려온다. 또한 활쏘는 예인(藝人)은 활쏘는 법이 정예로운 자 및 억센 활을 능히 당길 수 있는 자를 잘 골라 군관에 충원하여 데려와 관광할 기반으로 삼는다.	이의 없음
22	연로를 오갈 때 상관(上官) 이상은 마른 음식을 공급하고, 중관 이하는 익힌 음식을 공궤(供饋)한다. 그 배에 있을 때와 연로에서 행차가 지체될 때는 일행에게 모두 마른 음식을 공급한다.	사신의 편의에 따를 일이라는 분부 필요
23	상상관(上上官)은 행중(行中)의 긴요한 소임이니 우리나라(일본) 풍속을 익히 알고 언어에 능통한 자를 차출하여 올 것.	이의 없음
24	바다와 육지 곳곳에서 접대하는 일은 바로 양국의 큰 예(禮)이니 반드시 관질(官秩)이 높은 사람으로 접대하게 하므로 숭경하는 도리가 없어서는 안되니 3사는 일행의 종관(從官)에게 엄중히 분부하여 비례(非禮)나 능모(陵侮)의 폐단이 없도록 한다.	이의 없음
25	일행 중 각 항의 임무를 맡은 사람은 쓰시마의 임무를 관장하는 사람과 일이 있으면 서로 접하고, 그 밖에는 일절 일본인이 거주하는 곳에 출입하지 않아 혼란스럽게 쟁투하는 폐단이 없도록 함.	이의 없음
26	에도의 객관(客館)에 도착하여 5일마다 지공(支供) 물품을 나누어줄 때 관장하는 사람 이외에는 일절 함부로 나가지 말라는 뜻을 엄중하게 신칙하여 폐단이 없도록 할 것.	이의 없음

	통신사절목	비고 (강정역관의 의견)
27	무릇 종원(從員) 중에 멋대로 금법을 범하여 염치를 돌아보지 않는 자가 있으면 3사에게 고하여 행차가 우리 주(對馬)에 돌아온 후, 쓰시마 사람은 쓰시마에서, 귀국 사람은 3사가 처치한다.	이의 없음
28	3사는 귀국의 이름난 신하이니 크고 작은 사체에 통달하지 않음이 없을 듯하나, 우리나라(일본)의 풍습 등 아마도 상세히 알지 못하는 곳도 있을 것이다. 다만 우리 주(對馬州)는 예로부터 귀국의 은총을 받고 교린을 직무로 관장하고 있다. 하물며 通信은 양국의 막대한 일인지라 무릇 모든 사무를 반드시 모름지기 미리 조정하여 앞으로 통신의 큰 예법을 무사히 거행해 내도록 기약한다면 실로 양국에 큰 다행일 것이니 이러한 뜻을 조정에 자세히 고달해 줄 것.	
29	일행의 상·중·하관이 타고 서고 기다리는 것은 모두 각 주(州) 태수(太守)가 제공한 말(馬)이다. 귀국 사람이 타국의 말을 잘 제어하지 못해 난폭하게 때려 상해에 이르거나, 말을 끄는 군졸이 혹여 채찍질하는 일이 있을 경우, 남의 말이 손상된 것은 진실로 족히 애석하지 않으나, 이로 인해 다투고 힐난하여 서로를 잃는 실마리가 되지 않을까 두려우니 이런 일들을 각별히 엄중하게 신칙할 것,	이의 없음
30	위 항목의 모든 절목 강정은 에도(江戶)에서 일일이 지시하여 이루었으니, 무릇 크고 작은 일들을 한결같이 요청한 바에 따라 이대로 거행하여 논란의 여지가 없도록 할 것임.	

(『통신사등록』 무술(1718) 11월 23일(절목))

위 〈표 1〉에서 30개에 달하는 통신사 절목은 강정역관(한후원)이 1718년 8월부터 10월까지 약 3개월 가까이 쓰시마에 체류하면서 쓰시마 번의 家老(奉行)들과 얼굴을 마주하며 조정해온 것을, 그가 귀국한 후 동래부사가 장계로 조정에 보고한 것이다.[142] 항목 수로만 보면 역대 통신사행의 강정절목 가운데 가장 많다고 할 수 있다.[143] 나중에 쓰시마 번 사자(재판)가 절목에 미진한 항목이 있다 하여 추후 보완을 요청한 〈節目未盡條件〉까지 합

142) 『통신사등록』 제8책, 무술(1718) 11월 23일 통신사절목.
『享保信使記錄』 6, 「信使ニ付講定使渡海覺書」, 3역사의 쓰시마 체류 중 강정한 내용(戊戌年 9월일) (대마도종가문서 기록류 No.390, MF.56, 국사편찬위원회).

143) 참고로 임술통신사행(1682) 때는 강정절목이 20항목, 신묘통신사행(1711) 때는 10항목이었다.

하면 강정절목은 모두 34항목이라 할 수 있다.[144] 절목 내용은 국서에 기재할 쇼군의 외교칭호 문제 등 조선 정부와 도쿠가와 막부 간의 외교의례를 비롯하여, 통신사 일행의 규모와 구성원 문제, 에도 왕복시 연로의 연향 및 에도 객관에서의 숙식에 필요한 지급 등과 같은 접대 전반의 문제, 그리고 통신사 일행에 대한 행동 규제 까지를 망라하는 광범위한 것이었다.

첫 번째 항목의 "관백(關白, 쇼군)의 대호(大號) 및 국서의 내·외면 격식을 임술년의 전례대로 한다"에서는, 가장 중요한 양국간의 외교의례를 임술통신사행(1682, 天和信使) 때의 구례로 복구한다는 것이 대전제였음을 구체적으로 확인할 수 있다. 그 중에서도 핵심적인 내용이라면 바로 직전 신묘통신사행(1711) 때 국서(國書)에 기재할 쇼군의 외교칭호를 '日本國王'이라 했던 것을 임술통신사행 때의 '日本國大君'으로 다시 복구한다는 것이었다. 이와 더불어 국서 안팎에 날인하는 인장과 국서 전달을 위한 전명의 등, 통신사의 에도성(江戶城) 등성 횟수, 조선과 막부측 인사가 주고받는 문서와 예물 문제 등도 임술통신사행(1682) 때의 구례로 복구하겠다는 것이었다.

그런데 강정 항목을 보면, 쇼군의 호칭 변경 등과 같은 중대한 외교의례 문제(제1~7항목)는 과거에 아무리 절목강정 경험이 있다 하더라도 강정역관이 쓰시마 현지에서 자의적으로 판단하여 그 자리에서 쓰시마 번에 즉답할 수 있는 사안은 아니었다. 쓰시마 번은 특히 이번 사행의 전례(임술사행, 天和信使) 복구가 줄곧 도쿠가와 막부의 지시라는 점을 부각시켰다. 이에 강정역관으로서는 일단 막부의 지시라는 점을 확인한 데다 구례 복구를 요청하는 만큼 크게 논쟁거리를 만들 필요까지는 없다는 의견이었지만, 일단 일본측의 요구를 조정에 전달하여 묘당의 논의를 거친 후에 결정하는 절차를 취하였다.

144) 『통신사등록』 제8책, 기해년(1719) 2월 6일.

이에 비해 외교의례를 제외한 나머지 문제에 대해서는 강정 역관이 쓰시마 현지에서 어느 정도 자의적으로 판단을 할 수는 있었던 것 같다. 즉 전례가 있거나, 새로운 요구라 할지라도 상호 간의 마찰 방지를 위한 방안으로 어느 정도 납득할 수 있는 요구일 경우에는 역관 스스로의 판단으로 그 자리에서 동의하기도 하였다. 예를 들어 통신사의 닛코산(日光山) 분향 정지(제8항목) 및 저군(儲君, 쇼군의 아들로 '와카기미'(若君))에게 주는 예물 및 통신사의 배례 정지(제9항목)는 신묘통신사행(1711) 때 새롭게 정한 항목이었지만,[145] 양국 간의 항례(恒例)라는 명분에 부합하는 만큼 그대로 수용하였다.

또한 통신사의 에도성(江戶城) 등성 횟수를 신묘통신사행 때 3회였던 것을 전명의 1번으로 축소하는 건(제10항목) 및 통신사의 에도 왕복시 5곳에서 연회를 폐지하는 것(제11항목)에 대해서도 구례 복구(1682)가 폐단을 축소한다는 차원에서 그 자리에서 수용하였다.[146]

그리고 의술에 뛰어난 양의(良醫) 선발(제20항목)과 마상재(馬上才) 등 솜씨가 뛰어난 예능인의 선발(제21항목)이라든가, 장기간에 걸친 통신사의 일본 체류 중 상호 간의 접촉에서 발생할 수 있는 마찰 방지를 위해 통신사 일행의 행동을 규제하는 방안 등(제20~29항목)에 대해서도 별 이견 제시는 없었다.

역관이 강정해 온 내용에 대해서는 예조 및 조정에서 검토를 한 후 최종적으로 조정이 되었는데, 절목 내용 자체에 대한 조정의 격렬한 논의는 보이지 않는다. 쇼군의 외교칭호를 '日本國王'에서 '大君'으로 복구하는 것과

145) 『숙종실록』 37년(1711) 5월 15일 계묘.
『통신사등록』 6책, 신묘(1711) 5월 18일.

146) 등성 횟수 3번 신설 및 道中 5곳 연회 역시 신묘통신사행(1711) 때 신설된 항목으로, 통신사의 에도 왕복시 오사카(大坂), 교토(京都), 나고야(名古屋), 슨푸(駿府), 아카마가세키(赤間關, 귀로)의 5지역에서 통신사 일행을 접대하는 로연(路宴)이었지만, 경비 절감을 이유로 폐지된 것이다.

같은 외교의례 변경에 대해서는 강정역관 한후원의 의견대로 신례가 아닌 구례로 복구하는 만큼 일본측이 제시한 절목 내용 자체에 대해서는 조선으로서도 특별히 별 이견을 제시하지는 않았던 것 같다. 예단으로 보내는 매(鷹)의 숫자와 예조의 상대인 막부측 인사(老中 등)에게 주는 서계와 예물에 대해서도 임술사행(1682) 때와 인원수가 다르다는 지적만 했을 뿐, 특별한 이의 제기는 없었다(제13~18항목). 연회 횟수의 감소에 대해서도 1711년의 5곳 접대를 예외적인 것으로 인식했기에 조정의 논의에서도 이견 제시는 없었다.[147] 기해통신사(1719) 때의 의례가 임술통신사(1682)의 구례로 복원되었다고는 하지만, 신묘통신사(1711)의 의례를 전면 폐기한 것은 아니며, 간소화를 지향하는 선에서 선택적으로 취사선택되었다고 할 수 있다.

따라서 조일 양국의 절목강정 절차를 보면, 첫 단계에서는 쓰시마 번이 「강정역관의 쓰시마 파견을 성사시키기 위해 예조 서계를 요청」해 온 것에 대해, 조선이 강경하게 대응한 측면이 분명히 있었다. 즉 '강정역관의 쓰시마 파견'이 향후 전례로 굳어지는 것을 방지하기 위해 그것이 임기응변적 조치라는 것을, 외교문서(書契)에 구체적으로 기재해 놓는 전략을 구사하였다고 할 수 있다. 그러나 구체적인 절목강정 교섭에서는 역관 한후원이 쓰시마에서 협의해온 절목강정 내용, 즉 통신사 의례 및 접대를 구례(1682, 임술통신사행)로 복구한다는 방침에 대해 조정에서도 별 문제 제기 없이 합의가 이루어진 결과, 본격적인 통신사 파견 준비에 들어갔다.

147) 『통신사등록』 제8책, 무술(1718) 11월 23일의 통신사절목.
참고로 『숙종실록』이나 『비변사등록』에도 절목강정을 둘러싼 논의의 흔적은 보이지 않는다.

5. 1719년 기해통신사 파견과 국서 왕복

1) 통신사(홍치중) 일행의 일본 여정과 전명의(傳命儀)

조선은 1718년 3월 막부의 제8대 쇼군 습직 축하를 위한 일본측의 통신사 요청을 수락하자 곧이어 통신사 파견 준비에 들어갔다. 7월에는 예조에서 통신사행 때 실행해야 할 여러 가지 일들을 임술년(1682)의 통신사 전례에 따라 「通信使應行諸事」로 마련하여 해당 관청에 전달하였다.148) 이를 시작으로 1719년 1월에는 통신 3사의 선발, 2월에는 예조에서 통신사 일행에 대한 행동지침이라 할 수 있는 「禁斷節目」과 예물 마련 등, 통신사의 출발(5월) 직전까지 준비가 진행되었다.

통신사 파견에 있어서 가장 중요한 것은 3사를 비롯한 원역 일행의 구성으로, 1719년 1월 기해통신사행의 3사에는 정사에 홍치중(洪致中), 부사에 황선(黃璿), 종사관에 이명언(李明彦)이, 제술관에는 신유한(申維翰)이 임명되었다.149) 당상역관으로는 박재창(朴再昌), 김도남(金圖南)과 더불어 절목강정 교섭에 임했던 한후원(韓後瑗)도 포함되었다.150) 총인원은 『동사일록』에 따르면 총 474명이었다.151)

이들 기해통신사 일행의 여정을 보면, 1719년 4월 11일에는 3사가 일본 출발에 앞서 조정에 나가 세자에게 하직 인사를 한 후,152) 5월 13일 부산

---

148) 「通信使應行諸事」에서는 통신사 일행의 출선 날짜 택일을 비롯하여, 복장과 지급물(잡물), 形名旗 등 의례에 필요한 지참 물자, 탑승 선박 마련, 사행원이 데리고 갈 수 있는 수행 인원, 국서의 인장과 막부측 인사에게 보내는 예물 등, 전반에 이르는 지침이 정해졌다.

149) 『숙종실록』 45년(1719) 1월 29일 임인.

150) 『통신사등록』 제8책, 기해(1719) 4월 8일.

151) 기해통신사의 인원에 대해서는 기록마다 차이가 있다. 『東槎日錄』(洪致中, 北谷)에는 474명, 『通航一覽』에는 475명, 『享保信使記錄』(對馬藩 宗家文書)에는 475명, 『享保朝鮮人來聘記錄』 (福岡藩 黑田家文書)에는 472명 등으로 되어 있다.

에 도착하여 5월 18일에 승선하였다. 통신사를 맞이하려 온 쓰시마 번 사자(迎聘使 杉村采女, 信使迎裁判 樋口孫左衛門)의 호행 하에 부산을 출선한 것은 6월 20일로, 쓰시마의 후츄(府中)에는 6월 27일에서야 도착하였다.[153] 쓰시마에서는 번주(宗方誠)가 베푸는 연회 및 이테이안(以酊庵) 승려 등과의 필담창화가 있었다(7.3). 쓰시마 출선 후에는 해로를 따라, 잇키(壹岐), 아이노시마(藍島), 치시마(地島), 아카마가세키(赤間關), 가미노세키(上關), 가마가리(鎌刈), 도모노우라(韜浦), 우시마도(牛窓), 무로츠(室津), 효고(兵庫)를 거쳐 오사카(大坂)에 도착하였다.

오사카(大坂)부터 에도(江戶) 까지는 육로 여정으로, 9월 10일 오사카를 출발하여 요도우라(淀浦), 교토(京都), 오츠(大津), 히코네(彦根), 오카자키(岡崎), 하마마츠(濱松), 하코네(箱根), 시나가와(品川)를 거쳐 9월 27일에야 에도(江戶)에 도착하였다. 조선을 떠난지 거의 5개월 만에 목적지 에도(江戶)에 도착한 것이다.[154]

---

152) 『숙종실록』 45년(1719) 4월 11일 계축.

153) 『享保信使記錄』 8, 「信使迎裁判樋口孫左衛門朝鮮へ被差渡歸國迄覺書」(대마도종가문서기록류 No.395, MF.57, 국사편찬위원회).

154) 기해통신사행의 일본 여정은 제술관 신유한(申維翰)의 『海游錄』을 참고하였다. 『海游錄』에서 좀더 자세한 일정을 보면 다음과 같다. 일기가 좋지 않아 부산을 출선한 것은 6월 20일로, 쓰시마의 도요우라(豊浦, 6.23), 니시도마리우라(西泊浦, 6.24)를 거쳐 6월 27일에서야 쓰시마 번주가 있는 후츄(府中)에 도착하였다. 쓰시마에서는 번주가 베푸는 연회 및 이테이안(以酊庵) 승려 등과의 필담창화가 있었다(7.3). 쓰시마를 떠난 후에는 잇키(壹岐, 福岡藩, 7.19), 아이노시마(藍島, 福岡藩, 8.1 필담창화), 地島, 아카마가세키(赤間關, 8.18, 長門州, 필담창화), 가미노세키(上關, 周防州, 8.25), 가마가리(鎌刈, 安藝州, 8.27), 도모노우라(韜浦, 8.28), 우시마도(牛窓, 備前州, 9.1), 무로츠(室津, 播摩州, 9.2), 효고(兵庫, 攝津州, 9.3)를 거쳐 오사카(大坂, 9.4)에 도착하였다. 오사카(大坂)를 출발한 것은 9월 10일로 육로를 따라 요도우라(淀浦, 山城州), 교토(京都, 9.11), 오츠(大津, 近江州, 9.12), 히코네(彦根, 近江州, 9.14), 오카자키(岡崎, 9.17), 하마마츠(濱松, 9.19), 하코네(箱根, 9.24), 시나가와(品川, 9.26)를 거쳐 에도(江戶, 9.27)에 도착하였다.

숙소인 히가시혼간지(東本願寺, 객관)에는 도착 당일 막부측의 상사(上使, 牧野駿河守源忠辰, 中川內膳正源久忠)가 문안 인사를 와서 여독을 위로하였다.[155] 그리고 다음날(9.29)에는 쇼군의 지시로 막부의 집정(老中, 源忠岑(井上河內守正岑), 源忠之(戶田山城守))이 통신사 일행에 대한 문안차 객관을 방문하였다.[156] 신묘통신사행(1711, 正德信使) 때에는 도착한 지 3일 만에 막부측의 문안 인사가 있었으며, 임술통신사행(1682, 天和信使) 때는 도착 당일에만 문안 인사가 있었다. 이에 비하면 기해통신사행(1719, 享保信使)에 대한 막부측 접대는 좀 더 우대에 신경을 썼다고 할 수 있는데, 정사 일행이 막부측 상대를 맞이하는 장소도 신묘통신사행 때의 '계하영송'이 아니라 현관(楹外)으로 복구되었다.

한편, 통신사 일행이 거의 반년에 이르는 험난한 여정을 거쳐 에도까지 갔던 가장 중요한 이유라면, 조선 국왕의 국서를 막부 쇼군에게 직접 전달하고, 이에 대한 쇼군의 답서를 막부로부터 직접 받아오기 위해서였다. 특히 조선 국왕의 국서는 쇼군이 있는 에도성(江戶城)의 '전명의'(傳命儀)라는 의례를 통해서 전달되었는데, 기해통신사행의 전명의는 에도(江戶) 도착 나흘째인 1719년 10월 1일에 치러졌다.

에도성의 덴죠노마(殿上之間)에서 치러진 전명의는, 새로운 쇼군 요시무네(吉宗)를 비롯하여 료쥬 등 통신사 초빙을 담당했던 막부측 관리, 쓰시마번주 및 전국의 다이묘들이 참가한 가운데, 통신사 초빙을 주도했던 막부로쥬(信使御用掛 井上河內守正岑)의 지휘 하에 의례가 진행되었다. 전명의에서는 국서 수령에 대한 쇼군의 구두 허락이 있어야만 통신사 일행이 지참해 간 국서함에서 비로소 국서를 꺼내 전달할 수 있었는데, 상상관이 국서를 꺼내 막부측에 전달하면, 정사 홍치중(洪致中)을 비롯한 3사가 국서에 대한 배례를 올리는 것으로 의례가 마무리되었다. 이러한 국서 전달 절차

155) 신유한, 『海游錄』 중, 기해 9월 27일.
156) 신유한, 『海游錄』 중, 기해 9월 29일.

를 보면 1711년과 달리 정사가 아니라 상상관이 국서를 취급하고 있으며, 막부측에서도 국서를 수령한 후 낭독 절차를 생략했는데, 전명의 절차는 1682년 임술통신사 때의 구례를 따른 것이었다.

전명의 이후 계속된 향응에서도 변화가 있었다. 임술통신사행(1682) 때의 전례에 따라 막부의 3종실인 고산케(御三家:紀伊·水戶·尾張家)가 향응을 주도하였다.

2) 국서의 왕복과 '구호'의 함의

그러면 전명의에서 쇼군에게 전달되었던 숙종의 국서는 어떠했을까?

> 朝鮮國王李焞 奉書
> 日本國大君 殿下
> 十年之間, 聘問濶闊焉, 近聞殿下新承令緖, 撫寧海宇, 其在隣誼, 曷勝欣聳, 爰遵故常特遣使介, 致慶修睦禮則然矣, 兩國交歡寧有旣乎, 仍將薄儀聊表遠忱, 惟冀益恢前烈, 永綏洪福, 不備
> 己亥年四月 日
> 朝鮮國王李焞(印文; 爲政以德)[157]

157) 1719년 기해통신사 때 숙종 국서(國書)의 번역문은 다음과 같다(고전번역원 DB).
'조선국왕 성휘(姓諱)는 일본국대군전하(日本國大君殿下)에게 글을 올립니다.
10년 사이에 빙문(聘問)이 뜸하였습니다. 요즘 듣건대, 전하가 새로 서통(緖統)을 이어받아 해내(海內)를 편안하게 다독거린다 하니, 그 이웃 나라의 의리에 있어 기쁨을 어찌 이길 수 있겠습니까. 그래서 옛 상례(常例)에 따라 특별히 사신을 보내어 경하(慶賀)를 드리고 목의(睦誼)를 닦노니, 예(禮)는 그런 것이지만 양국의 교환(交驩)이 어찌 다함이 있겠습니까. 이어서 변변치 못한 물품으로 애오라지 정성을 표합니다. 바라건대, 전대의 공렬을 더욱 넓혀 길이 홍복(洪福)을 누리소서. 이만 줄입니다.'
기해년 4월 □일

우선 국서 수신자인 쇼군의 외교칭호를 보면, 절목강정한 내용을 그대로 반영하여 바로 직전 신묘통신사행(1711)의 '日本國王'이 아니라 임술통신사행(1682) 때의 '日本國大君'으로 복구되었다. 쇼군의 호칭 복구 문제는 절목강정 당시 가장 큰 현안이었지만, 일본측의 요청을 그대로 수용했음을 알 수 있다.

내용을 보면, "새로운 쇼군의 승습 소식을 듣고 이웃나라의 도리로서 舊例(故常)에 따라 특사를 보내 경사를 축하함으로써 양국간 교린의 예를 도모하겠다"는 간단한 내용으로 작성되었다.

국서의 첫머리는 "十年之間聘問濶焉"(10년동안 빙문이 뜸하였다)라는 문언으로 시작되고 있다. 이는 10년 정도의 외교공백은 있었지만 쇼군 습직을 축하하기 위한 사절 파견이 '故常'(舊例, 舊好)라는 것이 전제되어 있는 의미로, 이러한 문체는 일찌기 임술통신사행(1682) 때의 국서부터 구사되었다. 임술통신사행은 을미통신사행(1655) 이후 30년 만의 파견 요청이었다. 이에 장기간에 걸친 외교 공백을 국서의 첫머리에 "修聘之禮間者濶焉"(빙문의 예가 뜸해진 지 오래되었다)라는 문언으로 표현하였지만, 그럼에도 불구하고 통신사 파견이 '구호'(舊好)에서 바탕을 둔 것임을 반영한 것이었다. 신묘통신사행(1711) 역시 국휘 논쟁과 같은 외교적 마찰이 있었음에도 불구하고 조선이 통신사외교를 중단할 의사는 없었기 때문에, 숙종 국서 첫머리의 문언과 체제는 "빙문(聘問)이 끊인 지 어느덧 일세(一世)라"(聘問之濶倏焉爲一世) 하여 임술통신사행(1682) 때의 국서와 거의 비슷한 문체로 시작되고 있다.[158] 이렇게 볼 때, 1719년 홍치중 일행이 지참한 국왕

158) 참고로 1711년의 숙종 국서 내용은 다음과 같다(고전번역원 DB).
빙문(聘問)이 끊인(신묘통신사) 지 어느덧 일세(一世)라, 듣건대 전하(殿下)께서 선대의 터전을 잘 이어받아 널리 구역(區域)을 다스린다 하니, 그 이웃끼리의 수호(修好)에 있어서 기쁜 마음을 이루 말할 수 없습니다. 이에 일부러 사신을 보내어 신의(信義 신사(信使)의 의식)를 거행하는 한편, 화목을 닦고 경사를 치하하여 전례에 따라 변변치 못한 물품이나마 먼 정성에 대신합니다. 더욱 훌륭한 장래를 힘

숙종의 국서 역시, '구례 준수'가 기본 입장인 만큼, 10년이라는 외교 공백과 이전 국서의 '舊好'를 동일한 의미의 '故常'이라는 다른 문언으로 교체되었을 뿐, 앞서 숙종 대에만 2번이나 파견되었던 임술통신사행(1682) 및 신묘통신사행(1711) 때의 대일본 통교 입장과 취지를 그대로 견지한 것이었다고 할 수 있다.

조선 국왕의 국서는 대제학이 찬출하고 승문원 관원이 서사하는데, 역대 통신사들이 지참해 갔던 국서를 참고로 작성하되, 숙종대의 통신사외교 방침이 특별히 변하지 않았기 때문에 전체적인 문장 틀은 그대로 유지하되 안부 등 문장의 서두에 한하여 그때그때의 상황에 맞는 적당한 문언으로 대체한 것이라 할 수 있다.

이에 대한 막부 쇼군의 답서는 어떠했을까?

통신사의 임무 가운데 한 가지 더 수행해야 할 임무라면 막부측으로부터 쇼군의 답서를 직접 수령해 오는 것이었다. 쇼군의 답서는 전명의가 끝난 지 10일 만인 1719년 10월 11일 막부의 집정(老中 源重之)과 藤原忠眞이 통신사의 객관(東本願寺)으로 직접 가지고 왔다. 신묘통신사행(1711) 때에는 「국서 전달, 사향, 사견의(답서 수령)」을 위해 통신사 일행이 3번이나 에도성에 들어가야 했다. 즉 의례개혁의 핵심이 '3회 등성'이었다고 할 수 있는데, 쇼군의 답서는 통신사 일행이 귀국에 앞서 에도성에 들어가 쇼군에게 이별을 고하는 '사견지의'를 치른 후에 수령해 왔다. 그러나 1719년에는 구례 복구로 인해 '사견지의'가 폐지되었기 때문에, 임술통신사행(1682) 때와 마찬가지로 막부측의 관리가 직접 가지고 온 것이다. 신유한의 『海游錄』을 보면, 홍치중 일행은 쇼군 회답서의 초안에 대해 사전 열람은 없었던 것 같으며, 쇼군의 회답서를 막부측으로부터 직접 받아 왔다.

다음은 쇼군의 회답서이다.

쓰고 길이 교의(交誼)를 굳게 하기를 바랄 뿐입니다. 이만 줄입니다.

日本國源吉宗 敬復
朝鮮國王 殿下
三使遠來訪問, 丁寧憑悉興起佳勝萬祉同也, 方今應休祥, 斯施活法, 故遵舊典, 以修新慶, 幣物多儀, 那堪報答, 寔由兩國永好之誼, 而亦可識禮意彌深, 聊贈謝品附於信使, 誠之所在, 彼此皆然, 不備
享保四年己亥十月 日
日本國源吉宗(印文; 源)[159]

막부의 유학자인 大學頭 林信篤(하야시 노부아츠)가 작성한 것으로 알려진 쇼군의 답서는 그 어느 때의 답서 보다도 정중하게 작성되었다. 우선 답서를 보낸다는 문언이 단지 회답서를 보낸다는 '奉復'에서, 상대방에 대한 존경의 뜻이 더해진 '敬復'으로 변경되었다. '敬復'은 을미통신사행(1655) 때의 쇼군 답서에 1번 사용된 전례가 있기는 하지만, 을미통신사행과 1719년의 기해사행을 제외하고 국교 재개 이후 받아온 답서에 모두 '봉복'으로 기재되었다. 그리고 쇼군 습직에 대해서는 이에야스의 직계인 세습 쇼군이 아니라 방계인 고산케 가문의 출신인 만큼, '전업의 계승'(繼前烈(1624), 我繼述治國(1655), 我繼前業(1682))이라 하여 뭔가 세습 또는 계승을 의미하는 문언 대신 단지 습직 사실을 '新慶'으로 기재하였다. 뿐만 아니라 통신사에 대한 지칭도 '信使'로 표현하였다. 일본에 파견하는 조선국왕의 사절 명칭

159) 1719년 쇼군 회답서의 내용은 다음과 같다(고전번역원 DB).
"일본국 원길종(源吉宗)은 공경히 조선국왕 전하에게 회답하나이다.
세 사신이 멀리 와서 방문함이 은근하여 흥기(興起)가 가승(佳勝)하심을 잘 알았으며, 만복(萬福)하기가 같습니다. 방금 아름다운 상서에 응하여 활법(活法)을 베풀어 짐짓 옛 전례(典禮)를 준수하여 새 경사로 닦으며 폐백 물건은 품목이 많으니, 어떻게 보답하오리까. 실로 두 나라가 길이 우호(友好)하는 정의에서 말미암은 것이며, 또한 예의(禮意)가 더욱 깊음을 알 수 있습니다. 아무쪼록 여러 가지 물품을 드려 신사(信使)에게 부치오니, 정성스러운 마음을 갖기는 피차가 다 마찬가지입니다. 이만 줄입니다.
향보(享保) 4년 10월일에 원길종 운운."

을 '통신사'로 부르기 시작한 것은 1636년 병자통신사 때부터이나, 쇼군의 회답서에 정식으로 '信使'로 기재된 적은 없다. 과거 쇼군의 답서를 보면 통신사가 "聘价(1636)·專价(1643)·三使(1655)·聘使(1682)·三使(1711)"라 하여, 초빙 사자, 특별 사자, 3사 등과 같이 '사자' 앞에 통신사의 형태나 인원을 지칭하는 문언으로 표현되었다. 특히 통신사의 성격에 대해서는, '使价還(1636)·价還(1643)·信使還(1655)·還書(1682)·歸使'(1711)라 하여, 조선에서 먼저 자발적으로 왔다가 돌아가는 사자, 또는 돌아가는 사자 편에 보내는 답서(還書)라는 의미가 포함되어 있었다. 이에 비한다면, 기해통신사행에 대한 쇼군(吉宗) 답서의 경우, '信使'라 하여 '신의'에 바탕을 둔 사자, 즉 조일 양국이 지향하는 외교이념으로서의 '성신', 또는 '신의'가 반영된 '신사'로 호칭하는 한편, 1636년 이래 조선이 먼저 자발적으로 통신사를 파견해 왔다가 돌아간다는 의미는 들어있지 않다. 통신사외교에 대해서도 임술통신사행(1682) 때나 신묘통신사행(1711) 때의 쇼군 답서에 비해, '양국의 영원한 우호(永好之誼)·전례(舊典)'등을 부각시킨 문언이 더 들어 있다. 그 이전 답서에 비해 상대적으로 정중하게 작성되었다고 할 수 있다.

쇼군 요시무네(吉宗)는 로쥬(老中) 츠치야 마사나오(土屋政直)를 '조선통신사 御用掛'에 임명(1717.6)한 이후 특별히 '異國之儀'(조선)에 관해서는 각별히 중요하게 여기고 있으므로 충분히 공을 들여 최선을 다하도록 하라고 언명한 바 있다.[160] 요시무네는 막부 개설 이래 처음으로 이에야스의 직계가 아닌 고산케(御三家) 출신 쇼군으로서 조선으로부터 통신사를 청하여 내외에 스스로의 권위를 보여주는 것이 그 어느 쇼군 때보다도 절실했던 만큼, 조선을 일본의 무력 침략에 대한 걱정으로부터 안심시키는 한편 신뢰를 얻기 위해서는 신묘통신사행(1711) 때의 무례를 만회할 필요가 있지 않았을까라고 생각된다.

---

160) 山本博文, 『對馬藩江戶家老』, 講談社, 1995, 59쪽.

따라서 쇼군 회답서를 받아본 정사 홍치중 일행은 별 이의 제기가 없었으며, 귀국 후에도 쇼군 회답서의 내용이 문제가 되지는 않았다. 즉 왕복 국서의 호의적인 내용으로만 본다면, 강정 역관 파견을 요청하는 교섭이 1년 반이나 교착상태에 빠지는 등, 우여곡절이 있기는 했지만, 조일 양국의 대표가 교린에 바탕으로 둔 '구호'를 외교문서로 약속함으로써 향후 일본이 다시 통신사를 요청해올 때까지 조일관계의 안정을 기할 수 있었다.

6. 통신사의 귀국과 대일본 안보의 재확인

조일관계 안정에 대한 기대는 실제로 기해통신사 일행이 1720년 1월 귀국한 후 세자(경종)에게 직접 견문한 일본 사정을 보고하는 자리에서도 확인할 수 있다. 정사 홍치중(洪致中)은 막부 쇼군(吉宗)의 조선 인식을 전하고 있는데, 도요토미 히데요시(豊臣秀吉)를 '平賊'이라 칭할 만큼 임진년 건(임진왜란)을 후회하고 있으므로 (일본의 무력 침입에 대해) 우려할 것이 없으며, 바람만 불면 배를 타고 올 수 있는 적(敵)으로부터 영남 등, 남변의 안전을 위해서는 '우호'가 가장 좋은 견제책임을 진언하고 있다. 종사관 이명언(李明彦) 역시 통신사 파견을 남쪽의 근심을 덜 수 있는 견제책으로 보고한 한편, 일본이 조선에 무리한 요구를 하는 것은 효종 대 이래 북벌을 위해 남쪽 이웃을 후대해온 것을 알기 때문이라는 견해도 덧붙였다.[161)]

즉, 홍치중 등 기해통신사 일행은 귀국 후 통신사의 일본 파견 및 국서 전달이 가져온 외교적 성과를 남변의 안보 차원에서 보고했다고 볼 수 있는데, 실록에 통신사의 외교적 성과가 이렇게 안보외교 차원에서 기록되는 것도 홍치중 일행의 기해통신사가 마지막이라 할 수 있다.

161) 『숙종실록』 46년(1720) 1월 24일 신묘.

기해통신사의 귀국으로 일본과의 외교가 마무리되자, 조선은 곧바로 청(예부)에 자문(咨文)으로 이를 알리는 한편, 청의 요구에 따라 통신사행을 수행했던 역관 1명(金指南)을 청에 보내 대응하게 하였다.[162] 17세기 말 이래 조·청관계가 아무리 안정되고 청의 강희제가 조선의 대일본외교에 간여하지 않는 방침이었다 하더라도 주변국의 움직임을 예의주시하고 있음을 알 수 있는 대목이다.

7. 기해통신사행의 이모저모

1) 「自我書給節目」과 일본측 접대에 대한 항의

국왕 숙종과 쇼군 요시무네(吉宗)가 주고받은 국서가 교린외교의 명분이라 할 수 있는 '隣誼·永好之誼'를 의미하는 호의적인 언사로 무난하게 마무리된 것과는 대조적으로, 실제 통신사의 일본 여정 중에는 일본측 접대에 대한 불만들을 여기저기서 항의하는 일이 벌어졌다. 이러한 마찰은 어쩌면 결코 순탄하지 않았던 절목강정 단계부터 이미 예상된 일이기도 하였다.

그 증좌가 바로 『통신사등록』에 수록된 「自我書給節目」으로, 조일 양국이 합의한 '통신사강정절목'과는 별도로 조선 정부가 추가항목을 마련하여 쓰시마 번에 새로 제시한 것이다. 「우리가 써서 준 절목(自我書給節目)」이라는 의미의 이 절목은 역대 통신사행에서는 볼 수 없었던 조선측 절목으로, '강정절목'에 대한 불신과 불안이 반영된 것이라 볼 수 있다.

162) 『숙종실록』 46년(1720) 1월 29일 병신.
『동문휘고』 권78, 倭情, 「報關白新立例遣信使(洪致中)咨」(기해, 1719, 숙종 45).

〈표 2〉 1719년 기해통신사행의 「自我書給節目」[163)]

항목	내용
1	통신사가 도해하기 전에 귀주(貴州)가 앞서 모든 일을 맡아 다스리고, 사신 일행이 귀주에 도착한 후에는 지체없이 배를 출선시킬 것.
2	3사의 군관은 이름난 무관으로 이미 고을 수령직을 지낸 자들이니 해로 및 육로의 경유지마다 우대할 것이며, 숙소도 3사의 館舍에 비추어 정해줄 것.
3	3사의 서기는 대과에 급제하여 문명(文名)이 있는 자들이니 각별히 우대해줄 것.
4	귀국의 회례 별폭은 반드시 정밀하고 좋은 물건으로 갖추어 보낼 것.
5	군관 중에 병자가 발생할 경우, 전례를 따지지 말고 가마에 태워 왕래할 것.
6	3사를 모실 일본 통사(通詞)는 조선어에 능통하고 인사에 밝은 자를 차정할 것.
7	귀국 사람과 우리나라 사람이 서로 싸우는 일이 발생할 경우, 우리나라 사람이 먼저 도리를 잃었을 경우 3사에게 고하여 엄히 처리하고, 귀국 사람이 먼저 실례를 범했을 경우 귀국에서 통렬히 다스려 서로에 대한 공경을 잃어버리는 폐단이 없도록 할 것.
8	모든 일은 임술년(1682)의 전례대로 거행할 것이며, 이렇게 조정한 후에는 사단이 나지 않도록 할 것.
9	무릇 '접대'는 성신(誠信)의 큰 절목으로 그 후하고 박한 바는 우리가 감당하여 정할 수 없으니 귀주(貴州)에서 한결같이 전례를 따르고 손익을 담당하되, 이전의 규례를 폐하지 않고 편의에 따라 지공(支供)을 합당하게 한다. 통신사 일행이 경유하는 물과 육지 곳곳마다 5일의 양식과 반찬 및 일공(日供)은 한결같이 응당 정해진 수효대로 지공한다. 그 중 혹시 다 떨어진 물건이 있거나 본래의 물건을 가져올 수 없을 경우, 그 토산물을 징수하여 그 물건으로 대신 납부할 수는 있되, 그 크고 작음과 많고 적음은 한결같이 이전에 나눈 수량대로 추이(推移)하여 채워서 납부할 것.
10	3사에게 5일 및 날마다의 반찬으로 지응(支應)하는 물건은 전례대로 정밀히 지급하여 각각 그 건량소(乾糧所)에 보내 납부할 것.
11	상상관(역관) 3인의 5일과 날마다의 반찬 잡물은 전례대로 각각 그 묵는 곳에 와서 전할 것.
12	상판사(上判事) 3인 및 제술관, 양의(良醫)의 날마다의 반찬과 5일잡물은 전례대로 각각 그 묵는 곳에 갖추어 주되, 그 반찬 품목의 크고 작음은 상상관과 대동소이하도록 하여 전례를 어기지 말 것.
13	군관 및 차상판사(次上判事), 압물판사(押物判事), 서기관, 의원, 사자관, 화원 등 상관(上官)의 5일과 날마다의 반찬은 전례대로 각각의 배를 따라 지공할 것.
14	차관(次官)을 접대하는 범절은 상관과 다름이 없으나, 5일과 날마다의 반찬을 분급하는 일은 일절 상관에 뒤섞여 혼잡하게 하지 말 것.
15	중하관(中下官)의 5일과 날마다의 반찬은 각각의 배를 따라 별도로 나누어줄 것.

163) 『통신사등록』 제8책, 무술(1718) 11월 23일 「自我書給節目」.

항목	내용
16	무릇 모든 기물(器物)은 행중(行中) 사람이 관사에 있을 동안에는 아침저녁으로 본디 수요가 없을 수 없는데, 우리나라 사람이 그릇을 쓰는 방도는 귀국 사람과 다름이 있지만, 오직 귀국이 전례대로 참작하여 마련하는데 달렸으니 행중을 구차하고 어렵게 만들 단서가 없도록 신칙(申飭)할 것.

(『통신사등록』 第8책)

조선이 제시한 절목은 모두 16항목으로, 통신사 정사 일행(3사)을 수행하는 군관, 서기, 통신사의 육·해로 왕환 시 숙박 등에 대한 일본측의 정중한 대우를 비롯하여, 3사 일행을 비롯한 전체 구성원들이 일본에 체류하는 동안 일본측이 제공하는 음식물 등의 지급물에 대해 임술년(1682)의 '전례'를 지켜주도록 당부한 내용으로 되어 있다.

좀 더 자세히 보면, 3사는 물론, 상상관, 상판사 및 제술관, 양의(良醫), 상관(군관·차상판사·압물판사·서기관·의원·사자관·화원), 차관, 중관, 하관에 이르기까지 통신사 일행 전체에 대해 육·해로 왕환시 '5일마다 지급하는 잡물(五日次) 및 매일 지급하는 반찬' 등, 일본측의 접대에 대한 구체적인 지침을 마련하여 강정 내용대로 임술년(1682) 전례를 따라주도록 요구한 것이다. 또한 통신사행의 거의 1년 안팎에 이르는 일본 여정 중 이들을 호행하는 쓰시마 번측과의 마찰을 우려하여 상호 단속에 대한 지침도 새로 마련되었다. 그러나 대부분은 지급물에 대한 기준으로, 과거 정해진 규정은 있었지만 통신사의 오가는 계절이 달라 규정대로 지급할 수 없는 경우도 있었기 때문에 서로간의 마찰을 미연에 방지하기 위한 지침이란 생각도 든다.

일본측의 접대에 대한 불만과 불안은 어떤 식으로 표출되었을까? 통신사 일행의 일본 여정에서는 일본측에서 '5일 잡물'(五日次)를 지급할 때 당상역관이 기록(帳簿)을 들이대며 불만을 제기한 사례가 보인다. 일본측 기록을 보면, 당상역관이 신묘년(1711) 때의 지급물(卯下行)에 대한 장부를 근거로 3사에 대한 '5일 잡물' 등이 전례와 다름을 쓰시마 번측에 항의한 바 있다. 3사에 대한 '오일 잡물'로 (신묘년의) 꿩·염장도미·건어 대신 청대두·화유(花柚) 등이 제공되었는데 가짓수는 맞지만 품질이 떨어져 받기 어렵다는 항의였다. 이에 대해 쓰시마 번 역시 과거의 기록을 바탕으로 계절에 따라 품목이 다를 수 있다고 설득하여 별 마찰은 일어나지 않았다.[164) 흥미로운 것은, 제술관 신유한이, "使館에 공급하는 물품이 기이하고 고운 것을 볼 수 없다"라고 지적한 것에 대해서도 알 수 있듯이,[165) 기해통신사 일행은 지급물 뿐만 아니라 3사의 객관에 비치된 물건 등에 대해서도 과거의 기록과 대조하면서 '전례'와 다르게 소홀한 부분에 대해서는 항의를 하고 있다는 점이다.[166)

실제로 1719년 막부(寺社奉行, 松平對馬守)가 통신사의 에도 왕복시 접대를 맡은 각 지역(諸藩)에 내린 지침을 보면, 선례(1682, 天和之例)를 따르되 검소, 간소화를 지향하는 것이었다. 예를 들어 아이노시마(藍島) 기착 시 접대를 맡았던 후쿠오카 번(福岡藩)의 기록을 보더라도, 식기나 객관의 건축 자재에 있어서는 金銀彩色의 화려한 고급 자재가 아니라 白木을 사용하도록 할 것이며, 전례(先格)와 상관없이 간소화해도 되는 것이라면 접대 인원이나 그밖의 품목에 대해서도 줄여도 좋다는 것이었다.[167)

---

164) 『享保信使記錄』 99 「參向信使奉行每日記」, 7월 19일(日本慶応大學, ゆまに書房、제1기 通信使記錄 別册 上, 1998).
(전략)(堂上譯官) 軍官三人相附來、 卯下行帳面致持參、三使之五日次ニ稚子·鹽鯛·干魚不相見、其代りニしそたて·青大豆·花柚等相見へ、色數ハ相違無之候得共、品劣り候故、難請取旨申候付、 卯之年之帳面ニ稚子ハ無之、干魚ハ中官以下之下行ニハ有之、上官以上之下行ニハ無之候、其上、先年初度之下行ニハ生肴無之候處、此度ハ生肴相見候間、受取候樣ニ、時節ニより品々ハ違無之候而叶事ニ候由、申諭候處、(후략)

165) 신유한, 『海游錄』 상, 기해(1719) 7월 3일.

166) 이재훈, 「기해사행(1719) 속 전례의 활용 - 對馬 宗家文書를 중심으로-」 『일본공간』 25, 국민대 일본학연구소, 2019, 182~183쪽.

즉 막부는 임술년(1682)의 전례에 따른다는 접대 방침을 정하기는 했지만, 한편으로는 '간소화' 지침에 따라 신묘통신사행(1711) 때의 사례를 선택적으로 적용하기도 했기 때문에, 통신사 일행이 과거 사행 때의 '기록'(帳簿)까지 지참해 가서 '전례'를 근거로 이곳저곳에서 접대의 부실함을 항의했던 것이다.

요컨대 기해통신사행(1719) 때에는 유례가 없는 「自我書給節目」의 존재, 그리고 일본 여정 도중 통신사 일행이 접대의 부실함을 '전례'와 '기록'을 들이대며 항의하는 초유의 사태가 빈발하였다고 할 수 있다. 그러나 이것이 일본측(對馬藩)과의 커다란 마찰로까지 비화되지는 않았던 것 같다. 따라서 전반적으로는 가장 중요한 조일 양국 국서의 교환부터 일본측 접대에 이르기까지 무사평온하게 마무리되었다고 할 수 있다. 그러나 기해통신사의 일본 왕환을 1년 가까이 호행했던 쓰시마 번으로서는 막부가 통신사를 초빙하는 정치적 의도에 부합하되, 향후 있을지도 모르는 조선과의 마찰 및 항의에 대처하기 위해 모종의 대책을 강구한 바, 기해통신사행의 귀국 후 「信使記錄方」이라는 부서를 마련하여 『享保信使記錄』 작성에 착수하였다.[168]

167) ⓐ(전략) 附金銀彩色等之折者被致無用、白木を可被用事(四月二十五日松平對馬守殿より相渡候御書付)
ⓑ今度朝鮮人御馳走就被仰付候。先格被承合被相勤にて可有之候。尤可爲左樣儀候得共、先格ニ無構輕く事濟可申儀も候ハヽ、人數其外之品も減候而了簡之趣可被相伺候。(五月朔日松平對馬守殿より相渡候御書付)(『享保四 朝鮮人來聘記錄』 3, 福岡藩 黑田家文書, 일본 福岡縣立圖書館).

168) 泉澄一, 『對馬藩 藩儒 雨森芳洲の基礎的研究』 關西大學出版部, 1997, 351~353쪽. 기해통신사행의 귀국 후인 1720년부터 塩川常右衛門(越常右衛門)이 중심이 되어 『享保信使記錄』과 조선과 통교 내용을 항목별로 정리한 『分類紀事大綱』의 작성을 담당했다. 이때 작성된 『享保信使記錄』 가운데 약 120책(No.379~501) 가량이 국사편찬위원회에 소장되어 있다.

2) 통신사의 또 하나의 임무, 파선운명 건 교섭

1719년 4월에는 통신사 출발에 앞서 숙종의 세자(경종)가 홍치중 일행을 인견하는 자리에서, 통신사 행차에 겸하여 조선인의 쓰시마 표류 시 송환 문제와 관련된 약조를 쓰시마 번과 논의해서 '개정'해 오도록 지시하였다.[169] 그런데 이번 홍치중 일행에게 국서 전달 이외에 특별 임무로 부여한 표류민 송환 문제란, 임술통신사행(1682) 때 정사 윤지완(尹趾完)이 쓰시마 번과의 교섭에서 타결해온 '표민순부'(漂民順付) 약조, 즉 '임술약조'가 제대로 지켜지지 않아 조선의 피해가 컸기 때문에 이를 개선하려는데 목적이 있었다.

1682년 체결된 '표민순부' 약조란, 조선인의 쓰시마 표착 시 쓰시마 번의 송환방식을 규정한 것으로, 쓰시마에 표착한 조선인의 경우 쓰시마 번에서 송환을 위한 사자를 별도로 세우는 대신, 연례송사 등 다른 사자를 파견할 때 겸사해서(兼帶송환, 또는 順付송환) 송환해 오는 방식이었다. 단 예외가 있었는데, 쓰시마 이외에 일본의 다른 지역, 또는 '배가 파손되어 조선인이 사망'(破船殞命)한 경우에는 부득이 막부에 보고를 해야하므로 쓰시마 번이 별도로 사자를 세워 송환하는 것을 허용하는 방식이었다. 이 약조란 표류민의 송환방식을 조정하여 쓰시마 번이 정식으로 사자(표차왜)를 세워 조선인 표민을 송환해 오는 횟수를 줄임으로써, 조선측의 쓰시마 번 사자에 대한 접대 비용을 되도록 축소해 보려는데 목적이 있었다.

그런데 '표민순부' 약조에 제시된 '파선운명'이라는 문언을 놓고 조선과 쓰시마 번의 해석 차이로 인해 약조 체결 이후에도 쓰시마 번은 쓰시마에 표착한 조선인을 몇 차례나 송환해왔다. 예를 들면, 쓰시마 번은 1697년 쓰시마에 표착한 웅천 어민에 대해 익사자의 시신이 없는데도 운명으로 간주

169) 『숙종실록』 45년(1719) 4월 11일 계축.
『비변사등록』 72책, 숙종 45년 기해(1719) 4월 16일.

하여 차왜를 보내왔다. 1716년에도 쓰시마에 표착한 지세포 주민에 대해, 배만 파선되었을 뿐 익사자도 없는데 파선운명을 적용하여 사자를 파견해 왔다. 1718년에는 쓰시마에 표착한 장기 주민이 병사했음에도 인명의 중요함을 내세워 익사자로 취급하여 사자를 파견해왔다. 이에 1719년 기해통신사 파견 시 비변사의 건의에 따라 이 문제를 통신사가 일본에 체류하는 동안 쓰시마 번과 재차 교섭해 오도록 특별히 지시한 것이었다.[170]

정사 홍치중 일행이 '파선운명' 건을 쓰시마 번에 제시한 것은 부산을 떠나 쓰시마에 도착한 직후로, 다례(1719.7.3)가 열리던 날 쓰시마 번주를 직대한 자리에서 문건으로 제기하였다. 그러나 쓰시마 번 내의 논의가 더 필요하였기 때문에 통신사 일행에게는 에도 체류 중 답변을 하겠다고 대응한 후, 즉시 에도 가로(江戸家老 平田直右衛門)에게 문건을 보내 조선의 의도 파악 및 대막부 전략 등에 대한 협의에 들어갔다. 이에 통신사 일행이 귀로 시 오사카(大坂)에 체류 중일 때 쓰시마 번주에게 다시 한 번 문건을 보내 답변을 재촉했지만, 번주의 답변은 통신사들이 귀국을 위해 쓰시마를 출선하기 직전인 1719년 12월에서야 있었다.[171] 이때 쓰시마 번주의 답변서 내용을 보면 조일간의 입장 차이가 확연하다. 홍치중 일행은 파선과 운명을 동시에 발생한 '一事'로 간주하였다. 그리하여 쓰시마 번이 파선만 해도 파선운명의 예를 적용하고, 사망자가 발생하기만 해도 이를 적용하는 것은 '일사'를 '二事'로 나누는 것이라 비난하였다.[172] 이에 비해 쓰시마 번주 답서에는 병사나 익사를 구분하지 않고 차왜를 보낸 것은 약조에 (운명에 관한) 뚜렷한 기준이 없기 때문으로 인명 중시가 우선이라고 주장함으로써

170) 이훈, 『조선후기 표류민과 조일관계』 국학자료원, 2000, 282~289쪽.

171) 『信使記錄』 92, 「破船殞命之一件」(대마도종가문서 기록류, No.458, MF.67, 국사편찬위원회).

172) 『破船殞命先例之覺書』 기해년(1719) 11월 3사가 쓰시마 번주에 보낸 단간(대마도 종가문서 기록류, No.3610, MF.620, 국사편찬위원회).

홍치중 일행의 요구를 수용하지 않겠다는 입장이었다.[173] 결국 기해통신사행 때의 교섭에서는 접대의 기회를 줄이려는 조선측과, 접대 기회를 늘리려는 쓰시마 번측과의 의견대립만 확인했을 뿐, 해결이 나지 않은 채 홍치중 일행은 귀국하였다. 이 문제는 쓰시마 번도 향후 논쟁이 계속될 것으로 예측했듯이, 홍치중 일행이 귀국한 후에도 조선이 계속해서 쓰시마 번을 추궁한 결과, 1739년에서야 쓰시마 번이 약조의 개정을 약속해왔다. 즉 쓰시마에 표착한 조선인에 대해 배가 파선되었을 경우에는 사자를 세우지 않고 순부송환하겠으며, 운명(익사)한 경우에는 파선 여부를 떠나 별도의 사자를 세워 송환해 오는 방식으로 개정되었다.[174]

그런데 여기에서 중요한 것은 홍치중 일행의 교섭 성사 여부가 아니다. 조선이 통신사 일행에게 그들의 본연의 임무인 국서 전달 이외에도, 쓰시마 번과의 통교 적폐에 대해 '쓰시마 번과의 현지 교섭'을 특별 임무로 부여했다는 것이다. 통신사 일행이 현지교섭을 특별 임무로 부여받은 것은 기해통신사행이 처음은 아니다. 앞에서 언급했듯이, 임술통신사행(1682) 때 정사 윤지완이 숙종의 특별 지시에 따라 귀국 길에 쓰시마 번 가로(奉行)들과 직접 면대하여 교섭한 끝에 '표민순부' 약조를 타결해온 적이 있었다.[175] 그리고 신묘통신사행(1711) 때에도 숙종이 정사 조태억(趙泰億) 일행에게 왜관내 쓰시마 남성들의 조선 여성 범간(犯奸) 문제 등을 해결해 오도록 지시하였다. 이에 조태억 일행이 전명의 이후 에도(江戶)에서 쓰시마

---

173) 『信使記錄』 92, 「破船殞命之一件」 '己亥年(1719) 12월 일 太守平方誠'명의의 返翰 (대마도종가문서 기록류, No.458, MF.67, 국사편찬위원회).

174) 『변례집요』 권5 약조, 1739년 9월.
『分類紀事大綱』 20, 「破船殞命相兼或ハ殞命計有之候節御使者差渡候様ニ改約相濟候事」 훈도(洪僉正)·별차(朴僉正)가 왜관 館守(俵主膳)에게 보낸 覺(己未(1739) 10월) (대마도종가문서 기록류, No.4525, MF.755, 국사편찬위원회).

175) 이훈, 「숙종 대 임술통신사(1682) 파견과 적례외교의 정착」 『공존의 인간학』 4, 2020.

번 가로들과 만나 교섭한 결과, 교간 당사자인 쓰시마의 남성에 대해서도 조선인과 동률(同律)로 처벌한다는 내용을 약조(교간약조)로 체결해 온 적이 있다.[176]

통신사 일행의 통교 적폐 개선을 위한 일본 현지 교섭이 짧은 시간에 성공할 수 있었던 이유로는, 1년을 전후한 통신사의 에도 왕복 여정을 쓰시마 번이 호행하는 과정에서 번주 및 번정을 주도하는 번의 중신(家老)들과 직접 대면 접촉할 기회가 많았음을 들 수 있다. 이에 동래부와 왜관이라는 실무교섭 현장에서 좀처럼 해결되지 못했던 폐해를 일본 현지에서 쓰시마 번정의 주체라 할 수 있는 가로들과 단번에 타결해 올 수가 있었다. 그러나 이보다 더 중요한 다른 이유라면 통신사 일행의 교섭전략을 들 수 있는데, 쓰시마 번의 저항이 심할 경우 조선이 통교 마찰이나 적폐를 '도쿠가와 막부에 직접 제기'하여 문제를 해결하려는 전략을 구사했다고 할 수 있다. 조선 조정이 쓰시마 번을 제치고 막부를 직접 상대할 수 있다는 소위 '직소(直訴) 전략'은 임란 이래 쓰시마 번이 막부로부터 위임받았다는 대조선통교 창구(朝鮮御用) 역할에 타격을 가할 수 있는 묘수였다.

기해통신사(홍치중) 일행이 쓰시마 번에 파선운명 건의 개정 문제를 제기했을 때에도, 쓰시마 번이 가장 우려했던 것은 3사가 쓰시마 번의 입장을 납득하지 못한 나머지 이를 막부에 직접 문제 제기(直訴)하는 것이었다. 쓰시마 번은 앞에서 언급한 1682년 임술통신사(天和信使)가 제기한 '표류순부' 문제나, 1711년 신미통신사(正德信使) 일행이 제기한 '交奸' 건이 통신사의 일본 체류 중 단기간에 해결된 이유를 통신사 일행이 막부에 그간의 통교 폐단을 '직소'하겠다고 협박하는 전략을 구사했던 것으로 파악하고 있었다.[177] 이에 기해통신사(享保信使) 당시 쓰시마 번의 논의 과정을 보면,

---

176) 이 책의 제2장 참조.

177) 이훈, 「숙종 대 임술통신사(1682) 파견과 적례외교의 정착」『공존의 인간학』 4, 2020, 219~220쪽.

구니모토 가로(國元家老)들도 홍치중 일행이 '십중팔구'는 직소 전략(直奏)을 구사할 것으로 예측하였다. 그럴 경우 막부의 반응은 예측 불가로, 막부가 쓰시마 번을 제쳐두고 통신사에게 직접 '파선운명' 건에 대한 문건을 작성해 주는 것만은 저지할 필요가 있는 것으로 파악하였다. 이에 통신사 일행이 설령 막부에 직소를 한다 하더라도 쓰시마 번의 입장이 곤란해지지 않도록 로쥬(老中) 등, 막부측 인사를 사전에 설득시킬 필요가 있음을 에도 가로(江戶家老)와 논의하었다.[178] 1711년 신묘통신사 일행이 교간(交奸) 문제를 제기했을 때에도 통신사 일행이 혹시라도 막부에 직소할 것에 대비하여 당시 에도 가로(杉村三郎左衛門)가 막부의 의례개혁을 주도했던 아라이 하쿠세키(新井白石)에게 교간사건에 대한 경위와 처리를 미리 알려 예방조치를 취했던 적이 있었다.[179] 이를 참고삼아 1719년 10월에는 쓰시마 번의

이책의 제2장 참조.

178) 해당 내용은 다음과 같다.

(전략)兎角議論ニ而者三使納得可被致様無之候。其上深ク取り見申候得者、先年交奸之事のごとく貴州之御了簡ニ而相濟不申事候者、公儀江直奏可仕与十ニ八九者被申ニ而も可有之候哉。其時ニ至り少ニ而も辟易之御心相見へ、不被得已彼方望ニ被叶候而者、何分ニ取繕候辨舌有之候而も畢竟只今迄之仕形不埒千万ニ相聞へ、向後諸事之妨と罷成可申候。左候与而おしはなし勝手次第公儀江直奏被致候得与有之候而、彌被申出候時、公儀之御首尾何分可有之候哉。

(중략)

此度朝廷方之指図を受来候与正使被申事ニ候者、公儀江申達し是非可相極与被存候趣意ニ而も可有之哉。此方之御恐者公儀御聞通之処、如何可有之与被成御気遣候儀ニ候故、(후략)

(『信使記錄』 92, 「破船殞命之一件」(1719년) (쓰시마 번 가로가) 平田直右衛門에게 보낸 書付(7.24)의 초안, 대마도종가문서 기록류, No.458, MF.67, 국사편찬위원회).

179) 해당 내용은 다음과 같다.

先年交奸之節者新井筑後守様(新井白石)御落付○候故、此方も御力を被得候而手强ク被仰掛、先者首尾不苦相濟申候。兎角直奏ニ及候者、眞文之事ニ候故、林大學頭様可被成御取扱候。何とそ兼而內證被申入置、直奏被致候而も此方御首尾不苦候様ニ罷成仕形可有之候哉。此段能々被致了簡、兼而被申上可然与被存候者(후략) (『信使記錄』 92, 「破船殞命之一件」(1719년) (쓰시마 번 가로가) 平田直右衛門에게 보낸

에도 가로(平田直右衛門)가 막부측의 문건 작성을 담당할 林大學頭를 직접 만나 상의하기로 하였다. 그 결과, 林大學頭로부터 "파선운명 건은 각별한 사안이므로 설사 3사가 막부에 직소한다 하더라도 지금처럼 쓰시마 번주가 사자를 파견할 수 밖에 없을 것이라면서 쓰시마 번의 입장을 막부(公儀)에 그대로 전달하겠으므로 쓰시마 번주의 생각대로 회답해도 좋을 것이다"라는 답변을 얻을 수 있었다.[180] 막부측과의 사전 협의를 바탕으로, 쓰시마 번 가로들은 통신사가 아직 에도의 객관(本願寺)에 체류 중일 때 3사의 요구에는 따를 수 없다는 쓰시마 번의 입장을 일단은 구두로 전달했는데, 당연히 3사의 항의가 있었다.[181] 정사(홍치중) 일행은 귀국길에 올라 1719년 11월 오사카(大坂) 체류 중일 때에도 파선운명 건에 대한 쓰시마 번주의 정식 답변을 재촉했지만,[182] 1719년 12월 쓰시마 출신을 앞둔 시점에 쓰시마 번주가 보내온 답변이란 지금까지의 쓰시마 번의 논지를 그대로 반영한 것으로, 통신 3사의 요구에는 따를 수 없다는 내용이었다.[183] 통신 3사의 항

書付(7.24)의 초안, 대마도종가문서 기록류, No.458, MF.67, 국사편찬위원회).

180) 해당 내용은 다음과 같다.

(전략)此段平田直右衛門方より大学頭様思召を承置候上ニ而御返答被成切り可然旨申談、客館より雨森東五郎ニ其訳申含、御屋敷へ差越候処、直右衛門も同意ニ付、前扁之訳直右衛門口上書ニ認、大学頭様江致持参、掛御目候而委細の趣申上候得者、破船殞命之儀者各別之事故、御使者ニ而被差○○○御尤成事与思召候。縦令三使より公儀江被申上○○、只今迄之通対馬守より使者差添候様ニ与ならては被仰出間敷候。其段者被成御聞届候間、彌対馬守殿思召之通御返答被仰達候様ニ与之御内意ニ付、其段直右衛門方より御前へも申上、今日三使江之御返答被仰達ル。(후략)
(『信使記錄』 92, 「破船殞命之一件」(1719년) 10월 5일, 대마도종가문서 기록류, No.458, MF.67, 국사편찬위원회).

181) 『信使記錄』 92, 「破船殞命之一件」기해(1719년) 10월일 쓰시마 번 가로(平倫之·平倫久·平貞賢·平眞長)가 朴동지·韓첨지·金첨지에게 보낸 口上書(대마도종가문서 기록류, No.458, MF.67, 국사편찬위원회).

182) 『信使記錄』 92, 「破船殞命之一件」 己亥(1719년) 11월일(11.8) 통신 3사(정사 洪致中·부사 黃璿·종사관 李明彦)의 재촉 短簡(대마도종가문서 기록류, No.458, MF.67, 국사편찬위원회).

의에도 불구하고 쓰시마 번이 종전대로 파선과 운명을 별도의 사안(2사)으로 취급하여 사자 파견 의지를 관철할 수 있었던 것은, 이와 같이 통신사의 막부 직소를 예측한 가운데 막부측을 상대로 사전 공작을 했기 때문이었다.184)

조선의 경우 임란 이래 100년 가까이 쓰시마 번을 상대하다 보니 쓰시마 번이 막부를 방패로 내세우는 '무위'(武威) 전략을 궤뚫어 볼 만큼, '통교의 달인'이 되어 있었다. 바로 직전 신묘통신사(1711) 때까지 8차례에 걸친 통신사 파견을 통해 일본의 무력 침략 가능성이 없다는 것을 직접 확인한 조선은 17세기 말 임술통신사 때부터는 교착상태에 빠진 현안 내지 통교 적폐를 통신사의 일본 체류중 직접 막부에 제기하는 '직소' 전략을 구사함으로써 해결하려 하였다. 쓰시마 번 역시 조선의 직소 전략을 간파했기 때문에, 기해통신사 때에는 대막부 사전 공작을 통해 3사의 막부 직소를 사전에 차단할 수 있었던 것이다. 따라서 결과적으로는 홍치중 등 기해통신사 일행이 요구한 파선운명 개정 건이 단번에 성공하지는 못했다. 그러나 통교정책적 관점에서 본다면 조선의 경우 통신사 파견을 기회삼아 파선운명 건의 개정을 시도함으로써 쓰시마 번 사자에 대한 조선의 접대비 절감이라는 실리(實利)를 추구해 보려했던 것이라 할 수 있다. 이는 17세기말 이래 조일관계가 안정되자 숙종대부터 조선이 구사해온 통교 전략의 관철로도 볼 수 있는데, 임술통신사행 이래 조선이 실리 추구를 위해 통신사 일행의 외교적 역할을 확장해 간 것에 주목해 볼 필요가 있다.

183) 『信使記錄』 92, 「破船殞命之一件」 己亥(1719년) 12월 太守 平方誠의 返翰(대마도 종가문서 기록류, No.458, MF.67, 국사편찬위원회).

184) '파선운명' 건은 1738(영조 14) 도해역관(박춘서 등)의 쓰시마 방문을 계기로 재차 문제 제기한 결과, 1739년에야 타결되었다(이훈, 『조선후기 표류민과 조일관계』 국학자료원, 2000, 288~289쪽).

맺음말

지금까지 기해통신사(1719)의 파견을 조선의 국정 운영(외교·안보)라는 관점에서 살펴본 바, 다음과 같은 결론을 얻을 수 있었다.

첫째는, 도쿠가와 막부가 제8대 쇼군 요시무네(吉宗)의 습직 축하를 위해 통신사를 요청해왔을 당시 조선의 대외관계를 보면, 조정의 관리들도 청과는 80년, 일본과는 임란 이래 100년 만에 도래한 안정된 상태로 자각할 정도로, 조·청관계는 물론 조·일관계도 안정되어 있었음을 지적할 수 있다. 청과는 여전히 사대외교를 유지하고 있었지만, 백두산정계비 건립 이후 청을 더 이상 위협적으로 인식하지 않게 된 결과, 조·청관계가 조·일관계에 어떤 영향을 미칠만한 변수는 되지 못했음을 지적하였다. 이에 8년 전 신묘통신사행(1711) 때, 쇼군 칭호를 '일본국왕'호로 변경하는 등의 막부측의 도발적이고도 일방적인 의례 개혁, 그리고 전명의에서 이미 전달된 국서를 다시 개찬해야 했던 충격적인 사태를 '이변' 또는 '외교참사'로 기억하고 있음에도 불구하고, 일본측의 통신사 요청을 큰 이견없이 수용함으로써, 숙종 대의 대일본 통교방침을 그대로 유지한 것으로 보았다. 즉 기해통신사(1719) 파견이란, 임술통신사행(1682)이나 신묘통신사행(1711) 때와 마찬가지로, 막부에 대해서는 쇼군 습직을 축하하는 통신사외교를 통해 '舊好 유지'라는 외교적 명분 하에 조일 양국관계를 안정시킴으로써 남변의 안보에 대한 불안을 떨쳐버리는 한편, 안으로는 왜관 통제강화를 통해 관방을 관리해 나갔다고 할 수 있다.

둘째는, 그럼에도 불구하고 쇼군 요시무네 때 '구례 복구'라는 명분으로 일본이 또다시 통신사 의례를 일방적으로 변경함에 따라 절목강정 교섭이 장기간의 교착상태에 빠지게 된 경위를 검토했는데, 이 교착상태가 통신사 교섭과정에서 주도권을 잃지 않으려는 조선의 대응전략에서 비롯된 것임을 밝혔다.

그 경위를 보면, 쓰시마 번은 절목강정을 위한 역관을 쓰시마로 파견해 달라는 '신례'를 '구두'로 요청해왔다. 이는 쓰시마 번이 구두 요청만으로 강정 역관의 쓰시마 파견에 관한 예조 서계(奉書)를 받아내 신례(新例)로 만들려는 시도였다. 이에 조선이 쓰시마 번의 시도를 단호히 거절하자, 쓰시마 번은 일단 동래부사에게 서계를 보내 강정역관의 파견을 요청해왔다. 이에 조선도 동래부사 명의로 회답서를 작성해 주었으나, 쓰시마 번은 막부 제출이 어렵다는 이유로 다시 예조참의 앞으로 서계를 가져왔다. 이에 결과적으로 조선이 예조 명의의 회답서계(奉復)를 작성해 주기는 했지만, 향후 쓰시마 번의 이러한 교섭행태 및 전례화를 차단하기 위해, 조선측 서계의 최종열람자인 막부에 대해 쓰시마 번의 외교적 무능함을 부각시키기 위한 전략을 구사하였다. 즉, 조선측 서계의 발급자 명의가 「동래부에서 예조」로 변경되게 된 경위를 구체적으로 자세히 기재한 한편, 발급 날짜도 강정역관의 파견 시점(1718.5)이 아니라, 1년 반에 걸친 조일간의 우여곡절, 즉 조일 교섭의 교착상태가 해결되어 조선 조정의 최종결정이 내려진 날짜(1719.5)로 못박음으로써, 막부에 쓰시마 번의 무능한 교섭행태를 부각시키는 한편, 강정역관의 전례화를 차단하는 전략을 구사하였다.

셋째는, 쓰시마 번의 강정역관 요청 논리란 바로 막부측의 통신사 요청 명분 내지는 정치적 의도를 관철시키기 위한 것이었음을 밝혔다. 쓰시마 번은 기해통신사행(1719) 때의 강정역관 요청이 신묘통신사행(1711) 때의 참사를 막기 위해 조선(예조)이 먼저 역관 파견 의사를 제안했기에 막부의 허락을 얻어 조선에 강정역관을 요청한다는 것을 이유로 내세웠다. 쓰시마 번의 이러한 논리는 막부의 '구례 복구'(1682)라는 빙례개혁 명분과 동일한 것으로, 비종실인 '고산케'(御三家) 출신의 쇼군 요시무네(吉宗)가 선대 쇼군(家宣) 때의 빙례 개혁을 부정한다는 내부 반발을 막기 위해 막부가 의도적으로 만들어낸 논리를 조선에 대한 외교명분으로 활용한 것이다. 이는 과거 역대 쇼군(家光, 家綱)들이 자신들의 정치적 권위 확립을 위해, 조선이 먼저 '자발적'으로 통신사를 파견해왔다고 하거나, 닛코산(日光山)의 세습 쇼군(家康·秀忠·家光)에 대한 통신사의 치제(致祭)가 자발적이었던 것처럼 논리(명분)를 만들어낸 것과 맥락을 같이하는 것으로 볼 수 있다.

넷째는, 쓰시마 번이 절목강강정을 위한 역관을 별도로 세워 쓰시마로 파견해 줄 것을 요구한 것은, 궁극적으로는 교섭 장소를 '쓰시마'로 하기 위해서였는데, 막부측의 구례 복구라는 의례 변경을 일본이 유리한 입장에서 타결하기 위한 전략이었음을 지적하였다. 요시무네 정권의 '구례복구' 내용이란, 1711년 신묘통신사 때의 쇼군 칭호를 '국왕'에서 '大君'으로 변경할 것을 비롯하여 워낙 광범위했기 때문에, 조선의 즉각적인 반대를 피하는 한편, 막부의 의도대로 실현시키기 위해서는 쓰시마에 파견된 강정역관(인맥)을 통해 조선을 설득하는 것이 유리하다고 판단했기 때문이라 보았다.

다섯째는, 절목강정을 위한 쓰시마 번의 역관 요청이라는 동일 사안에 대해 조선측의 서계가 몇 차례나 발급되는 등, 기해통신사의 출발 직전까지 1년 반에 걸친 교섭의 교착, 내지는 우여곡절이 있었음에도, 기해통신사(홍치중) 파견을 통한 양국의 통신사외교는 '舊好·舊信'(신의)이라는 교린외교의 명분을 바탕으로 무난하게 마무리지어졌다는 것이다. 이는 국왕 숙종의 국서와 쇼군 요시무네의 회답서에 고스란히 반영되었는데, 국서의 왕복을 통해 조선으로서는 훗날 새로운 쇼군의 습직을 계기로 통신사외교가 재개될 때 까지 상당 기간 남변의 안정을 확보할 수 있었다. 실제로 기해통신사(홍치중) 일행의 귀국보고에서도 통신사 파견을 통한 조일 양국의 '우호' 유지를 남변 방어를 위한 가장 좋은 견제책으로 진언하였다. 한편 '고산케' 출신의 비종실 쇼군 요시무네 정권으로서는 통신사 요청 시 구례 복구라는 의례변경을 시도함으로써 습직후 빠른 시기에 정치적 안정을 기할 수 있었다.

여섯째는, '舊好'를 내세운 중앙외교의 이면에는, '구례 복구'(1682)라고는 하지만 막부의 일방적인 의례변경으로 인해 통신사 접대 전반에 대한 불신 불안감이 생기게 된 결과, 조선이 먼저 '자아서급절목'을 작성하여 쓰시마 번에 제시한 초유의 사태가 있게 되었음을 지적하였다. 뿐만 아니라 통신사 일행의 일본 여정 중에는 임술통신사행(1682) 때의 '기록'과 '전례'를 근거로 통신사 일행이 일본측 접대의 소홀함을 쓰시마 번에 항의하는 사례가 빈번하였음을 지적했는데, 이 또한 막부가 구례 복구(1682)를 내세우면서도 재정 절감을 위해 통신사 접대의 '간소화'를 지향하여 신묘통신사 때의 의례를 선택적으로 채용했기 때문으로 보았다.

마지막으로 일곱째는, 기해통신사행(홍치중)의 일본 체류중 쓰시마 번과의 직접 담판을 통한 표류민 송환 약조(파선운명) 개정을 살펴보았다. 약조 개정까지는 달성하지 못했지만, 통신사에게 국서 전달이라는 본연의 사명 이외에 현지교섭이라는 또 하나의 사명을 부여한 것에 대해, 임술통신사행(1682) 이래 쓰시마 번과의 통교적폐를 개선하기 위해 실리(實利)를 추구해 온 대일본 통교방침의 연장으로 보았다.

17세기 중반 '명·청 교체기'로 일컬어지던 시기는 '설마' 했던 청이 중원의 명을 굴복시키는, 그야말로 국제관계가 급변하던 때였다. 이 시기만 하더라도 조·일관계에 결정적인 영향을 미치는 것은 국제관계의 변동에 따른 군사·안보적 요소였다. 그러나 17세기 말 청이 '오삼계의 난'을 진압한 것을 계기로 청의 중원 지배가 확실해진 이후로는 국제관계도 안정되어 조·일관계에 있어서도 군사·안보적 비중은 상대적으로 감소하게 되었다. 17세기 말 이후로는 조·일관계도 안정됨에 따라, '전례'에 따라 쇼군 습직을 축하하는 통신사 파견이 양국관계를 유지하는 유일한 외교명분으로 남게 되었다. 특히나 기해통신사가 파견되었던 18세기 초의 조일관계란 17세기 중반에 비해 일본에 대한 긴박감도 줄어든 결과, 조선의 대일본 통교에 있어서는 통신사외교를 통해 쓰시마 번과의 통교 적폐를 개선해보려는 실리(實利) 추구 경향이 강해졌다고 볼 수 있다. 홍치중 일행의 파선운명 건을 둘러싼 현지 교섭도 조선의 이러한 실리 추구 전략의 일환이라 할 수 있다.

제4장

1748년 무진통신사행과 통신사외교의 동상이몽

-적례외교의 관철과 통신사 회의론 대두-

머리말

1748(영조 24, 무진)년 조선은 기해통신사(1719, 숙종 45) 이후 30년의 외교 공백 끝에 일본에 통신사를 파견하게 되었다. 임란 이후 제1차 회답겸쇄환사(1607) 파견을 계기로 일본과 국교가 재개된 시점부터 치자면 10번째 파견으로, 영조 재위 24년 만에 마주하게 된 외교적 대사였다. 도쿠가와 막부(德川幕府)의 쇼군 요시무네(제8대, 吉宗)의 은퇴로 그의 아들 이에시게(家重)가 제9대 쇼군으로 습직하게 되자, 쓰시마 번(對馬藩)이 이를 축하하기 위한 사절을 조선에 요청해 왔기 때문이다.

조일 양국 간에 30년 만에 외교가 재개되었다는 것은 통신사 파견이 아무리 양국 정부간의 중대사라 하더라도 과거의 일을 기억하고 있는 사람조차 드물 정도의 긴 공백이라 할 수 있다. 매해 몇 차례나 북경(北京)에 보내야 하는 부경(赴京) 사행에 비한다면, 쇼군가에 조경사가 있어야만 몇십년 만에 1번씩 재개되는 통신사행은 그 준비나 부담, 긴장의 정도가 대청(對淸) 사행에 비할 바가 아니었다. 게다가 영조 대에는 선왕대와 달리 재위한 지 20년이 넘도록 일본의 중앙정권인 도쿠가와 막부를 의식할 정도의 외교 마찰이나 긴급 현안도 없었다. 이에 1747년 일본측(對馬藩)으로부터 통신사 요청이 있기 전까지는 자연스레 막부 동정에 무관심할 수 밖에 없었다. 실제로 1747년 조선이 통신사 파견을 막 수락했을 당시만 하더라도, 영조는 '東武'라는 문언이 자신의 외교상대인 쇼군이 있는 도쿠가와 막부를 가리키는 것인지조차 몰랐다. 답변을 하는 신료 역시 텐노(倭皇)가 있는 교토(京都)를 오사카성(大坂城)으로 착각할 정도였다.[1)]

사실 영조가 재위하던 18세기 중엽이란 임란 이후 150년이나 지난 시기

1) 『영조실록』 23년(1747) 11월 25일 신해.

로 일본이 더 이상 두려움의 대상이 아니었다. 이에 국정에서 우선순위를 차지하지도 않았다. 물론 선왕대에 전대미문의 외교 마찰로 인해 조일 양국 간에 긴장이 고조되었던 시기도 있었지만 결국은 안정을 추구하는 양국 정부의 의지에 따라 갈등이 봉합된 결과이기도 했다. 예를 들면 숙종 대에는 조일 간에 '울릉도 쟁계'라는 임란 이래 최대의 외교 마찰이 있었다. 7년간(1693~1699)의 교섭 끝에 도쿠가와 막부가 일본인의 울릉도 도해를 금지함으로써 양국의 정면 충돌로까지 확대되지는 않았다. 무엇보다도 막부가 울릉도 영유를 무리하게 주장하여 양국의 갈등으로 커지는 것을 원하지 않았기 때문이다. 이후 신묘통신사행(1711, 正德信使) 때에도 일본측의 일방적이고도 도발적인 의례변경으로 인해 2차례에 걸쳐 양국의 국서를 개찬해야 하는 전대미문의 외교 마찰이 또 다시 발생하였다. 그리고 기해통신사행(1719, 享保信使) 때에도 일본측의 일방적인 의례변경 요구로 인해 이미 절목강정의 교섭 단계부터 교착상태에 빠지기도 했다. 두 번의 통신사 파견 역시 마찰은 있었지만, 숙종대의 조일관계란 기본적으로는 양국이 서로 안정을 원하고 있었기에 통신사외교 자체가 훼손되지는 않았다. 그 결과 남쪽에서도 군사적 긴장이나 마찰 없이 관방의 관리만으로 국정의 안정을 유지할 수 있었던 것이다.

따라서 영조 대 일본의 통신사 요청이란 기본적으로는 이렇게 숙종 대 이래 안정된 조일관계의 기조가 반세기 가까이 유지되는 가운데 돌연 제기된 것이라 할 수 있다. 물론 영조 재위기간에도, 쓰시마 번(對馬藩)이 번주의 아들에게 아명도서(兒名圖書) 발급을 조선에 일방적으로 요구하거나, 약조 이외의 사자 파견, 쓰시마 번과의 무역 저조 등이 현안으로 대두되기는 했다. 그러나 국왕이 대신 및 비변사 당상들에게 의견을 구할만한 긴급 현안은 아니었으며, 전례를 바탕으로 대응해 나갔다. 오히려 쓰시마에서 화재(1732)가 발생했을 때에는 조선이 먼저 구휼미를 보낼 정도로 우호적이었다. 이에 쓰시마 번이 막부 쇼군의 은퇴(1745) 및 새로운 쇼군의 습직

(1746)을 알려오기 이전까지는 쇼군의 생전 양위라는 특이한 상황은 물론 쇼군의 외교적 호칭이 무엇인지도 모를 정도로 막부 동정에 무관심했다고 할 수 있다. 어찌 보면 1748년의 무진통신사행(영조 24)이란, 국교 재개 이후 150년 동안 조일 양국관계가 가장 안정된 가운데, 그것도 이미 9번이나 통신사를 파견한 전례가 축적된 상태에서 파견된 사행이라 할 수 있다.

그러나 일본측의 통신사 요청 경위나 접대 방침을 들여다보면, 바로 직전 기해통신사행(1719, 享保信使) 때의 전례 준수를 기본 방침으로 정했으면서도 조선으로서는 납득하기 어려운 새로운 신례(新例)들을 요구하여 조선을 당황케 하였다. 막부 쇼군 요시무네(吉宗)의 은퇴(退休)를 조선에 알리는 과정에서는, 쓰시마 번이 '관백퇴휴고지차왜' 파견을 전례화(신설)하기 위해 막부의 지시를 내세우는가 하면, 차왜 파견에 앞서 새삼 '선문두왜'(先文頭倭) 파견이라는 사전 예고 절차를 취했다. 또한 절목강정 단계에서는 쇼군 요시무네(吉宗)의 생전 양위라는 특별한 사정이 있기는 했지만, 전례에 없던 '쇼군가 3대(舊關白-關白-儲君)에 대한 의례(예물 및 배례)'를 요청해 왔다. 쓰시마 번으로서는 이러한 신례들에 대해 조선을 어떻게 설득해야 할지가 고민이었을 것으로 짐작되며, 바로 직전의 기해통신사행(1719, 享保信使) 때와는 또 다른 태도로 교섭에 임했던 것으로 보인다. 비록 양국 간에 긴장이 고조될 정도의 마찰 수준은 아니라 할지라도, 일본의 막부가 바로 직전 기해통신사행 때의 전례 준수를 접대의 기본 방침으로 내세웠음에도 불구하고, 왜 굳이 새로운 교섭 절차 및 의례를 필요로 했는지, 조선은 어떻게 대응했는지, 조일 간의 통신사 교섭과정에서 쓰시마 번은 무엇을 얻어내려 했는지 등을 살펴볼 필요가 있다.

무진통신사행(1748, 延享信使)에 대해서는 일찍이 1980~90년대 일본에서 연구가 이루어진 바 있다. 미야케 히데토시(三宅英利)와 나카오 히로시(仲尾宏)가 대표적인 연구자로 주로 절목강정 시 일본측이 요구하는 의례를 중심으로 18세기 중엽 쇼군 권력의 특징을 검토하였다.[2] 이후 통신사 연구는 문화교류적 검토 이외에는 거의 30년 동안 답보상태에 있었다고 할 수 있으나, 최근에는 한국에서 무진통신사행(1748)에 대해 집중적으로 검토가 이루어진 바 있다.[3] 그러나 조일 양국 간 통신사외교의 전반적 맥락 속에서 무진통신사행(1748)을 검토했다기보다는, 무진통신사행 만을 도려내어 절목강정이라는 교섭 절차 내지는 교섭 현상 만을 세분화해서 미시적으로 검토하는 경향이 있다. 이에 자칫 통신사외교에서 갈등적 측면만이 부각될 수 있을 뿐 아니라, 쓰시마 번의 교섭 기술적 측면이 지나치게 강조되고 있음을 지적할 수 있다. 게다가 통신사외교의 최종 결정체라 할 수 있는 양국의 국서(國書) 검토는 누락되어 있다. 그 결과 무진통신사행(1748)이 그 이

---

2) 三宅英利, 「家重政權の成立と通信使」『近世日朝關係史の研究』文獻出版, 1986, 489~527쪽.
仲尾宏, 「延享度通信使の三代聘礼と事跡」『朝鮮通信使と德川幕府』明石書店, 1997, 230~252쪽.

3) 다사카 마사노리, 「關白退休告知差倭(1746년)를 둘러싼 朝日間交涉」『한일관계사연구』56, 2017
田阪正則, 「延享三(1746)年『大慶參判使記錄』- 吉宗襲職から大慶參判使茶禮前日まで一」『日本史硏究』50, 2017
다사카 마사노리, 「1747년(英祖23) 問慰行을 맞이한 對馬藩의 동향」『비교문화연구』47, 2017
다사카 마사노리, 「1746년 관백승습고경차왜 접대 - 종가문서로 보는 다례 이후 -」『열상고전연구』63, 2018
다사카 마사노리, 「무진년 통신사행 절목중 구관백전(舊關白前) 예단 및 배례 강정에 관한 고찰」『열상고전연구』69, 2019
다사카 마사노리, 「무진년 통신사행 절목중 집정 인원수 강정에 관한 고찰」『한일관계사연구』67, 2020
이 밖에도 교류사적 측면에서는 다음과 같은 연구들이 있다.
김형태, 「1748년 제10차 무진통신사(戊辰通信使) 의원필담(醫員筆談)의 성격 변천 연구 -『대려필어(對麗筆語)』와『조선필담(朝鮮筆談)』을 중심으로 -」『한국한문학연구』46, 2010
이경근, 「무진통신사의 학술·문화 교류 연구 - 홍경해의『수사일록』을 중심으로 -」『고전문학과 교육』29, 2015

전의 통신사행과는 어떻게 다른지, 특히 임란 이래 일본과의 통신사외교에서 조선이 반드시 지켜내려고 했던 것은 무엇이었는지, 조일 양국 외교의 본질과 맥락을 파악하기가 어렵다.

이에 이 장에서는 영조 대의 전반적인 국정 운영 및 대외관계를 배경으로, 무진통신사행(1748, 延享信使) 파견 당시 일본측의 통신사 요청 배경과 의도, 절목 강정의 교섭 경위 및 조일 양국 국서(國書)의 분석을 통해 통신사외교를 대하는 양국의 동상이몽을 살펴보기로 한다.

1. 영조대 대외관계의 안정과 대일 현안 감소

1) '조용한' 대청외교와 안보

임란 직후 재개된 조일 양국간의 외교를 보면 조·청관계의 긴장과 결코 무관하지 않았다. 17세기 중반 명·청 교체기에는 북변의 안전을 위해 언제라도 전국의 군사력을 북쪽으로 이동해야 할 필요가 있었다. 그러기 위해서는 남쪽에서 발생할 수 있는 또 하나의 군사적 긴장을 억제하여 국력 소모를 막는 것이 급선무였다. 제3차 회답겸쇄환사(1624) 및 병자통신사(1636) 파견 당시, 조선이 후금과의 전쟁(병자호란)을 준비해야 함에도 불구하고 무왜(撫倭)를 명분삼아 일본의 통신사 요청을 받아들였던 것도 그 때문이었다. 즉 남쪽 안보에 대한 불안 및 상호탐색이 조일 양국간 통신사외교의 주요 변수였다고 할 수 있다.

그러나 17세기 말 청(강희제)이 '오삼계의 난'을 진압(1681)한 것을 계기로 청의 조선에 대한 경계심, 안보 불안이 사라진 후에는 관민 모두 병자호란 이후 100년 만에 도래한 조·청관계의 안정 내지는 청에 대한 안도감을 자각할 정도였다. 따라서 숙종 대에는 북한산성의 축조(1711)로 수도권 방어 시설을 구축한 이외에는 눈에 뜨일만한 군사·안보적 움직임은 없었다. 경종·영조 대에도 '숭명·반청'(崇明反清) 의식은 여전히 존재했지만 '북벌'이 국정의 우선 목표는 아니었다. 전반적으로는 병자호란 이후 외교전범(정축화약, 1643)에 따른 대청 사행외교가 안정적으로 잘 유지되고 있었다. 그리고 청과 국경을 맞대고 있는 북쪽 변경에서 범월(犯越) 문제, 서해안에서는 황당선 출몰과 같은 사건·사고가 발생했지만, 이것이 조·청 양국의 긴장을 초래할 정도는 아니었다고 할 수 있다. 17세기 말 이래 안정된 조·청관계는 18세기 전반, 즉 임술통신사(1682, 숙종 8) 파견 이후부터 1748(영조 24)년 무진통신사 파견 때까지도 계속되어, 조일관계에 있어서도 더 이상 긴장할 필요를 느끼지 않게 되었다. 일본에 대한 정치적 관심도 자연스레 떨어지는 시기였다고 할 수 있다.

18세기 전반 30년간(숙종·경종·영조대)의 안정된 대청(對清) 관계란 그 실태가 어떠하였을까?

우선 『실록』을 보면, 양국에서 발생한 조경사와 관련된 기사가 해마다 몇 건씩 수록되어 있어, 사행외교가 여전히 국정의 주요 현안이었음을 알 수 있다. 일본의 중앙정부와 관련된 기사가 기해통신사(1719) 귀국 보고(1720) 이래 25년 만인 1745년에서야 비로소 등장하는 한편, 막부 쇼군의 은퇴를 보고하는 내용도 1~2줄 정도로 간략하게 실려있는 것과 비교한다면, 청에 대한 관심과 비중을 짐작할 수 있다.

대청 사행외교란 구체적으로는 양국의 조경사와 관련된 부경(赴京) 사행의 파견과 청 칙사의 접대에 대한 내용이 중심을 이루고 있었다. 이 시기 조선에서는 숙종의 사망(1720)을 비롯하여 경종의 즉위(1720)와 병사(1724), 영조 즉위(1724)와 같은 대사가 연이어 발생하였다. 이 짧은 기간 청에서도 강희제의 사망(1722), 옹정제의 즉위(1723) 및 사망(1735), 건륭제 즉위(1736)와 같은 조경사가 잇따랐다. 이에 조선의 조경사를 청에 알리기 위한 사자를 비롯하여, 이에 대한 청의 조위 및 책봉을 위한 칙사 파견 및 사은사, 해마다 파견되는 동지사행 등, 북경으로 가는 조선의 사행이 1년에도 몇 차례나 되었다. 대청 사자의 파견과 청 칙사에 대한 접대를 마치고 나면, 곧바로 조선에서도 청의 조경사를 위로 내지는 진하(陳賀)하기 위한 문서 작성과 예물 준비 등, 사자의 파견 준비에 들어갔다. 양국 사행이 빈번하였던 1723년에는 대청 사자 4회(진위겸진향사, 진하사, 동지사 등), 청 칙사는 5번이나 조선에 파견되었다. 1년에 10차례에 가까운 양국 사자의 파견과 접대는 바로 재정 부담을 의미하는 것이기도 하였다. 호조 세입은 감소되고 있는 반면 청 칙사에 대한 예물과 접대비 등이 11만냥이나 부족함을 호소한 결과, 금위영에서 2만냥을 대출하여 감당하자는 논의가 있었다.[4] 그리고 1727년에는 사행외교와 관련하여 청에 진 부채 상환에 대해 영조가 신하들과 논의할 정도였다.[5]

이러한 재정 부담에도 불구하고 대청 사행외교를 병자호란 이래 100년 가까이 유지해 왔던 데에는 그럴만한 이유가 있었다. 무엇보다 책봉 등의 인증을 통해 조선 국왕의 권위를 전국에 보여줌으로써 왕권의 안정을 도모할 수 있었기 때문이다. 뿐만 아니라 청~북경의 정국 동향을 조선 사자의 눈을 통해 직접 정탐 확인함으로써 조선 나름내로의 대응책을 강구할 수 있는 이점도 있었다.[6]

4) 『경종실록』 3년(1723) 5월 2일 경진.
『경종실록』 4년(1724) 1월 8일 계미.

5) 『영조실록』 3년(1727) 3월 26일 계축 및 6월 13일 무술.

6) 일찌기 17세기말 '오삼계의 난'이 일어났을 당시, 조선은 청의 군사력 원조 요구 여부에 전전긍긍하는 한편, 청의 진압 능력에 따라서는 조선의 안보에도 바로 영향을 미칠 수 있었기에 대청 사자가 보내오는 북경 정보를 바탕으로 대응책을 마련하는 등, 안보 위기를 경험한 바 있다. 청 역시 조선의 숭명(崇明) 태도를 알고 있었기에, 병자호란(1636) 이후 사행외교가 유지되고 있었음에도 불구하고 조선과 반청 세력의 군사적 연대를 의심하는 등, 조선에 수시로 사자를 파견하여 군사력 이동을 탐색해 갔다(이훈, 「숙종대 임술통신사(1682) 파견과 적례외교의 정착」 『공존의 인간학』 4, 2020).

특히, 이 시기 청 황제의 조경사에 따른 변고는 자칫 조선에 안보 위기를 초래할 우려가 있다고 여겼던 것 같다. 이에 한편으로는 서방(西防) 및 북방(北防)과 같은 서북변의 관방(關防) 문제가 논의되던 시기이기도 하였다. 중원(中原)을 지배한다고는 하지만 청은 어디까지나 이민족 왕조였다. 이에 조선으로서는 청 황제의 조경사가 내부의 권력 투쟁이나 내란 등, 변동의 계기가 될 수 있음을 우려하였다. 더구나 청과는 백두산·두만강 등 북쪽 경계(국경)를 두고 마주하고 있었던 만큼, 조·청관계가 안정되었다는 18세기 이후에도 병자호란 이래 잠재되어 있던 군사·안보에 대한 불안 내지는 위기의식이 되살아났던 것 같다.

경종 때에는 청의 책봉(1721)을 받은 지 얼마 되지 않은 시점임에도 강희제(胡皇)의 사후 5공자의 권력 투쟁을 우려하는 한편, 특히 강희제의 사망과 관련하여 의주 부윤(李夏源)과 사은사(李混)의 정보가 일치하지 않자 중국 내의 변란 발생을 우려하였다.[7] 혹시라도 청이 중국 내에 웅거할 수 없게 되어 영고탑(寧古塔)을 근거지로 삼게 될 경우, 귀로가 여의치 않아 조선의 선사포(宣沙浦)나 서쪽 변방의 7군을 통과하게 된다면, 청천강 이북 및 함경도, 두만강 지역 등, 西北路 지역이 약탈 등의 피해를 입을 수 있음이 논의되었다.[8] 강희제의 사망과 관련된 소문(찌라시)은 실제로 황해도·평안도(西路)의 민심 불안으로 이어졌으며, 1723년에는 경종이 비망기를 내려 나라의 부강책을 강구하도록 하였다.[9]

이러한 위기의식은 영조 대에도 계속되었다. 실제로 영조는 중원의 변란을 조선의 걱정거리로 인식하였다.[10] 1730년 청(북경)에서 지진이 발생했을 때에도 북방 대비책이 논의될 정도였다. 민심의 소요로 인해 혹시라도

---

7) 『경종실록』 2년(1722) 11월 30일 신해 및 12월 4일 을묘.
8) 『경종실록』 2년(1722) 12월 1일 임자.
9) 『경종실록』 3년(1723) 1월 1일 신사.
10) 『영조실록』 19년(1743) 10월 27일 병자.

청 황제(옹정제)가 정권을 지탱할 수 없어 본거지인 심양(瀋陽)으로 피신할 경우 지리적으로 가까운 평양이 입을 피해를 염려해서였다.[11] 1735년 옹정제(淸主)의 사망 소식을 청 예부(禮部)의 자문(咨文)으로 접했을 때도, 청 칙사의 문서보다 자문이 앞서 도착한 데다, 인장도 붉은 색이 아니라 청색이었기 때문에 내란 발생을 의심할 정도였다.[12]

따라서 18세기 전반의 조·청 양국관계란, 병자호란 이래 100년 가까이 지속된 사행외교의 유지로 그 어느 때보다 안정되기는 했지만, 청 황제의 변고로 인해 군사·안보 측면에서는 여전히 긴박감이 내재되어 있었다고 할 수 있다.

이 밖의 현안이라면, 청과 국경을 맞대고 있는 변경 지역이나 서해안에서 일어난 각종 사건·사고에 대해서도 수시로 중앙의 논의가 있었다. 그러나 조·청 상호간에 항의나 외교 마찰로 비화하지는 않았다.

우선 양국의 주민이 상대국의 해역에 표착한 해난사고의 경우에는 상호간에 정해진 절차에 따라 무난히 송환되었기 때문에 별 문제가 되지는 않았다.[13]

그러나 압록강변 등의 북변에서 일어난 범월(犯越) 문제나 서해안에서의 황당선 출몰은 요즘 말로 조선의 섬에 몰래 들어와 어로활동을 하는, 소위

11) 『영조실록』 6년(1730) 12월 17일 신해.

12) 『영조실록』 11년(1735) 9월 13일 기유.

13) 1727년 제주 대정현에 표착한 청나라 주민의 육로 송환(『영조실록』 3년(1727) 윤3월 26일 및 6월 13일 무술)이나, 1732년 제주 표착 청인(『영조실록』 8년(1732) 11월 30일 계축), 1733년 전라도 진도에 표착한 청인의 북경 소환(『영조실록』 9년(1733) 1월 10일 임진), 1739년 제주 표류 청인(157명)의 해로 송환(『영조실록』 15년(1739) 2월 8일 을유) 및 청인의 추자도 표류(『영조실록』 15년(1739) 12월 7일), 또 반대로 1730년 중국에 표착한 제주인의 송환(『영조실록』 6년(1730) 6월 12일 기유), 1735년 산동에 표착한 평양부 선원의 송환(『영조실록』 11년(1735) 1월 23일 갑오), 1741년 류큐(琉球)에 표착한 제주인(21명)의 경우(『영조실록』 17년(1741) 2월 14일 기유), 모두 순조롭게 송환되었다.

불법 조업에 해당하였다. 조선으로서는 서북쪽의 변경 방어 및 관리(西防 및 北防, 關防) 차원에서 재발 방지책을 강구하지 않을 수 없었다.

먼저 범월의 경우, 인삼 채취를 위해 청인이 조선의 경계를 넘어와 몰래 주거하거나, 또는 반대로 조선인이 압록강을 넘어 청으로 들어가는 사고가 발생하였다. 1726에는 1만 명이 넘는 청인이 압록강 변에 주둔하면서 인삼 채취를 하였으며,[14] 1727년에는 청인이 국경을 침범하여 채삼하는 과정에서 조선인이 사망하는 사고가 있었기에, 청 예부에 채삼 금지를 요구하는 자문(咨文)을 보냈다.[15] 1729년에는 압록강 주변에 임시 거주하면서 채삼 활동을 하는 청인 건에 대해 청에 주문(奏文)을 올려 항의하자는 논의가 있었다.[16] 그러나 청(옹정제)과의 직접 마찰 및 조선에 미칠 외교적 부담을 꺼린 영조가 항의 주문(奏文)을 거부한 적도 있다.[17]

이와는 반대로 1732년에는 조선인이 압록강을 범월하여 청인과 밀무역(잠상)을 하거나,[18] 1734년에는 청으로 월경한 조선인을 돌려보내면서 처벌을 요구하는 청 예부의 자문이 있었다.[19] 1740년에는 청으로 넘어간 백성이 20명이나 되는 큰 사고가 발생하여 이를 은폐한 평안감사가 파직되기도 하였다.[20] 1742년에도 흉년 때문에 서북변 주민이 청으로 범월한 사례가 있었으며,[21] 1747년에는 조선 여성이 청으로 넘어가기도 하였다. 이 경우에도 청의 예부에서 조선에 '자문'을 보내와 처벌을 요구하는 정도에 그쳤다.[22] 따라서 조·청 간의 국경에서 발생한 범월 문제에 대한 양국의 대

14) 『영조실록』 2년(1726) 5월 17일 무신.
15) 『영조실록』 3년(1727) 5월 5일 경신.
16) 『영조실록』 5년(1729) 9월 28일 기해.
17) 『영조실록』 5년(1729) 9월 28일 기해.
18) 『영조실록』 8년(1732) 윤5월 25일 경술.
19) 『영조실록』 10년(1734) 3월 11일 정해.
20) 『영조실록』 16년(1740) 9월 6일 갑술.
21) 『영조실록』 18년(1742) 5월 29일 정해.
22) 『영조실록』 23년(1747) 12월 18일 갑술.

응을 보면 외교 마찰로 비화할 만큼의 중대 현안은 되지 못했다고 할 수 있다.

이는 서해안에 출몰한 황당선의 경우에도 마찬가지였다.

1720년에는 안흥진에 구류하고 있는 청의 황당선을 '犯境'으로 인식하여 쫓아보낸 적이 있다.[23] 1727년에는 수백명의 청인이 강화도에 무단으로 주둔하면서 조선인과 충돌하여 사망자가 발생한 바, 국경 침범을 호소하는 자문을 청에 보냈다.[24] 그러나 1734년 해삼 채취를 위해 서해안에 나타난 청의 대규모 황당선에 대해서는 지방관의 은닉도 문제였지만,[25] 청에 대한 항의 보다는 연화(煙火)등 중국 배의 국경 침범에 대한 정보 전달 등, 내부적인 해상 방어책만 강구되었다.[26] 1745년 8월에는 청 선박이 서해지방의 경계를 넘나들며 군기(軍器)를 노락질하고,[27] 10일에는 해산 채취하는 황당선이 서해안 경내에 정박하며 상거래를 한 사실이 보고되었으나, 대응하지 못한 지방관을 처벌하거나 변금(邊禁)을 엄히 하라는 조치가 취해졌을 뿐, 어느 경우에도 청에 정식으로 문서를 보내 항의하지는 않았다.[28] 그 대신 서방(西防) 및 도성 방어 차원에서 1742년 이후 강화성의 개축,[29] 1745년에는 남한산성의 군비 문제 등이 논의되었다.[30]

바다를 사이에 두고 있는 일본과 달리, 청과는 서북쪽의 국경을 마주하고 있기에 변고에 대한 위기의식은 늘 잠재되어 있었다고 할 수 있다. 병자호란과 '오삼계의 난' 때 안보 위기를 경험했던 만큼, 조선에 있어서 청은 군사·안보 면에서 여전히 긴장의 끈을 놓을 수 없는 상대였다. 그 결과 18

23) 『경종실록』 1년(1721) 윤6월 12일 신미.
24) 『영조실록』 3년(1727) 6월 13일 무술.
25) 『영조실록』 10년(1734) 5월 6일 신사.
26) 『영조실록』 10년(1734) 5월 26일 신축.
27) 『영조실록』 18년(1742) 8월 5일 신묘.
28) 『영조실록』 18년(1742) 10월 5일 경인.
29) 『영조실록』 18년(1742) 10월 10일 을미.
30) 『영조실록』 21년(1745) 6월 3일 갑진 및 8월 7일 병오.

세기 전반(숙종·경종·영조 대), 특히 영조 대의 대청 관계란, 명분상 조경사에 기반을 둔 사행외교 만큼은 100년 가까이 지속되어 온 이상 재정적으로는 큰 부담이었음에도 회피하지 않고 안정적으로 유지해야 할 관계로 여기고 있었다고 할 수 있다. 그러나 조선의 서북변 관방(關防)과 관련되는 현안에 대해서는 낮은 수준의 항의로 청과 되도록 정면 마찰을 피하면서 도성 방어 수준에서 대응했다고 볼 수 있다.

요컨대, 조선은 18세기 전반 청 황제의 사망과 변고를 조선의 안보 위기로 인식했음에도 불구하고, 안정된 사행외교의 유지 및 서북변에서 일어난 사건·사고에 대해서도 낮은 수준의 항의와 자체 방비책 강구를 통해 소위 '조용한 외교'를 지향했다고 볼 수 있다. 이는 영조 재위 기간 내내 당쟁 및 붕당 타파 논의가 끊이지 않는 가운데, 왕권의 안정 및 군사적 긴장이나 마찰로 인한 재정 부담은 줄이면서 조선의 안보를 지키기 위한 최소한의 방어였다고 할 수 있다.

2) 150년 만의 조일관계 안정과 대일 현안 감소

바다 너머에 있는 일본에 대해서는 어떠했을까?

우선 기해통신사(1719, 享保信使) 파견 이후부터 1748(영조 24)년 무진통신사(延享信使) 파견에 이르기까지 18세기 전반 30년 동안의 대일본 관계를 보면, 숙종 재위기간(1675~1720)에는 청이 '오삼계의 난'을 진압한 것을 계기로 조·청관계가 안정됨에 따라 조일관계에서도 상호간에 군사·안보적 경계심은 사라지게 된 시기였다. 그러나 그렇다 치더라도 국교 재개 이래 굵직한 외교마찰로 인해 긴장의 수위가 그 어느 때보다 최고조에 달하여 외교상대로서 일본을 의식할 수 밖에 없었지만, 그럼에도 임란 이래 150년 만에 도래한 안정을 깨트리는 방향으로 나아가지는 않았다고 할 수 있다.

우선 숙종대에는 안용복의 울릉도 도해를 계기로 일본과 어업 및 변경

문제를 둘러싸고 '울릉도쟁계'라는 임란 이래 최대의 외교마찰(1693~1699)이 있었다. 그러나 그럼에도 막부 쇼군의 습직 때에는 3번이나 통신사(임술통신사(1682, 天和信使)·신묘통신사(1711, 正德信使)·기해통신사(1719, 享保信使))를 파견하여 우호관계를 유지하였다. 따라서 숙종대에는 전반적으로 일본과 외교 마찰로 긴장의 수위를 높이기보다는 임란 이후 100년 만에 도래한 정치와 민생의 안정 및 남쪽의 안보를 관리하는 차원에서 통신사외교에 임한 측면이 있었다. 물론 신묘통신사행(1711) 때에는 2차례에 걸친 국서 개찬 등 일본측의 일방적이고도 도발적인 의례변경으로 인해 커다란 외교마찰이 발생하기도 하였다. 또 기해통신사행(1719) 때에도 일본측의 일방적인 의례변경 및 교섭절차로 인해 절목강정 교섭부터 시작된 교착상태가 장기화되기도 했다. 두 번의 사행 모두 마찰은 있었지만, 기본적으로는 조일 양국이 서로 안정을 원하고 있었기에 통신사외교 자체가 훼손되지는 않았다. 그 결과 남쪽에서도 군사적 긴장이나 마찰 없이 관방의 관리만으로 국정의 안정을 유지할 수 있었다. 경종은 당대는 아니지만, 숙종 말년의 세자로서 바로 직전 기해통신사(1719) 파견에 관여했으므로 외교상대로서 도쿠가와 막부의 존재를 의식하고 있었을 터였다.

이에 비해 영조대에는 재위 21년만인 1745(영조 21)년에서야 일본의 중앙정부인 막부 동향이 처음으로 보고되었다. 도쿠가와 막부 쇼군의 생전 은퇴(退休) 소식을 조선에 전하기 위해 쓰시마 번(對馬藩)이 '관백대차왜'를 파견하니 허락해 달라는 보고였다. 전례가 없음에도 중앙의 심각한 논의를 필요로 할 정도는 아니었으며, 관백의 사망(고부)이나 습직(고경), 또는 쓰시마 번주의 은퇴 전례를 참고하여 예물과 접대를 하도록 하라는 조치가 취해졌다. 말하자면 일본측의 통신사 요청과 관련된 이 보고가 영조 재위 20년만의 첫 번째 보고일 정도로 도쿠가와 막부와의 긴박한 외교 현안은 없었다고 할 수 있다. 1년에 몇 건씩 되는 대청 보고와는 비교가 되지 않을 정도였다. 이와 같이 숙종 대에 이어 영조 대까지 계속된 조일 양국관계의 안정 내지 외교 공백은 일본에 대한 무관심으로 나타나기도 하였다. 앞에서도 언급했듯이, 1747년 통신사 접대의례를 둘러싼 절목강정 교섭이 막 시작되었을 당시 국왕 영조의 일본 인식이란, 수역(현태익)의 장계에 기재된 '東武'라는 문언이 자신의 외교상대인 쇼군이 있는 에도 막부를 가리키는 것인지조차도 모를 정도였다.[31]

또한 영조 대에는 쓰시마 번의 일방적인 요구에 대해서도 임란 이래 150년 가까이 전례(前例)가 축적되어 온 만큼, 되도록 신례(新例)를 만들지 않고 17세기 말 이래 양국 간에 합의한 왜관 통제 방침을 그대로 유지하는 선에서 조치하였다. 예를 들면 경종 대 쓰시마 번주의 사망과 습직에 따른 도서(圖書) 발급에 이어,[32] 1726년 쓰시마 번주의 아들에게 아명도서(兒名圖書) 발급 요청이 있었지만 전례에 따라 허락하였다.[33] 1727년에는 쓰시마 번이 조선 연해(울릉도)에서의 조일 양국인의 접촉 및 밀무역 금지를 요청한다는 내용으로 전례에 없는 명분을 붙여 사자를 파견해 왔지만, 이를 월경(변경) 문제로 확대하기보다는 '약조 이외에 파견되는 대마번 차왜에 대해 향후 접대를 금지'(별차왜 파견 금지)한다는 선에서 마무리지었다.[34] 1727년에는 쓰시마 번이 쓰시마(豆酘)에 표착했던 순천 주민을 송환해 오면서 파선을 내세워 접대를 요구했지만, 1729년 파선과 운명을 겸한 경우에 한하여 사자 파견 및 접대를 허락하는 선에서 타결을 보았다.[35] 이 밖에도 왜관에서의 무역 단가 문제[36] 및 밀무역(잠상),[37] 난출 건[38] 등의 문

31) 『영조실록』 23년(1747) 11월 25일 신해.
32) 『경종실록』 즉위년(1720) 10월 3일 계해.
『경종실록』 1년(1721) 7월 2일 신묘(구 번주 아들(巖丸) 아명도서 발급).
33) 『영조실록』 2년(1726) 9월 8일 정유(쓰시마 번주 아들(彌一) 아명도서 발급).
34) 『영조실록』 3년(1727) 9월 19일 임신.
35) 『邊例集要』 권3, 표차, 정미(1727) 윤3월.
『영조실록』 5년(1729) 9월 10일 신사.
36) 『영조실록』 6년(1730) 9월 10일 병자.
『영조실록』 7년(1731) 12월 12일 신축.

제 제기가 있었지만, 어느 경우에도 중앙의 논의를 필요로 할 정도로 심각할 수준은 아니었다. 조선의 이러한 대응 태도는 선왕대인 숙종 대의 임술통신사(1682) 및 신묘통신사(1711) 파견 당시, 쓰시마 번과의 통교 규모(사자 파견 제한) 및 왜관 통제를 놓고 통신사 일행이 쓰시마 번과 타결해온 임술약조(조선인의 대마도 표류시 겸대 송환), 계해약조(교간 및 난출금지, 밀무역 금지)를 바탕으로 쓰시마 번을 얼마든지 통제할 수 있었기 때문이라 할 수 있다.

즉 영조대의 조일 양국관계란 도쿠가와 막부에 대해서는 통신사외교로 숙종대 이래의 안정 기조가 그대로 유지되는 가운데, 쓰시마 번에 대해서도 약조 및 전례와 같은 통교 메뉴얼(지침)의 정비로 마찰을 초래할만한 긴박한 현안은 없었다고 할 수 있다. 따라서 1747년 일본측의 통신사 요청이란 임란 이래 150년간 지속되어 온 안정된 조일관계, 병자호란 이래 100년만의 조·청관계 안정으로, 그 어느 때 보다 조선의 안보 불안이 없는 가운데, 그것도 이미 9번이나 통신사를 파견한 전례가 축적된 상태에서 추진된 사행이었다고 할 수 있다. 그러나 그럼에도 불구하고 통신사 파견을 둘러싼 조일 양측의 교섭과정에서는 쓰시마 번의 일방적인 의례 요구로 인해 통신사 일행이 부산을 떠날 때까지 난항을 겪었다.

---

37) 『영조실록』 1년(1725) 9월 9일 계묘.
38) 『영조실록』 12년(1736) 7월 25일 정사.

2. 쇼군 이에시게(德川家重)의 습직(1745)과 30년 만의 통신사 요청

1) 막부의 정권 교체와 쓰시마 번(對馬藩)의 조선 통보

① 쇼군 요시무네(吉宗)의 은퇴와 '관백퇴휴고지차왜'

일본측(對馬藩)의 통신사 요청 논의는 언제 어떻게 시작되었을까?

1745년 9월 도쿠가와 막부(德川幕府)의 제8대 쇼군(외교칭호는 '關白, 大君') 요시무네(德川吉宗)가 은퇴(退休)를 선언함에 따라, 바로 이어 11월에는 그 아들 이에시게(德川家重)가 쇼군직을 계승하고 제9대 쇼군이 되었다. 쇼군 생전에 은퇴로 인한 쇼군직 계승이 처음 있는 일은 아니었다. 막부의 초대 쇼군 이에야스(德川家康)가 그의 아들 히데타다(德川秀忠)에게, 또 제2대 쇼군 히데타다가 그의 아들 이에미츠(德川家光)에게 쇼군직을 계승케 한 전례가 있으므로 3번째인 셈이다. 그러나 조선의 입장에서 본다면, 앞서 4차례[을미통신사(1655, 明曆信使)·임술통신사(1682, 天和信使)·신묘통신사(1711, 正德信使)·기해통신사(1719, 享保信使)]의 쇼군 습직을 축하하기 위한 통신사 파견이 모두 쇼군의 사망으로 인한 정권 교체였기 때문에 쇼군의 생전 은퇴로 인한 쇼군 습직 축하란 거의 100년 동안 보지 못했던 일이었다. 국교 재개(1607) 이래 조일간의 통신사 초빙 교섭에 임해왔던 쓰시마 번(對馬藩)으로서는 쇼군 히데타다(秀忠) 이래 120년 만에 재현된 쇼군의 생전 은퇴로 인한 정권 교체라는 특이 상황을 조선에 어떻게 알릴 것인지가 고민이었던 것 같다. 그 뿐만이 아니다. 막부에는 그 성과를 또 어떻게 보고해야 통신사 요청을 통해 달성하고자 하는 막부의 정치적 의도를 맞출 수 있을 것이며, 쓰시마 번의 대조선 교섭력을 막부에 부각시킬 수 있을지도 고민이었다. 즉 통신사 요청 교섭에 쓰시마 번의 이해가 투영되는 부분이 있었기 때문에, 후술하겠지만 쓰시마 번은 '관백퇴휴고지차왜'가 이미 귀국

했음에도 불구하고 관백의 퇴휴에 관한 조선측의 '축하 서계'를 별도로 받아내기 위해 집요한 전략을 구사하였다.

쓰시마 번은 통신사 요청의 가장 첫 번째 절차라 할 수 있는 막부의 정권 교체를 어떻게 알려왔을까?

우선 1745년 9월 쇼군 요시무네의 은퇴 선언이 있자 쓰시마 번은 재빨리 움직였다. 쓰시마 번의 에도번저(江戶藩邸)에서는 은퇴 소식을 접하자마자 곧바로 루스이(留守居, 春日龜久右衛門)로 하여금 막부 로쥬(老中, 松平右近將監(武元) 및 本多中務大輔(忠良)에게 조선에의 고지 여부를 문의한 결과,[39] 다음날 쇼군 은퇴(隱居)의 고지를 허락한다는 막부 로쥬의 즉답이 있었다.[40] 이에 쓰시마 번은 곧바로 10월 쇼군의 은퇴를 조선에 고지하는 '退休참판사'(조선 명칭은 '關白退休告知差倭')에 平田將監(平誠泰)을, 쇼군 습직을 고지하는 '告慶참판사'(조선 명칭은 '關白承襲告知差倭')로는 淺井与左衛門(藤誠久)을 선정하였다.[41]

그런데 쓰시마 번은 쇼군 은퇴 소식을 알리는 사자(關白退休告知差倭)를 선정했음에도 불구하고 조선에 바로 파견하지는 않았다. 사자 파견 시점(1746.2) 보다도 3달이나 빠른 1745년 11월 '선문두왜'(先文頭倭, 小宮傳內)를 부산 왜관으로 미리 보내 머지않아 관백의 은퇴를 알리는 대차왜(關白退休告知差倭)가 조선에 파견될 것임을 알려왔다.[42] 선문두왜가 가지고 온 대

39) 『延享二乙丑年 御留守每日記』(1745년) 9월 19일(日本東京大學 史料編纂所).

40) 『延享二乙丑年 御留守每日記』(1745년) 9월 20일(日本東京大學 史料編纂所).

41) 실제 조선에 파견될 당시의 사자 명칭은 '퇴휴참판사'를 '遜位참판사'로, '고경참판사'를 '大慶참판사'로 변경하였다. 이유는 쓰시마 번주의 은퇴와 습직을 알릴 때에도 '퇴휴'와 '고경'이라는 명칭을 사용했는데, 막부의 쇼군은 번주와는 격이 다르므로 '손위' 및 '대경'으로 변경해야 한다는 藩儒 아메노모리 도고로(雨森東五郞)의 조언을 반영한 것이었다(다사카 마사노리, 「關白退休告知差倭(1746년)를 둘러싼 朝日間交涉」(『한일관계사연구』 56, 2017) 참조. '遜位參判使' 또는 '퇴휴참판사'의 조선측 명칭은 '關白退休告知差倭'로 예조참판 앞으로 파견된 사자였으므로 '大差倭'로 표기되기도 한다. 이하 조선측 명칭으로 통일한다.

차왜 파견 건은 곧바로 동래부에 전달되었으나, 조선의 반응이 순탄치는 않았다.

쓰시마 번이 정식으로 '관백퇴휴고지차왜'를 파견하기 이전에 사전 통보 성격의 '선문두왜'를 왜관에 미리 보내 동래부를 통해 조선 정부에 미리 알려온 것은, 절차만으로 본다면 생소한 것은 아니었다. 선문두왜 파견이란 동래부측과 왜관 사이의 사전 구두교섭에 해당하는 절차로 쓰시마 번이 향후 제기해올 사안을 미리 예측하면서 대비도 할 수 있는 편의성도 있었으므로 이미 상례화된 절차라 할 수 있다. 그렇지만 이번에 선문두왜를 통해 조선에 미리 전달하고자 했던 내용을 조선의 입장에서 보자면 120년 만에 제기된 갑작스럽고도 돌출적인 요구였다. 동래부사가 임의로 결정할 수 있는 사안은 아니었기에 중앙에서까지 논란거리가 되었다.

우선 동래부사(沈鏳)가 비변사에 올린 장계에 따르면, 선문두왜가 동래부측에 요청해온 내용이란, "과거 1623년 쇼군 히데타다(秀忠)가 은퇴 후 그의 아들 이에미츠(家光)에게 쇼군직을 계승케 했을 때에도 조선 조정에 대차왜를 보내 쇼군(關白)의 '퇴휴'(은퇴)를 고달(告達)한 전례가 있었다. 이번에도 이를 근거로 곧 쇼군의 '퇴휴'를 알리는 차왜를 파견할 것이니 경접위관의 차출 등 접대에 소홀함이 없도록 조정에 알려 미리미리 준비를 해달라"는 내용이었다.[43] 이를 접한 동래부에서는 일단 동래부가 소장하고 있던 옛 기록부터 조사했던 것 같다. 그러나 쓰시마 번주의 퇴휴 사례만 있을 뿐, 1624년 관백(쇼군, 大君) 히데타다(秀忠)의 퇴휴에 관한 등록은 없어져 버려 차왜의 파견 여부 자체도 확인하기 힘들었던 것 같다. 동래부로서는

42) 『통신사등록』 9책, 을축(1745, 영조 21) 11월 19일(경상좌수사 신만(申漫) 장계(11. 10)).
『변례집요』 권1, 별차왜, 을축(1745) 11월, 關白傳位.

43) 『통신사등록』 9책, 을축(1745) 12월 1일(11.24 입시 때 동래부사 장계를 영의정 김재로가 보고).
『비변사등록』 을축(1745, 영조 21) 11월 26일.

쓰시마 번의 '관백퇴휴고지차왜' 파견이 신례나 다름없는 갑작스러운 사안이었기에 일단 즉답을 피한 후 중앙에 보고 겸 결정을 요청했던 것이다.

앞서 지적했듯이, 쇼군 습직 축하를 위한 통신사 파견이 전례화된 것은 을미통신사(1655) 이후로, 임술통신사(1682), 신묘통신사(1711), 기해통신사(1719) 때 까지 4차례의 쇼군 습직은 모두 쇼군의 사망으로 인한 정권 교체였다. 이에 쓰시마 번은 통신사 요청에 앞서 '관백고부차왜'(關白告訃差倭)를 조선에 파견해 왔었다. 따라서 쓰시마 번으로서는 과연 조선이 120년 전 관백의 퇴휴 사례를 기억하고 있을지조차도 모르는 우려스러운 일이었다. 게다가 1727(영조 3)년에는 쓰시마 번으로 하여금 조일간에 발생한 대소사에 대해서는 되도록 '사이한' 사자(裁判差倭) 편에 겸사해서 보고하되 별도의 사자 파견은 삼가해 주도록 할 것을 예조참판 명의의 서계를 보내 쓰시마 번에 엄중히 경고한 바 있다.[44] 만약 조선에 사전 예고 조치나 협의도 없이 '관백퇴휴고지차왜'를 덜컥 보냈다가 혹시라도 전례가 없다며 조선측으로부터 접대를 거부당할 수도 있는 일이었다. 이에 '관백퇴휴고지차왜' 파견보다도 3달이나 앞선 시기(1745.11)에 사자(先文頭倭, 先問使, 小宮傳內)를 부산 왜관으로 보내 차왜 파견 건을 사전에 조선측에 미리 알려 접대에 차질이 없도록 사전 작업을 한 것이라 할 수 있다.

쓰시마 번의 '관백퇴휴고지차왜' 파견에 대해 조선은 어떻게 대응했을까? 동래부사의 보고로 막부 내의 정권 교체 및 '관백퇴휴고지차왜'의 파견 건을 처음으로 인지하게 된 조정에서는 '관백퇴휴고지차왜'의 파견이 설사 있었다 하더라도 너무 오래된 일이었기에 사자에 대한 접대를 둘러싸고 선

44) 1727년 예조참판(黃璿)의 서계(국사편찬위원회 소장 서계, No.3644, MF.1056). 1726년에는 쓰시마 번이 예조참판 앞으로 사자(申禁蔘判使, 杉村采女)를 보내 왜관 주변 및 울릉도에서 조일 양국인의 인삼 밀거래 적발에 대한 통보 및 단속을 조선에 요청해 왔다. 위의 예조참판 서계는 이에 대한 회답으로 쓰시마 번이 여러 가지 명분을 내세워 전례에 없는 새로운 사자를 파견해오는 신례(新例)를 금지하려는데 방점이 있었다.

례의 유무가 논란이 되었다. 1745년 11월 24일 국왕 영조가 입시한 자리에서는 영의정 김재로가 다음과 같은 의견을 제시하였다. 1624년 제2대 쇼군 도쿠가와 히데타다(德川秀忠)의 은거 당시 '관백퇴휴고지차왜' 건에 대해 동래부사가 올렸다는 「장계등록」은 이미 상실되었으며, 비변사와 예조의 승문원에도 관련 등록이 남아 있지 않아 기록상으로 선례를 확인할 수는 없다. 다만 쓰시마 번주의 퇴휴 시에도 '도주퇴휴차왜'(퇴휴참판사)에 대한 접대를 허락한 바 있는데, 하물며 쇼군의 은퇴를 알려온 사자에 대해 접대하지 않을 수는 없다는 것이었다. 이에 조정의 논의 결과, 최종적으로는 과거 쇼군의 사망을 알려온 쓰시마 번 차왜를 '관백고부차왜'(關白告訃差倭)로 접대한 선례가 있으므로 이에 준하여 '관백퇴휴고지차왜'(關白退休告知差倭)의 접대를 허락한다는 것이었다.[45] 임기응변적 대응이긴 했지만 1745년 12월 조정의 접대 방침이 정해지자 동래부에 관문(關文)으로 전달되었으며,[46] 1746년 2월 선문두왜도 조선의 접대 방침을 듣고 비로소 귀국할 수 있었다. 조선은 '관백퇴휴고지차왜'가 부산에 도착하기도 이전인 1746년 1월 이미 접위관 선정 등의 접대 절차에 들어갔다.

쓰시마 번은 선문두왜의 귀국으로 조선의 접대 방침을 확인하자, 1746년 2월 곧바로 '관백퇴휴고지차왜'를 파견해 왔는데, 예조참판 앞으로 된 번주의 서계를 지참해왔다.[47] '관백퇴휴고지차왜' 平誠泰(平田將監)는 쓰시마의 번정을 책임지는 가로(家老)의 한 사람이었다.[48] 접위관의 잦은 교체로 최

45) 『통신사등록』 을축(1745) 12월 1일·3일·6일·10일, 병인(1746) 1월 17일 등(비변사 회계, 예조).
『변례집요』 권1, 별차왜, 을축(1745) 11월 예조 회계.
『영조실록』 21년(1745) 11월 29일 병신.

46) 『통신사등록』 9책, 을축(1745) 12월 10일.

47) 『통신사등록』 9책, 병인(1746) 6월 9일(동래부사 심악 장계(5.29조)에는 관백퇴휴고지차왜의 부산 도착일이 1746년 2월 23일로 되어 있다).

48) 쓰시마 번의 구니모토(國元) 家老로는 平田將監 이외에도 여러 사람(氏江主水, 大浦兵左衛門, 古川主典, 淺井与左衛門)이 있었는데, 통신사 요청 시 번정의 비중있는

종적으로는 부호군 조윤제(曺允濟)가 경접위관으로 정해졌으며, 차왜 접대의 중요 행사인 다례는 3월 말(1746.3.21)에서야 치러졌다. 다례에서는 '관백퇴휴고지차왜(平誠泰, 平田將監)가 예조참판 앞으로 지참해온 쓰시마 번주(平義如, 1745.12)의 서계가 경접위관에게 전달되었다. "사자(正官 平誠泰) 편에 막부 쇼군(大君)의 고령으로 인한 '쇼군직 양위 및 西宮(西丸) 은거'의 2건을 알린다"는 내용이었다.[49] 이에 대한 예조참판(洪象漢)의 회답서(1746.3)도 곧바로 작성되었으며, 「쇼군(大君)의 고령으로 인한 은퇴와 쇼군직 습직을 交好의 도리상 기쁘게 생각한다」는 간략한 내용으로 막부의 정권 교체를 확인해 주는 수준이었다.

원문은 다음과 같다.

> 朝鮮國禮曹參判洪象漢 奉復
> 日本國對馬州太守拾遺 閤下
> 槎便鼎來華翰, 隨至憑諦啓居佳廸實多慰浣, **<u>矧聞貴大君靈筆無疆寶緖誕傳</u>**, 其在交好之誼, 曷任傾忭之至, 別幅佳貺已受領, 不腆土宜略伸, 回敬統惟涵鑑, 肅此不備.
> 丙寅年 三月 日[50]

사람이 사자로 파견되었다.

49) 『통신사등록』 9책, 병인(1746) 3월 28일(다례).
동래부사 심악 장계(3.2)를 보면, 관백퇴휴고지차왜가 부산에 도착하자 예조참판 앞으로 지참해온 쓰시마 번주(平義如) 서계는 바로 사본을 작성하여 미리 조정으로 올려보냈으며, 조정에서 별 이의가 없었기에 다례(茶禮)가 열리던 날 원본을 접수하였다. 원문은 다음과 같다.

> 日本國對馬州太守拾遺平義如 奉書
> 朝鮮國禮曹參判大人 閤下
> 招搖指丑, 伏惟貴國凞寧翹祝無疆, **<u>我國大君殿下傳寶位于前耀 保高壽于西宮</u>**, 益固洪基齊唱昇平粤, 差正官<u>平誠泰</u>·都船主平致遠敢告慶事, 因將薄儀用申遠敬靦留爲榮, 總祈崇養, 肅此不備.
> 延享二年乙丑十二月 日

위 예조참판의 회답서는 1746년 4월에 '관백퇴휴고지차왜'(平誠泰, 平田將監)에게 전달되었으며, 사행 목적을 달성하자 다음 달(5.29)에 부산을 떠나 쓰시마로 돌아갔다.[51]

② 쇼군 이에시게(家重)의 습직과 '관백승습고경차왜'

쓰시마 번은 앞서의 '관백퇴휴고지차왜'(平田將監)가 아직 왜관에 체류 중(1746.2~5)중인 가운데, 1746년 윤3월 제9대 쇼군 이에시게(德川家重)의 습직을 알리는 '관백승습고경차왜'(關白承襲告慶差倭, 大慶참판사)를 조선에 파견해 왔다.[52] 역시 예조참판으로 앞으로 보내는 쓰시마 번주의 서계를 지참해왔다.

이에 조선에서도 경접위관 홍중효(洪重孝)를 동래부로 내려보내 1746년 5월 연향청에서 다례(5.16)를 베풀었으며 이 자리에서 쓰시마 번주의 서계를 접수하였다.[53] '관백승습고경차왜'의 정관(藤誠久, 淺井与左衛門)이 예조참판 앞으로 가져온 쓰시마 번주(平義如)의 서계에는 새로운 쇼군의 습직 사실("本邦大君殿下新嗣寶位", 延享三丙寅年 正月)만 있었을 뿐 아직 통신사 파견을 요청한다는 언급은 없었다.[54] 이에 예조참판(趙榮國, 1746.4)의 답서

---

50) '관백퇴휴고지차왜'에 대한 예조참판(홍상한)의 답서(1746.3)(국사편찬위원회 소장 서계, No.4247).

51) 『통신사등록』 9책, 병인(1746) 6월 9일(동래부사 심악 장계, 5월 29일).

52) 『통신사등록』 9책, 병인(1746) 4월 10일(동래부사 심악 장계(윤3, 21) 및 예조참판 앞 서계의 사본.
'관백승습고경차왜'의 파견과 접대에 대해서는, 다사카 마사노리의 앞의 논문(「延享三(1746)年『大慶參判使記錄』- 吉宗襲職から大慶參判使茶禮前日まで一」(『日本史研究』 50, 2017)과 「1746년 관백승습고경차왜 접대-종가문서로 보는 다례 이후-」(『열상고전연구』 63, 2018)에 자세하다.

53) '관백승습고경차왜'의 접대에 대한 내용은 『大慶參判使記錄』(대마도종가문서 기록류, 국사편찬위원회 소장, No.3208)에 자세하다.

54) 『동문휘고』 附編, 권3 告慶, 쓰시마 번주(平義如)의 서계(국사편찬위원회 2책, 1816쪽).

에서도 쇼군(家重) 습직 축하 만을 간단히 언급하였다.[55] '관백승습고경차왜' 역시 답서를 받은 이후 왜관에 3달을 더 머물다 8월에 쓰시마로 돌아갔다.[56]

'관백퇴휴고지차왜'(1746.2)와 '관백승습고지차왜'(1746. 윤3)의 잇다른 파견으로 막부의 정권 교체 사실을 알게 된 조선 정부는, 이들이 지참해온 쓰시마 번주의 서계 자체에 통신사 요청은 기재되지 않았지만, 머지않아 일본측으로부터 정식으로 통신사 요청이 있으리라는 것을 얼마든지 짐작할 수 있었다.

2) 재판차왜의 '관백 퇴휴 축하 서계' 요청 시도

그런데 앞서 두 차왜의 귀국에 이어 쓰시마 번은 돌연 '재판차왜'(裁判差倭)를 조선에 파견하여 '관백의 퇴휴를 축하한다'는 내용의 서계 1통을 별도로 작성해 주도록 요청해 왔다.[57] 1746년 9월 부산에 도착한 재판차왜(藤如照, 鈴木市之進)의 본래의 임무란, 통신사 요청 차 에도(江戶)에서 쓰시마로 돌아온 쓰시마 번주의 환도(還島)를 문위하기 위한 조선측 도해역관(문위역관)의 쓰시마 왕복을 호송하기 위한 것으로 전례에 따른 것이었다.[58] 따라서 조선으로서는 도해역관의 쓰시마 파견 시 쓰시마 번주의 환

55) '관백승습고경차왜'에 대한 예조참판(조영복)의 답서(1746.4)(국사편찬위원회 소장 서계, No.4250).

朝鮮國禮曹參判趙榮國 奉復

日本國對馬州太守拾遺 閤下

憑槎便遠拜嘉音, 就審動止戩穀慰沃良深矧, <u>承貴大君誕膺駿命</u>, 克闡鴻休, 其在隣好曷勝欣忭惠, 及珍貺謹已受領, 薄物回敬莞留爲幸統希, 若序增祉, 肅此不備.

丙寅年 四月 日

56) 『통신사등록』 9책, 병인(1746) 9월 5일(동래부사 심악 장계, 8.26).

57) 『통신사등록』 9책, 병인(1746) 10월 25일(동래부사 홍중일 장계, 10.15).

58) 『통신사등록』 9책, 병인(1746) 10월 1일(경상좌수사 신만 장계, 9.20).

도를 문위한다는 내용의 서계를 1통만 작성해 주면 될 일이었다. 그러나 쓰시마 번은 이때 재판차왜에게 특별히 수행해야 할 임무의 하나로, 도해역관의 도해 시 '관백 퇴휴 축하 서계'를 1통 더 지참해 오도록 지시하였다.[59)]

먼저 조선측과의 교섭 절차를 간략히 살펴보자면, 재판차왜는 부산 체류 기간(1746.10~1747.2) 내내 동래부를 통해, '관백 퇴휴 축하 서계', 즉 '쇼군의 은퇴로 인한 생전 양위'(御代譲)라는 경사에 대해 조선이 치하하는 서계를 별도로 작성해 주도록 집요하게 요청해 왔다. 재판차왜가 내세운 명분이란, 조일 양국의 길흉사(吉凶事)에 서한을 보내는 것은 상례(常例)로서 '쇼군 은퇴에 대한 경하'의 중요성을 강조하였다. 재판차왜는 이때 막부의 지시를 명분으로 내세우면서 구관백의 퇴휴(遜位) 경사를 치하하는 예조 서계를 쓰시마 번주가 에도(江戸, 德川幕府)에 전달할 수 있도록 해달라고 요청하는 한편, 서계의 문언까지 구체적으로 제시하였다. '연세가 높아 퇴휴하는 것은 참으로 아름다운 일이라는' 문장으로 작성해달라는 것이었다.[60)] 조선측이 전례가 없다는 이유를 들어 거절 의사를 내비치자, 재판차왜는 양역을 통해 동래부사의 재계문(再啓聞)을 요청해 왔다. 이때 조선측은 재판차왜의 요구가 쓰시마 번의 자의적인 발상이 아닐까라고 의심하는 한편, 일개 변신(邊臣)에 불과한 동래부사의 입장에서 전례가 없는 사안은 재계문이 어렵다는 이유를 내세워 거절하였다. 그러자 재판차왜는 쓰시마 번과 논의 후 관백의 퇴휴를 치하하는 것은 1678년의 경우처럼 손자를 낳은 경사(生孫)를 치하하는 것보다 중대한 일이므로 예물(별폭) 준비가 곤란하다면 '서계' 만이라도 작성해 줄 것을 간청하였다.[61)] 그러나 이에 대해 1746

59) 『延享 戊辰年 信使記録』 2, 「大御所様御隠居之爲祝詞譯官被成御招、殿様御歸國之御祝詞相兼罷渡、信使之儀致講定候覺書」, 쓰시마 번 가로(年寄中)가 재판(鈴木市之進)에게 건넨 書付(1746.9) (대마도종가문서 기록류 No.520, MF.75, 국사편찬위원회).
60) 『통신사등록』 9책, 병인(1746) 10월 25일(동래부사 홍중일 장계, 10.15).
61) 『통신사등록』 9책, 병인(1746) 11월 24일(동래부사 홍중일 장계, 11.17).

년 11월 동래부에 내려온 예조의 복계 관문(關文)에는, 전례가 없다는 이유로 서계 발급을 거절(防塞)한다는 뜻을 양역으로 하여금 재판차왜에게 엄중하게 전달하라는 것이었다.[62] 결국 쓰시마 번이 재판차왜를 보내 '관백 퇴휴 축하'와 관련된 별도의 서계(奉書)를 받아내려는 시도가 최종적으로 좌절되자,[63] 재판차왜는 비로소 쓰시마로 돌아갔다.[64]

그런데 이 과정에서 한 가지 주의깊게 보아야 할 대목이 있다. 관백의 퇴휴에 대한 조선의 축사(祝詞)라면, 앞서 1746년 2월에 파견된 '관백퇴휴 고지차왜' 平誠泰(平田將監)가 귀국할(1746.5) 때 지참해간 예조참판(洪象漢)의 회답 서계에 이미 기재된 바 있으므로 외교적 절차상으로는 이미 완료된 상태라 할 수 있다. 그렇다면 쓰시마 번은 왜 몇 개월이나 지난 후 새삼 관백의 퇴휴를 치하한다는 내용의 조선측 서계를 별도로 요청해 온 것인지 그 배경을 살펴볼 필요가 있다.

한가지 생각해볼 수 있는 이유라면 아마도 막부의 통신사 요청 및 접대 방침이 쇼군 습직(1745.9)으로부터 1년이 지난 1746년 8월 시점에서야 공식적으로 정해졌기 때문으로 보이며, 막부 로쥬 사카이 우타노카미(酒井雅樂頭)가 통신사 초빙을 전담(信使御用掛)하게 된 것도 이때였다.[65] 쓰시마 번주(對馬守 宗義如)가 막부로부터 통신사 요청에 대해 공식적으로 지침을 전달받게 된 것도 바로 이 시기로, 쇼군(德川吉宗)의 퇴휴 및 양위 이후, 1746년 4월 처음으로 에도산킨(江戶參勤)을 갔을 때였다. 에도성에서 쇼군

62) 『延享 戊辰年 信使記錄』 2, 「大御所樣御隱居之爲祝詞譯官被成御招、殿樣御歸國之御祝詞相兼罷渡、信使之儀致講定候覺書」, 大御所樣御隱居御祝詞之御書翰之儀ニ付通詞阿比留俊三郎中歸國, 조선측(양역)과 재판(鈴木市之進)·관수(內野權兵衛)의 문답((1746). 11.10, 11.16, 11.18)) (대마도종가문서 기록류 No.520, MF.75, 국사편찬위원회).

63) 『통신사등록』 9책, 병인(1746) 11월 24일(동래부사 홍중일 장계, 11.17).

64) 『통신사등록』 9책, 정묘(1747) 4월 2일(부산첨사 치통, 2.22).

65) 『延享 戊辰年 信使記錄』 1, 「吉宗樣御隱居家重樣江御代御譲り初而殿樣御参勤被成信使御伺被蒙仰候覚書」(1746) 8.19 (대마도종가문서 기록류, No.519, MF.75, 국사편찬위원회).

(德川家重)을 알현한 쓰시마 번주는 8월에는 시라쇼인(白書院)에서 로쥬(老中)들이 열좌한 가운데, 로쥬(酒井雅樂頭)로부터 통신사 초빙에 관한 봉서(奉書)를 받았는데, 통신사의 초빙(來朝) 시기, 즉 에도 도착 시기를 무진년(1748) 4~5월로 할 것을 조선에 전달하라는 것과,[66] 통신사 접대는 전반적으로 '향보'(享保)년 전례(기해통신사행, 1719)를 따르도록 하라는 것이었다.[67]

사실 통신사의 요청 시기 등을 비롯한 막부의 의례 방침에는 쓰시마 번의 의견이 많이 반영된 측면이 있었다. 쓰시마 번은 쇼군(德川吉宗)의 은퇴 직후 머지않아 통신사 요청에 관한 막부의 문의 및 의견 조율이 있을 것으로 예측하고 있었다. 이에 1746년 8월 일찍이 에도 가로(家老, 杉村大藏)가 당시 에도(江戶) 체류 중(1746.4~9)이던 쓰시마 번주(宗義如)에게 통신사의 초빙 시기 및 접대 의례 등에 대해 다음과 같은 진언을 하였다. 먼저 통신사 초빙 시기에 대해서는 을미통신사(明曆, 1655)·임술통신사(天和, 1682)때처럼 가을철에 초빙하게 되면 파도가 높아 파선 위험이 있으므로 초빙 시기를 조금 앞당겨 4~5월로 할 것을 (막부에) 요청하도록 제안하였다. 또한

---

66) 로쥬 봉서(奉書)는 다음과 같다.

宗對馬守

御代替ニ付朝鮮人來朝之儀被相伺候。來々辰年四五月比可爲來朝旨被仰出置候段可被相達候。以上

寅 八月 二十七日

(『延享 戊辰年 信使記錄』1, 「吉宗樣御隱居家重樣江御代御譲り初而殿樣御参勤被成信使御伺被蒙仰候覚書」(1746) 8. 27 (대마도종가문서 기록류, No.519, MF.75, 국사편찬위원회).

67) 로쥬 봉서(奉書)는 다음과 같다.

宗對馬守

朝鮮人來朝之儀ニ付而諸事享保之通可被仰付候。其趣を存取計可被申候。以上

寅 八月

(『延享 戊辰年 信使記錄』1, 「吉宗樣御隱居家重樣江御代御譲り初而殿樣御参勤被成信使御伺被蒙仰候覚書」(1746) 8.27 (대마도종가문서 기록류, No.519, MF.75, 국사편찬위원회).

접대 의례 등에 대해서도, "이번에는 쇼군(關白)의 퇴휴로 인한 쇼군 습직(御代讓)이라서 선대(先代)와는 사정이 다르니 '구관백(舊關白, 太大君, 大御所)의 쇼군직 양위(御代讓)를 축하하기 위한 '조선 역관'을 초청해야 할 것이며, 은퇴 쇼군 및 세자(大納言)에 대해서도 공예단으로서의 별폭(예물)과 3사의 사예단이 필요할 것이며, (막부에서도) 구관백(西丸)에 대한 배례를 요구할 것이 분명하다. 그러니 조선에 미리 알려 준비하도록 하는 것이 어떻겠는지를 막부에 문의하도록 진언하였다.[68]

그런데 앞서 막부가 봉서로 지시한 통신사의 에도 도착 시기를 보면, 무진년(1748) 4~5월로 되어 있었다. 막부측 이유란 통신사의 조선 출발 시기인 겨울은 바람 때문에 해상의 파도가 심하며, 에도 체류시 이국인(異國人)이 화재를 당할 우려, 이밖에도 류큐인(琉球人)의 에도 참부(江戶參府) 시기와 겹치므로 4~5월 중으로 하라는 것이었다.[69] 그러나 이는 막부측이 쓰시마 번과의 질의·응답을 거쳐 사전 조율된 결과로, 파견 시기를 비롯하여 '관백 퇴휴 축하 서계' 건 등, 전반적인 접대 지침에 쓰시마 번의 의견이 상당수 반영된 것이었다고 볼 수 있다.

그 예로 앞서 막부에 문의한 사항 가운데 '쇼군(關白) 퇴휴(은퇴)로 인한 양위를 축하하기 위해 역관을 초청해야 한다'는 것은, 조선의 도해역관이 쓰시마 번주의 환도를 축하하는 서계 1통 이외에도 '관백의 퇴휴'를 축하하는 조선정부(예조)의 서계가 1통 더 지참해와야 한다는 의미라 할 수 있는데, '관백 퇴휴 축하 서계' 요청을 둘러싼 조선과의 교섭 때 막부의 지시를 내세운 것으로 보면, 쓰시마 번의 문의에 대해서도 막부의 허락이 있었

68) 『延享 戊辰年 信使記錄』 1, 「吉宗樣御隱居家重樣江御代御讓り初而殿樣御参勤被成信使御伺被蒙仰候覚書」, 御伺書(8월 御名, 1746.8.7) 및 (1746년) 8.22 및 8.27 기사(대마도종가문서 기록류, No.519, MF.75, 국사편찬위원회).

69) 『延享 戊辰年 信使記錄』 1, 「吉宗樣御隱居家重樣江御代御讓り初而殿樣御参勤被成信使御伺被蒙仰候覚書」, 酒井雅樂頭의 御用人이 쓰시마 번 가로 杉村大藏에게 전달한 내용(1746.8.21) (대마도종가문서 기록류, No.519, MF.75, 국사편찬위원회).

다고 할 수 있다.

이렇게 1746년 8월 통신사의 에도 도착 시기를 비롯하여, '관백의 퇴휴(은퇴) 축하' 등을 골자로 하는 막부의 접대 방침이 확정되자, 쓰시마 번으로서는 통신사의 에도 도착 시기가 과거의 가을(秋中)에서 봄(4~5월)로 앞당겨진 데다, '퇴휴 관백'(舊關白, 太大君, 大御所), 즉 은퇴한 전직 쇼군에 대해서도 조선 정부의 축하 서계를 새로 받아내야 하는 등, 전에 없던 새로운 신례(新例)를 조선에 알려야 하는 과제가 더 생겼다고 할 수 있다.[70] 그중 쓰시마 번이 가장 큰 부담으로 여겼던 것은 구관백의 은퇴 및 습직(御代譲)에 대해 조선정부(예조)의 서계를 받아내는 일로, 전례를 중시하는 조선을 상대하기 위해서는 조선을 어떻게 설득할 것인지가 관건이었다고 할 수 있다. 원래의 절차라면 통신사 업무 수행차 에도(江戸)에서 쓰시마로 돌아온 쓰시마 번주를 위로하기 위한 조선의 문위역관이 쓰시마에 도착하면, 통신사 초빙 시기, 퇴휴 관백 축하 서계 건 등을 쓰시마 체류 중인 역관에게 일단 요청한 후, 조선측의 대응을 막부에 전달해서 허락을 받는 것이 첫 번째 절차라고 할 수 있다. 그러나 통상적인 절차대로 하다가는 '관백 퇴휴 축하 서계'는 커녕 통신사 초빙 시기마저 늦어질 수 있었다. 쓰시마 번의 입장에서 가장 바람직한 것은, 조선의 문위역관이 아예 조선을 떠날 때 쓰시마 번주의 환도를 위로하기 위한 서계 이외에도, 관백의 퇴휴를 축하하기 위한 서계(예조)를 별도로 작성하여 2통을 가져오는 것이었다. 이에 쓰시마 번에서는 문위역관의 쓰시마 왕복시 영송(迎送)을 맡게 될 재판(裁判, 鈴木市之進) 사자를 조선에 미리 보내 장기간(1746.10~1747.2) 체류하게 하면서 동래부사를 통해 '관백의 퇴휴 및 습직'(遜位)을 축하하는 예조 서계를 별도로 요청해 왔던 것이다.[71]

70) '퇴휴 관백'에 대해서는 한일 양측의 기록에 따라 여러 가지 호칭으로 불리우고 있다. 먼저 조선측 기록에는 '舊關白·舊大君·太大君'으로, 일본측 기록(대마도종가문서)에는 '太大君, 大御所' 등으로 기록되어 있다.

그러나 이때 조선의 대응을 보면, 앞에서 언급했듯이 예조의 關文(1746. 11)을 동래부로 내려보내 '관백 퇴휴 축하 서계' 발급 건에 대해서는 처음부터 거절 방침을 확실히 해두었다. 그렇지만 한편으로는 재판에게 「문위역관(도해역관)의 쓰시마 체류중 '구두'(口頭)로 관백 퇴휴를 축하하는 것은 허용한다」는 것을 선제적으로 제안하였다. 동래부의 양역을 통해, 만약 쓰시마 번이 조선측이 제시한 조건을 수용한다면 문위역관의 선정 및 12월경 부산 하착을 결정하겠다는 뜻을 전하였다.[72] 조선측은 이때 '관백퇴휴 축하 서계'를 발급할 수 없는 이유도 덧붙였다. 과거 선례의 경우, 에도(막부 쇼군)에 대한 弔詞(쇼군 사망 등) 건을 '新大君'에 대한 慶賀와 한꺼번에 기재하기는 어려웠기 때문에, 쓰시마 번주 앞으로 제사 물품(祭奠)과 조의(弔詞)를 표한 서계를 별도로 작성하여 도해역관 편에 보냈다는 것이다. 이번의 관백 퇴휴 축하란 새로운 쇼군(新大君)에게 3사를 보내 서계와 예물을 보내 축하할 것이므로, 쓰시마에서는 '譯使口上'으로 축사를 대신하되 서계는 결코 발급할 수 없다는 엄중한 내용의 관문(關文)이었다.[73]

결국 조선으로부터 '관백 퇴휴 축사'에 대한 별도의 예조 서계(奉書)를 받아내려는 시도가 좌절되자, 쓰시마 번은 조선의 제안에 따라 1746년 12월 재판차왜에게 번주의 환도를 문위하기 위해 쓰시마를 방문할 예정인 조

71) 『延享 戊辰年 信使記錄』 2, 「大御所様御隱居之爲祝詞譯官被成御招、殿様御歸國之御祝詞相兼罷渡、信使之儀致講定候覺書」, (1746년)10.16, 재판 鈴木市之進의 보고(대마도종가문서 기록류 No.520, MF.75, 국사편찬위원회).

72) 『延享 戊辰年 信使記錄』 2, 「大御所様御隱居之爲祝詞譯官被成御招、殿様御歸國之御祝詞相兼罷渡、信使之儀致講定候覺書」, 大御所様御隱居御祝詞之御書翰之儀ニ付通詞阿比留俊三郎中歸國((1746년)11.25) (대마도종가문서 기록류 No.520, MF.75, 국사편찬위원회).

73) 『延享 戊辰年 信使記錄』 2, 「大御所様御隱居之爲祝詞譯官被成御招、殿様御歸國之御祝詞相兼罷渡、信使之儀致講定候覺書」, 大御所様御隱居御祝詞之御書翰之儀ニ付通詞阿比留俊三郎中歸國, 재판(鈴木市之進)에 대한 조선측 양역의 답변((1746년) 11.10) (대마도종가문서 기록류 No.520, MF.75, 국사편찬위원회).

선의 도해역관으로 하여금 다례(茶禮) 때 구두(口頭)로 '관백 퇴휴 축사'를 전달해 주도록 할 것을 지시해왔다. 그리하여 문위역관이 쓰시마에 체류하는 동안 다례 날(1747.4) 구두로 축하한 내용에 대해서는 쓰시마 번이 이를 문서(口上書)로 작성하여 막부측(로쥬 本多伯耆守)에 제출한 바, 로쥬는 물론, 쇼군까지 열람하였다.[74]

譯官口上

大御所様御寶算御長久被遊御座、公方様江被爲讓御代目出度御事奉存候。尤公方様江御祝詞之儀先例之通以信使被申筈御座候。次御自分様江茂弥御堅固被成御歸州、珍重奉存候。右御祝詞以使者申上候。[75]

위 문위역관의 구상서에서 밑줄친 부분을 보면, 앞서 재판차왜가 쓰시마 번의 지시에 따라 조선측에 요구했던 것처럼, '구관백이 연세가 높아 퇴휴하는 것은 참으로 아름다운 일이라는' 문장과 비슷하게 구사되었다. 그리고 이 내용은 앞서 '관백퇴휴고지차왜'가 지참해간 예조참판의 답서와도 별반 다를 것이 없다. 이것을 보면 쓰시마 번으로서는 축하 내용 자체보다는 어떤 형태로든 '퇴휴 관백', 즉 '은퇴한 전직 쇼군'에 대해서도 조선 정부가 '먼저 자발적'으로 보내는 형식의 문건, 즉 예조 서계를 추가로 확보하려 했던 것이 진짜 속내라 할 수 있다. 말하자면, 쓰시마 번은 막부의 통신사 접대 지침 전달 이후, 조선으로부터 관백의 은퇴를 축하한다는 봉서(奉書) 형식의 예조 서계(외교문서)를 받아낸 후 쇼군의 열람을 통해 조선

---

74) 『延享 戊辰年 信使記錄』 2, 「大御所様御隱居之爲祝詞譯官被成御招、殿様御歸國之御祝詞相兼罷渡、信使之儀致講定候覺書」, 本多伯耆守(老中)의 답서(1747년) 5월 5일(대마도종가문서 기록류 No.520, MF.75, 국사편찬위원회).

75) 『延享 戊辰年 信使記錄』 2, 「大御所様御隱居之爲祝詞譯官被成御招, 殿様御歸國之御祝詞相兼罷渡、信使之儀致講定候覺書」, 譯官口上(1747) 5월 4일(대마도종가문서 기록류 No.520, MF.75, 국사편찬위원회).

의 자발적 축하라는 점을 막부에 부각시켜 자신들의 교섭력을 강조하려고 했지만, 이 시도가 실패로 끝나자 막부에 역관의 구두 진술(口上書) 전달을 통해서라도 자신들의 대조선 교섭력을 부각시키려 했음을 알 수 있다.[76]

위와 같은 경위로 볼 때, 문위역관의 도해 시 '관백 퇴휴 축하'에 대한 서계'를 1통 더 받아내 보려 했던 쓰시마 번의 시도는 조선의 거부로 완전히 무산되었음을 확인할 수 있다. 그런데 이를 조일 양국간 통교체제라는 관점에서 본다면, 비록 발급자는 예조라 하더라도 '퇴휴 관백' 즉 은퇴한 전직 쇼군에게도 정식 서계를 보낼 경우, 결과적으로는 조선이 '현직 쇼군'과 더불어 '은퇴 쇼군'의 2君에게 조선의 외교 문서를 보내는 행위에 해당하였다. 조선 국왕의 외교상대를 어디까지나 막부의 '현직 쇼군'(大君) 1사람으로 설정한 대등·교린외교의 이념에 어긋나기 때문에 서계 발급을 거절했던 것이라 할 수 있다.

한편 쓰시마 번이 '관백 퇴휴를 치하'하는 예조 서계를 확보하려 했던 데에는 번정 차원에서도 결코 손해가 아니었다. 말하자면 앞서의 '관백퇴휴고지차왜'에 대한 조선의 접대가 결국은 '관백고부차왜'에 준한 접대였기 때문에, 쓰시마 번주의 막부 보고시 쇼군이 열람할 수 있는 조선측 서계에 '관백 퇴휴 축하'를 명기해둠으로써 '관백퇴휴고지차왜'를 하나의 신례(新例)로써 전례화하려는 의도가 있었던 것으로 추측된다.[77]

'관백 퇴휴 축하 서계'(奉書) 발급이란, 조선의 입장에서는 통교 규정을 변경해야 하는 부담스러운 문제였다. 쓰시마 번의 요청대로 서계만 허락한다는 것은 있을 수 없을 뿐 아니라, 양국의 교제 규정에 없는 사례를 신설할 경우 예물 선정 기준의 어려움이 있었다. 앞서 '관백퇴휴고지차왜'의 경우, 관백고부차왜에 준하여 접대했을 뿐 정식 사자로 인정한 것은 아니었

76) 참고로 '쓰시마 번주 환도'에 대한 조선측 서계는 막부 로쥬(老中)가 최종열람자였지만, 관백 퇴휴를 축하하는 조선측 서계는 쇼군(將軍, 關白)이 최종 열람자였다.
77) 『통신사등록』 9책, 병인(1746) 11월 24일(동래부사 홍중일의 장계, 11.17).

다. 어디까지나 1회성 임기응변적 조치에 불과했으며, 서계의 형식도 회답서계(奉復)였다. 그러나 혹시라도 조선이 쓰시마 번의 요구에 응하여 관백퇴휴 치하 건에 대해 별도로 서계(奉書)를 발급한다면, 서계의 발·수급자는 물론, 별폭 예물의 내용, 파견 사자에 대한 접대 규정 등을 새롭게 만들어야 하는 문제였다. 여기에 한 번 정해지면 쓰시마 번의 차왜 접대에 대한 조선의 부담이 계속 증가하는 일이기도 하였다. 예조 서계(奉書) 발급이란, 사실상 '관백퇴휴고지차왜'가 신설(新設)되는 것이나 마찬가지였기 때문에, 아예 재판차왜를 통한 교섭 초기 단계에서 동래부사에게 관문(1746.11)을 내려보내 '관백퇴휴고지차왜'의 신설(新設)을 차단했던 것이라 할 수 있다.

3) 1747년 '통신사청래차왜'의 통신사 파견 요청

재판(裁判) 차왜를 통해 문위역관 편에 '관백 퇴휴 축하를 위한 조선측(예조) 서계'를 1통 더 추가로 확보해 보려는 쓰시마 번의 시도는 좌절되었지만, 그 대신 도해역관의 '구두 축하'라는 모양새로 수습이 되자(1746.12), 쓰시마 번은 곧바로 '통신사청래차왜'를 조선에 보내 정식으로 통신사를 요청해 왔다.

1747년 2월 16일 '통신사청래차왜'(修聘使)로 平如恒(古川主典)이 파견되었으며, 예조참판 앞으로 쓰시마 번주의 서계를 지참해왔다. 접위관 선정 등이 지연된 결과 연향청의 다례(茶禮, 1747.4.9)는 차왜가 왜관에 체류한 지 2달 만에 치러졌다. 그리고 지참해 온 서계는 이날 조선측에 전달되었다.[78)]

日本國對馬州太守拾遺平義如 奉書
朝鮮國禮曹參判大人 閤下
律中大呂伏惟貴國穆靖, 本邦安寧, <u>玆因我大君殿下新受寶命, 遵例信使超溟,</u>

78) 『통신사등록』 9책, 정묘(1747) 4월 19일.

須在戊辰年正月中旬發船貴域, 四五月之交, 到得東武, 行程計日趁期是希, 仍差正官平如恒·都船主平久經傳報知焉, 聯具薄品以致鄙衷, 更祈順時珍嗇, 肅此不備.

延享三年丙寅(1746)十二月十九日

예조참판 앞으로 가져온 쓰시마 번주의 서계(1746.12)에는, 쇼군(大君)이 새로 습직했으므로 전례에 따라 통신사를 요청하되, 무진년(1748) 정월 중에 조선을 출발하여 4~5월 사이에 에도성(東武)에 도착할 수 있도록 해달라는 내용이었다. 이미 통신사 접대 전반에 관한 막부의 지침이 세워졌음에도 불구하고 통신사 요청 서계에는 일정만이 간략하게 제시되어 있었다. 이러한 일정은 앞서 보았듯이 가을철에 초빙하게 되면 파도가 높아 파선 위험이 있으므로 초빙 시기를 조금 앞당겨 4~5월로 조정하는 것이 좋겠다는 쓰시마 번의 제안을 반영한 것이었다.

조선의 대응을 보면 관백퇴휴고지차왜의 파견 이래 일본의 통신사 요청을 이미 예측하고 있었기에, 쓰시마 번이 요청해온 파견 요청이나 일정 자체에 별 이견은 없었다. 기해통신사행(1719)으로부터 무려 30년 만의 통신사 파견이었지만, 일찌감치 통신 3사가 선정되었다. 정사에 홍계희(洪啟禧), 부사에 남태기(南泰耆), 종사관에 조명채(曺命采)가 선정되었다.[79] 예조에서도 기해통신사행(1719)의 전례를 바탕으로 일정과 수행 인원, 막부의 쇼군에게 보낼 예물과 국서의 서식, 막부측 인사에 대한 예물 준비 등에 들어갔다.[80] 물론 예조의 답서도 신속하게 작성되었다.

朝鮮國禮曹參判金尙魯 奉復
日本國對馬州太守拾遺 閤下

79) 『통신사등록』 9책, 정묘(1747) 3월 21일.
80) 『통신사등록』 9책, 정묘(1747) 3월 26일(예조 계목).

惠音遠届慰荷良深, 仍聞貴大君克紹前烈, 丕膺洪緖, 要我通信修厥舊好, 玆乃善隣之儀, 曷勝欣感之私, 使行程期當如來示, 謹領珍貺略伸菲儀, 統希照亮, 不備.

丁卯年(1747)三月日[81)]

예조참판(金尙魯, 1747.3)의 답서도, "이웃나라의 도리로 舊好에 따라 기꺼이 쇼군(大君) 습직을 축하하는 통신사를 파견하겠으며, 통신사 파견 일정도 일본측의 요청에 따를 것"임을 약속함으로써 통신사 파견 자체에 대한 거부감은 없었다. 이렇게 통신사 파견 및 파견 기일 건이 정식으로 결정되자, 이를 청(北京)에 자문(咨文)으로 알리도록 하라는 영조의 지시가 있었으며, 동지사행 편에 겸사해서 보내는 것으로 결정되었다.[82)]

3. 통신사 출선 직전까지 계속된 절목강정과 조선의 대응

1) '퇴휴 관백'(太大君, 전직 쇼군)에 대한 예물·배례 요청

앞서 보았듯이, 문위역관의 쓰시마 도해 시 관백 퇴휴를 축하하는 조선측(예조) 서계를 1통 더 받아내려고 했던 쓰시마 번의 첫 번째 시도가 좌절되자, 이번에는 통신사 접대의례를 논의하는 절목강정 단계에서 전례에 없던 요구를 해왔다. 쓰시마 번은 서계를 포기하는 대신, '퇴휴 관백(舊關白, 太大君, 大御所)에 대한 통신사의 폐배(幣拜)', 말하자면 '은퇴한 전직 쇼군'

81) '통신사청래차왜'에 대한 예조참판(金尙魯)의 답서(1747.3)(국사편찬위원회 소장 서계, No.4290).

82) 『통신사등록』 9책, 정묘(1747) 4월 11일.
『통신사등록』 10책, 정묘(1747) 7월 18일(동지사 순부).

에 대한 예물·배례와 더불어, 저군(儲君, 若君)에 대한 예물 등의 신례(新例)를 요구해왔다. 전례를 중시하는 조선이 이러한 신례를 곧바로 수용할 리는 없었기 때문에, 쓰시마 번은 절목강정 단계부터 특단의 대책을 강구하였다. 앞서 기해통신사행(1719, 享保信使) 때에는 강정 역관을 쓰시마로 불러들여 변경된 접대 의례 등을 논의했으나, 절차가 순탄하지 않아 교섭이 장기화된 측면이 있었다. '퇴휴 관백에 대한 폐배(幣拜)' 건 역시 선례가 없어 교섭이 난관에 부딪힐 것으로 예상한 쓰시마 번은, 이번에는 1747년 2월 통신사를 요청하기 위해 조선에 파견된 '통신사청래차왜'(修聘使 平如恒, 古川主典)의 부산 체류중 '퇴휴 관백'에 대한 폐배(幣拜) 건 등을 서둘러 조선에 제기하도록 하였다. 그리고 한편으로는 '통신사청래차왜'의 부산 체류 기간과 거의 같은 시기에 쓰시마 번주의 환노 문위차 쓰시마에 체류 중이던 도해역관(문위역관, 玄僉知·洪僉正)을 상대로 쓰시마 번측(가로·번사)이 '퇴휴 관백에 대한 폐배(幣拜)' 건 등의 절목(항목)을 놓고 설득하는 2중 전략을 구사하였다.

쓰시마 번의 예측대로 전례에 없는 '퇴휴 관백에 대한 배례' 건 등의 절목강정은 통신사청래차왜(修聘使, 平如恒, 古川主典)에 대한 다례(1747.4.7) 직후부터 시작되었지만, 조선측과의 논쟁을 거쳐 1748년 2월 통신사 일행이 배를 타고 부산을 떠나기 직전까지 거의 8개월이나 계속되었다.

구체적인 경위는 다음과 같다.

'통신사청래차왜'(修聘使 平如恒, 古川主典)는 다례(1747.4.9) 날 동래부사와 경접위관(鄭漢奎)에게 통신사 요청 서계를 전달한 후, 이와는 별도로 조선측 차비관(훈도 愼榮來)을 통해 별지(別紙) 1통을 더 전달하였다.[83] '별지'(別紙)란 통신사 의례 및 접대와 관련된 일본측의 요구를 15개 항목으로

83) 『延享 信使記錄』 3, 「修聘使古川主典朝鮮江被差渡覺書」, (1747) 4월 9일(대마도종가문서 기록류, No.525 MF.75, 국사편찬위원회).

정리한 것으로, 말하자면 사행절목을 일찌감치 요구해온 것이었다. 그러면서 신묘통신사행(1711) 때 통신사청래차왜가 절목을 전달했던 경인년(1710)의 사례를 내세워 교섭의 원활한 추진을 강조하였다.[84] 별지를 받아본 동래부사와 접위관은 동래부에 소장된 기록을 살펴본 바, 절목을 통신사청래차왜 편에 전달해온 방법이나 '구관백'에 대한 의례가 포함된 절목 등이 과거 전례와는 달라 당황했던 것 같다. 이에 바로 다음 날(1747.4.10) 장계를 올려 예조 및 조정에서의 검토 및 결정을 요청하면서 별지를 후록(後錄)으로 첨부하였다.[85] 그러나 동래부사·경접위관의 연명 장계(4.10)를 받아본 조정에서는, 통신사행이란 오로지 '새로운 관백', 즉 현직 쇼군의 습직 축하 한 가지에만 국한해야 하는데도 변방에서 이를 막지 못한 채 '퇴휴 관백'(舊關白)에 대한 의례(배례 및 예물) 건을 중앙에 보고하는 것 자체가 부당하다며 동래부사(홍중일) 및 경접위관(정한규)의 체포를 지시하였다.[86] 뿐만 아니라 동래부사 및 접위관의 처벌 사실을 같은 시기 쓰시마에 파견되어 쓰시마 번측과 절목강정을 논의하던 문위역관(현첨지·홍첨정)에게도 쓰시마 번에 알려 경고하도록 지시하였다.[87]

'퇴휴 관백'(구관백)의 예단 건을 둘러싼 중앙의 논의는 몇 차례 더 있었으나, 6월 영조가 '퇴휴 관백'이 바로 직전 기해통신사(1719) 때의 막부 쇼군(德川吉宗)이라는 것을 확인하자, 일단 예물 자체에 대해서는 지급하는 쪽으로 결정이 났다.[88] 그리하여 11월에는 국서 작성 등을 논의하는 과정

84) 『통신사등록』 9책, 정묘(1747) 4월 19일(동래부사 홍중일·접위관 정한규의 連名 장계, 4.10).

85) 『통신사등록』 9책, 정묘(1747) 4월 19일(동래부사 홍중일·접위관 정한규의 連名 장계, 4.10).

86) 『통신사등록』 9책, 정묘(1747) 4월 26일, 4월 27일, 4월 30일.

87) 『延享 戊辰年 信使記錄』 2, 「大御所様御隱居之爲祝詞譯官被成御招、殿様御歸國之御祝詞相兼罷渡、信使之儀致講定候覺書」, (1747년) 4월 25일 朝鮮方頭役松浦贊治·岩崎喜左衛門客館江罷越兩使江御用向致對談爲致披見候書付(대마도종가문서 기록류 No.520, MF.75, 국사편찬위원회).

에서 '교린관계에 2君之禮는 없다'는 호조판서(김약로)의 건의에 따라 '퇴휴 관백', 즉 전직 쇼군에게는 예단(예물)은 하되 조선국왕 명의의 문서 없이 예물(별폭)만 주는 쪽으로 결론이 났다.[89] 그러자 교섭차 동래로 내려갔던 수역(현태익)과 동래부사(김상중)가 구관백 예단에 대한 쓰시마 번측의 요청 내용을 재차 보고해왔다. 즉 쓰시마 번이 조선과 상의없이 조선 국왕이 구관백 및 '저군'(儲君, 약군)에게 주는 매(鷹) 등의 예단 수량을 일방적으로 정해온 데다, 예단 물목을 기재할 문서(別幅)에도 국왕 영조의 성명(姓名)을 기재해 줄 요구해왔기 때문이다. 외교문서에 국왕의 성명을 기재하는 것은 국왕과 대등한 입장에서 국서(國書)를 주고받을 수 있는 일본측 외교상대, 즉 막부의 현직 쇼군(大君, 關白) 1인에 한하였으며 정중한 예(禮)의 표현이었다. 조선 국왕의 외교상대가 아닌 '은퇴한 전직 쇼군'(퇴휴 관백)이나 쇼군의 아들(儲君)에 대한 예물 목록(별폭)에 국왕의 성명 기재를 요구하는 것은 무례(無禮)를 의미하는 것이었다. 이에 이번에도 영조는 쓰시마 번의 무례한 일방적인 요구를 거절하지 못하고 그대로 조정에 전달하기만 한 동래부사(김상중)과 수역(현태익)에 대해 처벌(유배형)을 지시하였다.[90] 영조가 교섭에 임한 실무자(동래부사 2명, 접위관, 수역)을 2차례에 걸쳐 처벌한 것은, 절목강정 교섭을 위해 부산 왜관에 체류 중이던 쓰시마 번 사자(통신사청래차왜(平如恒, 古川主典)에게 '관백'(大君) 즉 현직 쇼군 이외에는 어떠한 신례도 결코 허용하지 않겠다는, 즉 '교린관계에 2君之禮는 없다'는 조일간 교린외교에 대한 조선의 기강과 의지를 쓰시마 번에 보여주기 위한 의도적인 조치였다.[91]

과거 신묘통신사(1711) 때 일단 일본에 전달했던 국서를 추후 개찬하여

88) 『영조실록』 23년(1747) 6월 5일 갑자 및 6월 10일 기사.
89) 『영조실록』 23년(1747) 11월 18일 갑진.
90) 『영조실록』 23년(1747) 11월 25일 신해.
91) 『영조실록』 23년(1747) 11월 25일 신해.

쓰시마에서 맞교환하는 초유의 사태를 맞이한 통신사(조태억)가 귀국 후 관직 삭탈 및 4대문 밖 축출이라는 중벌을 받은 적은 있다. 그러나 쓰시마 번과 사전에 절목강정을 하는 과정에서 조선측의 교섭 실무자가 2차례나 유배형이라는 중벌을 받은 것은 역대 통신사 교섭 가운데 초유의 사태로, 쓰시마 번이나 왜관측으로 하여금 조선에 두려운 마음을 갖게 하여 경계를 삼고자 함이었다.[92] 그 결과 막부측 인사에 대한 의례문제 조정과 예단 문제 등 절목강정 교섭은 이듬해인 1748년 2월 통신사 일행이 부산을 떠나기 직전까지도 계속되었다. 임란 이래 9번에 걸친 통신사 파견 전례가 있는 데다 양국 모두 접대 지침이 축적되어 있던 것 치고는 절목강정이 결코 순탄하지는 않았다고 할 수 있다.

쓰시마 번은 왜 절목의 전달과정에서 바로 직전의 기해통신사행(1719) 때의 사례를 따르지 않고 그보다 앞선 신묘통신사행(1711) 때의 전례를 적용하여 통신사청래차왜 편에 전달해온 것일까? 여기에는 아마도 기해통신사행 당시 쓰시마 번이 오로지 절목만을 논의하기 위한 '강정역관'의 쓰시마 파견 요청 건을 놓고 조선과의 교섭이 난항을 겪었던 것과 무관하지 않다고 생각된다. 예를 들면 기해통신사행(1719)의 경우, 조선은 '강정역관'의 쓰시마 파견 요청이 전례화되는 것을 방지하기 위해 그것이 임기응변적 조치였음을 일본측 최종열람자인 막부 쇼군도 인지할 수 있도록 쓰시마 번주 앞으로 보내는 예조참판의 서계에 구체적으로 못박아 놓았다. 이러한 조선의 선제 조치가 있었기 때문인지, 쓰시마 번은 이번 무진통신사행(1748)의 절목 가운데 기해통신사행(1719) 때와는 다른 신례(新例)가 많이 포함되어 있어 조선을 설득하는 것이 난제이었을 터임에도 불구하고 강정역관의 쓰시마 파견이라는 무리수를 요구할 수는 없었던 것 같다. 이에 비해 신묘통신사행(1711) 때에는 중요한 의례들이 통신사의 일본 체류중 일

---

92) 『봉사일본시견문록』(종사관 조명채), 문견총록.

방적으로 이루어졌기 때문에 외교마찰이 크게 부각되었지만, 실제 교섭 초기에는 통신사청래차왜 파견시 부산 체류 중에 절목의 일부를 강정한 바 있다. 따라서 이번 무진통신사행의 경우 통신사청래차왜 파견 시 절목의 일부를 강정했던 신묘통신사 때의 전례에 따라 절목강정(교섭) 내용을 별지로 미리 제시해 온 것이라 할 수 있다.[93)]

2) 조선의 대응과 절목강정의 완성

다례 후 통신사청래차왜가 별지로 요구해온 절목 내용이 어떠했길래, 차왜를 접대했던 동래부사와 접위관이 문책~처벌까지 받았던 것일까? 다음

93) 예를 들면, 기해통신사행(1719) 때에는 절목 내용을 강정하기 위한 조선측 역관을 별도로 세운 후, 강정역관을 쓰시마로 불러들여 절목을 조정하였다. 신묘통신사행(1711) 때 일본의 일방적이고도 도발적인 의례변경 때문에 워낙 외교마찰이 컸던 터라, 기해통신사행 때에는 임술통신사행(1682) 때의 의례복구를 명분으로 내세워 절목강정을 하려 했다. 그러나 이 또한 일본측의 일방적인 의례변경 요구였기에 즉각 조선의 저항에 부딪힐 수도 있었다. 이에 기해통신사행 때에는 마치 조선이 먼저 의례변경을 요구하여 시행하는 것처럼 모양새를 만들기 위해 막부의 지시를 핑계로 전례가 없음에도 불구하고 강정만을 위한 역관의 쓰시마 파견을 성사시켰다. 소위 '강정역관'의 쓰시마 파견이라는 '신례'로서, 쓰시마 번측과 이미 인맥·평판이 형성되어 있는 강정역관을 쓰시마로 불러들일 경우 쓰시마 번으로서는 여러 가지 이점이 있었다. 우선 조선 역관을 '설득' 내지는 '위협'하기도 쉬웠을 뿐 아니라, 조선정부의 즉각적인 반대를 피하면서 시간도 벌 수 있었다. 그리하여 기해통신사 때에는 쓰시마 번이 절목강정 만을 위한 강정역관을 처음으로 별도로 세워 쓰시마로 불러들였지만, 강정역관 파견이 전례화되는 것을 막기 위한 조선의 '외교전략'으로 인해 절목강정이 교착상태에 빠진 결과, 강정이 완료될 때까지 1년 반이나 걸렸다. 절목강정 교섭의 장기 교착은 막부에 쓰시마 번의 빈약한 교섭력을 부각시킬 뿐으로 실제로 막부에는 보고 조차도 할 수 없는 사안이었다. 조선은 특히 이때 강정역관의 쓰시마 파견이 향후 전례로 굳어지는 것을 방지하기 위해 그것이 임기응변적 조치였음을 최종열람자인 막부도 인지할 수 있도록 쓰시마 번주 앞으로 보내는 예조참판의 서계에 구체적으로 못박아 놓았다. 실제로 이 서계는 막부에 제출되지 못했다(이 책의 제3장 참조).

은 동래부사(洪重一)와 접위관이 연명으로 작성한 장계(1747.4.10)에 첨부된 별지 내용(後錄)을 정리한 것이다.

〈표 1〉 통신사청래차왜가 별지로 제시한 절목

	내 용	조선의 대응
1	오는 무진년(1748) 통신사는 기해년(1719) 사례대로 할 것.	
2	국서 형식은 기해년 사례대로 하며, 대호(大號)는 '대군'(大君)이라 함. 또한 문체 형식과 어휘(御諱), 보인(寶印)을 찍는 것과 외면 서식은 모두 기해년의 전례에 따르고, 에도 막부(東武)의 회답서식과 문체 형식 또한 기해년 사례에 따름.	
3	**태대군(太大君) 및 저군(儲君) 앞으로 조선국왕이 예물을 갖추어 보내고 3사 또한 배견(拜見)할 것.**	예물 및 배례 수용 단, 배견은 2拜(再拜)
4	예조에서 보내는 집정(執政)과 경윤(京尹), 쓰시마 번으로 보내는 서계 가운데 하는 말에는 모두 '귀대군'(貴大君)으로 칭함.	쓰시마 번이 집정 6인에 대한 예조 서계 요청했으나, 5인으로 조정
5	별폭(別幅)의 물건은 두 나라의 성신(誠信) 가운데 으뜸가는 물건으로 정교하고 치밀하게 할 것, 3사의 예물 또한 치밀하게 할 것.	
6	3사의 관함(官銜)과 성명을 적어 관수에게 보낼 것.	
7	별폭의 응자(鷹子, 매)는 전례대로 미리 장만하되, 길이 멀고 더워지는 기후에 병들어 죽을 우려가 있으니 정수 외에 더 보낼 것.	
8	준마(駿馬) 또한 전례대로 하되, 나라 풍속에 선모(旋毛)를 꺼리는데 이에 도기(圖記)를 작성하여 바치니 모름지기 정밀하게 안장을 갖추어 들여보낼 것.	
9	이마(理馬) 또한 전례대로 준마를 데리고 먼저 보내고, 또한 매를 기르는데 숙련된 자 한 두사람을 일행의 인원수 가운데 채워 넣을 것.	
10	마상재(馬上才)할 사람을 가려 보내되, 경주(競走) 말이 먼 거리에 병이 날 우려가 있으니 전례대로 3필의 말을 데려올 것.	
11	글, 글씨, 그림에 능하여 활쏘기에 능한 사람을 가려서 데려올 것.	
12	집정(執政)과 경윤(京尹) 등에게 예조에서 보내는 예단의 응자(鷹子) 각 1련(連)을 전례대로 들여보내되, 병들어 죽을 수 있으니 그 수를 더 가져올 것.	
13	상상관(上上官)은 행중(行中)의 긴요한 직책으로 양쪽 사정의 소통 여부에 관계가 적지 아니하니 반드시 나라 풍속을 잘 알고 우리말(일본어)에	

	내 용	조선의 대응
	능숙해야 그 책임을 맡을 수 있으므로 각별히 가려 보낼 것.	
14	매번 통신사가 있을 때마다 일행의 원역 외에 인원수가 너무 많아 천지의 무궁한 이웃나라와 교류함에 만약 한정이 없으면 두 나라의 노력과 비용이 참으로 적지 않게 되니, 이번에는 350인으로 한정하여 데려옴이 어떠한지.	조선의 거절에 따라 전례대로 500인 수준
15	이테이안(以酊庵) 장로 및 접반장로 반쇼인(萬松院)에는 모두 예조에서 전례대로 서계와 별폭을 보낼 일.	

(『통신사등록』·『변례집요』·『증정교린지』)

위의 15개 항목이란, 국서에 기재할 쇼군(大君)의 호칭과 같은 국서식을 비롯하여 막부 측 인사에 대한 예물, 통신사 일행의 규모와 구성원 문제 등, 접대 전반에 관한 일본측의 요구를 반영한 것으로, 기본적으로는 바로 직전 기해통신사행(1719, 享保信使)의 전례 및 간소화를 지향한다는 막부의 지침을 반영한 것이었다.

그런데 위의 절목을 처음으로 접한 동래부는 물론 조정에서도 몹시 당황했던 것 같으며, 민감한 반응을 보인 항목은 다음의 3가지였다. ①첫째는, 앞서 언급했듯이 이미 은퇴한 '太大君'(구관백) 및 '儲君'(若君)에 대한 조선 국왕의 예물과 3사의 배례(4拜)를 요구해온 항목이다. ②둘째는 막부의 집정(老中)의 인원수 증원, 집정 및 경윤(京尹)에게 주는 예단 가운데 鷹連의 숫자를 운반 비용 문제 등으로 기해년에 감소했던 것을 다시 부활시켜 달라는 요구였다. 그리고 ③셋째는 통신사행의 총인원을 기왕의 수준(500명 전후)에서 350명으로 감원해 달라는 것이었다. 인원수 감소가 교섭항목(절목)으로 제시된 것은 통신사 교섭 역사상 처음 있는 일이었다. 인원수 감원에 대해서는 기해년(1719) 사례에 따르겠다는 조선의 입장이 관철되었으므로,[94] 여기에서는 ①을 중심으로 보기로 한다.

94) 『통신사등록』 9책, 정묘(1747) 5월 16일 및 5월 30일(동래부사 홍중일·접위관 정한

우선 절목 가운데 조선이 가장 거부 반응을 보였던 것은 바로 ① 가운데서도 「'太大君'(구관백), 즉 은퇴한 전직 쇼군에 대한 예물과 배례」건으로, 달리 말하면 쓰시마 번으로서는 가장 공을 들인 사항이기도 하다. 문위역관(현첨지)의 쓰시마 체류 시 쓰시마 번사(朝鮮方 頭役 松浦贊治 등)가 객관을 방문하여 역관과 통신사 접대의례와 관련된 절목강정을 논의할 때도 가장 강조했던 것이 '퇴휴관백(大御所)에 대한 예물과 배례' 요청 건으로, 조선이 짐작하듯 쓰시마 번의 자체 발상이 아니라 막부(東武)의 엄명이라는 점을 부각시켰다.[95)]

국교 재개 이래 조선은 통신사외교의 대상을 쇼군(關白, 大君), 즉 '현직 쇼군' 한사람으로 한정하고 있었다. 이러한 통교 방침은 100년 가까이 일관되게 지켜져 왔는데, 궁극적으로는 조선 국왕의 국서의 문장으로 압축되었다. 예를 들면 막부측은 제4대 쇼군(德川家綱) 습직 당시 막부 쇼군이 이에야스(德川家康) 이래 세습 정권임을 과시하기 위해 을미통신사(1655년) 때의 쇼군 답서에 축하 대상인 현직 쇼군 뿐만 아니라, 통신사 일행이 선대 쇼군(家康·家光)의 사당까지 가서 치제한 사실을 의도적으로 기재해 온 적이 있었다.[96)] 그러나 조선의 경우, 아무리 절목강정 과정에서 선대 쇼군의 치제를 논의했다 하더라도, 조선 국왕(효종)의 국서에는 '쇼군 습직 축하' 1건 만을 언급함으로써 현직 쇼군 이외에는 외교의 대상이 아님을 분명히 하였다.[97)] 따라서 이러한 조선의 대일본 외교방침으로 볼 때, 관백의 퇴휴(은거)란 경사이기는 하지만 규정 이외의 항목임은 물론, 조선 국왕의 외교

규의 連名 장계, 4.30 및 5.1).

95) 『延享 戊辰年 信使記錄』 2, 「大御所樣御隱居之爲祝詞譯官被成御招、殿樣御歸國之御祝詞相兼罷渡、信使之儀致講定候覺書」, (1747년) 4월 25일 朝鮮方頭役松浦贊治·岩崎喜左衛門客館江罷越兩使江御用向致對談爲致披見候書付(대마도종가문서 기록류 No.520, MF.75, 국사편찬위원회).

96) 이훈, 『조선의 통신사외교와 동아시아』(경인문화사, 2019) 295~299쪽.

97) 이훈, 『조선의 통신사외교와 동아시아』(경인문화사, 2019) 290~295쪽.

상대는 현직 쇼군 1인에 한정한다는 적례(敵禮)외교 방침에도 어긋나는 '비례'(非禮)에 해당하였다. 조선이 즉각 거부 반응을 보일 수 있는 사안이었던 만큼, 쓰시마 번은 통신사청래차왜의 서계에서는 언급을 피한 채, 절목 교섭과정에서 조선을 설득하기 위해 별지로서 제안해온 것으로 보인다. 말하자면 외교문서(서계)로 정식 요청한 것이 아니라 일단은 구두(口頭)로 요청을 해온 셈이다.

이에 대한 조선의 반응은 어떠했을까?

먼저, 「퇴휴 관백(舊關白, 太大君) 앞으로 조선 국왕의 예물과 3사의 배례」 요구란, 지금까지의 통신사행 전례로 보았을 때 오랫동안 보지 못했던 갑작스런 요구였다. 그런 만큼 과거 기해통신사행 때 강정역관이 쓰시마에서 강정해온 절목 내용 자체에 대해 조정에서 별 이견이 없었던 것과는 달리, 짧은 기간이지만 몇 차례에 걸친 조정의 논의가 있었다.

우선 4월 25일, 국왕 영조가 대신과 비변사 당상을 인견한 자리에서는 예조가 마련한 검토안(계목, 4.19 및 4,21)을 놓고 논의가 있었는데, 우의정 민응수(閔應洙)가 반대 의견을 제시하였다. 「퇴휴 관백(舊關白, 太大君) 앞으로 예물을 보내고 배례하는 것」은 전례가 없으니 거절(방색)하는 것이 마땅하다는 것이었다. 이에 대해 영조도 전례가 없는 일을 동래부사와 접위관이 그 자리에서 막지 못하고 조정에 품의하는 것은 불가하다며, 처벌 의사를 내비쳤다.[98] 이에 비해 4월 30일에는 영의정 김재로(金在魯)가 차자(箚子)를 올려 재고를 요청했지만 영조가 완강하게 거부하였다. 5월 8일 호조판서 김시형, 예조참판 김상로, 통신사 홍계희가 입시하여 논의했으나 결론이 나지 않았다.[99] 그러자 5월 12일에는 통신 정사 홍계희(洪啟禧)가 영조를 대면한 자리에서, 정미년(1607)과 갑자년(1624)에도 통신사가 모두 '퇴휴 관백'(구관백)에게 재배(再拜)했던 사실 및 퇴휴 관백으로부터도 예물

98) 『비변사등록』 영조 23년(1747) 4월 26일.
99) 『영조실록』 23년(1747) 5월 8일 정유.

이 있었으니 절목에 추가해도 된다는 의견을 제시한 바, 영조의 허락이 있었다.[100] 1607년에는 제1차 회답겸쇄환사가 에도(江戶)에서 새로운 쇼군(관백) 히데타다(秀忠)에게 국서를 전달하고 돌아가는 길에 은퇴 쇼군(구관백) 이에야스(家康)가 은거하고 있던 슨푸(駿府)에 들러 알현한 적이 있었다. 그리고 1624년에는 제3차 회답겸쇄환사가 에도성에서 신관백 이에미츠(家光)와 구관백 히데타다(秀忠)를 알현한 전례가 있었다. 이에 영조도 결국은 구관백과 30년 동안 통신을 유지해온 의리 및 거부했을 경우 일본과의 불화를 우려 내지는 명분으로 삼아「구관백 앞으로의 예물 및 배례」를 허용한 것으로 보인다. 이러한 방침이 더 확고해지게 되는 것은, 6월 5일 구관백이 바로 30년 전 선왕대(숙종 45)의 기해통신사행(1719) 때의 쇼군(德川吉宗)임을 인지한 이후로, 이때서야「'퇴휴관백'(구관백) 앞으로의 예물 및 배례」를 절목에 넣는 것으로 의견이 모아졌다.[101]

쓰시마 번으로서도 절목 내용 가운데 가장 엄중하게 신경을 쓰고 있던 것이 바로「'퇴휴관백'(구관백) 앞으로의 예물 및 배례」 항목이었다. 이에 5월에는 부산 체류 중인 '통신사청래차왜'(修聘使)에게 체류 기간을 넘겨서라도 해결하도록 하라는 쓰시마 번의 지시가 있었다.[102] 그리고 6월에는「'퇴휴관백'(구관백) 앞으로의 예물 및 배례」 건이 해결되지 않는다면 통신사행도 성사될 수 없다는 취지로 협박성 재촉을 해왔다.[103] 이에 6월 24일

---

100)『승정원일기』 영조 23년(1747) 5월 12일 신축.

101)『영조실록』 23년(1747) 6월 5일 갑자.
『비변사등록』 영조 23년(1747) 6월 10일.

102)『延享 信使記錄』3,「修聘使古川主典朝鮮江被差渡覺書」, (1747) 5월 20일(대마도종가문서 기록류, No.525 MF.75, 국사편찬위원회).
"大御所樣幣拜之一件、落着無之內ハ假令定日相滿候共、被取引候而は事體宜ル間鋪由, 右同便ニ申來、"

103)『延享 信使記錄』3,「修聘使古川主典朝鮮江被差渡覺書」, (1747) 6월 18일(대마도종가문서 기록류, No.525 MF.75, 국사편찬위원회).
"御国より飛船到来、大御所樣幣拜之一件不相濟候而者、信使沙汰ニも不及候間、"

조선의 허용 방침을 동래부사가 왜관에서 대기 중이던 '통신사청래차왜'에게도 전달했음에도 불구하고 더 자세한 내용을 알기를 원함에 따라, 조정의 방침이 비변사의 관문(關文)으로 동래부에 전달되었다.[104] 7월 1일 양역을 통해 관문의 사본을 왜관측에 보여주었는데 허용 이유가 흥미롭다.

> 本府使道分付內, 頃接備局關文, 則太大君前禮單, 前以無例曾而防塞, 而交隣之道亦有格外, 從宜處分之理, 則彼之所謂不可一槩峻拒, 今之太大君卽己亥國書相問之大君也, 國書則無致問二君之禮, 今不擧論, 禮單致問, 於禮亦不可無特令儀曹禮單數多參酌磨鍊, 擧行事稟處, 而至於使臣拜見及進上許否, 則關文中所無料想, 三使臣臨時頂承敎渡海也, 而修聘使今已乘船, 須以此意館守處言及云, 故如是書呈耳.
>
> 丁卯七月日 訓導李僉正 印
>
> 別差玄判事 印
>
> 館守尊公[105]

즉 "퇴휴 관백(太大君)에게 보내는 예단은 전례가 없어 거절해야겠지만, 교린의 도리상 예외라는 것도 있다. 특히 지금의 '태대군'은 기해년(1719)에도 국서로 안부를 물었던 大君(德川吉宗)으로, 국서에서 두 사람의 '대군'에게 안부를 물을 수는 없으니 예단만 보내겠다"는 취지였다. 즉 그간 조정이 논의해온 "나라에 2主(2君)는 없다"는 조선의 대일본 통교 방침이 관문에 그대로 반영되어 있었다.[106]

이에 비해 '儲君'에게 보내는 예물 및 배례, 요구에 대해서는 조선의 거

(후략)

104) 『延享 信使記錄』 3, 「修聘使古川主典朝鮮江被差渡覺書」, (1747) 6월 24일(대마도종가문서 기록류, No.525 MF.75, 국사편찬위원회).

105) 『延享 信使記錄』 3, 「修聘使古川主典朝鮮江被差渡覺書」, (1747) 7월 1일 조에 관문(關文)이 실려있다.(대마도종가문서 기록류, No.525 MF.75, 국사편찬위원회).

106) 『영조실록』 23년(1747) 6월 10일 기사.

부 반응이 상대적으로 덜했던 것 같다. 이 문제는 바로 직전 기해통신사행(1719) 때에는 막부의 접대 간소화 방침에 따라 일본측이 먼저 정지를 제안했던 사안이었으나, 이번 무진 통신사행에서 돌연 다시 요구해왔다. 사실 '저군'에 대한 예물 시도는 일찍이 계미통신사행(1643)부터 시도된 바 있다. 이때는 사행의 목적이 '儲君'(若君, 와카기미, 쇼군의 아들) 탄생 축하였기에 일본은 이를 명분삼아 '저군' 앞으로도 조선 국왕의 서계와 空帳(빈종이) 별폭을 하나 더 요구했었다. 그러나 조선으로서는 국왕과 국서를 주고받을 수 있는 외교상대는 오로지 쇼군(關白, 大君) 한사람이라는 교린외교의 원칙이 있었기에 역시 무산되었다. 이러한 전사가 있었음에도 임술통신사행(1682) 때에는 일본측이 '저군' 앞 서계와 예물을 또다시 요구해왔지만 거절한 이후, 신묘통신사행(1711) 때에는 조선과의 마찰을 우려하여 하쿠세키(新井白石)의 의사에 따라 중지되었던 사안이다.[107] 그러나 조정에서 치열한 논쟁의 흔적이 없었던 것을 보면, 의외로「저군 앞 예물 및 배례」건은 수월하게 수용되었던 것 같다.

단, '퇴휴관백'(구관백) 및 '저군'에 대한 배례의 경우 조선은 어디까지나 전례에 따라 再拜(2拜)를 상정하고 있었다. 그러나『사행록』을 보면, 쓰시마 번은 홍계희 일행의 에도 체류기간 동안 돌연 전명의 이후 '퇴휴관백'(太大君)'과 '若君'(저군)을 알현할 때 4배를 요청해 왔다. 그러나 통신사가 거절함에 따라 결국은 2배를 하는 것으로 결론이 났지만, '퇴휴관백'의 경우에는 그마저도 병으로 배례가 성사되지 못했다.[108]

그리고 막부의 집정(老中) 및 경윤(京尹)의 인원수 증원 문제 및 예물 가운데 한동안 정지되었던 매(鷹連)의 복구를 요청해 왔으나 결과적으로 쓰시마 번의 요구가 관철된 측면이 있었다. 그러나 전례(1719, 기해통신사행)가 없는 항목에 대해서는 조선이 거부 방침을 분명히 하였기 때문에, 통신사

107) 이 책의 제2장 참조.

108)『奉使日本時聞見錄』(종사관 조명채), 1748년 5월 28일 및 5월 30일.

일행이 승선하기 직전까지 왜관에 체류 중이던 '통신사청래차왜'와 동래부 측 간에 몇 차례 논박이 이어졌다.

4. 1748년 무진통신사(홍계희) 파견과 조일 양국 국서에 보이는 인식 차

1) 영조 국서의 '구호'와 외교상대로서의 '大君'(현직 쇼군) 고수

통신사(정사 洪啟禧) 일행은 절목강정이 아직 마무리되지 않은 상태에서 1747년 11월 28일 조성에 하직 인사를 한 후 숭문원에 나아가 영조의 국서 및 '太大君'(퇴휴 관백, 구관백) 및 '저군'의 별폭을 용정(국서를 실은 가마)에 담아 한양 도성을 떠났다. 동래부 도착은 12월 8일로, 이듬해인 1748년 2월 16일 부산포를 출선하여, 쓰시마의 후츄(府中, 2.25), 잇키(壹岐, 3.17), 아이노시마(藍島, 4.2), 아카마가세키(赤間關,下關, 4.5), 가마가리(蒲刈, 4.11), 우시마도(牛窓, 4.17), 효고(兵庫, 4.20), 오사카(大坂, 4.21)까지는 해로로, 교토(京都, 5.2)부터는 육로로 나고야(名古屋, 5.7), 오카자키(岡崎, 5.8), 하마마츠(濱松, 5.11), 츠루가(駿河, 淸見寺 5.16), 오다와라(小田原, 5.18)을 거쳐, 반년이 넘는 여정 끝에 예정대로 5월 21일 에도(江戶)에 도착하였다. 객관(關所)은 혼간지(本願寺)로 정해졌다.[109)]

에도 도착 다음날(5.22)에는 막부측의 통신사 접대를 담당한 관리 및 '太大君·大君·若君'의 로쥬들이 객관을 방문하여 문안 인사를 하였다. 이후 전명의 등 에도 체류 중의 일정 등이 논의된 바, 통신사(홍계희) 일행이 지참해 간 국서를 쇼군에게 전달하는 에도성(江戶城)의 전명의(傳命儀)는 1748년

---

109) 무진통신사행의 여정은 『奉使日本時聞見錄』(종사관 조명채)을 참고로 하였다.

6월 1일로 정해졌다.[110]

다음은 막부측에 전달된 영조의 국서이다.

> 朝鮮國王李昑 奉書
> 日本國大君殿下
> **聘問之曠, 今垂三十載, 逖承殿下紹有基圖撫寧方域**, 休聞所及, 欣聳豈已, 致慶修睦於禮, 則然肆遣耑价, 用展隣誼, 不腆土宜, 仍表遠忱, 惟冀益敦舊好, 永膺洪祉, 不備
> 丁卯年十一月 日
> 朝鮮國王李昑 (印文; 爲政以德)[111]

영조의 국서는 1747년 6월과 11월, 국왕을 비롯하여 예조판서 등의 대신, 비변사 당상의 논의를 거쳐 예조에서 작성한 것으로, 기해통신사(1719) 때의 전례를 참고하여 작성하되, 주로 서식, 연호, 인장 등이 점검 대상이었다.

위 국서의 내용을 보면, "빙문의 간격이 30년이나 되는데, 멀리서 듣기를 전하(大君)가 습직하여 전국(方域)을 편안히 하였다 하기에 기쁘게 생각하며, 경사를 축하하여 修睦하는 것이 예의이다. 이에 사자를 보내 隣誼의 뜻을 전하며, '구호'(舊好)를 더욱 돈독히 할 것을 기원한다"라는 내용으로 아주 간략하게 작성되었다.

특징이라면 국서의 첫머리에 통신사외교의 공백에 대한 격세지감을 언급한 후, 축하의 대상은 오로지 30년 만에 새로 습직한 쇼군(大君) 1인에 한정시키는 내용으로 되어 있다. 1747년 4월부터 6월까지 계속된 절목강정을 둘러싼 조정의 논의에서 '퇴휴관백'(太大君, 舊關白)에 대한 예물 및 배례가 가장 큰 의제였음에도 불구하고, 은퇴한 전직 쇼군, 즉 '퇴휴 관백'에 대

110) 『奉使日本時聞見錄』(종사관 조명채), 5월 22일 및 5월 27일.
111) 「德川幕府朝鮮國王往復書翰」(日本東京國立博物館, 重要文化財).

한 언급은 전혀 없다. 이는 6월 영조가 대신 및 비변사 당상과 논의하는 자리에서, 「구관백에 대한 예단은 마련하되, 국서에서는 '二君之禮'를 거론하지 않도록」, 즉 '현직 쇼군'에 대한 안부만 언급할 뿐, '전직 쇼군'(구관백)에 대해서는 언급을 삼가도록 한 최종 결정을 따른 것이었다.[112] 또한 이것은 조선이 일본과의 통신사외교에 임하는 기본자세를 반영하는 것으로, 앞서 왜관 측에 전달된 관문(關文, 1747.7.1)에서도 확인할 수 있었듯이, "통신에 2君은 없다"는 조선 정부의 적례(敵禮)외교 방침을 그대로 고수한 것이었다. 이러한 방침이 반영된 국서의 문언은 쇼군 습직 축하가 전례화된 을미통신사(1655) 이래, 임술통신사(1682), 신묘통신사(1711), 기해통신사행(1719)이 지참해간 조선 국왕(효종, 숙종)의 국서에서도 엿볼 수 있듯이 100년 가까이 일관되게 관철시켜 온 대일본 통교의 원칙이었다.[113]

그리고 또 하나의 특징이라면, 말미에 통신사의 파견이 '舊好' 유지를 위한 것임을 기재해 둠으로써 양국간의 우호를 다짐하고 있다. 과거 통신사행 때 조선 국왕의 국서를 보더라도 「隣誼, 舊好, 修睦」이라는 비슷한 문언으로 우호를 다짐하고 있는데, 이러한 문언의 기재란 향후 새로운 쇼군 습직으로 통신사외교가 재개될 때까지 대략 30년 가까이 '구호'를 유지하여 조선의 안보를 다짐받고자 하는 외교적 약속이나 마찬가지였다.

---

112) 『영조실록』 23년(1747) 6월 10일 기사.
원문은 다음과 같다.
上人見大臣, 備堂, 舊關白禮單數爻, 參酌磨鍊, 而國書則無致問二君之禮, 勿爲擧論.

113) 국서의 첫머리에 통신사외교의 간격을 언급하기 시작한 것은 임술통신사(1682) 이래라 할 수 있다. 역대 국왕의 국서를 보면, 대체로 "오랜만에 뜸하다(1682), 一世 만에(1711), 10년 만에(1719), 30년 만에(1748)"라는 문언으로 시작하여, 쇼군 습직 소식을 듣고 (전례에 따라, 故常) 경사에 사자를 보내 축하하는 것은 '隣誼'(또는 修睦)의 도리이니 '舊好'를 돈독히 하자는 내용으로 작성되었다. 조선 국왕의 국서는 기본적으로 1682년 이후의 문체를 고수하면서, 「隣誼, 舊好, 修睦」에 해당하는 문언을 반드시 기재해 둠으로써 조일 양국의 우호를 다짐받는 식으로 작성되었다고 할 수 있다.

2) 쇼군 회답서에 통신사의 자발적 파견 부각

이에 대한 막부 쇼군의 회답서는 어떠했을까?

쇼군 이에시게(德川家重)의 회답서는 전명의가 끝난 지 4일(1748.6.4) 만에 쓰시마 번 가로가 회답서의 초안을 가져와서 미리 열람할 수 있었다. 통신사 일행의 점검 결과, 전례를 참작하여 작성한 것으로 무난하다고 평가함에 따라, 며칠 후(6.7) 막부 老中(執政)이 쇼군의 회답서를 직접 통신사 객관으로 가져왔다.[114] 다음은 쇼군의 회답서이다.

> 日本國源家重 奉復
> 朝鮮國王 殿下
> 聘問修好，書辭通信，就審起居泰寧，寔切嘉慶，乃今聞誕保前緒以固邦基，仍率舊章爰敍新懽幣儀,既多禮意(a)，愈深所以彰兩國交際之誼，益知永世講信之厚也，聊將土宜附諸**歸使(b)**，惟冀親睦無遠休祥可期，不備
> 延享五年戊辰六月日
> 日本國源家重(印文; 源表正)[115]

쇼군의 회답서는, "조선이 쇼군 습직으로 나라가 안정되었다는 소식을 듣고 전례(舊章, 구례)에 따라 예의를 갖추어 축하해주니, 양국 교제의 도리에서 비롯된 것으로 신의의 두터움을 잘 알 수 있다. 이에 '귀사'(歸使) 편에 예물을 갖추어 보낸다"라는 내용으로 작성되었다.

이것을 보면, 절목강정 교섭에서 「퇴휴관백(舊關白, 太大君)에 대한 예물 및 배례」를 끈질기게 요구할 만큼 가장 중시했음에도 불구하고, 답서에서는 구관백에 대한 언급은 보이지 않는다. "국서에 2君은 없다"라는 조선의 통신사외교 방침을 수용한 것이라 할 수 있는데, 일본으로서도 조일 양국

114) 『봉사일본시견문록』(종사관 조명채), 1748년 6월 4일 및 6월 7일.
115) 『동문휘고』 附編 권9 通信(국사편찬위원회 2책, 1941쪽).

통교의 근간을 의도적으로 도발하려는 의지는 없었다고 본다. 통신사 빙례를 일방적으로 개혁하여 조선과 커다란 외교마찰을 빚었던 신묘통신사(1711, 正德信使) 때조차도, 쇼군(德川家宣) 답서를 보면 그동안 양국관계가 100년이나 지속된 것에 대한 치하의 말이 들어가 있었다.[116] 이것으로 볼 때 막부도 쇼군 습직에 한해서이기는 하지만 조선과의 통신사외교를 통해 우호관계를 유지하려는 방침은 쇼군이 바뀌어도 계속 유지되었다고 할 수 있다.

쇼군의 회답서를 받아본 통신사 일행은 회답서에 찍힌 쇼군 인장의 인문(源表正)이 과거 전례와 달랐기 때문에 그 이유를 막부 쇼군의 시강(侍講)인 林太學의 아들(信言)에게 문의하였다. 그러나, 을미(1655, 源忠直)·임술(1682, 源忠敬)·신묘(1711, 文明四方)·기해(1719, '源' 1글자)년의 통신사 때 印文이 각각 달랐던 것에 대해, 일본에서는 일정한 규례가 없고 그때그때 덕담으로 사용한 전례에 따른 것이라는 해명을 듣자, 더 이상 문제삼지 않고 수령하였다.[117]

단, 쇼군 회답서의 수령은 무사히 마쳤음에도, 쇼군 습직 사실과 통신사의 성격을 어떠한 문언으로 구사했는지에 따라 막부의 정치적 의도를 엿볼 수 있는 대목이 있다. 먼저 쇼군 습직에 대한 표현부터 보자면, 바로 직전 기해통신사행(1719)의 경우, 선대 쇼군(吉宗, 享保)의 회답서에서는 갑작스런 쇼군 습직을 단지 '休祥'(아름다운 상서) 또는 '新慶'(새로운 경사)으로 표현했었다. 이에 비한다면 이에시게(家重)의 답서에서는, (a) '前緖의 계승'

116) 이 책의 제2장 참조. 다음은 신묘통신사행 때 막부 쇼군의 회답서계이다.
日本國王源家宣 奉復
朝鮮國王 殿下
王燭時和, 應二儀之交泰, 寶隣世睦, 講百年之欣懽, 禮幣旣豊,
書辭且縟, 其於感懌罔罄敷陳, 有少謝儀, 附諸歸使願符善禱, 永介純釐, 不備
正德元辛卯年十一月十一日

117) 『奉使日本時聞見錄』(종사관 조명채), 1748년 6월 7일 및 9일.

소식을 조선이 듣고"라는 문언으로 바뀌었다. 이는 쇼군의 세습으로 인한 습직에 대해 통신 3사가 먼저 듣고 "자발적"으로 국서를 가지고 와서 축하하는 것을 강조하려는 표현이라 할 수 있다.

이에 통신사의 성격에 대해서도 (b)'귀사'(歸使)라는 문언으로 표현하였다. 바로 직전 기해통신사행(1719, 享保信使)의 경우 쇼군 요시무네의 회답서에서는, 통신사를 '信使'로 기재해 왔다. 역대 쇼군의 답서 가운데 유일하게 자발적 파견을 강조하지 않은 경우라 할 수 있다. 그렇지만 그보다 앞선 임술통신사(1682, 天和) 때 쇼군(德川綱吉) 답서에서는, "쇼군 세습에 대해 빙사(聘使)가 멀리서 듣고 온 것이 예의 바르며(披書具審慶我繼前業), 쇼군의 답서를 還書(답서)로 표현하여 조선이 먼저 자발적으로 통신사를 보내왔다는 것을 은연중에 표현하였다. 그리고 신묘통신사(1711, 正德信使)때의 쇼군(家宣) 답서에서도 '歸使'라는 표현을 썼다.

이렇게 볼 때, 무진통신사(延享신사, 1748) 일행이 수령해 온 쇼군 답서란, 전반적인 문체나 문언상으로 볼 경우 임술통신사(1682) 때의 쇼군 답서에 가장 가깝다고 할 수 있다. 특히 바로 직전 쇼군(吉宗)의 습직 만을 축하하는 기해통신사(1719) 때에 비해, '前緖'라 하여 세습 쇼군임을 부각시킨 점, 또 '歸使'라 하여 자발적 통신사 파견을 강조한 것은 병자통신사(1636) 이래 막부측의 교섭 태도를 그대로 계승한 것으로 보인다.

5. 통신사외교의 동상이몽

1) 대일본 안보외교의 퇴색과 통신사 회의론 대두, '來朝' 비판

통신사 홍계희 일행은 전명의를 마치고 쇼군의 회답서를 수령하자, 1748년 6월 바로 에도를 떠나(6.13) 귀국길에 올랐으며, 윤7월(윤7.12) 부산포에 도착하였다. 국왕 영조에게 하직 인사(辭陛, 1747.11.28) 후 한양 도성을 떠난 것부터 치면 거의 9개월 만에 귀국한 셈이다. 귀국 후 국왕에게 보고(1748.8.5)하는 자리에서는 일본 사정에 대한 영조의 질문이 있었다. 그런데 과거 사행과 다른 점이라면, 통신사 일행이 부산을 출선하기 직전까지 '은퇴한 전직 쇼군'(구관백)에 대한 예물 및 배례 건을 비롯하여, '집정'(老中) 인원수 증원 및 鷹連(매)의 복구와 같은 일본측(쓰시마 번)의 요구에 대해 대응을 잘 하지 못했다는 이유로 동래부 역관 및 동래부사, 상상관(통신사 일행)에게 2차례나 중벌을 내렸던 조정의 강경 조치에 비한다면, 문답 과정에서는 의외로 일본의 정국 동향 사정 등에 대해서는 특별하게 관심을 보인 흔적이 없다.[118] 『영조실록』에 실려있는 통신사 일행의 귀국 보고란 일본을 왕복하는 동안 보고들은 내용을 정리한 수준으로 사행록에 첨부된 『聞見錄』의 요약본과 같은 수준이다. 한마디로 국왕 영조와 통신사(홍계희) 일행의 문답의 특징이라면 과거와 달리 통신사 파견을 통해 조선이 확보할 수 있는 대일본 안보의 외교적 성과에 대한 직접적인 평가가 없음을 지적할 수 있다. 실록 편찬자인 사관이 오히려 무진통신사 일행의 일본 행적에 대해 아주 신랄하게 평가하고 있을 뿐이다.

바로 직전 기해통신사행(1719)의 경우, 통신사의 귀국 후 국왕(숙종)을 대면하여 복명하는 자리에서는 조선이 일본에 통신사를 파견함으로써 얻는 최대 이득을 남변의 안보 확보로 보고한 바 있다. 정사(홍치중)의 보고에 따르면, 도쿠가와 막부는 도요토미 히데요시(豐臣秀吉)를 '平賊'이라 칭할 만큼 임진년 건(임진왜란)을 후회하고 있으므로 (일본의 무력 침입에 대해) 우려할 것이 없으며, 바람만 불면 배를 타고 올 수 있는 적(敵)으로부터 영남 등, 남변의 안전을 위해서는 '우호'가 가장 좋은 견제책임을 진언하였다. 종사관 이명언 역시 통신사 파견을 남쪽의 근심을 덜 수 있는 견제책으

118) 『영조실록』 24년(1748) 8월 5일 정해.

로 보고한 바 있다.[119)]

그러나 복명 보고는 아니지만, 무진통신사 일행(종사관 조명채)이 작성한 『聞見總錄』을 보면 쇼군가의 권력 세습 문제, 그리고 막부의 무력 동원 의지에 대한 언급이 있다. 쇼군 권력에 대해서는 다음과 같이 말하고 있다. '구관백'(太大君) 요시무네(吉宗)는 이에야스(家康)의 방계인 비종실 출신 쇼군으로 생전에 그의 아들(家重)에게 쇼군직을 양위한 후, 손자(家治)에게도 빠른 시일 안에 쇼군직을 계승케 함으로써 「太大君-大君-若君」이라는 세습을 통해 막부 권력을 안정시키고자 한다는 것을 강조하고 있다. 또한 막부의 무력 동원 가능성에 대해서는, 국내가 안일하여 백성이 전쟁을 모르며, 도요토미 히데요시(豊臣秀吉)를 '秀賊'이라 칭할 만큼 원수처럼 여기며 임진년 건(임진왜란)을 후회하고 있으므로 (일본의 무력 침입에 대해) 우려할 것이 없다는 인식이었다.[120)] 따라서 『실록』에 기재되지는 않았지만 무진통신사행(1748) 당시 통신사 파견으로 얻는 외교적 성과 역시 기본적으로는 일본 탐방을 통해 일본의 무력 동원 가능성을 확인하는데 있었다고 할 수 있으며, 직접적인 언급은 없다 하더라도 기해통신사행(1719) 때의 인식을 기본적으로 공유하고 있었다고 할 수 있다.

그러나 그렇다 하더라도 이번 무진통신사행(1748)에서 흥미로운 것은 귀국 후 통신사행에 대한 회의론이 처음으로 대두되었다는 것이다. 실록 편찬자인 사관은 통신사 파견에 대해 아주 신랄하게 평가하고 있다. '관백'(쇼군)이 새로 서면 일본 쪽에서 먼저 조선에 통신사 파견을 요청해 오는데, 일단 통신사가 일본에 도착하게 되면 일본 국내에서는 '조선에서 조공을 바치러 들어온다(來朝)'라고 호도하는 것에 대한 불만이 컸다. 실제로 쓰시마 번이 막부에 통신사 초빙 시기 등을 문의·보고하는 내용을 보면, 절차상 쓰시마 번주의 환도를 문위하기 위해 쓰시마에 파견된 조선의 도해역

119) 『숙종실록』 46년(1720) 1월 24일 신묘.
120) 『奉使日本時聞見錄』(종사관 조명채), 「문견총록」 江戶.

관이 '구두'이기는 하지만 '먼저' 쇼군 습직 축하를 위한 통신사 파견 시기를 문의해왔기 때문에, 쓰시마 번이 이를 받아 막부의 결정을 요청한다는 식으로 보고하고 있다. 이에 쓰시마 번의 보고를 받는 막부측(老中) 입장에서는 통신사를 일본이 먼저 초빙하는 것이 아니라 조선이 먼저 쇼군에 대한 축하를 자발적으로 요청해 온 것으로 인식할 수 밖에 없었다. 따라서 통신사 초빙을 지시한 막부의 역대 로쥬(老中) 봉서(奉書)에는 통신사 초빙이 어느 경우에도 '朝鮮人來朝'로 기재되어 있었다. 단 1711년 신묘통신사행의 경우 의례개혁을 주도했던 아라이 하쿠세키(新井白石)가 '래조'에 의문을 품고 쓰시마 번에 문의한 바, 교린국간에는 '래조'가 아닌 '래빙'(來聘)이 마땅하다는 답변을 받기는 했으나, 이를 제외하고는 마치 상국에 문안차 가는 것과 같은 뉘앙스의 '래조'로 인식되있던 것이다.[121] 실록 편찬 사관은 통신사 일행 역시 이를 알고 있었음에도 일본 체류 중 문제 제기를 했다가 마찰로 확대되는 것을 꺼려 못들은 척 해왔기 때문에 그동안 조선의 위엄을 보여주지 못한 수치로 평가하였다. 비록 사관의 평가이기는 하지만 쓰시마 번의 필요에 따라 '일본 내수용'으로 만들어진 '래조'의 논리를 정확하게 지적한 것이라 할 수 있다. 뿐만 아니라 통신사 일행 가운데에는 일본 체류중 재화(財貨)에 대한 유혹이나 뇌물 때문에 일본 사정을 탐색해 오기보다는 오히려 조선 사정을 누설할 우려가 있었던 것에 대해서도 지적을 하고 있다.[122]

임란 이후 140년 동안 통신사외교를 통해 조일 양국관계가 별 긴장 요인 없이 안정적으로 유지되고 있었던 만큼, 10번째인 무진통신사행(1748, 延享信使) 때에는 조선에서도 일본에 대해 그 어느 때보다도 무관심하였다. 18세기 중반 이후 조·청관계의 안정으로 일본에 대한 경계심이 사라진 만큼, 대일본 안보외교도 퇴색될 수 밖에 없었으며, 일본에 대한 무관심 내지는

121) 이 책의 제2장 참조.
122) 『영조실록』 24년(1748) 윤7월 30일 임오.

거부감으로 표출되었던 것 같다. 그 결과 일본에서 보내온 예물(채능단)도 조선의 취향과는 맞지 않는다는 이유로 불태우라는 조치가 있었다.[123] 결과적으로 중지되기는 했지만 조선에서도 마침내 통신사 회의론의 단초가 보이기 시작했다고 할 수 있다.

2) 쇼군가 3대(太大君·大君·儲君)에 대한 의례 요구와 새로운 세습 쇼군가 부각

지금까지 보아왔듯이, 1748년의 통신사 요청부터 절목강정에 이르기까지 조일 간에 문제가 되었던 것은 '퇴휴 관백'(舊關白, 太大君)과 '저군'(儲君)에 대한 의례문제였다. 조선국왕의 외교상대는 '현직 쇼군'(관백, 대군) 1인에 한정한다는 조선의 대일본외교 방침에 따라, 쓰시마 번이 요청한 '퇴휴 관백' 즉 '은퇴한 전직 쇼군'에 대한 조선측의 축하 서계(예조) 발급건은 원천적으로 좌절되었지만, 통신사의 일본 체류중 퇴휴 관백에 대한 배례는 허용하였다. 그리고 '저군'에 대한 3사의 배례도 전례를 참고로 허용하였다. 이로써 에도성의 쇼군(大君)에게 국서를 전달하는 전명의(傳命儀)까지 포함한다면, 이번 무진통신사행(1748)에서는 '살아있는' 쇼군가 3대(太大君·大君·儲君)에 대한 의례가 갖추어진 셈이었다.

쓰시마 번은 왜 조선이 거부감을 느낄 수 있을 뿐만 아니라, 100여 년 이상 요구하지도 않았던 '구관백(太大君) 및 저군(儲君)' 앞으로 조선 국왕의 예물과 3사의 배례라는 요구를 해왔을까?

우선 막부 사정을 보면, 퇴휴 관백(德川吉宗)은 제7대 쇼군(德川家繼)이 어린 나이로 사망하여 초대 쇼군 이에야스(家康)를 잇는 직계 혈통이 단절됨에 따라, 방계인 '고산케'(御三家)의 紀伊家에서 쇼군직을 계승한 경우로,

---

123) 『영조실록』 24년(1748) 8월 17일 기해.

다른 후보 가문(尾張家·水戶家)과의 경쟁 구도 속에서 제8대 쇼군이 되었다(1716).[124] 그런 만큼 막부의 초대 쇼군인 이에야스(家康)의 존재를 의식하지 않을 수 없었던 것 같다. 쇼군 요시무네(徳川吉宗)를 지탱하는 기반이 이에야스(家康) 시대로의 회귀라는 지적도 있듯이, 쇼군 습직 이후 얼마 안되어 아들(徳川家重)을 자신의 후계자인 차기 쇼군으로 정했으며(1727), 적손(徳川家治)이 탄생(1737)하는 등,[125] 쇼군가에 경사가 있을 때마다 이에야스의 영묘(紅葉山 東照宮)에 참예하여 이를 보고하였다.[126] 이에야스(家康)의 영묘 보고란 국내 의례이기는 하지만 다이묘(大名)들의 의례 참석과 충성 맹세를 통해 쇼군가의 정통성을 확인할 수 있는 기회이기도 했다.

조선에서 온 통신사의 일본 체류 중 쇼군가 3대에 대한 의례를 받아낼 수만 있다면, 이는 막부 초기 통신사의 '닛코산(日光山) 치제'를 통해 쇼군가의 정통성을 확립했듯이 국내 다이묘들에게 쇼군가의 정통성을 보여줄 수 있는 더할 나위없는 기회였다고 할 수 있다. 닛코산 치제(日光山致祭)란 통신사의 일본 체류중 선대 쇼군(徳川家康 및 徳川家光)의 묘당이 있는 닛코(日光)까지 가서 치르는 제사로, 여기에 국내 다이묘(大名)들을 동원함으로써 「徳川家康 - 徳川秀忠 - 徳川家光」으로 이어지는 세습 쇼군가의 권위를 가시화할 수 있었다. 이에 통신사청래차왜(修聘使, 古川主典)가 다례 후 조선측 실무자에게 퇴휴 관백에 대한 통신사의 배례를 요청한 이유를 보더라도, 100여년전 계미통신사행(1643, 寛永信使)·을미통신사행(1655, 明暦信使) 당시 통신 3사의 닛코산 치제를 선례로 제시하되, 계미통신사행(1643)·을미통신사행(1655) 당시 3사의 닛코산 치제가 이미 죽은 쇼군에 대한 치제라면, 이번의 퇴휴 관백은 은퇴했지만 아직 생존해 있으니 배례를 요청한

124) 大石慎三郎, 『徳川吉宗とその時代』 中公文庫, 1989, 20~21쪽.

125) 家治의 幼名이 竹千代였던 것도 家康·家光의 幼名을 그대로 따른 것으로 家康의 존재를 의식하는 측면이 있었다.

126) 岡崎寛徳, 『徳川吉宗と江戸城』 吉川弘文館, 2014, 41쪽 및 47쪽.

다는 논리였다.127)

그리고 '저군'에 대한 배례 요구의 이유를 보더라도, 단지 쇼군직 세습이 예정되어 있기 때문만은 아니었다. 이번의 저군(若君)은 쇼군의 적자로 태어날 때부터 차기 쇼군으로 예정된 국손(國孫)이라는 점을 강조하고 있다. 제6대 쇼군인 文所院(德川家宣)의 경우, 제5대 쇼군인 常憲院(德川綱吉)이 후사가 없었기 때문에 甲府藩의 번주로 있다가 저군이 되었으며, 이번 쇼군(제9대 德川家重)도 紀伊藩 번주(德川吉宗)의 아들로 태어났지만, 아버지가 쇼군직(제8대 德川吉宗)을 계승한 이후에 비로소 저군이 될 수 있었다. 이번의 저군(德川家重의 아들인 德川家治)은 태어날 때 이미 쇼군(德川吉宗)의 嫡孫으로 태어난 국손이라는 점을 강조하면서 막부의 허락을 얻게 된다면 '立儲參判使'라도 보내야 할 사정임을 호소한 바 있다. 이는 물론 접위관과 동래부사가 난색을 표함에 따라 저지되었다.128) 그렇지만 '퇴휴 관백(德川吉宗) 및 저군'에 대한 배례를 조선측이 수용하여 '쇼군가 3대'(太大君·大君·儲君)에 대한 배례가 성사된다면, 이는 마치 막부 정권 초기 닛코산 치제를 통해 「德川家康 - 德川秀忠 - 德川家光」로 이어지는 세습 쇼군가의 정통성을 연상시키는 정치적 효과가 있었다.

이에 쓰시마 번은 조선측에 막부의 엄명(公儀嚴命)을 내세워 '퇴휴 관백과 저군'에 대한 배례를 요구하되 막부의 위광을 극대화하기 위한 교섭술을 발휘하였다. 비록 발급 자체는 좌절되었지만 퇴휴 관백에 대한 서계 요청 시의 교섭 방법을 다시 한번 살펴볼 필요가 있다. 왜냐하면 쓰시마 번의 요청 방식에 따라 조선이 발급하는 서계의 성격도 달라졌는데, 외교의례라는 형식으로 표현되지만 실제로는 양국의 외교적 위상과도 관련되는 문제

---

127) 『延享 信使記錄』 3, 「修聘使古川主典朝鮮江被差渡覺書」, (1747) 4월 9일(대마도종가문서 기록류, No.525 MF.75, 국사편찬위원회).

128) 『延享 信使記錄』 3, 「修聘使古川主典朝鮮江被差渡覺書」, (1747) 4월 27일(대마도종가문서 기록류, No.525 MF.75, 국사편찬위원회).

였기 때문이다.

앞서 재판차왜가 왜관에 체류하는 동안의 요구방식을 보면, 쓰시마 번주 명의의 서계를 정식으로 보내 조선측의 서계(회답)을 요청하는 것이 아니라, 동래부의 양역(훈도·별차)을 통해 구두(口頭)로 요청을 해왔다. 이에 대한 조선의 반응은 이미 동일 사안에 대해 '관백퇴휴고지차왜'에게 회답서계(奉復)를 발급했기 때문에 부정적이었다. 그러나 조선이 혹시라도 재판차왜의 구두 요청을 수용하여 서계를 발급해 준다면, 조선측의 서계는 자연히 회답이 아닌 봉서(奉書) 형식의 서계가 발급될 수 밖에 없었다. 성사될 경우 쓰시마 번으로서는 조선이 '현직 쇼군'도 아닌 '퇴휴 관백'(舊關白, 太大君, 大御所), 즉 '은퇴한 전직 쇼군'에 대해서까지도 조선 정부가 '먼저 자발적으로' 외교문서를 보내 축하해주는 모양새가 될 수 있었다. 조선의 입장에서 볼 때 발급자는 비록 예조라 하더라도 '퇴휴 관백'(구관백)에게도 서계를 보낼 경우 '현직 쇼군'(大君)과 더불어 '은퇴한 전직 쇼군'(太大君)의 '2君'에게 조선의 외교 문서를 보내는 모양새가 될 수밖에 없었다. 이는 바로 조선 국왕과 막부 쇼군이 대등한 입장에서 서로의 외교상대가 통교하는 적례(敵禮)외교에 어긋나는 행위에 해당하였기 때문에 거절했던 것이었다.[129)]

129) 쓰시마 번이 목표 달성을 위해 구두(口頭) 교섭을 시도한 것은 무진통신사행(1748)이 처음은 아니다. 앞서 기해통신사행(1719)의 경우에도 쓰시마 번이 절목 강정을 위한 강정역관 파견을 조선에 요청해 왔을 때, 강정역관 파견이 쓰시마 번의 요청에 대한 조선의 회답이 아니라, 조선이 '먼저 자발적'으로 파견하는 사행이라는 것을 막부에 부각시키기 위한 교섭 기술을 시도했었다. 그때 구사했던 것이 바로 막부의 지시를 내세워 요청 내용을 구두(口頭)로 전달한 후, 조선측의 의사는 회답(봉복)이 아닌 '봉서'(奉書) 형식의 서계로 받아내려는 전략이었다. 그러나 조선은 봉서 발급을 거절하는 대신 회답서계(奉復)에 쓰시마 번의 공작 경위를 의도적으로 구체적으로 기재함으로써 불쾌감을 표시했다. 이 때문에 쓰시마 번이 회답서계를 막부에 보고하기 위해 그대로 제출했을 경우, 막부에는 오히려 쓰시마 번의 교섭력에 대한 불신감을 줄 수 있었다. 그 결과 쓰시마 번은 결국 조선측 회답서계를 막부에 제출하지 못했었다(이 책의 제3장 참고).

말하자면 통신사 요청 단계에서 구두(口頭) 교섭을 통해 조선이 '먼저·자발적'으로 관백의 퇴휴를 축하하는 모양새의 외교문서(奉書)를 받아냄으로써 '퇴휴 관백'의 위상을 부각시키려 했던 쓰시마 번의 구상 내지는 시도는 교섭 초기 단계에서 좌절되었다고 할 수 있다. 그렇지만 앞에서도 보았듯이, 절목강정 단계에서는 조정 대신들의 논의를 거쳐 '퇴휴 관백'에 대해 통신사의 예물·배례는 허용하는 쪽으로 조정되었다. 따라서 조선측의 외교문서(예조 서계)를 받아내려 했던 첫 목표에는 달성하지 못했지만, '퇴휴 관백'에 대한 의례라는 최소한의 성과는 달성했다고 볼 수 있다. 또한 절목강정 과정에서 쓰시마 번이 요구해온 '저군', 즉 쇼군의 아들에 대한 배례는 큰 무리없이 일본측의 요청이 받아들여졌다. 그 결과 일본측의 입장에서 볼 경우, 무진통신사행(1748, 延享信使) 당시 비록 조선과의 교섭 마찰은 있었지만, 막부 초기 「德川家康 - 德川秀忠 - 德川家光」로 이어지는 적통 쇼군가를 염두에 둔 '살아 있는 쇼군가 3대'(太大君(德川吉宗) - 大君(德川家重) - 儲君(德川家治))에 대한 최소한의 의례를 이끌어냄으로써 세습 쇼군가로서의 정치적 정통성을 확보하려는 소기의 목표는 이루었다고 할 수 있다.

맺음말

지금까지 보아왔듯이, 기해통신사행(1719, 享保信使) 이후 30년 만에 이루어진 무진통신사행(1748, 延享信使)은 대청 및 대일본 관계가 어느 때보다도 안정된 가운데 일본에 파견된 외교사행이었다. 조일관계의 안정이란 일본에 대한 무관심으로 표출되어 1747년 조선이 통신사 파견을 수락하고 절목강정 교섭이 막 시작되었을 당시만 하더라도, 국왕 영조는 '東武'라는 문언이 자신의 외교상대인 쇼군(將軍)이 있는 도쿠가와 막부를 가리키는 것인지조차도 모를 정도였다. 그러나 쇼군 습직 축하를 위한 통신사 파견이 전례로 정착된 지 100년이 넘었으며, 과거 통신사를 파견할 때마다 조일 양국이 조율했던 접대 지침들이 이미 선례로 축적되어 있었기 때문에, 막부 쇼군 요시무네(吉宗)의 은퇴(퇴휴) 및 이에시게(家重)의 습직 통보로 정권 교체를 인지한 이후로는 전례에 따라 통신사 파견 준비에 들어갔다.

그러나 무진통신사행(1748)에서 주목해야 할 부분은, 이러한 전례 및 접대 지침에도 불구하고 일본측(對馬藩)이 요청해 온 새로운 신례(新例)들이 국교 재개(1607) 이래 조일 양국이 지향하던 대등을 바탕으로 한 교린(交隣)외교의 적례(敵禮)에서 벗어나는 부분이 있었기 때문에, 절목강정 교섭 단계부터 조선이 단호하게 대응하였으며, 최종적으로는 국왕 영조 국서의 외교적 언사를 통해 교린 적례외교를 관철시켰다는 점이다. 검토 결과 얻은 결론은 다음과 같다.

우선 첫째로, 무진통신사행 당시 쓰시마 번(對馬藩)이 제기한 신례란, 주로 '퇴휴 관백' 즉 전직 쇼군(舊關白, 太大君)과 관련된 것들이었다. 쓰시마 번은 통신사 파견을 정식으로 요청하기도 이전부터 재판(裁判) 사자를 미리 조선에 보내, 막부 쇼군(關白, 大君, 德川家重)의 습직이 쇼군의 사망이 아닌 생전 은퇴(퇴휴)라는 것을 명분삼아 전례에도 없는 '관백 퇴휴 축하 서계'를 요청해 왔다. 이때 쓰시마 번은 조선이 먼저 자발적으로 축하한다는 모양새의 서계(奉書)를 받아내기 위해 구두(口頭) 요청이라는 기술을 발휘하였다. 조선은 이때 양국 간의 통교에서 조선의 축하를 받을 수 있는 외교상대란 오직 '현직 쇼군'(關白) 1인에 국한한다는, 이른바 국교 재개 이래 구축되어온 적례(敵禮)외교를 명분으로 내세워 '관백 퇴휴 축하'에 대한 예조의 서계 발급을 단호하게 거절하였다. 그러나 그 대신 문위역관의 쓰시마 체류 시 관백의 퇴휴를 구두(口頭)로 축하하는 것은 허용함으로써 마찰을 피하는 외교술을 발휘하였다.

둘째로, 관백의 퇴휴를 축하한다는 예조 서계(봉서) 발급이 무산되자, 쓰시마 번은 절목강정 단계에서는 '퇴휴 관백'(舊關白, 太大君)에 대한 예단과 배례(幣拜)를 비롯하여 '저군'(儲君)에 대한 예물 등의 신례를 요구해왔다. 조정의 몇 차례에 걸친 논의 끝에 예물은 지급하는 쪽으로 결론이 났지만, 쓰시마 번은 이때 예단 물목을 기재할 문서(別幅)에 국왕 영조의 성명을 기재해주도록 요구해왔다. 이에 대해서도 조선은 외교문서에 국왕의 성명을 기재하는 것은 국왕과 대등한 입장에서 국서를 주고받을 수 있는 일본측 외교상대, 즉 막부의 '현직 쇼군'(關白, 大君) 1인에 한정한다는 '交隣之禮'에 따라 단호하게 거절하였다. 이때 조선은 쓰시마 번 사자와 절목강정 교섭에 임했던 실무자(동래부사 2명, 접위관, 수역)을 2차례에 걸쳐 유배형이라는 중벌에 처한 한편, 이를 쓰시마 번청에도 통보하도록 조치했다. 이는 '2君之禮'는 없다'라는, 즉 '현직 쇼군'(關白, 大君) 이외에는 어떠한 신례도 허용하지 않겠다는 조일 교린의 적례외교에 대한 조선의 단호한 입장을 쓰시마 번에 보여주기 위한 의도적인 조치였다고 할 수 있는데, 동래부로 내려온 관문(關文)에도 그대로 반영되었으며, 왜관측에도 열람(사본)을 허용할 만큼 단호하였다고 할 수 있다.

셋째, 조일간 교린 적례외교에 대한 조선정부의 단호한 방침은 영조 국서(國書)의 문언으로 구체화되었다고 할 수 있다. 특징이라면 국서의 첫머리에 통신사외교의 공백에 대한 격세지감을 언급한 후, 축하의 대상은 오로지 30년 만에 새로 습직한 쇼군(大君) 1인에 한정시키는 내용으로 되어 있다. 통신사 교섭 초기부터 절목강정에 이르기까지 '퇴휴 관백'에 대한 서계 발급과 예단·배례가 가장 큰 의제였음에도 불구하고 '퇴휴관백'에 대한 언급은 일절 없다. 이는 국왕 영조가 대신 및 비변사 당상과 논의하는 자리에서, 「구관백에 대한 예단은 마련하되, 국서에서는 '二君之禮'를 거론하지 않도록」, 즉 '현직 쇼군'에 대한 안부만 언급할 뿐, '전직 쇼군'(구관백)에 대해서는 언급을 삼가도록 한 최종 결정을 따른 것이었다.

넷째는, 국왕 영조의 국서에 '현직 쇼군'(關白, 大君) 1인만 언급되었다는 것은, 일본에서도 '현직 쇼군' 이외에는 언급하지 않겠다는 무언의 약속을 받아내는 외교적 효과가 있었다. 이에 막부 쇼군의 회답서에도 '쇼군의 습직을 전례에 따라 축하해 준 것에 대한 사의' 만이 간략하게 기재되었다고 할 수 있다. 그 결과 국왕 영조와 막부 쇼군 간에 국서의 왕복을 바탕으로 지금까지 처럼 통신사 파견을 통한 적례외교의 유지는 확인이 되었다고 할 수 있다.

그러나 다섯째는, 그럼에도 일본측이 통신사 초빙을 계기로 이에야스(家康)의 방계인 비종실 출신 쇼군(吉宗)가의 정통성 확보를 위해 「구관백(舊關白, 太大君, 德川吉宗)-관백(關白, 大君, 德川家重)-저군(儲君, 德川家治)」, 즉 「전직 쇼군-현직 쇼군-미래 쇼군」의 3대에 걸친 의례를 무리하게 요구함에 따라 조일 양국에서 통신사에 대한 회의론이 나오게 되었다는 것이다.

조선의 경우, 통신사의 일본 탐방을 통해 향후 통신사 파견이 있을 때까지 남변의 안보를 확보할 수 있다는 이점이 있었음에도 일본측의 통신사 인식에 대한 불만이 제기되었다. 예를 들면 일본측이 통신사의 파견을 교린국 간에 사용할 수 있는 '來聘'이 아니라, 상국에 문안차 가는 것과 같은 '來朝'로 인식하고 있는 것에 대한 불만이 사관의 의견이라는 형태로 『조선왕조실록』에 처음으로 대두되었는데, 통신사 파견으로 인한 조선 정보의 누출이라는 역효과도 지적하고 있다. 즉 임란 이후 140년 동안 통신사외교를 통해 조일 양국관계가 별 긴장 요인 없이 안정적으로 유지되고 있었음에도 18세기 중반에는 통신사 회의론이 대두되기 시작했다고 할 수 있다.

일본의 경우에도 무진통신사행(1748, 延享信使) 이후 쓰시마 번의 藩儒 아메노모리 호슈(雨森芳洲)가 번의 가로(家老)들에게 제안한 것이기는 하지만, 통신사는 유지하되 '역지빙례'에 대한 의견이 제기되었다. 17세기 말 이후 조선과의 무역 침체로 인해 쓰시마 번이 얻는 이윤(餘利)이 감소되자, 무비(武備)의 일환으로 통신사의 에도 왕복을 호행(護行)해야 하는 쓰시마 번으로서는 人·馬 및 체류기간 동안의 錢穀 비용 조달을 위해 막부로부터 배차금(拜借金)을 빌려야 하는 등, 어려움이 많음을 이유로 내세웠다. 무진통신사행의 경우 더구나 이전 통신사행(1719)으로부터 30년 만에 치르는 통신사 초빙인 만큼 모든 것을 새로 준비해야 하는 것도 많아 막부 배차금(拝借金) 3만량도 모자라 다른 곳에서도 借金이 필요한 상황으로, 이의 상환이 더 큰 문제였다.[130] 실제로 쓰시마 번은 신묘통신사행(1711, 正德信使) 및 기해통신사행(1719, 享保信使) 때 막부로부터 빌린 배차금(金 5万兩)을 해마다 상환하고 있었지만, 재정 궁핍으로 인해 1727년까지도 잔금이 남아 있어 막부에 향후 10년에 나누어 상환할 것을 청원할 정도였다.[131]

이러한 사정 때문에 호슈는 쓰시마 번 뿐만 아니라 통신사의 에도 왕복 시 접대를 맡은 해로 변의 다른 지역(平戶, 筑前, 長門, 安藝, 備後, 備前, 播磨) 다이묘(大名)들도 비용 조달이 어려울 것이라는 점을 내세워, '신사래빙'이란 일본의 전국 사정으로 볼 때도 무익한 낭비(無益之費)라는 논리를 제기하였다. 호슈의 의견이란 언젠가 필요 시 막부에의 청원을 염두에 두고 사전 준비 차원에서 제기된 것으로, 내부적으로는 조선과의 무역 이윤(餘利) 감소로 번 재정이 악화됨에 따라 武備의 일환으로 수행해야 하는 통신사 호행이 어려움에 부딪혔기 때문이다. 그러나 명분상으로는 전례를 중시하는 조선의 국풍을 내세워, 통신사 중지까지는 아니라 하더라도, 조일 양국 간의 '린호'(隣好)는 확실하게 하되, 통신사를 에도(江戶)까지는 오게 하지 않는 의견을 제안한 바, 소위 '역지빙례' 발상이 무진통신사행(1748) 이후 쓰시마 번 차원에서도 처음으로 제기되었다고 할 수 있다.[132]

---

130) 『延享五戊辰年 信使記錄』 1, (1746) 12월 12일 古川主典·平田將監(年寄) 서장(대마도종가문서 기록류, No.523 MF.75, 국사편찬위원회).

131) 『享保十二丁未年 御留守每日記』, (1727) 11월 25일(日本東京大學史料編纂所, No.183).

132) 『信使停止之覺書』, 雨森東五郎, 癸酉(1753) 5월 8일(대마도종가문서 기록류 No.4369, MF.735, 국사편찬위원회).

제5장

1763년 계미통신사행과 통신사외교에 대한 피로

머리말

1763(영조 39)년에는 바로 직전의 무진통신사(1748, 일본에서는 延享信使)가 일본을 다녀온 지 15년 만에 또 다시 계미통신사(1763, 寶曆信使)가 일본에 파견되었다. 영조 대에만 두 번째 사행으로, 국교 재개 이후 일본의 도쿠가와(德川) 막부에 제1차 회답겸쇄환사(1607)를 파견한 것부터 치면 11번째 사행이었다. 그리고 무엇보다 쇼군이 있는 에도(江戶)를 방문한 마지막 사행이었다.

계미통신사행이 파견된 18세기 중엽이란, 막부 쇼군의 습직을 축하하기 위한 통신사 파견이 을미통신사(1655, 明曆信使) 이래 이미 100년 가까이 전례로 정착된 시기였다. 이에 일본에 대한 경계심이 17세기 중반처럼 높지도 않았으며 조일 양국관계는 한층 안정된 시기였다고 할 수 있다.

그러나 상대에 대한 두려움이나 안보에 대한 불안이 사라졌다고 해서 긴장이 전혀 없었다는 의미는 아니다. 앞서 숙종과 영조 대에 3차례(신묘통신사(1711, 正德信使)·기해통신사(1719, 享保信使)·무진통신사(1748, 延享信使))에 걸친 통신사 파견 시에는 일본측의 일방적인 의례 변경 요구로 인해 양국 간에 첨예한 외교 충돌 내지는 마찰이 있었다. 특히 신묘통신사행(1711) 때에는 쇼군의 '일본국왕'호 부활을 비롯한 여러 가지 의례 변경 요구로 인해 마찰의 수위가 그 어느 때보다 높았다. 그러나 국교 재개(1607) 이래 조선의 역대 왕들은 18세기 중반 무진통신사(1748) 파견 때까지도 통신사의 일본 파견에 대한 정치적 성과를 남쪽 안보의 담보로 여기고 있었기 때문에, 긴장의 수위를 높이기 보다는 '적례'와 '교린'을 지키는 선에서 개찬된 국서를 주고받는 외교적 절차를 통해 원만하게 수습하는 길을 택하였다. 이에 갈등이 있었음에도 그것이 일본과의 외교 단절이나 관계 악화로 이어지지는 않았다. 또한 청(淸)과의 관계를 보더라도 정축화약(1643)

이후 사행외교로 이미 120년 가까이 안정된 관계를 유지하고 있었다. 조선의 통신사 파견이 청에 대한 보고사항이기는 했지만, 청(건륭제)이 조일 간의 통신사외교에 특별히 관심을 보였다거나 간섭하는 일도 없었다. 이에 실록을 보면 조선은 18세기 중엽을 모처럼 남북으로 안보 위기가 없는 100년 만에 찾아온 '안도'(安堵)의 시기로 자각할 정도였다.

흥미로운 것은 병자호란 이래 이렇게 120년 가까이 국제관계가 안정적으로 유지되다 보니 일본에 대한 조선의 인식도 조금씩 달라지기 시작했던 것 같다. 과거 17세기 중반과 같이 재침 우려에 대한 위기의식이나 안보 측면에서 일본에 대한 경계심은 보이지 않게 되었다. 교섭사적인 측면에서 보더라도 18세기 중엽이란, 조선이 일본에 대해 이미 두려움을 느끼던 시기는 아니었다. 이 시기란 외교 일선에 있던 동래부사는 물론 중앙의 조정까지도 일본을 다루는 달인(功者)이 되어 있었기 때문에 일본에 대해 어느 정도 자신감을 가지고 조선의 요구를 밀어부치던 시기라 할 수 있다. 통신사 초빙 업무를 맡은 쓰시마 번(對馬藩) 조차도 이 시기에는 막부의 무위(武威)를 내세워 먼저 밀어붙이기 보다는 조선의 대응 여하에 따라 수위 조절을 하는 상황이었다. 이러한 상황 변화 속에서 앞서 3차례(1711·1719·1748)의 통신사 파견 때 노출되었던 막부의 일방적인 의례 변경 요구로 인한 외교 마찰은 조선으로 하여금 통신사외교에 대해 오히려 부정적인 인식을 갖게 만들었다. 즉 "많은 재정 지출과 통신사행원들의 노고에도 불구하고 별로 얻을 것이 없다"는 인식으로, 정사 조엄(趙曮)을 비롯한 통신사행원들 역시 조선을 떠나기 이전부터 통신사행에 대해 회의적인 생각을 가지고 있을 정도였다. 말하자면 통신사외교에 대한 이러한 피로감 내지는 회의가 이미 무진통신사(1748) 때부터 노골적으로 드러나기 시작한 바, 계미통신사행(1763~1764)도 기본적으로는 이러한 인식의 연장선에서 파견되었다고 할 수 있다.

따라서 계미통신사의 파견 경위를 보면, 남북으로 안보 위기나 긴장이

전혀 없는 가운데, 그 어느 때 보다도 안정된 정국 분위기에서 통신사를 파견할 수 있었다. 그러나 이와는 대조적으로 통신사의 일본 체류 중에는 일본측의 접대에 대한 불만 및 통신사의 호행 역할을 맡았던 쓰시마 번에 대한 불신과 혐오, 멸시 내지는 적대감으로 인해 그 어느 때보다도 갈등이 심했다.

예를 들어 계미통신사가 조선을 떠나기 이전 국서 작성 등 의례를 둘러싼 절목강정 교섭 단계에서는 무진통신사행(1748) 때의 전례를 기준삼아 절목강정도 실무자 선에서 무난히 추진되었다고 할 수 있다. 과거 통신사행(1711·1719·1748)에서 보던 것과 같은 커다란 마찰이나 갈등도 없었다. 『영조실록』을 보더라도 통신사의 정사 선발 등, 인선을 둘러싼 기사 몇 건을 제외하면, 통신사 파견을 둘러싸고 중앙 조정에서까지 논의했던 의제는 별로 보이지 않는다. 실록의 기사 건수로 치자면 역대 통신사 파견 가운데 관련 기사가 가장 적다고 할 수 있다.

그런가 하면 이와는 대조적으로 일본 체류 중에는 통신사행원의 일원인 최천종이 오사카(大坂) 체류 중 일본인(對馬藩의 通詞)에게 피살당하는 사고가 있었다. 귀국 직전까지 공포와 쓰시마 번에 대한 불신감이 높아진 가운데 사건을 수습해야만 했다. 비록 에도(江戶) 막부와의 외교적 갈등은 아니라 할지라도 역대 통신사행 가운데 가장 다사다난했던 고난의 여정이었다고 할 수 있다.

이렇게 볼 때 계미통신사행(1763)이란, 일본과의 통신사외교가 150년째 안정적으로 유지되어 대일본 안보 위기가 사라진 가운데 파견된 사행이기는 하지만, 통신사외교에 대한 피로감이 누적된 결과 통신사의 역할이나 일본 인식에도 많은 변화가 있어 향후 조일관계 및 통신사외교에 어떤 형태로든 영향을 미쳤다고 할 수 있다.

이러한 계미통신사행에 대해서는 이미 다양한 관점에서 연구가 이루어졌다. 사행원들의 일본 체류 중 그 어느 때 보다도 일본인들과의 문화교류가 활발했기 때문에 문화교류적 측면에서의 연구가 압도적으로 많은 편이다.[1] 시문의 교류와 더불어 주자학과 일본 고학에 대한 이해 등, 사상적 교

1) 구지현, 「1763년 필담자료를 통해 본 에도에서의 문사 교류-『경개집(傾蓋集)』 서문에 보이는 인식을 중심으로-」 연세대학교 국학연구원, 『동방학지』 153, 2011
김정신, 「1763년 계미통신사 원중거의 일본 인식」 『조선통신사연구』 11, 2010
김정신, 「계미통신사행(癸未通信使行)(1763)의 학술교류 - 『남궁선생강여독람(南宮先生講餘獨覽)』을 중심으로-」 『한국실학연구』 22, 2011
김호, 「1763년 계미(癸未) 통신사(通信使)와 일본(日本) 고학파(古學派) 유의(儒醫) 귀정남명(龜井南冥)의 만남 -조선인의 눈에 비친 강호시대(江戶時代) 사상계(思想界)-」 『조선시대사학보』 47, 2008
박기석, 「〈虞裳傳〉硏究」 『고전문학과 교육』 9, 2005
박찬기, 「외국정보의 매체로서 조선통신사 문학연구」 『일본어문학』 78, 2018
신명숙, 「『일동장유가(日東壯遊歌)』에 대한 비판적 성찰 -18세기 서얼출신 향반의 사행체험-」 『한민족 어문학』 59, 2011
신문희, 「계미(寶曆 13) 통신사 응접과 영빙 교섭」 『조선통신사연구』 27, 2019
안대수, 「계미통신사의 사건,사고의 진상과 실록체 소설의 창작 동기 – 이기선(二騎船) 침수 사고, 소동 김한중의 병사(病死), 격군 이광하의 광사(狂死)를 중심으로-」 『일어일문학연구』 79-2, 2011
안대수, 「보력기문(寶歷奇聞) 「唐人殺し」에 관한 고찰」 『일어일문학연구』 91-2, 2014
안대수, 「『寶暦物語』는 『和韓拾遺』다 - 『和韓拾遺』의 계통에 관한 고찰-」 『일어일문학연구』 77-2, 2011
양흥숙, 「1763년 계미통신사가 경험한 시공간의 변화와 생활상」 『한국한문학연구』 78, 2020
이성형, 「영호(永湖) 조엄(趙曮)의 통신사(通信使) 사행문학(使行文學) 연구(硏究), - 이원적(二元的) 문학세계(文學世界) 분석(分析)을 중심(中心)으로 -」, 『한문고전연구』 35, 2017
이홍식, 「1763年 계미통신사의 일본 문화 인식 -현천(玄川) 원중거(元重擧)를 중심으로-」 『온지논총』 41, 2014
임선빈, 「신유의 관직 생활과 계미통신사」 『충남연구』 5-2, 2021
장진엽, 「원중거의 『승사록』 소재 필담 검토 -서술 의도와 효과를 중심으로-」 『한국한문학연구』 79, 2020
장진엽, 「통신사 필담의 편집 과정에 대한 검토 - 『조선인래조어진촌어장필어(朝鮮人來朝於津村御場筆語)』를 대상으로 -」 『온지논총』 59, 2019
정우봉, 「1763年 계미통신사행록 『동사기행(東槎紀行)』의 작자와 일본 체험」 『한국

류에서는 필담창화라는 새로운 교류 방식에 주목하기 시작하였다.[2] 그리고 '최천종 피살 사건' 등 일본 체류 중 발생한 여러 사건 사고에 대해서도 인식의 충돌 내지는 교섭사적 측면, 이 밖에도 문학적 측면에서 검토된 바 있다.[3] 그러나 이에 비해 조선의 대일본 외교라는 관점에서 계미통신사를 검토한 연구는 드물다고 할 수 있다. 통신사외교의 절정이라 할 수 있는 에도성(江戶城)에서의 국서(國書) 전달, 즉 전명의(傳命儀)와 같은 외교의례에

한문학연구』 83, 2021

정은주, 「일본(日本)에서 제작된 계미(癸未)(1763) 통신사행(通信使行) 관련 회화(繪畵) -빈례(賓禮) 관련 기록화(記錄畵)와 통신사절의 인물화(人物畵)를 중심으로-」 『동아시아문화연구』 49, 2011

정혜린, 「조선이 칭에 전달한 인장(印藏) 금석(金石) 자료와 그 학술적 가치」 서울대학교 인문학연구원, 『인문논총』 71-3, 2014

진재교, 「원중거(元重擧)의 「안룡복전(安龍福傳)」 연구 -"안용복"을 기억하는 방식-」 『진단학보』 108, 2009

최성애, 「계미 통신사행록을 통해 본 공연 양상 -『일동장유가(日東壯遊歌)』, 『승사록(乘槎錄)』, 『일본록 사상기日本錄槎上記』의 국내 여정을 중심으로-」 『대동문화연구』 84, 2013

崔載南, 「〈일동장유가〉의 표현과 내포」 『진단학보』 126, 2016

한수희, 「『萍遇錄』을 통해 본 朝·日 學人의 友好와 그 이면」 우리한문학회, 『한문학보』 28, 2013

한희민, 「『매사오영(梅社五詠)』 소재 남옥(南玉)의 매화시(梅花詩) 연구」 한국어문학국제학술포럼, 『Journal of Korean Culture』 (JKC) 55, 2021

Dakahasi Hiromi, 「홍대용(洪大容)과 리덕무(李德懋)의 프리즘을 통해 본 일본의 문아(文雅) -동아시아 학예공화국으로의 조주(助走)-」 『동아시아문화연구』 49, 2011

Nakaoh Hirosi, 「전각가(篆刻家) 사와다 토코(澤田東江)와 「다호비(多胡碑)」의 조선, 중국으로의 전파」 『동아시아문화연구』 49, 2011

2) 河宇鳳, 「계미통신사행의 문화교류 양상과 특징」 『진단학보』 126, 2016

3) 민덕기, 「최천종 살해사건으로 본 19세기 중반 통신사의 대마도 인식」 『한일관계사연구』 21, 2004

池內敏, 「계미통신사(癸未信使)의 통역들, 노트」 한양대학교 동아시아문화연구소, 『동아시아문화연구』 49, 2011

이훈식, 「1763 계미통신사행과 한일 관계의 변화 탐색 -충돌과 갈등 양상을 중심으로-」 한양대학교 동아시아문화연구소, 『동아시아문화연구』 49, 2011

대해서도 에도성에서의 마찰 현상 만을 부각시켰을 뿐, 국교 재개 이래 국왕이 바뀌더라도 통신사 파견을 통한 일본과의 통교에서 조선이 무엇을 얻어내고 지키려 했는지 알 수 없는 경우가 많다. 그 단적인 예로 조일 양국 외교의 지향점 내지는 최종 결정판이라 할 수 있는 국서에 대한 검토가 누락되어 있기 때문에, 정작 조선의 대일본외교는 실종되어 있다고 할 수 있다. 뿐만 아니라 통신사의 귀로시 발생한 최천종 피살 사건에 대해서도 하나의 충돌 사례로서만 취급하고 있을 뿐, 이 사건의 수습과정에서 국교 재개 이래 150년 가까이 유지되어 왔던 조일간의 통교 시스템이 자칫 변경될 뻔한 위기가 있었던 것도 간과하고 있다. 그 결과 계미통신사행이 왜 에도(江戶)까지 간 마지막 사행이 되었는지에 대해서도 아주 소극적으로 평가하고 있다.

이에 이 장에서는 계미통신사(1763) 파견을 임란 이후 150년 동안 유지되어 온 조일 관계 및 대일본 인식에 변화를 가져온 하나의 계기로 보고 통신사외교의 명분과 실태를 외교적 관점에서 살펴보기로 한다.

1. 120년에 걸친 동아시아의 안정과 통신사외교에 대한 피로

18세기 중반 영조 후반기 조선과 주변국과의 관계는 매우 안정적이었다고 할 수 있다. 먼저 앞서의 무진통신사행(1748) 이후 계미통신사(1763)가 파견될 때 까지 15년 동안 청 나라와의 관계를 보면, 영조 전반기와 마찬가지로 병자호란 이후의 외교 전범(정축화약)에 따라 사행외교가 안정적으로 잘 유지되고 있었다. 병자호란 직후 조선이 북벌을 국시로 삼고 있을 때처럼 청이 칙사를 자주 보내 조선을 정탐하지도 않았을 뿐 아니라, 조선 역시 매년 연경(북경)에 파견되는 사은겸동지사의 귀국 보고를 통해 청(건륭제)의 지방 순행 등, 청 황실의 동향을 파악하는 정도였다. 이때 영조의 질문이 거의 의례적이었던 것을 보면 청과의 관계에서 군사적 위협은 느끼지 않았으며 비교적 안정적이었다고 할 수 있다. 그럼에도 1757년에는 동지사가 몽고의 세력 강화를 보고해옴에 따라 일시적으로 청과의 권력 변동을 우려하기도 했지만,[4] 1760년 청이 칙서로 서변(西邊) 평정을 알려옴에 따라 이러한 위기는 해소되었다.[5]

한편, 사행외교란 소위 '경조사 외교'라 할 수 있을 만큼 대부분 청 황실 및 조선의 조경사와 관련되어 있었다. 영조 후반기의 대청 현안이라면 무엇보다 사도세자의 사망(1762.6) 이후 왕세손(훗날의 정조)을 책봉하여 왕권을 안정시키는 일이었다. 1763년 2월 주청사(李棅)를 파견한 지 7개월만인 9월에 청이 사자 편에 칙서를 보내와 왕세손에게 고명(誥命)을 보내옴으로써 목표를 달성할 수 있었다.[6]

그러나 영조대에는 이렇게 사행외교를 통해 청과의 관계가 120년 가까이 안정적으로 유지되고 있었음에도, 한편으로는 반청(反淸) 기류가 여전하여 북벌을 노골적으로 내세우지는 않았지만 궁궐 내에서 명(明) 황제(태조·의종·신종)의 기일에 제례를 거르지 않았을 뿐 아니라, 명의 멸망을 탄식하기도 하였다.[7]

한편, 이 시기 일본과의 관계를 보면 통신사외교를 통해 양국관계가 안정적으로 유지되고는 있었지만, 통신사 파견에 대한 피로감이 노골적으로 드러난 시기이기도 하였다.

단적인 예로 영조 대에는 무진통신사(1748)에 이어 계미통신사(1763~1764)까지 일본에 통신사를 파견한 외교적 대사가 2번이나 있었음에도,

4) 『영조실록』 33년(1757) 11월 3일 신묘 및 34년(1758) 2월 12일 무진.
5) 『영조실록』 36년(1760) 1월 15일 신유.
6) 『영조실록』 39년(1763) 2월 12일 경자 및 9월 4일 무오.
7) 『영조실록』 39년(1763) 7월 18일 계유.

『실록』에 남아있는 기록은 소략하기 짝이 없다. 물론 『통신사등록』과 같은 별도의 상세한 기록이 존재하기도 하지만, 기본적으로는 국교 재개 이래 150년이나 지속된 통신사외교로 인해 전례와 지침(메뉴얼)이 축적되어 있었던 만큼, 중앙의 조정에서 의제로 다룰만한 사항이 없었기 때문이기도 하다. 그러나 보다 근본적인 이유라면, 대일본 통교라는 측면에서 볼 경우, 영조대에도 선왕인 숙종대의 통신사외교 방침이 그대로 안정적으로 유지되었기 때문이라 할 수 있다.

숙종대에는 일본에 3번이나 통신사(임술통신사(1682, 天和信使)·신묘통신사(1711, 正德信使)·기해통신사(1719, 享保信使))가 파견되었다. 그 중 신묘통신사행(1711) 때에는 2차례에 걸친 국서 개찬 등 일본측의 일방적이고도 도발적인 의례 변경으로 인해 커다란 외교마찰이 발생했다. 그러나 숙종대에는 전반적으로 일본과의 외교 마찰로 긴장의 수위를 높이기보다는, 임란(전쟁) 이후 100년 만에 도래한 정치와 민생의 안정, 그리고 남쪽의 안보를 관리하는 차원에서 원만한 외교교섭을 통해 마찰을 수습함으로써 통신사외교를 유지한 측면이 있었다. 영조대에도 기본적으로는 선왕대의 대일본 통교 방침을 그대로 유지한 결과 통신사외교 자체에 대한 새로운 문제 제기는 없었다. 공작미 지급이나 왜관 밀무역 금지 등 쓰시마 번에 대한 통제와 관련된 몇 건을 제외하면 조일 양국관계는 안정적이었다고 할 수 있다. 그 결과 영조 대에는 재위 21년만인 1745(영조 21)년에서야 일본의 중앙정부인 에도(江戶) 막부의 동향이 처음으로 보고되었다. 도쿠가와 막부(德川幕府) 쇼군(將軍)의 생전 은퇴(退休) 소식을 조선에 전하기 위해 쓰시마 번이 '관백대차왜'를 파견하니 허락해 달라는 보고였다. 전례가 없음에도 중앙의 심각한 논의를 필요로 할 정도는 아니었으며, 관백의 사망(告訃)이나 습직(告慶), 또는 쓰시마 번주의 은퇴 사례를 참고하여 예물과 접대를 하도록 하라는 조치가 취해졌다. 말하자면 일본측의 통신사 요청과 관련된 이 보고가 영조 재위 20년 만의 첫 번째 보고일 정도로 도쿠가와 막부와의 긴박한 외교 현안은 없었다고 할 수 있다. 동지겸사은사 및 주청사 등과 같이 1년에 몇 건씩 되는 대청 사자 파견 및 보고와는 비교가 되지 않을 정도였다. 이와 같이 숙종대에 이어 영조대까지 계속된 조일 양국관계의 안정 내지 외교 공백은 일본에 대한 무관심으로 나타나기도 하였다.[8)]

영조대의 2번째 사행인 계미통신사(1763~1764)와 관련된 기사를 보더라도, 통신사의 정사 선발 등, 인선을 둘러싼 기사 몇 건을 제외하면, 통신사 파견을 둘러싸고 중앙 조정에서까지 논의를 필요로 했던 긴급한 의제는 보이지 않는다. 실록의 기사 건수로 치자면 역대 통신사 파견 가운데서 관련 기사가 가장 적다고 할 수 있다.

그런데 영조 대에는 이렇게 소략한 기록과는 대조적으로 통신사의 귀국 후 외교적인 성과보다는 부정적인 회의감을 드러낸 기사가 더 눈에 뜨인다는 것을 특징으로 지적할 수 있다. 먼저 1748년 윤7월 무진통신사(1748)의 귀국 후 국왕 영조에게 보고하는 내용을 보면, 통상적으로 행해왔듯이 영조가 통신사 홍계희를 불러 일본 정국에 대해 하문하는 절차는 있었다. 그러나 영조가 일본에 대해 특별히 관심을 보였던 문제는 없었던 것 같으며, 일본의 전반적인 사정은 통신사가 제출한 「문견록」으로 대체되었을 뿐이다.[9)] 어떤 의미에서건 통신사행에 대한 성과를 언급하는 내용도 보이지 않는다. 그 대신 사관(史官)의 평가이기는 하지만, 일본 사정이나 외교적 성과보다는 이번 무진통신사행 때 노출된 여러 가지 폐해 및 국가 재정적 측면에서 부정적 평가가 대세를 이루고 있다. 일본 여정 중 통신사행의 기강 해이를 비롯하여 인명 사고, 수백명에 이르는 통신사행 준비에 소요되는 비

8) 실제로 1747년 조선이 통신사 파견을 수락하고 절목강정 교섭이 막 시작되었을 당시만 하더라도, 영조는 수역(현태익)의 장계에 기재된 '東武'라는 문언이 자신의 외교상대인 쇼군이 있는 에도 막부를 가리키는 것인지 조차 몰랐다. 답변을 하는 신료 역시 텐노(倭皇)가 있는 교토(京都)를 오사카성(大坂城)으로 착각할 정도였다(『영조실록』 23년(1747) 11월 25일 신해).

9) 『영조실록』 24년(1748) 윤7월 30일 임오, 8월 5일 정해.

용, 통신사행의 쓰시마(對馬) 체류시 화재로 인해 부사 선박에 탑재되었던 인삼 등의 예물이 화재로 소실되어 다시 준비해야 하는 문제 등, 재정 손실 및 낭비를 문제점으로 지적하고 있다.[10] 사관은 쇼군 습직 축하를 위한 조선의 통신사 파견을 '래조'(來朝)라 하여, 일본 국내적으로 마치 '조공'을 바치러 온 것처럼 이용하는 것에 대해서도 홍계희 등 통신사 일행이 문제가 생길 것을 두려워하여 문제삼지 않은 것에 대해 비판적이었다.[11] 일본의 필요에 따라 국내용으로 만들어진 '래조'의 논리를 정확하게 지적한 것이라 할 수 있다.

사관의 평가라는 형태이기는 하지만, 통신사행에 대해 "많은 재정 지출과 통신사행원들의 노고에도 불구하고 별로 얻을 것이 없다"는 부정적인 인식 내지 피로감은 이미 무진통신사 때부터 노골화되었다고 볼 수 있다. 이는 선왕인 숙종 대의 기해통신사(1719) 때까지 통신사 파견을 "바람만 불면 배를 타고 올 수 있는 적(敵)으로부터 영남 등, 남변의 안전을 위해서는 '우호'가 가장 좋은 견제책으로 보고 내지 평가"하고 있었던 안보적 관점과는 많은 차이가 있다.[12]

통신사 파견에 대한 이러한 인식 변화는 영조 후반기에 접어들면서 전염병과 가뭄 등으로 경기도와 호남 등지에서 많은 재해 및 사망자가 발생함에 따라 현실적으로 통신사 파견에 드는 물자 조달이 어려웠기 때문이기도 하다. 1756년에는 경기도 등 5도에서 전염병으로 사망한 자가 1만 8천명으로 보고되었으며,[13] 통신사가 파견되던 1763년 한 해만 해도 호남에서 기민(飢民)이 48만여명, 사망자가 450여명이나 발생하였다.[14] 영조 재위 기간에는 이러한 기아에 대비하여 곡물량의 소비를 줄이는 한편 일정량을 확보

10) 『영조실록』 24년(1748) 윤7월 30일 임오.
11) 『영조실록』 24년(1748) 윤7월 30일 임오.
12) 『숙종실록』 46년(1720) 1월 24일 신묘.
13) 『영조실록』 32년(1756) 3월 28일 을유.
14) 『영조실록』 39년(1763) 6월 16일 임자.

하기 위해 거의 매해 주금(酒禁) 조치가 끊이지 않았다.

그리고 마침내 통신사 파견에 드는 비용 절감을 논의하기에 이르렀는데, 1755(영조 31)년에는 영조가 좌의정 김상로(金尙魯)의 제안을 받아들여 통신사 파견시 沿路의 주현(州縣)에서 제공하는 비용과 각도의 영읍(營邑)에서 차출하는 물자를 축소하도록 지시하였다.[15)]

2. 쇼군 이에하루(德川家治)의 습직(1760)과 15년 만의 통신사 요청

도쿠가와 막부에 새로운 쇼군이 습식했을 때 조선이 통신사를 파견하여 축하하는 것은 1655년(을미통신사, 효종 6) 이래 이미 전례로 정착되었다. 그런 만큼 조선은 쓰시마 번이 막부의 지시에 따라 정식으로 쇼군의 교체를 알려오기 이전, 쓰시마 번이 자체적으로 교체 사실을 통보해온 시점부터 머지않아 일본측으로부터 통신사 요청이 있으리라는 것을 얼마든지 예측할 수 있었다.

계미통신사(1763)의 경우, 일찌감치 1760년 12월부터 쓰시마 번이 '관백손위대차왜'(遜位參判使 源如長, 小野六郎右衛門)를 파견하여 관백(제9대 쇼군, 德川家重)의 퇴임을 알려왔다는 동래부사(홍명한)의 보고가 있었다.[16)] 이에 『비변사등록』을 보면, 1760년 12월 대신들이 입시하였을 때 호조판서(윤동도)가 통신사의 행차를 내후년(再明年) 쯤 있을 것으로 추측하였으며,[17)] 1761년 1월에는 머지 않아 새로운 쇼군(제10대 쇼군, 德川家治)의 습직을 알리는 사자(신관백승습고경대차왜)가 나올 것으로 예측하여 경접위

15) 『영조실록』 31년(1755) 2월 2일 병오.

16) 『통신사등록』 제12책, 경진(1760) 12월 17일, 동래부사 홍경한 장계(12.8).

17) 『비변사등록』 영조 36년(1760) 12월 27일.

관의 차송 등, 접대 준비에 들어갔다.[18] 1761년에는 우의정 홍봉한 등이 인삼 등, 통신사가 지참해 갈 예물 준비 등을 논의하기 시작하였다.[19]

예측대로 1761년 2월에는 '신관백승습고경대차왜'(大慶參判使 平滿祐, 杉村采女) 가 예조참판 앞으로 새로운 관백(德川家治)의 승습(1760.4.1)을 알리는 서계를 지참해 왔다.[20] 이어서 1761년 5월에는 쓰시마 번이 환도고지차왜(告還使, 陶山大助)를 보내 번주(平義蕃)의 쓰시마 환도를 알려왔는데, 예조참의 앞으로 지참해온 서계에는, 번주가 에도 참근을 위해 오사카(大坂) 체류하던 중 병이 나서 막부의 배려로 환도했다는 것이다.[21]

그런데 일본측의 통신사 요청 경위를 보면, 쓰시마 번 사자(신관백승습고경대차왜, 대경참판사)가 1761년 2월 일찍이 쇼군의 습직 사실을 알려왔음에도, 정식으로 통신사를 요청해온 것은 그로부터 1년 남짓 지난 1762년 4월이었다. 통신사의 에도 왕복을 호행해야 하는 쓰시마 번주(宗義蕃)의 건강상태가 좋지 않아 가독(宗義暢)의 상속을 통한 통신사 업무 수행에 대한 막부의 허락이 필요했으며, 통신사 요청 절차 및 파견 시기 등을 놓고서도 쓰시마 번의 문의에 대해 막부측과의 의견 조율이 필요했기 때문이다.[22]

일본측 경위를 보자면, 막부 제9대 쇼군(家重)이 은퇴를 선언한 것은 1760년 4월로 같은 날 아들(家治)에게 쇼군직을 양위하였다. 그리하여 1760년 9월 막부의 제10대 쇼군 습직이 선포되자, 쓰시마 번에서는 통신사 초

18) 『비변사등록』 영조 37년(1761) 1월 8일.
19) 『영조실록』 37년(1761) 5월 7일 을사.
20) 『통신사등록』 제12책, 신사(1761) 2월 14일, 동래부사 홍경한 장계(2.14).
예조참판 앞 쓰시마 번주의 '신관백승습고경' 서계(寶暦 10, 경진(1760) 12월 日付).
21) 『통신사등록』 제12책, 신사(1761) 5월 11일, 동래부사 홍명한 장계(5.4).
예조참의 앞 쓰시마 번주의 '환도고지' 서계(寶暦 11 신사(1761) 3월 日付)는 『동문휘고』 참고.
22) 쓰시마 번주(宗義蕃)가 은퇴 및 양위(宗義暢)를 막부에 청원한 것은 1762년 3월로, 그해 윤4월에 막부의 허락이 있었으며, 5월에 宗義暢이 對馬守로 임관했다(『信使萬覺』, 대마도종가문서 기록류 No.761, MF.109, 국사편찬위원회).

빙 건을 막부에 문의해야 함에도 번주(宗義蕃)의 지병 때문에 에도 참근(江戶參勤)을 미루는 대신, 조선에는 '손위 및 대경참판사'를 파견하여 구관백(家重)의 은퇴 및 신관백(家治)의 습직이 있었음을 알려온 것이었다. 원래 쓰시마 번주의 에도 참근은 1759년 예정이었으나 지병 때문에 그 다음 해인 1760년 5월에서야 이루어졌는데, 오사카(大坂)에 체류하던 중 지병이 재발하여 참근이 지체되자, 오사카 체류 중인 12월 막부에 통신사 초빙 건을 문의했던 것이다.[23] 그러자 곧바로 막부의 답변이 있었다. 이에 다음 해인 1761년 1월 18일 쓰시마 번주의 대리인(名代 松平織部正)이 에도성(江戶城)에 출두한 바, 시라쇼인(白書院)에서 로쥬(老中)들이 열좌한 가운데 로쥬(朝鮮御用老中, 松平右近將監)로부터 쓰시마 번주(宗義蕃)로 하여금 전례에 따라 통신사를 초빙(朝鮮人來朝)하도록 하라는 지시가 있었다.[24] 단 통신사의 초빙 시기에 대해서는 추후 쓰시마 번과 논의하기로 하되, 번주에게는 조선측 문위역관들과 통신사 파견 시기 등 협의할 내용도 있을 것이므로 오사카에서 곧바로 쓰시마로 돌아가 통신사 초빙 교섭에 임하라는 조치가 뒤따랐다.[25] 또한 통신사 접대와 관련해서는 延享년(무진통신사행, 1748)의 전례에 따르도록 하라는 기본 지침을 로쥬의 봉서로서 전달하였다.[26] 통신사

23) 『寶曆信使記錄』「信使御伺被仰出、同時節被仰出、義蕃様ニ者御隱居、義暢様御家督信使御用被蒙仰候次第」(1760) 12월 (대마도종가문서 기록류 No.730, MF.104, 국사편찬위원회).

24) 통신사 초빙을 지시한 막부 로쥬의 문건은 다음과 같다.

宗對馬守

御代替ニ付朝鮮人來朝之義被相伺候。先格之通可爲來朝旨被仰出候。尤時節之義ハ追而以使者可被相伺候。

(『寶曆信使記錄』「信使御伺被仰出、同時節被仰出、義蕃様ニ者御隱居、義暢様御家督信使御用被蒙仰候次第」(1761) 正月 18일, 대마도종가문서 기록류 No.730, MF.104, 국사편찬위원회).

25) 『寶曆信使記錄』「信使御伺被仰出、同時節被仰出、義蕃様ニ者御隱居、義暢様御家督信使御用被蒙仰候次第」(1761) 正月 18일, 막부 老中 奉書 (대마도종가문서 기록류 No.730, MF.104, 국사편찬위원회).

요청을 결정하자 막부는 1761년 11월에는 통신사 전담 로쥬(信使御用掛老中, 酒井左衛門尉)를 비롯하여,[27] 1762년 2월까지 통신사 접대를 위한 전담팀이 구성되었다. 3월에는 통신사의 에도 왕복 시 접대를 맡은 각 번(藩)에도 로쥬 연명의 봉서로서 접대를 지시하였다.[28]

막부의 지시 이후 쓰시마 번은 앞서의 환도고지차왜(1761.5)의 파견에 이어 1761년 7월에는 재판 사자(裁判, 樋口濡信)를 조선에 보내 쓰시마 번주의 환도를 위로하기 위한 문위역관의 쓰시마 파견을 요청한 바,[29] 실제로는 조선측 역관을 쓰시마로 불러들여 통신사 초빙 시기를 논의하는 모양새를 취하기 위함이었다. 그리하여 1762년 1월 막부에 통신사의 래빙 시기를 문의한 바, 쓰시마 번주 앞으로 '내년(1763) 9~10월 경' 에도(江戶)에 도착(參府)할 수 있도록 하라는 로쥬의 지시가 있었다.[30] 이 초빙 시기 문제란

---

26) 『寶曆信使記錄』「信使御伺被仰出、同時節被仰出、義蕃樣ニ者御隱居、義暢樣御家督信使御用被蒙仰候次第」(1761) 正月 18일, 막부 老中 봉서 (대마도종가문서 기록류 No.730, MF.104, 국사편찬위원회).

27) 로쥬 酒井左衛門尉는 1761년 11월 20일에 통신사 전담 로쥬(信使御用掛)에 임명되었다가 1763년 3월 26일에는 松平右近將監으로 교체되었다(『寶曆信使記錄』「御國前集書」上(대마도종가문서 기록류, No.738, MF.106, 국사편찬위원회).

28) 1762년 2월(17일)에는 막부의 통신사 접대팀(信使御用掛)으로, 大田三郎兵衛(目付)·松平右近將監(老中)·松平和泉守(寺社奉行)·松平攝津守(若年寄)·一色安藝守(勘定奉行)·大井伊勢守(大目付)가 임명되었다(三宅英利, 「家治政權の成立と通信使」『近世日朝關係史の硏究』 531~532쪽, 1986, 文獻出版).

29) 『통신사등록』 제12책, 신사(1761) 7월 9일, 재판이 예조참의 앞으로 가져온 문위역관 요청 서계(寶曆 11(1761) 신사 3월 日付).

30) 다음은 통신사 초빙 시기에 대한 막부 로쥬의 연명 봉서이다.

一筆令啓候。然者就御代替朝鮮人來朝之義、來年九十月比可爲來朝旨被仰出候條、可被存其趣候。

正月十三日

松平右京大夫·井上河內守·秋元但馬守·松平右近將監

宗對馬守殿

(『寶曆信使記錄』「信使御伺被仰出、同時節被仰出、義蕃樣ニ者御隱居、義暢樣御家督信使御用被蒙仰候次第」(1762) 正月 13일, 막부 老中 連名 봉서, 대마도종가문서

쓰시마 번이 막부의 통신사 전담 로쥬(酒井左衛門尉)와의 질의·응답과정에서 바로 직전 연향년(무진통신사행, 1748) 통신사의 에도 도착이 봄(4~5월)이었기 때문에 체류 중 더위 때문에 통신사 일행 가운데 병자가 많이 발생했음을 들어 통신사의 에도 도착을 '9~10월'(秋冬)으로 늦추어 달라는 쓰시마 번의 청원을 반영한 것이었다.[31] 이어서 바로 다음 날에는 통신사 초빙시 연향년(무진통신사행, 1748)의 전례를 따르되 쓸데없는 경비는 절감하라는 막부의 접대 지침이 함께 전달되었다.[32] 쇼군 이에하루(家治)의 습직을 전후한 시기 막부는 그동안의 '검약령'을 철폐하는 등, 강력한 재정 재건책을 추진한 바, 통신사와 관련해서는 빙례의 긴축 방침으로 구현되었다. 이에 통신사의 에도(江戶) 왕복 구간의 도로나 숙역(宿驛), 에도 객관에서의 화려한 장식 금지 등, 무익한 것을 버리도록 하라는 기본 방침을 제시함으로써 접대의례에 드는 비용을 절감하려 하였다.[33]

이렇게 막부와 쓰시마 번 간의 질의·응답 절차를 거쳐 통신사 요청과 관련된 막부의 기본 방침이 정해지자, 쓰시마 번은 1762년 4월 통신사청래차왜(修聘參判使 平如房, 島雄八左衛門)를 파견하여 조선에 정식으로 통신사 파견을 요청해왔다.[34]

기록류 No.730, MF.104, 국사편찬위원회).

31) 『寶曆信使記錄』 朱19, 「信使御用掛御老中樣幷御用懸樣方·林大學頭樣江御案內御届書等之覺」 寶曆 11 신사년(1761) 12월 26일(대마도종가문서 기록류 No.737, MF.106, 국사편찬위원회)
『寶曆信使記錄』「信使御伺被仰出、同時節被仰出、義蕃樣ニ者御隱居、義暢樣御家督信使御用被蒙仰候次第」 신사(1761) 12월 26일(쓰시마 번의 청원은 1761년 11월 및 12월에 있었음) (대마도종가문서 기록류 No.730, MF.104, 국사편찬위원회).

32) 『寶曆信使記錄』「信使御伺被仰出、同時節被仰出、義蕃樣ニ者御隱居、義暢樣御家督信使御用被蒙仰候次第」 (1762) 正月 15일, 막부 老中가 쓰시마 번주(宗對馬守)에게 전달한 書付(대마도종가문서 기록류 No.730, MF.104, 국사편찬위원회).

33) 三宅英利, 「家治政權の成立と通信使」『近世日朝關係史の硏究』 文獻出版, 1986, 530쪽.

34) 『寶曆信使記錄』「修聘使島雄八左衛門朝鮮江被差渡候覺」(대마도종가문서 기록류 No.731, MF.104, 국사편찬위원회).

日本國對馬州太守拾遺平義蕃 奉書
朝鮮國禮曹參判大人 閤下
卽辰伏惟貴國穆清, 本邦亦然, 爰因我殿下新立, 遵例信使超溟, 須在癸未年六月 上旬鮮纜貴域, 九十月之交得到東武, 跋涉計程, 赵期是希, 仍遣正官平如房都船主 平敬一, 典報知焉, 聯具薄品, 以致鄙衷更祈, 若序自玉, 肅此不備.
寶曆十二年壬午三月日
對馬州太守平義蕃[35]

통신사청래차왜(修聘使)가 예조참판 앞으로 가져온 쓰시마 번주(宗義蕃)의 서계는, 새로운 쇼군 습직에 있어서 전례에 따라 통신사를 파견해 줄 것과 함께, 통신사의 조선 출선 시기를 '계미년(1763) 6월 상순으로, 에도(東武) 도착 시기를 9~10월'로 요청한다는 간략한 내용으로 막부의 지시에 따른 것이었다.

쇼군 습직시 통신사를 파견하여 축하하는 것이 1655년(효종 6) 을미통신사 이래 100년 가까이 전례로 정착된 데다, 영조 대에도 바로 15년 전에 막부 쇼군(德川家重)의 습직 당시 무진통신사(1748, 延享信使)를 파견한 전사가 있었기에, 조선에서도 별 이의 없이 파견을 수락하였다.

朝鮮國禮曹參判鄭弘淳 奉復
日本國對馬州太守拾遺平公 閤下
惠音遠慰届荷良深, 仍聞貴大君克紹前烈, 丕膺洪緖, 要我通信修厥舊好, 玆乃善隣之誼, 曷勝欣感之私, 使行程期, 當如來示, 謹領珍貺, 略伸菲義, 統希照亮, 不備.
壬午年五月日
禮曹參判 鄭弘淳[36]

---

35) 『통신사등록』 제12책, 임오(1762) 4월 22일.
36) 통신사 요청을 수락한다는 예조참판(鄭弘淳) 회답서(임오(1762). 5)의 원본은 국사편찬위원회에 소장되어 있다(대마도종가관계문서, 서계 No.4822).

1762년 5월 예조참판(鄭弘淳) 명의로 발급된 위의 회답 서계에는, '귀대군(貴大君, 쇼군)의 습직시 '구호'(舊好)에 따라 통신사를 파견하는 것이 '선린'의 도리이며, 통신사행의 여정에 대해서도 요청대로 맞추겠다는 간단한 내용이었다.

통신사 요청을 허락한 예조참판의 답서 건은 1762년 10월 막부 로쥬를 비롯한 통신사 전담팀에 보고되었으며,[37] 이후 쇼군 회답서에서 피휘(避諱)해야 할 조선 국왕의 이름을 비롯하여, 예조가 막부측(老中 및 京都所司 등)에게 보내는 서계 양식 등 중요한 의례에 관해 쓰시마 번과 막부측의 논의가 이어졌다.[38]

3. 순조로운 절목강정과 전례

일본측의 통신사 요청을 조선이 '구호'(舊好)와 '선린'에 따른 것으로 수락하자, 파견에 따른 구체적인 사항들이 논의되기 시작하였다. 통신사청래차왜(修聘使)에 대한 다례 날짜(1762.4.7)가 정해지자, 통신사청래차왜는 경접위관 등 조선측과 면대하여 구두로 교섭할 수 있는 자리인 만큼 통신사의 출선 일정 이외에도 두 가지를 더 요구해왔다. 하나는 경접위관(鄭昌聖)에게 통신사의 인원을 350명으로 감원해 줄 것을 요청해 왔다. 접위관이 일본측의 일방적인 인원 축소는 부당하다는 이유로 그 자리에서 거절하자 무진통신사(1748, 延享信使)의 전례에 따르기로 합의하였다.[39]

---

37) 『寶曆信使記錄』 朱19, 「信使御用掛御老中樣幷御用懸樣方·林大學頭樣江御案內御届書等之覺」 (1762) 10월 15일 쓰시마 번 留守居의 서장(대마도종가문서 기록류 No. 737, MF.106, 국사편찬위원회).

38) 『寶曆信使記錄』 朱19, 「信使御用掛御老中樣幷御用懸樣方·林大學頭樣江御案內御届書等之覺」 (1762) 12월 15일(대마도종가문서 기록류 No.737, MF.106, 국사편찬위원회).

39) 『통신사등록』 제12책, 임오(1762) 4월 19일, 경접위관(정창성)의 장계(4.9).

일본측이 통신사의 인원을 350명 수준으로 감소하려는 의도는 바로 직전 무진통신사(1748) 때 처음 시도되었다. 인원 축소 건은 통신사청래차왜가 서계와는 별도로 제시한 별지(後錄)의 절목 가운데 하나로, 통신사 접대에 대한 일본측의 과중한 부담이 이유였으나 조선의 거부로 성사되지는 못했던 사안이다.[40] 계미통신사(1763, 寶曆信使)의 경우 무진통신사 때 조선측의 거절을 의식한 때문인지 절목이 아닌 구두 요청 형식을 취했지만, 통신사 접대시 불필요한 접대나 화려한 장식을 금지하여 비용을 절감하려는 막부의 통신사 빙례 긴축화(간소화) 방침이 반영된 것이었다.[41]

그리고 다른 하나는, 다례 후 동래부측 및 중앙에서 내려온 차비역관을 통해 통신사절목 강정을 위한 수역(首譯)을 동래부로 내려보내 통신사청래차왜가 쓰시마로 돌아가기 전까지 교섭할 수 있도록 해줄 것을 요구하였다. 쓰시마 번으로서는 절목강정을 위해 도해역관의 쓰시마 파견을 요청하는 것이 마땅하나 양국에 폐단이 없지 않으니 본인(통신사청래차왜)이 귀국하기 전에 강정하는 것이 좋겠다며, 일본측의 요구사항을 별지로 제출하였다.[42] 여기에서 양국의 폐단이란, 과거 기해통신사(1719, 享保信使) 당시 쓰시마 번이 절목강정을 이유로 도해역관의 쓰시마 파견을 요청했던 것 때문에 강정 교섭 초기부터 교착상태에 빠진 적이 있었던 것을 의미한다. 기해통신사 요청 당시 막부측은 비종실 쇼군(德川吉宗)의 습직에 따른 쇼군의 호칭을 '국왕'에서 '대군'(大君)으로 변경하는 등 통신사 접대 의례 전반을 변경하고자 하였다. 쓰시마 번의 대조선 통교 경험으로 볼 때 바로 직전 외교 충돌에 가까웠던 신묘통신사(1711) 때의 의례변경을 또 다시 10년도 안 되어 곧바로 뒤집어야 하는 만큼, 조선의 충격을 줄이는 한편 막부의 의도대로 의례 변경을 하기 위해서는 본격적인 절목강정이 시작되기 이전 도해

40) 이 책의 제4장 참조.
41) 三宅英利, 「家治政權の成立と通信使」 『近世日朝關係史の硏究』 文獻出版, 1986, 530쪽.
42) 『통신사등록』 제12책, 임오(1762) 4월 19일, 경접위관 정창성(鄭昌聖)의 장계(4.9).

역관을 쓰시마로 불러들여 사전 설득하는 단계가 필요하였다. 이에 명분상 구례 복구를 내세워 도해역관의 쓰시마 파견을 요청했던 것이다. 이를 조선의 입장에서 본다면 구례 복구 자체에 이견이 있었던 것은 아니지만, 막부의 위광(威光)을 앞세운 쓰시마 번의 상투적인 교섭전략에 경각심을 주는 한편, 강정역관의 쓰시마 파견이 전례화되는 것을 막기 위해 예조 답서로서 항의 의사를 표시한 적이 있었다.[43] 이에 쓰시마 번으로서는 무진통신사(1748) 요청 당시 기해통신사(1719) 때와는 또 다른 신례(新例)가 많이 포함되어 있어 조선을 설득하는 것이 난제였음에도 불구하고 강정역관의 쓰시마 파견 요청이라는 무리수를 둘 수는 없었다. 그 결과 신묘통신사(1711, 正德信使) 때와 마찬가지로 통신사청래차왜가 부산에 체류하는 동안 중앙에서 수역이 내려와 차왜가 별지로 제시해온 내용을 바탕으로 절목을 강정한 바 있다.[44] 계미통신사(1763) 당시 쓰시마 번은 바로 이러한 전사를 의식한 결과 무진통신사(1748) 때의 전례에 따라 통신사청래차왜의 부산 체류 중 절목 강정을 논의하기 위해 우선 수역의 부산 파견 요청부터 성사시키고자 했던 것이다.

다례 날(1762.4.7) 통신사청래차왜(修聘使 平如房, 島雄八左衞門)가 조선측 접위관에게 제출한 별지의 내용은 다음과 같다.[45]

43) 이 책의 제3장 참조.
44) 이 책의 제4장 참조.
45) 『통신사등록』 제12책, 임오(1762) 4월 19일, 경접위관 정창성(鄭昌聖)의 장계(4.9).

〈표 1〉 통신사청래차왜가 제출한 별지

	항 목	조선측 대응
1	내년 계미년(1763) 통신사는 무진년(1748) 전례대로 할 것.	전례대로 시행
2	국서의 격식도 무진년 전례대로 하되, 대호(大號)는 마땅히 '대군'(大君)이라 칭하고, 문체의 양식과 내외면 서식도 모두 무진년 전례대로 하고, 동무(東武) 회답서계의 문체 및 양식도 무진년 전례대로 할 것.	전례대로 시행
3	예조가 집정(執政)과 경윤(京尹), 쓰시마 번주에 보내는 서계에는 모두 '귀대군'(貴大君)이라 칭할 것.	국서에 이미 '대군'이라 칭했으니 이대로 시행.
4	별폭의 예단 물건은 양국의 성신을 고려하여 최고로 품질이 좋은 것을 정예롭게 갖추고, 3사의 예물 또한 정치하게 할 것.	사신이 가지고 갈 여러 가지 잡물을 해당 관청에 준비토록 함.
5	3사를 차출한 후 관함(官銜)과 성명을 즉시 관수왜에게 써서 보낼 것.	이대로 시행
6	별폭의 응자(鷹子)는 한결같이 전례대로 미리 마련하되, 길이 멀고 더운 날씨에 폐사할 염려가 있으니 전례대로 더 보낼 것.	전례에 따라 더 보냄.
7	준마(駿馬) 또한 전례대로 끌고 오되, 국속(國俗)이 선모(旋毛)를 꺼려 도기(圖記)를 작성하여 보내니, 모름지기 정예롭게 가려서 안장을 갖추어 들여 보낼 것.	무진년 등록을 참고한 바, 워라(月羅)·가라(加羅)·자류(紫騮)·고라(古羅)의 모리(毛里, 검은 반점)가 없는 것으로 골라 보냈으니, 이번에도 전례에 따라 이 형태와 색깔 중에서 4필을 해당 관청에 명하여 마련토록 함.
8	이마(理馬) 또한 전례대로 준마를 먼저 보내고, 또 매를 익히 다룰 줄 아는 한두 사람을 일행의 인원수 안에 충원하여 3사가 바다를 건널 때 데려올 것.	별폭의 준마는 전례대로 이마를 시켜 기일에 앞서 데리고 가도록 하고, 응자를 기르는 자를 충원해서 보내는 건 또한 3사에게 명하여 편의에 따라 데려가도록 함.
9	마상재(馬上才)의 말은 멀리 몰고 내달리니 병이 생길까 염려스러운데, 무진년에 나가토(長門州)에 이르러 1필이 병사했으니 이번에도 전례대로 3필을 끌고 올 것.	말 3필을 안장을 갖추어 가져가는 것도 전례에 있으니 훈련도감에 분부하여 골라 보냄.
10	글 잘 짓고, 글씨 잘 쓰고, 그림 잘 그리며, 아울러 활쏘는 기예를 갖춘 사람을 골라올 것.	전례대로 시행
11	예조가 집정(執政)과 경윤(京尹) 등에게 주는 예단 응자(鷹子) 각 1련(連)을 전례대로 들여보내되, 병들어 죽을 염려가 있으니 전례대로 수를 더하여 올 것.	전례대로 시행
12	상상관(上上官)은 사행원 가운데 중요한 직책이니, 양국의 사정을 잘 알고 언어를 잘 해독하는 사람을 각별히 골라 보낼 것.	그대로 시행

	항 목	조선측 대응
13	통신사 일행의 인원은 혹 많거나 혹 적은데, 천지와 함께 무궁한 교린에서 만약 한정이 없으면 양국의 수고로움과 비용이 참으로 적지 않을 것이니, 이번에는 무진년(1748) 전례대로 데려올 것.	전례대로 시행
14	이테이안(以酊庵) 장로 및 접반(接伴) 장로, 반쇼인(萬松院)에게는 예조에서 전례대로 서계와 별폭을 갖추어 보내올 것.	전례대로 시행

(『통신사등록』·『변례집요』·『증정교린지』)

접위관이 보고한 위 절목은, 조선 국왕이 막부 쇼군에게 보내는 국서의 서식과 쇼군의 외교칭호(大君)를 비롯하여, 집정(老中) 등 조선측과 외교문서를 주고받을 수 있는 일본측 외교 상대에 대한 예단(말, 매 등) 등, 외교의례와 관련된 것이 많았다. 통신사행원의 숫자에 대해서는 접위관과의 대면시 350명 정도로 축소해 줄 것을 요청했지만 거절함에 따라, 아예 절목 안에 무진통신사(1748) 때의 전례에 따르는 것으로 못박아 왔다.

예조에서 위 절목을 검토한 바, 대부분 무진통신사 때의 『등록』에 실린 내용과 큰 차이가 없었다. 이에 접위관의 건의에 따라 1762년 윤5월 별 거부감 없이 전례에 따라 그대로 시행하는 것으로 결정이 났다.[46] 그리고 차왜가 수역(首譯)을 동래부로 내려보내 강정할 수 있도록 요청한 건에 대해서도, 과거에 전례(1711·1748)가 있었다는 영의정(申晩)의 의견에 따라, 7월 당상역관 이명윤(李命尹)이 절목강정을 위한 수역으로 내려가게 되었다.[47] 이에 8월 이후부터는 통신사 파견 건을 청(淸)에 자문(咨文)으로 알리는 건에 대한 논의 및 통신사의 파견 준비에 들어갔다.[48] 구체적으로는 통

46) 『통신사등록』 제12책, 임오(1762) 윤5월 20일.

47) 『통신사등록』 제12책, 임오(1762) 7월 2일.

48) 『통신사등록』 제12책, 임오(1762) 8월 18일.
계미통신사 때에는 통신 3사(정사·부사·종사관)의 잦은 교체로 인해 1763년 7월 8일에야 청에 보내는 자문(咨文)이 확정되었다(『통신사등록』 제12책, 계미(1763) 7월 8일).

신사의 인선과 공·사(公·私) 예물, 사행원의 일본 여정에 필요한 각종 잡물을 각 도(경상·전라·충청·강원·황해·함경·평안도)에 분정(分定)하는 한편, 해당 관청(혜민서 및 전의감 등)에도 지시를 내렸다. 그리고 사행원의 일본 체류 중 행동지침이라 할 수 있는 금단절목(禁斷節目)도 마련되었다. 일본인과 사적으로 약재나 서책·직물 등의 밀거래(잠상)를 금하는 한편, 국내 및 대청 관련 정보 누설 금지, 접촉을 금하는 등의 내용이었다.

동래부로 내려간 수역(이명윤)은 1762년 7월부터 9월까지 체류하면서 절목강정에 임했다. 구체적인 사항은 마침 왜관에 체류 중이던 문위역관의 호환차왜인 재판(裁判 平蕃信, 樋口左衛門)과 교섭을 했는데, 「집정·집사·경윤·종실 등」 막부측 고관과 쇼군가의 종실에게 주는 예물에 대해서는 구체적 인물과 액수를 나중에 다시 논의하는 것으로 남겨둔 채 상경하였다. 그러나 이번 계미통신사의 절목이란 항목 자체도 과거에 비해 적었을 뿐 아니라, 내용도 앞의 〈표 1〉에서 보았듯이 기본적으로는 무진년(1748)의 전례를 바탕으로 했기 때문에 큰 문제는 없었으며, 통신사청래차왜에게 별지의 내용대로 시행하겠다는 뜻을 전했다.[49)]

그런데 절목강정 항목 내용 중에서 일본측(對馬藩)이 관심을 가지고 있었던 것은 바로 「집정·집사·경윤·종실 등」 막부측 고관과 쇼군가에 대한 예단의 증액이었다. 이에 다음 해인 1763년 3월 통신사를 호행하기 위한 재판차왜(信使迎裁判 平如任, 平田所左衛門)가 미진했던 절목 강정을 내세워 수역을 다시 동래부로 내려보내 줄 것을 요청해왔다. 조정에서는 수역의 임무 수행이 미진했던 점을 문제삼아 처벌이 논의되기도 했지만, 그간의 절목 내용을 잘 숙지하고 있다는 점에서 추가 강정을 위해 수역(이명윤)을 또 다시 동래부로 내려 보냈다.[50)] 쓰시마 번은 재판차왜를 통해 막부의 지시를 내세워 무진통신사행(1748) 당시의 「집정 4인·경윤 1인」 이외에도, 「종

49) 『통신사등록』 제12책, 임오(1762) 10월 2일, 동래부사(權導)의 장계(9.24).
50) 『비변사등록』 영조 39년(1763) 3월 30일.

실 1인·어용 1인·집정 1인·근시 1인」을 추가하여 예단을 준비해 줄 것을 요청하였다. 수역의 보고서를 바탕으로 한 동래부사(鄭晩淳)의 보고에 대해서는 예조에서 검토한 결과 집정 1인을 더 추가하여 5인으로 하는 것 이외에 나머지는 방색하기로 결정하였다.51) 그 결과 추가 강정에서 합의된 강정절목은 다음과 같았다.

〈표 2〉 추가 강정 내용

	내용	조선의 조치
1	일본의 피휘(避諱) 글자는 강(康)·수(秀)·광(光)·강(綱)·길(吉)·선(宣)·계(繼)·종(宗)·중(重)·치(治).	전례
2	집정·경윤 앞으로 보내는 서계는 무진년(1748) 식례(式例)에 따르며, '朝鮮國禮曹參判姓名 奉書, 日本國執政姓公 閣下'라 쓰면, 일본의 회답도 '日本國執政姓諱奉復, 朝鮮國禮曹參判姓公 閣下'라 쓸 것이며, 京尹도 동일한 체제로 할 것.	전례
3	집정 5인의 성명 : 源公忠寄, 源公武元, 藤公涼朝, 源公利容, 源公輝高.	통신사의 출발 직전, 정사 조엄의 건의에 따라 집정 6인으로 결정.
4	경윤 1인의 성명 : 藤公正右, 예조참판의 서계와 별폭 요청.	전례
5	萬年山 相國寺 維天瞻 장로, 접반장로의 법명.	전례
6	신구 태수(쓰시마 번주) 앞으로 3사, 상상관, 여러 판사(判事, 역관)의 私예단을 무진년 전례대로 할 것.	전례
7	종실 5인·집정 5인·경윤 1인·근시 1인·집정 이하 여러 관원 20여인, 이 사람들 외에도 에도·교토·오사카성의 숙공(熟供) 담당자 및 숙방(宿坊)과 오카자키(岡崎)에 거처하는 사자에게도 사예단을 줄 것.	전례
8	이테이안의 장로 2인과 舊太守(舊對馬藩主)의 친척 10여인 : 이들에게 3사의 사예단을 요청.	전례
9	무진년 통신사행의 전례에 따라 교토(京都)에서 1박.	전례

(『통신사등록』)

51) 『통신사등록』 제12책, 계미(1763) 7월 10일, 수역 李命尹이 통신사절목을 追講定한 경과 보고.

위 항목 가운데 집정의 추가 건을 제외하고는 거의 전례를 참고로 수용하였다.

바로 직전 무진통신사행(1748)의 경우에는, 일본측으로부터 절목강정 단계부터 돌연 통신사행에 대해 쇼군가 3대(구관백·신관백·저군)에 대한 배례·예물을 요구한 것 때문에 조정에서 격렬한 논의가 있었다. 통신사행이란 오로지 '새 관백'(현직 쇼군) 한 사람의 축하에만 국한해야 한다는 것이 통교 재개 이래 조선의 일관된 통교 방침이었다. 17세기 중엽의 통신사행을 보면, 일본은 막부 초기 국내적으로 도쿠가와(德川) 쇼군가의 정통성 확립을 위해 쇼군이 세습직이라는 것을 외교의례를 통해 구현하고자, 절목강정 단계부터 조선에 쇼군의 아들인 와카기미(若君, 儲君)에 대한 서계 및 배례, 또는 쇼군가 3대(德川家康·德川秀忠·德川家光)에 대한 닛코산(日光山) 치제를 요구해왔다. 그러나 조선은 배례나 치제 요구를 수용하더라도 조선 국왕의 국서에는 국왕의 외교상대인 쇼군 1인에 대해서만 언급함으로써 '국왕대쇼군(關白·大君)'이라는 적례외교의 방침을 고수하였다. 그런데 무진통신사(1748) 때에는 이러한 조선의 통교방침에도 불구하고 일본측이 일방적으로 요구해온 '구관백 의례' 건을 동래부사 및 접위관이 그대로 조정에 문의하였다.[52] 이에 조정에서는 일본측의 일방적인 의례 변경 요구를 변방에서 즉시 막아내지 못한 채 중앙에 그대로 보고한 것 자체가 부당하다며 동래부사 및 접위관의 체포를 지시한 전사가 있었는데, 쓰시마 번에 경각심을 주기 위해서였다.[53] 이에 비하면 계미통신사(1763) 당시 추가 강정 내용이란, 집정 등, 조선측 예물을 받을 일본측 인사를 추가하는 정도로, 조선 국왕과 막부 쇼군의 敵禮(대등) 외교에 바탕을 둔 조일간 통교체제를 뒤흔들만한 의례 변경 요청은 없었다. 이에 집정 추가 건은 최종적으

52) 『통신사등록』 제9책, 정묘(1747) 4월 19일(동래부사 홍중일 접위관·정한규의 연명 장계(4.10).

53) 『통신사등록』 제9책, 정묘(1747) 4월 26일 및 4월 30일.

로 1763년 7월 통신사의 파견 직전에서야 방침이 확정되기는 했지만, 그 이외에 중앙에서 격렬한 논의의 대상이 된 항목은 없었다. 어디까지나 무진통신사행(1748) 때의 전례를 기준삼아 융통성 있게 조정이 되었다고 할 수 있다.

위와 같은 경위로 볼 때, 계미통신사(1763) 당시 절목강정 만큼은 국교재개(1607) 이래 10번의 통신사행에 비해 역대에 보기 드물 만큼 순탄하게 이루어졌다고 할 수 있다. 절목강정이 일단락되자 통신사호행 재판차왜(信使迎裁判 平田所左衛門)는 1763년 10월 통신사청래차왜(修聘使, 嶋雄八左衛門)와 함께 쓰시마로 돌아갔다.

4. 1763년 계미통신사의 일본 파견과 왕복 국서의 '隣誼·舊好'

계미통신사(寶曆信使)의 경우, 절목강정이 비교적 순탄하게 일단락되자 통신사 파견을 위한 본격적인 준비에 착수하였다. 그러나 통신사행이 부산을 떠나기 이전의 준비 과정에서 여러 문제가 발생하였다. 정사를 비롯한 통신사의 인원 교체를 비롯하여 선박의 제작 및 점검, 흉년으로 인한 인삼과 응자(鷹子) 등, 예단 준비의 어려움으로 출선이 늦어짐에 따라 일본측(對馬藩)과 출선 시기를 조율하는 문제 등으로 서계 작성도 지체되는 일이 발생하였다. 여기에 부산 출선 이후에는 선박의 파선, 일본 체류 중에는 통신사행원의 한 사람이 일본인에게 피살당하는 인명 사고가 발생하여 고난이 끊이지 않았다. 그러나 통신사행의 임무로서 무엇보다 중요한 것은 미비한 사전 준비와 고난스러운 일본 여정 속에서도, 조일관계에 대한 조선 국왕의 의중이 담긴 국서를 막부 쇼군에게 전달하고 또 쇼군의 회답서를 받아오는 일이었다. 따라서 여기에서는 우선 통신사의 인선과 출선 시기 문제 및 국서의 왕복이라는 외교의례를 통해 조선이 18세기 중엽의 조일관계를 어떻게 인식 내지는 유지하려 했는지 그 실태를 살펴보고자 한다.

1) 영조의 3사 인견과 통신사외교에 대한 인식

계미통신사는 정사에 조엄(趙曮), 부사에 이인배(李仁培), 종사관 김상익(金相翊)을 비롯하여 모두 477명으로 구성되었다.[54] 이들 중 3사에 대해서는 한양 도성을 떠나기에 앞서 1763년 7월 24일 영조의 3사 인견이 있었다. 『실록』을 보면, 영조는 그 자리에서 통신사에게 일본과의 규정 준수, 일본 체류 중 사적인 매매 행위, 일본인과의 음주 등과 같은 접촉 억제 등, 일본 체류 중의 행동 지침과 이를 어길 경우 현장에서 3사가 처벌할 것 등을 지시하였다.[55] 아마도 바로 직전 무진통신사행(1748) 때 일본 여정 중 통신사행의 기강 해이를 비롯하여 인명 사고, 통신사행의 쓰시마 체류 시 화재 등으로 사건 사고가 끊이지 않았기 때문으로 보인다.

그런데 영조의 계미통신사 인견 시 또 하나의 특징이라면, 17세기 중반의 통신사행과는 달리, 일본 정탐이나 무기 구입, 또는 통교 적폐 개선을 위한 쓰시마 번과의 약조 체결 등과 같은 국왕의 특별 지시는 보이지 않는다는 것이다. 이는 국교 재개(1607) 이래 통신사외교가 150년에 걸쳐 정착된 데다 청과의 관계도 17세기 말 이후로는 옹정제에 이어 건륭제 때에도 안정적으로 유지되고 있었기 때문으로, 18세기 중엽의 일본이란 안보라는 측면에서 볼 때 그다지 긴장하지 않아도 되는 상대였기 때문이라 할 수 있다.

54) 조엄, 『해사일기』, 삼사일행록(三使一行錄).
이밖에 제술관으로는 남옥, 서기에 성대중·원중거·김인겸, 역관에 최학령·이명윤·현태익·오대령(漢學 소통사) 등, 기선장으로 동래인 변박(卞璞), 도훈도에 최천종(崔天宗) 등이 선정되었다.

55) 『영조실록』 39년(1763) 7월 24일 기묘.

그러나 통신정사 조엄의 『해사일기』를 보면, 이 당시 영조의 일본 내지는 통신사외교에 대한 인식을 엿볼 수 있는 대목이 있다. 하나는, 조엄 등, 통신사가 영조를 인견하고 떠나는 날, 영조가 "친히 '이릉송백'(二陵松柏)[56] 이라는 글귀를 외우면서 목이 메어 눈물을 머금었다"라는 대목이며, 다른 하나는 통신 3사와 제술관 서기의 시(詩) 짓는 능력을 시험하는 대목이다.[57]

먼저 '이릉송백'(二陵松柏)이란, 임진왜란 이후 윤안서(1542~1615)가 포로 귀환을 위해 일본으로 떠나는 사자에게 지어준 시이다. '2릉'이란, 임진왜란 당시 왜병에 의해 파헤쳐진 선릉(宣陵, 성종의 묘)과 정릉(靖陵, 중종의 묘)을 일컬으며, 왜적에 훼손된 2릉에서는 소나무(松)와 잣나무(柏)가 자라지 않는다는 회한이 담겨있는 시이다. 이에 임진왜란이 끝나고 1607년 조선이 일본(도쿠가와 막부)과 국교 재개를 할 당시에도, 일본에 첫 번째 조건으로 내세웠던 것이 2릉을 파헤친 범인을 색출해서 조선으로 넘겨달라는 것이었다. 쓰시마 번이 잡아온 범인이 진범이 아니라는 것을 알면서도 조선이 이를 문제삼지 않았던 것은, 2릉이 곧 일본과의 통교 구축에 있어서 외교적 대의명분에 해당했기 때문이다. 영조가 150년 전 '2릉의 치욕'을 비장한 각오로 소환하여 통신사 일행에게 잊지 말 것을 당부했던 것은, 교린을 내세운 일본과의 우호가 오랫동안 유지되고 있으나, 안보라는 측면에서는 여전히 경계해야 할 대상이라는 현실 인식을 보여준 것이라 하겠다.

56) '이릉송백'(二陵松柏)이란, 임진왜란 이후 윤안서(1542~1615)가 포로 귀환을 위해 일본으로 떠나는 사자에게 지어준 시이다. 2릉이란, 임진왜란 당시 왜병에 의해 파헤쳐진 선릉(宣陵, 성종의 묘)과 정릉(靖陵, 중종의 묘)을 일컬으며, 왜적에 훼손된 2릉에서는 소나무(松)와 잣나무(柏)가 자라지 않는다는 회한이 담겨있는 시이다. 전쟁이 끝나고 1607년 조선이 일본(도쿠가와 막부)과 국교 재개를 할 당시, 일본에 조건으로 내세웠던 것이 2릉을 파헤친 범인을 색출해서 조선으로 넘겨달라는 것이었다. 2릉이란 일본과의 통교에 있어서 외교적 명분에 해당하는 것으로, 영조가 150년 전의 '2릉의 치욕'을 잊지말 것을 당부한 것이다.

57) 원중거, 『승사록』 계미년(1763, 영조 39년) 7월 24일(기묘) 및 8월 3일(정해).

한편 영조가 통신사행원의 시(詩) 짓는 능력을 시험했다는 것은, 그럼에도 이 시기 통신사외교의 성격이 많이 변화했음을 의미한다. 앞서 언급했듯이, 18세기 중엽이란 17세기 중반 명·청 교체 때처럼 요동치는 동아시아 국제관계의 변동 속에서 일본에 대한 정탐이 우선순위를 차지하던 때와 같은 위기의식은 없었다. 조일간 교린 적례(敵禮) 외교의 안정으로 긴장감이 사라지자, 그 대신 외교의 최전선에서는 시문(詩文)을 통해 문화적 우위를 지키려는 의도가 강렬해졌던 것 같다. 시문 수창에 대비하기 위해 국왕 영조가 3사와 제술관 및 서기의 재능을 시험해 본 것도 조선의 우월함을 일본에 보여주어야 한다는 것을 주지시키기 위해서였다고 할 수 있다.[58] 그 결과 1년에 가까운 일본 여정 중, 사행원 최천종(崔天淙)이 오사카에서 피살된 이후를 제외하고는 그 어느 때의 사행보다도 일본인들과의 문화교류가 활발하였다고 할 수 있다.

통신사외교의 성격이 안보외교에서 문화외교로 확대됨에 따라 통신사 일행이 일본인들에게 지어준 시의 편수도 엄청났던 것 같다. 귀국 후 복명하는 자리에서 영조가 일본인들과의 시문 창화에 대해 질문한 것을 보면, 일본인들에게 평가가 좋았던 제술관 남옥(南玉)이 1,000여 수(首), 서기 원중거(元重擧)와 김인겸(金仁兼)도 각각 1,000여수를 주고받은 것으로 대답하였다.[59]

2) 통신 정사 조엄(趙曮)과 출선 지연 등, 험난한 일본 여정

계미통신사행은 사행의 편성부터 난항을 겪었다. 1762년 6월 일본측의 통신사 요청을 수락한 직후부터 통신사의 인선에 착수한 바, 1762년 8월에

58) 이홍식, 「1763 계미통신사행과 한일 관계의 변화 탐색 -충돌과 갈등 양상을 중심으로-」 『동아시아문화연구』 49, 2011
59) 조엄, 『해사일기』 연화(筵話), 갑신년(1764) 7월 8일.

는 정사에 서명응(徐命膺)이 선발되었으며, 이후 절목강정 과정에서 때때로 자신의 의견을 제시하였다. 그러나 1763년 7월 출선 시기가 다가오는 시점에 정사 서명응이 함경도 종성으로 유배형에 처해져 정사가 교체되어야 하는 상황이 되었다.[60] 이에 며칠 후인 7월 11일 정사가 곧바로 정상순(鄭尙淳)으로 교체되었다. 정사 교체에 대한 영조의 탄식을 보면, 18세기 중엽에는 통신사행원으로 일본에 가는 것이 자랑스러운 일이라기 보다는 기피의 대상이었던 것 같다.[61] 영조는 통신 정사의 교체를, "전쟁에 임하여 장수를 바꾸는 일에 비유하면서, 만약 (통신사행을) 모면하려는 자가 있다면 귀양을 보내 나라의 기강을 보여주겠다"라는 단호한 입장이었다.[62] 영조의 처벌 방침에도 정사 정상순이 노모 봉양을 이유로 통신사행을 사양함에 따라 정상순은 경상도 김해에 3년간 유배형에 처해졌다. 정사가 두 번이나 교체된 결과, 바로 이틀 후인 7월 13일에는 세 번째로 천거된 조엄(趙曮)이 마침내 통신 정사에 임명되었다.[63]

조엄은 정사로 선정된 지 20일도 안되어 통신사행에 나서게 되었지만, 일찍이 동래부사(1757.10~1759.1) 재임 시부터 인삼 밀무역자의 처벌을 요청한 바 있으며,[64] 경상도사(1760) 재임 시에는 이를 바탕으로 왜관에서의 잠상(밀무역) 처벌에 대한 장계를 올려 嚴法이 시행될 정도로 일본과의 통교 실무에 밝은 전문가였다.[65] 이에 정사로 임명된 이후에는 추가 절목강정 과정에서 미해결로 끝났던 '집정의 액수 가감 항목'에 대해서도 자신의 의견을 개진하였다. 즉 '교린의 도(道)란 전례가 중요하지만 일본 에도(江戶)라는 타국의 교섭 현장에서 통신사들이 난처하거나 당황해하는 일이 없

60) 『영조실록』 39년(1763) 7월 7일 임술.
61) 『통신사등록』 제12책, 계미(1763) 7월 9일.
62) 『통신사등록』 제12책, 계미(1763) 7월 11일.
63) 『통신사등록』 제12책, 계미(1763) 7월 13일.
64) 『영조실록』 33년(1757) 10월 23일 임오.
65) 『영조실록』 36년(1760) 11월 29일 기사.

도록 그때그때 상황에 따라 어느 정도 정사의 자율적 판단이 필요함을 건의하였다. 계미통신사의 추가 절목강정에서 일본측이 끝까지 요구했던 것은 막부 집정(老中)의 액수를 추가하는 것이었다. 바로 직전 무진통신사행(1748) 때보다도 집정과 종실을 각 각 1인씩 추가하여 집정은 6인으로 해 달라는 것이었다. 무진통신사 때에도 일본측이 막부의 집정 6인에 대한 조선측의 의례를 요구했으나, 절목강정 당시 조선은 집정 5인에 대해서만 허락했었다. 그런데 에도성의 의례에 참석한 막부의 집정이 실제로는 6인이었기에 현장에서 마찰 끝에 3사가 급작스레 서계와 예단을 마련했던 불미스러운 전사가 있었다. 이에 조엄은 과거처럼 외교현장에서 미봉책으로 대응하기 보다는, 추가로 요구해온 집정 1인에 대해 아예 절목강정 단계부터 사전에 예조 서계와 예단을 준비하는 한편, 종실에게는 3사의 사예단으로 대응할 것을 건의했던 것이다. 1763년 7월 국왕과 대신, 비국 당상이 참여하는 회의에서 영조가 이를 허락함에 따라 비로소 절목강정이 최종 확정되었다고 할 수 있다.[66] 그 결과 예조의 승문원에서도 바로 서계 작성에 착수하는 한편, 해당 부서와 각 도에도 신속히 공·사 예단을 준비하도록 하였다.[67] 그러나 조엄의 사행록(『해사일기』)을 보면, 추가 집정 1인에 대한 공예단 건은 미리 준비해 왔음에도 불구하고 역할이 불분명함에 따라 결국 시행되지 않았던 것 같으며, 결국은 무진통신사행(1748)의 전례에 따라 사행이 준비한 사예단으로 처리되었다.[68]

한편 통신 정사의 인원 교체 및 준비 부실 등은 결국은 통신사의 출발 지연으로 이어졌다. 원래 1762년 4월 통신사청래차왜(修聘使)가 조선에 정식으로 통신사 파견을 요청해왔을 당시 통신사의 출선 기일은 1763년 6월로 예정되어 있었다. 그러나 조선은 선박 제조와 예물 준비 등 여러 가지

66) 『영조실록』 39년(1763) 7월 14일 기사. 『통신사등록』 계미(1763) 7월 14일.
67) 『통신사등록』 제12책, 계미(1763) 7월 18일.
68) 조엄, 『해사일기』 권4, 갑신년(1764) 2월 24일 병오.

이유로 6월 승선이 어려워, 1762년 10월 왜관 관수를 통해 승선 시기를 1763년 8~9월로 미루고 싶다는 의사를 전달하였다.[69] 그렇지만 1763년 5월 통신사호행차왜가 부산에 올 때까지 일본측(對馬藩)으로부터는 회답이 없었다. 그런 가운데 통신 정사의 교체 문제로 통신사 출발일이 늦어지게 되자, 통신사는 8월 3일 서울을 출발하여 8월 20일 동래에 도착한 후, 40여 일을 부산에 머물다가 10월 6일에서야 부산을 출발하여 일본으로 갔다.[70]

영조의 이러한 당부 속에서 1763년 10월 6일 부산을 출항한 통신사행의 선박은 모두 6척(상선 2척, 중선 2척, 하선 2척)으로 쓰시마 번의 선박 13척이 호행했다. 그러나 비와 역풍 때문에 10월 27일에야 번주가 있는 후츄(府中)에 도착하였다. 이후에도 선박 사고와 날씨, 바람 때문에 순탄치 못한 여정이었다. 쓰시마에만 1달 이상을 머물다가 다음 기착지인 잇키섬(壹岐島)으로 향할 때는 통신사 선박의 부실한 제작 때문에 정사 선박의 치목이 파손되어 국서의 훼손 및 생명의 위험을 느낄 정도였다(1763.11.13). 아이노시마(藍島)에서는 부기선(副騎船)의 제작 부실로 인한 인명 피해와 선적한 물건이 모두 바닷물에 젖는 사고가 발생하였다. 무진통신사행(1748) 때도 비슷한 선박사고를 수습했던 전례에 따라 치쿠젠(筑前州)의 선박을 빌려 짐(卜物)을 옮겨 싣기는 했지만, 외국에서 드러난 불명예스런 사고였다. 이에 통신 정사가 귀국까지 기다리지 않고 1763년 12월 곧바로 조정에 감조차사원(監造差使員) 등 선박 제작과 관련된 사람들의 논죄를 요청하는 장계를 올린 바, 같은 달 곧바로 관련자들에 대한 감금 또는 파직 조치가 취해졌다(1763.12.4. 및 12.27). 잇키섬(壹岐島)에 도착한 후에도 순풍을 기다리느라 거의 20일간을 체류하였다. 그리고 다음 기착지인 후쿠오카 번(福岡藩)의 아이노시마(藍島)에 도착한 것은 12월 3일이었는데, 여기에서도 20일 이상을 체류하였다. 쓰시마, 잇키, 아이노시마의 세 섬을 지나는 데만 2달이 넘

69) 『통신사등록』 제12책, 계미(1763) 2월 21일.
70) 이하 통신사 조엄 일행의 일본 여정에 대해서는 『해사일기』를 참조하였다.

게 걸렸으며, 하기 번(萩藩)의 가미노세키(上關)에 도착한 것은 해가 바뀐 1764년 1월이었다. 이후 오사카(大坂, 1.20) 부터는 육로로 이동했기 때문에 비교적 수월한 여정으로 최종 목적지인 에도(江戶)에 도착한 것은 다음해의 2월 16일이었다. 한양 도성을 출발한 지 무려 8개월여만으로 전례에 없는 긴 여정이었다. 도착 당일에는 막부의 로쥬(老中, 松平右近將監)가 객관인 히가시혼간지(東本願寺)를 방문하여 여정을 위로하였다.[71]

3) 에도죠(江戶城)의 전명의(傳命儀)와 왕복 국서에 기재된 '隣誼·舊好'의 외교적 함의

통신사가 에도를 왕복하는 동안 해내야 할 역할 가운데는 절목강정에서, "詩·書·畵에 능한 사람을 파견해 주도록 요청"한 것에서도 알 수 있듯이, 일본인들과의 시문(詩文) 교류 및 필담창화 등이 큰 비중을 차지하였다. 계미통신사의 경우 거의 1년에 걸쳐 에도를 왕복하는 동안 이러한 문화교류가 그 어느 때보다 가장 활발했던 사행으로 알려져 있으며, 일본 여정 중 이러한 행적을 담은 사행록도 가장 많이 남아 있다. 그러나 통신사가 험난한 일본 여정에도 불구하고 굳이 쇼군이 있는 에도(江戶)까지 가서 해내야 하는 가장 중요한 임무란, 뭐라 해도 조선 국왕의 국서를 에도성(江戶城)의 '전명의'(傳命儀)에서 막부 쇼군에게 직접 전달하는 일이었다. 전명의는 에도(江戶) 도착 이후 10일이 지난 1764년 2월 27일에 치러졌는데, 통신정사 조엄도 서울을 떠나 쓰시마에 도착한 날부터 부실하게 제작된 선박의 파선, 궂은 날씨 등, 갖은 고초를 겪고 8개월 만에 에도까지 온 이유를 오로지 '국서 전달'로 회고하였다.[72]

다음은 조선 국왕 영조가 막부 쇼군(德川家治)에게 보낸 국서이다.

---

71) 계미통신사행(1763)의 일본 여정에 대해서는 『해사일기』(조엄)를 참고하였다.
72) 조엄, 『해사일기』 권4, 갑신년(1764) 3월 10일 신유.

朝鮮國王李昑 奉書
日本國大君 殿下
聘信之曠, 一紀有餘, 竊聞殿下纘承令緖, 撫寧海宇, 其在交好, 曷勝欣聳, 玆循故常, 函馳致使介, 致慶修睦, 隣誼則然, 土宜雖薄, 聯表遠忱, 惟翼勉前烈, 茂膺新祉, 不備
癸未年八月 日
朝鮮國王李昑 (印文; 爲政以德)[73]

발신자가 '朝鮮國王 李昑'으로 되어 있는 위 영조의 국서를 보면, 수신자를 '막부 쇼군'(日本國大君)으로 지정하되, 내용은 쇼군 습직 1건에 한정하여 아주 간략하게 작성되어 있다. 즉 "12년 남짓 통신하지 못했으나 멀리서 듣기를 전하(쇼군)가 습직하여 전국을 편안히 하였기에 교호(交好)의 나라로서 기쁘게 생각한다. 이에 전례(故常)에 따라 사자를 보내 修睦을 다지는 것이 隣誼의 도리라 여기며, 전대에 쌓아올린 공업(前烈)을 힘써 넓혀 새 복을 받기를 바란다"라고 되어 있다.

계미통신사행(1763)이 지참해간 위 영조의 국서를 바로 직전 무진통신사행(1748) 때 지참해간 영조의 국서와 비교하면 몇 가지 문언만 다른 문언으로 바뀌었을 뿐, 간략한 내용이나 문장 구조 및 취지는 거의 비슷하다. 국서의 첫머리에 언급한 통신사외교의 공백 기간이 30년에서 '12년 남짓'(一紀)으로 변경된 것을 비롯하여, 쇼군 습직에 통신사를 파견하여 축하함으로써 '구호(舊好)를 독독히 하자'라는 문언이 '修睦을 다지는 것이 隣誼의 도리'라는 문언으로 교체되기는 했지만, 쇼군 습직에 통신사를 파견하여 축하하는 것이 전례(故常)에 따른 것으로 전대로부터 쌓아온 '구호'를 유지하자는 취지는 동일하다고 할 수 있다. 역대 통신사행이 가지고 간 조선 국왕의 국서를 보더라도 전례를 의미하는 「古常·舊典」, 그리고 「隣誼·舊好·修

73) 「德川幕府朝鮮國王往復書翰」(日本東京國立博物館, 重要文化財).

睦·交好」라는 비슷한 문언으로 우호를 다짐한 바, 영조 대에도 선왕대의 일관된 대일본 외교방침이 그대로 유지된 것으로 볼 수 있다.

이에 대한 쇼군 이에하루(德川家治, 源家治)의 회답서는 어떠했을까?

> 日本國源家治 敬復
> 朝鮮國王 殿下
> 信使遐臻, 聘儀寔盛, 就審起居安寧嘉慶秀深, 方今以承紹前緒, 撫育群黎, 仍由舊典, 斯敍新懽, 幣物既厚, 禮意且隆, 乃知敦兩國講信之意, 而昭奕世修睦之誼也, 言將菲品, 附諸歸使, 惟冀永諦隣好, 共奉天休, 不備
> 寶曆十四年甲申三月 日
> 日本國源家治 (印文; 源寬祐)[74]

위 쇼군(家治)의 회답서는 막부의 侍講(大學頭 林信言)이 초안을 작성한 것으로 알려져 있다.[75] 정사 조엄 등은 전명의 이후 2일이 지난 시점에 초안을 사전 열람할 수 있었는데, 몇 가지 字句에 불만을 표시하였다. 조선 국왕의 안부를 묻는 문언 등이 정중하지 못했기에, '興居佳勝'을 '起居安寧'으로 수정해 주도록 요구한 바, '欣慰'를 '嘉慶', '祢慶'을 '敍懽', '修睦之誠'을 '修睦之誼'라 하여, 무진통신사행(1748, 延享信使) 수준으로 수정해온 후에야 수령하였다.[76] 즉 조선 국왕에 대한 경의가 부족했던 쇼군 회답서의 여러 문언을 수정하도록 요구하여 대등에 바탕을 둔 적례(敵禮)외교를 관철시킴으로써 통신 정사로서의 중요한 소임을 무사히 수행해낸 것이다.

수정된 쇼군 회답서의 내용을 보면 역시 간략하게 작성되었다. 수신자를 조선 국왕으로 지정하되, "조선이 쇼군 습직으로 백성이 안정되었다는 소

74) 『寶曆信使 奉行方記錄』 朱21 「國書幷別幅御往復附御老中御所司禮曹書翰別幅御往復之覺書」(대마도종가문서 기록류 No.824, MF.117, 국사편찬위원회).
75) 李元植, 『朝鮮通信使の研究』 思文閣出版, 1997, 336쪽.
76) 조엄, 『해사일기』 권4, 갑신년(1764) 2월 29일 신해 및 3월 3일 갑인.

식을 듣고 구전(舊典)에 따라 예의를 갖추어 축하해 주니 양국간 신의를 두터이 하고 修睦의 도리를 밝히고자 하는 것에 대한 사의를 표현"한 것으로 되어 있다. 이를 바로 직전 무진통신사행(1748) 때의 쇼군(德川家重) 답서와 비교하면, '舊章'이 '舊典'으로 교체된 것을 비롯하여 '交際之誼'가 '講信之誼'로, '講信之厚'가 '修睦之誼'로 바뀌었을 뿐, 쇼군 습직시 전례에 따라 통신사를 파견하여 예의를 갖추어 축하함으로써 향후 양국간의 신의를 영구히 하자는 취지는 거의 비슷했다. 즉 쇼군(德川家治)의 회답서란 무진통신사행(1748) 당시 쇼군(德川家重) 회답서와 비슷한 서식과 문언으로 수정되었기 때문에 조엄 일행도 비로소 안심하고 수령했다고 할 수 있다. 사실 쇼군 답서의 이러한 서식은 임술통신사(1682, 天和信使) 때부터 시작된 것으로, 통신사를 '歸使'로 표현한 것 역시 임술통신사(1682) 의례를 모델로 했으면서도 무진통신사(1748, 延享信使) 때의 전례를 참고했기 때문이다.

그렇다면 이와 같이 조선의 국왕 영조가 자신과 문서를 직접 주고받을 수 있는 유일한 외교 상대인 일본 막부의 쇼군(德川家治)에게 보내는 국서(國書)에 '故常·交好·隣誼·修睦'이라는 문언, 그리고 쇼군의 회답서에 '舊典·講信·修睦'과 같은 문언이 명기되었다는 것은, 외교적으로는 어떤 의미가 있을까? 우선 이는 조일 양국 모두 자신의 외교상대를 향해 향후 새로운 쇼군 습직으로 통신사 외교가 향후 다시 재개될 때까지 '隣誼·修睦'을 서로 간에 합의 내지 약속한 것이라 할 수 있다. 그러나 문언의 명기란 합의 이상의 의미가 포함되어 있다고 할 수 있는데, 「'隣誼·修睦' 이외의 것을 상상할 수는 없다, 또는 상상해서는 안된다」는, 말하자면 상대국의 행동을 제약하는 중요한 외교수단으로서의 의미가 들어있다고 할 수 있다. 국왕 영조로서는 쇼군과 주고받는 국서, 특히 봉서(奉書) 형식의 국서에 '교린·우호'라는 문언을 선제적으로 못박아 쇼군으로부터 동일한 취지의 회답을 이끌어 냄으로써, 향후 새로운 쇼군의 습직이 있을 때까지 남쪽의 안보를 다짐 내지 확인받는 것이나 마찬가지 효과가 있었다고 할 수 있다. 즉 국교 재개 이래 150년 동안 조선의 역대 국왕이 그러했듯이 통신사 파견을 통해 안보를 지키려는 대일본 통교방침을 그대로 관철시킨 것이라 할 수 있다.

5. 조엄 일행이 본 통신사외교의 실태

1) 접대의례의 간소화와 통신사외교에 대한 부정적 인식

영조 국서와 쇼군 회답서에서 '交好·隣誼' 및 '講信·修睦'이라는 정중한 문언의 기재를 통해 조일 양국 간의 '교린, 신의'를 약속한 것과 달리, 실제 국서를 전달하는 에도성(江戶城)의 의례 현장에서는 통신사 일행이 굴욕으로 느낄 만큼, 일본측의 일방적인 의례 변경이 있었다. 전명의에 참석하기 위해 3사가 금관(金冠)에 조복(朝服) 차림으로 국서를 받들고 에도성으로 들어가는 절차에서는, 말에서 내리고 가마에서 내리는 절차가 예전 관례보다 한 문(門)씩 물러났기 때문에 제술관 남옥(南玉)을 비롯한 통신사들이 이를 수치스럽게 여겼다. 특히 진흙 구덩이에서 말에서 내리게 하여 신발이 젖고 옷이 더러워진 데다가, 과거에는 전명의 이후 향응(연회)시 하관(下官)까지 참석했었는데, 이번 계미통신사 때에는 중관(中官)만 들어가도록 한 것도 매우 통탄스럽게 여겼다.[77)]

그러나 통신사들을 더욱 곤혹스럽게 했던 것은 전명의에서의 4배례였다. 4배례란 이번 계미통신사가 처음은 아니었다. 일찍이 1617년 제2차 회답겸쇄환사를 시작으로 제3차 회답겸쇄환사(1624), 병자통신사(1636) 때에도 4배례를 했지만, 쇼군에 대한 배례가 아니라 조선 국왕의 국서에 대한 4배례로 여겼기 때문에 별 문제가 되지는 않았다. 그런데 이번 계미통신사의

77) 조엄, 『해사일기』 참조.

경우, 조선 국왕의 국서가 놓여 있는 위치가 바로 쇼군의 앞쪽이었기 때문에, 일본 전국의 다이묘(大名)들이 에도성에 모여 지켜보는 가운데 치르는 전명의에서, 국내의 다이묘들도 2배례를 하는 것에 비해 통신사 일행의 4배례란 마치 쇼군에 대한 4배례로 보일 수 있었다. 쇼군의 존대함을 필요 이상으로 강조하는 것으로 비친 이러한 전명의에 대해서는 특히 정사 조엄이 치욕스럽게 여겼다.[78]

전명의가 끝난 후의 향응에서는 쇼군이 3사에게 사주(賜酒)하는 절차에 변화가 있었다. 이전 통신사행(계미통신사(1655)·신묘통신사(1711)) 때의 향응 자리에서는 쇼군이 3사 한사람 한사람 앞에서 술을 마시고 권주(勸酒)를 했다면, 이번 계미통신사 때에는 빈잔(空盃)을 들어 권하는 시늉만 했는데, 이는 통신사행의 요청을 받아들인 결과였다. 통신사 파견을 전후한 시기 조선은 가뭄과 흉년으로 전국적으로 아사자가 끊이지 않았다. 이에 쌀의 낭비를 막기 위해 1728년(영조 4년)부터 영조 재위기간 내내 주금(酒禁) 정책을 실시한 바, 통신사 파견 직전인 1762년에도 주금에 대한 신칙령이 내려졌다.[79] 통신사 일행은 에도 왕복 도중의 연로 및 막부의 향응 시 일본측의 권주(勸酒)를 사양하기로 정하고 교섭에 들어갔다. 1763년 11월 쓰시마에 도착하자마자 번주를 통해 막부의 의사를 타진한 바,[80] 1764년 2월 전명의 바로 직전에야 쇼군과 관련된 의례라서 고치기 힘들기 때문에 술을 따르지 않고 공배(空盃)로 상대하겠다는 회답이 있었다.[81]

공배(空盃)는 예외로 치더라도 에도성에서 치르는 전명의 절차가 이전에 비해 정중하지 못하고 소략해진 것과 같은 변화는 계미통신사행을 몹시 불편하게 만들었다. 특히 통신사 일행은 전명의에서의 4배례를 쇼군에 대한

78) 조엄, 『해사일기』 권4, 갑신년(1764) 2월 27일.
79) 『영조실록』 4년(1728) 9월 16일 계해 및 38년(1762) 9월 18일 정축.
80) 조엄, 『해사일기』 권2, 계미년(1763) 11월 5일 무오.
81) 조엄, 『해사일기』 권4, 갑신년(1764) 2월 23일 을사.

존대성의 가시화로 받아들여 부정적인 입장이었다. 통신사를 접대하는 입장에서 볼 때 이와 같은 의례의 형식화 내지는 간소화와 같은 변화란, 조선에 대한 막부의 인식이 정권 초기와 달리 점차 희미해져 친밀함의 필요도 느끼지 않게 된 것이라 할 수 있다.[82)]

이는 조선도 마찬가지였다. 정사 조엄은 의례 절차의 생략이나 간소화를 외교상대인 조선에 대한 무례로 인식했던 것 같으며, 통신사외교 자체에 대해 부정적인 인식을 갖게 되었다. 전명의 이후의 평가 내지 감상을 보면, 쇼군(家治)에 대해, "임금(君)도 아니고 신(臣)도 아닌 쇼군과 조선 국왕이 恒禮(敵禮)를 취하는 것은 수치스러운 일로, 오히려 천황과 대등례를 취해야 할 것"이며, 일본의 통신사 요청이 국내적으로는 남의 힘(조선과의 외교)을 빌어 군중의 마음을 진압하려는 것에서 비롯된 것인데, 조선이 이에 응한 것이 한심하다며 통신사외교 자체에 대한 회의적인 시각을 드러내었다.[83)]

한편, 통신사 일행의 『사행록』을 보면, 조선 출발에 앞서 영조가 사행원들의 시재(詩才) 능력을 시험한 것으로 되어 있다. 1년에 가까운 일본 체류 중 사실상 시문 수창이 사행활동의 많은 비중을 차지한다고 여겼기 때문으로, 제술관으로 남옥(南玉)이 선정된 것도 이미 일본인들에게 평판이 나 있던 남옥이야말로 조선의 문화적 우위를 보여줄 수 있기 때문이라 여겼기 때문이다. 실제로 에도(江戶)를 향한 여정에서는 아카마가세키(赤間關)를 비롯하여 죠슈 번(長州藩)에서 시문의 교류는 물론, 유학자들과의 학술 교류도 있었다. 이밖에도 에도 막부의 하야시 가문(林家)은 물론, 岩國藩, 쓰시마 번 등에서도 시문의 교류가 있었다. 그러나 여정 중 수많은 시문 수창과 필담에도 불구하고 일본인들과의 불통·단절을 느낀 원중거는, 시문의 교류가 조선의 문화적 우위를 일본에 확인시키기는 커녕, 오히려 문사들을 광대로

82) 三宅英利, 「家治政權の成立と通信使」 『近世日朝關係史の硏究』 文獻出版, 1986, 545쪽.
83) 조엄, 『해사일기』 권4, 갑신년(1764) 2월 27일 기유.

전락하게 말았다고 자조섞인 탄식을 하기에 이르렀다.[84)]

요컨대, 에도성 전명의 의례의 간소화, 4배례 등에 대한 의혹, 시문 교류의 의미 퇴색 등, 여러 가지를 겪으면서 정사 조엄 일행의 통신사 파견에 대한 생각은 결코 호의적이지 않게 되었다고 할 수 있다. 이러한 통신사외교의 성과에 대한 전반적인 회의 내지 피로감은 앞에서도 언급했듯이 이미 무진통신사행(1748) 때 부터 노골화되기 시작하였다고 할 수 있다.

2) 쓰시마 번(對馬藩)의 통신사 호행 실태와 재정 궁핍

한편, 조엄의 『해사일기』를 보면, 거의 1년에 걸쳐 에도를 왕복하는 동안 통신사들의 기착지로 정해진 곳에서 접대기 예년만 못한 것에 대해 불만도 많이 수록되어 있다.[85)] 이러한 소홀한 접대에 대해서는 기착지 자체의 문제라기보다는 통신사의 에도 왕복을 호행했던 쓰시마 번의 행태와 관련이 있는 것으로 보는 듯한 대목들이 있다. 주목할만 것은 이렇게 소홀한 접대가 결국은 쓰시마 번의 재정 궁핍, 또는 막부로부터 재정 원조를 받기 위해 접대 방식이 달라진 것으로 파악하고 있다는 것이다.

예를 들면, 쓰시마를 떠나 첫 번째 기착지로 정해져 있는 잇키섬(壹岐島)이나 아이노시마(藍島)·요시와라(吉原)·쓰루가(駿河) 등지에서 내놓는 음식, 예인선이 마중 나오지 않는 것 등, 전반적인 접대가 과거 무진통신사행(1748) 때 보다도 소략한 것에 대한 불만을 많이 지적하고 있다. 그런데 통신사들은 이를 기착지의 자의적 판단이라기보다는 통신사 호행 임무를 맡고 있는 쓰시마 번이 자신들의 역할을 이용하여 일본 각지에서 이익을 취하려는 쓰시마 번의 행태에 대한 불만, 내지는 상호 불통의 결과로 파악하였다.[86)] 정사 조엄의 관찰에 따르면, 국교 재개 이래 조일 교린관계의 상징

---

84) 『조선후기 지식인 일본과 만나다 ; 승사록』, 김경숙 번역, 소명출판 2006, 520~562쪽.
85) 조엄, 『해사일기』 권1, 계미(1763) 10월 27일 경술.

이라 할 수 있는 통신사외교에서 호행 역할을 맡은 쓰시마 번이 자신들이 차지한 기득권을 활용하여 경제적 이익을 획득하려는 폐해가 번주는 물론, 일반 번사들, 승려들까지 만연해 있음을 날카롭게 지적하고 있다. 그 예로 쓰시마 번의 통역이 통신사들과의 시문 교류, 조선인의 필적을 얻기를 원하는 일본인들을 통신사행에게 소개해준 댓가로 일본인으로부터 일종의 수수료를 받고 있음을 목격한 바, 쓰시마 번의 재정이 궁핍해진 18세기 중엽에 더욱 두드러진 것으로 이해하였다.[87)]

그뿐만이 아니었다. 정사 조엄은 통신사의 에도 왕복 여정 시 일본측이 제공하는 인마(人馬)에 대해서도 제공 방식이 과거와 달라진 것을 눈여겨보았다. 즉 과거 통신사행 때는 육로 이동 시 통신사행의 이동과 짐을 운송할 인부와 역마를 각 기착지에서 분담해 왔기 때문에 다음 기착지로 인수·인계하는 과정에서 번거로움이 있었던 것 같다. 그러나 이번에는 막부가 통신사행의 에도 왕복 전 구간의 마필(馬匹) 제공을 쓰시마 번으로 하여금 전담케 한 바, 쓰시마 사람들이 이를 인건비에 충당하고 있었는데 쓰시마 번이 재정 궁핍을 메우기 위해 막부에 청탁한 것으로 인식하고 있었다.[88)]

실제로 쓰시마 번의 재정 궁핍은 18세기 중엽 이후 조선과의 무역 쇠퇴로 심각해졌던 것 같다. 무진통신사행(1748, 延享信使) 때만 해도 무역 단절까지는 아니었지만, 계미통신사 파견이 가까워진 1750년대에는 막부측에 무역 이윤이 남지를 않아 조선과의 통교 업무를 위한 사자 파견 비용도 감당할 수 없음을 호소하고 있다. 이에 1761년 1월 막부가 통신사 요청을 결정하자, 쓰시마 번은 바로 그해 3월부터 막부 로쥬(酒井左衞門尉)를 상대로

86) 조엄, 『해사일기』 권2, 계미(1763) 11월 14일 (잇키섬).
조엄, 『해사일기』 권3, 계미(1763) 12월 3일 을유(아이노시마).
조엄, 『해사일기』 권4, 갑신(1764) 3월 17일 무진(吉原) 및 3월 22일 계유(駿河).

87) 조엄, 『해사일기』 권2, 계미(1763) 11월 10일 계해.

88) 조엄, 『해사일기』 권4, 갑신(1764) 3월 8일 기미.

통신사 초빙을 위한 배차금(拜借金)을 청원하기 시작했는데, 그 이전 3차례의 사행(正德信使(1711, 金 5萬兩)·享保信使(1719, 金 5萬兩)·延享信使(1748, 金 3萬兩) 때보다도 많은 액수(金 10萬兩)였다.[89] 막부측에 제출한 청원서에 반영된 배차금 산출 내역을 보면 통신사 호행에 들어가는 비용을 훨씬 넘어서는 항목들이 많았다. 우선 통신사 일행이 쓰시마(關所)에 들어선 순간부터 번청이 있는 후츄(府中)에 도착할 때까지 포구마다 관소(館所, 객관)를 마련하는데 들어가는 비용을 비롯하여, 선박장의 신규 조영, 후츄(府中)의 객관 조영 및 통신사 체류 비용, 통신사가 오사카(大坂)까지 가는데 필요한 乘船 준비, 쓰시마 번주의 에도번저(江戶藩邸) 수리 비용, 京都·大坂에서의 향응 비용, 통신사 요청 교섭을 위해 조선에 파견해야 하는 사자의 출장 비용, 그리고 몇 개월에 걸쳐 통신사의 에도 왕복을 호행해야 하는 쓰시마 번주의 人馬 동원을 비롯한 에도 왕복에 들어가는 모든 비용 까지를 합한 액수(金 10萬兩)였다. 쓰시마 번으로서는 통신사 업무 수행에 소요되는 비용을 최대 金13萬兩까지 염두에 두었으나 막부에는 金10萬兩의 배차금을 요청한 바, 막부측과의 상의(질의·응답)과정에서 1~2만량 정도의 삭감이라면 쓰시마 번도 이를 수용할 수 있다는 의사를 내비침에 따라, 최종적으로는 막부로부터 '金8萬兩'의 배차금을 수령하는 것으로 결정되었다.[90]

이 금액은 1790년 당시 대조선 무역과 막부 보조금 및 영지 수입을 합한 쓰시마 번의 총 재정 수입 金 36,000兩을 훨씬 웃도는 규모였다.[91] 막부측

89) 쓰시마 번이 막부에 배차금(拜借金)을 청원한 경위는 『寶曆信使記錄-御拜借金御願之覺書』(대마도종가문서 기록류, No.741, MF.106, 국사편찬위원회)를 참고하였다.

90) 『寶曆信使記錄-信使前御國集書』上, 巳(1761) 12월 21일(대마도종가문서 기록류, No. 738, MF.106, 국사편찬위원회)

91) 쓰시마 번의 1790년대 재정 수입(金 36,000량)에 대해서는 정성일의 논문(「쓰시마의 재정 구조」『조선후기 대일무역』 신서원, 2000, 117쪽) 및 『조선후기 대일무역의 전개과정과 그 성격에 관한 연구; 1790~1870년대를 중심으로-』 전남대학교 박사학위논문, 1991, 117쪽)을 참조하였다.

이 결정한 배차금 '金8萬兩' 가운데 통신사 초빙(來聘) 업무에만 소요되는 배차금을 '金5萬兩'으로 산정한 것을 보면,[92] 쓰시마 번이 '무비'(武備), 또는 '異國'(조선) 방어(察慮)를 명분으로 내세워 통신사 호행에 들어가는 비용을 과잉 요청한 부분이 고려되었던 것 같다. 당시 에도 가로가 실제로 宿驛의 人馬 제공에 들어가는 비용을 막부로부터 청부받은 금액의 절반(5割) 정도로 충당할 수 있었던 것으로 판단한 것을 보면, 나머지는 궁핍해진 쓰시마 번 재정에 충당할 수 있었던 것 같다.[93]

사실 쓰시마 번이 재정 궁핍 때문에 통신사 호행을 핑계삼아 연로에서 이익을 챙기려했던 행태는 이미 바로 직전의 무진통신사행(1748) 때부터 목격되고 있었다.[94] 조명채(曺命采)에 따르면, 재정 궁핍으로 인해 쓰시마 번이 중간에서 이익을 얻기 위해 농간을 부리는 일 등은 기해통신사행(1719) 까지는 보이지 않았던 일로 회상하고 있다.[95] 또한 쓰시마 번이 통신사를 호행하고 에도를 한 번만 다녀 오면 갑자기 부유해지기 때문에 통신사의 도일(渡日)을 반긴다고 하면서, 이번 통신사를 호행했던 쓰시마 번주가 나이 30세가 되도록 혼인을 못하다가, 이번에 에도의 여러 다이묘(大名)들이 돈을 내어 혼사를 도왔기 때문에 통신사 호행을 계기로 획득한 자산을 바탕으로 비로소 혼인할 수 있게 되었음을 마치 비웃듯이 소개하고 있다.[96]

이렇듯 쓰시마 번에 있어서 통신사 호행이란, 막부로부터 배령(拜領金) 및 배차금(拜借金) 등의 재정 원조를 받을 수 있는 명분이자, 호행을 핑계삼

92) 『寶曆信使記錄-信使前御國集書』上, 巳(1761) 11월 22일(宗對馬守 앞으로 보낸 10월 書付) (대마도종가문서 기록류, No.738, MF.106, 국사편찬위원회).

93) 仲尾宏, 『朝鮮通信使徳川幕府』 明石書店, 1997, 259쪽.

94) 민덕기, 「최천종 살해사건으로 본 19세기 중반 통신사의 대마도 인식」『한일관계사연구』 21, 2004, 99~104쪽.

95) 조명채(曺命采), 『奉使日本時聞見錄』 곤, 聞見總錄, 대마도.

96) 조명채, 『奉使日本時聞見錄』 곤 聞見總錄, 대마도.

아 여러 다이묘들에게도 영향력을 발휘하여 부수입(와이로)도 챙길 수 있었다. 통신사 호행이란 18세기 들어 심각해진 쓰시마 번의 재정 궁핍을 만회할 수 있는 몇 십년 만에 한 번 찾아오는 모처럼의 기회였기 때문에 사실은 막부보다도 쓰시마 번이 더 통신사의 도일을 기다렸다고 할 수 있다. 이러한 계미통신사 때의 전사가 있었기 때문에, 쓰시마 번은 1811년 쓰시마 역지(易地) 통신사행 때에도 막부의 위임을 받아 쓰시마에서 치르는 의례라는 것을 내세워 막부로부터 유상(拜借金 3萬兩)·무상(拜領金 8萬兩)의 재정 원조로 金11萬兩을 받아낼 수 있었다.[97]

6. '최천종 피살 사건'과 조일 통교루트의 위기

계미통신사행은 그 어느 때의 사행보다도 사건·사고가 많았다. 에도를 왕복하는 동안에는 질병 등으로 4명의 사망자가 발생하여 사행단에 큰 충격을 주었다.[98] 그러나 통신사행을 무엇보다 당황하게 만들었던 것은, 에도 전명의를 무사히 마치고 귀로에 올라 오사카(大坂)에 체류하던 중 사행원이 일본인에게 살해당한 사건이었다. 1764년 4월 7일 오사카 체류 사흘째 되는 날 새벽, 나졸들을 지휘하는 도훈도 최천종(崔天宗)이 관소에서 일본인 복장의 사람에게 살해당한 사건으로, 범행 현장에는 범인이 황급하게 버리고 간 창과 칼이 남아 있었는데, 조사 결과 통신사 일행을 호행하던 쓰시마 번의 통역 스즈키 덴조(鈴木伝藏)가 범인으로 밝혀진 사건을 말한다.[99]

---

97) 이훈, 「조선 통신사 접대와 대마번의 재정- 1811년 신미통신사를 중심으로-」『역사와 경계』 55, 2005, 128~132쪽.

98) 조엄, 『해사일기』 권5, 갑신년(1764) 5월 5일 병진.

99) 소위 '최천종 피살 사건'에 대해서는 사건의 경위 및 일본(도쿠가와 막부 및 쓰시마 번) 내에서의 대응 및 취급에 대해 상세한 선행연구가 있다(池內敏, 「崔天宗殺害事件をめぐる德川幕府と對馬藩」『ヒストリア』 132, 大阪歴史学会, 1991/池內敏, 『唐人

소위 '최천종 피살 사건'이라 불리우는 이 사건은 막부의 관할지인 오사카(大坂)에서 발생했기 때문에 막부 로쥬(信使御用掛)에 보고되었으며, 막부에서도 오사카로 조사관을 파견하여 범인의 조사 및 처단에 임했다. 막부가 주도하는 조사과정에서는 통신사 일행의 대응 여하에 따라 쓰시마 번이 막부의 문책을 받을 수도, 또 자칫 국교 재개 이래 유지되어 온 조일 통교체제가 흔들릴 수도 있다. 통신사 일행은 이 피살 사건이 매듭지어질 때까지 1달 정도를 오사카에 체류하였으나, 신속하게 진행되는 조사 절차상 조선 조정에 그때그때마다 일일이 보고하여 지시를 받을 수 있는 상황은 아니었다. 말하자면 외교활동 중 발생한 중대 사태임에도 워낙 돌발적인 사건이었기 때문에, 오히려 현장에서 통신사 일행이 임기응변적으로 대응할 수 밖에 없는 측면이 있었다. 따라서 이 시기 조일 통교관계의 실태를 알기 위해서는 조엄 등 통신사 일행과 쓰시마 번, 그리고 막부측이 이 사건을 어떻게 인식하고 대처해 나갔는지를 살펴볼 필요가 있다.

우선, 낯선 외국 땅에서 외교활동 중 사행원이 피살당한 것은 역대 통신사행 가운데 전대미문의 있을 수 없는 사건으로, 사건 발생 초기 통신사 일행의 충격은 매우 컸던 것 같다. 조선을 침략한 도요토미 히데요시(豊臣秀吉)가 집권하고 있을 때에도 사행원에게 털끝만큼의 해도 끼치지 않았던 것에 비한다면,[100] 임란 이래 150년이나 교린 우호가 유지되고 있는 가운데 발생했기 때문인지 통신 정사 조엄은 이 피살 사건을 줄곧 '변괴'라 칭하였다. 그리고 사행원 가운데 원중거는 이 사건으로 말미암아 향후 통신사행이 종료될 수도,[101] 또 성대중은 임진왜란과 같은 일이 다시 일어날

殺しの世界』 臨川書店, 1999/민덕기, 「최천종 살해사건으로 본 19세기 중반 通信使의 대마도 인식」 『한일관계사연구』 21, 2004). 본고는 이 사건을 조일간 통교체제와의 관련성에 초점을 맞추어 살펴 본 것이다.

100) 성대중, 『일본록』 갑신년(1764) 4월 7일 무자.

101) 원중거, 『승사록』 갑신년(1764) 4월 8일 기축.

수도 있음을 우려할 정도였다.[102)]

통신사 일행이 '최천종 피살 사건'을 조일 외교의 단절 내지는 전쟁까지도 초래할 수 있는 최대 위기로 인식하고 있음을 알 수 있는데, 정사 조엄 일행은 이 사건을 엄중하게 받아들여 범인의 색출과 처벌 및 사건이 마무리된 뒤에 오사카를 떠나기로 협의하였다. 정사 조엄 일행의 대응 경위를 간단히 소개하면 다음과 같다.[103)]

사건 발생 다음날(4.8), 정사 조엄 일행은 역관(최학령)을 시켜 쓰시마 번에 죄인 색출 및 처단을 요구하는 성명문을 보냈는데, 이 사실을 막부측에도 알려달라는 내용이었다.[104)] 이를 받아 본 쓰시마 번은 다음날(4.10) 막부 로쥬(老中) 및 오사카 마치부교(大坂町奉行) 등에게도 번역문을 첨부하여 사건의 발생을 알렸으며,[105)] 막부의 통신사 전담 로쥬(信使御用掛 松平右近將監)에게도 보고되었다.[106)] 그러나 쓰시마 번은 이 사건을 막부에 알렸음에도 일본인의 소행이 아니라 '자결', 또는 통신사 일행의 '자중지란'이라는 소문을 핑계로 범인 색출을 미루는 한편,[107)] 며칠 후에는 오사카성(大坂城)의 책임자(判尹, 阿部飛彈守藤正允)를 찾아가 미봉책을 건의하였다.[108)] 그러나 오사카성의 판윤은 물론 통신사 일행을 호행했던 쓰시마 번의 이테이안(以酊庵) 승려까지 쓰시마 번을 책망함에 따라 미봉책은 포기할 수 밖에 없었으며, 일단은 오사카 마치부교(大坂町奉行, 能登守源忠通, 出雲守源長逵)의 조사를 통해 범인이 쓰시마 번의 통역 스즈키 덴조(鈴木伝藏)로 밝혀지

102) 성대중, 『일본록』 갑신년(1764) 5월 4일 신해.
103) 정사 조엄 일행의 대응 경위에 대해서는 사행록인 『해사일기』(권5)를 참고하였다.
104) 조엄, 『해사일기』 권5, 갑신년(1764) 4월 8일 기축.
105) 조엄, 『해사일기』 권5, 갑신년(1764) 4월 10일 신묘.
106) 『寶曆信使記錄』 朱132 「崔天淙一件於江戶取計始終之覺」 (1764) 4월 17일(대마도 종가문서 기록류 No.925, MF.133, 국사편찬위원회).
107) 조엄, 『해사일기』 권5, 갑신년(1764) 4월 10일 신묘.
108) 조엄, 『해사일기』 권5, 갑신년(1764) 4월 13일 갑오.

게 되었다. 범인 스즈키 덴죠는 도주 중 붙잡혀 구금된 상태로 최천종이 거울을 분실하고 자신을 의심하기에 살해했음을 자백하였다(4.14).[109] 이에 쓰시마 번은 통신사 일행에게 범인의 색출을 알려온 한편, 막부 로쥬(信使御用掛 松平右近將監)에게도 최천종 피살사건에 대한 전말을 보고했음을 알려왔다. 그리고 이때 쓰시마 번주는 막부(東武)의 회답도 함께 가져왔는데, 쇼군(關白)이 엄중한 조사를 지시한 바, 막부에서 특별히 조사관(御目付, 오메츠케, 曲淵勝次郞)을 오사카로 내려보내 처결하라는 지시가 있었다는 것도 전해 왔다(4.20). 그리고 며칠 후 막부의 조사관 및 오사카 마치부교, 이테이안 승려 2인의 입회 하에 최천종 피살 사건 관련자에 대한 심문이 있었으며(4.28), 다음날 오사카 마치부교로부터 통신사 측에 범인 스즈키 덴죠의 처형 시 조선측 역관 및 군관의 참관을 요청해 왔다(4.29). 효수형이 집행되던 날(5.2) 최학령을 비롯한 수역 세 사람이 참관한 후 막부측에 사의를 표시함으로써 사건은 일단락되었으며, 통신사 일행도 체류 1달 만에 마침내 오사카(大坂)를 떠날 수 있게 되었다(5.6).

그런데 여기에서 주목하고자 하는 것은, 정사 조엄 등 통신사 일행이 '최천종 피살 사건'에 대한 이테이안 측의 간여를 의식하자 보인 태도이다. 먼저 쓰시마 번이 최천종 사건에 대한 막부의 엄한 지시를 알려온 이후, 이테이안(以酊庵) 승려(瑛長老, 玉嶺)는 쓰시마 번사의 대동없이 단독으로 직접 통신사행을 찾아와 면담을 요청해온 적이 있었는데, 조엄 일행은 죄인이 처형되기 이전에는 접견할 수 없다는 이유로 거절했었다(4.16).[110]

이후에도 오사카 체류 중 이테이안 승려가 3사와의 면담을 몇 차례 더 요청했지만, 쓰시마 번주와의 합석을 전제로 한 면담을 제안하거나(4.20), 3사의 신병을 핑계로 면담을 미루거나(4.22), 단독 접견의 전례가 없음을 들어 거절하였다(4.23). 이에 쓰시마 번주가 이테이안 승려의 면담을 거절

109) 조엄, 『해사일기』 권5, 갑신년(1764) 4월 14일 을유.
110) 조엄, 『해사일기』 권5, 갑신년(1764) 4월 20일 신축.

할 경우 오히려 쓰시마 번이 조선과 한통속임을 막부로부터 의심을 받을 수 있으므로 면담해 줄 것을 요청할 정도였다. 이때 통신 정사 조엄이 쓰시마 번주에 밝힌 거절 이유란 바로 쓰시마 번에 대한 배려라는 것이었다.[111)]

정사 조엄 일행은 유독 이테이안(以酊庵) 승려에 대해 민감한 반응을 보였다고 할 수 있는데, 이테이안은 쓰시마 번 내에 존재하는 사찰이지만 국서개작사건(1636) 이후 쓰시마 번의 대조선 통교와 관련된 문건의 작성 및 감찰을 위해 막부가 파견한 승려였다. 쓰시마 번주와 함께 통신사의 에도 왕복을 호행하기는 하지만 쓰시마 번과는 알력관계에 있었음을 동래부사 출신 정사 조엄은 누구보다도 잘 알고 있었다. 이에 이테이안 승려가 3사에게 서한을 보내, 거듭 오사카 판윤의 조사는 막부의 배려라면서 이번 통신사행과 관련하여 쓰시마 번에 대해 마음 속에 쌓인 것, 즉 쓰시마 번에 대한 불만이 있으면 문건으로 말해줄 것을 요청해 왔을 때에도 결국은 이를 허락하지 않았다. 이테이안의 제안을 거절한 정사 조엄 일행의 속내는 이 사건을 처리하는 쓰시마 번의 태도가 의심스럽고 불만족스럽긴 하지만 이제 와서 버릴 수는 없다는 입장이었다. 만약 통신사행이 이테이안을 통해 쓰시마 번에 대한 불만을 막부에 문건으로 직접 문제 제기할 경우, 쓰시마 번이 막부로부터 문책을 당하는 것은 불을 보듯 뻔한 일이었다. 통신 정사 조엄이 생각하기로는, 만약 막부측이 통신사 일행과 사행의 호행을 담

111) 조엄, 『해사일기』 권5, 갑신년(1764) 4월 24일 을사.
일본측 기록에는 다음과 같이 기록되어 있다.
於大坂一件起候已來、兩長老三使中江直ニ被致對面度与之義數篇被申込候得ども、三使衆曾而承引不被仕候者、畢竟此方樣朝鮮一口ニ御成被成、日本向之御恥辱ニ相成候樣ニ被取計候与之惡意を挎、既御城代江及內所訴候義無其紛、大坂御往復之書狀之通ニ而、此義密々御役人樣方御耳ニ相通可有之(『寶曆信使記錄』朱133 終,「崔天淙を殺候鈴木傳藏御裁許ヲ公儀より眞文ニ御認以酊瑛長老方ニ被差下長老手より朝鮮へ被渡候樣ニ与之御事ニ候を此方樣より御存寄被仰上候品ニ付其儀被相止候次第」(1764) 8월 11일자로 쓰시마 번사 小野典膳이 古川大炊에게 보낸 서장, 대마도종가문서 기록류 No.937, MF.134, 국사편찬위원회).

당하고 있는 쓰시마 번 사이에 틈 내지 갈등이 있는 것으로 인식할 경우, 조일 통교체제 내지 통신사외교에서 쓰시마 번주가 차지하는 지위나 위상을 그대로 보존하기는 어려울 것으로 판단하였다. 이 때문에 혹시라도 이번 사건으로 인해 막부로부터 통신사 호행 역할을 상실당할 수도 있음을 염려하고 있던 쓰시마 번주로서는 통신사 일행이 이테이안의 '쓰시마 번에 대한 불만의 막부 직소(直訴)' 제안 요청을 거절한 것에 대해 감사를 표할 정도였다.[112] 그리고 막부를 의식하여 귀로 시 오사카 및 쓰시마의 후츄(府中)에 있는 쓰시마 번주의 거처에도 통신사 일행이 방문해 줄 것을 요청해 왔다.[113] 통신사 일행은 이때 마침 막부가 쓰시마 번사에 대한 관리 부실의 책임을 묻는 차원에서 번주 대신 쓰시마 번의 호행 차왜 3인(가로 平如敏, 재판 平如任, 紀蕃實)을 오사카 현지에서 100일 동안 구류시켰다는 소식을 듣게 되었는데, 이는 막번제 안에서 쓰시마 번주라는 일개 지방 다이묘의 위치가 얼마나 보잘 것 없는 것인가를 통신사 일행에게 보여 주기에 충분하였다.[114] 이에 내키지는 않았지만 쓰시마 번주가 자신의 거처를 방문해달라는 요청에도 응했던 것이다. 조엄 일행의 이러한 판단은 최천종 피살 사건을 빌미로 자칫 새로 개설될 수도 있는 '이테이안-막부 루트'에 대한 유혹을 뿌리친 한편, 기왕의 '쓰시마 번-막부 루트' 유지를 선택한 것으로 볼 수 있다.

또한 정사 조엄은 1764년 4월 막부측의 조사가 시행되자 마자 왜관측으로부터 이상한 소문이 먼저 퍼져 나가기 전에 군관(李海文)을 조선으로 미리 보내 조정에 최천종 피살 사건을 사전 보고하는 조치를 취하였다.[115]

112) 조엄, 『해사일기』 권5, 갑신년(1764) 4월 26일 정미.
113) 조엄, 『해사일기』 권5, 갑신년(1764) 4월 26일 및 5월 5일 병진.
114) 조엄, 『해사일기』 권5, 갑신년(1764) 5월 5일 병진.
115) 조엄, 『해사일기』 권5, 갑신년(1764) 4월 28일 기유.
통신정사 조엄과 부사 이인배가 조정에 보고한 문건(狀啓)은 『통신사등록』 12책, 갑신(1764) 6월 7일조에 실려 있다.

이와 같이 통신사 일행이 오사카 체류 중 최천종 피살 사건을 계기로 새로 개설될 수도 있을 뻔했던 '이테이안-막부 루트'를 사전에 차단하는 한편, 귀국 전 사전 보고 절차를 취함에 따라, 최천종 피살 사건으로 인한 쓰시마 번과의 갈등, 불신은 봉합되었으며 막부와의 충돌도 없었다. 이에 통신사 조엄 일행이 우려하던 쓰시마 번을 매개로 하는 조일 양국의 통교체제는 그대로 유지되었다고 할 수 있다.

조엄의 사행록(『해사일기』)에는, 임란 이래 조선과 에도 막부와의 통교 속에서 150년 가까이 막부에 대한 중간 전달자 역할을 해왔던 쓰시마 번이 자신들의 이익을 챙기기 위해 통신사의 에도 왕복 도중의 중간 기착지를 상대로 구사해 왔던 폐해나 행태에 대한 불만이 구구절절 서술되어 있다. 그러나 이번 최천종 피살사건으로 쓰시마 번이 막부의 신뢰를 잃어 갑자기 쓰시마 번의 역할이 없어질 경우, 조선으로서는 일본과 전쟁이나 국교 단절까지는 아니라 하더라도 일본측의 갑작스런 변화에 새롭게 대응해야 하는 중대 위기였다. 여기에 중대 위기를 초래했다는 점에서 귀국 후 통신사 일행의 문책 또는 처벌도 피할 수 없는 일이었다. 통신 정사 조엄은 동래부사(1757.12~1759.1) 재직 시 그 자신의 이름으로 호행을 담당했던 현 쓰시마 번주(宗義暢)의 부친인 구 쓰시마 번주(宗義蕃)와 직접 외교문서(서계)를 주고받았던 대일본 통교 최일선의 실무 당사자였다. 조일 간의 현안 문제는 물론, 쓰시마 번의 입장과 교섭 행태, 통교 체제의 변화가 가져올 파장과 그로 인해 새롭게 떠안을 수도 있는 조선의 부담을 누구보다도 잘 파악하고 있었다고 할 수 있다. 이에 쓰시마 번에 대한 불만과 불신에도 불구하고, 양국관계의 충돌 내지 단절로 인한 위기의 증폭 보다는 현상 유지를 택했던 것이라 할 수 있다. 양국관계를 지탱하는 틀이 달라질 수도 있는 만큼, 역대 통신사들이 쓰시마 번과의 현안 타결, 내지는 통교 적폐를 개선하기 위해 에도 막부에 직보(直報) 내지 직교(直交) 가능성을 지렛대로 삼아 쓰시마 번을 위협했던 교섭술과는 확연히 행보라 할 수 있다.[116]

어쨌든, 최천종 피살 사건이 절차상 원만히 마무리되어 쓰시마 번이나 막부와의 갈등으로 더 이상 확대되지 않음에 따라, 귀국 후 통신사 일행이 처벌받는 일은 없었다. 1764년 6월 최천종 피살 사건에 대한 사전 보고 당시 책임 추궁으로 관직을 박탈하라는 국왕의 전교가 있었지만,[117] 1주일도 안 되어 다시 관직에 임용되었다. 정사 조엄은 대사간으로 승진하였으며, 부사도 헌납에, 종사관도 지평에 임용되었다.[118]

그러나 조엄 일행의 귀국으로 종료된 것처럼 보였던 '최천종 피살 사건'은, 조엄 일행이 오사카를 떠나기 직전 이테이안(以酊庵) 승려에게 최천종을 살해한 범인(쓰시마 번 통사 鈴木傳藏) 및 공범자에 대한 철저한 조사를 의뢰함으로써(5.4),[119] 일본 내에서는 처형 경위에 대한 조선 통보를 놓고 쓰시마 번과 이테이안의 주도권 다툼이 한동안 더 계속되었다. 경과를 보자면, 1764년 5월 2일에는 아직 오사카 체류 중인 통신사 일행에게 막부측

---

116) 임술통신사행(1682)년 당시 정사(윤지완) 일행이 쓰시마 번과의 통교 비용을 줄이기 위해 일본 체류중 '표류겸대제'를 타결해왔을 때에도 막부와의 직교루트 가능성을 내비쳤으며, 신묘통신사행(1711) 때 정사(조태억) 일행이 에도(江戶) 체류중 쓰시마 번과 '교간'(交奸) 약조를 타결했던 것도, 쓰시마 번의 무능함을 막부에 알려 문제를 신속하게 매듭짓기 위한 하나의 교섭술이었다고 할 수 있다.

117) 『영조실록』 40년(1764) 6월 30일.

118) 『영조실록』 40년(1764) 7월 6일 병진 및 7월 8일 무오.

119) 조엄, 『해사일기』 권5, 갑신년(1764) 5월 4일 을묘.
이는 쓰시마 번의 기록에도 다음과 같이 기록되어 있다.
信使同伴歸國之節、於大坂通詞鈴木傳藏朝鮮人崔天淙を殺害仕候ニ付, 右引合之者御仕置相濟候ハヽ、三使承知仕度之旨、彼地上船前接伴長老江申入候由ニ而、則眞文ニ而御仕置之次第被相記、信使御用掛中より爰元輪番長老方江被差越、瑛長老より朝鮮江差渡候樣与之御差圖之由ニ而、右眞文之字御用掛中より之添翰とも瑛長老より差出、朝鮮江差渡候筋致差圖候樣申聞候。(『寶曆信使記錄』 朱133 終, 「崔天淙を殺候鈴木傳藏御裁許ヲ公儀より眞文ニ御認以酊瑛長老方ニ被差下長老手より朝鮮へ被渡候樣ニ与之御事ニ候を此方樣より御存寄被仰上候品ニ付其儀被相止候次第」(1764) 11월 7일, 대마도종가문서 기록류 No.937, MF.134, 국사편찬위원회).
이하 동 사료 인용 시 '『寶曆信使記錄』 朱133 終'으로 표기함.

조사관(曲淵勝次郎)과 오사카 마치부교(大坂町奉行), 이테이안 승려로부터 최천종을 살해한 범인(鈴木傳藏)의 처형 결과에 대한 통보가 있었다. 그런데 주범(鈴木傳藏)의 처형은 납득이 갔으나 나머지 공범 내지 협력자에 대한 처벌이 납득이 가지 않았기 때문에, 조엄 일행은 조정의 보고를 이유로 곧바로 이테이안 승려에게 법에 따라 처결해 줄 것을 문건으로 요청하였다(5.3 및 5.4).[120] 통신 정사 일행이 지금까지 이테이안과의 단독 접견을 꺼려했음에도 굳이 이테이안(以酊庵)에 처형 경위 통보를 요청했던 것은, 최천종 사건에 대한 막부측 조사에서 쓰시마 번이 소외되어 있다는 부득이한 판단이 있었기 때문이었다.

그 결과 1764년 7월 11일(일본력) 막부 로쥬(信使御用掛 松平右近將監)로부터 이테이안(以酊庵)으로 하여금 처형 경위를 한문(漢文)으로 작성하여 직접 조선에 전달하도록 하라는 지시가 있었다.[121] 통신사가 오사카를 떠났지만 아직 쓰시마 체류중이라면 몰라도, 이미 귀국한 이후인 만큼 이테이안에서는 문건을 어떻게 전달할지가 고민이었던 것 같다. 이에 이테이안측이 쓰시마 번에 문서의 전달방법을 문의 내지는 의논하는 형태였으나, 실제로는 이를 계기로 '이테이안-조선' 교섭루트가 또하나 새로 생길 것을 우려하는 쓰시마 번과 이테이안의 주도권 싸움이었다고 할 수 있다.

조선 통보 방식을 둘러싼 이테이안의 문의에 대해 쓰시마 번은 단호한 입장을 취하였으며, 이테이안이 조선에 직접 문서를 보낼 수 없는 여러가지 이유를 열거하였다. ①우선 조선과 쓰시마 번 간의 문서 왕복의 경우 조선에서 발급한 도서(圖書) 날인이 안되어 있는 서한은 조선에서도 받지 않을 것이며, ② 약조 이외의 '不時' 사자의 경우 서한을 퇴각할 것이다. 그

120) 조엄, 『해사일기』 권5, 갑신년(1764) 5월 4일 을묘 및 5월 5일 병진.

121) 『寶曆信使記錄』 朱133 終, 막부측의 조사팀이 연명(古坂与七郎·曲淵勝次郎·大田三郎兵衛·一色安藝守·大井伊勢守)으로 以酊庵의 瑛長老에게 지시한 문건((1764) 7월 11일) (대마도종가문서 기록류 No.937, MF.134, 국사편찬위원회).

리고 ③막부의 지시(公命)와 관련된 것은 이에야스(德川家康) 때 조선과 통교를 재개한 이래 쓰시마 번이 참판사(參判使)를 보내 전달해 왔으니, 이테이안이 다른 루트(脇筋)로 조선과 서통(書通)하는 것은 곤란하다. ④더구나 쓰시마 번이 보내는 서한은 모두 왜관 내의 동향사(東向寺)에서 검분한 후에 조선에 전달하는 것이 관례인데, 이테이안이 보내는 특별한 서한을 동향사의 검분도 거치지 않고 봉한 채로 보낼 경우, 조선에서 수령하지 않을 것이다. ⑤게다가 이테이안이 전달방법을 문의한 바와 같이, 1년에 1번씩 조선에 보내는 이테이안 송사(以酊庵送使)란 이미 파견이 종료된 데다 예조좌랑 앞으로 보내는 연례송사로서 이번에 막부 지시(公命)를 알리는 것과는 격이 달라 송사 편에 보낼 수는 없으며, ⑥새로 부임하는 관수 편에 보내기도 어렵다는 입장이었다[122]. 또한 만약 이테이안이 조선에 서한을 보낸다 해도 '쓰시마 번주(對馬守)'의 부서(副書)가 없으면 동래부사가 중앙에 계문하기도 어렵다는 의견을 덧붙였다.[123] 게다가 범인 처벌 건을 조선에 너무 자세하게 보고할 경우, 일본이 조선을 중히 여기는 것으로 착각하여 일본(東武之威光·日本之武威)을 깔보게 되니 일본의 치욕이라는 논리를 내세워, 이테이안이 쓰시마 번을 거치지 않고 직접 조선과 서통(書通)하는 것을 원천봉쇄하려 하였는데, 이는 은퇴한 번주(宗義蕃)의 입장을 반영하는 것이기도 하였다.[124] 또한 쓰시마 번이 이테이안에 보낸 의견서에는, 막부 지시(公命)와 관련된 사항을 참판사를 조선에 파견하여 알리는 것은 약조와도 같은 것으로, 지금까지 '다른 루트(脇筋)'를 통한 문서 전달은 결코 없었으며, 역대 번주들도 이 공명 수행을 위해 막부로부터 '朝鮮押之役'(조선 방어)을 부여받은 것임을 강조하였다.[125] 이에 이테이안에서도 '脇筋'로 서통

122) 『寶曆信使記錄』 朱133 終, (1764) 8월 8일.
123) 『寶曆信使記錄』 朱133 終, (1764) 8월 8일.
124) 『寶曆信使記錄』 朱133 終, (1764) 8월 9일 및 8월 10일(御隱居樣의 지시 내용(8월).
125) 『寶曆信使記錄』 朱133 終, 典膳以酊庵江持參之口上手覺((1764) 8월 13일).

이 어렵다는 것에는 어느 정도 공감한 결과, 쓰시마 번으로 하여금 막부에 전달방법을 문의하도록 하였으며, 쓰시마 번 역시 이테이안에 막부측(御用掛)에의 협력을 요구하였다.[126]

쓰시마 번 내의 논의를 보면, 쓰시마 번이 '이테이안-조선 직보(直報)' 루트를 필사적으로 봉쇄하려 했던 데에는 바로 70년전 '울릉도쟁계'(竹島一件) 때처럼 중대현안의 막부 보고가 쓰시마 번이 아닌 다른 곳으로 변경될 수도 있는, 즉 대조선 통교루트 변화의 위험성을 상기시키는 중대 위기로 인식되었기 때문인 것 같다.[127] 안용복이 호키노카미(伯耆守)에게 호소(소송)를 목적으로 2차 도해(隱岐)했을 때, 쓰시마 번은 조선인이 쓰시마 번을 거치지 않고 막부에 '직소'(直訴)하는 사례가 생길 경우, 앞으로 막부가 겪게 될 부담 및 쓰시마 번의 대조선통교에 대한 가역(家役)의 의미 등을 내세워 막부 로쥬를 설득함으로써, 조사에 임했던 돗토리번의 막부 직보를 막아낸 전사가 있었다.[128] 즉 쓰시마 번으로서는 이테이안을 통한 '脇筋' 전달을 쓰시마 번의 대조선통교에 대한 가역(家役)의 훼손으로 이어질 수 있는 중대 위기로 인식했다고 할 수 있다.

따라서 1764년 9월 쓰시마 번이 실제로 막부 로쥬(松平右近將監)에게 문의한 청원서에는 원래 전달하려 했던 초안(8월)보다는 많이 약화된 표현이기는 했지만, 앞서 이테이안을 설득했던 논리가 고스란히 담겨 있었다. 즉 막부 지시(公命)와 관련된 것은 사안의 경중을 떠나 쓰시마 번이 참판사를

126) 『寶曆信使記錄』 朱133 終, (1764) 8월 13일.

127) 쓰시마 번의 구니모토 가로(國元家老, 小野典膳·俵平磨)가 에도(江戶家老, 古川大炊)에게 보낸 서장(8.11)에는 다음과 같은 내용이 있다.
(전략)御隣交相始り朝鮮江被相達候御用向之義、脇筋より御通達被成候義其例無之、竹嶋一件之節違様之儀差起候得とも、終ニ者御國之御主意ニ相渡申たる義ニ御座候(후략)(『寶曆信使記錄』 朱133 終, (1764) 8월 11일).

128) 이훈, 「일본 표착 조선인의 마찰과 수습을 통해서 본 조일 교린의 실태」『해양유산』 5, 2023, 85~92쪽.

파견하여 전달해온 바, 이테이안 승려(瑛長老)가 조선에 서한(서계)을 보내는 것은 조선과의 약조 위반이며, 통신 3사가 이미 귀국한 이후로 사명을 다했기 때문에 서한을 보내더라도 동래부가 계문하기도 힘들 뿐 아니라 교린관계에 있어서 폐해를 가져올 수도 있으므로 '이테이안(以酊庵)의 조선 직서(直書)를 중지'시켜 달라는 청원이었다.[129)]

이에 이테이안 승려도 조선 직서 건을 중지하겠다는 의사를 알려왔으나,[130)] 아직 막부 로쥬의 최종 결정이 내려지지 않은 상태로, 그렇다고 쓰시마 번으로 하여금 최천종 범인의 처벌 경위를 조선에 통보하도록 지시하지도 않았다. 이에 쓰시마 번은 참판사를 보낼 수도 없었기에 서계 대신 왜관 관수에게 '諭知'(가로(奉行) 명의, 甲申八月日)를 보내 최천종 피살사건(大坂之一件)에 대한 경위를 동래부를 통해 조정에 보고(啓聞)하도록 하였다. 그리고 중앙에서 이에 대한 關文이 내려온다면 더할 나위가 없겠다는 의견도 덧붙엿다.[131)]

최천종 사건에 대한 이테이안의 조선 직서(直書)를 중지한다는 막부의 최종 결정은 10월에서야 내려졌다.[132)] 그 결과 이테이안이 조선에 직접 보내려 했던 문건(眞文)도 막부에 회수되었다.[133)] 또한 쓰시마 번이 동래부사 계문을 염두에 두고 관수에게 보냈던 '유지'에 대해서도 훈도·별차 명의의 답신(回諭, 갑신(1764) 12.18)이 있었다. 원래 '회유'는 외교문서(서계)가 아니기 때문에 막부에 제출할 필요는 없었으나, 쓰시마 번은 자신들의 역할을 어필하기 위해 막부 제출을 염두에 두었던 것 같다. 그러나 이 '회유'를 막부에 보고해서 문제가 더 복잡해지는 것을 염려한 나머지 결국은 막부에 보고하지 않기로 하였다.[134)]

129) 『寶曆信使記錄』 朱133 終, 公義江被差出候御書付(8월 문의서)(申 1764) 9월 20일.
130) 『寶曆信使記錄』 朱133 終, (1764) 8월 13일.
131) 『寶曆信使記錄』 朱133 終, (1764) 8월 23일.
132) 『寶曆信使記錄』 朱133 終, 갑신(1764) 10월 10일.
133) 『寶曆信使記錄』 朱133 終, (1764) 11월 삭일(10월 4일).

막부의 지시에 따른 이테이안의 조선 직서(直書) 건은, 조엄 일행이 이미 귀국한 이후 일본 내에서 진행된 일이다. 이에 계미통신사와 관련된 왕복 문건을 수록한 『통신사등록』이나 『동문휘고』를 보더라도, 귀국 후 일본측 사정을 알 수 있는 근거는 남아 있지 않다. 최천종 일건을 알려온 쓰시마 번 가로의 '유지'(諭旨)나 이에 대한 훈도·별차의 '회유'(回諭)도 실려 있지 않다. 그러나 지금까지의 경위를 보면, 통신사가 귀국 직전 이테이안(以酊庵) 승려에게 최천종 사건의 정확한 처형 경위 통보를 요청한 것이 계기가 되어, 통신사 일행은 이미 귀국했음에도 일본 내에서는 '이테이안-조선 루트'(脇筋) 위기가 반년 정도 더 지속되었으며, 쓰시마 번이 이테이안과 막부를 상대로 필사적인 교섭을 벌인 결과 지금까지 누려오던 조일 양국관계에서의 통교 루트 독점이라는 기득권을 가까스로 지켜낼 수 있었다.

이렇게 볼 때 역설적이기는 하지만, 계미통신사행 때의 불상사라 할 수 있는 '최천종 피살 사건'이란, 오히려 기왕의 조일 통교관계 유지를 다시 한번 재확인시켜 주는 계기가 되었다고 할 수 있다. 앞에서도 언급했듯이, 이 사건의 처리과정에서 보여준 통신 정사 조엄의 쓰시마 번 루트 선택, 여기에 막부와 이테이안을 상대로 한 쓰시마 번의 필사적인 대응을 통해 '이테이안의 조선 직서 위기'를 모면함으로써, 쓰시마 번을 중간 전달자로 하는 조일 양국의 통교 틀이나 교섭 루트가 재확인된 셈으로, 이러한 통교 틀은 일단 19세기 초 신미통신사 파견 때까지 그대로 유지되었다.

그러나 조일 양국 모두 통신사외교에 대한 회의적 인식과 접대로 인한 재정 부담이 큰 문제로 다가왔으며, 쓰시마 번에 대한 조선의 불신도 깊어짐에 따라 통신사외교에도 변화가 일어나게 되었다. 우선은 1811년 마지막 통신사 때까지 외교 공백이 50년 가까이 벌어지게 되었다. 1787년 막부에

134) 『寶曆信使記錄』 朱133 終, (1765) 정월 10일, 에도가로(古川大炊)가 國元가로(杉村采女 등)에 보낸 書狀.

새로운 쇼군(제11대 쇼군, 德川家齊)이 습직한 지 24년 만인 1811년에야 우여곡절 끝에 통신사가 파견되었다. 역대 통신사행의 경우 쇼군 습직으로부터 조선에 통신사를 요청할 때까지는 통상 3~4년이 걸렸다. 쓰시마 번의 통신사 요청에 대한 대막부 문의를 시작으로, 막부의 결정이 떨어진다 해도 접대절차에 대한 막부와의 조정, 조선에의 요청 및 결정이 있기까지 필요한 시간이라 할 수 있는데, 습직한 지 24년 만의 통신사 요청이란 국교재개 이래 상상하기 힘든 상황이라 할 수 있다. 뿐만 아니라 통신사외교의 상징이라 할 수 있는 전명의 장소도 에도(江戶)가 아닌 '쓰시마'로 변경되는 초유의 사태가 발생하게 되었는데, 이러한 변화의 실마리가 이미 계미통신사행(1763~1764) 때부터 내재되어 있었다는 점에 주목해볼 필요가 있다.

맺음말

계미통신사행(1763, 寶曆信使)은 바로 직전의 무진통신사(1748, 延享信使)가 일본을 다녀온 지 15년 만에 파견된 사행으로, 도쿠가와 막부의 제10대 쇼군 이에하루(德川家治)의 습직을 축하하기 위해 영조 대에 두 번째로 파견된 사행이었다. 그리고 이 시기란 비록 앞서 3차례의 통신사행(신묘통신사행(1711, 正德信使)·기해통신사행(1719, 享保信使)·무진통신사행(1748, 延享信使)) 당시, 외교칭호 문제, 국서의 개찬, 쇼군가 3대에 대한 배례 요구 등, 일본측의 일방적인 외교의례 변경 요구로 인한 외교 마찰은 있었지만, 숙종에 이어 영조 대에도 임란 이후 100년 만에 도래한 정치와 민생, 남쪽의 안보 유지를 위해 원만한 외교 교섭을 통해 마찰을 수습함으로써 조일 양국 간의 적례(敵禮)에 바탕을 둔 교린관계는 안정적으로 유지되던 때였다.

따라서 계미통신사행(1763)의 경우, 이러한 조일 양국 간의 적례외교와 통교 지침(메뉴얼)의 정착을 바탕으로 통신사외교 자체는 무리없이 수행되었으며, 국교 재개 이래 조선이 지향하던 대일본 안보외교를 관철시킬 수 있었다. 그러나 에도(江戶) 왕복 시 통신사가 목격한 쓰시마 번의 통신사 호행 실태나 오사카(大坂) 체류 중 사행원의 피살사건에 대한 일본측의 수습과정을 통해서는, 통신사들도 국교 재개 이래 150년 동안 유지되어 온 통신사외교에 격세지감을 느끼지 않을 수 없었다. 임란 직후 회답겸쇄환사(1607) 이래 11번째로 파견된 계미통신사행의 경우, 조일 양국 간에 직접적인 외교마찰은 없었다 하더라도 향후 통신사외교의 향방을 가늠케 하는 지점이 있었는데, 검토 결과 다음과 같은 결론을 얻을 수 있었다.

우선 첫째는, 일본측(쓰시마 번)의 통신사 요청에 대한 조선 정부의 수락(예조참판 정홍순 서계, 1762.5)이나, 절목강정 교섭은 앞선 3차례의 사행과 달리 매우 순조롭게 이루어졌다고 할 수 있다. 통신사청래차왜가 요청해온 내용 가운데, 통신사 인원의 '350명 축소 건'을 단호하게 거절한 것을 제외한 나머지 항목들은 전례를 기준으로 조율되었다. 쓰시마 번이 막부의 지시를 내세우며 끝까지 고집했던 '막부측 고관 및 쇼군가(집정·경윤·종실)에 대한 조선측 예물의 증액 건'에 대해서도 집정(老中) 1인만 추가했을 뿐이었다. 앞서의 무진통신사행(1748) 때에는 '고산케'(御三家) 출신 쇼군가의 정통성 확보를 위해 쇼군가 3대(舊關白·新關白·儲君)에 대한 배례·예물을 요구하는 한편, 구관백과 저군의 예물 목록에 조선국왕의 성명 기재를 요구하는 등, '조선국왕 대 막부쇼군'이라는 '적례'(敵禮)에서 벗어난 무리한 의례를 요구해 왔었다. 그러나 계미통신사의 경우 절목강정 단계에서는 선례처럼 조일 양국의 적례에 바탕을 둔 조일 양국의 통교체제를 뒤흔들만한 신례는 없었다는 것을 특징으로 지적할 수 있다.

둘째는, 그 결과 통신정사(趙曮) 일행이 막부 쇼군이 있는 에도성(江戶城)까지 가서 전명의(傳命儀)를 통해 직접 전달한 조선 국왕(영조)의 국서(國書)나, 또 직접 받아온 막부 쇼군(德川家治)의 회답서를 보더라도 과거 전례에 따라 '적례'와 '교린'을 준수하는 선에서 작성되었다고 할 수 있다. 예를 들면 막부 쇼군에게 보내는 영조의 국서(國書)에는 「故常·交好·隣誼·修睦」이라는 문언이, 그리고 쇼군의 회답서에는 「舊典·講信·修睦」과 같은 문언이 명기되어 있었다. 조선 국왕과 막부 쇼군이 자신의 유일한 외교상대에게 보내는 왕복 국서에 이러한 문언을 기재했다는 것은 조일 양국 모두 자신의 외교상대를 향해 향후 새로운 쇼군 습직으로 통신사 외교가 다시 재개될 때까지 '隣誼·修睦'을 서로 간에 합의 내지 약속한 것이라 할 수 있다. 그러나 문언의 명기란 합의 이상의 의미가 포함되어 있다고 할 수 있는데, "隣誼·修睦 이외의 것을 상상할 수는 없다, 또는 상상해서는 안된다"는, 말하자면 상대국의 행동을 제약하는 중요한 외교수단으로서의 의미가 들어 있다고 할 수 있다. 국왕 영조로서는 쇼군과 주고받는 국서에 '교린·우호'라는 문언을 못박아 놓음으로써 남쪽의 안보를 다짐 내지 확인받는 것이나 마찬가지로, 국교 재개 이래 150년 동안 역대 국왕이 그러했듯이 통신사 파견을 통해 안보를 지키려는 대일본 통교방침을 그대로 관철시킨 것이라 할 수 있다.

셋째는, 계미통신사의 경우, 한편으로는 에도성 전명의 의례의 간소화, 일본 여정 속에서 일본인 문사들과의 시문(詩文) 교류의 의미가 퇴색하는 등, 통신사외교의 성과에 대해 전반적인 회의 내지는 피로감이 노골화된 시기이기도 했다. 특히 통신 정사 조엄(趙曮)의 관찰에 따르면, 통신사의 에도 왕복시 각지에서의 접대 소홀, 통신사 호행(護行)을 맡은 쓰시마 번의 접대 소홀을 번 재정의 궁핍에서 비롯된 접대 방식의 변화로 이해하였다. 조선과의 무역 적자로 통신사 접대 시 막부로부터 배차금(拜借金)을 빌리는 등의 재정 원조는 이미 신묘통신사행(1711) 때부터 시작된 일로, 계미통신사행 때는 역대 통신사행 가운데 막부로부터 가장 많은 배차금(金8萬兩)을 받았다. 그러나 이 비용을 온전히 통신사 접대에 충당했다기보다는 이 중 일부를 쓰시마 번의 재정 궁핍을 만회하는데 충당하였던 것 같으며, 통신사의 눈에 비친 이러한 모습들이 전반적으로는 통신사외교 자체에 대한 부정적인 인식으로 이어졌다고 할 수 있다.

넷째는, 그럼에도 통신사 일행의 오사카(大坂) 체류 중 발생한 '조선인(崔天淙) 살해사건'이란, 오히려 역설적으로 쓰시마 번을 중간 전달자로 하는 기왕의 조일 통교관계가 19세기 중엽까지 그대로 유지되는 것을 재확인시킨 계기가 되었다고 할 수 있다. 소위 '최천종 피살사건'이라 불리우는 이 사건은, 통신사 수행원 가운데 한사람인 최천종이 오사카 체류 중 쓰시마 번의 통역(鈴木傳藏)에 의해 살해된 사건으로, 쓰시마 번은 이를 자결 내지는 통신사 일행의 자중지란으로 수습하려 하였다. 이 사건은 귀로 시 통신사 접대를 맡았던 다른 번(福岡藩)에서도 '朝鮮人異變·官人横死' 등으로 칭하며, 진상 파악 및 승선 일정의 차질 등을 놓고 자번(自藩)의 에도번저 및 쓰시마 번과도 긴밀하게 연락을 취하여 정보를 수집하는 등, 전국적으로 여파가 컸던 충격적인 사건으로,[135] 막부도 방관할 수만은 없었던 것으로 보인다.

이에 조사에 임했던 막부측 인사와 이테이안(以酊庵) 승려가 쓰시마 번과는 별도로 통신사측에 쓰시마 번과의 갈등 및 문제점을 막부에 직보(直報)할 수 있다는 제안을 해왔을 때, 통신정사 조엄은 쓰시마 번에 불만이 있었음에도 이를 거절하였다. 혹시라도 이를 계기로 '이테이안-막부로 이어지는 직교 루트'가 개설될 경우, 기왕의 '쓰시마 번-막부 루트' 유지가 어려울 뿐 아니라 통교 체제에 변화를 가져올 수도 있었다. 동래부사(1757.12~1759.1) 출신인 조엄은 대일본 통교의 최일선에 있던 현장 실무자로서의 통교체제의 변화로 인해 조선이 떠안아야 할 외교적 부담을 누구보다도 잘 알고 있었기 때문이다. 이에 통신사 일행이 오사카 체류중 최천종 피살 사건을 계기로 새로 개설될 수도 있을 뻔했던 '이테이안-막부 루트'를 사전에 차단함에 따라, 최천종 피살 사건으로 인한 쓰시마 번과의 갈등, 불신도 없

135) 『寶曆十三癸未年 朝鮮人歸國記 於大坂横死人之一件』(日本福岡縣立圖書館).

었을 뿐만 아니라 막부와의 충돌도 없었다.

그러나 조엄 일행의 귀국으로 종료된 것처럼 보였던 '최천종 피살사건'은, 조엄 일행이 오사카를 떠나기 직전 이테이안(以酊庵) 승려에게 최천종을 살해한 범인(대마번 통사 鈴木傳藏) 및 공범자에 대한 철저한 조사를 의뢰함으로써(5.4),[136] 일본 내에서는 처형 경위에 대한 조선 통보를 놓고 쓰시마 번과 이테이안의 주도권 다툼이 한동안 더 계속되었다. 이테이안의 보고로 막부 로쥬(信使御用掛)가 최천종 사건에 대한 처형 경위를 이테이안으로 하여금 조선에 직접 문서(漢文)를 보내 통보(直書)하도록 지시한 바, 쓰시마 번은 막부를 상대로, 막부 지시(公命)와 관련된 사안은 참판사를 파견하여 알리는 것이 조선과의 약조로서, 이 공명(公命)의 전달이야말로 이에야스(家康) 때 조선과 통교를 재개한 이래 막부로부터 부여받은 '朝鮮押之役'이라는 논리를 전개하면서 이테이안의 조선 직접 통보(直書) 중지를 요청하였다. 통신사가 이미 귀국한 이후이기는 하지만, 막부와 이테이안이 결국 이를 수용함에 따라 쓰시마 번을 중간 전달자로 하는 조일 통교체제는 19세기 중엽까지 그대로 유지되었다고 할 수 있다. 최천종 사건을 계기로 쓰시마 번이 아닌 '이테이안-조선 직서'루트(脇筋)가 또하나 생길 뻔 했으나, 쓰시마 번의 필사적인 대응으로 결과적으로는 오히려 이 사건을 계기로 쓰시마 번을 중간 전달자로 하는 조일 통교 시스템 내지는 통교루트가

---

136) 조엄, 『해사일기』 권5, 갑신년(1764) 5월 4일 을묘.
이는 쓰시마 번 기록에도 다음과 같이 기록되어 있다.
信使同伴歸國之節、於大坂通詞鈴木傳藏朝鮮人崔天淙を殺害仕候ニ付, 右引合之者御仕置相濟候ハヽ、三使承知仕度之旨、彼地上船前接伴長老江申入候由ニ而、則眞文ニ而御仕置之次第被相記、信使御用掛中より爰元輪番長老方江被差越、瑛長老より朝鮮江差渡候樣与之御差圖之由ニ而、右眞文之字御用掛中より之添翰とも瑛長老より差出、朝鮮江差渡候筋致差圖候樣申聞候。(『寶曆信使記錄』 朱133 終, 「崔天淙を殺候鈴木田藏御裁許ヲ公儀より眞文ニ御認以酊瑛長老方ニ被差下長老手より朝鮮へ被渡候樣ニ与之御事ニ候を此方樣より御存寄被仰上候品ニ付其儀被相止候次第」(1764) 11월 7일, 대마도종가문서 기록류 No.937, MF.134, 국사편찬위원회).

재확인된 셈이다.

단, 그럼에도 통신사외교에 대한 회의적 인식, 쓰시마 번에 대한 불신, 막부의 재정 궁핍이 누적되어 감에 따라, 쓰시마 번을 중간 전달자로 하는 조일 통교관계가 19세기 중엽까지 그대로 유지는 되었지만, 1811년에는 전명의 장소가 에도에서 쓰시마로 변경되는 등, 통신사외교도 변태하기 시작했다고 할 수 있다.

제6장

1811년 신미 역지통신(易地通信)과 교린의 퇴색

머리말

1811년의 신미통신사행은 일본과의 국교 재개(1607) 이후 '통신사'라는 이름으로 일본에 파견된 마지막 통신사행이다. 그러나 과거 11번의 통신사 파견에 비해 도쿠가와 막부(德川幕府)와의 외교 재개 시점이나 의례 장소, 통신사 인원수 등에서 그 이전에는 상상할 수 없었던 여러 가지 놀랄만한 변화가 있었다.[1] 막부 쇼군의 습직 축하를 명분으로 하는 통신사외교의 재개 시점부터 보자면, 바로 직전 계미통신사행(1763~1764)으로부터 거의 반세기(50년) 만에 가까스로 성사된 것으로, 제11대 쇼군 도쿠가와 이에나리(德川家齊)가 1787년 쇼군직에 오른 지 무려 24년이 지나서였다. 과거 통신사 파견을 보면, 쇼군 습직으로부터 보통 3~4년 만에 파견이 이루어졌다. 절차상 쓰시마 번(對馬藩)이 통신사 초빙에 관해 막부에 문의한 것을 시작으로, 조선에의 파견 요청 및 허락, 접대의례를 둘러싼 양국간의 교섭과 예물 마련 등, 준비에 필요한 시간이었다. 따라서 쇼군 습직으로부터 24년 만에 통신사가 파견되었다는 것은 유례가 없는 일로, 50년 만에 치르는 외교적 대사였음에도 불구하고, 통신사 일행이 조선 국왕의 국서를 전달하는 가장 중요한 의례인 '전명의'(傳命儀)는 막부 쇼군이 있는 에도성(江戶城)이 아니라 쓰시마 번주의 거성이 있는 쓰시마(對馬)에서 치러졌다. 그리고 통신사의 인원수도 과거 4~500명 선에서 300명 수준으로 축소되었다. 과거 무진통신사(1748, 延享信使) 때부터 인원 축소를 시도해오다 이번에서야 성사된 것이었다. 이 중에서도 국서를 교환하는 장소가 에도(江戶)에서 쓰시마로 변경된 것이 가장 획기적인 변화라 할 수 있는데, 의례장소가 변경되

1) 12번의 통신사행은 1607·1617·1624년의 '회답겸쇄환사'를 포함한 것으로, '통신사'라는 명칭으로는 1636년부터 1811년까지 9회(1636·1643·1655·1682·1711·1719·1748·1763·1811)에 걸쳐서 파견되었다.

었다라는 의미에서 신미통신사행을 조선에서는 '易地信使' 또는 '易地通信·易地信行·易地行禮', 일본에서는 '易地聘禮'로 부르기도 한다.

그런데 의례장소가 쓰시마로 변경되었다는 것은 단순한 장소 변경 이상의 의미가 있다. 우선 임란 이후 제1차 회답겸쇄환사(1607) 파견을 계기로 일본의 도쿠가와 막부(德川幕府)와 통교를 재개했을 당시 통신사가 에도(江戶)까지 간 것부터 치면 200년 만의 변화였다. 임란 이전 일본에 파견된 통신사가 무로마치(室町) 막부가 있던 교토(京都)까지 갔던 것부터 치면, 의례장소가 300년 만에 변경된 초유의 사태라 할 수 있다. 여기에 조선 국왕의 국서를 전달하는 '전명의' 장소가 쓰시마로 변경되었다는 것은, 통신사가 쇼군을 직접 면대하여 국서를 전달하는 절차가 생략된 것을 의미하는 것이기 때문에, 막부측 사자가 쓰시마까지 내려와 전명의(傳命儀)에 임하게 된 매우 이례적인 상황이 발생한 것을 의미한다. 또 통신사 일행이 에도까지 가지 않음에 따라 사행원의 규모도 대폭 축소되었으며, 통신사 일행이 직접 대면할 수 있는 막부측 인사도 대폭 축소됨에 따라 서계 및 예물을 준비하지 않아도 되는 등, 여러 가지 의례의 변경, 즉 신례(新例)를 동반할 수밖에 없는 매우 이례적인 상황이었다.

일본과의 통신사외교에 있어서 '전례', 또는 '구례'를 200년 이상 외교적 명분으로 중시해왔던 조선으로서는 예측하기 어려웠던 획기적인 의례 변경이었다. 이에 조선의 입장에서는 의례 장소 변경(易地)의 진위 여부 및 배경, 도쿠가와 막부의 의사 확인 등, 조일 양국이 완전히 합의를 볼 때까지 20년 이상의 험난하고도 지루한 교섭 경위가 있었다. 그 사이 조선에서는 국왕이 정조에서 순조로 바뀌었다. 그리고 조일 양국 간에 본격적인 교섭이 시작되기도 전에 '역지'를 성사시키기 위해 조선측 외교 실무자(동래부사·역관)와 쓰시마 번(對馬藩)이 결탁하여 서계를 위조함으로써 교섭 실무자가 처벌을 당하는 등, 굴곡진 전사(前史)도 있었다. 이에 신미통신사행(1811)의 경우, 앞서 이미 11번에 걸친 통신사 파견 전례가 있었음에도 불구하고 거의 200년 만에 보는 신례(新例)의 등장으로 인해 국왕이 신하들과 중앙정부 차원에서 심각하게 논의하는 기사가 임란 이후 국교 재개 당시나 의례 변경 요구가 많았던 신묘통신사행(1711, 正德信使) 못지않게 많은 편이다.

다사다난한 교섭 경위에도 불구하고, 조선은 '역지통신'이 막부의 의사라는 것을 확인하자, 이를 수용하여 국왕 순조의 국서에 유감의 표현보다는 '역지'라는 문언을 먼저 기재함으로써 통신사외교에 있어서 새로운 변화의 계기를 마련하였다. 그런데 통신사 파견이란 일본의 요청이 먼저 전제되어야만 성사될 수 있었기 때문에, 신미통신사행이 '역지통신'의 형태로 치러진 것에 대해서도 지금까지는 조선의 무기력함이 부각되었을 뿐, 조선의 입상에서 역지통신을 수용하게 된 경위나 대일본외교의 향방이 충분히 밝혀졌다고는 할 수 없다.

선행연구를 보면, 1811년의 신미통신사행에 대해서는, 주로 막부의 재정절감과 1711년의 신묘통신사 이후 강렬해진 대조선 멸시관이 빚어낸 결과로 이해되어온 경향이 있었다.[2)] 대조선 멸시를 역지통신의 명분으로 삼은 것은 어느 정도 사실이라 할 수 있겠지만, 이 두 가지로 조선측의 사정까지를 설명하기에는 무리가 있다. 왜냐하면, 조선에서도 계미통신사행(1763) 이래 일본과의 통신사외교에 대한 피로감이 팽배해 있었으며, 중앙 조정은 물론 직접 일본에 파견된 통신사행 조차도 조선이 쏟아부은 비용에 비해 얻는 것이 없다는 인식을 하고 있었다. 그리고 통신사행이란 파견 절차로 볼 때도 일본의 초빙 요청이 먼저 있어야만 성사된데다 접대 주체도 일본이었던 만큼, 교섭이라 하더라도 주최측이 제시한 조건을 둘러싼 교섭이었다. 이러한 상황에서는 주최측이 어느 정도 주도권을 행사할 수 있었기 때

2) 糟谷憲一, 「なぜ朝鮮通信使は廢止されたのか -朝鮮史料を中心に-」 『歷史評論』 355, 1979
李進熙, 『李朝の通信使 -江戸時代の日本と朝鮮-』 講談社, 1976

문에 다소 일본측 사정이 반영되기 쉬운 측면이 있었다고 할 수 있다.3)

이에 이 장에서는 조선에 초점을 맞추어, 1811년 신미통신사행을 '역지통신'이라는 형태로 수용하게 된 배경과 경위를 비롯하여, 변경된 의례의

3) 1811년 신미통신사행에 대한 선행연구는 다음과 같다.
田保橋潔, 『近代日鮮關係の研究』 朝鮮總督府中樞院, 1940
中村榮孝, 『朝鮮と日本』 至文堂, 1969
三宅英利, 『近世日朝關係史の研究』 文獻出版, 1986
長正統, 「倭學譯官書簡よりみた易地行聘交涉」 『史淵』 115, 1978
仲尾宏, 『朝鮮通信使と德川幕府』 明石書店, 1997
李元植, 『朝鮮通信使の研究』 思文閣出版, 1997
鄭成一, 「對馬易地聘禮에 참가한 通信使일행에 대하여」 『湖南文化研究』 20, 1991
鄭成一, 「역지빙례 실시 전후 대일무역의 동향」 『경제사학』 15, 1991
李薰, 「1811年の對馬易地聘礼と積弊の改善」 『對馬宗家文書朝鮮通信使記錄』別册 下, ゆまに書房, 2000
岩方久彥, 「1811년 對馬島易地通信研究」 『한일관계사연구』 23, 2005
岩方久彥, 「19세기 조선의 대일역지통신 연구」 고려대학교 박사학위논문, 2014
손승철, 「역지통신과 교린체제의 변질」 『조선시대 한일관계사 연구-교린관계의 허와 실-』 경인문화사, 2006
이훈, 「조선통신사 접대와 대마번의 재정 – 1811년 신미통신사를 중심으로-」 『역사와경계』 55, 2005
이훈, 「비용으로 본 교린의례 – 1811년 신미통신사 파견시 예물 교환을 중심으로-」 『한일관계사연구』 38, 2011
김덕진, 「1811년 통신사의 사행비와 호조의 부담」 『역사와경계』 55, 2005
변광석, 「1811년 통신사 파견과 경상도의 재정」 『역사와경계』 55, 2005
池內敏, 「일본의 조선통신사 접대와 도쿠가와 바쿠후의 재정」 『역사와경계』 55, 2005
岩方久彥, 「정조대 易地通信 교섭과 '江戶通信' 연구」 『한일관계사연구』 52, 2015
양흥숙·김동철·조강희·김경미, 「對馬島 易地通信과 역관 – 그 '의례적' 관계와 '은밀한' 교류의 간극-」 『한일관계사연구』 50, 2015
松原孝俊·岸田文隆 편, 『朝鮮通信使易地聘禮交涉の舞台裏-對馬島宗家文書ハングル書翰から読み解く』 九州大學出版會, 2018
酒井雅代, 「朝鮮通信使易地聘禮交涉の頓挫と再開」 『近世日朝關係と對馬藩』, 吉川弘文館, 2021
윤유숙, 「역지통신 교섭기 간사재판 시게마츠 고노모(重松此面)의 활동 검토」 『항도부산』 43, 2022

실태, 특히 통신사외교의 결정판이라 할 수 있는 왕복 국서에 담긴 외교적 함의를 통해, 조선이 국교 재개 이래 200년 이상 유지해온 통신사외교를 향후 어떠한 방향으로 가져가려 했는지에 대해 주목해 보고자 한다.

1. 50년 만의 통신사외교 재개와 '쓰시마 역지통신' 교섭

1) 막부의 재정 악화와 '역지'(易地) 논의

계미통신사행(1763, 寶曆信使)으로부터 무려 50년 만에 재개된 1811년의 신미통신사행에 대한 외교의례가 에도(江戶)가 아닌 쓰시마(對馬)에서 치루어진 배경으로는 다음의 두 가지가 지적되어 왔다. 19세기 이후 조선 조정과 도쿠가와 막부(德川幕府)의 재정 긴축 정책 때문이라는 견해와 일본의 조선 멸시관을 반영한다는 것이 그것이다. 이 가운데 재정 긴축설은 18세기 말 이후 도쿠가와 막부의 대내외적인 위기의 심화가 조선과의 교린외교에 있어서 인식 변화를 가져온 것으로 설명하기도 한다. 일본은 18세기 말 이래 러시아·영국·미국 등 이국(異國) 선박의 출현으로 인해 대외적으로 불안감에 시달리고 있었으며, 국내적으로는 18세기 말의 대기근 이후 백성들의 봉기 등으로 인해 사회불안이 가중되어 막번(幕藩)체제의 위기가 심화되고 있었다고 한다. 백성 구제라는 정치 현안을 눈앞에 두고 막부의 지도력이 문제시되던 시기에 쇼군(將軍) 교체 때마다 막대한 접대 비용을 써가며 초빙하는 통신사는 검약(儉約)을 강화하는 막부의 긴축정책 하에서 외교문제라기 보다는 내정문제로 인식되고 있었다는 것이다. 게다가 에도나 오사카(大坂)로 흘러들어오는 무숙자(無宿者)에 의해 방화나 강도 사건도 비일비재하였으므로 수개월 내지 1년에 걸친 통신사의 일본 체재는 어떤 돌발

사태를 초래할지 몰랐다. 그 때문에 막부 로쥬(老中) 마츠다이라 사다노부(松平定信)도 제11대 쇼군 도쿠가와 이에나리(德川家齊)의 습직을 축하하는 통신사의 초빙 시기를 처음에는 무기 연기하자는 '延聘'을 제안했었으나, 1791년에는 아예 쓰시마에서 통신사를 맞이하는 역지빙례로 변경하게 되었다는 것이다.[4)]

사실 일본 내에서의 이러한 역지 빙례 발상은 이미 신묘통신사행(1711, 正德信使) 때부터 제기된 것으로, 빙례 개혁을 주도했던 아라이 하쿠세키(新井白石)의 주장을 1791년 막부 로쥬(松平定信)가 정책으로 추진한 것이라 할 수 있다.

먼저 신묘통신사행 당시 하쿠세키가 주도하는 의례개혁에 대해 쓰시마번(對馬藩)과 논의하는 과정을 보면, 향후 조일 교린관계의 향방 등을 언급하면서 의례개혁 전반에 대해 협조하도록 설득한 바, 거의 통신사 정지론에 가까운 것이었다. 즉 당시의 현실로 볼 때 통신사의 에도(江戶) 왕복 시 '로연'(路宴) 등 의례 문제로 전국의 다이묘(大名)·무사·백성들까지 재정 낭비와 접대의 피로에 지쳐있기 때문에 구례에 따라 초빙은 하지만, 일본의 입장에서 통신사 초빙으로 얻을 것이 없다는 의견을 피력하였다. 하쿠세키는 한발 더 나아가 향후 조일 간에 통신사가 중지될 수도 있다는 가능성도 내비쳤다. 예를 들면 조일 간에 무역이 단절된 지 이미 오래이며, 인삼 무역이 좀 아쉽지만 다른 곳에서 수입하여 대체하고 있다. 류큐(琉球)와 비교하더라도 류큐는 사츠마 번(薩摩藩)에 복속하여 '일본의 속국'이 되었기 때문에 (일본의) 國威(威光)의 강약을 보여줄 수 있지만, 조선의 경우 통신사가 일본에 오든 오지 않든 상관이 없다는 인식이었다. 말하자면 막부로서는 통신사 초빙이 이번으로 끝나도 상관이 없지만, 구례에 따라 통신사를

4) 糟谷憲一, 「なぜ朝鮮通信使は廢止されたのか -朝鮮史料を中心に-」『歷史評論』 355, 1979
李進熙, 『李朝の通信使 -江戶時代の日本と朝鮮-』 講談社, 1976

초빙하는 것이라는 점을 강조하였다.[5] 이러한 하쿠세키의 주장은 1715년 쇼군에게 제출한 『朝鮮聘使後議』에서는 역지통신으로 구체화되었다. 『禮記』를 인용하여 한쪽에서 가기만 하고 오지 않는 것은 예가 아니라는 전제 하에, "조선은 한양에서 멀리 떨어진 왜관에서 쓰시마 번 사자를 접대하고 있으므로, 우리도 에도(江戶)가 아닌 쓰시마(對馬)에서 사신을 접대하자"라는 주장이었다. 만약 이러한 역지통신이 성사될 경우 막부측 인사(老中 및 高家) 중에서 사자를 임명하여 쓰시마로 파견할 수 있다는 것이었다.[6]

쓰시마 번의 경우, 쇼군의 최측근인 아라이 하쿠세키가 제기한 '통신사 중지론'과 같은 압박 카드는 바로 조일 양국 외교에 있어서 쓰시마 번의 역할 축소 내지는 '위기'로 작용할 수 있음을 직감할 수 있었다. 이러한 위기의식 속에서 쓰시마 번 내부적으로는 로쥬(老中)를 비롯한 막부측 인사의 설득을 위한 '무비'(武備)의 필요성이 이미 신묘통신사행(1711) 때부터 제기되었다. 통신사 초빙을 통한 조일 간의 隣交야말로 '外國防禦를 위한 무비'에 해당한다는 논리를 강구하기 시작한 것이다.[7]

쓰시마 번은 하쿠세키가 제기한 '통신사 무용론'(無用論) 내지 '통신사 중지론'과 같은 압박카드가 로쥬(老中) 등 막부 내의 다수 의견으로 확산되어 혹시라도 쇼군이 이를 허용할 경우, 쓰시마 번으로서는 국교 재개(1607) 이래 누려온 특권, 막부로부터 대조선통교 독점이라는 특혜(家役)를 순식간에 상실할 수도 있었다.[8]

---

5) 『正德信使記錄』 朱14, 「御復號之一件」 新井勘解由가 쓰시마 번 가로 平田直右衛門에게 보낸 서장(1711.2.11) (대마도종가문서 기록류, No.245, MF.035, 국사편찬위원회).

6) 岩方久彦, 「正朝代 대마도 易地通信 교섭과 '江戶通信' 연구」 『한일관계사연구』 52, 2015, 280쪽.

7) 『正德信使記錄』 朱14, 「御復號之一件」 杉村三郞左衛門이 國元家老(杉村采女·平田隼人·平田直右衛門·大浦忠左衛門·杉村賴母 등)에게 보낸 서장(1711.2.13) (대마도종가문서 기록류, No.245, MF.035, 국사편찬위원회).

8) 『正德信使記錄』 朱14, 「御復號之一件」 新井勘解由가 쓰시마 번 가로 平田直右衛門에게 보낸 封狀(1711.2.11) (대마도종가문서 기록류, No.245, MF.035, 국사편찬위원회).

이에 쓰시마 번에서도 무진통신사행(1748, 延享信使) 이후에는 대비 차원에서 역지 빙례가 논의되었던 것 같다. 쓰시마 번의 번유(藩儒) 아메노모리 호슈(雨森芳洲)가 가로(家老)들에게 제안한 것이기는 하지만, 일단은 혹시라도 실현될지 모르는 '통신사 정지론'에 대한 대책을 건의하였다. 17세기 말 이후 조선과의 무역 침체로 인해 쓰시마 번이 얻는 이윤(餘利)이 감소되자, 武備의 일환으로 통신사의 에도 왕복을 호행(護行)해야 하는 쓰시마 번으로서는 人·馬의 동원 및 체류기간 동안의 錢穀 비용 조달을 위해 막부로부터 배차금(拜借金)을 빌려야 하는 등, 어려움이 많았다. 기해통신사행(1719, 享保信使) 때에는 金5万兩을, 무진통신사행(1748) 때에도 金3万兩의 배차금을 막부로부터 빌렸지만 다른 곳에서도 借金이 필요한 상황이었으며, 이의 상환은 더 큰 문제였다.9) 이에 아메노모리 호슈는 기왕에 제기된 통신사 중지론에 힘입어, 쓰시마 번 뿐만 아니라 통신사의 에도 왕복시 접대를 맡은 해로 변의 다른 지역(平戶·筑前·長門·安藝·備後·備前·播磨)의 다이묘(大名)들도 비용 조달이 어려울 것이라는 점을 내세워, '신사래빙'이란 일본의 전국사정으로 볼 때도 무익한 낭비(無益之費)라는 논리를 제기하였다. 아메노모리 호슈의 의견이란 언젠가 필요시 막부에의 청원을 염두에 두고 사전 준비 차원에서 제기된 것이지만, 내부적으로는 조선과의 무역 이윤 감소로 번 재정이 악화됨에 따라 '무비'(武備)의 일환으로 수행해야 하는 통신사 호행이 어려움에 부딪혔기 때문이다. 17세기 말 이후 조선과의 무역 쇠퇴로 인해 재정 면에서는 쓰시마 번의 막부 의존도가 높아졌다고 할 수 있다. 이에 명분상으로는 전례를 중시하는 조선의 국풍을 내세워, 통신사 중지까지는 아니라 하더라도, 조일 양국 간의 '린호'(隣好)는 확실하게 하되, 통신사를 에도(江戶)까지는 오게 하지 않는 의견을 제안한 바, 소위 '역지빙례'

9) 『延享元戊辰年 信使記錄』 1, (1746) 12월 12일 古川主典·平田將監(年寄) 서장(대마도종가문서 기록류, No.523 MF.75, 국사편찬위원회).

발상이 무진통신사행(1748) 이후 쓰시마 번 자체에서도 제기되었다고 할 수 있다.[10)]

18세기 말의 막부 역시 통신사 초빙을 훗날로 무기한 연기하려 했다가 쓰시마에서의 역지 통신으로 전환한 데에는 재정 궁핍이 큰 요인이었다고 할 수 있다. 로쥬(松平定信)의 통신사 초빙에 대한 견해를 보면, 통신사의 예를 正德新令(1711)과 같이 하되 聘使는 쓰시마에서 영접하는 것으로 해야 하지만, 동료들의 동의를 얻을 수가 없어 결국은 五山 相國寺 승려들을 설득하여 통신사 초빙을 늦추는 '연빙'(延聘)에 이르게 되었다는 것이다. 그리고 연빙의 이유로는 계속되는 기근으로 비용을 감당할 수 없으며, 백성을 구하는 것이 더 큰 일이기 때문이라는 것을 분명히 하였다. 통신사 연빙에 대해 예조참판 앞으로 보내는 서계를 보더라도 흉년으로 인한 기근과 백성의 구제를 이유로 들고 있을 정도이다.[11)]

기왕의 연구에서 통신사가 에도(江戶)까지 오는 것을 변경한 '역지빙례' 또는 '역지통신'의 배경을 조선 멸시관에서 비롯된 것으로 보는 견해도 있다. 그러나, 역지빙례를 주장한 사람(新井白石, 中井竹山)들도 조선이 '조공국'도 '속국'도 아니라는 것을 잘 알고 있었다.[12)] 역지빙례를 처음으로 제기한 아라이 하쿠세키(新井白石)나 쓰시마 번, 막부 로쥬도 역지통신이 필요한 이유를 재정 악화 및 접대의 피로로 파악하고 있을 뿐 아니라, 막부의 위광(威光)을 위해 통신사가 에도까지 오는 것이야말로 재정 낭비로 파악하고 있었다. 이렇게 볼 때 조선 멸시란 막부의 재정 악화라는 현실을 포장하기 위한 명분 내지는 정치 논리였다고 할 수 있다.

---

10) 『信使停止之覺書』, 雨森東五郎, 癸酉(1753) 5월 8일(대마도종가문서 기록류 No.4369, MF.735, 국사편찬위원회).

11) 손승철, 「교린체제의 종말」 『조선시대의 한일관계사 연구-교린관계의 허와 실-』 경인문화사, 2006, 242~244쪽.

12) 岩方久彦, 「正朝代 대마도 易地通信 교섭과 '江戶通信' 연구」 『한일관계사연구』 52, 2015, 284쪽.

2) 쇼군 이에나리(德川家齊)의 습직(1787)과 통신사 '연빙'(延聘) 요청

신묘통신사행(1711, 正德信使) 이후 일본 내에 역지 논의가 한편으로 존재하는 가운데 계미통신사행(1763, 寶曆信使)으로부터 50년 만에 재개된 일본측의 통신사 요청 경위는 어떠했을까?

우선 조선이 막부의 제10대 쇼군 도쿠가와 이에하루(德川家治)의 사망 소식을 처음으로 접하게 된 것은 1786년 10월로, 동래부사(洪文泳)가 왜관을 통해 알게 된 정보를 일찍이 중앙에 보고하였다.[13] 쓰시마 번이 정식으로 사자를 보내 알려온 것은 1786년 12월로 고부대차왜(告訃大差倭, 俵郡左衞門)편에 쇼군의 사망 소식을 알려왔다.[14] 이어서 1787년 6월에는 고경대차왜(關白承襲告慶大差倭, 平田隼人)를 부산 왜관에 파견하여 새로운 쇼군 도쿠가와 이에나리(제11대, 德川家齊)의 습직을 알려 왔다.[15] 이에 조선에서는 경접위관을 부산으로 내려보내 접대하였으며, 12월에는 당상역관(李明和)을 쓰시마로 파견하여 애도와 축하의 뜻을 전했다.[16]

사실 조선에서는 전 쇼군(德川家治)의 사망 소식을 접했을 때, 앞서 계미통신사행(1763)으로부터 20년 만임에도 불구하고, 전례에 따라 머지않아 일본측으로부터 통신사 요청이 있을 것으로 예상하고 호조판서(鄭一祥)가 일본에 보낼 예단으로 인삼 200근을 강계부사로 하여금 준비할 것을 건의하였다.[17]

그러나 막부측의 경위를 보면, 쇼군의 습직 직후인 1788년 3월 쓰시마 번주가 처음 통신사 래빙 시기를 문의했을 당시에는 에도성(白書院)에서 로

13) 『정조실록』 10년(1786) 10월 6일 병오.
14) 『비변사등록』 정조 10년 병오(1786) 12월 11일.
15) 『비변사등록』 정조 11년 정미(1787) 6월 18일.
16) 『증정교린지』 문위각년례, 정조 11년(1787) 정미.
17) 『정조실록』 10년(1786) 10월 11일 신해.

쥬들이 열좌한 가운데 전례에 따르라는 지시가 있었다. 이때 래빙 시기를 구체적으로 밝히지 않았으나 6월에는 다시 막부 로쥬(老中 松平越中守)로부터 쓰시마 번에 통신사 초빙 자체를 연기하도록 하라는 지시가 있었다.[18] 이에 쓰시마 번에서는 조선에 보낼 사자의 명칭과 서계 내용을 이테이안(以酊庵) 측과 상의한 바, 10월에는 通信使請退差倭(延聘使 平暢往, 古川圖書) 편에 예조참판 앞으로 쓰시마 번주(宗義功)의 서계를 보내왔다. 내용은 "최근 일본(本邦)의 흉년과 곡물 부족으로 폐해가 심한 바, 쇼군(大君)은 우선적으로 백성을 구제하는데 힘쓰고 있으므로 통신사 초빙 시기를 연기하고 싶다"는 것이었다.[19]

이에 대한 조선의 반응을 보면, 통신사 연기의 전례가 없다는 이유로 쓰시마 번 사사에 대한 접대를 허락하지 않았을 뿐더러, 동래부사(金履禧)는 왜관에 장기 체류하면서 서계 수령을 재촉하는 쓰시마 번 사자에 대한 경고 차원에서 교섭에 임했던 훈도·별차를 처벌해 줄 것을 비변사에 요청하였다. 그러나 국왕 정조가 통신사 연기의 요청에는 저쪽도 사정이 있을 것이며, 쓰시마 번의 사자 파견이 통상의 약조를 위반한 것은 아니므로 접대를 지시함에 따라,[20] 이듬해인 1789년 2월에서야 접대가 이루어져 예조참판 앞으로 보내온 쓰시마 번주의 서계를 넉달만에 수령하였다. 조선에서는 예조참판(金魯淳) 명의의 회답서에 「信使行期當俟更示」라 기재함으로써 통신사 파견의 연기 요청은 받아들이되 언제까지라는 시기를 훗날 재차 알려줄

18) 『通航一覽』 제1, 권33, 朝鮮國部 9, 宗氏通信使伺幷掛合, 文化度.

19) 『延聘使御書翰之義ニ付以酊庵輪番諦西堂江古川圖書懸合之覺』(대마도종가문서 기록류 No.3717, 국사편찬위원회).
쓰시마 번주(平義功)가 예조참판에게 보낸 島主請退信使書(『동문휘고』 附續, 通信, 天明8년(1788) 무신 8월)에는, 「本邦比年凶儉, 穀物不稔, 億兆離凋弊之患, 大君新政要在仁惠, (중략) 大君深軫斯慮, 命庶官胥議, 耑欲通聘之事徐徐延期」라 되어 있다(『동문휘고』, 국사편찬위원회 4책, 3881쪽).

20) 『비변사등록』 정조 13년 기유(1789) 2월 14일.

것을 공식 외교문서에 분명히 기재하여 요청했지만,[21] 일본측에서는 더 이상 교섭을 진전시키지 않았다.[22]

동래부사와 비변사의 항의에도 불구하고 국왕 정조가 연빙(延聘)을 요청해온 쓰시마 번 차왜의 접대를 결정했던 것은, 조선도 흉년과 가뭄, 홍수 등으로 사정이 좋지 않아 현실적으로 굳이 거부할 이유가 없었기 때문이며,[23] 쓰시마 번 사자의 왜관 장기 체류로 인한 부담도 덜 수 있었기 때문이다. 예조참판의 회답서 뿐만 아니라 예조참의(金履正)의 회답서에서도 「信使前頭行期, 當俟後日更示」라 하여 연기 연한을 나중에 구체적으로 제시해 줄 것을 요청했던 것도 국력 회복에 시간이 필요했기 때문이라고 할 수 있다.[24]

3) 쓰시마 역지통신(對馬 易地通信) 교섭과 200년 만의 신례(新例)

쓰시마 번의 '연빙' 요청을 시작으로 통신사 파견에 대한 논의는 시작되었지만, 실제로 '역지통신'이 성사될 때까지는 20년 이상이 걸렸다. 우선 18세기 이래 조·청관계의 안정으로 조·일 양국 간에는 17세기 중반 명·청 교체기 때와 같은 긴박감도 없었을 뿐만 아니라, 양국의 재정 악화 및 통신사외교에 대한 피로감이 누적된 가운데 추진되었던 만큼, 조·일 양국의 입장 차이도 뚜렷하였다. 여기에 교섭에 임했던 역관들이 문서 위조로 처형을 당하는 등, 양국이 합의를 도출할 때까지 많은 우여곡절과 시간이 소요되었기 때문이다. 교섭 경위를 간략히 살펴보자면 다음과 같다.

우선 앞서 보았듯이 조선이 1789년 예조참판(金魯淳)의 서계로 일본측에

21) 『동문휘고』 附續, 通信, 예조참판(金魯淳) 답서(기유년(1789) 3월 일) (국사편찬위원회 4책, 3882쪽).
22) 三宅英利, 『近世日朝關係史研究』 文獻出版, 1986, 569쪽.
23) 『비변사등록』 정조 12년 무신(1788) 6월 22일 및 12월 10일.
24) 예조참의(金魯淳, 기유년 3월일)가 쓰시마 번주에게 보낸 회답서계는 국사편찬위원회에 소장되어 있다(No.5993).

연빙 시기를 확정하여 재차 통지해 줄 것을 요청했음에도 불구하고 아무런 회답이 없다가, 1791년 5월에는 막부가 돌연 쓰시마 번으로 하여금 조선과 역지(易地) 통신 교섭을 추진하도록 지시해왔다.

이에 쓰시마 번에서는 1791년 11월 通信使議定差倭(議聘使, 平暢常)를 조선에 보내 쓰시마에서의 빙례를 요청해왔다. 쓰시마 번주가 예조참판 앞으로 보내온 서계에는, 첫머리부터 "빙례를 치르는데 피차간에 번거롭고 비용이 많이 들어간다는 것을 시작으로, 흉년이 계속되므로 재차 연기를 청하는 것도 양국 간 우호의 본뜻이 아니므로 간편하게 하는 것이 상책이며, 조선 사자에 대한 접대와 빙례를 '쓰시마'(本州)에서 치름으로써 통교의 예를 간략하게 하자는 내용이었다. 게다가 이러한 '역지 빙례'를 향후 서로 약속으로 정하자는 것이 막부의 뜻이다"라는 것이었다.[25)]

쓰시마 번주가 예조참판 앞으로 보내온 서계에는 문서의 첫머리부터 일본의 재정 악화를 전제로 통신사 빙례를 '簡易'하게, 또 예조참의에게 보내는 서계에는 '省煩節用'이라는 문언을 기재함으로써 빙례의 간소화 및 비용 절감이 명백하게 제시되어 있었다. 이전 통신사행 요청 시 쓰시마 번주의 서계가 상대국에 대한 안부로 시작하여 교린의 취지 등이 기재되어 있던 것과는 대조적으로 '성폐', 또는 '간이'와 같은 구체적인 문언이 기재되어 있었는데, 교린외교의 상징이라 할 수 있는 통신사 파견을 상대국에 요청하는 쓰시마 번주의 서계라고는 볼 수 없을 만큼 일방적이며 정중함이 결여되어 있었다. 게다가 통신사가 에도가 아닌 쓰시마까지 간다는 것은 국교 재개 이래 200년 만에 처음 보는 '신례'(新例)였다.

그런 만큼, 동래부사 및 비변사 당상회의에서는 전례에 없는 '의빙사'를 문책하여 돌려보내야 한다는 것이 대세로, 정조의 허락이 있었다.[26)] 그러

25) 『동문휘고』 附續, 通信, 예조참판 앞으로 보낸 島主出送議聘差倭書(寬政3년(1791) 신해 11월 일) (국사편찬위원회 4책, 3883쪽). 쓰시마 번주의 서계는 『정조실록』(18년(1794) 8월 27일 신사)에도 실려 있을 정도로 충격이 컸던 것 같다.

자 쓰시마 번 차왜가 자신들의 사명이 막부의 지시인 이상 조선이 전면적으로 거부할 경우 쓰시마 번의 안위가 위태로워질 것을 호소함에 따라, 동래부사의 건의에 따라 쓰시마 번주의 서계를 수령한 한편, 역지통신에는 따를 수 없지만 연기하는 것에 대해서는 문제삼지 않는다는 방침을 세웠다.[27] 쓰시마 번의 의빙 요청으로부터 3년이 지난 1794년에 발급된 예조참판의 회답서에는 조정의 입장이 그대로 반영되어 있었는데, 쓰시마에서의 '역지빙례'에 대한 구체적인 언급은 전혀 없이 '신례'(新例)라는 문언으로 놀라움을 표현하는 한편, 통신사의 파견 시기가 다소 늦어지더라도 빙례를 훼손하지 않는 것이 중요하다는 것을 피력함으로써 역지빙례에는 따를 수 없다는 의사를 분명히 표명하였다.[28] 『정조실록』에는 승문원(承文院)에서 작성한 위의 예조참판·예조참의·동래부사의 회답서계 초안이 실려 있는데, '연빙' 방침에 대한 최종결정권자인 국왕 정조의 확인을 얻기 위해서였다.[29]

그 후 역지통신이 다시 거론된 것은 1796년 8월 쇼군(德川家齊) 아들(儲君)의 사망 및 쓰시마 번주의 환도 위로차 당상역관 박준한(朴俊漢)을 쓰시마에 파견했을 때로,[30] 이때 박준한이 임의로 쓰시마에서의 역지통신을 약

26) 『비변사등록』 정조 15년 신해(1791) 12월 25일.

27) 『정조실록』 18년(1794) 8월 27일 신사.
『비변사등록』 정조 18년 갑인(1794) 8월 30일.

28) 『동문휘고』 附續, 通信, 예조참판 답서(갑인년(1794) 9월 일) (국사편찬위원회 4책, 3884쪽).

29) 『정조실록』 18년(1794) 8월 27일 신사.

30) 역관 박준한이 쓰시마 번측과 내통하여 정부 몰래 '쓰시마 역지통신'을 약속하는 과정에서 서계 등을 위조한 사건에 대해서는 자세한 선행연구가 있다(長正統, 「倭學譯官書翰からみた易地行聘交涉」 『史淵』 115, 1978).
현재, 국사편찬위원회에는 역관 박준한과 왜관 관수(戶田賴母)가 역지통신에 합의하고 그것을 승인한 동래부사 정상우(鄭尙愚)의 서계(1797년 奉書, 국사편찬위원회 소장 서계 No.6339)가 남아있으며, '對馬易地聘禮'를 약속하며 이를 막부에 전달해 달라는 내용으로 되어 있다. 조선 정부는 이를 위조 서계(僞書)로 간주하여 관련자들을 처벌하였다.

속하고 동철(銅鐵) 2천근 등의 뇌물을 받았다는 것이 훗날 1805년 통신사행 절목 강정 때 밝혀짐에 따라 관련자들이 모두 처형되었다.[31]

이 사실을 몰랐던 막부가 1805년 5월 다시 쓰시마 번으로 하여금 '기사년'(1809)의 쓰시마 역지빙례 시행 건을 조선에 요청하도록 지시함에 따라, 12월에는 통신사청래대차왜(修聘使 平功載, 古川圖書) 편에 '1809년의 역지빙례'를 요청하는 쓰시마 번주의 서계(己巳之春間--弊州克襄禮事)를 가져왔다.[32] 1806년의 예조참판(趙德潤) 답서에서는, 역지통신 약속이란 역관이 간계를 부려 문서를 위조한 것으로 전례 준수를 들어 거절 의사를 분명히 하였다.[33]

조선의 단호한 거부 의사에 부딪힌 쓰시마 번 사자(修聘使 平功載, 古川圖書)는 1년이 넘도록 왜관에 체류하면서 예조참판 회답서의 수정을 요구했지만, 조선이 동의하지 않자, 1807년 7월에는 왜관에 체류하고 있던 쓰시마 사람들 수십 명과 함께 왜관을 뛰쳐나가(闌出) 동래부사에 면회를 요청하는 집단 항의를 벌이기도 하였다.[34]

난출 보고를 받은 조정의 대응은 단호하였다. 조선이 발급한 예조참판의 회답 서계를 쓰시마 번의 수빙사가 수령하는 것은 통교 전례에 해당하는 당연한 것으로, 만약 (문서로) 왕복할 사안이 있다면 본국으로 돌아가 다시 국서나 서계로 요청하라는 것이었다. 말하자면 쓰시마 번으로 하여금 막부에 역지통신과 관련된 역관의 문서 위조를 보고한 이후 막부의 의사가 담

31) 『변례집요』 권14, 잡범, 을축(1805).

32) 『순조실록』 6년(1806) 3월 27일 을해.
『동문휘고』 附續, 通信, 쓰시마 번주의 예조참판 앞 서계(乙丑島主再次出送議聘差倭)(文化2년(1805) 을축 9월 일) (국사편찬위원회 4책, 3885쪽).

33) 『순조실록』 6년(1806) 5월 20일 정묘.
『동문휘고』 附續, 通信, 예조참판의 답서(병인년(1806) 5월일) (국사편찬위원회 4책, 3885~3886쪽).

34) 『通信使草謄錄』 순종 정묘년(1807) 7월 20일.
『순조실록』 7년(1807) 7월 29일 기사.

긴 새로운 서계, 즉 '별도의 현안'(別書契)으로 요청하라는 방침이었다.[35)]

난출 시도에도 불구하고 예조참판(조덕윤) 회답서에 대한 쓰시마 번의 수정 요구 건이 3년째 교착상태에 빠지자, 조선과 막부 사이에서 곤경에 처한 쓰시마 번은 1807년 재판(裁判) 사자(重松此面)를 조선에 보내 수습책을 강구하였다. 재판 사자는 조선측 역관의 조력 하에 조선이 요구하는 대로 앞서 수빙사가 지참해 왔던 서계와는 별도의 서계를 제출하는 것이 해결책이라는 번론을 이끌어낼 수 있었다.[36)]

그 결과 1808년 4월에는 쓰시마 번이 사자(講事使 平功勝, 大浦兵左衛門) 편에 예조참판 앞으로 서계를 보내 역지통신을 다시 요청해 왔다. 서계에는 "빙례 장소를 변경하는 건은 오랫동안 논의해온 바로 막부의 뜻이라는 것과 1809년(기사년) 봄에 쓰시마에서의 빙례를 희망한다"는 내용이 기재되어 있었다.[37)] 조선의 입장에서는 쓰시마 번의 역지 통신 요구가 1791년, 1805년에 이어 무려 3번째인 셈으로, 과연 막부의 지시인가에 대한 의심이 있었으며, 우의정(김재찬)의 건의에 따라 역관을 에도(江戶)에 파견하여 '막

35) 『순조실록』 7년 정묘(1807) 7월 29일 기사.

36) 역지통신 교섭 시 간사재판의 역할에 대해서는 윤유숙의 앞의 논문 참조.

37) 『동문휘고』 附續, 通信, 島主3次出送議聘差倭書(文化5戊辰(1808) 2월 일) (국사편찬위원회 4책, 3886쪽). 해당내용은 다음과 같다.
聘禮易地一款, 往歲以來屢及商議, 固出東武之旨,(중략) 己巳之春就于弊州竣襄禮事
이때 막부의 역지빙례 결정을 쓰시마 번 내의 권력투쟁과 연결지어 검토한 견해도 있다. 즉 쓰시마에서의 역지빙례에 대해서는 번내에서도 찬반 양론이 거셌는데, 통신사의 에도 방문을 통해 쓰시마 번의 재정 위기를 타개해 보려는 스기무라(杉村直記) 일파와 막부의 역지빙례 방침을 피할 수 없는 이상 막부의 결정을 지지함으로써 막부로부터 더 많은 재정지원을 받는 한편, 번 안에서 정치적 주도권을 확보하려는 오모리(大森繁右衛門) 일파의 갈등이 그것이다. 老中 마츠다이라 사다노부의 사후 역지빙례에 대한 막부의 방침이 부재하는 가운데 반대세력을 견제한 오모리 일파가 적극적으로 역지빙례 재개 교섭에 나섬으로써 조선과의 교섭은 타결되게 되었다고 보는 견해도 있다(岩方久彦, 『1811年 對馬島 易地通信 硏究』 고려대학교 한국사학과 석사학위논문, 2004).

부의 지시' 여부를 파악하기로 하였다.[38] 그러나 조선의 역관이 막부와 직접 상대할 경우 쓰시마 번의 입장이 난처해질 것을 고려하여, 1808년 8월 접위관 및 동래부사의 건의에 따라 도해역관의 에도 파견 대신 쓰시마 체류 중인 막부 관리와 조선 역관이 직접 만나 논의하는 것으로 합의가 되었다.[39]

그 결과 도해역관(玄義洵 등)이 지참해 간 예조참판 및 예조참의 서계에도, "교린에 관한 약조를 변경하는 것은 쉽지 않은 일이지만, 쓰시마 번의 급박한 사정을 고려하여 역관을 쓰시마로 파견하니 막부의 관리(東武執政)와 직접 면담하여 (강정 내용을) 상의하여 결정해 달라"는 내용으로 되어 있었다.[40]

이러한 경위를 거쳐 1809년 7월에는 쓰시마에 파견된 도해역관(玄義洵, 崔昔, 卞文圭)이 쓰시마 번주 거관의 막부측 사자를 직접 면대한 자리에서 역지통신이 막부의 지시라는 것을 확인한 것을 시작으로, 마침내 통신사 절목강정 교섭에 착수할 수 있었다.[41]

2. 통신사 절목강정 교섭과 '성폐'(省弊)

앞서 보았듯이, 1808년 8월 조선측 역관과 쓰시마 번의 재판 사자(重松此面)와의 협의를 통해 '역지통신이' 막부 지시라는 것을 알게 되자, 12월 4일에는 쓰시마에 체류 중인 막부 역인으로부터 막부의 결정을 확인한 후 강정에 들어가기로 합의가 되었다. 1809년 3월에는 도해역관(강정역관)으

38) 『순조실록』 8년(1808) 5월 30일 을축.

39) 『순조실록』 8년(1808) 8월 6일 기해.

40) 『동문휘고』 附續, 通信, 禮曹參議送信行易地面譚書(기사년(1809) 4월 일) (국사편찬위원회 4책, 3888쪽). 참고로 위 서계(원본)는 국사편찬위원회에는 소장되어 있지 않다.

41) 『순조실록』 9년(1809) 8월 27일 을묘.

로 현의순(玄義洵)이 임명되었으며, 쓰시마에 도착한 것은 7월(5일)이었다. 막부측에서는 遠山景晋(遠山左衛門尉)를 비롯하여 159명이 사자로 쓰시마에 미리 내려와 있었다. 통교 재개 이래 막부가 직접 고관을 내려보내 조선과 교섭을 한 것은 전례가 없는 일이었다.

도해역관 현의순은 1809년 7월 15일 별연 자리에서 막부측 관리(遠山左衛門尉)를 만나 역지빙례 교섭이 막부의 지시라는 것을 비로소 확인할 수 있었다. 조선으로서는 막부의 의사 확인이 중요했던 만큼, 도해역관 현의순은 귀국 전 동래부사를 통해 막부측의 역지빙례에 대한 인식 까지도 그대로 조정에 보고하였다.[42] 구체적인 협의는 먼저 도해역관 현의순과 쓰시마번의 담당자(朝鮮人來聘御用掛家老, 氏江左織, 平田隼人, 小野直衛, 도해역관 護迎裁判 重松此面)가 협의한 내용을 막부측(遠山景晋)이 승인 내지 양해하는 절차로 이루어졌다.

그 내용을 보면, 우선 신미통신사행(1811)의 역지 빙례는 1711년(신묘통신사행, 正德信使)의 전례에 따라 '4도연'[객관위로의(客館慰勞儀)-전명의(傳命儀)-사연의(賜宴儀)-수답서의(受答書儀)]으로 치르는 것으로 정해졌다.[43] 그

---

42) 『순조실록』 9년(1809) 8월 27일 을묘.

43) 『文化信使記錄』 48, 「御禮式御次第書同手續書御次第書眞文」(대마도종가문서 기록류 No.1038, 국사편찬위원회).
『文化信使記錄』 49, 「四度御行禮御當日之覺書」(대마도종가문서 기록류 No.1039, 국사편찬위원회).
이하 통신사의례(通信使儀禮) 내용은 위 기록을 참고하였다.
朝鮮通信使行에 대한 일본측 의례란, 1607년 제1회 '회답겸쇄환사'가 파견된 때부터 '4度宴'이 치러진 것은 아니다. '객관위로의'(客館慰勞儀)가 시작된 것은, 1624년 쇼군(將軍)이 보낸 3사가 오카자키(岡崎)에 파견되어 통신사를 위로한 것에서 비롯되었다. '전명의'(傳命儀) 및 '사연의'(賜宴儀)는 1607년부터 시행되었는데, 1682년 임술통신사행(天和信使) 때까지는 같은 날 치러졌다. 그러나 1711년 신묘통신사행(正德信使) 당시, 제왕의 접대에 어울리지 않는다는 이유로, 아라이 하쿠세키(新井白石)가 儒教的인 '예'(禮)를 바탕으로 의례를 개혁한 이후로는 '전명의' 및 '사연의'가 각각 날짜를 달리하여 치러지게 되었다(閔德基, 『中·近世の朝鮮·日本關係と對

러나 '전명의'를 비롯하여 에도성(江戶城)에서 치뤘던 여러 의례를 쓰시마에서 치러야 하는 만큼, 일본측 응대도 쇼군이 아닌 막부측 상사가 대행(代行)해야 했다. '신례'가 불가피했기 때문에, 쓰시마 번은 1809년 7월 19일 먼저 역관 현의순에게 다음과 같은 통신사절목(안)을 제시하였다.

一. 종래의 3사를 정·부사(正·副使)의 양사로 변경한다.
一. 기선(騎船), 복선(卜船)을 각각 3척씩 6척이던 것을 2척씩 4척으로 줄인다.
一. 통신사 인원을 300명 이하로 한다.
一. 통신사가 에도(江戶)에 가지 않기 때문에 執政(老中) 및 경윤(京尹)에 대한 서계와 사예단은 줄인다.
一. 에도 고산케(御三家) 및 접위관에 내한 시예단은 줄인다.
一. 예조에서 쓰시마 번에 보낼 서계 등은 전례와 같이 한다.
一. 이테이안(以酊庵)의 가번장로, 반쇼인(萬松院) 등에 증급하는 것은 줄인다.
一. 마상재(馬上才)는 없앤다.

위 제안에서는 우선, 통신사의 인원 감소 및 예단의 감소가 눈에 뜨이는데, 정사의 인원을 3인에서 2인으로 축소하고, 통신사 일행도 지금까지 400~500명이었던 것을 300명 수준으로 축소해 줄 것을 요청하고 있다. 그리고 통신사행이 에도까지 가지 않기 때문에, 막부측의 고산케(御三家)를 비롯하여, 로쥬(老中)·쇼군의 아들·경윤(京都所司代)·이테이안(以酊庵) 및 반쇼인(萬松院)에 주는 예단 및 통신사의 사예단도 필요없음을 제안한 바, '성폐'(省弊), 즉 경비 절감에 비중을 둔 제안이었다. 이밖에도 쓰시마 번은 추가로 경비를 절감할 수 있는 14개 항목을 제시했는데, 이에 대해서는 도해

馬ー'敵禮'·'羈縻圈'·'交隣'の面を中心に-』日本早稻田大學文學研究科博士學位論文, 1990).

역관(현의순)의 귀국 후 조선의 양해를 구하는 것으로 결론지었다. 조정에서는 1810년 1월 도해역관이 귀국할 때 지참해온 막부측 상사(執政)의 문건을 열람한 후 '역지통신'과 '성폐'가 쓰시마 번의 주장이 아니라 막부의 의사라는 비로소 확인할 수 있었으며, 역지통신에 따른 절목강정 내용을 정식으로 수용하는 예조참의의 회답서계가 있었다.[44]

조선의 경우, 역지통신 자체에 대한 거부감, 쓰시마 번의 외교문서 위조와 관련된 역관의 뇌물 수수사건 등, 쓰시마 번에 대한 불신 때문에 교섭이 지연될 수 밖에 없는 측면이 있었다. 그러나 어찌되었든 쓰시마 번이 역지통신을 처음 요청해온 시점(1791)부터 보자면 조일 양국이 역지통신에 합의하기까지 무려 20년이나 걸린 셈으로, 막부 쇼군(德川家齊) 습직으로부터 20년 만의 일이었다.

도해역관의 귀국 후에는 1810년 정월 쓰시마에서의 협의를 바탕으로 강정역관(현의순)·당상역관(玄烒), 도해역관의 호송재판(重松此面)이 합의하여 신행절목을 완성하였다.[45] 1810년 9월에는 강정 내용에 대한 조정의 논의가 있었으며,[46] 조선에서도 '酌量省減'(성폐, 비용절감)을 최대성과로 인식한 바, 마침내 11월 5일에는 국왕 순조의 허락이 있었다.[47] 그 결과 완성된 강정절목은 다음과 같다.

---

44) 『순조실록』 10년(1810) 1월 14일 기사.
예조참의(南履翼)의 회답서(1810.정월)는 국사편찬위원회에 소장되어 있다(No.6779).

45) 『순조실록』 10년(1810) 1월 14일 기사.

46) 『순조실록』 10년(1810) 9월 16일 무진.

47) 『순조실록』 10년(1810) 11월 5일 병진.
『비변사등록』 순조 10년 경오(1810) 11월 3일.

〈표 1〉 강정절목

항목	강정 항목	비고
1	양국의 서식은 옛규정에 따를 것. (兩國書式一遵舊規)	
2	대호(大號, 쇼군 칭호)는 '대군'이라 칭하여 문서를 보낼 것이며, 예조가 일본사신 및 쓰시마 번에 보내는 서계는 모두 '귀대군'이라 칭할 것. (大號當稱大君, 依此書送, 禮曹所送, 日本使臣及對馬州書契幷稱'貴大君')	
3	양국 국서와 영송하는 의례는 피차 동일하게 한다. (兩國書迎送儀節, 彼此一同)	국서에 대한 4배례 폐지
4	조선 사신은 상사·부사 2인을 차출하고, 일본 사신도 상사·부사 2인을 차출한다. (朝鮮使臣, 以'上·副使'差出, 日本使臣亦以'上·副使'差出)	
5	양국 사신의 상견례는 피차 동일하게 한다. (兩國使臣相見禮, 彼此一同)	
6	조선의 사자 두 사람은 기일을 써서 보내고, 일본은 휘사를 써서 보낸다 (朝鮮兩使臣忌日, 卽爲書送, 日本諱字書送)	
7	사신의 직명과 성명을 옛 규정에 따라 써서 보내고, 일본 사신의 성명도 써서 보낸다. (使臣官啣姓名, 一依舊規書送, 日本使臣姓名書送)	
8	통신사 일행의 인원은 350인을 초과하지 말 것. (一行人員無過三百五十人)	
9	사람 타는 배 2척, 짐 싣는 배 2척으로 도해한다. (騎船二隻卜船二隻渡海)	
10	마상재는 없앨 것. (馬上才提減)	
11	별폭 예물은 두 나라가 서로 공경하는 의미에서 가장 좋은 물건으로 골라서 할 것. (別幅物件, 兩國相敬, 第一品詳細擇備)	
12	매와 준마는 전례에 따라 가려서 보내되, 죽을 염려가 있으므로 수효를 더해서 보낼 것. 매를 다루는 사람을 1~2인 전례에 따라 데리고 가며, 말 다루는 사람과 준마에는 안장을 갖추어 먼저 보낼 것. (鷹子駿馬, 照例極擇入送, 恐有致斃,依例加送, 喂鷹者一二人依例率來, 理馬及駿馬具鞍先送)	
13	글 잘하고 글씨에 능한 사람을 데리고 올 것. (能文能書之人帶來)	
14	사신은 금년 12월에 내려와 내년 정월에 도해할 것.	

항목	강정 항목	비고
	(使臣, 今臘月下來, 來正月渡海)	
15	상상관은 여러 사정을 잘 알고, 언어에 능통한 사람으로 보낼 것. (上上官, 以熟諸事情, 善解言語之人差出)	
16	조선 국서 및 일본측 두 사신에게 보내는 서계 초본을 떠나기에 앞서 필사해서 보내고, 일본 답서 또한 필사해서 보냄으로써, 서로 쓰시마에서 만났을 때 (마찰로 인해) 체류하는 일이 없도록 할 것. (朝鮮國書, 及日本兩使書契草本, 先期謄送, 日本答書亦謄送, 彼此相逢於對馬州, 無有滯留之弊)	
17	바다나 육지에서 각별히 불을 금할 것. (水陸行中, 各別禁火)	
18	통신사 일행에게 각별히 타일러 피차 다투는 일이 없도록 할 것. (一行之人, 各別申飭, 無得彼此相爭)	
19	통신사 일행이 에도(江戶)에 들어가지 않을 것이므로 執政·京尹·宗室 및 연로의 응접하는 모든 관리에게 예조 서계 및 사신들이 사적으로 보내는 예는 일절 없앨 것. (使臣不入江戶, 執政·京尹及沿路應接諸官, 禮曹書契, 使臣私禮幷除減)	
20	이테이안 승려와 반쇼인 등에게도 서로 주고받는 예는 피차 없앤다. (以酊庵加番長老, 萬松院等, 彼此贈答一幷除減)	
21	조선에서 보내는 공사의 예단은 기록에 따라 시행한다. (朝鮮所送公私禮單, 依錄施行)	
22	일본의 '諱字'는 康·忠·光·綱·吉·宣·繼·宗·重·治·基·齊·慶이다. (日本諱字, 康·忠·光·綱·吉·宣·繼·宗·重·治·基·齊·慶)	
23	일본측 상사는 小笠原大膳大夫源忠固이며, 부사는 脇坂中務大輔藤安董으로, 위 2인은 예조참판에게 서계와 별폭을 보낸다. (日本上使小笠原大膳大夫源忠固, 副使脇坂中務大輔藤安董, 右者禮曹參判書契別幅)	
24	서계의 내외면에는 '日本國正使源公閣下', '日本國副使藤公閣下로 기재한다. (日本國正使源公閣下, 日本國副使藤公閣下, 右者書契內外面依此書之)	
25	에도의 접대관 6명의 성명은 쓰시마에 도착한 후 자세히 써줄 것 (江戶接慰官六員姓名, 到對馬州詳知書給)	
26	쓰시마에서 사용할 통신사의 사적인 예물은 전례에 따를 것. (對馬州所用使臣私禮各樣雜物, 依舊例辨備).	
27	이밖에도 임시로 예물을 보낼 곳이 있을 것이므로 수효를 넉넉하게 마련하여 궁색한 폐단이 없도록 할 것.	

항목	강정 항목	비고
	(此外, 臨時當有禮納送處, 優數磨鍊, 俾窘急之弊)	
28	이번 사행의 금주 유무를 미리 통지해 줄 것. (今番使行, 禁酒有無通知)	
29	이 밖에 강정에서 논의하지 않은 것은 추후에 다시 강정한다. (此外, 有未盡講定事, 追後當講定)	

(『순조실록』·『통신사등록』·『변례집요』)

〈표 1〉의 무려 29개 항목에 달하는 강정절목을 보면, 역대 통신사행 때와 마찬가지로 조선 국왕 및 막부 쇼군의 서계식을 비롯하여, 諱字, 忌日, 인삼, 매, 준마 등의 공·사 예단 준비, 능문, 능서, 능화 및 일본 사정과 일본어에 능통한 상상관을 보내줄 것 등이 제시되었다. 이 가운데는 앞서 계미통신사행(1763, 寶曆信使) 때 문제가 되었던 것을 의식한 항목도 들어 있는 것으로 보인다. "통신사 일행에게 각별히 타일러 피차 다투는 일이 없도록 하자"는 항목(18항목)은, 통신사 수행원 가운데 중관 최천종(崔天宗)이 귀국 길에 오사카(大坂)에서 쓰시마 번의 통역에게 피살되어 막부 조사로까지 확대된 사건으로, 조일간의 통교루트 변화로까지 이어질 뻔 했던 사건이었다. 또 통신사 일행의 금주(禁酒) 유무를 미리 알려달라는 항목(28항목) 역시, 영조의 금주령으로 인해 막부측과의 조정 끝에 전명의 이후 통신사 접대 의례가 변경되었기 때문에, 쓰시마 번도 신경을 쓰지 않을 수 없었던 항목이라 할 수 있다.

그러나 신미통신사행의 경우, 통신사 일행이 에도(江戶)까지 가지 않았기 때문에 역대 통신사행과는 획기적으로 다른 의례의 변경, 즉 '신례'가 있었다.

우선 통신정사가 3인에서 2인으로 축소되었으며, 종래 종사관이 하던 역할(일행의 검찰, 搜檢)을 부사가 겸하도록 하였다. 통신사행원도 전례를 참고하여 350명 이내로 축소 조정하였으며, 종사관·종사관 자제 군관·별파진·馬上才·典樂·廳直·枝槍手 등도 삭감하였다. 사행원의 축소는 일본측이

1748년 무진통신사행, 1763년 계미통신사행 때부터 시도했지만 조선의 반대로 불발되었던 사안이다. 빙례 장소가 쓰시마로 변경된 신미통신사행에 이르러서야 겨우 성공한 셈으로, 에도까지 가지 않았기 때문에 일본으로서는 통신사의 에도 왕복에 따른 沿道諸藩의 접대 비용을 절감할 수 있었다.

다음으로는 에도성(江戶城)에서의 여러 의례를 쓰시마에서 치름에 따라 일본측 응대도 쇼군이 아닌 막부측 상사가 대행해야 했기 때문에 '전명의' 절차에 변화가 있었다. 즉 빙례 장소 변경(易地)이라는 신례(新例)로 인해 통신사가 쇼군을 직접 면대하여 국서를 전달하는 절차가 생략되었기 때문에, 의례의 중심이라 할 수 있는 전명의(傳命儀) 절차도 변경될 수 밖에 없는 매우 이례적인 상황이었다. 이에 강정역관이 제3항목, 즉 '양국의 국서를 맞이하고 보내는 의례는 양국이 피차 동일하게 한다'를 제안함에 따라, 1763년(계미통신사행) 까지 전명의에서 통신 3사가 쇼군 앞에 놓여 있던 조선 국왕의 국서를 향해 올리던 4배례가 폐지되었다.

그리고 막부측의 御3家·老中·若年寄·京都所司代 및 이테이안(以酊庵)의 가번장로, 반쇼인(萬松院)에 주는 예단, 통신사의 사예단을 절약할 수 있었기 때문에,[48] 조선측이 주는 공예단을 받을 수 있는 수급자는 결국 '쇼군 1인'이 된 셈으로, 조정에서도 이번 절목강정의 가장 큰 효과를 '성폐'로 인식할 정도였다.[49]

이와 같이 신미통신사행(1811)이 파견되기 이전의 강정 교섭 단계(1809~1810년)에서는 조일 양국의 통신사외교는 그대로 유지하되 경비절감(省弊, 省減)을 염두에 둔 획기적이라 할 '신례'들이 강정절목으로 조정되

48) 三宅英利, 『近世日朝關係史の研究』 文獻出版, 1986, 596쪽.
쇼군에게 보낼 공예단으로 인삼 항목을 보면, 전례(1748 무진통신사행 및 1763 계미통신사행)의 1/2로 절감한 것으로, 50근을 33근으로 줄이고, 쇼군의 아들에게 보낼 30근을 없앴으며, 통신사가 쇼군에게 사예단으로 보내는 인삼 10근도 없앤다는 것이었다(『증정교린지』).

49) 『비변사등록』 순조 10년 경오(1810) 11월 3일(今番講定, 酌量省減).

었음을 알 수 있다. 그러나 그럼에도 불구하고, 통신사행이 실제로 쓰시마에 파견되어 의례를 치르는 외교 현장에서는 예기치 못한 사고(의례의 변경)들이 또 있었다.

3. 1811년 신미통신사(김이교)의 쓰시마 '역지행례'와 왕복 국서의 '역지'

1) 4도연 및 전명의에서의 4배례 중지, 이와치요(岩千代)의 의례 대행

쓰시마 역지통신의 의도와 경위에 비해 의례 자체에 대해서는 그 내용이 부분적으로 소개되고 있을 뿐이다.[50] 여기에서는 1811년 신미통신사 일행이 실제로 쓰시마 번청이 있는 후추(府中)에 파견되어 치러진 의례와 일본 측의 대응에 대해서 보기로 한다.

우선, 정사 김이교(金履喬)·부사 이면구(李勉求)를 비롯한 신미통신사 일행(336명)은 1811년 2월 12일 국왕 순조에게 인사를 하고 한양 도성을 떠난 후 20일 만에 부산에 도착하였다(3.1). 부산에서는 출선(윤3.12) 하루 만에 쓰시마 번의 사스나(佐須奈)에 도착(윤3.13)하였으며, 빙례 장소인 후추(府中)에 도착한 것은 윤3月 29日(3月29日)이었다.[51] 후추에는 귀국할 때까지 3개월 남짓 고쿠분지(國分寺, 객관)에 체류하면서 빙례를 치렀으며, 임무

50) 李元植, 『朝鮮通信使の研究』 思文閣出版, 1997, 388~423쪽.
鄭成一, 「對馬易地聘禮에 참가한 通信使일행에 대하여」 『湖南文化研究』 20, 1991

51) 『通信使謄錄』(서울대학교 奎章閣, 12870)
『東差錄』(柳相弼, 海行摠載)
『迎聘參判使記錄』(대마도종가문서 기록류 No.3313, 국사편찬위원회).
( ) 안의 날짜는 조선력(朝鮮曆)과 일본력(日本曆)이 다를 경우 표기하였다.

를 다한 후 거의 5개월 만에 부산으로 돌아왔다(7.3).[52]

빙례는 앞서 보았듯이 쓰시마 번의 요구로 신묘통신사행(1711) 이래의 전례에 따라 4도연(四度宴)으로 치러졌는데,[53] 신미통신사행의 후츄 도착 이후 쓰시마 번주(宗義功)가 衣·冠·劍을 찬 禮服 차림으로 통신사의 객관을 방문하여 먼저 '신례'(新例)에 대한 양해를 구하였다. 4도연이란, '객관위로의(客館慰勞儀)-전명의(傳命儀)-사연의(賜宴儀)-수답서의(受答書儀)'를 일컫는 것으로, 각각 날짜를 달리하여 1개월에 걸쳐 치러졌다. 4도연의 핵심은 당연히 국서를 전달하는 '전명의'와 '사연의'라 할 수 있는데, 이 두 가지 의례는 국교 재개(1607) 이후부터 1682년의 임술통신사 때까지 같은 날 치루어졌다. 그러나 1711년 신묘통신사행(正德信使) 때에는 아라이 하쿠세키(新井白石)가 유교적 예(禮)에 입각하여 의례를 개혁하면서 전명의와 사연의가 날을 달리하여 치러지게 되었다. 이유는 제왕의 접대에 걸맞지 않는다는 것이었다.[54] 이에 1711년에 4도연 체제를 갖추었으나, 기해통신사(1719, 享保信使) 때에는 아라이 하쿠세키의 의례 개혁이 반대에 부딪혀 다시 임술통신사(1682, 天和) 때의 '객관위로의-전명의·사연의-수답서의' 단계로 복원되어 버리고 만다. 1811년의 쓰시마 역지빙례가 '객관위로의-전명의-사연의-수답서의'의 4도연으로 치러졌다는 것은 절차상으로만 본다면 비록 빙례장소가 쓰시마로 변경되기는 했지만 신묘통신사행(1711) 때의 예(禮)를 중시하는 의례에 가까워지기는 했다고 볼 수 있다.

---

52) 『東差錄』(유상필)의 일정 참조.

53) 『文化信使記錄』 48, 「御禮式御次第書同手續書御次第書眞文」(대마도종가문서 기록류 No.1038, 국사편찬위원회).
『文化信使記錄』 49, 「四度御行禮御當日之覺書」(대마도종가문서 기록류 No.1039, 국사편찬위원회).
이하 통신사의례(通信使儀禮) 내용은 위 기록을 참고하였다.

54) 閔德基, 『中·近世の朝鮮·日本關係と對馬一'敵禮'·'羈縻圈'·'交隣'の面を中心に-』 日本早稻田大學文學硏究科博士學位論文, 1990.

의례 시의 막부측 상사(上使)로는 小倉侯 小笠原大膳大夫忠固가, 부사(副使)로는 지샤부교(寺社奉行, 龍野侯 脇坂中務大輔安董)가 임명되었으며, 수행 역인(役人)으로는 大御目付(井上美濃守)·儒者(林大學頭)·御勘定奉行(柳生主膳正)·御目付(遠山左衛門尉·佐野肥後守)·御勘定吟味(松山惣右衛門) 등 50여명이 출석하였다.

〈표 2〉 후츄(府中)에서의 4度宴

날짜	4도연(4度宴)	비고
1811.4.3	堂上譯官 玄義洵 등이 쓰시마 번주(宗義功)를 방문하여 예조참의 서계·예물을 전달.	
1811.4.4	쓰시마 번주(宗義功)가 衣·冠·劍을 찬 禮服 차림으로 통신사의 객관을 방문하여 신례(新例)에 대한 양해를 구함.	
1811.4.9	上副使에 대한 下船宴.	
1811.5.11	쓰시마 번주의 居館에서 上·副使 및 접반역(接伴役)이 예를 행함.	
1811.5.13	脇坂中務大輔가 막부측 상사(上使)로서 통신사의 객관을 방문하여 통신사와 회견한 후 쇼군의 뜻(上意)을 전달함(客館慰勞儀).	쓰시마 번주(宗義功)의 질병에 따라 번주의 아들인 이와치요(岩千代)가 빙례(聘禮)를 대행(代行)。
1811.5.22	쓰시마 번주의 居館인 히로마(廣間)에서 조선국왕의 국서(國書)를 전달(傳命儀).	岩千代가 빙례 대행.
1811.5.26	쓰시마 번주의 居館에서 饗宴(賜宴儀).	岩千代가 빙례 대행.
1811.5.28	역관이 막부측 上使(小笠原)를 방문하여 예조참판의 서계를 전달.	
1811.6.15	쓰시마 번주의 居館인 히로마(廣間)에서 막부 쇼군의 회답서 및 별폭을 수령(受答書儀).	岩千代가 빙례 대행.
1811.6.19	막부측의 上副使가 乘船.	
1811.6.22	예조 서계에 대한 회답서 및 예물을 전달.	
1811.6.25	신미통신사 일행, 쓰시마의 후츄(府中) 출선.	
1811.7.2	신미통신사 일행(易地信使一行)의 부산포 도착.	
1811.8.27	신미통신사 일행의 복명(復命).	

(『文化信使記錄』 48·49, 『信使下向記錄』)

통신사 의례란 조선측 입장에서는 조선 국왕의 국서를 막부에 전달하고, 막부 쇼군의 회답서를 받아오는 데에 목적이 있었다. 이에 4도연의 중심은 뭐라해도 '전명의'와 '수답서의'였다. 단, 수답서의 때의 식장 준비, 통신사 및 막부측 상사에 대한 迎送·答書의 위치, 통신사 및 상사(上使)의 위치는 '傳命儀'와 마찬가지였기에 여기에서는 전명의 만을 언급하기로 한다.

위 〈표 2〉를 보면, '전명의'는 1811년 5월 22일, 쓰시마 번주의 居館 히로마(廣間)에서 치러졌다. 사전 강정 교섭에서는 조일 양측 모두 자국의 국서(國書)에 대한 '4배례'를 생략하기로 했기 때문에, 국서 전달 절차가 1711년의 신묘통신사행(正德信使) 때와는 모양새가 달랐다. 전명의는 막부측 상사(小笠原大善大夫)·副使(脇坂中務大輔) 및 막부 역인들이 쓰시마 번주의 거관에 도착한 후, 朝服(金冠多紅抗羅繡大臺佩玉黑靴子) 차림으로 통신사 일행과 인사를 나누는 상견례로 시작되었다. 이때 조선 국왕의 국서·별폭을 실은 가마는 통신사보다도 먼저 쓰시마 번주의 거관에 도착해 있었는데, 국서·별폭을 상상관·제술관·사자관이 가마에서 꺼내, 쓰시마 번주의 아들인 이와치요(岩千代)의 안내를 받아 히로마(廣間)로 옮겼다. 별폭(예물)은 전명의 전날 이미 히로마의 서쪽에 진열되어 있었다.

상견례가 끝나자, 통신사는 쓰시마 번주의 가로(家老)·이와치요(岩千代)의 안내를 받아 히로마(廣間)로 이동하였으며, 히로마에는 상상관이 운반해 온 조선 국왕의 국서가 히로마 북쪽의 단 중앙에 놓여 있었다. 이때 막부측 상사는 히로마 상단의 서쪽에, 통신사 일행은 상단 동쪽에 마주보며 선 채로 2揖을 나눈 후 자리에 앉았다.[55)]

---

55) 통신사빙례가 시작된 이래, 1682년의 임술통신사행(天和信使) 때의 빙례까지, 上使의 위치는 서쪽, 통신사는 동쪽이었다. 전근대 동아시아 세계의 외교의례에서 '방향'에는 상징적인 의미가 있다. 주군(主君)이 손님(賓)에 대한 예(禮)를 행할 때 '빈'(賓)의 위치는 서쪽이었다. 1711년 아라이 하쿠세키(新井白石)는 지금까지 통신사가 동쪽에서 예를 행했지만, '東'이란 예로부터의 빙례(聘禮)로 보자면 신하(臣下)의 위치이므로, 통신사의 위치가 동쪽이라는 것은 주객이 전도된 것이나 마찬가

착좌(着座)를 마치자, 통신사는 상상관을 통해 초빙에 응한 취지와 조선 국왕의 국서·별폭을 전달하겠다는 뜻을 막부측 상사에게 구두로 전했다. 그러자 이를 쓰시마 번주의 아들인 이와치요가 받아 막부측 상사에게 전달했으며, 이에 대한 막부측 상사의 답례 인사도 이와치요와 상상관을 통해서 통신사에게 전달되었다. 그런 후에는 막부측 상사가 막부 쇼군의 인사말(上意)을 전했는데, 조선 국왕에 대한 안부 인사 및 통신사의 노고에 대한 위로의 말이 이와치요와 상상관을 통해 통신사에게 전달되었다. 국서 전달에 관한 조일 양측의 의사 확인이 끝나자, 통신사와 막부측 상사는 자리에서 일어나 서로 2揖을 나누었다.

조선 국왕의 국서는 통신사가 히로마에서 물러 나온 후 막부측 역인이 수령하였으며, 祐筆이 히로마 상단에 올라가 국서함을 가지고 내려온 후, 上使보다도 먼저 히로마를 떠났다. 전명의는 쓰시마 번 가로(家老)의 휴식소로 이동하여 막부측 상사와 통신사가 2揖을 나눈 후, 통신사가 그 자리를 먼저 물러나가는 것으로 종료되었다.

4배례가 실시되었던 1711년 신묘통신사행(正德信使) 때에는, 막부 쇼군이 의례장소인 에도성(江戶城)의 오히로마(大廣間) 북쪽 중앙에 남면(南面)한 자세로 앉아 있었으며, 조선 국왕의 국서는 쇼군의 바로 앞에 놓여 있었다. 따라서 통신사가 조선 국왕의 국서를 전달한다는 뜻을 쇼군에게 전하기 위해서는 통신사가 국서 앞까지 직접 나아가서 4배례를 해야만 했다.[56] 이에 비해 1811년의 역지행례란, 간단히 말해서, 통신사 및 막부측 상사(上使)의 위치가 조선 국왕의 국서·별폭을 중심으로, 상사는 히로마의 상단 서쪽, 통

지라고 주장하였다. 그리하여 통신사의 위치를 서쪽, 또한 상사(上使)의 위치를 동쪽으로 변경하는 의례 개혁을 단행하였다. 1811년의 신미통신사행(易地聘禮)에서는 막부측 상사(上使)가 서쪽, 조선의 통신사(兩使)가 동쪽이었기 때문에 구례(舊禮)로 돌아가고 말았다(閔德基, 앞의 논문).

56) 池内敏, 「近世後期における對外観と國民」『日本史研究』344, 1991, 104~108쪽.

신 양사(兩使)는 상단 동쪽이었으며, 의례가 치러지는 동안 조일 양측의 사자는 내내 서로 마주보되, 앉은 채로 의례를 치룬 셈이 된다. 국서는 조일 양측의 사자가 전달에 관한 내용을 주로 상상관과 이와치요(岩千代)를 통해서 구두로 교환하되, 통신사가 히로마(廣間)에서 물러 나온 후에 막부측 역인이 조선 국왕의 국서를 수령하는 모양새였다. 말하자면 통신사가 지참해 간 국서에 대한 4배례를 생략함으로써 통신사(正使)가 움직일 필요가 전혀 없게 되었으며, 그 결과 종래에 비해 통신 정사의 동선(動線)이 짧아진 반면, 상상관과 이와치요(岩千代)의 역할이 큰 비중을 차지하게 되었다고 할 수 있다.

1811년 역지행례를 보면 4도연의 실시, 4배례 생략, 그리고 조일 양국 사자의 상견례(相見禮)를 동일하게 하는 등, 마찰의 원인이었던 일본측의 일방적인 의례변경이 조정된 측면도 있었다. 이에 조선측으로서도 의례 자체가 그렇게 불만족스러운 것은 아니었다. 그러나 일본측 사정에 따라 국가적 의례가 편의 위주로 치러진 부분도 있어서 아주 기형(奇形)적이었다고 할 수 있다.

예를 들면, 지금까지 보아왔듯이, 1811년의 역지빙례에서는 쓰시마 번주(宗義功)가 행해야 할 역할을 모두 그의 아들인 이와치요(岩千代)가 대행하였다. 쓰시마 번주의 역할이란, 통신사·막부측 상사에 대한 영송(迎送)을 비롯하여, 그들을 빙례 장소로 안내하는 일, 그리고 빙례 때에는 막부측 상사의 뜻을 통신사에게 전달하는 한편, 통신사의 의사도 상사에게 전달하는 것이었다. 극도로 세심한 배려를 요하는 외교의례를 아직 관위(官位)도 받지 못한, 그것도 당시 12살밖에 되지 않은 이와치요(岩千代)에게 4번에 걸쳐서 의례를 대행시켰다고 하는 것은 쓰시마 번으로서도 부담스러운 일이었다. 왜냐하면 이와치요의 의관(衣冠) 문제란 또 하나의 신례가 될 수 있었기 때문에, 조선이 어떤 반응을 보일지 걱정스러웠을 것이다.

신미통신사행 당시 역지행례란 신례(新例)인 만큼, 막부에서는 이미 1790

년대부터 쓰시마 번의 에도 가로(江戶家老)를 불러들여, 서식(書式)과 막부 관원의 복식(服飾) 등, 전례에 대해 많은 질문이 있었다.[57] 쓰시마 번주는 1810년 가을부터 풍질(風疾)을 앓고 있었는데, 막부에서도 번주의 건강상태에 대해서는 어렴풋이 알고 있었던 것 같다. 이윽고 1810년 12월 10일 막부는 에도 가로(江戶家老, 大森繁右衛門·平田隼人)를 불러들여 번주의 건강상태를 살핀 바, 번주의 풍질 악화가 조선 국왕의 국서 수령 등, 빙례 수행에 커다란 지장을 초래할 수도 있음을 지적하고, 만약의 경우에 대비하여 대안을 모색해 두도록 은밀한 지시를 내렸다. 에도 가로는 고민 끝에 대리인(名代)을 세우기로 작정하고, 구니모토 가로(國元家老, 氏江兵庫·多田左膳·小野直衛·嶋左近右衛門·原宅右衛門·大浦兵左衛門)와도 신속하게 상의한 후, 후처(妾) 소생인 이와치요(岩千代)로 하여금 직무를 대행하게 할 것을 막부에 청원하기로 하였다. 처음에 쓰시마 번 가로들은 이와치요(岩千代)의 나이를 빙례가 예정되어 있는 1811년에는 16살이 될 것을 전제로 상담했었는데, 번주의 적자(嫡子)도 아닌 이와치요가 당시 11살의 어린 나이인데다 무관(無官)이었기 때문에, 그의 직무대행이 혹시라도 문제가 될 것을 우려했기 때문으로 보인다. 그러나 1810년 12월 11일에는 막부의 허가가 있었으며, 이와치요의 관복(官服)에 관한 것까지 지시가 있었다. 에도 가로는 12월 12일 이를 쓰시마 번주에게 알려옴과 동시에 구체적인 의례절차를 막부에 문의하였다.[58] 이와치요는 1811년에야 12살이 될 터로, 쓰시마 번은 아직 막부에 적자(嫡子) 신고도 하지 않았으며, 실제로 가독(家督) 상속도 받기 이전이었다. 그러나 빙례 시기가 이미 눈앞에 다가온 사정도 있기 때문인지,

57) 『寛政十二庚申年 文化信使記錄-江戶書留』 44, 「前例御尋答」(대마도종가문서 기록류 No.945, 국사편찬위원회).

58) 『文化七庚午年ヨリ文化信使記錄-江戶書留』 42(대마도종가문서 기록류 No.1023, 국사편찬위원회).
『信使御用御內密御內用綴』 (대마도종가문서 기록류 No.5839, 국사편찬위원회).
『通航一覽』 卷71, 朝鮮國部 47.

막부는 이와치요의 대리인 청원(名代願)을 문제삼지 않은 채, 전례에 없는 의례 대행을 지시했던 것이다. 이에 쓰시마 번의 대리인(名代) 청원과 막부의 허가는 신속하게 이루어졌다. 막부로서는 빙례 장소가 전례에 없는 쓰시마(對馬)로 변경된 데다, 번주의 건강 악화로 빙례 당일 어떤 돌발사고가 일어날지 예측하기 어려운 상황에서, 일찍이 마찰 원인이 되었던 조선 국왕의 국서 수령과 같은 외교적 대사를 어떻게 해서라도 무사히 끝마침으로써 200년 이상 계속되어온 조일관계를 아무 일 없었던 것처럼 유지하려는 데 필사적이었던 것 같다. 대리인(名代) 청원 건이란 무릇 이를 위해 막부 및 쓰시마 번이 짜낸 '고육지책'이라 할 수 있는데, 그런 만큼, 막부의 쓰시마 번 가로에 대한 지시는 어느 때보다도 은밀하고 구체적이었으며, 막부가 번에 이 정도로 간여했던 것도 보기 드문 예라 하겠다. 쓰시마 번으로서는 어린 이와치요(岩千代)를 빙례 장소에 나홀로 내세운다는 것이 아무래도 불안했기 때문에 가로(家老)가 수행하는 형태로 받아들였다. 그 결과 이와치요가 4번의 빙례 모두 쓰시마 번주를 대신하여 직무를 대행할 수 있었다.[59]

이와 같이 이와치요(岩千代)의 빙례 대행은 일본측 사정에 따라 이미 1810년부터 준비되고 있었다. 그러나 이는 조선에 사전 양해를 구할 사안은 아니었다. 통신사행이 이와치요의 빙례 대행을 처음으로 알게 된 것은 1811년 5월 13일의 객관위로의(客館慰勞儀) 자리에서였다. 쓰시마 번주의 질병이 급하게 악화되어 퇴장하게 되자, 이와치요가 의례를 대행할 때 처음으로 직면하게 된 문제였다. 통신사 일행은 그날은 부득이한 일로 양해를 했지만, 이렇게 의례 대행이라는 특별한 이례(異例)가 향후 치러질 의례로 봤을 때 간단히 양해하고 넘어갈 문제는 아니었기 때문에, 처음에는 받아들이려 하지 않았다. 그러자 쓰시마 번은 5월 18일, 번주 명의로 양해를

59) 『文化七庚午年ヨリ文化信使記錄-江戶書留』 42(대마도종가문서 기록류 No.1023, 국사편찬위원회).

구하는 서한과 함께 이와치요의 의례 대행을 허락한 막부의 각서를 제시해 왔다.[60] 이에 통신사도 사태를 파악한 후, 결국 5월 20일에는 이와치요의 대행에 동의한다는 회답을 쓰시마 번에 건넸다. 그렇지만 전례에 없는 의례 대행을 수상하게 여긴 정사 김이교(金履喬) 등은 전명의를 마친 후 쓰시마 번주의 거관을 방문하여 질병의 진위 여부를 확인하였다.[61]

이와 같이 신미통신사 일행이 '전명의' 당일 날 직면하게 된 '의례 대행' 사태를 살펴본 바, 어떤 돌발사태가 일어날지 예측이 불가능한 상황에서 의례의 무사 수행을 위해, 어디까지나 일본측이 제시한 사안을 받아들일 수 밖에 없는 상황이었음을 알 수 있었다. 그 때문에 통신사의례가 조일 상호간에 강정(講定) 교섭이라는 절차를 거쳤다고는 하더라도 막부·쓰시마 번의 요구가 자연히 더 빈영되기 쉬운 상황이었다. 요컨대 일본에서의 통신사 의례란 뭐라해도 일본의 편의적인 입장에서 치러질 가능성이 높을 수 밖에 없었다고 할 수 있다.

2) 조일 양국의 왕복 국서에 기재된 '역지'(易地)와 외교적 함의

조일 양국은 이렇게 이례적인 '역지행례'를 치루면서 국서는 어떠한 내용으로 작성했을까? 먼저 신미통신사 김이교(金履喬) 일행이 지참해간 국왕 순조의 국서는 다음과 같다.

> 朝鮮國王李玜 奉書
> 日本國大君 殿下
> 聘使之禮, 曠踰四紀, 逖承殿下克纘洪緖, 誕撫區域, 休聞所及, 欣聳曷已, 玆

60) 『通航一覽』 卷71, 朝鮮國部 47.
61) 『文化七庚午年ヨリ文化信使記錄-江戶書留』 42(대마도종가문서 기록류 No.1023, 국사편찬위원회).

> 循故常, 庸伸賀儀, (A)至於易地行禮之擧, 寔出兩國惇好之義也, 不腆土宜, 聊寓遠忱, 惟冀益懋令猷, 茂膺休祉. 不備.
> 辛未年二月 日
> 朝鮮國王李玜 (印文; 爲政以德)62)

위 순조의 국서에서는, 첫머리에 "통신사 외교의 공백이 50년(4紀)이나 된 것을 언급한 후, 쇼군의 습직으로 나라가 안정된 것을 듣고 전례(故常)에 따라 축하함에 있어서, (A)(전명의를 치르는) 행례 장소가 변경(易地行禮) 되게 되었는데, 이는 양국의 우호를 돈독히 하자는 것에서 비롯된 것이다"라는 취지로 되어 있다.

우선 첫머리에서 통신사외교의 공백을 언급하는 것으로 시작한 것은 앞서 계미통신사(1763) 때 영조의 국서와 마찬가지이다. 그리고 전례(故常)에 따라 쇼군 습직을 축하함으로써 우호를 돈독히 하고자 한다는 통신사외교의 취지를 언급한 것도 역대 통신사 파견 때의 국왕 국서와 마찬가지이다.

그러나 그 이전의 국서와 다른 점이라면, "교호(交好)의 나라로서 통신사(使介·信使)를 파견하여 '隣誼·交好·隣好'를 돈독히 하고자 한다"와 같이, 우선 통신사의 존재를 언급한 문언이 보이지 않는다. 이는 통신사 일행이 에도성에서 쇼군을 직대(直對)하는 절차가 생략된 것을 반영한 것으로 보이며, 과거에 비해 정중함이 결여된 표현이라 할 수 있다. 뿐만 아니라 (A)와 같이, 양국의 우호를 두터이 한다면서도, '易地行禮'라 하여 축하의 예(전명의)를 치르는 장소가 에도(江戶)가 아닌 다른 곳으로 변경되게 되었다는, 소위 신례(新例)의 내용이 구체적으로 명기되어 있다는 것을 특징으로 지적할 수 있다.

조선 국왕의 국서에 '역지행례'라는 신례를 구체적인 문언으로 못박았다는 것은 무슨 의미가 있을까? 이는 우선 조선이 20여년에 걸친 교섭 끝에

62) 日本外務省 外交史料館.

'역지'가 막부의 의사라는 것을 확인했지만, 을미통신사(1655년, 明曆信使) 이래 '전례'(前例)가 통신사 파견의 가장 중요한 외교적 명분이었던 만큼, 신미통신사(1811)의 역지행례가 아주 이례적(異例)인 사행이었다는 점을 부각시킨 것으로 볼 수도 있다.

그러나 그보다 더 주목해 보아야 할 것은 '역지행례'라는 신례가 예조참판이나 참의 명의의 서계가 아닌, 조선의 최고 결정권자이자 외교적 대표인 국왕의 국서에 기재되었다는 점이다. 이는 과거 외교 마찰이 심했던 신묘통신사행(1711, 正德信使) 당시의 국서와 비교해 보더라도 그 차이를 곧바로 알 수 있다. 주지하듯이, 신묘통신사행 때는 일본측의 일방적인 외교 의례 변경, 그리고 통신사가 이미 일본으로 지참해간 조선 국왕의 국서와 쇼군의 회답서를 통신사의 일본 체류 중에 다시 개찬해야만 했던 외교 참사가 있었다. 이로 인해 조일 간에 커다란 외교 마찰, 갈등의 위기가 있었으며, 통신사 일행은 귀국하자마자 처벌을 받았다. 그러나 그럼에도 불구하고, 조일 양국의 국서에는 의례 변경에 대한 언급은 전혀 없이, 오직 '전례(前例)에 따른 隣誼·交好'라는 것만이 기재되었다. 신묘통신사행(1711) 당시 통신사 의례에 대한 일본측의 일방적 변경과 같은 외교참사의 재발 방지 요구나 조선측의 유감 표현은 국왕의 국서가 아닌 예조(참판·참의)의 서계에 기재되었다. 국왕보다는 낮은 수준에서 유감 의사를 전달함으로써 원만한 양국 관계를 유지하려 했던 것이다. 이는 기해통신사행(1719, 享保信使)이나 무진통신사행(1748, 延享신사) 당시 의례 변경 때도 마찬가지였다.[63)]

이에 비한다면 신미통신사행(1811, 對馬易地通信) 당시 조선의 예조참판이 막부측 사자(上使·副使)에게 보낸 서계나 예조참의가 쓰시마 번주에게 보낸 서계에는 '역지행례'에 대한 언급이 전혀 없다. 어느 것도 단지 통신사 파견이 '舊好' 및 '修好'에 따른 것이라는 내용 만이 간략하게 기재되어

63) 이 책의 제2장 참고.

있을 뿐이다.[64] 따라서 과거 사례와 달리, 예조(참판·참의)가 아닌 조선의 최고 결정권자이자 외교적 대표인 국왕의 국서에 '역지행례'가 구체적으로 기재되었다는 것은, 적어도 이례(異例)에 대한 조선의 유감을 표시한 것은 아니라고 할 수 있다. 그보다는 향후 재개될 통신사외교에 있어서 빙례 장소를 에도가 아닌 다른 곳으로 변경해도 좋다는 조선 정부의 의사가 함축된 것이자, '역지'(易地)가 새로운 '전례'(前例)가 될 수 있음을 의미한다고 볼 수 있다. 조선으로서도 통신사를 에도까지 파견할 때마다 엄청난 재정 소모가 부담스러웠던 만큼, 일본측 요구로 시작되기는 했지만 '성폐'(省弊)를 실현할 수 있는 '역지통신'을 내심 염두에 두고 있었던 것이라 생각된다.

이렇게 볼 때 신미통신사행(1811)이 지참해간 순조의 국서란, 문언 자체로만 본다면, 과거 11번에 걸친 조선 국왕의 국서와 비교해 봤을 때 양국의 우호를 강조하거나 상대국에 대한 정중함이 그 이전의 국서에 비해 상대적으로 빈약했던 것은 사실이다. 그러나 '성폐'(경비절감)에 비중을 두었던 '역지행례'라는 획기적인 '신례'를 국왕 문서에 부각시켰다는 점에 주목한다면, 조선으로서도 국교재개 이래 200년 동안 유지되어온 통신사외교에 있어서 모종의 변화를 기대하고 있었다고 할 수 있다. 국서의 문언 만으로도 19세기 초 조일관계에 있어서 교린의 가치가 퇴색되어 가는 실태 내지는 조선의 일본에 대한 외교적 비중을 다시 한번 알 수 있게 한다.

쇼군의 답서 또한 크게 다르지 않았다.

> 日本國源家齊 敬復
> 朝鮮國王 殿下
> 耑价戾止, 華緘隨達, 因悉啓居寧謐, 欣幸靡極, 今者以吾承統業, 蒙修聘儀, 珍貽稠疊, 殊感隆誼, (B)<u>如其成禮津島</u>, <u>則事雖從新, 意在循舊, 所以度時制</u>

---

64) 『동문휘고』 부속, 통신 1, 「禮曹參判與日本國上使書」 및 「禮曹參判與日本國副使書」(신미년 2월)(국사편찬위원회 4책, 3890~3892쪽).

<u>宜, 而敦兩國之好也</u>, 茲具輶品, 寄諸還使, 惟冀彌揚景烈, 允受純嘏. 不備.
文化八年辛未六月日
日本國源家齊(印文; 克綏厥猷)[65]

막부 쇼군 이에나리(家齊)의 회답서는 최종적으로는 1636년 이래 쇼군의 회답서를 독점적으로 작성해왔던 하야시 다이가쿠노카미(林大學頭)의 교열을 거쳐서 완성되기는 했지만, 초안은 지방의 유학자가 작성한 것으로 알려져 있다.[66]

내용을 간단히 요약하자면, (쓰시마로 내려갔던:필자 주) 막부측 사자(耑价)가 (에도로: 필자 주) 돌아와 조선측 국서(華緘)를 받고 기거가 평안함을 알게 되었다는 안부의 말로 시작하여, 쇼군 습직에 따른 의례와 예물에 감사를 표하는 한편, (B)쓰시마(津島=對馬)에서 빙례를 치른 것(成禮)이 비록 신례(新例)라고는 하나 구례(舊例)를 따른 것으로, 시의(時宜)에 맞추어 양국의 우호를 돈독히 하고자 한다는 취지로 되어 있다.

여기에서 주목하고자 하는 것은 바로 (B)의 내용으로, 순조 국서의 (A) '역지행례'에 대한 쇼군의 회답 내지는 의사를 반영한 것으로 보인다. 즉 막부 쇼군의 회답서에는 '쓰시마'에서 치르는 역지빙례가 '신례'이기는 하

65) 『동문휘고』 부속, 통신 1, 「關白奉復書」(文化八辛未年6월)(국사편찬위원회 4책, 3890쪽).
66) 1811년 역지통신 당시 또 다른 이례(異例)라고 한다면, 1636년 이래 하야시 가문(林家)이 독점적으로 작성해왔던 막부 쇼군(將軍)의 회답서가 지방의 유학자에 의해 작성되었다는 것이다. 1811년 사가 번(佐賀藩)의 유학자인 고가 야스케(古賀彌助, 호 精里)는 막부의 명령을 받아 쓰시마(對馬)로 갔는데, 이때 제자인 구사바 하이센(草場佩川)도 동행하였다. 구사바 하이센은 쓰시마에 2달간 체류하면서, 스승의 명령에 따라 종래의 서식을 참고하면서 막부의 회답서(초안)을 작성하게 되었다. 회답서는 스승 고가(古賀)의 필삭(筆削)을 거친 후, 최종적으로는 하야시 다이가쿠노카미(林大學頭)의 교열을 거쳐서 완성되었다. 막부측의 교열이라는 절차를 거쳤기 때문에 결국은 막부 작성이기는 하지만, 통신사와 筆談唱和를 나누기 위해 쓰시마를 방문했던 지방의 젊은 유학자로 하여금 국서(國書) 초안을 작성케 한 것은 이례적이라 하지 않을 수 없다(草場佩川, 『津島日記』 下, 西日本文化協會, 1978).

지만 그때그때 사정에 따라 시의에 맞춘 의례'라는 이유가 명기되었는데, 이는 앞으로 있을 통신사 초빙에 있어서도 상황에 따라서는 '역지빙례'라는 신례(新例)가 얼마든지 곧바로 전례(前例)가 될 수도 있음을 재확인 내지는 합의한 표현이라 할 수 있다. 쇼군(家齊) 회답서의 이러한 문언 역시, 1711년 신묘통신사행 당시 의례 개혁 내지는 변경을 추진했던 역대 쇼군의 회답서에서조차도 의례 변경에 대한 구체적인 언급 없이, '린의'(隣誼) 만을 부각시켰던 것과 비교해 볼 때 매우 이례(異例)적이라 할 수 있다. 이러한 문언을 통해 적어도 19세기 초 도쿠가와 막부에는 향후 빙례 장소를 에도(江戶)로 복구하겠다는 의사는 없었던 것으로 추측할 수 있다.

요컨대 1811년 신미통신사행 당시, 조선 국왕 순조의 국서, 그리고 막부 쇼군(家齊)의 회답서 모두, 쇼군 습직 축하가 구례(故常, 循舊)에 따른 것임을 전제해 둠으로써 임란 이후 200년 동안 유지되어온 통신사외교의 취지를 관철시키기는 했다. 그러나 촛점은 어디까지나 '성폐'를 실현할 수 있는 수단으로서 '역지통신'이라는 의례 변경, 즉 '신례'(新例)에 비중을 둔 매우 이례적인 경우로, 사실은 조일 양국이 향후 또 다시 전개될 통신사외교에 대한 방향 내지는 희망 사항이 고스란히 반영된 것이었다고 할 수 있다. 즉 조일 양국 국서 모두 이렇게 '역지'를 구체적인 문언으로 못박아 버림으로써, 국교 재개 이래 200년 가까이 유지되어온 통신사외교에 돌이킬 수 없는 변화의 고비가 들이닥치고 있었음을 짐작하게 한다.

4. 교린의 가치 퇴색과 조일 양국의 실리 추구

1) 조선의 외교의례 비용 축소와 기사약조

조선에 있어서 1811년 신미통신사행의 '역지행례'란 국서(國書)에 대한 4

배례의 생략 등, 부분적으로 개선된 것도 있었지만, 의례 현장에서 이와치요(岩千代)의 의례 대행(代行)을 불가피하게 수용해야만 하는 등, 일본측 사정에 끌려간 부분도 있었다. 그러나 앞서의 조일 양국 국서에서도 알 수 있듯이, 조일 양국이 20년에 걸친 긴 시간과 우여곡절에도 불구하고 결국 '역지통신' 또는 '역지행례'에 합의했다는 것은, 조일 양국 모두 통신사외교는 유지하되, 굳이 엄청난 비용이 들어가는 '에도통신'(江戸通信)의 필요성은 느끼지 못했다는 것을 의미한다. 말하자면 양국관계에 있어서 '교린'(交隣)이나 '화호'(和好)의 가치가 퇴색하면서 형식적인 '의례'만 남게 되었다고 할 수 있다.

그 결과 조선은 1809년 2월 24일 강정(講定) 역관의 선정 후, 의례에서는 한 걸음 양보하겠지만, 그 대신 지금까지의 조일 양국간에 누적되어 왔던 폐단의 개선을 요구하기로 했는데, 강정을 위해 쓰시마에 내려와 있는 막부측 사자의 면전에서 이를 논하여 확정지으려는 의도가 있었다.

이에 1809년 7월 강정역관 일행(問慰堂上譯官玄義洵·堂下譯官卞文圭·通信面譚堂上譯官崔昔)은, 쓰시마에 도착한 직후 7월 5일 다례(茶禮)가 열리는 날 적폐(積弊) 해소를 요구하는 문건(覺)을 쓰시마 번측에 건넸다. 내용은 좌의정(김재찬)이 제기한 내용을 그대로 정리한 것으로 통신사 강정 절목 보다도 서둘러서 전달하였다.

覺

一(①) 中絶五船永罷

一(②) 告還差使, 只以書契歲遣船便順付, 而太守承襲後初次還島、則只送一番差价

一(③) 公木一疋, 以公作米十斗磨鍊

一(④) 監董年限, 以四十年爲限

一(⑤) 監董物力, 以分數磨鍊

一(⑥) 左右沿漂船給料, 以枰木施行

一(⑦) 館守西方, 築垣設門

右之條, 知非容易, 而我國爲弊甚多, 今承懇請之分付而來矣, 年久約定之到今, 公論雖甚不安, 事勢旣如此, 明察事情, ?? 賜許諾, 千萬幸甚.

己巳七月 日　　　　　　渡海堂上官 敬天 玄同知 印

明遠 崔僉知 印

堂下官 玉汝 卞判官 印[67)]

위 각서에는, 中絶五船의 폐지 및 고환차왜(告還差倭)를 세견선(歲遣船) 편에 겸대(兼帶)할 것, 공작미(公作米)의 교환률 인상, 일본측 표류 선박에 지급하는 '잡물'(雜物)의 계량법 변경, 왜관 수리 및 통제에 관한 7개 항목이 제시되어 있다. 이 중에서 中絶五船의 폐지 및 공작미의 교환율 인상 건(①·②)은, 이미 대일본 무역에 있어서 주목할만한 성과로 지적된 바 있다.[68)] 이에 여기에서는 일본측 표류 선박에 지급하는 '잡물'(雜物)의 계량법 변경(⑥)에 주목해 보고자 한다. 19세기에 들어서면, 쓰시마 주민의 경상좌우도 표착(漂着)이 증가하게 되면서, 그에 따라 변경에서의 접촉도 증가하게 된다. 표류 선박에 지급하는 '잡물'의 계량법 변경은 변경에서의 트러블이 생기기 쉬운 가운데 마찰의 여지를 없애기 위해 조선이 먼저 제기했다는 점이 흥미롭다.

조선에 표착한 쓰시마의 선박은, 18세기 중엽, 조선과의 약조를 바탕으로 '잡물'(米:五日糧饌)을 지급받도록 되어 있었다.[69)] 그러나 약조가 성립된 이후에도 마찰이 끊이지 않았다. 이유는 쓰시마 선박의 표착이 빈번했던

67) 『信使易地講定譯官 渡海御用向掛合記錄』(表御書札方) (대마도종가문서 기록류 No.1009, 국사편찬위원회).

68) 정성일, 「易地聘禮 실시 전후 對日貿易의 動向」 『經濟史學』 15, 1991, 18쪽.

69) 이 훈, 「18세기 중엽 日本 漂船에 대한 雜物(五日糧) 지급과 朝日交涉 歪曲」 『한일관계사연구』 9, 1998.

경상도의 沿邑에서는 같은 경상도라 하더라도 표착지마다 각각 크기가 다른 '되'(升)를 사용하고 있었기 때문에 쌀(米)의 지급량이 일정치가 않았기 때문이다. 표착지에서 지급받은 '잡물'을 왜관(倭館)의 대관방(代官方)에서 공작미(公作米)와 동일한 방법으로 계량할 경우, 수량이 부족한 적이 종종 있었다.[70] 1742년, 부특송사(副特送使)의 1호 선박이 경상도 거제의 구조라포(舊助羅浦)에 표착했을 때 표착지에서 지급받은 식량이 이전에 비해 소량이었기 때문에, 승선원이 조선의 斗·升을 빼앗아 왜관에 은닉해 둔 것 때문에 문제가 되었다. 일본측 기록을 보면, 米漕船(清神丸)의 선두(船頭, 原田吉左衛門)가 거제의 조라포(助羅浦)에서 '丸升(1斗 들이 升)'과 '盃升(1升 들이 升)'으로 계량해준 쌀(米)을 대관방(代官方)의 용기로 다시 재어본 결과 부족분이 발생하였다. 조선의 丸升(斗升)으로 잰 15盃은 倭館枡으로는 13盃 정도 밖에 되지 않았다. 그뿐 아니라, 거제에서 사용하고 있던 용기는 동래부(東萊府)의 용기보다도 크기가 조금 작았다. 이에 왜관의 1대관(味木金藏)이 표선의 선두로 하여금 부족분을 다시 받아오도록 지시한 한편, 동래부에도 경상도 각지에서 사용하고 있는 '되'(升)의 규격을 통일해 주도록 요구하게 되었다. 즉 왜관의 2대관(山崎清太)이 동래부의 훈도·별차를 불러 이러한 사정을 설명한 후, 경상좌우도에서 사용하고 있는 '升'의 크기를 변경해 주도록 동래부에 요청하였다.[71] 그 결과 동래부사가 순찰사(巡營)에게 보고하여, 거제 및 加德(熊川)·機張·蔚山 등의 지방관(수령)으로 하여금 '斗升'을 새로 제작하도록 하라는 조치가 있었다. 새로운 '되'(升)에는 동래부의 소인(燒印)을 찍어, 하나는 동래부에, 다른 하나는 각 읍에 비치하여 새로운 기

70) 왜관(倭館)에서 실제로 사용하고 있던 '倭館枡'의 計量法은, 조선의 '斛升'과 일본의 '京升'을 병용하여, 朝鮮米 1石을 계량하는데 「大斛·小枡兩收法」을 사용하였다(田代和生, 「對馬藩の朝鮮米輸入と'倭館枡' - 宗家記錄『斛一件覺書』からみた朝鮮米の計量法-」『朝鮮學報』 124, 天理大學, 1987).

71) 『續分類紀事大綱』「脇乘五日次升之事」(대마도종가문서 기록류 No.4597, 국사편찬위원회).

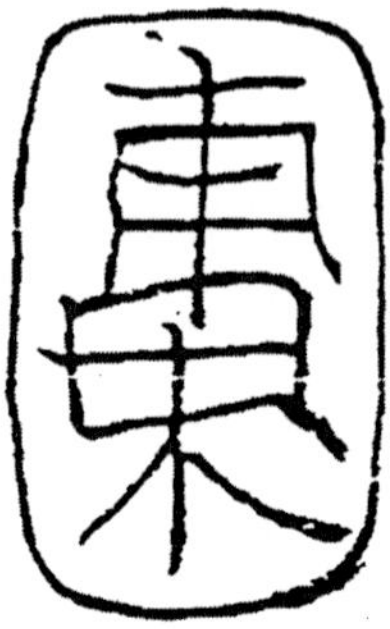

〈그림 1〉 東萊府의 升印 (1742년)

준으로 삼자는 것이었다. 그리고 왜관의 대관방(代官方)에도 호조(戶曹) 표준규격인 '銅斛'을 바탕으로 만든 새로운 '斛子'(1石入り)와 '1斗들이 升·1升들이 升'을 주었는데, '되'(升)의 안쪽에는 '上'이라는 글자를 새겨 넣었다. 그리고 쓰시마의 선박에도 임시로 假送狀을 주어, 이를 바탕으로 표착지에서 잡물을 지급받아 가도록 하였다.[72] 즉 '되'의 규격 통일을 바탕으로 왜관측이 잡물을 받아갈 때, '斗概'를 사용하여 가산분(加算分)을 계산함으로써 생길 수 있는 오해와 마찰을 피해보려 했던 것이다.

그러나 이 약속은 지켜지지 않았던 것 같으며, 1792년에 또다시 문제가 되었다. 조선은 잡물(米:五日糧饌) 지급 시, '되'(升) 위에 산 모양으로 쌓아 올린 쌀(米)을 '斗概'(平木)로 깎아 내려서 지급하겠다는 취지를 왜관측에 전달하였다.[73] 왜관측은 쌀의 수량이 감소한다는 이유를 들어 반대하였으며, 1793년 경상도 가덕(加德)에 표착한 쓰시마 번의 비선(飛船)은 斗概를 사용하여 지급한 잡물의 수령을 거부하였다.[74] 잡물 지급 시 마찰에 대해, 조선에서는 이를 중앙 조정의 의사와는 관계가 없으며, 쓰시마의 표류민과 표착지의 말단관리, 그리고 兩譯(훈도·별차)과의 이해(利害)가 얽혀 생긴 문제로 인식하고 있었다. 斗概를 사용한다는 것은, 결국은 현지 말단관리의 주머니로 들어가는 쌀(米)로서, 이를 방치한다는 것은 역관 개인의 수입 증식과 관련이 있는 것으로 간주하고 있었다.[75] 그런데 쓰시마 번은 조선의

72) 『增正交隣志』 卷4, 「斛子斗升較正」.

73) 『續分類紀事大綱』 「脇乘五日次升之事」(대마도종가문서 기록류 No.4597, 국사편찬위원회)

74) 『分類紀事大綱』 2, 「左右道五日次請取方之儀ニ付訓導より申出候事」(대마도종가문서 기록류 No.4539, 국사편찬위원회).

75) 『文政十丁亥年より同十二己丑年ニ至 若君樣御賀誕禦回棹 譯官記錄』坤, 「御書翰往復

요구에 대해 그다지 강렬한 반응은 보이지 않았다. 왜냐하면 마침 쓰시마 역지통신 교섭이 난항에 부딪힌 시기로, 조선을 자극하여 교섭이 파국에 달해, 막부로부터 조선 관련 외교업무를 박탈당하는 것 만큼은 회피하고 싶었기 때문이다.[76]

조선은 이러한 기세를 몰아 그동안 조일간에 누적되어 있던 폐단의 개선을 시도하려 하였다. 1809년 5월, 좌의정 김재찬(金載瓚)은 통신사를 파견하기 이전 쓰시마에 강정역관 파견을 논하는 자리에서, 개선해야 할 적폐(積弊)로 15개 항목을 들고 있다. 그중에는 조선에 표착한 일본의 표선에 잡물을 지급할 때 '斗概'를 사용할 것도 포함되어 있었다. 이때 동래부의 명분은 다음과 같았다. 최근 조선을 오가는 쓰시마 선박 가운데는, 포구에서 쌀(米)을 '斗升'으로 재어서 지급할 때 '斗升'의 위로 쌀을 산 모양처럼 쌓아 올리는 것이 거의 6~7升이나 되기 때문에, 앞으로는 호조(戶曹)의 표준규격인 '斛子'(1石 들이 升)를 사용하게 해야 한다는 것이었다. 단, '平木'(枰)은 동래부가 보내온 것을 사용케 하여 폐단을 해소하고 싶다는 것이었다.[77] 이 제안에 대해서는 이미 5월에 국왕 순조의 윤허가 있었으며, 1809년 11월에는 쓰시마에 파견되는 도해역관으로 하여금 이 항목에 대해 쓰시마 번과 교섭한 후 약조로 정해올 것을 지시하였다. 그 결과 강정 내용에도, 쓰시마의 주민이 경상 좌우도의 연안 포구(沿邑)에 표착할 경우, "左右沿漂船給料, 以枰木施行"라는 항목이 포함되게 되었다.[78] 즉 근대 이전의 조

眞文書物和解共」(대마도종가문서 기록류 No.1678, 국사편찬위원회).
실제로 쓰시마 번은 1832년 順付漂民駕船인 '正寶丸'가 경상도 기장(機張)에 표착했을 때, 표류민이 조선측 소통사와 짜고 '五日糧穀'을 많이 받아낸 후, 그중의 일부를 소통사의 사적(私的)인 수입으로 돌린 것에 책임을 느껴, 선두(船頭)를 '노비형'에, 선원들에게는 '조선 도항 금지'라는 벌을 주었다(『分類紀事大綱』 16, 「御米漕船脇乘之一件」 1832년 11월 19일, 대마도종가문서 기록류 No.4586, 국사편찬위원회).

76) 『分類紀事大綱』 2, 「左右道五日次請取方之儀ニ付訓導より申出候事」(대마도종가문서 기록류 No.4539, 국사편찬위원회).

77) 『순조실록』 9년(1809) 5월 12일 신미.

선에서는 '되'(升)에 대하여, 18세기 중엽에 이미 중앙정부에서 만든 표준 규격이 있었지만, 실제로는 19세기 초가 되어도 지방에까지 관철되지 못했으며, 쓰시마 선박의 빈번한 표착으로 연안 포구에서 마찰이 발생한 가운데, 마찰의 소지를 없애기 위해 조선 스스로 도량형(度量衡)의 통일 내지는 개선책을 필요로 했다고 할 수 있다.

강정역관은 표착지에서의 잡물 계량 방법의 개선 등, 7개 항목에 대해, 이는 조정의 지시이므로 쓰시마 번의 사정이 여의치 않더라도 수용해 줄 것을 요구하였다. 다행히 쓰시마 번도 약간의 손해를 보더라도 수용할 수밖에 없다는 판단 하에 약조가 타결되었다. 그 결과 쓰시마 번은 8월 11일에는 '監董物力' 건을 제외하고는 조선의 요구를 모두 수용하겠다는 각서를 3가로(氏江左織 등)가 강정역관 앞으로 가져왔다. 이 각서는 1811년의 역지빙례가 끝나는 시점부터 그 효력을 발생하는 것으로 되어 있었다.[79)]

이상이 제1차 교섭의 내용이다. 그런데 강정역관은 귀국하기 직전에 '성폐절목'(省弊節目)이라는 것을 추가로 작성하여, 3통(합계 10항목)의 각서를 또다시 쓰시마 번 사자(裁判, 重松此面)에게 건넸다. 여기에서도 역시 송사 파견 때 이루어지는 공무역(公貿易) 방법의 개선을 비롯하여, 조선 예단삼(禮單參)에 대한 쓰시마 번의 퇴각을 억제해 줄 것, 쓰시마 번 사자에 대한 (조선측) 접대의 간소화 내지는 비용 절감, 왜관에서의 밀무역(潛商) 금지, 왜관 거류자의 행동 범위에 대한 규제, 공목(公木)에 대한 퇴각을 자제해줄 것, 우피(牛皮) 무역의 폐단 개선 등, 통교 재개 이래의 적폐가 담겨 있었다.[80)]

---

78) 『순조실록』 9년(1809) 11월 15일 신미.

79) 『信使易地講定譯官 渡海御用向掛合記錄』 1809년 7월 渡海堂上官(敬天玄同知·明遠崔僉知·玉汝卞判官)의 覺書(대마도종가문서 기록류 No.1009, 국사편찬위원회).
조선은 1811년 옥포(玉浦)에 표착한 쓰시마의 선박(住德丸·觀音丸) 2척에 '五日糧饌'을 지급할 당시, '斗概' 사용을 관철시키려 했으나, 표선이 수령을 거부하였다(『分類紀事大綱』 2, 「左右道五日次請取方之儀ニ付訓導より申出候事」(대마도종가문서 기록류 No.4539, 국사편찬위원회).

쓰시마 번에서는 강정역관이 제시한 두 번째(제2회)의 각서 3통(10개 항목) 중에서 제1각서의 1개 항목만을 수용하였다.[81] 즉 세견 제1·2·3선과 이테이안(以酊庵) 선박, 그리고 세견 제4선에 대한 향응을 같은 날 한꺼번에 겸대(兼帶)해서 치른다는 항목에 한해서 성폐를 인정하되, 통신사 빙례가 종료된 시점부터 실행하겠다는 각서를 역관 일행이 귀국한 후 10월에 재판 사자(重松此面) 앞으로 보내왔다.[82]

두 번째로 제시한 내용은 쓰시마 번이 극히 일부만을 수용했지만, 조선으로서는 신미통신사행 때의 역지행례 교섭이야말로 부산에 왜관이 설치된 이래 거의 200년 동안 누적되어 왔던 적폐를 해소할 수 있는 절호의 기회로 여겼던 것 같다. 조선은 1635년 겸대제(兼帶制) 실시 이후에도 쓰시마 번 차왜가 증가함에 따라 접대비 절감이 완전히 해소되지 않았었다. 게다가 대일무역에 있어서도 조선 농민으로부터 거두어 들인 세수(稅收), 즉 목면과 미곡이 결재수단으로서 농민의 부담이 가중되었기 때문에, 이를 해결하는 것도 과제의 하나였다. 또한 조선이 일본인과의 접촉을 아무리 제한하려 해도 왜관을 중심으로 확대되어가는 밀무역 등, 변경 지역에서 조일 양국인의 접촉은 증가일로에 있었다. 요컨대 조선은 역지통신을 기회삼아 국교 재개(1607) 이래 조일간의 현안이었던 적폐를 개선하지 않을 수 없었으며, 개선 내용은 '기사약조'(1809)로 체결되었다.[83]

---

80) 『信使易地講定譯官 渡海御用向掛合記錄』(表御書札方) (대마도종가문서 기록류 No.1009, 국사편찬위원회).

81) 원문은 다음과 같다.

一. 第一二三船及以酊庵第四船宴享 旣以同日設行 則正官之不以同時
出來事甚無意 徒有弊端 第一二三船及以酊庵第四船宴享 各其日同時
合設事

82) 『信使易地講定譯官 渡海御用向掛合記錄』(대마도종가문서 기록류 No.1009, 국사편찬위원회).

83) 기사약조의 내용은 다음과 같다(『순조실록』 9년 11월 15일 신미).

1. 중간에 끊긴 5선(船)은 영원히 파기한다.

이렇게 볼 때, 조선은 '역지통신', 또는 '역지행례'라는 의례 변경의 수용을 계기로 대일본 통교 적폐의 개선이라는 성과도 거둔 셈인데, 조선이 통신사의 일본 파견을 계기로 적폐 개선이라는 전략을 구사했던 것은 신미통신사행(1811)이 처음은 아니었다. 이미 임술통신사행(1682) 때에도 일본에 표착한 조선인을 송환해오는 쓰시마 번 사자에 대한 접대 비용을 절감하기 위해 쓰시마에 표착한 조선인을 도해 사자 편에 겸대(순부)해 오도록 '임술약조'를 체결한 바 있으며, 왜관 폐해 방지를 계해약조(1683)로 체결해온 바 있다.[84] 그리고 신묘통신사행(1711) 때에도 왜관의 남성과 조선인 여성과의 교간(交奸) 방지를 약조로 체결해온 바 있다. 조선은 어느 경우에도 교섭이 순탄하지 않을 경우, 그 폐해를 에도 막부에 직접 제소(直訴)하여 문제를 해결하겠다는 전략으로 쓰시마 번에 압박을 가하여 타결을 이끌어냈는데, 신미통신사행(1811) 때에도 예외가 아니었다. 역대 통신사 파견 때 소위 막부와의 '직교 전략'을 구사하여 적폐 개선이라는 실리를 추구하는 방침을 관철시켰던 것이다.

2) 쓰시마 번의 재정 확보 기회

1811년 신미통신사행의 역지통신 내지는 역지행례를 쓰시마 번의 입장

---

1. 고환(告還) 차사(差使)는 서계(書契)를 세견선(歲遣船) 편에 순부(順付)하되 태수(太守)가 승습(承襲)한 뒤 초차(初次) 환도(還島)에는 단지 일번(一番) 사개(使价)만 보낸다.
1. 공목(公木) 1필(疋)은 공작미(公作米) 10두(斗)로 마련한다.
1. 감동(監董) 연한(年限)은 40년을 기한으로 한다.
1. 감동 물력(監董物力)은 분수(分數)하여 마련한다.
1. 좌우(左右) 연해(沿海)의 표선(漂船)에 대한 급료(給料)는 평목(枰木)으로 시행한다.
1. 화관(和館)의 서방(西方)에 담을 축조하고 문을 설치한다.

84) 이훈, 「숙종대 임술통신사(1682) 파견과 적례외교의 정착」『공존의 인간학』 4, 2020, 213~221쪽.

에서 본다면, 쓰시마가 그 이전처럼 통신사행이 에도로 가기 위해서 며칠 머물다 스쳐가는 장소가 아니라, 전명의를 비롯한 4도연 등의 외교적인 절차를 마칠 때까지 적어도 몇 개월을 장기체류해야 하는 외교의례 장소가 되었음을 의미한다. 무엇보다도 외교의례의 핵심이라 할 수 있는 국서와 예물의 전달식(傳命儀)이 바로 쓰시마 번주의 거성에서 있었으므로 빙례 자체를 위한 준비가 필요하였다. 예를 들면, 의례 당일 예물을 놓아두는 용기(상자) 및 받침에 대한 준비부터 통신사 일행의 숙소에 비치해야 할 물건이나 탈 것 등, 아주 사소한 것도 외교사절의 품위는 물론 막부의 권위를 손상시키지 않을 만한 것으로 준비하지 않으면 안되었다. 따라서 그 이전과는 비교가 안될 정도로 많은 물품과 준비가 필요하였다. 이에 여기에서는 신미통신사행에 대한 접대의례가 쓰시마 번의 재정에 어느 정도 영향을 주었는지를 보기로 한다.[85)]

1811년 당시 쓰시마 번의 재정 규모가 어느 정도였는지에 대해서는 알 수 없지만, 다행히 쓰시마 역지통신 교섭이 시작될 무렵인 1790년대의 번 재정규모에 대한 연구 성과가 있기 때문에 어느 정도 유추가 가능하다. 선행 연구에 따르면 1790년의 쓰시마 번 재정 수입은 막부의 보조금을 비롯하여 조선과의 무역에서 얻는 이윤과 쓰시마 번의 영지에서 거두어들이는 수입을 합하여 銀2,165貫589匁이었다.[86)] 이 액수를 金으로 환산하면 그동안의 물가 인상을 고려한다 하더라도 거의 金36,000兩 정도에 가까웠다.[87)]

---

85) 이훈의 논문(「조선통신사 접대와 대마번의 재정 - 1811년 신미통신사를 중심으로-」『역사와경계』 55, 2005) 참조.

86) 鄭成一, 「쓰시마의 재정구조」 『朝鮮後期 對日貿易』 신서원, 2000, 229쪽.
쓰시마 번의 재정 수입 가운데 조선과의 무역 이윤은 35.5%를 차지하고 있다. 그러나 이것은 공무역을 기준으로 한 것으로, 여기에 사무역에서 벌어들이는 이윤을 추가한다면 번의 재정은 훨씬 증가할 것으로 생각된다. 단 사무역에 관한 숫자를 문헌상으로 찾기는 힘들다.

87) 이 숫자는 金1兩을 銀60匁(돈)으로 계산한 것이다(정성일, 『朝鮮後期 對日貿易의 展開過程과 그 性格에 관한 연구: 1790～1870년대를 중심으로』, 전남대학교 박사학

1811년 쓰시마 번이 통신사 접대 비용으로 청구한 금액은 확인된 것만 거의 金5万兩에 가까웠기 때문에 쓰시마 번은 번의 재정을 훨씬 웃도는 규모의 외교 행사를 치룬 셈이라고 할 수 있다. 그런데 앞서 보았듯이 이 외교 행사는 막부를 대신해서 치룬 것이므로 이 비용을 쓰시마 번이 직접 부담하지는 않았다. 소요 비용을 일일이 막부에 청구해서 받아냈다. 이것을 번 재정이라는 측면에서 말하자면 소위 재정원조라고 할 수 있는 부분이다.

쓰시마 번은 조선과의 무역 부진을 이유로 1776년 이후 막부로부터 金12,000兩에 달하는 수당금(手當金)을 받아왔다. 배령금(拜領金)이라 불리우는 이 수당이 소위 재정원조라 불리우는 돈으로, 1811년에는 통신사 접대라는 막중한 임무가 있었기 때문에 보통 때보다도 훨씬 많은 재정원조가 있었다. 역지통신 당시 막부가 처음에 지급한 수당금(拜領金)은 金5万兩이었다. 1807년 7월에 처음으로 金3万兩이 지급된 후 나머지 금액은 1808년과 1809년 사이 4번에 걸쳐서 지급되었다. 여기에 1810년 5월에는 특별 수당금 金3万兩이 더 지급되었다.[88] 이 두 가지를 합하면 쓰시마 번은 막부로부터 金8万兩에 달하는 재정원조를 받았다고 볼 수 있는데, 이 액수는 물론 쓰시마 번이 각 항목별로 산출한 비용을 바탕으로 지급된 것이었다고 생각된다. 물론 이 수당금은 갚지 않아도 되는 無償원조였다. 그리고 1810년과 1811년에 걸쳐서는 배차금(拜借金) 金3万兩이 지급되었다.[89] 배차금은 신미통신사에 대한 강정절목을 교섭하기 위해 쓰시마를 방문한 조선의 역관 일

위 논문, 117쪽).

88) 『文化七庚午年 信使記錄』 11, 表書札方 4월 23일 (대마도종가문서 기록류 No.1021, 국사편찬위원회).
『文化易地信使來聘記錄』「御現例相濟候後出入御調之部」, 江戶御勘定奉行所(대마도종가문서 기록류 No.1054, 국사편찬위원회).

89) 『文化七庚午年 信使記錄』 11, 表書札方 4월 23일(대마도종가문서 기록류 No.1021, 국사편찬위원회).
『文化易地信使來聘記錄』「御現例相濟候後出入御調之部」, 江戶御勘定奉行所(대마도종가문서 기록류 No.1054, 국사편찬위원회).

행을 접대하기 위한 비용 및 번사에 대한 수당 지급으로 쓰기 위해서였다.[90] 배차금은 막부에 원금과 이자를 상환해야 할 돈이므로 쓰시마 번이 통신사의 쓰시마 유치를 계기로 막부로부터 받은 재정원조는 有償과 無償을 합하면 모두 金11万兩에 달한다. 쓰시마 번은 어쨌든 위의 비용으로 번의 재정 수입을 훨씬 웃도는 외교행사를 치루었다고 할 수 있다. 게다가 원조를 받은 금액보다 초과해서 사용한 경우 막부로부터 그 금액을 되돌려 받을 수 있었다. 그리고 통신사 빙례가 끝난 후 쓰시마 번은 1812년에 통신사 래빙(來聘) 성사에 대한 포상으로 金2,500兩을, 1817년에는 20,000石을 받았다.[91] 그러니까 단순히 숫자상으로 계산하면 통신사 빙례를 치름으로써 쓰시마 번에 재정적자가 발생하였다고 볼 수는 없는 것으로 생각된다.

그러나 이는 어디까지나 막부의 위임을 받은 사항에 한하는 것으로 단순히 숫자상으로 평가하기는 힘들 것 같다. 왜냐하면 통신사 빙례로 인해 쓰시마 번 자체에서 지출하는 비용도 적지 않았기 때문이다. 쓰시마 번은 통신사 접대가 치루어지기 훨씬 전부터 번사(藩士)들이 에도(江戶)로 출장을 갔으며 그들에 대한 출장비(교통비 내지는 체재비) 내지는 수당이 지급되었다. 1801년부터 1813년까지 쓰시마 번사에게 지급된 것은 金1万兩 이상이었다. 게다가 쓰시마 번이 구조적으로 안고 있던 부채 등을 재정 원조 받은 부분에서 지출해 나갔을 것이라 고려한다면 실제로는 통신사 초빙을 계기로 쓰시마 번에 어느 정도의 손익이 발생했을지 추측하기 어려운 부분도 있다.[92] 그렇지만 1811년의 쓰시마 역지행례가 막부의 경제적 지원을 통해

90) 『文化七庚午年 信使記錄』 11, 表書札方, 9월 4일(대마도종가문서 기록류 No.1021, 국사편찬위원회).

91) 鶴田 啓, 「18世紀後半の幕府·對馬藩關係」 『朝鮮史研究會論文集』 23, 1986, 156쪽.

92) 쓰시마 번은 구조적으로 재정 수입보다는 지출이 많았다. 참근교대와 江戶 번저의 유지 비용을 비롯하여 왜관 및 연례송사에 드는 비용, 번 가신에게 지급하는 부조를 비롯한 번의 내치에 들어가는 비용 등, 지출이 수입을 훨씬 능가하였으므로 항상 부채에 시달리고 있었음이 지적된 바 있다(鄭成一, 「쓰시마의 재정구조」 『朝鮮

쓰시마 번의 재정을 모처럼 추스릴 수 있는 절호의 기회였던 것 만큼은 틀림없다고 할 수 있다.

여기에 또 하나의 성과라면 쓰시마 번으로서는 1811년의 통신사행이 역대 통신사 접대 가운데 가장 부담스러울 수도 있었지만 쓰시마 번의 외교력을 막부에 어필할 수 기회이기도 하였다는 점이다. 쓰시마의 후츄(府中)에는 330명이 넘는 통신사 일행과 막부에서 내려온 관리, 문화교류를 위해 주변 지역에서 모여든 사람들, 동원된 인부나 물품 조달을 위한 전문 상인과 직업인 등이 한꺼번에 모여들었다. 아마도 이렇게 많은 숫자의 사람들이 한꺼번에 모여든 것은 임진왜란 때 조선으로 건너가기 위한 병사들이 모여든 이래 처음이라 생각된다. 쓰시마 번으로서는 이들을 모두 수용하고 체류할 수 있는 기반시설을 마련하는 한편 한꺼번에 많은 물자를 조달해야 하는 등, 번거롭고 부담스러운 행사였을 수도 있다. 그리고 막부를 대신해서 치르는 외교의례인 만큼 의전에 특별히 신경을 쓰지 않을 수 없었다. 그러나 이런 막중한 일을 큰 사고없이 치룸으로써 막부로부터는 쓰시마 번의 외교력을 인정받을 수 있는 기회였다고 생각된다.

여기에 쓰시마 안의 여관 건축 공사 및 馬·鷹의 에도 운반, 선원의 고용 등을 통해 쓰시마 및 주변 지역에서 인부 동원이 가능하였기 때문에 한시적이나마 지역경제가 활성화할 수 있었다는 것이며, 통신사의 쓰시마 유치를 통해 번의 정치·경제적인 영향력도 유지·확대할 수 있었다고 생각된다.

맺음말

1811년의 신미통신사행은 '역지통신·역지신행·역지행례'(조선), '역지빙

後期 對日貿易』, 229쪽).

례'(일본)라는 별칭이 말해주듯이, 일본측의 요청에 따라 통신사의 의례장소가 200년 만에 에도(江戸)에서 쓰시마(對馬)로 변경된 사행으로, 전례(구례) 준수를 외교적 명분으로 중시해온 조일 양국의 통신사외교에서 예측하기 어려웠던 획기적인 의례 변경이었다. 지금까지는 이 역지행례의 배경을 18세기 중반 일본의 재정 궁핍과 조선 멸시라는 일방적인 관점에서 보려는 경향이 있었으나, 조선과 일본측(對馬藩)의 교섭 경위 및 의례의 실태, 왕복국서, 부수적인 현안 교섭의 결과 조일 양국이 '역지'에 합의할 수 밖에 없는 사정을 알 수 있었다. 검토 결과 얻은 결론은 다음과 같다.

① 역지 빙례의 발상은 이미 18세기초 신묘통신사(正德信使) 당시 빙례 개혁을 주도했던 아라이 하쿠세키(新井白石) 때부터 제기된 것으로, 에도(江戸)에서의 통신사 접대의례를 위해 전국적으로 소모되는 비용에 비해 정치적 효과는 기대하기 어렵다는 것이 이유였다. 쇼군의 습직을 축하하기 위한 통신사 요청을 갑자기 중단할 수는 없지만, 의례 장소는 변경(易地)할 수 있다는 논리로, 하쿠세키가 제기한 통신사 무용론(無用論) 내지 정지론이란 쓰시마 번(對馬藩)에는 매우 위협적이었다고 할 수 있다. 이에 무비(武備)의 일환으로 통신사의 에도 왕복을 호행해야 했던 쓰시마 번에서도 18세기 중엽, 藩儒 雨森芳洲에 의해 통신사 중지까지는 아니라 할지라도 조일 양국간의 린호(隣好)는 확실하게 하되 통신사를 에도(江戸)까지는 오게 하지 않는 의견이 제시되었는데, 소위 '역지빙례' 발상이 무진통신사행(1748) 이후 쓰시마 번에서도 자구책으로 제기되었다고 할 수 있다. 18세기 말 막부가 통신사 초빙을 무기한 연기하려다 쓰시마에서의 역지빙례로 전환한 데에는, 이미 100년 전부터 이어져 온 '역지' 논의를 배경으로 막부의 재정 궁핍 및 기근이라는 현실적인 이유가 있었기 때문이라고 할 수 있다.

② 교섭경위를 보면, 1811년의 신미통신사행은 쇼군(德川家齊)의 습직(1787)으로부터 무려 24년 만에 성사된 사행으로, 과거 쇼군 습직으로부터 3~4년만에 통신사가 파견된 것에 비해 매우 이례적인 경우였다. 처음에는

막부의 지시에 따라 통신사 파견을 연기해달라는 쓰시마 번의 '연빙'(延聘, 1788~1789) 요청으로 시작되었지만, 조선도 재정 궁핍과 기근 등으로 연빙에는 동의하는 입장이었다. 그러나 쓰시마 번은 연빙에 대한 입장은 밝히지 않은 채, 이후 3차례(1791·1805·1808)에 걸쳐 막부의 지시 및 일본의 재정 궁핍과 민생우선이라는 국내사정을 이유로 쓰시마에서의 역지행례를 요청해 왔다. 이에 대해 조선은 단호하게 부정적인 입장이었으나, 1808년 역지행례가 막부의 의사라는 것을 예조참판 앞으로 보내온 쓰시마 번주의 외교문서(서계)로서 확인한 후에 비로소 역지행례에 합의할 수 있었다.

③ 이에 역지행례를 위한 절목강정은 1809년 쓰시마에 파견된 도해역관(현의순)이 쓰시마에 내려와 있던 막부측 관리를 직접 대면하여 역지통신에 대한 막부측 의사를 확인한 후 쓰시마 번과 구체적인 교섭에 들어갔다. 강정의 핵심은 통신사가 에도까지 가지 않아 쇼군을 직접 면대할 일도 없기 때문에, 사행원 규모의 축소를 비롯하여, 예물을 주고받는 상대의 축소, 접대 지역 및 체류 기간의 단축 등, 전반적으로 의례의 간소화에 따른 비용 절감, 즉 '성폐'(省弊)에 있었다. 또한 쓰시마 번주 거성에서 치르는 통신사에 대한 접대의례에 있어서도, 신묘통신사행(1711년) 때와 같이 4도연으로 치르기는 하지만, '전명의'에서도 통신사 일행이 쇼군을 직접 면대하지는 않기 때문에 국서에 대한 4배례를 중지하게 되었다. 따라서 의례 내용 그 자체로만 보면 불필요한 4배례의 생략 등, 부분적으로는 성과가 있었다고 할 수 있다.

그러나 쇼군(將軍)을 대신하여 막부측 상사가 빙례를 대행한 점, 여기에 쓰시마 번주의 아들인 이와치요(岩千代)가 번주의 대리인으로 4도연을 대행(代行)했던 것은, '성폐'라는 것이 비용 절감 뿐 아니라 의례에 있어서도 조선에 대한 '정중함'이 결여된 것이었다고 할 수 있다.

④ 그리고 1811년의 신미통신사행에서 또 하나 주목할 점이라면, '역지행례'가 조선 국왕과 막부 쇼군이 주고받는 왕복 국서에 구체적인 문언으

로 기재되었다는 것이다. 국왕 순조의 국서에는 "易地行禮之擧, 寔出兩國惇好之義也"라는 문언으로, 막부 쇼군의 회답서에는 "成禮津島, 則事雖從新, 意在循舊, 所以度時制宜, 以敦兩國之好也"라는 문언으로 구사되었다. 조일 양국의 외교적 대표가 주고받는 국서에 '역지'가 구체적인 문언으로 기재된 것은, 역지행례에 대한 유감의 표시라기 보다는, 향후 재개될 조일 양국의 통신사외교에 있어서 의례장소가 에도(江戶)가 아닌 다른 곳으로 변경해도 좋다는 것을 조일 양국이 합의~약속한 것으로 볼 수 있다. 우여곡절은 있었지만 조선의 경우도 이미 18세기 중반부터 통신사외교에 대한 피로감이 누적되어 있었으며, 통신사가 에도까지 가는데 들어가는 비용에 비해 얻을 것이 없다는 회의적인 인식이 자리잡고 있었다. 막부 역시 향후 빙례장소를 에도로 복구하겠다는 의사가 없었던 것을 쇼군 회답서로 표현했다고 할 수 있다. 말하자면 1811년 신미통신사행 당시 조일 양국의 왕복 국서에 '역지'를 구체적인 문언으로 못박아버림으로써 국교 재개 이래 200년 가까이 유지되어온 '에도통신(江戶通信) 외교'에 돌이킬 수 없는 변화의 고비가 되었다고 할 수 있다.

⑤ 따라서 1811년 신미통신사행의 역지통신을 한마디로 정의한다면, '전명의'를 통해 조선 국왕의 사자가 막부 쇼군을 직접 면대하여 국서를 주고받으며, 향후 통신사외교가 재개될 때까지 양국의 隣誼·和好를 확인 내지는 약속하는, 200년 가까이 유지되어 온 교린의 가치가 퇴색함에 따라, 형식적인 의례만 남게 되었다고 할 수 있다. 그 결과 조선의 경우 외교의례에서는 한 걸음 양보했지만, 그 대신 일상적인 통교에 있어서는 대일무역 방법의 개선 등 실리를 추구하는 쪽으로 나아갔다. 이에 1809년 도해역관의 절목강정 시, 변경 지역의 표류 일본 선박에 대한 잡물 지급 방법의 개선 등을 골자로 하는 내용을 쓰시마 번과 약조로 정해오도록 하였다(기사약조, 1809). 조선의 경우, 외교의례에 있어서 특별히 국체(國體)만 손상시키지 않는다면, 무리해서 전례(前例)를 고집하지는 않겠다는 융통성 있는 자세로

교섭에 임했다고 볼 수 있으며, 대일본 교섭시 '경비절감'이라는 실리(實利)를 추구하려 했다고 이해된다.

한편, 1811년의 쓰시마 역지행례는 번의 입장에서 보더라도 쓰시마 번의 재정 궁핍을 만회할 수 있는 기회가 되었다고 할 수 있다. 역지행례란 쓰시마가 과거처럼 통신사행이 에도로 가기 위해서 며칠 머물다 스쳐가는 장소가 아니라, 전명의를 비롯한 4도연 등의 외교적인 절차를 마칠 때까지 적어도 몇 개월을 장기체류해야 하는 외교의례 장소가 되었음을 의미한다. 무엇보다도 외교의례의 핵심이라 할 수 있는 국서와 예물의 전달식이 바로 쓰시마 번주의 거성에서 있었으므로 의례 자체를 위한 물품을 비롯하여, 통신사 일행과 막부측 상사가 머물 숙소 등, 기반 시설 마련 등의 사전 준비가 필요하였다. 이에 쓰시마 번이 통신사의 쓰시마 유치를 위해 막부로부터 받은 재정원조는 有償과 無償을 합하면 모두 金11万兩에 달하며, 번의 재정수입(金36,000兩)을 훨씬 웃도는 비용으로 외교행사를 치루었다고 할 수 있다. 게다가 원조를 받은 금액보다 초과해서 사용한 경우 막부로부터 그 금액을 되돌려 받을 수 있었으며, 역지행례가 끝난 후인 1812년에는 막부로부터 통신사 래빙에 대한 포상으로 金2,500兩을, 1817년에는 20,000石을 받았다. 따라서 쓰시마 번에 있어서 통신사 초빙이란 17세기말 이래 조선과의 무역 쇠퇴로 발생한 만성적인 재정적자를 만회할 수 있는 기회였다고 할 수 있다.

임란 이후 260여년간, 조선에서 일본으로 통신사가 12번이나 파견되었으며, 사행 때마다 의례의 변경이 있었으나, 그것이 곧바로 외교 마찰이나 파탄으로 이어지지는 않았다. 근대 이전의 조일관계에서 빙례란, 반드시 정해진 격식에 따라야 한다는 정례(定例)는 없었다고 할 수 있는데, 더구나 임란 이후처럼, 통신사가 조선에서 일본으로 일방적으로 파견된 경우, 통신사가 조선을 떠나기 이전 의례(빙례) 내용을 놓고 조일 양국이 '강정'(講定)이라는 사전 교섭 절차를 거친다고는 해도 일본측 사정이 반영되기 쉬운 측면이 있었다. 한마디로 의례의 변경이란 조선의 대일본 교섭이 소극적이라서가 아니라, 근대 이전 조일 통교체제가 갖고 있는 구조상의 문제라 할 수 있겠다.

〈부표〉 통신사로 본 조일 교린외교

구분	파 견	명칭 (정사)	조선 국서 (파견 명분)	일본 회답서 (파견 명분)	통신사 특별임무	대중국관계	비고
교린 외교 탐색기	1607 (선조 40, 慶長 12, 정미)	회답겸쇄환사 (呂祐吉)	•국교 재개	•修好	일본정탐 피로인쇄환	조명관계 우선	
	1617 (광해군 9, 元和 3, 정사)	〃 (吳允謙)	•오사카(大坂)평정	•大坂평정 축하	일본정탐 피로인쇄환	조명관계 우선	
회복기	1624 (인조 2, 寬永 元, 갑자)	〃 (鄭岦)	•쇼군 습직 (德川家光)	•쇼군 습직	일본정탐 피로인쇄환	후금 선제공격설 (정묘호란)	
	1636 (인조 14, 寬永 13, 병자)	통신사 (任絖)	태평 축하	태평축하 *국서개작사건 추가언급		병자호란 (정축화약)	
	1643 (인조 21, 寬永 20, 계미)	〃 (尹順之)	若君 탄생 (德川家綱)	若君탄생 *닛코산(日光山)치제 추가언급		명·청교체	
	1655 (효종 6. 明曆 元, 을미)	〃 (趙珩)	쇼군 습직 (德川家綱)	쇼군 습직 *닛코산치제 언급		원명항청	
안정기	1682 (숙종 8, 天和 2, 임술)	〃 (尹趾完)	쇼군 습직 (德川綱吉)	쇼군 습직	*임술약조 (표류겸대) *계해약조 (1683)	*청의 안정 (吳三桂의 난 평정) *북벌 포기	
	1711 (숙종 37, 正德 元, 신묘)	〃 (趙泰億)	쇼군 습직 (德川家宣)	쇼군 습직	교간(交奸) 약조	對淸관계 안정	新井白石의 빙례 개혁
	1719 (숙종 45, 享保 4, 기해)	〃 (洪致中)	쇼군 습직 (德川吉宗)	쇼군 습직	파선운명 건 교섭 시도	대청관계 안정	
	1748 영조 24, 延享 5, 무진)	〃 (洪啟禧)	쇼군 습직 (德川家重)	쇼군 습직		대청관계 안정	
	1763~40	〃	쇼군 습직	쇼군 습직		대청관계	최천종 피살

구분	파 견	명칭 (정사)	조선 국서 (파견 명분)	일본 회답서 (파견 명분)	통신사 특별임무	대중국관계	비고
	(영조 39~40, 寶曆 13, 계미)	(趙曮)	(德川家治)			안정	사건
	1811 (순조 11, 文化 8, 신미)	〃 (金履喬) 역지통신	쇼군 습직 (德川家齊)	쇼군 습직	기사약조 (1809)	대청관계 안정	행례장소 (對馬)
쇠퇴기	1837 ~1864	역지통신 교섭 무산				서세동점	행례장소(對馬·大坂·對馬) 무산

* 印 -- 위서(僞書)

종 장

통신사 파견으로 본 조용한 외교와 국서

이 책에서는 17세기 이후 동아시아 국제관계의 안정으로 통신사외교에서 군사·안보적 비중이 낮아졌음에도 불구하고, 조선이 왜 굳이 일본의 도쿠가와 막부(德川幕府)와 '통신사외교'를 유지하려 했는지 그 이유를 찾아본 것이다. 구체적으로는 조일관계가 안정되는 17세기 말부터 19세기 초 6차례의 통신사행(1682·1711·1719·1743·1763·1811)과 19세기 중엽 불발로 끝난 '역지통신' 교섭까지를 대상으로, 조선을 둘러싼 국제관계 및 국정 운영이라는 관점에서 통신사외교의 추이 및 외교적 성과를 살펴보았다.

그 결과 17세기 말 이후로는 임란 이래 100년 만에 찾아온 대내외적 안정에 힘입어, 도쿠가와 막부 쇼군(將軍)의 습직 축하를 위한 조선의 통신사 파견이 전례(前例)로 정착되는 가운데 일본과는 외교 충돌을 피하는 수준에서 隣誼·友好를 유지하여 남변의 안보와 국내 안정을 지켜낸 것으로 보았다. 요즘식으로 말하자면 가성비가 좋은 소위 '조용한 외교'를 지향함으로써 200년 가까이 국내외의 안정을 유지할 수 있었던 것으로 파악하였다. 특히 이 책에서는 안정의 비책이 조선 국왕과 막부 쇼군이 주고받는 왕복국서에 있다고 보았는데, 그중에서도 봉서(奉書) 형식으로 작성된 조선 국왕의 국서(國書)야말로 일본측으로부터 隣誼·友好를 주도적으로 이끌어낼 수 있는 장치로 보았다.

또한 통신사의 역할에 대해서도 주목해 본 결과, 국서 전달이라는 중요한 임무 이외에도 일본 현지에서 외교 마찰이 발생했을 때에는 막부와의

'직접 교섭'을 통해 문제를 해결해낸 외교적 역량을 확인할 수 있었다. 예를 들어 신묘통신사행(1711)의 경우, 전명의 이후 양국 국서의 '범휘' 문제로 인해 이미 주고받았던 양국 국서를 다시 개찬해서 맞교환한 불상사가 있었다. 이때 에도(江戶) 체류 중이던 통신사 일행은 그동안 조일 교섭에서 중간 전달자 역할을 했던 쓰시마 번(對馬藩)을 제치고 직접 막부측(老中)을 상대로 국서의 개찬 조건을 제기하여 외교 현장에서 합의를 이끌어냄으로써 마찰을 최소화할 수 있었다. 또한 통신사 파견 시에는 조선국왕으로부터 표류나 교간(交奸) 문제 등 쓰시마 번(對馬藩)과의 통교 적폐 개선에 대한 지시도 있었다. 이때에도 통신사 일행은 막부와의 '직접 교섭'을 지렛대로 삼아, 쓰시마 번(對馬藩)과의 통교 적폐 개선을 밀어부치는 등, 실리(實利)를 추구하는 선략도 함께 구사했었음을 알 수 있었다.

지금까지 조선의 통신사 파견에 대해서는, 쇼군의 습직이 있을 때 마다 평균 30년만에 1번씩 파견되어 외교 공백이 컸던 데다, 일본의 요청이 먼저 선행되어야만 성사되었기 때문에 조선의 대응에 대해서는 아무래도 수동적, 또는 단편적, 소극적이라는 평가가 많았다. 게다가 일본은 통신사를 요청해 올 때마다 조선이 상상할 수 없는 일방적인 의례 변경(1711·1719·1748·1811)을 먼저 요구해왔다. 앞서 언급한 신묘통신사행(1711)의 경우, 국서(國書)에 기재할 쇼군의 호칭('일본국왕'호) 변경 문제를 비롯하여, 일본 내에서의 각종 접대의례 변경을 절목강정(사전교섭) 단계가 아닌 통신사의 일본 체류 중에 돌발적으로 요구해왔기 때문에 현지에서 수용할 수밖에 없는 부득이한 측면이 있었다. 선행연구에서는 일본측의 일방적인 의례 변경에 대한 조선의 거부 내지 여러 대응 등을 조일 양국 관계에 있어서 '힘의 차이', 또는 '일회성 즉흥적 분노', '굴욕' 등으로 평가하였다.

그러나 이러한 평가는 어디까지나 교섭 과정에서 드러난 현상적 설명에 불과하다고 할 수 있다. 선행연구에서는 임란 이후 조일 통교 시스템 속에서 조선이 통신사 파견을 통해 얻어내려고 했던 정치·외교적 성과 및 통신사외교의 상징이라 할 수 있는 국서에 대한 분석, 그리고 막부 정권의 의사결정 구조 속에서 쓰시마 번(對馬藩)의 역할과 같은 관점은 아예 배제되어 있었다고 할 수 있다. 이에 조선이 일본과의 관계에서 궁극적으로 추구하고자 했던 '隣誼·友好'의 정치적 함의, 말하자면 통신사외교의 본질이나 성과에 대한 적절한 평가는 아니라고 할 수 있다.

이에 이 책에서는 ①통신사외교의 상징적 결과물이라 할 수 있는 조일 양국의 국서(國書)의 외교적 함의를 비롯하여, ②교섭주도권을 유지하기 위한 조선의 외교기술적 측면, 그리고 ③통신사외교에 쓰시마 번의 이해가 어떻게 투영되는지의 3가지에 주목하여 통신사외교의 실태를 살펴본 결과, 17세기 말 이후 조일 간의 통신사외교에 대해 기왕의 연구와는 좀 다른 시각으로 보게 되었다.

우선 첫째로, 이 책에서는 앞에서도 언급했듯이, 임란 이래 조일 통교의 외교적 명분이라 할 수 있는 '隣誼·友好'를 내세워 우호 내지는 평화로운 양국 관계가 200년 이상 유지될 수 있었던 비책이 바로 조선 국왕이 막부 쇼군에게 보낸 '국서'(國書)에 담겨 있다고 보았다. 국서란 조선 국왕과 막부 쇼군이 직접 소통할 수 있는 통신사외교, 즉 직접 통교의 상징적 존재라 할 수 있는데, 지금까지는 주로 국서의 존재 자체나 전달의례(전명의) 소개와 같은 형태적 검토가 주를 이루었을 뿐, 내용이나 정치·외교적 함의에 대해서는 구체적 분석이나 평가가 이루어진 적이 없다고 할 수 있다. 이에 비해 이 책에서는 조선이 일본으로부터 끌어내고자 하는 정치·외교적인 메시지가 바로 조선 국왕의 국서(國書), 그것도 '봉서'(奉書) 형식의 국서에 담겨 있다고 보았다. 따라서 에도성(江戶城)의 전명의(傳命儀)에서 막부 쇼군에게 전달된 조선 국왕의 국서는 물론, 쇼군 회답서에 기재된 문언의 함의에 주목하였다.

임란 이후 조일 양국관계를 보면 쓰시마 번(對馬藩)이 막부를 대신해서 조선과의 통상적인 교섭은 물론, 통신사 초빙 교섭에서도 조일 양국 사이에서 중간 전달자 역할을 하였다. 그러나 그럼에도 조선 국왕의 국서를 쓰시마 번으로 하여금 막부 쇼군에게 대신 전달하게 하는 일은 결코 없었다. 통신사들이 매 사행 때마다 1년 가까운 일본 여정에서 갖은 고초를 겪으며 에도(江戶)까지 갔던 것은 바로 에도성의 '전명의'에서 조선 국왕의 국서(奉書)를 일본측 외교상대인 막부 쇼군에게 '직접 전달'하는 한편, 회답서(奉復)도 직접 받아와야 하는 '왕복국서'(往復國書)였기 때문으로, '전명의'란 '적례'(敵禮)에 바탕을 둔 조일 양국 정상간의 직접 통교루트를 유지하기 위한 중요한 외교의례였다.

따라서 국서에서 주목했던 것이, 바로 조선 국왕이 막부 쇼군에게 직접 전달하고자 하는 외교적 메시지가 구체적으로 어떠한 문언으로 기재되었는가라는 것이었다. 통신사 파견 시 역대 조선 국왕의 국서를 보면 막부 쇼군에게 전달하고자 하는 외교적 메시지는 최소한의 압축된 문언으로 표현되었다. 쇼군 습직을 축하하기 위한 통신사 파견이 전례(前例)로 정착된 임술통신사행(1682) 부터 마지막 신미통신사행(1811) 때까지의 국서를 보더라도, 어느 사행이건 첫머리에는 막부 쇼군 당사자 1인에 대한 안부와 양국의 '린의'(隣誼)를 다지자는 2가지에 한해 아주 간략한 내용으로 작성되었다. 심지어 신묘통신사행(1711, 일본에서는 正德信使) 때에는 출선을 앞두고 갑자기 일본측이 쇼군의 외교칭호를 '日本國大君'에서 '日本國王'으로 변경해 줄 것을 요구해 옴으로써 숙종의 국서를 2번이나 개찬(改撰)해야 하는 등, 외교 마찰이 가장 심했던 사행이었다. 그럼에도 숙종의 개찬 국서에는 이러한 마찰 경위나 유감 표시가 전혀 없이, 쇼군의 습직 축하에 대한 안부와 전례(故常)에 따라 사자를 보내 '린호'(隣好)를 유지하자는 2건만이 간략하게 언급되어 있었다. 신묘통신사행(1711) 당시 통신사 의례에 대한 일본측의 일방적 변경과 같은 외교참사의 재발 방지 요구나 조선측의 유감 표현은 국왕의 국서가 아닌 예조(참판·참의)의 서계에 기재되었다. 국왕보다는 낮은 수준에서 유감 의사를 전달했지만, 예조 서계의 최종열람자는 막부였으므로 국서에 유감을 기재하는 정면충돌은 피함으로써 원만한 양국 관계를 유지하려는 교섭술을 발휘한 것이다. 이후 기해통신사행(1719, 享保信使), 무진통신사행(1748, 延享신사) 당시 일본측이 의례 변경을 요구해왔을 때에도 마찬가지 조치를 취하였다.

이러한 조선 국왕의 국서 작성 방침은 이후에도 일관되게 지켜졌다고 할 수 있다. 계미통신사(1763) 일행이 지참해간 영조의 국서 역시, 내용은 쇼군 습직 1건에 한정하여 아주 간략하게 작성되어 있었다. 즉 "(이전 무진통신사행(1748)으로부터) 12년 남짓 통신하지 못했으나 멀리서 듣기를 전하(大君, 쇼군)가 습직하여 전국을 편안히 하였기에 교호(交好)의 나라로서 기쁘게 생각한다. 이에 전례(故常)에 따라 사자를 보내 화목함을 다지는 것(修睦)이 린의(隣誼)의 도리라 여기며, 전대에 쌓아 올린 공적과 업적을 힘써 넓혀 새 복을 받기를 바란다"라고 되어 있었다.

계미통신사행 당시 영조의 국서를 바로 직전 무진통신사(1748년, 일본에서는 延享信使) 때 지참해간 영조의 국서와 비교하더라도 몇 가지 문언만 다른 단어로 바뀌었을 뿐, 간략한 내용이나 문장 구조 및 취지는 거의 비슷했다. 국서의 첫머리에 언급한 통신사외교의 공백 기간이 30년에서 '12년 남짓'(一紀)으로 변경된 것을 비롯하여, 쇼군 습직에 통신사를 파견하여 축하함으로써 '옛날부터 다져온 우호(舊好)를 돈독히 하자'라는 문언이 '화목함을 다지는 것(修睦)이 隣誼의 도리'라는 문언으로 교체되기는 했다. 그렇지만, 쇼군 습직에 통신사를 파견하여 축하하는 것이 전례(故常)에 따른 것으로 전대로부터 쌓아온 '구호'를 유지하자는 선왕대의 대일본 외교방침만큼은 일관되게 유지되었다고 할 수 있다.

영조 국서에 대한 막부 쇼군 이에하루(德川家治, 源家治)의 회답서도 크게 다르지 않았다. 수신자를 조선 국왕으로 지정하되, "조선이 쇼군 습직으로 백성이 안정되었다는 소식을 듣고 전례(舊典)에 따라 예의를 갖추어 축하해 주니 양국간 신의를 두터이 하고 화목함을 다지고자 하는 도리를 밝히고자 하는 것에 대한 사의를 표현"한 것으로 되어 있다. 이를 바로 직전 무진통신사(1748년) 때의 쇼군(德川家重) 답서와 비교하더라도, '舊章'이 '舊典'으로 교체된 것을 비롯하여 '交際之誼'가 '講信之誼'로, '講信之厚'가 '修睦之誼'로 바뀌었을 뿐, 쇼군 습직 시 전례에 따라 통신사를 파견하여 예의를 갖추어 축하함으로써 향후 양국 간의 신의(信義)를 영구히 하자는 취지는 거의 비슷하였다.

이와 같이 조선의 역대 국왕들이 자신과 문서를 직접 주고받을 수 있는 유일한 외교 상대인 일본의 막부 쇼군에게 보내는 봉서(奉書) 형식의 국서(國書)에 「隣誼·舊好·隣好·修睦·交好·故常」이라는 문언을 먼저 기재하고, 쇼군이 「講信·修睦·舊典」이라는 문언으로 회답(奉復)하였다는 것은, 외교적으로는 사전적 의미 이상의 뜻이 포함되어 있었다. 우선은 새로운 쇼군 습직으로 통신사 외교가 향후 다시 재개될 때까지 조선 국왕이 먼저 전례에 따라 막부 쇼군도 「隣誼·修睦」을 서로 간에 합의 내지 약속할 것을 요구한 것이라 할 수 있다. 그러나 문언의 명기란 합의 이상의 의미가 포함되어 있다고 할 수 있는데, "隣誼·舊好·隣好·修睦·交好 이외의 것은 상상할 수 없다"는, 또는 "상상해서는 안된다"는, 말하자면 상대국의 행동을 제약하는 중요한 외교수단으로서의 의미가 들어있는 것으로 파악하였다.

요컨대 조일 양국의 국서 왕복에서 발·수신자를 '조선 국왕'과 '막부 쇼군'(大君)의 단 '1인'으로 설정한 점, 그리고 양국의 국서가 우호를 의미하는 「隣誼·舊好·隣好·修睦·交好」, 그리고 전례를 의미하는 「舊章·舊典·故常」과 관련된 문언 위주로 기재되어 있었던 것이, 「대등·적례/우호·린의」라는 평화로운 조일 양국관계를 유지하기 위한 하나의 통교 시스템과도 같은 역할을 했다고 보았다. 즉 조선의 역대 국왕들은 막부 쇼군과의 국서 왕복을 통해 '교린·우호'라는 다짐을 받아냄으로써 다음 통신사 요청이 있을 때까지 남쪽의 안보, 나아가 양국 간의 평화를 약속 내지 확인받는 것이나 마찬가지 효과를 거두었다고 본 것이다.

따라서, 마지막 통신사행인 신미통신사행(1811)의 경우에도, 국왕 순조 국서에 기재된 '역지'에 대해, 성사될 때까지 외교마찰이 심하기는 했지만, 조선도 향후 일본이 통신사를 요청해 온다면, 통신사에 대한 빙례장소가 에도(江戶)가 아니더라도 장소를 변경하여 '역지통신'을 시행할 수 있다는 의사가 담긴 것으로 파악하였다.

예를 들면, 순조의 국서에는 첫머리에 역대 국왕의 국서와 마찬가지로 통신사외교의 공백을 언급한 후 쇼군의 습직 축하를 표했는데, 성사될 때까지의 외교마찰에 대한 언급은 없었다. 그 대신 이례적으로 통신사에 대한 행례 및 접대 장소가 에도에서 쓰시마로 변경된 신례(新例)를 '易地行禮'라는 문언으로 표현하였다. 조선의 입장에서 보면 200년 만의 신례가 유감스럽고 당황스러운 것이었을 터임에도, 조선의 최고 결정권자이자 외교적 대표인 국왕의 국서에 기재된 것이다.

신미통신사행(1811, 對馬易地通信) 당시 조선의 예조(참판·참의)가 막부측 사자(上使·副使)에게 보낸 문건 및 쓰시마 번주에게 보낸 서계에는 '역지행례'에 대한 언급이 전혀 없었다. 따라서 과거 사례와 달리, 예조(참판·참의)가 아닌 조선의 최고 결정권자이자 외교적 대표인 국왕의 국서에 '역지행례'가 구체적으로 기재되었다는 것은, 적어도 이례(異例)에 대한 조선의 유감을 표시한 것이 아니라는 것을 알 수 있었다. 그보다는 향후 재개될 통신사외교에 있어서 빙례 장소를 에도가 아닌 다른 곳으로 변경해도 좋다는 조선 정부의 의사가 함축된 것이자, '역지'(易地)가 새로운 '전례'(前例)가 될 수 있음을 의미한다고 보았다. 조선으로서도 통신사를 에도까지 파견할 때마다 엄청난 재정 소모가 부담스러웠던 만큼, 일본측 요구로 시작되기는 했지만 '성폐'(省弊)를 실현할 수 있는 '역지통신'을 내심 염두에 두고 있었던 것으로 파악하였다.

이에 대한 막부 쇼군의 답서 역시, "쓰시마(津島=對馬)에서 빙례를 치른 것이 비록 신례(新例)라고는 하나 구례(舊例)를 따른 것으로, 시의(時宜)에 맞추어 양국의 우호를 돈독히 하고자 한다"는 취지로 되어 있었는데, 앞으로 있을 통신사 초빙에 있어서도 상황에 따라서는 '역지빙례'라는 신례가 얼마든지 곧바로 전례(前例)가 될 수도 있음을 조일 양국이 재확인 내지는 합의한 표현이라 할 수 있다.

따라서 신미통신사행(1811)이 지참해간 순조의 국서란, 문언 자체로만 본다면, 과거 11번에 걸친 조선 국왕의 국서에 비해 양국의 우호를 강조하거나 상대국에 대한 정중함이 그 이전의 국서에 비해 상대적으로 빈약했던 것은 사실이다. 그러나 '성폐'(경비 절감)에 비중을 두었던 '역지행례'라는 획기적인 '신례'를 국왕 문서에 부각시켰다는 점에 주목한다면, 조선으로서도 국교 재개 이래 200년 동안 유지되어온 통신사외교에 있어서 모종의 변화를 기대하고 있었다고 할 수 있다.

이렇게 볼 때, 신미통신사행(1811) 이후 19세기 중반 조일 양국 간에 통신사 빙례 장소가 '쓰시마-오사카(大坂)-쓰시마'로 변경되는 '역지통신' 교섭만 30년 가까이 시도되다가 일본 내의 정권교체로 인해 통신사외교가 중단된 것에 대해서도, 이 책에서는 19세기 중엽 '역지통신'을 둘러싼 장기간의 교섭 교착에는 신미통신사(1811)를 통해서 학습한 조선 정부의 '역지통신' 방침이 일정 부분 반영된 것으로 보았다.

19세기에 들어서면 동아시아의 국제관계가 안정됨에 따라 조일 양국관계에서도 긴박함은 사라지게 된다. 게다가 18세기 이래 조일 양국 모두에서 재정 낭비가 많은 통신사 파견에 대한 회의론이 대두되었다. 그 결과 조일 양국 모두 통신사외교에 대해 정치적 성과보다는 교린의례로서만 인식하게 되었다고 할 수 있다. 실제로 19세기 중반 역지통신 교섭이 계속되고 있던 시기의 『조선왕조실록』에는 역지통신 교섭 자체에 대한 기사가 별로 보이지 않는다. 『조선왕조실록』에서는 역지통신 건 보다는 이양선(異樣船)의 조선 해역 출몰에 대한 도쿠가와 막부(德川幕府)와의 '정보 공유'가 더 긴급한 현안으로 취급되었다. 그런데 이 시기의 실제 교섭 경위를 보면, 예조 명의의 서계(奉書)로 일본측에 통신사 파견 시기의 연기 및 장소 변경을 선제적으로 요구한 조선 정부의 중요한 결정이 3차례나 있었다. 그럼에도 『조선왕조실록』에 이와 관련된 기사가 없었다는 것은, '역지통신'이 신례라 하더라도 통신사 파견에 이미 200년 이상 전례(前例)와 지침(메뉴얼)이 구축되어 있었기 때문에 더 이상 긴급 현안으로 취급되지 않게 된 것을 의미한다고 할 수 있다. 말하자면 서구 세력의 등장으로 대일본 관계에서 통신사외교의 비중이 현저하게 낮아진 가운데, 이미 신미통신사행(1811) 때 '역지통신'의 성과를 학습한 바 있는 조선으로서는 통신사외교는 유지하되 일본측의 요구보다도 선제적으로 파견 시기의 연기 및 빙례 장소 변경을 요구한 '교섭술'을 구사했다고 할 수 있는데, 이러한 조선 정부의 결정 및 교섭술이 19세기 중반 통신사외교 교섭의 장기화 및 교착에 일정 부분 영향을 미친 것으로 보았다.

두 번째로, 이 책에서 또 하나 주목하고자 했던 것은 일본이 먼저 요청을 해야만 통신사 파견이 성사되는 구조 속에서 조선이 교섭 주도권을 확보하기 위해서는 과연 어떠한 교섭술을 발휘할 수 있었을까라는 문제였다. 우선 통신사가 조선을 떠나기 이전의 절목강정 교섭 단계에서 일본측(쓰시마 번)의 무리한 요구로 교섭이 원만하게 추진되지 않을 경우, 조선은 교섭 실무자를 처벌한 후 이를 쓰시마 번에 통보하여 막부측에 전달하는 방식으로 일본측을 압박함으로써 교섭주도권을 확보하였다고 보았다. 그리하여 예조(참판·참의) 및 동래부사 명의로 쓰시마 번주에게 서계를 발급할 경우, 항의 내용을 구체적으로 언급하되 반드시 '轉達東武'를 기재하여 막부의 최종열람을 전제함으로써 조선의 항의가 막부에 전달되도록 하였다는 것이다.

예를 들면, 무진통신사행(1748년) 때에는 통신사 초빙을 빌미로 막부의 '전직 쇼군'(太大君)에 대해서까지 배례·예물을 요구하는 새로운 의례를 제기한 바, 조선 국왕의 단호한 대처로 '대등·적례'외교를 관철시킨 사례가 있다. 일본측(쓰시마 번)이 요청한 신례(新例)란 조선 국왕의 외교상대는 오직 막부의 '현직 쇼군'(大君) 1인임에도, 막부의 지시를 내세워 '전직 쇼군'(太大君)에 대한 예물 및 배례(拜禮), 그리고 '차기 쇼군'이라 할 수 있는 '쇼군의 아들'(儲君)까지, '쇼군가 3대'에 걸친 의례를 요구했었다. 이는 초대 쇼군(家康)의 직계후손이 아닌 쇼군가(吉宗系)의 정통성 확립을 위해 국내 다이묘들에게 쇼군직이 세습되는 것임을 부각시키기 위한 요구였다고 볼 수 있는데, 쓰시마 번은 이때 특별히 '전직 쇼군'에 대한 조선 국왕의 예물 목록(別幅)에 국왕 영조의 성명을 기재해 달라는 이례적인 요구를 해왔다. 이에 대해 국왕 영조는 대신 및 비변사 당상과 논의를 거쳐, 외교문서에 국왕의 성명을 기재하는 것은 국왕과 대등한 입장에서 국서(國書)를 주고받을 수 있는 일본측 외교상대, 즉 막부의 '현직 쇼군' 1인에 한정한다는 '交隣之禮'를 내세워 단호하게 거절하였다. 그리고 쓰시마 번측과 통신사 접내의례를 둘러싼 사전교섭(절목강정) 당시 이를 막아내지 못했던 실무자(동래부사·접위관·수역)를 2차례나 유배형이라는 중벌에 처한 한편, 쓰시마 번청에도 통보하도록 조치했다. 이는 '조일 양국의 교린관계에 있어서 2君之禮'는 없다'라는, 즉 '현직 쇼군'(大君) 이외에는 어떠한 외교상대도 허용하지 않겠다는 조일 간 대등·적례외교에 대한 조선의 단호한 입장 내지는 통교방침을 일본측에 알려 경각심을 갖게 하기 위한 의도적인 조치로서 이를 통해 교섭주도권을 유지할 수 있었다고 보았다.

세 번째로, 선행연구에서는 쓰시마 번의 교섭기술적 측면 만이 강조된 경향이 있었으나, 이 책에서는 조일 양국의 통교시스템 속에서 중간 전달자 역할을 했던 쓰시마 번의 이해(利害)가 통신사외교에는 어떻게 투영되는지를 살펴보았다. 그 중의 하나가 막부의 통신사 인식에 영향을 미쳤다고 보았는데, 상징적인 단어로 '래조'(來朝)라는 문언에 주목해 보았다. 일본에서는 막부가 쓰시마 번에 통신사 요청을 지시할 때 상국에의 문안 인사를 연상시키는 '래조'(來朝)라는 문언을 사용하였다. 그런데 이는 쓰시마 번이 막부에 통신사 초빙을 처음으로 문의할 때, 쓰시마에 파견된 조선의 도해역관이 먼저 구두(口頭)로 통신사를 요청해왔다는 것을 근거로 제시하면서 막부로부터 통신사 초빙에 관한 지시를 유도한 측면이 있는 것으로 보았다. 쓰시마 번이 이러한 '도해역관'을 활용한 결과 막부에서는 통신사 요청을 자연스레 '래조'(來朝)로 인식하는 측면이 있었다고 보았는데, 대등한 조일 양국관계 상 '래조'를 쓸수 없다는 것을 잘 알고 있는 쓰시마 번은 조선에 통신사를 요청할 때에는 '來聘'이라는 문언을 사용하였음을 지적하였다. 즉 쓰시마 번이 쇼군 권력의 위상 강화라는 외교적 성과를 부각시키기 위해 막부의 통신사 인식을 유도한 측면이 있었던 것으로 보았는데, 그 결과 쓰시마 번은 막부로부터 대조선 교섭 능력을 인정받는 한편, 경제적 지원도 얻을 수 있었다.

통신사 초빙 교섭부터 통신사의 에도 왕복 시 호행을 담당했던 쓰시마 번은 통신사 초빙이 비록 30년 만이라 하더라도 막부로부터 번의 재정을 웃도는 유·무상의 원조를 받을 수 있는 기회였다. 17세기 말 조선과의 무역 쇠퇴로 재정 궁핍에 시달리던 쓰시마 번은 조선과의 무역 부진을 이유로 1776년 이후 막부로부터 金12,000兩에 달하는 수당금(手當金)을 받아왔다. 배령금(拜領金)이라 불리우는 이 수당이 소위 재정원조라 불리우는 돈이었다. 그러나 막부의 지시에 따른 통신사 요청 시에는 쓰시마 번이 조선과의 교섭부터 통신사의 에도(江戸) 왕복을 호행해야 하는 막중한 임무가 있었기 때문에, 막부로부터 보통 때보다도 훨씬 많은 재정원조를 받아낼 수 있었다.

통신사 요청 교섭을 명분으로 막부로부터 재정원조를 받았던 것은 이미 신묘통신사(1711, 正德信使 金5万兩) 때부터이다. 이후[기해통신사(1719, 享保信使 金5万兩)·무진통신사(1748, 延享信使 金3万兩)·계미통신사(1763, 寶曆信使 金8万兩)·(신미통신사(1811, 쓰시마 역지통신 金11万兩)]에도 막부로부터 유·무상의 재정 원조가 계속되었는데, 이는 1790년 당시 쓰시마 번의 재정 수입(金3万6千兩)을 웃도는 규모였다. 뿐만아니라 19세기 중엽 역지통신 교섭이 거의 20년 가까이 교착을 거듭하다가 빙례장소가 마침내 '오사카'에서 '쓰시마'로 최종 결정되었을 때(1857.8)에도, 쓰시마 번은 막부로부터 조선과의 난해한 교섭을 위한 번사의 조선 출장 비용 등을 명분으로 재정 원조(金 2万兩)를 받아낼 수 있었다. 한마디로 쓰시마 번에 있어서 통신사외교란 생명줄이나 마찬가지의 의미가 있었다고 할 수 있다.

이에 쓰시마 번은 '武備', 또는 '異國(조선) 방어(異國察慮)'·'朝鮮押え役'을 명분으로 내세워 통신사외교를 유지하기 위한 논리 구축을 비롯하여, 조선과의 교섭 루트 독점을 위한 긴장을 늦추지 않았다. 계미통신사행(1763) 때에는 귀로 시 오사카(大坂) 체류하는 동안 조선인(최천종)이 쓰시마 역인에게 살해당하는 사고가 있었다. 그리고 이에 대한 막부의 조사 및 조선 통보 과정에서는 막부의 지시에 따라 「이테이안(以酊庵)-조선 직보 루트」(脇筋)가 또 하나 생길 뻔 했다. 쓰시마 번으로서는 17세기 말 '울릉도쟁계' 당시 돗토리 번(鳥取藩)을 통한 또 다른 직교루트 위기를 연상시키는 중대문제였다. 이에 막부로부터 '이테이안'(以酊庵)을 통한 조선 통보 지시가 있었지만, 그동안 독점해 왔던 통교루트 상실을 우려하여 조선에는 공식통보하지 않고 무마시키는 쪽으로 수습하였다. 또한 통신사외교에 있어서 쓰시마 번의 특권을 유지하기 위해 막부측에 문의하는 형식이기는 하지만 쇼군가의 권위를 부각시킬 수 있는 통신사 의례에 대한 아이디어를 제공하기도 했는데, 19세기 중반의 역지통신 교섭 때에도 일찍이 무진통신사행(1748) 당시 구사했던 '쇼군가 3대'(德川家齊-德川家慶-德川家定)에 대한 통신사의 의례를 막부에 먼저 제안하기도 하였다. 즉 19세기 중엽 통신사외교의 중단으로 실현되지는 못했지만, 조선과의 통교 독점에 필사적이었다고 할 수 있다.

마지막으로, 이와 같이 17세기 말부터 19세기 중반까지 300년 가까운 긴 시간 동안 6차례에 걸친 통신사 파견과 불발로 끝난 '역지통신' 교섭까지를 살펴본 결과, 막부 쇼군의 호칭 변경 문제, 쇼군가 3대에 대한 의례문제와 같이, 그때그때마다 일본측의 일방적이고도 예측 불가능한 의례변경 요구가 있었다. 여기에 쓰시마 번의 이해(利害)까지 투영되어 조일 양국간의 통신사외교에 고비가 없었던 것은 아니다. 그러나 그럼에도 불구하고 조일 양국 간에 대등을 바탕으로 한 '우호·隣誼'가 300년 가까이 유지될 수 있었던 가장 근본적인 이유라면, 뭐라해도 통신사외교가 상징하는 바와 같이 조선 국왕과 막부 쇼군이 상호간에 '직접 통교'루트를 유지하되, 조선이 봉서(奉書) 형식의 국서(國書)를 보내 교린 통교의 메시지 전달에 대한 주도권을 유지할 수 있었기 때문으로 보았다. 즉 국왕사절단인 통신사가 막부 쇼군에게 전달하기 위해 지참해가는 국서에 양국의 우호와 관련된 「隣誼·舊好·隣好·修睦·交好·故常·舊典」과 같은 문언들을 선제적으로 못박아 막부 쇼군으로부터 합의를 이끌어냄으로써, '대등·적례·교린'을 바탕으로 하는 조선의 통신사외교가 하나의 시스템으로 끊임없이 가동될 수 있도록 했기 때문이라고 할 수 있다. 그 결과 1년에 몇 번씩 사행을 파견해야 하는 대청(對淸) 외교에 비해 30년 만에 1번 정도의 간격에 예물 비용 정도로 조선의 남변에 대한 안보를 200년 이상 지킬 수 있었기 때문에, 통신사 파견이 가성비가 좋았던 대일본 안보외교였던 것은 더 말할 필요도 없다.(이상)

보 론

「이양선의 출몰과 교린외교의 종언」

- 19세기 중엽 오사카·쓰시마 역지통신(易地通信) 교섭으로 끝난 통신사외교-

머리말

1811년의 신미통신사행 이후 일본에서는 새로운 막부 쇼군의 습직이 4번이나 있었다. 그러나 이를 축하하기 위한 조선의 통신사는 한 번도 일본에 파견되지 못했다. 1811년 신미통신사행의 경우 막부 쇼군(제11대, 德川家齊)의 습직(1787년)으로부터 무려 24년 만에 통신사가 일본에 파견되었지만, 쇼군이 있는 에도성(江戶城)이 아니라 쓰시마 번주(對馬藩主)의 거성이 있는 쓰시마까지만 파견된 '역지 통신'의 형태였다. 이후 1837년 제12대 쇼군(德川家慶, 재위 1837~1853)의 습직을 포함하여, 4차례나 쇼군 습직이 더 있었지만,[1)] 통신사의 빙례 장소가 쓰시마에서 오사카(大坂)로, 오사카에서 다시 쓰시마로 변경된, 소위 '역지 빙례'의 형태로 몇 차례 교섭이 추진되던 도중, 일본 내의 정권교체로 인해 조선과 도쿠가와 막부(德川幕府)의 통신사외교 내지는 교린외교는 끝나고 말았다.

이와 같이 19세기에 들어 신미통신사행을 시작으로 일본측의 통신사 파견 요청이 '역지통신'의 형태로 이루어진 데에는, 우선은 조일 양국의 통신

1) 德川家定(제13대, 1853~1858), 德川家茂(제14대, 1858~1866), 德川慶喜(제15대, 1866~1867).

사에 대한 인식 변화를 들 수 있을 것 같다. 통신사 초빙의 주체였던 일본의 경우 이미 신묘통신사행(1711, 正德信使) 때부터 통신사외교에 대한 막부측의 부정적 평가가 있었다. 조일 양국관계에서 18세기란 17세기 중반의 명·청 교체기 때처럼 동아시아 국제관계가 요동치던 때도 아니어서 통신사 파견을 통해 조·청관계에 대한 정보를 얻거나 동아시아 국제관계에 대한 동향 파악이 필요한 시기도 아니었다. 또한 막부 정권 초기처럼 통신사 빙례를 통해 전국의 다이묘(大名)에게 쇼군 권력의 威光을 극대화하려는 정치적 효과도 점차 의미를 잃어가던 시기로, 당시 통신사 빙례의 개혁을 주도하던 아라이 하쿠세키(新井白石)의 경우 전례라고는 하지만 많은 비용을 들여 굳이 에도(江戶)까지 통신사를 초빙하는 것에 대한 회의적인 인식을 드러내기도 하였다.[2] 여기에 동아시아의 국제관계가 안정된 지 200년 가까이 지난 19세기 중엽에는 막부의 재정 궁핍으로 인한 통신사 접대비용 절감 등의 현실적인 이유도 크게 작용하였다.

그러나 막부측 사정 및 일본 내의 정권 교체와 같은 직접적인 이유 이외에도 역지통신 교섭이 수차례에 걸쳐 30년 가까이 교착상태에 빠지게 된 데에는 조선측의 통신사외교에 대한 인식 변화 내지는 대응도 하나의 요인이었다고 생각된다. 조선 역시 18세기 이래 통신사외교에 대한 피로감이 누적된 가운데, 조·청관계도 안정되어 있었기 때문에 일본을 17세기 중반 때처럼 굳이 안보외교의 중요한 상대로 여기지는 않았다. 전례에 따라 일본이 통신사를 거의 30년 만에 1번씩 요청해오면 이를 받아들여 양국관계를 별 마찰없이 유지하는 수준으로, 무진통신사행(1748) 이래 일본 방문으로 얻을 것이 없다는 인식도 생기게 되었다. 여기에 계속되는 가뭄, 수해 등의 재해로 인한 세수 부족, 재정 궁핍 속에서, 조선도 통신사 파견을 300년 가까이 지속되어 온 교린의례의 대상으로 여길 뿐이었다. 1811년 신미

---

2) 이 책의 제2장 참조.

통신사행 당시 국왕 순조의 국서에 '역지'라는 문언을 기재한 것에서도 짐작할 수 있듯이, 향후 새로운 쇼군의 습직으로 일본이 통신사 파견을 요청해온다 하더라도 이때부터 이미 '역지 통신'을 수용할 수 있다는 인식 변화가 보였다고 할 수 있다. 게다가 신미통신사행(1811) 이후 『헌종실록』 및 『철종실록』을 보면 일본측이 몇 차례에 걸쳐 요구해온 '역지 빙례'에 대해 중앙의 논의, 즉 국왕이나 신료들간에 심각하게 논의한 흔적은 보이지 않는다. 물론 『비변사등록』이나 『일성록』·『교린지』 등을 통해 중앙의 논의를 확인할 수는 있다. 그렇지만 과거 전례(신묘통신사행(1711)·기해통신사(1719)·무진통신사(1748)·계미통신사(1763))와 달리, 통신사의 빙례 장소를 변경하는 '역지'(易地)와 같이 중대한 의례 변경 요구 등을 놓고 국왕과 신료들간의 치열한 논의가 국왕의 주요 국정을 수록한 『실록』에 보이지 않는다는 것은 매우 이례적이라 할 수 있다. 『실록』에는 '역지 빙례' 교섭이 진행되던 시기 오히려 이양선(異樣船)의 조선 해안 출몰에 대한 정보를 일본의 막부 정권과 공유하는 것이 교린외교의 주요 현안으로 수록되어 있다. 또한 일본측과의 실제 교섭 경위를 보더라도, 조선이 주도적으로 외교문서(서계, 奉書)를 보내 「빙례의 장소 변경 및 파견 시기의 연기」를 일본의 막부 정권에 요청한 것이 3차례나 된다.

따라서, 19세기 중엽 통신사에 대한 빙례 장소가 쓰시마(對馬)에서 오사카(大坂)로, 또 다시 오사카에서 쓰시마로 변경되는 등, '역지'(易地)를 전제로 거의 30년에 걸쳐 몇 차례에 걸쳐 교섭이 전개되다가 통신사 파견이 종식되게 된 배경을, 조선의 대일본 교린외교의 퇴행이라는 관점에서도 살펴볼 필요가 있다고 생각된다.

1. 신미통신사행(1811년) 이후 '쓰시마 역지통신' 교섭과 조선의 대응

1837년 4월에는 일찍이 신미통신사(1811)의 축하를 받았던 제11대 쇼군 이에나리(德川家齊)가 50년 만에 아들에게 쇼군직을 양도하고 은거(西丸)함에 따라, 이에요시(德川家慶)가 제12대 쇼군이 되었다. 이에 쓰시마 번(對馬藩)은 전례대로 막부의 허락을 얻어 1837년 11월 사자(遜位參判使, 杉村右馬助) 편에 쇼군(관백)의 퇴휴 사실을 알려왔으며, 동래부사(成遂黙)의 보고가 있었다.[3] 이어서 1838년 3월에는 새로운 쇼군의 습직을 알리는 '관백승습고경차왜'(嗣位參判使, 幾度八郎左衛門)가 파견되었다.[4]

과거 쓰시마 번의 통신사 요청 절차를 보면, 관백승습고경차왜의 파견 이후에는 그 다음 수순으로 '통신사청래차왜'를 조선에 보내, 쇼군 습직을 축하하기 위한 통신사 요청 의사와 파견 시기를 알려왔다. '파견 시기' 문제란 조선측에서도 예물 등 여러 가지 준비를 하는데 있어서 가장 먼저 알고 있어야 할 중요한 사항이었기 때문에, 쓰시마 번에서도 막부측에 파견 시기를 문의한 후 막부의 허락을 얻어 조선측에 알려오는 것이 통상적인 절차였다.

그런데 제12대 쇼군 습직 시, 쓰시마 번이 막부에 문의한 절차를 보면 초반부터 순탄치 않았다. 쓰시마 번은 일찍이 1837년 쇼군의 은거(퇴휴)를 조선에 통보할 당시 막부측 인사(林大學頭, 老中 松平和泉守)를 통해 통신사 요청 및 파견 시기 문제를 미리 내탐하였다. 쓰시마 번은 이때 통신사 초빙

3) 『비변사등록』 헌종 3년(1837) 정유 11월 1일.

4) 『비변사등록』 헌종 4년(1837) 무술 2월 10일.
과거 전례를 보면, 쓰시마 번의 경우 막부 쇼군의 습직을 조선에 알리는 사자를 '大慶參判使'라 칭했으나, 쇼군 이름의 '慶'이라는 글자를 '피휘'(避諱)하여 '사위참판사'라 칭하였다(『天保八丁酉年 家慶様御嗣位信使記錄』) (1837) 12월 14일(대마도 종가문서 기록류 No.1076, MF.165, 국사편찬위원회).

에 대한 막부의 확답을 유도하기 위해, 로쥬(老中 松平和泉守)측에 통신사 초빙의 정치적 효과를 어필하기도 했다. 막부의 시강(林大學頭)과 사전 논의를 거쳐, 통신사 초빙을 통해 '현직 쇼군'(제12대 德川家慶) 축하는 물론, 50년 이상 쇼군직을 유지했던 '은퇴 쇼군'(제11대 德川家齊)에 대해서도 겸사해서 통신사의 축하를 받아낼 수 있다는 점을 부각시켰다. 그럼에도 막부측의 확답은 없었다.[5)]

이에 쓰시마 번에서는 1838년 쇼군의 퇴휴 및 습직을 축하하기 위해 조선의 문위역관이 쓰시마를 방문했을 때 다시 막부에 통신사 요청 건을 문의하였다. 문의 방식은 과거 전례와 마찬가지로, 조선 역관이 먼저 쇼군 습직 축하를 위한 통신사 파견 시기를 문의해 왔다는 절차상의 이유를 내세워 막부에 통신사 파견 시기를 문의하는 방식이었다. 이에 대한 막부의 답변은 1838년 10월, 에도성(江戶城 白書院)에서 로쥬들이 열좌한 가운데 쓰시마 번에 문건(書付 및 別紙)으로 전달되었다. 그 내용은 '近例'(신미통신사행, 1811)에 따라 쓰시마에서의 '역지빙례'의 예에 따를 것을 지시하면서도 파견 시기에 대해서는 추후에 알려주겠다는 방침이었다.[6)] 파견 시기를 추후로 미룬 이유로는 흉년과 에도성(西丸)의 화재 때문으로 복구 공사가 완성되면 그때 다시 문의하라는 취지였다.[7)] 역대 통신사 파견 때, 막부가 쓰

---

5) 『天保八丁酉年 家慶樣御嗣位信使記錄』 天保 9(1838) 정월 29일조의 伺書(1837.12월) (대마도종가문서 기록류 No.1076, MF.165, 국사편찬위원회).

6) 막부 로쥬가 쓰시마 번에 건넨 문건(書付)은 다음과 같다.
御代替ニ付朝鮮人来聘之儀被相伺候。可為先格之通候。時節之儀者追而被相伺候。
(『天保八丁酉年 家慶樣御嗣位信使記錄』(1838년)12월 晦日조, 대마도종가문서 기록류 No.1076, MF.165, 국사편찬위원회).

7) 막부의 답변은 다음과 같다.
朝鮮人来聘之儀、諸事近例之通於對州可被仰付候。
一、来聘時節之儀者、近年凶歲打續、且者西丸炎上ニ付而者彼是御事多之御時節ニも候間、西丸御普請出来之上、可被相伺候。(후략)
(『天保八丁酉年 家慶樣御嗣位信使記錄』(1838년)12월 晦日(대마도종가문서 기록류

시마 번주에게 통신사 요청 의사와 함께 래빙 시기까지 구체적으로 지시해 왔던 것에 비하면 이례적인 것으로, 실제로는 연기나 마찬가지 조치였다고 할 수 있다. 그러나 막부 로쥬의 지시에서 흥미로운 대목이라면, 비록 통신사 초빙 시기에 대한 결정은 훗날로 연기했지만, 은퇴 쇼군(제11대 德川家齊)에 대해서도 통신사의 축하를 받아낼 수 있을지 쓰시마 번으로 하여금 조선과 교섭해 보도록 하였다.[8] 쓰시마 번의 사전 작업이 있었다고는 하지만, 통신사의 요청 명분이 쇼군가의 위광을 부각시키기 위한 것임을 알 수 있는 대목이다.

이에 쓰시마 번에서는 일단 1839년 12월 번사(扇半右衛門) 편에 번주의 지시 사항(親諭)을 왜관으로 보내, 에도성(江戸城)의 화재와 흉작을 이유로 통신사 파견 시기를 늦추어줄 것을 조선에 요청해왔다. 왜관 관수 앞으로 보내온 쓰시마 번주(宗義章)의 문건(親諭)에는, 도해역관의 제안(요청)에 따라 통신사 파견 건을 막부에 문의한 바, '近例'(신미통신사행, 1811)에 따라 '쓰시마'(對州)에서 빙례를 치르도록 하되, 파견 시기에 대해서는 최근 계속되는 흉년으로 인해 추후에 알려주겠다는 답변으로, 막부에서 래빙 시기를 지시해 오면, 그때 정식으로 조선에 사자를 파견해서 알리겠다는 내용이었다.[9] 공식적인 막부의 지시는 아니었기 때문에, 일단은 동래부사를 통해 그 취지를 조정에 보고해 달라는 요청이었다. 1839년 겨울 에도성의 니시마루(西丸) 수복공사가 완료되자, 쓰시마 번은 1839년 11월 "래빙 시기를 정하지 않고 조선에 통신사 파견 건만 요청하는 것은 곤란하다"며 막부에 재차 문의를 했지만, 추후 지시하겠다는 답변만 있었다. 쓰시마 번은 1840

No.1076,MF.165, 국사편찬위원회).

8) 『天保八丁酉年 家慶様御嗣位信使記錄』(1838년) 12월 晦日(대마도종가문서 기록류 No.1076, MF.165, 국사편찬위원회).

9) 『天保八丁酉年 家慶様御嗣位信使記錄』 쓰시마 번주(太守)가 왜관 館司에게 보낸 親諭(己亥(1839) 11월 일) (대마도종가문서 기록류 No.1076, MF.165, 국사편찬위원회).

년 6월과 9월에도 통신사 파견 시기에 대한 통보가 너무 늦어질 경우, 조선과의 외교 마찰 우려가 있음을 이유로, 막부의 답변을 재촉했지만, 여전히 같은 대답이었다.10)

통신사 파견 시기에 대한 막부의 지시는 마침내 1840년 12월 에도성(檜之間)에서 로쥬(老中 水野越前守 등) 연명의 봉서(奉書)로 쓰시마 번에 전달되었는데, 쓰시마 번의 문의를 쇼군에 보고한 바, 통신사 래빙 시기를 다가오는 갑진년(1844)으로 정한다는 내용이었다.11)

막부의 결정으로 파견 시기가 정해짐에 따라, 쓰시마 번은 비로소 1841년 5월 '통신사청래차왜'(修聘參判使 橘質信, 小川丹下)를 조선에 파견하여 통신사 파견 요청 교섭에 들어갈 수 있었다. 예조참판 앞으로 가져온 번주(宗義章)의 서계(天保 12년 신축(1841) 정월)에는, 새 쇼군 습직으로 전례에 따라 통신사 빙례를 「갑진년(1844) 봄 쓰시마(弊州)」에서 시행하고자 한다는 내용이었다.12)

이때 동래부사(洪鍾應)가 중앙에 올린 장계를 보면, 훈도(현학로)·별차의 의견을 반영하여 조선과 상의없이 쓰시마에서의 빙례 및 파견 시기를 막부

---

10) 『天保八丁酉年 家慶樣御嗣位信使記錄』 庚子(1840) 6월 29일 및 9월 8일(대마도종가문서 기록류 No.1076, MF.165, 국사편찬위원회).

11) 로쥬 봉서(奉書)는 다음과 같다.

御狀令披見候。三御所樣益御機嫌能被成御座恐悅之旨尤候。将又就御代替為御祝詞朝鮮人来聘時節之儀、以使者被相伺之候。紙面之趣、及上聞候処、彼使者御前江被召出、一段之仕合候。然者信使来聘之儀、来ル辰年春中たるへき旨被仰出候。被存其旨、可被達之候。恐々謹言。

十二月十六日

土井大炊頭利位·太田備後守資始·水野越前守忠訪

宗對馬守殿

(『天保八丁酉年 家慶樣御嗣位信使記錄』 天保12 辛丑年(1841) 정월 27일(대마도종가문서 기록류 No.1076, MF.165, 국사편찬위원회).

12) 『天保八丁酉年 家慶樣御嗣位信使記錄』 (1841년) 4월 10일 「遣禮曹參判告信使來期書」(대마도종가문서 기록류 No.1076, MF.165, 국사편찬위원회).

가 일방적으로 정한 것에 부정적이었다. 즉 "쓰시마 번 차왜는 역지통신을 일찍이 기사년(1809)년 약조로 정한 것이라 주장하지만, 역지통신이란 쓰시마 번이 10년 이상 간청해서 부득이 허락한 것이다. 200년간 유지되어온 약조에도 어긋나므로, 통신사 요청에 대해서는 전례대로 복구한 이후 언제 파견할지 그 시기를 다시 논의해야 한다. 쓰시마 번 사자가 지금 바로 「갑진년(1844)의 대마도 역지」를 운운한다는 것은 성신 교린의 도리에도 어긋나므로, 쓰시마 번주의 서계를 돌려보내 고쳐오도록 해야 한다"는 내용이었다.[13)]

이에 대한 중앙의 입장도 마찬가지였다. 영의정(조인영) 역시 1844년의 '대마도 역지 빙례' 요청이 약조에 어긋난다는 동래부사의 의견을 그대로 받아들인 결과,[14)] 1841년 6월에는 쓰시마 번주의 서계 환송 및 개서(改書)를 요청한다는 조정의 입장을 양역(훈도·별차)의 '전령'(傳令)을 통해 왜관에 전달하였다.[15)] 이에 왜관측과 동래부측 간에 협의가 계속된 가운데, 1841년 9월에는 조선측으로부터 '對馬 역지'는 수용하되, 파견 시기는 조선도 흉년이 계속되므로 인해 병오년(1846)으로 연기해 줄 것을 제기한 바, 접위관 및 양역 명의의 문건(覺)을 왜관 관수에게 보내 조정의 입장을 전하였다.[16)] 그러자 왜관 관수도 막부 보고를 위해 조선측의 회답서계에 아예 '병오년(1846) 봄'으로 파견 시기를 명기해 줄 것을 요청해 왔다.[17)] 조선이 이를 받아들인 결과, 예조참판(趙秉龜) 명의의 서계(1841.10)는 다음과 같이

---

13) 『비변사등록』 헌종 7년(1841) 신축 6월 10일.

14) 『비변사등록』 헌종 7년(1841) 신축 8월 20일.

15) 『天保八丁酉年 家慶樣御嗣位信使記錄』「傳令訓別 (신축년(1841) 6월 24일)」(대마도종가문서 기록류 No.1076, MF.165, 국사편찬위원회).

16) 『天保八丁酉年 家慶樣御嗣位信使記錄』「훈도·별차 및 당상·당하 차비관 명의의 覺(신축년(1841) 9월일)」(대마도종가문서 기록류 No.1076, MF.165, 국사편찬위원회).

17) 『天保八丁酉年 家慶樣御嗣位信使記錄』館守의 覺(신축년(1841) 9월일) (대마도종가문서 기록류 No.1076, MF.165, 국사편찬위원회).

작성되었다.

> 朝鮮國禮曹叅判趙秉龜 奉復
> 日本國對馬州太守拾遺平公 閤下
> 華緘蚕枉備認, 盛意慰感交摯, 仍聞貴大君嗣位, 國內和平, 其在隣好欣忭無已, 望我隣好之誼, 申致修聘之禮, 此意良勤, 玆已啓稟至如其聘期有難副來示, 將以丙午年春間差送專使, 盛貺況轉卽收納, 仍將薄物略伸回敬, 統惟對序珍毖, 肅此不備.
> 辛丑年十月日[18]

즉 제12대 쇼군(德川家慶) 습직을 축하하기 위한 통신사 파견이 '린호'를 중시하는 양국이 지켜야 할 '수빙지례'이지만, 파견 시기(聘期)에 대해서는 어려움이 있어 「병오년(1846) 봄」에 파견하는 것으로 회답하였다. 이로써 쇼군 습직 5년 만인 1841년에서야 제12대 쇼군(德川家慶) 습직에 대한 '쓰시마 역지 빙례 및 파견 시기'에 대한 조일 양국 간의 합의가 처음으로 있었다고 할 수 있다.

한편 조선은 이때 쓰시마 번주의 서계를 바로 퇴각하지 않고 그대로 받아서 보고한 동래부 역관(현학로)을 처벌함으로써 쓰시마 번을 압박하는 한편,[19] 답서이기는 하지만 쓰시마 번측과 사전 교섭을 통해 파견 시기를 연기해 주도록 일본측에 먼저 제기함으로써 합의를 이끌어낼 수 있었다. 역지빙례 교섭 초기에 주도권을 놓지 않기 위한 조선의 이러한 교섭태도는 그후로 이어지는 역지빙례 교섭기간 내내 견지되었다.

18) 예조참판(趙秉龜)의 회답서계(1841.10)(국사편찬위원회 소장 서계, No.8175).
19) 『일성록』 96, 헌종 7년(1841) 신축 11월 초3일 및 초4일.

2. 오사카(大坂) 역지통신 교섭과 조선의 파견 연기 요청

통신사 요청을 둘러싸고 조선과 쓰시마 번의 교섭이 진행되는 가운데 막부 내부에서는 정치적 변화가 있었다. 1841년 1월 은퇴 후에도 여전히 정치적 영향력을 발휘하고 있던 전 쇼군(제11대 德川家齊)이 사망하자, 5월부터 막부 로쥬(老中, 水野越前守忠邦) 중심으로 쇼군의 권력 강화와 재정 위기를 극복하기 위한, 소위 '덴포의 개혁'(天保改革)이 전개됨에 따라 대조선 외교에도 영향을 미쳤다. 즉 과거에도 통신사의 에도(江戶) 빙례를 쇼군 권력의 고양에 이용한 바, 막부의 재정 문제 때문에 통신사를 에도까지 오게 할 수는 없어도 오사카(大坂)까지만이라도 오게 하여 막부의 권력 강화에 이용한다는 방침이었다.[20]

그리하여 1841년 9월에는 막부 로쥬(朝鮮御用老中 水野越前守)로부터 쓰시마 번으로 하여금 '오사카(大坂)에서의 역지빙례' 교섭을 추진하도록 하라는 은밀한 지시(內命)가 있었다. 명분은 다음과 같았다. 만약 앞으로도 통신사에 대한 빙례가 이전처럼 국경의 최일선인 쓰시마에서 이루어진다면 조선에서도 제대로 접대받지 못한 박례(薄禮)로 여길 수 있다. 게다가 '간이성폐' 차원에서 쓰시마에서 빙례를 치렀지만, 쓰시마 번에 대한 재정 원조 등으로 의외로 접대 비용이 줄어들지 않았다. 모든 것이 편리하고 자유로운 오사카(大坂)에서 빙례를 치른다면 막부의 재정 손실을 막아 '간이성폐'를 달성할 수 있을 뿐 아니라, 조선과의 교제에 있어서도 성신(誠信)의 도리를 더욱 돈독히 할 수 있다는 이유였다.[21] 실제로 통신사 접대를 위한

20) 三宅英利, 「通信使の廢絶」 『近世日朝関係史の硏究』 文獻出版, 1986, 618쪽.

21) 『大坂易地信使前集書』 1番, 막부 로쥬(水野越前守)가 쓰시마 번 가로에게 보낸 口達覺(天保12(1841) 신축년 12월 3일조(대마도종가문서 기록류 No.1086, MF.169, 국사편찬위원회).

각종 물품 조달 및 기술 지원에는 일찍이 신미통신사행(1811) 때부터 가격 경쟁 입찰을 통해 에도(江戶)나 교토(京都) 보다도 오사카(大坂)의 상인 및 전문 직업인의 참여도가 높았다.[22] 인적·물적 자원의 동원이 편리하고 기술이 축적되어 있는 오사카로 빙례 장소가 변경된다면, 소위 가성비가 좋아 막부의 재정 지출을 줄일 수 있었기 때문이다.

그런데 위와 같이 통신사 빙례 장소를 쓰시마에서 오사카로 변경하기 위한 막부의 은밀한 지시(內命)란, 앞서(1841.5) '쓰시마 역지빙례' 요청차 조선에 파견되었던 통신사청래차왜(修聘使 小川丹下)가 왜관에 체류 중일 때 내려진 것이었다. 쓰시마 번으로서는 '쓰시마 역지통신' 요청 건이 아직 일단락되지도 않은 상황에서 '오사카 역지 빙례'라는 새로운 현안을 조선에 공식 제기해야 하는 부담을 안게 된 것이나 마찬가지였다. 방법을 모색함에도 해결이 나지 않자, 1842년 정월에는 일단 통신사청래차왜(수빙사)가 '쓰시마 역지빙례' 건에 대한 조선측의 회답서계(조병구)를 수령하여 쓰시마로 돌아갔다. 쓰시마 번으로서는 외교절차상 '쓰시마 역지빙례' 건이 이미 일단락된 상황에서 막부가 내밀히 지시한 '오사카 역지빙례' 건을 조선에 어떻게 전달해야 할지가 고민거리였다. 막부도 조선과의 교섭이 쉽지 않을 것으로 짐작하고 있었던 만큼, 쓰시마 번사의 조선 출장 비용 등을 고려하여, 쓰시마 번이 통신사 빙례 수행 차원에서 소요되는 비용으로 막부에 청구한 배차금(拜借金) 金 5万兩 가운데 2만량을 미리 선불할 수 있음을 제안하였다.[23] 막부의 '오사카 역지빙례' 지시(內命)에 대한 조선 전달은 쓰시마 번의 고민 끝에 1842년 5월 이후 시도되었는데, 조선에 오사카 역지빙례 건을 공식적으로 제기하기 이전에 조선측 실무자인 훈도를 통해 조

22) 이훈, 「조선 통신사 접대와 대마번의 재정 -1811년 신미통신사를 중심으로-」 『역사와 경계』 55, 2005, 110~113쪽 및 133~134쪽.

23) 『大坂易地信使前集書』 1番, 寅(天保13, 1842) 정월 20일조(대마도종가문서 기록류 No.1086, MF.169, 국사편찬위원회).

선 조정의 분위기를 먼저 파악할 필요가 있었다. 이에 훈도(聖五 李同知)의 협력을 얻기 위한 물질적 보상이 있었으며, 훈도와 연결되어 있는 중앙의 고관(영의정)을 사전 설득하는 방법 등도 모색되었다.[24] 왜관측과 훈도와의 문답과정에서는, 우선 '오사카 역지빙례' 건에 대해 일단 쓰시마 번주가 관수에게 '친유'(親諭)를 보내서 그 취지를 동래부사를 통해 조정에 전달하되, 추후 필요할 때 재차 재판(裁判) 또는 사자를 조선에 파견하여 공식적으로 제기하는 방법 등이 논의되었다.[25]

이러한 논의 내용은 쓰시마 번의 에도(江戶) 가로에게도 보고된 바, 실제로 1843년 9월에는 쓰시마 번주의 諭旨(親諭)가 양역(兩譯, 훈도·별차)에게 전달되었다. 그리고 그해 12월에는 '오사카 역지빙례' 건을 정식으로 요청하기 위한 사자(講聘參判使, 幾度八郎左衛門)가 부산에 파견되었다. 사자 편에 예조참판 앞으로 보내온 쓰시마 번주(宗義和)의 서계에는 다음과 같은 내용이 기재되어 있었다. 즉 "신미통신사행(1811) 당시 쓰시마에서 빙례를 시행한 것은 먼 길을 가는 노고를 덜기 위해서였지만, 통신사가 바다를 건너자마자 바로 접대의 예를 치른 것은 예절에 미치지 못한 바가 있었다. 이에 막부에서 다시 논의를 하여 에도(江戶)와 크게 다르지 않은 오사카(大坂)에서 격식을 높여 접대하겠다는 것이었다. 또한 오사카가 쓰시마에서 멀기는 하지만, 해로를 이용하기 때문에 에도까지 육로로 가는 것보다는 고생을 덜 수 있다"는 취지였다.[26] 앞에서 언급한 막부 로쥬의 지시(內命)가 그대로 반영되어 있었다.

---

24) 『大坂易地信使前集書』 1番, 왜관 관수(古川采女)가 쓰시마 번 가로(平田宮內 등)에게 보낸 문건(5월 15일), 寅(1842) 5월 24일조(대마도종가문서 기록류 No.1086, MF.169, 국사편찬위원회).

25) 『大坂易地信使前集書』 1番, 훈도와 왜관측의 문답에 대한 通詞 廣瀨豊吉의 보고서(1842년 5월 14일) (대마도종가문서 기록류 No.1086, MF.169, 국사편찬위원회).

26) 『동문휘고』 부속, 통신 1, 「島主出送通信使講定差倭書」(天保15년(1844) 갑진 9월 일)(국사편찬위원회 4책, 3893쪽).

이에 대해 조선이 일본측의 일방적인 약속 변경을 항의하면서 교섭은 교착상태에 빠졌다. 교섭이 다시 재개된 것은 동래부의 훈도(현학로)가 교섭에 임하면서부터로, 1844년 당시 정국을 주도하던 영의정(趙寅永)을 설득하여 '오사카 역지빙례'를 10년 후인 병진년(1856)으로 연기할 것을 조선이 먼저 제안하였다. 훈도가 왜관측에 건넨 覺(1844.3)에는, "쓰시마 번측이 오사카 성(大坂城)에서의 역지빙례를 요청해왔으나 조선의 계속된 흉년으로 처음 약속했던 병오년(1846) 파견은 어려우니 병진년(1856)으로 연기하되 통신사 의례 절차 및 예단은 신미년(1811)의 쓰시마 역지 빙례 때와 차이가 없도록 하겠으며, 파견 연기 및 장소 변경 건을 회답 서계로 작성해 주겠다"는 내용이었다.[27] 각서의 이 내용은 영의정(조인영)의 보고와 국왕 헌종의 허락 하에[28] 실제로 1845년의 예조참판(林翰鎭) 회답서계에 그대로 반영되었다.

> 朝鮮國禮曹參判林翰鎭 奉復
> 日本國對馬州太守拾遺平公 閤下
> 槎便遠涉, 芳函伴至, 憑諦啓居清迪, 慰暢良探, 禮聘之地, 易以大坂者, 雖與前日約條有異, 誼在交隣, 難孤盛意, 第念涉海之遠近逈殊, 留館之遲速未料, 則往復講定之際, 自致時月延 拖, 有難以原定丙午年裝送信使, 而況本邦屢經大禮, 事力亦多不逮, 更退十年, 以丙辰春爲定, 則其於隣誼, 無所加損兩國事情, 庶可相孚, 幸以此意, 轉告東武爲望, 佳貺領眷, 薄儀表忱, 惟冀對序珍毖, 肅此不備.
> 乙巳年正月日[29]

---

27) 岩方久彦, 「憲宗代 오사카(大坂) 역지통신 교섭과 조선의 대응책」『한일관계사연구』 35, 2010, 187~188쪽.
28) 『비변사등록』 헌종 10년(1844) 갑진 9월 9일.
29) 예조참판(林翰鎭)의 회답서계(奉復, 을사년(1845) 정월일)(국사편찬위원회 소장 서계, No.8316).

빙례 장소를 오사카(大坂)로 변경하는 것이 일전의 약조와 다르기는 하지만 교린의 도리상 수용은 하되, 파견 시기는 조선의 大禮事로 인해 신사 준비 등을 위한 여력이 미치지 못하므로 원래 예정했던 병오년(1846)에서 10년을 연기하여 병진년(1856) 봄으로 정했으니, 이 취지를 '막부에 전달'(轉告東武)해 달라는 내용이었다. 여기에서 주목할 부분은 쓰시마 번주에게 보내는 회답서계이기는 하지만, '轉告東武'을 명기함으로써 막부를 상대로 통신사 파견 연기를 조선이 먼저 제안했다는 점이다. 재정 압박에 시달리던 막부가 이를 받아들임에 따라, 1845년에 이르러 '오사카 역지빙례'의 1856년 시행에 대한 조일 양국의 합의가 이루어졌다고 할 수 있다.

이렇게 1845년 조일 양국 간에 '오사카 역지빙례'에 대한 합의가 이루어지자, 쓰시마 번은 막부측과 향후 조선과 협의해야 할 강정 항목에 대한 문의에 들어갔다. 쓰시마 번이 1847년부터 1852년까지 통신사 전담 로쥬(阿部伊勢守)에게 몇 차례에 걸쳐 제출한 문의서에는, 조선 국왕과 쇼군이 주고받을 국서의 서식과 예물, 쇼군 회답서의 피휘(避諱) 문제와 같이, 이미 전례가 있는 기본적인 항목부터 오사카에서 치르는 신례와 관련된 것들이 포함되어 있었다. 전례가 있는 사항으로는, 통신사 일행이 막부측 요인과 주고받는 사예단 문제를 비롯하여, 오사카 체류 시 일본측의 접응 수준을 신미통신사(1811, 文化信使) 때처럼 간략(簡易)하게 할 것인지, 또는 계미통신사(1763, 寶曆信使)에 따를 것인지, 통신사 일행의 인원 수 등과 같은 기본적인 항목을 비롯하여, 통신사의 오사카 도착 시 객관을 방문할 막부측 인사를 전례대로 집정(老中)으로 할 것인지, 오사카 성(大坂城)에서의 전명의 이후 향응 문제 등이 문의 대상이었다.[30] 또한 오사카에서의 빙례가 처음인 만큼, 통신사와 '大坂城代 및 大坂町奉行'과의 예물 증답 건을 조선과

30) 『信使講定之廉廉御伺并御返答之書面寫』 弘化4(1847) 정미년 9월 11일 및 申(1848) 7월 17일 쓰시마 번 가로(古川將監·蕃建直人)가 阿部伊勢守(老中)에게 제출한 伺書(대마도종가문서 기록류 No.1096, MF.172, 국사편찬위원회).

의 강정 항목에 넣어야 할지도 문의 대상이었다.[31] 이밖에도 통신사의 오사카 체류 기간 단축을 위한 방안도 강구된 바, 1851년에는 조선의 국서를 (전명의에서) 수령한 후 쇼군의 열람을 거쳐 회답서를 작성할 경우 시간이 지체되므로, 국서의 사본과 쇼군 회답서의 초안에 대한 조일 양측의 사전 열람 건을 제안하기도 하였다.[32] 막부측과의 강정항목을 둘러싼 구체적인 문의는 1852년까지도 계속되었다.

한편, 오사카 역지빙례 시기가 다가오자 쓰시마 번은 다시 조선과의 교섭을 재개하였다. 1851년 5월에는 쓰시마 번주(宗義和)가 예조참의에게 서계를 보내, 조선국 사정으로 연기된 병진년(1856)의 '오사카 역지빙례'를 위한 '절목강정'을 요청해왔다.[33] 이에 조선도 1851년 9월 예조참의(閔泳緯) 명의로 회답서계를 보내 강정역관을 쓰시마로 파견하여 세부사항을 협의하겠다는 의사를 밝혔다.[34] 그런데 1852년 10월 막부 로쥬(阿部伊勢守)로부터 돌연 통신사 빙례 연기에 대한 지시가 있었다. 계속되는 흉년과 니시마루 성(西丸城)의 화재로 인한 해결이 당장 시급하므로 통신사 빙례가 '린호와 성신'을 지키는 중요한 도리이기는 하지만, 병진년(1856)년으로 예정되어 있는 빙례 시기를 늦추되 그 시기에 대해서는 추후 지시하겠으니 일단은 막부측의 연기 의사부터 조선에 알리도록 하라는 것이었다.[35] 빙례

31) 『信使講定之廉廉御伺幷御返答之書面寫』 亥(1851) 8월 23일 阿部伊勢守에게 제출한 伺書(대마도종가문서 기록류 No.1096, MF.172, 국사편찬위원회).

32) 『信使講定之廉廉御伺幷御返答之書面寫』 亥(1851) 9월 23일 阿部伊勢守에게 제출한 伺書(대마도종가문서 기록류 No.1096, MF.172, 국사편찬위원회).

33) 『동문휘고』 부속, 통신 1, 「島主出送通信使節目講定書」(嘉永4년(1851) 5월일)(국사편찬위원회 4책, 3894쪽).

34) 예조참의(閔永緯)의 회답서계(奉復, 신해년(1851) 9월일)(국사편찬위원회 소장 서계, No.8603).

35) (1852년) 10월 28일 쓰시마 번의 에도 가로(蕃建直人 등)가 國元 가로에게 보낸 서장에 (로쥬 阿部伊勢守가) 쓰시마 번 가로에게 보낸 書付(1852.10.18)가 첨부되어 있다. 書付의 내용은 다음과 같다.

시기에 대한 막부의 확답이 없는 가운데 쓰시마 번은 조선에 사자(강정사)를 보내 빙례 시기의 연기를 전달한 한편, 조선 사정을 내탐해 본 바, 조선측 강정관(양역)이 전하는 내용이란 조선도 사정이 여의치 않아 빙례 시기를 5년 더 연장하여 신유년(1861) 봄으로 했으면 한다는 것이었다. 또한 일본측이 이를 납득해 준다면 그때 가서 예조의 서계가 공식적으로 발급될 것이라는 것도 알려주었다. 쓰시마 번의 판단을 위한 참고 차원에서 조선의 요청이 담긴 양역 명의의 문건은 쓰시마 번에 전달되었다. 쓰시마 번으로서는 빙례 시기를 확정하지 않은 채 연기만을 지시한 막부의 요청을 조선에 전달하는 것이 난감한 과제였지만, 예상치 못한 조선의 사정으로 인해 막부측의 상황을 궁색하게 설명하지 않고서도 빙례 시기가 연기된 것을 다행스럽게 여길 정도였다.36)

이에 실제로 1853년 9월 예조참판이 쓰시마 번주에게 보낸 서계(奉書)에서는 조선이 먼저 연기를 요청하고 있다. 다음은 『동문휘고』에 수록된 예조참판의 서계이다.

> 云云, 緬惟秋涼, 啓居冲裕慰遡, 弁摯頃於乙巳已有講確禮聘之地, 易以大坂, 使行之期, 定于丙辰, 苟無他由寧用縷述而匪意, 本邦荐遇歉荒 顧今事力亦多不逮, 信使裝送有難, 趂期更以五年退定辛酉春, 則其於事情庶無拘碍且也, 隣交益見深篤, 幸以此意轉告東武, 俾副區區是所深望, 聊具薄儀用伸微忱,

---

朝鮮之信使、來ル辰年大坂迄來聘候樣被仰出、聘期追々間近ニ相成候處、近年諸國凶荒も不少、其上此度西丸炎上ニ付而者、彼是御事多ニも有之、素より通聘者隣好誠信之儀ニ而不輕事ニ候得共、年條之通難被差置御國事差湊候折柄ニ付、來ル辰年來聘之儀者先御差延、年期者追而可被仰出候間、其旨彼國(조선)江申遣候樣可被致候。尤講定可致廉々者都而是迄之通相心得、追々可被相伺候。
(『大坂易地信使ニ付江戶表より之書狀以頭書返答申遣』, 대마도종가문서 기록류 No. 1107, MF.174, 국사편찬위원회).

36) 『大坂易地信使ニ付江戶表より之書狀以頭書返答申遣』(1853) 3월 27일 쓰시마 번 가로의 서장(御名) (대마도종가문서 기록류 No.1107, MF.174, 국사편찬위원회).

> 哂收是冀, 肅此不備.
> 癸丑年九月日[37)]

즉 "원래 을사년(1845)에 오사카 역지통신을 병진년(1856)으로 약속했었으나, 계속되는 기근 때문에 통신사 파견 준비에 어려움이 있으니 5년을 더 연장하여 신유년(1861) 봄에 오사카(大坂)로 파견하겠다는 의사를 먼저 밝힌 한편, 이를 '막부에 타진'(轉告東武)해 주도록 요청하는 내용이었다. 그러나 통신사의 축하를 받아야 할 쇼군(제12대, 德川家慶)이 1853년 6월 사망함에 따라 '오사카 역지빙례'는 무산되고 말았다.

1853년 제13대 쇼군(德川家定)이 습직하자, 쓰시마 번은 또 다시 통신사 요청에 대한 막부의 허락 하에 조선과의 교섭에 들어갔다. 1855년 5월 예조가 쓰시마 번주에게 보낸 서계(奉書)에는 통신사 빙례 장소를 다시 변경하는 것과 파견 연기 문제가 언급되어 있었다.

> 朝鮮國禮曹叅議李秉文 奉書
> 日本國對馬州太守拾遺平公 閤下
> 緬惟季春, 啓居淸裕膽遡靡, 已頃以禮聘之地易于大坂, 玆貴大君新紹洪緖, 宜循故常以差賀价, 第念本邦荐遇歉荒事力既多不逮, 顧其恤費之擧, 莫如簡易之爲, 請循辛未之例, 止騁於貴州, 而若夫聘禮亦徐徐取緩, 至丙寅年行之, 恐省灾民之弊, 永荷隣誼之厚, 幸以此意轉告東武, 俾副區區, 是所深望, 聊具薄儀用伸微悰, 哂收是希, 肅此不備.
> 乙卯年三月日[38)]

---

37) 『동문휘고』 부속, 통신 1, 「禮曹參判退定信行年期書」 (국사편찬위원회 4책, 3895쪽). 또한 국사편찬위원회에는 예조참판의 서계와 동일한 내용의 예조참의(朴齊韶)의 서계(奉書, 계축년(1853) 9월일, No.8656)가 소장되어 있는데, 역시 '막부 전달(轉告東武)'을 강조하고 있다.

38) 정서(正書)는 예조참판 명의로 작성되었으며, 『동문휘고』에 수록되어 있다(부속, 통신 1, 「禮曹參判退定信行年期書」(을묘년(1855) 5월일), 국사편찬위원회 4책, 3895

즉 이번에도 계속되는 흉년을 이유로 조선이 먼저 빙례 장소를 다시 신미년(1811)의 전례에 따라 '간이'(簡易)를 내세워 '쓰시마'(貴州)로 변경해 줄 것과 시행 시기도 앞서의 1861년에서 5년을 늦춘 병인년(1866)으로 연기해 줄 것을 '막부에 문의'(轉告東武)해 주도록 요청하였다. 이에 쓰시마 번이 조선의 요청 건을 막부에 문의한 바, 쇼군 보고를 거쳐 그해 7월 로쥬(老中) 연명의 봉서(奉書)로 쓰시마 번에 막부의 회답이 전달되었다. 조선의 요청대로 빙례 장소와 시기를 '쓰시마 및 寅年(1866) 봄'으로 지시한다는 내용으로,[39] 조선이 요청한 통신사 빙례의 '간이성폐'(簡易省弊)를 막부가 수용한 결과였다.[40] 그리하여 1856년 9월에는 쓰시마 번이 예조참판 앞으로 서계를 보내 막부측의 답변을 알려왔다.[41] 조선의 요청이 관철된 것에 대한 감사의 뜻을 표한 예조참판(李晉翼)의 회답서가 1857년에 있었던 것을 보면, 조선이 선제적으로 제기한 '쓰시마 역지통신' 연기에 대한 조일 양국간의 합의는 1857년에서야 매듭지어졌다고 할 수 있다.[42] 이렇게 빙례 장

쪽). 또한 국사편찬위원회에는 예조참판의 서계와 동일한 내용의 부서(副書)로 예조참의(李秉文)의 서계(奉書, 1855.3)가 전하고 있으며, 원본이므로 여기에서는 그 내용은 인용하기로 한다(국사편찬위원회 소장 서계, No.8727).

39) 로쥬 봉서(奉書)는 다음과 같다.

一筆令啓候。就御代替爲御祝詞朝鮮人來聘之義、於對州聘禮被取行、來寅年春中可爲來聘旨、被仰出候條、被存其旨、可被達之候。恐恐謹言。

七月二十三日

內藤紀伊守信親·久世大和守廣吉·牧野備前守忠雅·

阿部伊勢守正弘·屈田備中守正篤

宗對馬守殿

(『易地信使ニ付江戶表より之書狀以頭書返答申遣』 (1855) (대마도종가문서 기록류 No.1116, MF.176, 국사편찬위원회).

40) 막부 로쥬(連名)가 쓰시마 번사(佐須伊織)에게 보내온 서장(1855) 8월 23일)(『易地信使ニ付江戶表より之書狀以頭書返答申遣』 (1855), 대마도종가문서 기록류 No.1116, MF.176, 국사편찬위원회).

41) 『동문휘고』 부속, 통신 1, 「島主報信使退期易地依請書」(安政3년(1856) 병진9월일)(국사편찬위원회 4책, 3895~3896쪽).

소가 마침내 '오사카'에서 '쓰시마'로 변경되자, 1857년(8월) 쓰시마 번은 막부로부터 조선과의 난해한 통신사 요청을 위한 조선 출장 비용 등이라는 명분으로 재정 원조(拜領金 金 2万兩)를 받을 수 있었다.[43] 막부가 오사카 역지통신을 처음 지시했을 때 쓰시마 번에 제시(1842.정월)한 금액이 이제서야 지급된 것이다.

그런데 조일 양국이 합의한 '쓰시마 역지통신'(1866)이 시행되기도 전인 1858년 쇼군(제13대 德川家定)이 습직 5년 만에 사망하고 말았다. 그리고 그해(1858) 8월 제14대 쇼군(德川家茂)의 습직을 계기로 이를 축하하기 위한 통신사 파견이 다시 논의되었다. 1861년에는 쓰시마 번주가 예조참판 앞으로 서계를 보내와 예정대로 병인년(1866) 봄에 쓰시마까지 통신사를 파견해 줄 것을 요청해왔다.[44] 이에 조선 역시 1862년 예조참판의 회답서계로 병인년(1866)에 통신사를 파견하여 '구호'와 '선린'의 도리를 다하기로 조일 양국이 합의하였다.[45] 그러나 1864년 3월에 강정역관(金繼運)과 왜관 관수가 병인년의 역지빙례를 2년 앞두고 다시 10년 후에 시행하기로 합의한 바, 이 내용은 조선측 서계에 그대로 반영되었다. 1864년 3월 예조참의(윤치현) 명의로 쓰시마 번주에게 보낸 서계(奉書)에는, "빙례 장소 및 빙례 시기(聘地·聘期)에 대해서는 이미 임술년(1862)에 서로 병인년(1866) 파견을 약속한 바 있으나, 조선이 기근 때문에 통신사 파견 준비에 힘이 미치지 못하므로, 10년 후인 병자년(1876) 봄에 통신사를 파견하고자 한다는 것

42) 조선국 예조참판(李晉翼)의 회답서(奉復 정사년(1857) 3월일)(국사편찬위원회 소장 서계, No.8807).

43) 『安政二乙卯年より同六己未年ニ至 信使御國易地御用調ニ付御國幷和館御守衛向之儀被仰立御金貳万兩御拜領記錄』 丁巳(1857) 8월 13일 御用番(老中) 牧野備前守의 書付(대마도종가문서 기록류 No.1115, MF.176, 국사편찬위원회).

44) 『동문휘고』 부속, 통신 1, 「島主出送議聘差倭書」(文久원년(1861) 신유4월일)(국사편찬위원회 4책, 3897쪽).

45) 『동문휘고』 부속, 통신 1, 「예조참판답서」(임술(1862) 정월일)(국사편찬위원회 4책, 3897쪽).

을 '막부에 전달'(轉告東武)해 줄 것"을 요청하였다.[46] 이와 같은 경위로 볼 때 조선이 일본의 막부를 상대로 역지통신의 연기를 요청한 것은 모두 5번 [1841(對馬, 奉復)·1845(大坂, 奉復)·1853(大坂, 奉書)·1855(對馬, 奉書)·1864(對馬, 奉書)]으로 확인되며, 그 중에서도 봉서(奉書) 형식의 문서로서 '轉告東武'를 못박아 조선이 먼저 막부를 상대로 파견 연기 의사를 분명히 밝힌 것만 3번이나 있었다고 할 수 있다.

그러나 14대 쇼군 역시 1866년에 사망한 데다, 1867년 10월 제15대 쇼군(德川慶喜)의 태정봉환(太政奉還)으로 도쿠가와 막부에서 메이지 신정부로 중앙정권이 교체됨에 따라 조일간의 통신사 파견을 통한 교린외교는 더 이상 의미를 가질 수 없게 되었다.

3. 이양선의 출몰과 교린외교의 퇴색

이와 같이, 조선이 신미통신사행(1811) 이후에도 30년 가까이 계속된 역지통신 교섭에서, '轉告東武'와 같이 일본의 막부를 상대로 '파견 시기의 연기 및 장소 변경'을 몇차례에 걸쳐 선제적으로 요구했던 데에는 계속되는 흉년과 백성 구제가 국정의 우선과제였기 때문이라 할 수 있다. 그러나 이

---

46) 예조참의(尹致賢)의 서계(奉書, 갑자년(1864) 8월일)는 다음과 같다(국사편찬위원회 소장 서계, No.9015).

朝鮮國禮曹參議尹致賢 奉書

日本國對馬州太守拾遺平公 閣下

緬惟仲秋, 啓居沖裕, 慰遡拜摯, 聘地聘期兩議, 既有壬戌相約, 當於丙寅差送賀价, 而匪意本邦荐遇歉荒, 顧今事力亦多不逮, 信使裝送有難, 趁期更退十年, 以丙子春行聘禮, 則其於事情, 庶無拘碍, 且也省此災民之弊, 永荷隣誼之厚, 幸以此意, 轉告東武俾副區區是所濵望, 聯具薄儀用伸微悰, 哂收是冀, 肅此不備

甲子年八月日 禮曹參議尹致賢

시기 '간이성폐'를 내세워 일본과의 통신사외교가 뒷전으로 밀리게 된 또 다른 요인이라면 19세기 중엽 조선 해역에 등장한 서구 선박에 대한 대처가 더 긴급한 국정 현안으로 대두되었기 때문이라 할 수 있다. 그 결과 일본과의 관계에 있어서도 서구 이양선(異樣船)에 대한 정보를 막부 정권과 공유하는 문제가 '역지통신' 내지는 '역지빙례' 교섭보다도 더 긴급한 대일 현안으로 대두되었기 때문임을 지적할 수 있을 것 같다.

19세기 중반이라면 조선도 통신사 파견을 통해 일본과 구축해온 양국관계를 국교 재개(1607) 이래 「300년에 걸친 講信修好」의 관계로 인식하고 있었다. 일본에 대해서는 장기간에 걸쳐 전례(前例)와 지침이 축적되어 있었던 만큼, 일본측의 역지빙례 요청에 대한 양국 교섭이 결코 순탄하지는 않았지만, 의외로 조선측의 긴박한 대응은 보이지 않는다.

과거 전례를 보면, 일찍이 신묘통신사행(1711) 당시 막부 쇼군 호칭을 '대군'(大君)에서 '국왕'으로 변경해 줄 것을 요구하는 등, 막부측이 일방적으로 빙례 개혁을 요구해 왔었다. 그렇지만 우여곡절이 있었음에도 양국관계는 '린의'를 지키는 선에서 결과적으로 원만하게 수습되었다.[47] 기해통신사행(1719)과 무진통신사행(1748) 때에도 의례 복구를 명분으로 한 일본측의 의례 변경 요구가 있었지만, 이로 인한 외교갈등은 없었다.[48] 뿐만아니라 신미통신사행(1811) 때에는 일본측이 막부의 지시를 내세워 '쓰시마 역지통신'을 요구해 왔지만, 이때 조선의 대응을 보면, 순조의 국서에 '역지'를 기재함으로써, 향후 통신사 파견이 또다시 있다 하더라도, 일본측이 제안한 '역지빙례'와 같은 의례의 변경을 수용할 수 있다는 태도 변화가 있었다.[49] 이와 같이 18세기 이래 19세기에 이르기까지 통신사 파견 때마다 일본측의 의례 변경 요구가 있었음에도 조일 양국관계가 갈등으로 이어지

47) 이 책의 제2장 참고.
48) 이 책의 제3장 및 제4장 참고.
49) 이 책의 제6장 참고.

지 않았던 것은, '린의' 또는 '화호·성신'을 지키는 선에서 빙례 장소를 비롯한 의례 변경 문제를 전례(前例)를 바탕으로 한 교섭상의 문제로 인식했기 때문이라 할 수 있다. 즉 18세기 이후 조일 양국관계란 동아시아 국제관계의 안정으로 17세기 중반 명·청교체 때와 같은 긴박감이 사라진 결과, 통신사 파견에 대해서도 정치·외교적 성과보다는, 의례적인 국서와 예물의 교환이라는 외교절차로서만 인식하게 되었다고 할 수 있다.[50] 말하자면 전례(前例)를 중시하는 조선으로서는 통신사 파견을 300년 가까이 지속되어 온 교린의례의 대상으로 여길 뿐으로, 19세기 중반 일본측이 '역지빙례'와 같은 의례 변경을 요청해 오더라도, 축적된 전례와 통교 지침(메뉴얼)을 바탕으로 교섭을 통해 얼마든지 해결할 수 있는 문제로 인식했다고 할 수 있다.

그 결과 1837년 막부의 제12대 쇼군(德川家慶)의 습직 이후 역지통신 교섭이 일단락되는 1864년까지 통신사의 빙례 장소기 '쓰시마-오사카-쓰시마'로 변경되는 외교 교착 상태가 거의 30년 가까이 계속되었음에도, 『조선왕조실록』에는 조일간의 중대 외교현안이라 할 수 있는 역지통신을 둘러싼 국왕과 대신들간의 치열한 논의는 보이지 않는다. 물론 『비변사등록』 및 『일성록』에서 관련 기록을 확인할 수는 있다. 그러나 국왕의 국정 기록인 『조선왕조실록』에는 쇼군(관백)의 사망이나 습직, 생손(生孫)과 같은 쇼군가의 조경사가 통상적인 현안으로 극히 간략하게 기록되었을 뿐, 이와 관련된 '역지통신'을 둘러싼 교섭 기록은 보이지 않는다. 이는 역지통신이 이례적인 것이기는 하지만 이미 18세기 이래 통신사 파견 때마다 일본측이 제기한 빙례 변경에 대한 대응을 통해 통신사외교에 대한 전례와 지침(메뉴얼)이 축적되어 있기 때문에, 중앙의 논의 없이는 대응을 못할 정도로 긴박한 것은 아니었음을 의미한다고 할 수 있다. 역지빙례 교섭이 진행되던

50) 손승철, 「교린체제의 종말」 『조선시대 한일관계사연구 -교린관계의 허와 실-』, 경인문화사, 2006, 262쪽.

시기 『조선왕조실록』에는 오히려 이양선 출몰과 관련된 정보를 도쿠가와 막부에 전달 및 공유하는 문제가 교린 외교의 주요 현안으로 수록되어 있는 것에 주목할 필요가 있다.

우선 『순조실록』을 보면, '역지통신' 교섭이 시작되기 직전인 1832년부터 충청도와 황해도에 출몰한 영국 선박의 교역 요청에 대한 대응 및 대청(對淸) 보고가 국정 현안으로 보고되기 시작하였다.[51)]

그리고 1845년 1월에는 조일 양국이 일전에(1841) 1846년으로 합의했던 오사카(大坂) 역지통신에 대해, 예조참판(任翰鎭) 명의로 서계를 보내, 조선이 재해 등을 이유로 재차 1856년으로 연기해 줄 것을 쓰시마 번을 통해 막부측에 요청한 것과 같은 중요 현안이 있었다.[52)] 그렇지만 국왕의 국정 기록인 『헌종실록』에는 이에 대한 논의의 흔적이 없다. 오히려 1845년의 국정 현안은 호남의 홍양현(6월)과 제주(7월)에 두 차례나 출몰한 이양선(異樣船), 즉 영국 선박의 출몰에 대한 보고였다.[53)] 조사를 마친 후 확보한 이국(異國) 정보에 대해서는, 좌의정(金道喜)이 일본의 막부에도 전달할 것을 건의함에 따라,[54)] 곧바로 예조참의(金穳根, 을사년(1845).10) 명의로 쓰시마 번주에게 서계를 보내 해방 차원에서 교린의 도리(隣誼)상 막부에 전달해 줄 것을 요청하고 있다. 영국 선박의 크기, 탑승 인원수, 무기 소지 여부와 같은 기본적인 정보를 비롯하여, 출몰 이유에 대해서도 표류라기보다는 해양교육 등으로 보이며, 중국의 양광(兩廣) 지방에 출몰한다는 정보를 '막부에 알려달라'(轉達東武)는 내용이었다.[55)]

---

51) 『순조실록』 32년(1832) 7월 21일 을축 및 8월 11일 을유.
52) 예조참판(임한진) 회답서계(奉復, 을사년(1845) 정월일)(국사편찬위원회 소장 서계, No.8316).
53) 『헌종실록』 11년(1845) 6월 29일 기미.
『헌종실록』 11년(1845) 7월 5일 갑자.
54) 『헌종실록』 11년(1845) 9월 15일 계유.
55) 예조참의(金穳根)의 서계(을사년(1845) 10월일)는 다음과 같다(국사편찬위원회 소

1846년 역시 충청도에 출몰한 이양선 및 승선한 이국인(프랑스)을 조선에 표착한 청·일본인들처럼 송환해야 하는지, 조선 해역에 나타난 이국인의 취급 문제 및 방침 수립이 당장 해결해야 할 국정 현안이었다.56) 이에 1847년에는 프랑스(佛蘭西夷) 선박의 만경포 표류를 청에 자문으로 알렸으며,57) 1848년에도 전국 5도(경상·전라·황해·강원·함경)에 고래잡이하는

장 서계, No.8370).
朝鮮國禮曹參議 金穰根 奉書
日本國對馬州太守拾遺 平公 閤下
전라도 좌수사의 장계에 따르면, 금년 6월 異樣船 한 척이 興陽縣 草島 앞바다에 정박했는데, 배 모양이 매우 크고 또 從船 4척에 사람들이 나누어 타고서 부근 섬들을 측량하면서 왕래했다. 행동이 의심스러워 그들이 온 내력을 물었더니 글로 써서 내보이는 것이 大英國船이라 했다. 같은 달에 또 이양선 1척과 中船 2척이 長興縣 平日島 앞바다에 정박했는데, 조류를 타고 서쪽으로 나아가 버리는 바람에 따르지 못했다.

또 7월에 제주목사가 이양선 1척의 旌義縣 牛島 정박을 급히 알려왔다. 역관을 보내 問情하였으나 말이 통하지 않아 문자를 사용했는데 紅毛國人이라 했다. 또 大英人이라 칭하는 사람의 모습을 보니 누렇기도 하고 검기도 한 털이 마치 羊毛와 같았다. 같은 배에 타고 온 사람은 모두 200명이었는데, 허리에는 칼을 차고 손에는 鳥銃을 들었으며, 배를 앞뒤로 가게 하고 평평한 바닥에 돛대 세 개를 세워 돛대 위에 3층으로 橫木을 걸었으며, 船板 좌우에는 수십 개의 구멍을 뚫었는데, 구멍마다 大砲가 장착되어 있었다. 배에 실은 물건을 점검하려 하자 火藥·大砲·柴·糧 뿐이라면서 보여주지 않았다. 또 서남풍이 크게 불자 불시에 돛을 달아 동북쪽으로 나아갔다. 이를 보면 일시적으로 표착한 것 같지는 않지만, 저 나라가 본디 해양교육을 연습하고, 또 최근에는 중국의 兩廣지방에도 侵擾하는 일이 많아 염려되는 바가 없지 않다.

本邦은 귀국과 바다 하나를 사이에 두고 있어서 변방의 정세를 서로 통보해 왔는데, 하물며 이 異樣船은 帆風이 한번만 불어도 회오리바람이 일어나니 마땅히 嚴防해야 한다. 이는 비단 변방을 경계할 뿐 아니라 邪法(그리스트교)의 전파를 염려하는 것이니, 이러한 사실을 알려 미리 隄防함은 隣誼를 생각할 때 조금도 늦춰서는 아니된다. 이에 그 전말을 알리고자 하니 '東武'(에도 막부)에 전달해주기 바람.

을사년 10월 일

56) 『헌종실록』 12년(1846) 6월 23일 병오.
57) 『헌종실록』 13년(1847) 7월 10일 정해 및 8월 11일 정사.

이양선이 출몰하여 식수 채취차 육지에 내린 것을 지금까지 보지 못했던 긴박한 현안으로 보고하였다.[58]

1853년에는 조선(예조참판)의 요청으로 오사카 역지빙례를 1861년으로 연기하자는 중요한 교섭이 있었지만, 『철종실록』 역시 논의의 흔적이 없다. 1855년에도 흉년 등 조선 사정으로 인해 통신사 빙례 장소를 오사카에서 쓰시마로 변경하되, 빙례 시기도 1866년으로 연기해 달라는 중요 현안이 있었지만, 『철종실록』에는 논의의 흔적이 없다. 그보다는 1854년 함경도 연해 읍에 이국선이 와서 조선 주민과 교역하는 폐단 등이 국정과제였다.[59] 1866년 예조참의(任冕鎬, 1866.10)가 쓰시마 번주에게 보낸 서계(奉書)를 보면, 19세기 중후반에는 영국·프랑스 선박이 조선에 교역을 요청한 것을 비롯하여, 사교(기독교) 전파, 전국(호서 해미현·기내 강화부·평양·경기도 부평부)에 출몰하여 약탈한 사례가 빈번하게 노출되었던 것이 긴급한 현안으로 제기됨에 따라, 서구 세력에 대한 조선의 대처 내용을 알리되, 이러한 사실을 '轉達東武'라 하여 '막부측과 정보를 공유하는 것이 조일 교린관계에서도 우선순위를 차지하게 되었다고 할 수 있다.[60] 이는 일본측도 마찬가지로, 1860년에는 막부 제14대 쇼군(德川家茂)의 습직을 알리는 쓰시마 번 사자(관백승습고지차왜)가 서구 4국(러시아(魯西亞)·프랑스(佛蘭西)·영국(英咭利)·미국(亞墨利加))과 일본이 통상(通貨)한 사실을 알려왔는데,[61] 예조참판(李寅夔)의 답서를 보면, 서양세력에 대한 정보 공유를 '교린(交隣)의 구의(舊誼)'를 지킨 것이라며 사의를 표하였다.[62]

---

58) 『헌종실록』 14년(1848) 12월 29일 기사.

59) 『철종실록』 5년(1854) 6월 12일 기묘.
『동문휘고』 부속, 邊禁 「島主告四國通商事書」(安政7년(1860) 경신 4월일)(국사편찬위원회 4책, 3899쪽).

60) 예조참의(任冕鎬) 奉書(병인년(1866) 10월일)(국사편찬위원회 소장 서계, No.9078)

61) 『철종실록』 11년(1860) 8월 8일 기사.

62) 예조참판(李寅夔) 회답서계(경신년(1860) 9월일)(국사편찬위원회 소장 서계, No.8872).

이렇게 볼 때, 19세기 중엽에는 통신사 파견을 통해 300년 가까이 유지되었지만 점차 의례적인 부분만 남게된 조일 교린외교보다는, 이양선으로 상징되는 서구 세력에 대한 대처 및 정보 공유가 대일본 외교에서도 훨씬 중요한 국정과제로 부상되었다고 할 수 있다. 그 결과 통신사 파견에 있어서도 빙례 장소의 변경과 파견 시기의 연기를 골자로 하는 '역지빙례' 내지는 '역지통신'의 형태로 교린외교가 퇴행 내지는 변질되게 되었다고 할 수 있다.[63]

맺음말

지금까지 보아왔듯이, 19세기 중후반 도쿠가와 막부의 쇼군 습직을 축하하기 위한 통신사의 빙례 장소가 「쓰시마-오사카-쓰시마」로 몇차례 변경을 거듭하다가, 거의 30년에 걸친 교섭에도 불구하고 결국은 '역지통신'이 무산되게 된 데에는 일본 내의 정권교체가 직접적인 요인이었다고 할 수 있다. 그러나 장기간의 교섭에도 일본측의 요구가 한 번도 순조롭게 관철되지 못했던 것은, 일본측의 일방적인 요청에 대해 조선이 교섭 현장의 실무자 처벌을 비롯하여, 막부를 상대로 통신사 빙례 장소와 파견 연기를 몇 차례에 걸쳐 선제적으로 제기하면서 교섭 주도권을 계속해서 유지했던 것도 주요 요인이었다고 할 수 있다.

조선은 일본측이 18세기말 제11대 쇼군(德川家齊)을 축하하기 위한 '쓰시마 역지통신'을 요청했을 때부터 통신사 파견 시기를 뒤로 늦추는, 소위 '천연책'을 구사했다고 할 수 있다.[64] 1837년 제12대 쇼군(德川家慶)의 습

63) 손승철, 「교린체제의 종말」『조선시대 한일관계사연구 -교린관계의 허와 실-』, 경인문화사, 2006, 263쪽.

64) '천연책'이란, 통신사의 유지 또는 보존을 목적으로 하되 파견을 연기하는 등의 시

직 축하를 요청해온 이후에도, 조선은 무려 5차례[1841(참판, 對馬)·1845(참판, 大坂 합의 및 연기)·1853(참판, 大坂 연기)·1855(참판, 對馬로 변경 및 연기)·1864(참의, 對馬 연기)]에 걸쳐 일본측에 먼저 통신사 파견을 연기해 주도록 요청한 것을 확인할 수 있었다. 특히 1853(참판)·1855(참판)·1864(참의)년의 경우에는, 조선의 절실한 상황이 있기는 했지만, 3차례에 걸친 예조 명의의 서계(奉書) 발급을 통해 빙례 장소의 변경 및 파견 시기의 연기를 '막부에 전달'(轉告東武·轉達東武)해 줄 것을 선제적으로 요구하여 교섭 주도권을 발휘함으로써 통신사 파견을 통한 조일 양국간의 교린외교를 유지하려 했다고 할 수 있다.

또한 조선이 몇 차례에 걸친 '역지통신' 연기의 명분으로 삼았던 것은 바로 신미통신사행(1811)의 쓰시마 역지통신 때 제기되었던 '간이성폐'(簡易省弊)였다는 것도 확인할 수 있었는데, 19세기에 들어 조일 양국 모두 민생을 우선시한 '간이성폐'에 동의했다는 것은, 통신사 파견의 정치적 성과보다는 300년 가까이 지속되어 온 교린의례의 대상으로만 취급되고 있었음을 의미한다고 할 수 있다.

18세기 이후 조선의 대일본외교란 300년 가까이 지속되어 온 양국관계의 안정을 근본적으로 훼손할 수 있는 긴장 요인이 발생하지 않는 한, '교린·린의' 또는 '화호·성신'을 명분삼아 어쩌다 30년 만에 1번씩 일본이 요청해온 통신사 파견에 응함으로써 양국관계의 현상을 유지하려는, 소위 '조용한 외교'를 지향했던 시기라고 할 수 있다. 19세기 이후에도 기본적으로는 이러한 통교 방침이 지속되는 가운데, 일본측의 '역지통신' 요구를 접대 의례의 변경문제로 받아들여 대응한 것이라 할 수 있다.

마지막으로 19세기 중엽에는 통신사 파견을 통해 300년간 유지되었던

기를 조율하는 조선의 대응책을 말하며, 이미 18세기 말 정조대부터 구사되었다(岩方久彦, 「憲宗代 오사카(大坂) 역지통신 교섭과 조선의 대응책」『한일관계사연구』 35, 2010).

조일 교린외교보다는 이양선(異樣船)으로 상징되는 서구 세력에 어떻게 대처하는지가 대일본 외교에서도 훨씬 중요한 국정과제로 부상되었다고 할 수 있다. 그 결과 조일 양국관계에 있어서도 이양선의 조선 해안 출몰에 대한 정보를 일본의 막부 정권과 공유하는 것이 통신사 파견 시의 역지빙례건 보다도 대일본 현안에서 우선순위를 차지하게 되었다고 할 수 있다. 그 결과 통신사 파견에 있어서도 '역지빙례' 내지는 '역지통신'의 형태로 교린외교가 퇴행 내지는 변질되게 되었다고 할 수 있다.

참고문헌

○ 한국측 사료

『조선왕조실록』
『승정원일기』
『비변사등록』
『일성록』
『通信使謄錄』
『同文彙考』
『邊例集要』
『增正交隣志』
『春官志』
『功事撮要』
『接待事目錄抄』(규장각)
국사편찬위원회 소장 서계(書契, 대마도종가관계 문서)

『東槎錄』(홍우재), 『東槎錄』(金顯門), 『東槎日記』(임수간),
『奉使日本時聞見錄』(조명채), 『海槎日記』(조엄), 『乘槎錄』(원중거),
『日本錄』(성대중), 『東差錄』(유상필)

○ 일본측 사료

『華夷變態』 『朝鮮通交大紀』 『通航一覽』
『津島日記』(草場佩川, 西日本文化協會, 1978)
「德川幕府朝鮮國王往復書翰」(日本東京國立博物館, 重要文化財)
『自延寶九年至天和二年 信使來聘集書』(日本東京國立博物館)
『享保十二丁未年 御留守每日記』(日本東京大學 史料編纂所)
『延享二乙丑年 御留守每日記』(日本東京大學 史料編纂所)
『朝鮮人來聘記』(福岡藩 黑田家文書, 日本福岡縣立圖書館))
『享保四 朝鮮人來聘記錄』(福岡藩 黑田家文書, 日本福岡縣立圖書館)

『寶暦十三癸未年 朝鮮人歸國記 於大坂横死人之一件』(日本福岡縣立圖書館)
『分類紀事大綱』 31(日本國會圖書館 デジタルコレクション)
『享保信使記錄』 99, 「參向信使奉行每日記」(日本慶応大學, ゆまに書房)
「天和二壬戌年 朝鮮信使來聘御老中大久保加賀守殿·阿部豊後守殿·戸田山城守前御奉書」(국사편찬위원회 귀중본(일본본) No. 96)
『天和信使記錄』 「信使來聘ニ付從公儀被仰出候義幷相伺候始終覺書」(대마도종가문서 기록류 No.167, 국사편찬위원회)
『天和二壬戌年朝鮮信使來聘付老中より來御奉書之寫 全』(대마도종가문서 기록류 No.191, 국사편찬위원회)
『平田幸右衛門來狀之寫·松浦儀右衛門差出候存分之覺書』(대마도종가문서 기록류 No.3716, 국사편찬위원회)
『正德信使記錄』 朱6, 「綱吉公薨御弔禮譯官渡海御代替ニ付如先例信使ヲ以御祝詞加申上由申來候ニ付來聘時節御伺之御使者杉村采女江戸表へ被差越候覺書」(대마도종가문서 기록류 No.218, 국사편찬위원회)
『正德信使記錄』 朱86, 「信使ニ付土屋相模守より御尋答之覺書」(대마도종가문서 기록류 No.227, 국사편찬위원회)
『正德信使記錄』 朱16, 「信使ニ付若君様へ從朝鮮國禮物ニ不及候並信使日光上野增上寺江不及參詣附御執政方江禮曹より書翰音物ニ不及旨被仰出候一件」(대마도종가문서 기록류 No.232, 국사편찬위원회)
『正德信使記錄』 6, 「信使被指渡候様ニ与朝鮮へ御使者樋口佐左衛門被差越候覺書」(대마도종가문서 기록류 No.220, 국사편찬위원회)
『正德信使記錄』 朱14, 「御復號之一件」(대마도종가문서 기록류 No.245, 국사편찬위원회)
『正德信使記錄』 朱18, 「五所路宴下行之儀被仰出候御書付之寫」(대마도종가문서 기록류 No.246, 국사편찬위원회)
『正德信使記錄』 朱17, 「三使客館門外下輿幷上使被成下候節階下迎送之一件」(대마도종가문서 기록류 No.263, 국사편찬위원회)
『正德信使記錄』 朱27, 「國書引替之一件」(대마도종가문서 기록류 No.272, 국사편찬위원회)
『館守より東萊江權兵衛歸國之義ニ付眞文三通和文三通-寶永五戊子年若殿様御嫡子成之節交奸之儀申出候事』(대마도종가문서 기록류 No.5301,

국사편찬위원회)
『信使集書』(朱)6(대마도종가문서 기록류 No.413, 국사편찬위원회)
『享保信使記錄』 5, 「信使來聘ニ付修聘使大浦忠右衛門朝鮮江御差渡候覺書」(대마도종가문서 기록류 No.379, 국사편찬위원회).
『享保信使記錄』 3, 「有章院様弔禮譯官(李僉知·鄭判事)渡海信使之儀伺候ニ付土屋相模守江被仰上置享保二年丁酉義方様御參府信使來聘之儀被仰出御暇出御下着被成候覺書」(대마도종가문서 기록류 No.380, 국사편찬위원회)
『享保信使記錄』 11, 「從公儀仰出附御伺之事」(대마도종가문서 기록류, No.381, 국사편찬위원회)
『享保信使記錄』 6, 「信使ニ付講定使渡海覺書」(대마도종가문서 기록류 No.390, 국사편찬위원회)
『享保信使記錄』 8, 「信使迎裁判樋口孫左衛門朝鮮へ被差渡歸國迄覺書」(대마도종가문서 기록류 No.395, 국사편찬위원회)
『信使記錄』 92, 「破船殞命之一件」(대마도종가문서 기록류 No.458, 국사편찬위원회)
『享保信使記錄』 99, 「參向信使奉行每日記」(日本慶応大學, ゆまに書房, 제1기 通信使記錄別冊 上, 1998)
『破船殞命先例之覺書』(대마도종가문서 기록류 No.3610, 국사편찬위원회)
『裁判記錄』 8(대마도종가문서 기록류 No,1809 국사편찬위원회)
『延享戊辰年 信使記錄』 1, 「吉宗様御隱居家重様江御代御讓り初而殿様御參勤被成信使御伺被蒙仰候覺書」(대마도종가문서 기록류 No.519, 국사편찬위원회)
『延享戊辰年 信使記錄』 2, 「大御所様御隱居之爲祝詞譯官被成御招殿様御歸國之御祝詞相兼罷渡信使之儀致講定候覺書」(대마도종가문서 기록류 No.520, 국사편찬위원회)
『延享五戊辰年 信使記錄』 1 (대마도종가문서 기록류 No.523, 국사편찬위원회)
『延享信使記錄』 3, 「修聘使古川主典朝鮮江被差渡覺書」(대마도종가문서 기록류 No.525, 국사편찬위원회)
『信使停止之覺書』(대마도종가문서 기록류 No.4369 국사편찬위원회)
『信使萬覺』(대마도종가문서기록류 No.761, 국사편찬위원회)

『寶曆信使記錄』「信使御伺被仰出同時節被仰出義蕃樣ニ者御隱居義暢樣御家督信使御用被蒙仰候次第」(대마도종가문서 기록류 No.730, 국사편찬위원회)
『寶曆信使記錄』 朱19, 「信使御用掛御老中樣幷御用懸樣方·林大學頭樣江御案內御屆書等之覺」(대마도종가문서 기록류 No.737, 국사편찬위원회)
『寶曆信使記錄』「信使前御國集書」上(대마도종가문서 기록류 No.738, 국사편찬위원회)
『寶曆信使 奉行方記錄』 朱21 「國書幷別幅御往復附御老中御所司禮曹書翰別幅御往復之覺書」(대마도종가문서 기록류 No.824, 국사편찬위원회)
『寶曆信使記錄』「御拜借金御願之覺書」(대마도종가문서 기록류 No.741, 국사편찬위원회)
『寶曆信使記錄』朱132, 「崔天淙一件於江戶取計始終之覺」(대마도종가문서 기록류 No.925, 국사편찬위원회)
『寶曆信使記錄』朱133 終, 「崔天淙を殺候鈴木傳藏御裁許ヲ公儀より眞文ニ御認以酊玶長老方ニ被差下長老手より朝鮮へ被渡候樣ニ与之御事ニ候を此方樣より御存寄被仰上候品ニ付其儀被相止候次第」(대마도종가문서 기록류 No.937, 국사편찬위원회)
『延聘使御書翰之義ニ付以酊庵輪番諦西堂江古川圖書懸合之覺』(대마도종가문서 기록류 No.3717, 국사편찬위원회)
『文化信使記錄』 48, 「御禮式御次第書同手續書御次第書眞文」(대마도종가문서 기록류 No.1038, 국사편찬위원회)
『文化信使記錄』 49, 「四度御行禮御當日之覺書」(대마도종가문서 기록류 No.1039, 국사편찬위원회)
『信使易地講定譯官渡海御用向掛合記錄』(대마도종가문서 기록류 No.1009, 국사편찬위원회)
『迎聘參判使記錄』(대마도종가문서 기록류 No.3313, 국사편찬위원회)
『寬政十二庚申年 文化信使記錄-江戶書留』 44, 「前例御尋答」(대마도종가문서 기록류 No.945, 국사편찬위원회)
『文化七庚午年ヨリ文化信使記錄-江戶書留』 42(대마도종가문서 기록류 No.1023, 국사편찬위원회)
『信使御用御內密御內用綴』(대마도종가문서 기록류 No.5839, 국사편찬위원회)

『信使易地講定譯官渡海御用向掛合記錄』(表御書札方) (대마도종가문서 기록류 No.1009, 국사편찬위원회)
『文政十丁亥年より同十二己丑年ニ至 若君樣御賀誕禦回棹譯官記錄』坤(대마도종가문서 기록류 No.1678, 국사편찬위원회)
『文化七庚午年 信使記錄』 11, 表書札方 (대마도종가문서 기록류 No.1021, 국사편찬위원회)
『文化易地信使來聘記錄』「御現例相濟候後出入御調之部」江戶御勘定奉行所 (대마도종가문서 기록류 No.1054, 국사편찬위원회)
『天保八丁酉年 家慶樣御嗣位信使記錄』(대마도종가문서 기록류 No.1076, 국사편찬위원회)
『大坂易地信使前集書』 1番(대마도종가문서 기록류 No.1086, 국사편찬위원회)
『信使講定之廉廉御伺幷御返答之書面寫』(대마도종가문서 기록류 No.1096, 국사편찬위원회)
『大坂易地信使ニ付江戶表より之書狀以頭書返答申遣』(대마도종가문서 기록류 No.1107, 국사편찬위원회)
『安政二乙卯年より同六己未年ニ至 信使御國易地御用調ニ付御國幷和館御守衛向之儀被仰立御金貳万兩御拜領記錄』(대마도종가문서 기록류 No.1115, 국사편찬위원회)
『易地信使ニ付江戶表より之書狀以頭書返答申遣 (대마도종가문서 기록류 No.1116, 국사편찬위원회)
『御用拔書帳 (대마도종가문서 기록류 No.5311, 국사편찬위원회)
『分類紀事大綱』 13(대마도종가문서 기록류 No.4518, 국사편찬위원회)
『分類紀事大綱』 20(대마도종가문서 기록류 No.4525, 국사편찬위원회)
『分類紀事大綱』 2(대마도종가문서 기록류 No.4539, 국사편찬위원회)
『分類紀事大綱』 16(대마도종가문서 기록류 No.4586, 국사편찬위원회)
『續分類紀事大綱』(대마도종가문서 기록류 No.4597, 국사편찬위원회)

○ 한국어 논저

민덕기, 『전근대 동아시아 세계의 韓·日관계』 경인문화사, 2007
박화진·김병두, 『에도 공간 속의 통신사』 한울 아카데미, 2010

손승철, 『조선시대 한일관계사 연구-교린관계의 허와 실-』 경인문화사, 2006
이 훈, 『조선의 통신사외교와 동아시아』 경인문화사, 2019
임계순, 『清史』 신서원, 2000
정성일, 『조선후기 대일무역』 신서원, 2000
정장식, 『통신사를 따라 일본 에도시대를 가다』 고즈윈, 2005

구지현, 「필담을 통한 한일 문사 교류의 전개 양상 - 赤間關을 중심으로 - 」 『東方學志』 138, 延世大學校 國學研究院, 2007
구지현, 「1763년 필담자료를 통해 본 에도에서의 문사 교류 - 『경개집(傾蓋集)』 서문에 보이는 인식을 중심으로 - 」 연세대학교 국학연구원, 『동방학지』 153, 2011
김덕진, 「1811년 통신사의 사행비와 호조의 부담」 『역사와경계』 55, 2005
김상조, 「新井白石의 의례개정과 조선 정부의 대응」 『영주어문』 27, 2014,
김정신, 「1763년 계미통신사 원중거의 일본 인식」 『조선통신사연구』 11, 2010
김정신, 「계미통신사행(癸未通信使行)(1763)의 학술교류 - 『남궁선생강여독람(南宮先生講餘獨覽)』을 중심으로 - 」 『한국실학연구』 22, 2011
김창수, 「17세기 후반 朝鮮使臣의 공식보고와 정치적 파장」 『사학연구』 106, 2012
김형태, 「1748년 제10차 무진통신사(戊辰通信使) 의원필담(醫員筆談)의 성격 변천 연구 - 『대려필어(對麗筆語)』와 『조선필담(朝鮮筆談)』을 중심으로-」 『한국한문학연구』 46, 2010
김호, 「1763년 계미(癸未) 통신사(通信使)와 일본(日本) 고학파(古學派) 유의(儒醫) 귀정남명(龜井南冥)의 만남 - 조선인의 눈에 비친 강호시대(江戶時代) 사상계(思想界) - 」 『조선시대사학보』 47, 2008
다사카 마사노리, 「關白退休告知差倭(1746년)를 둘러싼 朝日間交涉」 『한일관계사연구』 56, 2017
田阪正則, 「延享三(1746)年 『大慶參判使記錄』- 吉宗襲職から大慶參判使茶禮前日まで—」 『日本史研究』 50, 2017
다사카 마사노리, 「1747년(英祖23) 問慰行을 맞이한 對馬藩의 동향」 『비교문화연구』 47, 2017
다사카 마사노리, 「1746년 관백승습고경차왜 접대 - 종가문서로 보는 다례 이후 - 」

『열상고전연구』 63, 2018
다사카 마사노리, 「무진년 통신사행 절목중 구관백전(舊關白前) 예단 및 배례 강정에 관한 고찰」 『열상고전연구』 69, 2019
다사카 마사노리, 「무진년 통신사행 절목중 집정 인원수 강정에 관한 고찰」 『한일관계사연구』 67, 2020
민덕기, 「新井白石·雨森芳洲의 대조선외교와 관련한 天皇觀」 사학연구』 48, 1994
민덕기, 「최천종 살해사건으로 본 19세기 중반 통신사의 대마도 인식」 『한일관계사연구』 21, 2004
미노와 요시츠구(箕輪吉次), 「天和二年(1682)의 朝鮮通信使」 『亞細亞文化研究』 6(경원대), 2002
箕輪吉次, 「壬戌 1682년 使行과 후지산시(富士山詩) - 소신(祖辰)을 중심으로 - 」 『동방학지』 153 (연세대학교), 2011
箕輪吉次, 「壬戌年(1682년) 信使記錄의 集書」 『韓日關係史研究』 50, 2015
箕輪吉次, 「壬戌通信使講定交涉節次と追加的內容 - 草梁と對馬において - 」 『일본학연구』 37(단국대학교), 2012
박기석, 「〈虞裳傳〉研究」 『고전문학과 교육』 9, 2005
박찬기, 「외국정보의 매체로서 조선통신사 문학연구」 『일본어문학』 78, 2018
변광석, 「1811년 통신사 파견과 경상도의 재정」 『역사와경계』 55, 2005
신명숙, 「『일동장유가(日東壯遊歌)』에 대한 비판적 성찰 -18세기 서얼출신 향반의 사행체험-」 『한민족어문학』 59, 2011
신문희, 「계미(寶曆 13) 통신사 응접과 영빙 교섭」 『조선통신사연구』 27, 2019
안대수, 「계미통신사의 사건·사고의 진상과 실록체 소설의 창작 동기 - 이기선(二騎船) 침수 사고, 소동 김한중의 병사(病死), 격군 이광하의 광사(狂死)를 중심으로 - 」 『일어일문학연구』 79-2, 2011
안대수, 「보력기문(寶歷奇聞) 「唐人殺し」에 관한 고찰」 『일어일문학연구』 91-2, 2014
안대수, 「『寶曆物語』는 『和韓拾遺』다 - 『和韓拾遺』의 계통에 관한 고찰 - 」 『일어일문학연구』 77-2, 2011
양흥숙·김동철·조강희·김경미, 「對馬島 易地通信과 역관 - 그 '의례적' 관계와 '은밀한' 교류의 간극 - 」 『한일관계사연구』 50, 2015

양흥숙, 「1763년 계미통신사가 경험한 시공간의 변화와 생활상」 『한국한문학연구』 78, 2020
유채연, 「1711년 신묘약조 성립에 대한 고찰」 『한일관계사연구』 82, 2023
윤유숙, 「역지통신 교섭기 간사재판 시게마츠 고노모(重松此面)의 활동 검토」 『항도부산』 43, 2022
이경근, 「무진통신사의 학술·문화 교류 연구 -홍경해의 『수사일록』을 중심으로-」 『고전문학과 교육』 29, 2015
이성형, 「영호(永湖) 조엄(趙曮)의 통신사(通信使) 사행문학(使行文學) 연구(研究) - 이원적(二元的) 문학세계(文學世界) 분석(分析)을 중심(中心)으로 -」 『한문고전연구』 35, 2017
이와카타 히사히코(岩方久彦), 「1811년 對馬島易地通信研究」 『한일관계사연구』 23, 2005
岩方久彦, 「19세기 조선의 대일역지통신 연구」 고려대학교 박사학위논문, 2014
岩方久彦, 「정조대 易地通信 교섭과 '江戶通信' 연구」 『한일관계사연구』 52, 2015
岩方久彦, 「憲宗代 오사카(大坂) 역지통신 교섭과 조선의 대응책」 『한일관계사연구』 35, 2010
이재훈, 「기해사행(己亥使行)의 당상역관(堂上譯官)-대마도종가문서(宗家文書)에서 등장양상을 중심으로-」 『韓日關係史研究』 50, 2017
이재훈, 「기해사행(1719) 속 전례의 활용 - 對馬 宗家文書를 중심으로 -」 『일본공간』 25, 국민대학교 일본학연구소, 2019
이재훈, 「己亥使行의 嚴原에서의 예법논쟁 - 『海游錄』과 종가문서를 비교하여 -」 『일어일문학연구』 71-2, 2009
이케우치 사토시(池內敏), 「계미통신사(癸未信使)의 통역들, 노트」 한양대학교 동아시아문화연구소, 『동아시아문화연구』 49, 2011
池內敏, 「일본의 조선통신사 접대와 도쿠가와 바쿠후의 재정」 『역사와경계』 55, 2005
이홍식, 「1763年 계미통신사의 일본 문화 인식 - 현천(玄川) 원중거(元重擧)를 중심으로 -」 『온지논총』 41, 2014
이효원, 「18세기 徂徠學의 흥기와 通信使 - 辛卯·己亥使行을 중심으로 -」 『朝鮮通信使研究』 21, 2016

이 훈,「18세기 중엽 日本 漂船에 대한 雜物(五日糧) 지급과 朝日交涉 歪曲」『한일관계사연구』 9, 1998

이 훈,「조선 통신사 접대와 대마번의 재정 - 1811년 신미통신사를 중심으로 - 」『역사와 경계』 55, 2005

이 훈,「비용으로 본 교린의례 - 1811년 신미통신사 파견시 예물 교환을 중심으로-」『한일관계사연구』 38, 2011

이 훈,「숙종대 임술통신사(1682년) 파견과 적례외교의 정착」『공존의 인간학』 4, 2020

李慧淳,「18세기 韓日文士의 교류양상 - 己亥 使行時 韓日文士의 唱酬集을 중심으로 - 」『대동문화연구』 26, 성균관대 대동문화연구원, 1991

임선빈,「己亥使行 通信副使 黃璿의 관직생활」『민족문화연구』 81, 고려대학교 민족문화연구원, 2018

임선빈,「신유의 관직 생활과 계미통신사」『충남연구』 5-2, 2021

임영현,「1719년 통신사행과 국서」『항도부산』 40, 부산광역시사편찬위원회, 2020

장순순,「조선후기 통신사행의 製述官에 대한 일고찰」『전북대 석사학위논문』, 1989

장순순,「조선후기 대일교섭에 있어서 尹趾完의 경험과 영향」『한일관계사연구』 31, 2008

장진엽,「기해통신사 필담창화집에 나타난 徂徠學派 문인들의 견해 및 그 의의 - 『客館璀集』과 『信陽山人韓館倡和稿』를 중심으로 - 」『한국민족문화』 71, 부산대학교 한국민족문화연구소, 2019

張眞熀,「『扶桑紀行』의 특징과 鄭后僑의 일본 인식」『南冥學硏究』 61, 慶尙大學校 慶南文化硏究院南冥學硏究所, 2019

장진엽,「원중거의『승사록』소재 필담 검토 - 서술 의도와 효과를 중심으로 - 」『한국한문학연구』 79, 2020

장진엽,「통신사 필담의 편집 과정에 대한 검토 - 『조선인래조어진촌어장필어(朝鮮人來朝於津村御場筆語)』를 대상으로 - 」『온지논총』 59, 2019

정성일,『조선후기 대일무역의 전개과정과 그 성격에 관한 연구; 1790~1870년대를 중심으로 - 』전남대학교 박사학위논문, 1991

鄭成一,「對馬易地聘禮에 참가한 通信使일행에 대하여」『湖南文化硏究』 20, 1991

鄭成一,「역지빙례 실시 전후 대일무역의 동향」『경제사학』15, 1991

정우봉,「1763年 계미통신사행록『동사기행(東槎紀行)』의 작자와 일본 체험」『한국한문학연구』83, 2021

정은주,「일본(日本)에서 제작된 계미(癸未)(1763) 통신사행(通信使行) 관련 회화(繪畵) - 빈례(賓禮) 관련 기록화(記錄畵)와 통신사절의 인물화(人物畵)를 중심으로-」『동아시아문화연구』49, 2011

정응수,「아라이 하쿠세키(新井白石)의 조선통신사 의례개정에 관하여」『일본문화학보』24, 2005

정혜린,「조선이 청에 전달한 일장(日藏) 금석(金石) 자료와 그 학술적 가치」서울대학교 인문학연구원,『인문논총』71-3, 2014

진재교,「원중거(元重擧)의「안룡복전(安龍福傳)」연구 - "안용복"을 기억하는 방식-」『진단학보』108, 2009

최성애,「계미 통신사행록을 통해 본 공연 양상 -『일동장유가(日東壯遊歌)』,『승사록(乘槎錄)』,『일본록사상기日本錄槎上記』의 국내 여정을 중심으로 -」『대동문화연구』84, 2013

崔載南,「〈일동장유가〉의 표현과 내포」『진단학보』126, 2016

河宇鳳,「계미통신사행의 문화교류 양상과 특징」『진단학보』126, 2016

한수희,「『萍遇錄』을 통해 본 朝·日 學人의 友好와 그 이면」우리한문학회,『한문학보』28, 2013

한승희,「己亥通信使의 儀式改定에 대한 새로운 검토」『조선통신사 - 사행록 연구총서 6(외교)』學古房, 2008

한승희,「己亥通信使의 儀式改定에 대한 새로운 검토」『韓日關係史研究』16, 2002

한승희,「己亥通信使에 대한 各藩의 御馳走役 - 岡山藩의 接待를 중심으로 -」『韓日關係史研究』25, 2006

한희민,「『매사오영(梅社五詠)』소재 남옥(南玉)의 매화시(梅花詩)연구」한국어문학국제 학술포럼,『Journal of Korean Culture』(JKC) 55, 2021

허은주,「근세 조일외교의 동상이몽 - 1636~1682년 통신사 사행시 일본측의 의복 예단과 그 의미」『인문과학연구논총』39(35-3), 명지대 인문과학연구소, 2014

Dakahasi Hiromi,「홍대용(洪大容)과 리덕무(李德懋)의 프리즘을 통해 본 일본의 문아(文雅) - 동아시아 학예공화국으로의 조주(助走) -」『동아시아문화연

구』 49, 2011
Nakaoh Hirosi, 「전각가(篆刻家) 사와다 토코(澤田東江)와 「다호비(多胡碑)」의 조선, 중국으로의 전파」『동아시아문화연구』 49, 2011

○ 일본어 논저

泉澄一, 『對馬藩 藩儒 雨森芳洲の基礎的研究』 關西大學 東西學術研究所 研究叢刊 10, 1997
池內敏, 『唐人殺しの世界』 臨川書店, 1999
李進熙, 『李朝の通信使 - 江戶時代の日本と朝鮮 - 』 講談社, 1976
李元植, 『朝鮮通信使の研究』 思文閣出版, 1997
大石愼三郎, 『德川吉宗とその時代』 中公文庫, 1989
岡崎寬德, 『德川吉宗と江戶城』 吉川弘文館, 2014
笠谷和比古, 『德川吉宗』 ちくま新書, 1995
酒井雅代, 『近世日朝關係と對馬藩』 吉川弘文館, 2021
田保橋潔, 『近代日鮮關係の研究』 朝鮮總督府中樞院, 1940
田代和生(譯註), 『交隣提醒』 東洋文庫, 2014
中村榮孝, 『朝鮮と日本』 至文堂, 1969
中村榮孝, 『日鮮關係史の研究』下, 吉川弘文館, 1969
仲尾宏, 『朝鮮通信使と德川幕府』 明石書店, 1997
仲尾宏, 『朝鮮通信使』 岩波新書, 2007
三宅英利, 『近世日朝關係史の研究』 文獻出版, 1986
閔德基, 『中·近世の朝鮮·日本關係と對馬一'敵禮'·'羈縻圈'·'交隣'の面を中心に-』 日本早稻田大學文學研究科博士學位論文, 1990
古川祐貴, 『近世日本の對朝鮮外交』 吉川弘文館, 2024
山本博文, 『對馬藩江戶家老』 講談社, 1995

池內敏, 「崔天宗殺害事件をめぐる德川幕府と對馬藩」 『ヒストリア』 132, 大阪歷史學會, 1991
池內敏, 「近世後期における對外觀と國民」 『日本史研究』 344, 1991
李薰, 「漂流兼帶制に對する一考察 - 1682年の漂民順付(壬戌約條) 交涉およ

び運用を中心に－」『年報朝鮮學』5, 1995
李薰,「1811年の對馬易地聘礼と積弊の改善」『對馬宗家文書朝鮮通信使記錄』別册 下, ゆまに書房, 2000
長正統,「倭學譯官書簡よりみた易地行聘交渉」『史淵』115, 1978
糟谷憲一,「なぜ朝鮮通信使は廢止されたのか－朝鮮史料を中心に－」『歷史評論』355, 1979
田代和生,「對馬藩の朝鮮米輸入と'倭館枡'－宗家記錄『斛一件覺書』からみた朝鮮米の計量法－」『朝鮮學報』124, 天理大學, 1987
高正晴子,「天和二年の朝鮮通信使の室津における饗応をめぐって」『梅花短期大學研究紀要』37, 1989
高正晴子·山下光雄,「天和二年の朝鮮通信使の江戸より風本にいたる下向の饗応記錄－主として食糧の調達について－」『梅花短期大學研究紀要』38, 1990
古川裕貴,「正德信使費用拝借の舞台裏」『對馬歷史研究センター所報』2, 2022
松尾晋一,「『華夷變態』と對馬宗家からの'唐兵亂'情報」『研究紀要』1, 日本長崎縣立大學, 2016
松原孝俊·岸田文隆 編,『朝鮮通信使易地聘禮交涉の舞台裏-對馬島宗家文書ハングル書翰から讀み解く』九州大學出版會, 2018
山口華代,「近世日本の外交儀礼と東照宮信仰 一對馬藩の東照宮勸請を中心に一」『グローバル時代の朝鮮通信使研究 一海峽あれど國境なし一』花書院, 2010

이 훈(李 薰)

현재 한림대학교 국제문제연구소 연구교수
국사편찬위원회와 동북아역사재단 수석연구위원 역임
한일관계사학회 회장 역임
이화여자대학교 사학과 졸업
일본 츠쿠바(筑波)대학 대학원 역사인류학연구과 졸업(문학박사)
전공은 조선시대 한일관계사로 「표류민·외교문서·통신사」를 소재로 다수의 논저발표

저서 『조선후기 표류민과 한일관계』(국학자료원, 2000)
『대마도, 역사를 따라 걷다』(역사공간, 2005)
『외교문서로 본 조선과 일본의 의사소통』(경인문화사, 2011)
『조선의 통신사외교와 동아시아』(경인문화사, 2019)
역서 『대한제국의 마지막 황녀, 덕혜옹주』(번역, 역사공간, 2008)

통신사외교와 조일 양국의 동상이몽

2025년 10월 24일 초판 인쇄
2025년 10월 31일 초판 발행

지 은 이 이훈
발 행 인 한정희
발 행 처 경인문화사
편 집 부 김지선 한주연 김한별 정효민
표지디자인 양은경
마 케 팅 하재일 유인순
출판신고 제406-1973-000003호
주 소 파주시 회동길 445-1 경인빌딩 B동 4층
대표전화 031-955-9300 팩 스 031-955-9310
홈페이지 http://www.kyunginp.co.kr
이 메 일 kyungin@kyunginp.co.kr

ISBN 978-89-499-6886-5 93910
값 39,000원